Bauwelt Fundamente 49

Herausgegeben
von Ulrich Conrads

Beirat
für das Programm:
Gerd Albers
Hansmartin Bruckmann
Lucius Burckhardt
Gerhard Fehl
Rolf-Richard Grauhan
Herbert Hübner
Werner Kallmorgen
Frieder Naschold
Julius Posener
Dieter Radicke
Mechthild Schumpp
Thomas Sieverts

Fritz Schumacher

Lesebuch für Baumeister

Äußerungen über Architektur und Städtebau

Friedr. Vieweg & Sohn   Braunschweig / Wiesbaden

Unveränderter Nachdruck der neu
bearbeiteten Auflage vom Juli 1947

CIP-Kurztitelaufnahme der Deutschen Bibliothek

Schumacher, Fritz
Lesebuch für Baumeister: Äußerungen über Architektur
u. Städtebau. – 2. Aufl., unveränd. Nachdr. d. neu bearb.
Aufl. vom Juli 1947. – Braunschweig: Vieweg, 1977.
(Bauwelt-Fundamente; 49)
ISBN 978-3-528-08649-7

© Karl H. Henssel Verlag, Berlin
© Friedr. Vieweg & Sohn Verlagsgesellschaft mbH, Braunschweig 1977
Umschlagentwurf von Helmut Lortz
Titelzeichnung: Rob Krier, „Der Architekt" (1975);
Zeichnung auf der 4. Umschlagseite: N. Cavalli, "L'Architecte qui dinge
la fabrique d'un Bâtiment"

ISBN 978-3-528-08649-7   ISBN 978-3-322-88853-2 (eBook)
DOI 10.1007/ 978-3-322-88853-2

VORWORT

Wenn diesem Buch das Wort „Baumeister" an die Stirn geschrieben ist, so ist das in dem Bewußtsein geschehen, daß damit etwas anderes gemeint ist als das, was dieser schöne alte Begriff gemeinhin zu bezeichnen pflegt.

Der Inhalt des Berufs, der sich mit Bauen beschäftigt, hat innerhalb der letzten hundert Jahre gar manche Wandlungen durchgemacht. Die Gefahr, die in ihm lauert, nach der künstlerischen Seite zu einem Atelierberuf und nach der praktischen Seite zu einem Unternehmerberuf zu werden, hat in der zweiten Hälfte des 19. Jahrhunderts wohl ihre stärksten Auswirkungen gezeigt. Es bildete sich ein architektonisches Künstlertum heraus, das fern von der Baustelle ganz am Reißbrett lebte und hier aus „historischen Stilformen" seine Kraft zu schöpfen suchte. — Aber nicht nur das: auch auf der Seite des Ateliers zerfiel die Einheitlichkeit des Schaffens oftmals in seltsamer Weise. Davon gibt die Tatsache Zeugnis, daß fast alle erfolgreich tätigen Männer dieser Zeit sich zu F i r m e n zusammenschlossen und auch die Reißbrettarbeit statt e i n e s Schöpfernamens zum erstenmal deren z w e i trug.

Der Architekt spezialisierte sein Tun mit vollem Bewußtsein, ja meist ging diese Zerlegung des Schaffens noch einen Schritt weiter: die Architektenfirma baute nur das architektonische Gehäuse, die Innengestaltung wurde einer besonderen Firma überlassen, die über die Kunst verfügte, jedem einzelnen Innenraum seinen eigenen pseudo-historischen Charakter zu geben. Bei alledem konnte weder vom „Baumeister" alter noch neuer Prägung die Rede sein.

Als man dann an der Jahrhundertwende den Kampf für eine neue Auffassung des baulichen Berufes begann, bestand das Ziel der Reform nicht nur in einer Befreiung von den unnatürlichen Fesseln der historischen Stile, sondern vor allem auch in der Überwindung dieser inneren Zerspaltung und Entpersönlichung. In beiden schoß man im ersten Eifer übers Ziel hinaus. Man glaubte, die lähmende Wirkung der historischen Stile nur dadurch überwinden zu können, daß man selber einen völlig neuen „Stil" erfand, und man glaubte, den Sieg über jene Entpersönlichung des Bauwerks nur dadurch zu erreichen, daß der Erbauer des Gehäuses auch jede Tapete und jeden Teppich des Inneren selber entwarf. Beides überlebte sich schnell, und es blieb als Ergebnis zurück, daß der Architekt wieder in ein unmittelbares persönliches Verhältnis zum Wesen seines Bauwerks trat, und daß er die Wege zu suchen lernte, die zu den einzelnen Handwerken führen, die sich am Bau vereinigen.

Der „Baumeister" alten Gepräges begann in führenden Männern wieder lebendig zu werden.

Mit dieser inneren Umentwicklung des Berufes ging aber zugleich eine äußere vor sich. Man erkannte, daß es in unserer Zeit nicht genügt, den einzelnen Bau als Werk für sich zu behandeln. Das Gefüge der Lebensmaschinerie unserer Tage war so verwickelt geworden, daß das einzelne bauliche Kunstwerk sich nicht darin zu behaupten vermochte, sondern seine Wirkungen rettungslos verpufften, wenn sein Schöpfer nicht Einfluß auf dieses Gefüge gewann. Der Blick des Schaffenden konnte nicht an dem Einzelwerk und dessen gesundem Wuchs haften bleiben, er mußte den ganzen Rahmen mit umfassen, in den es gestellt wurde. Dieser Rahmen aber ließ sich nicht als beliebiges Teilstück behandeln; wenn man ihn beeinflussen wollte, galt es auch hier bis zu den Wurzeln vorzudringen.

Dieses Vordringen hat dem baulichen Beruf der letzten Jahrzehnte sein eigentümliches Gepräge gegeben. Wenn der Bauende die gesunde und sichere Grundlage für sein Einzelwerk haben wollte, mußte er sie sich selber erringen; aus ihrem eigenen Wesen heraus halfen ihm die Tendenzen der Zeit nicht dabei. Er mußte sich aus eigener Machtvollkommenheit in die Behandlung von Fragen einschalten, die seinem künstlerischen Tun zunächst fernzuliegen schienen. Sein Denken weitete sich, es griff in das Gebiet s o z i a l e r Probleme, w i r t s c h a f t l i c h e r Probleme und t e c h n i s c h e r Probleme. Erst die Verflechtung der Fragen, die in diesen drei Bezirken auftauchten, mit künstlerischen Gesichtspunkten und Forderungen ergab die Möglichkeit, die verworrenen

Fäden unserer heutigen Daseinsgestaltung zu entwirren. Der
architektonische Kunstpolitiker mußte zum Kulturpolitiker
werden, wenn er den harmonischen Raum für sein Schaffen
wiedergewinnen wollte. Er nannte das Feld des Kämpfens
und Wirkens, das sich ihm dabei eröffnete, S t ä d t e b a u
und L a n d e s p l a n u n g.
Das ist die andere, die nach außen gekehrte Entwicklung,
die der bauend Schaffende seit der Jahrhundertwende im
Streben nach Reform seines Berufes durchzumachen hatte.
Er mußte nicht nur den Geist der „Baumeister" alten Gepräges
wiedergewinnen, er mußte sich der Sendung bewußt werden,
Baumeister des Lebensgebäudes zu werden, in dem die Menschen unserer Zeit wieder mit Anstand wohnen können.
Für diese Aufgabe, die der heute bauend Schaffende als
letztes Ziel vor sich sieht, paßt nicht mehr das Wort „Architekt", wir müssen vom „Baumeister" sprechen.
Wenn wir das tun, wissen wir, daß der Inhalt dieses Wortes
sich geweitet hat; auf der einen Seite reicht er bis zum Handwerker, auf der anderen Seite bis zum Kulturpolitiker. Die
Grenzen zum technischen Bruder, dem Ingenieur, verschwinden mehr und mehr, die Tore zu den ordnenden geistigen
Mächten des Gemeinschaftslebens öffnen sich.
Es ist also ein weiter Kreis von Schaffenden, der damit gemeint ist, wenn dieses Buch sich an den Baumeister wendet,
wie unsere Zeit ihn auffaßt. Es ist ein Kreis, der sich hoffentlich noch nach vielen Seiten ausweitet, wo diese baumeister-
liche Tätigkeit in befreundete Nachbargebiete hinübergreift.
Ja, es gibt mancherlei Anzeichen, die erkennen lassen, daß
die Baukunst sich heute auch bei denjenigen einer ernsthaften
Beachtung zu erfreuen beginnt, die beruflich gar nicht mit ihr
zusammenhängen, die sich aber ihrer hohen Bedeutung für
unser Gesamtleben bewußt sind.
Was das Buch denen, die es in die Hand nehmen, zu geben
versucht, ist nicht ganz einfach zu sagen. Es kann weder den
Anspruch erheben, den historischen Aufbau, noch den organischen Aufbau des Berufes durch die Zusammenstellung

seiner Beiträge zu geben. Es ist kein L e h r buch, sondern
ein L e s e buch — das soll heißen, es will nicht lehren, sondern Anregungen geben.

Diese Anregungen sieht es in erster Linie darin, daß es von
charakteristisch hervortretenden Männern der verschiedensten Zeiten Äußerungen über Baukunst zusammenstellt, und
zwar nicht nur von „Fachmännern". Diese Äußerungen haben
ihr Gewicht in der Persönlichkeit ihres Autors.

Aus weiter zurückliegenden Zeiten, wo solche Darlegungen
nicht gar so häufig sind, gibt die c h r o n o l o g i s c h e Anordnung die Schnur, an die die einzelnen Beiträge gereiht
sind, dann aber wird man leicht erkennen, daß die verschiedenen Abschnitte, in die das Material sich gliedert, von einer
i n h a l t l i c h e n Gemeinsamkeit, die in loser Kette durch
sie hindurchgeht, zusammengefaßt werden. Wir finden eine
kunsthistorische Gruppe, eine Gruppe, in der Reiseberichte
und Bautenschilderungen vorwalten, eine Gruppe philo-
sophisch-ästhetischer Art, eine Gruppe, die sozialen Charakter
trägt und von da zum Städtebau vordringt, eine Gruppe, in
der zeitgenössische Fachmänner zu Worte kommen, und
schließlich eine gar bunte Gruppe, in der Proben gegeben
werden, wie baukünstlerische Eindrücke sich in den Werken
von Dichtern widerspiegeln.

Es ist eine vielartig zusammengesetzte Schar, die da zusam-
mengeladen wird, aber wenn jeder Geladene in seiner Art
etwas Rechtes zu sagen weiß, begegnen sich in einem solchen
Kreise immer Geister, die zueinander passen, auch wenn sie
nicht sorgfältig nach Art und Stand sortiert sind.

Der Einlader sucht die einzelnen Gäste mit möglichst wenigen
Worten vorzustellen, und so wird sich der Leser hoffentlich
in dem verschieden gearteten Kreise, in den er nunmehr auch
geladen wird, wohl fühlen, wenn er den Äußerungen der
einen oder anderen dieser Gruppen lauscht.

F r i t z S c h u m a c h e r

I. TEIL

Marcus Vitruvius Pollio

Marcus Vitruvius Pollio schrieb „De architectura" —
„Zehn Bücher über Architektur" (Verlag Heitz, Straßburg 1912)
im ersten Jahrhundert v. Chr. Die Arbeit ist dem Kaiser Augustus
gewidmet. Wir bringen das erste Kapitel des ersten Buches.
Das Werk war während des Mittelalters verloren; als es im Beginn der Renaissancezeit wiedergefunden wurde, hat es ebenso
großen Einfluß ausgeübt wie die alten Bauwerke selbst.
1542 wurde in Rom eine eigene Vitruv-Akademie gegründet. Die
vielen Dunkelheiten des Textes, dessen Illustrationen verschwunden blieben, führten zu immer neuen Kommentaren bis in unsere
Zeit, die, wie die Probe zeigt, viele der Ausführungen nur als
historische Kuriosa werten kann.

ÜBER DAS WESEN DER ARCHITEKTUR
NEBST DER VORBILDUNG EINES
BAUKÜNSTLERS
Um 24 v. Chr.

Das Fach eines Architekten umfaßt eine auf weitreichen-
der Gelehrsamkeit und vielseitiger Bildung beruhende
Wissenschaft, da alle Gebilde der übrigen Künste der räumlichen Anordnung der baulichen Schöpfungen sich anbeque-
men müssen. Die Baukunde selbst ist aber begründet auf der
technisch-gewerblichen Fachkenntnis „Fabrica" und der ästhe-
tisch-theoretischen Befähigung der „Ratiocinatio" (Berechnung). Unter der praktisch-technischen Fertigkeit versteht man
aber die durch fortdauernde und beharrliche Übung gewonnene Erfahrung, mittels der ein beliebiges Baugebilde durch
Handarbeit aus einem geziemenden Stoff nach vorliegender
Planzeichnung hergestellt wird. Die theoretische Kenntnis hingegen besteht in dem geistigen Vermögen, die technisch entworfenen Objekte nach individuellem künstlerischem Gefühl
nebst ästhetischer Berechnung ihres geziemenden Ebenmaßes
auszugestalten und deren stilistische Bedeutung künstlerisch
zu erläutern.

Aus diesem Grunde vermochten die Baumeister, die ohne
kunstwissenschaftliche Bildung sich mit der mechanischen
Handfertigkeit im Zeichnen begnügten, es nicht dahin zu
bringen, mustergültige Werke zu erschaffen; wogegen diejenigen, die sich ausschließlich auf die theoretischen Studien
und Gelehrsamkeit verließen, einem Schatten nachzujagen
und nicht das wahre Ziel der Kunst zu erstreben schienen.
Diejenigen hingegen, die sich gründlich bemühten, nach den
beiden Richtungen mit dem vollen Rüstzeug der Kenntnisse
ausgestattet zu sein, haben rascher mit kunstgerechter Meisterschaft das erwünschte Ziel erreicht.

Wie bei allen geistigen Verrichtungen, so sind auch in der
Architektur vornehmlich zwei wesentliche Begriffe, nämlich
das, „was ein Baumeister räumlich wie bildlich darstellen soll"
und „was dasselbe in seiner Erscheinung künstlerisch ver-
gegenwärtigt", obwaltend. Ein Bauprojekt wird aber, seiner
zwecklichen Bestimmung entsprechend, zuerst im Plane angelegt, während seine nach den Regeln der Kunstlehre durch-
geführte äußere Gestaltung dessen stilistischen Wert kund-
gibt. Deshalb soll ein jeder, der sich vor der Welt als Baukünstler bekennt, in beiderseitiger Richtung wohl geschult
sein. Ein solcher muß nämlich ebenso erfinderisch wie zum
Verständnis der Wissenschaft befähigt sein, da weder Geistes-
anlage ohne praktische Schulung, noch technisches Wissen
ohne künstlerische Begabung einen vollendeten Meister der
Kunst zu erbilden vermag. Wer sonach der Architektur sich
widmet, soll, mit vielfältiger Gelehrsamkeit ausgerüstet, des
Zeichnens kundig, geschult in der Feldmeßkunst, mit der
Lehre der Optik vertraut, unterrichtet in der Rechenkunst und
in vielen Geschichtswerken bewandert sein, ferner die Philosophen mit Eifer gehört haben, Kenntnis in der Tonkunst besitzen, nicht unerfahren in der Heilkunst sein, die wichtigsten
Entscheidungen der Rechtsgelehrten wissen und sich Kenntnisse in der Sternkunde wie von den Bewegungen der Himmelskörper angeeignet haben.

Die Ursache dieser geistigen Erfordernisse liegt in folgendem begründet: Über wissenschaftliche Bildung muß der Architekt gebieten, damit derselbe durch kritisch schriftliche Erläuterungen seinen Schöpfungen ein dauerndes Angedenken für die Zukunft zu verschaffen vermöge. Weiterhin soll derselbe die Kunstfertigkeit des Zeichnens beherrschen, damit er befähigt sei, mittels der von ihm ausgeführten Entwürfe das seiner Phantasie vorschwebende Bild seines Projektes vor Augen zu führen.

Die Geometrie reicht hinwieder der Baukunst vielfach praktische Hilfsmittel dar, wie denn vornehmlich durch sie der Gebrauch des Lineals und des Zirkels gelehrt wird, mit deren Beihilfe man ohne besondere Geschicklichkeit die Pläne der Gebäude auf dem Bildrahmen auftragen sowie die Anlage der Winkel, die waagrechten Flächen nebst der den Plan umgrenzenden Linien zu bestimmen vermag. Anderseits wird man auf Grundlage der optischen Kenntnisse die Lichtöffnungen der Gebäude den betreffenden Himmelsgegenden angemessen am vorteilhaftesten verteilen. Mit Beihilfe der Arithmetik wird dann der nötige Kostenaufwand berechnet, die Maßeinteilungen der Bauelemente bestimmt, und ist man in der Lage, schwierige konstruktive Verhältnisse nach den geometrischen Grundsätzen und Formeln zu lösen.

Mit einem ausgedehnten Teil der Geschichtskunde muß überdies der Architekt vertraut sein, da die Baukünstler öfter mannigfache Zierden an ihren Werken anzubringen pflegen, über deren Bedeutung sie dem Fragesteller eine geziemende Aufklärung zu geben imstande sein müssen. In diesem Sinne wird, um ein Beispiel anzuführen, derjenige, der an Stelle von Säulen in lange Gewänder gehüllte weibliche Marmorfiguren, die man mit Karyatiden bezeichnet, an einer Bauschöpfung verwendet und auf letztere Gebälke nebst Kranzgesims gebreitet hat, den Leuten, die sich darüber erkundigen, folgende Auskunft erteilen. Karya, eine Stadt des Peloponnes, hatte sich mit den Persern feindlich gegen Griechenland

verbündet, worauf die Griechen, nachdem sie durch ihren Sieg
ruhmgekrönt vor der Feindesnot befreit waren, nach gemein-
schaftlichem Ratschluß den Karyatiden den Krieg ankündig-
ten. Als sie sodann die Stadt eingenommen, deren Männer
getötet und nach Austilgung ihrer staatlichen Gemeinde die
Weiber in die Knechtschaft abgeführt hatten, so erlaubten sie
diesen nicht, die langen Gewänder noch sonstige Frauen-
kleidung abzulegen, auf daß sie nicht ein einziges Mal nur im
Triumphe vorgeführt würden, sondern zum bleibenden Bilde
ihrer Knechtschaft, mit der schweren Schande belastet, immer-
dar die Strafe für die Schuld ihrer Stadt zu büßen schienen.
Deswegen brachten die Baukünstler jener Zeit deren Abbild
in Gestalt von lasttragenden Stützen an öffentlichen Gebäuden an, damit so die erwähnte Strafe für das Verbrechen der
Karyatiden auch dem Andenken der Nachkommen in monumentaler Form überliefert werde.

In ähnlichem Sinne haben ebenso die Lakedämonier, nachdem sie unter Pausanias, dem Sohne des Agesipolis, in der
Schlacht bei Plataeae durch ihre unbedeutenden Streitkräfte
die zahllose Schar des Heeres der Perser geschlagen hatten,
nach glanzvoll gefeiertem, mit eroberten Waffen und Schätzen
reich ausgestattetem Triumphzuge die Persische Halle aus der
Kriegsbeute als Zeuge des Verdienstes wie der Tapferkeit der
Bürger an Stelle eines Siegesdenkmals errichtet und hierbei
die Bildnisse der Gefangenen in ihrer barbarischen Kleidung
zur gerechten Schmach für ihren Übermut als das Decken-
werk stützende Pfeiler aufgestellt, damit ebensowohl die
Feinde, von dem Mute jener Kämpfer in Furcht versetzt, mit
Schauer erfüllt würden, wie anderseits die Bürger, zu jenem
Vorbilde kriegerischer Tat emporblickend, angespornt durch
solchen Ruhm sich nicht minder zur Verteidigung der Freiheit
bereit fänden. Seit jenen Tagen haben viele Künstler die Gestalten von Persern als Träger der Epistylbalken und Kranz-
gesimse verwendet und so durch diese plastische Beigabe ihre
Bauwerke mit einem trefflichen Motiv bereichert. Neben den

erwähnten gibt es jedoch noch mannigfache geschichtliche Be-
gebenheiten, von denen ein wahrer Architekt Kenntnis besitzen muß.

Das Studium der Philosophie verschafft aber dem Baukünstler
eine verfeinerte Sinnesart, damit er lieber nachgiebig als anmaßend sich zeige, daß er billig denkend und gewissenhaft
und, was das wichtigste ist, frei von Habsucht sei, da keine
Bauschöpfung ohne Redlichkeit und Uneigennützigkeit richtig
verwirklicht zu werden vermag; desgleichen soll derselbe
nicht mißgünstig sein und sein hauptsächliches Augenmerk
nicht darauf richten, Bauaufträge zu erlangen, sondern er be-
wahre zur Erhaltung seines guten Rufes mit Würde seine
Standesehre, wie solches die Philosophie ihm gebietet. Anderseits belehrt ihn die Philosophie über das Wesen der Natur,
welches Wissensgebiet auf griechisch Naturkunde, Physiologie,
benannt wird. Solche muß jedoch ein Architekt noch eifriger
betrieben haben, da in seinem Fache viele und verschieden-
artige das Gebiet dieser Wissenschaft berührende Fragen begegnen, wie das unter anderem bei dem Bau von Wasserleitungen der Fall ist, woselbst bekanntlich bei deren geradem
Lauf wie an ihren Krümmungen und ihren künstlich bewerk-
stelligten Erhebungen stellenweise ein von selbst entstehender
Luftdruck erzeugt wird, dessen schädliche Einwirkung nur
jener einzuschränken vermag, der sich durch philosophische
Studien mit den Grundgesetzen der Naturkräfte vertraut gemacht hat. Ebenso wird derjenige, der die Bücher des Ktesi-
bios oder Archimedes wie der übrigen Gelehrten liest, welche
Schriften über diese Richtung der Wissenschaft schrieben,
deren Sinn nicht zu erfassen imstande sein, wenn er nicht
durch philosophische Vorkenntnisse in jenes Wissensgebiet
eingeführt wurde.

In der Musik sei fernerhin der Baukünstler erfahren, damit
er ein Verständnis von dem Rhythmus der Töne und deren
mathematischen Regeln besitze, um vornehmlich befähigt zu
sein, die Anfertigung von Ballisten, Katapulten und Skorpionen

ordnungsgemäß zu leiten. An den Mittelbalken jener Wurf-
maschine befinden sich nämlich rechts und links zur Erzeu-
gung der beiderseits gleichmäßigen Töne künstlich ein-
gebohrte Löcher, durch die nämlich mittels Winden, Haspeln
und Hebeln aus Darmsaiten gewundene Stricke gespannt
werden, die man nicht eher zu verkeilen und befestigen pflegt,
als bis sie einen nach dem Gehör des Werkmeisters richtig
befundenen und gleichartigen Klang von sich geben. Die
Arme des Wurfgeschosses, die in die Verklammerung zur
Verspannung der Stricke mit eingepaßt werden, müssen nämlich beim Losdrücken des Geschosses beiderseits einen gleichmäßigen und gleich starken Anschlag hervorbringen. Waren
die Saiten hingegen vor dem Schuß nicht auf den nämlichen
Ton gestimmt, so wird hierdurch der gerade Flug der Wurf-
geschosse vereitelt.

In analoger Weise werden auch die erzenen Gefäße, die auf
griechisch Echeia heißen, in den hohlen Behältern unter den
Sitzreihen der Theater nach mathematischer Berechnung der
Tonintervalle aufgestellt, der Melodie wie Harmonie der
musikalischen Komposition entsprechend, in Abständen angeordnet, indem man die Quart, Quinte wie Doppeloktave
rings in den Sitzreihen dergestalt verteilt, daß die auf der
Bühne gesprochenen Laute, sobald sie in die planmäßig geordneten Gefäße eindringen, im Schall verstärkt, mit hellerem
und anmutigerem Klang zu den Ohren der Zuschauer dringen. Ebenso wird auch niemand Wasserorgeln oder diesen
ähnliche Instrumente ohne Einsicht in die musikalischen Gesetze zu verfertigen vermögen.

Mit der Heilkunst muß sich anderseits ein Baumeister wegen
der nötigen Kenntnis der Witterungsverhältnisse, welche die
Griechen Klimata heißen, sowie zur Beurteilung der der Gesundheit zuträglichen oder schädlichen örtlichen Luftströmun-
gen samt den besonderen Eigenschaften des Wassers beschäftigt haben, da ohne Berücksichtigung dieser Umstände keine

gesunde Anlage von Wohnungen ermöglicht ist. Aus dem Gebiet der Rechtswissenschaft muß er jene Vorschriften kennen, die bei den an eine Straße anmündenden Gebäulichkeiten in betreff der Grenzmauern, des Ablaufes der Dachtraufen, der Abzugskanäle sowie der Fensteranlagen einzuhalten sind. Nicht minder seien die Architekten über die Vorschrift der Ableitung des Regenwassers, und was sonst hierzu gehört, unterrichtet, damit sie schon vor Aufrichtung der Bauwerke Fürsorge tragen, daß späterhin nach Vollendung der Bauarbeiten unter den beiderseitigen Hofraitenbesitzern kein Rechtsstreit entstehe, und daß bei dem schriftlichen Bauvertrag mit Vorsicht das Rechtsverhältnis des Bauherrn gleich jenem des Bauunternehmers gewahrt sei; denn sobald der Baukontrakt mit der nötigen Umsicht schriftlich abgefaßt ist, so bewirkt derselbe, daß die Bauarbeit ohne Beeinträchtigung der einen wie der andern Partei zu Ende geführt werde. Weiterhin lernt man endlich aus der Sternkunde, Astrologie, die östliche, westliche, südliche und nördliche Luftrichtung bestimmen sowie die Gesetze des Himmels, so die Tag- und Nachtgleiche nebst der Sonnenwende und den Lauf der Gestirne erforschen. Ist aber jemand in diesem Gebiet nicht bewandert, so vermag er sich in keiner Art ein Verständnis von der Herrichtung der Uhrwerke anzueignen.

Da nach diesen Voraussetzungen das geistig so hochbedeutsame Gebiet der Baukunst eine so reiche Fülle getrennter wie mannigfacher wissenschaftlicher Bildung in sich begreift, so bezweifle ich, daß jemand in Wirklichkeit ohne Vorbildung aus Naturanlage als Architekt aufzutreten vermöge, welcher nicht, vom Knabenalter an allmählich durch die einzelnen Stufen der Wissensgebiete sich emporarbeitend, mit Kenntnis vielfacher Gelehrsamkeit wie Kunsterfahrung ausgerüstet, die erhaben geweihte Stätte der Baukunst betritt.

Doch dürfte es vielleicht den mit dem Fach nicht betrauten Leuten wunderbar dünken, daß der Menschenverstand eine so große Menge von Lehrfächern ernstlich zu erfassen und im Gedächtnis zu bewahren imstande sei. Wenn diese sich hingegen überzeugt hätten, daß alle Wissenszweige eine innere Verwandtschaft nebst sachliche wie geistige Verbindung besitzen, so würden sie ohne Bedenken begreifen, daß solches leichthin zu erreichen sei. Denn das jede geistige Tätigkeit umfassende Gebiet der Wissenschaft gleicht einem organisch einheitlichen Körper, der in seinen Gliedern aus den einzelnen Fächern zusammengefügt erscheint, deshalb werden jene, die von früher Jugend auf einen genügend vielseitigen Unterricht genießen, in allen Wissenszweigen die nämlichen Grundzüge wie eine gegenseitig sich ergänzende Verwandtschaft jeder Lehre erkennen und hiernach alle Gebiete ohne besondere Schwierigkeiten erfassen. Zwar spricht Pythius, ein Vertreter der alten Kunst, welcher den Tempel der Minerva zu Priene in rühmlicher Weise einst als Architekt leitete, in seinen schriftlichen Aufzeichnungen sich dahin aus: „Ein Architekt müsse in den gesamten Kunstgebieten die Wissenszweige mehr zu schaffen vermögen als diejenigen, welche in ihren besonderen Fächern durch beharrlichen Fleiß und Übung sich das höchste Ansehn errangen." Solches aber entspricht nicht völlig der Tatsache.

Ein Baukünstler braucht und kann wohl weder sprachwissenschaftlich gebildet sein, wie ein Aristarchos es war, allein in der Sprachkunde bewandert sein, noch ein Meister der Musik wie Aristoxenes, wenn er auch der Tonkunst nicht fremd sein darf, kein Maler gleich Apelles, doch nicht ungeübt im Zeichnen, nicht Bildhauer, wie etwa ein Myron oder Polykleitos, doch mit dem Wesen der Plastik vertraut, wenn nicht Arzt gleich Hippokrates, doch der Arzneikunde nicht abhold, überdies, wenn immer in den weiteren Wissensgebieten nicht hervorragend, doch in dieselben eingedrungen sein. Bei der so großen Mannigfaltigkeit der Fachgebiete vermag nämlich niemand eine tiefere Einsicht in jede einzelne Richtung sich anzueignen, da schon die nähere Kenntnis wie das Verständnis ihrer allgemeinen Theorien das menschliche Geistesvermögen kaum zu erfassen vermag.

Doch ist nicht den Baukünstlern allein versagt, in all den geistigen Richtungen den höchsten Erfolg zu erreichen, vielmehr werden selbst diejenigen, welche für ihre Person einem besondern Zweig der Kunst sich widmen, es nicht dahin bringen, daß sie alle ohne Ausnahme den höchsten Lobpreis sich erringen. Wenn somit nur einzelne Meister in ihren speziellen Kunstbranchen, und zwar keineswegs alle, sondern nur .venige Auserlesene mit dem Kraftaufwand ihrer vollen Lebenszeit kaum mit Mühe eine Berühmtheit in ihrer Sonderweise erlangten, wie vermöchte ein Architekt, der doch in vielseitigen Kunstgebieten bewandert sein muß, dies alles in eigener Person so bewundernswert und bedeutungsvoll zu beherrschen, daß er in keinem Fachgebiet vor andern zurückstehe, ja selbst jene Meister noch übertreffe, die ihren eigenen Fächern ununterbrochen mit dem äußersten Fleiße ihre Lebenstätigkeit widmeten?

Demnach scheint Pythios sich in dem fraglichen Falle geirrt zu haben, indem er nicht bedachte, daß jeweilig alle Künste auf zwei Grundbegriffen, nämlich dem technischen Teile der Schöpfung, opus, und ihrer ästhetischen Durchbildung, ratiocinatio, beruhen. Von diesen beiden Befähigungen, und zwar zunächst der Kenntnis der praktischen Ausführung, kommt die wahre nötige Erfahrung denjenigen zu, die in der Handhabung der betreffenden Kunstzweige eingeschult sind; das weitere, das heißt das geistig-theoretische Verständnis, ist allen Gebildeten gemeinsam eigen, wie unter anderem die Ärzte und Musiker sowohl das Zeitmaß des Pulsschlages der Adern als auch die Taktbewegung der Tanzenden beiderseits richtig beurteilen können. Sollte hingegen eine Wunde geheilt oder ein Kranker der Lebensgefahr entrissen werden, so wird man hierzu keinen Musiker rufen, vielmehr bliebe der Fall dem Arzt allein überlassen. Ebenso wird auf einer

Wasserorgel der Tonkünstler und nicht der Arzt spielen, damit die Zuhörer den dem Instrument eigenen Reiz durch den
musikalischen Vortrag empfangen.

Auf ähnliche Art wird man mit den Sternkundigen und Musikern über die Wechselwirkung der Himmelskörper, die
gegenseitigen mathematischen Beziehungen der Quadrate und
Dreiecke, dem Wesen der Quart und Quinte, ebenso mit den
Geometern über das Nivellieren, das auf griechisch „Logos
optikos" heißt, sich gegenseitig zu unterhalten vermögen, sowie es überhaupt in allen Wissensgebieten viele solcher
Gegenstände gibt, ja man darf behaupten, über alle Fragen
den Gebildeten zum wenigsten ein allgemeiner geistiger Austausch offen steht. Die Ausführung der Werke selbst hingegen, die mittels Handarbeit wie sonstiger technischer Beihilfe erst ihre feinere Durchbildung erhält, bleibt die Aufgabe derjenigen, die in der Herstellung des jeweiligen Kunst-
handwerkes eigens bewandert sind. Mehr als genügend
scheint deshalb ein Studierender unterwiesen zu sein, der aus
den verschiedenen Wissenszweigen, insoweit sie in das Reich
der Baukunst einschlagen, die geeigneten Abteilungen und
deren gesetzliche Wesenheit, wenn auch nur in beschränktem
Maße, erlernt hat, damit ihm, falls er über die fachmännischen
Gegenstände wie ihren künstlerischen Wert ein Urteil oder
Gutachten abzugeben hat, nicht die hierzu erforderliche Befähigung mangele.

Die Menschen hingegen, denen die Natur eine so hohe Klugheit, Scharfsinn und Gedächtnisvermögen verliehen hat, daß
sie die Geometrie, Sternkunde, Tonkunst nebst den andern
wissenschaftlichen Lehrfächern völlig zu beherrschen befähigt
sind, diese überragen noch den Schaffenskreis des Architekten und schwingen sich zu Vertretern der mathematischen
Wissenschaft empor. Solchen Männern fällt es deshalb leicht,
sich an dem Streit mit Fachleuten der übrigen Wissensgebiete
zu beteiligen, da ihnen die Hilfsmittel einer so reichen

Gelehrsamkeit zur Seite stehen. Derartige Leute finden sich dagegen selten, unter welche der Samier Aristarchos, Philolaos und Archytas aus Tarent, Apollonis aus Perga, Eratosthenes aus Kyrene, Archimedes und Skopinas von Syrakus zu zählen sind; welch letztere viel mechanische Instrumente sowie Uhrwerke durch Berechnung nach dem Naturgesetz wie sonstigen wissenschaftlichen Untersuchungen hergestellt und mit Beifügung der technischen Erläuterungen der Nachwelt überliefert haben.

Da nun einmal eine solche geistige Befähigung von der Vorsehung der Natur nicht ohne Unterschied der gesamten Volksmasse, sondern nur wenigen auserlesenen Männern beschieden ist, der Beruf eines Baukünstlers aber eine Erfahrung in all den besagten Fächern voraussetzt und die menschliche Vernunft bei der Unbegrenztheit des Gebietes billigerweise nicht die höchste Kenntnis in jeglicher Richtung verlangt, vielmehr eine mäßige Einsicht in jene Wissensgebiete für genügend erachtet, so ersuche ich dich, o Cäsar, sowie jene, die meine Bücher dereinst lesen werden, mir zu vergeben, wenn ich etwa in meiner Schrift gegen die Regeln der Sprachwissenschaft einen Fehler beging. Denn ich habe nicht als hochgelehrter Philosoph, noch gewandter Meister der Beredsamkeit, noch mit dem tiefsten Wesen der Stilistik vertrauter Gelehrter in der Sprachkunde, sondern nur als ein mit jenen Fächern so gut als tunlich bewanderter Architekt dieses Werk zu verfassen unternommen. Hiergegen verpflichte ich mich, über das Reich der Kunst wie die gesetzlichen Regeln, auf welche diese begründet ist, in den folgenden Büchern nicht nur für die im Baufach selbst Tätigen, sondern nicht minder, wie ich hoffe, zum Verständnis aller Gebildeten mit möglichster Glaubwürdigkeit in klar verständlicher Weise mich zu verbreiten.

Lukianos

Der griechische Satiriker L u k i a n o s , der im zweiten Jahrhundert n. Chr. lebte, war berühmt als Vortragsredner. Man
nimmt an, daß seine „Lobrede auf einen schönen Saal" die Einleitung für eine Vorlesung seiner Satiren bei einem reichen
Gönner war.
Das den „Sämtlichen Werken" (Verlag Georg Müller, München)
entnommene Stück ist gekürzt wiedergegeben.

LOBREDE AUF EINEN SCHÖNEN SAAL
Um 150 n. Chr.

Wie? Alexander sollte beim Anblick des Kydnos, wie er
ihn so schön und so klar, daß man bis auf den Grund
sehen konnte, kühl in der größten Sommerhitze, und weder
so tief noch so reißend, daß er einem Badenden gefährlich
oder unangenehm hätte sein können, sah, Alexander, sage
ich, sollte beim Anblick eines so schönen Flusses lüstern genug geworden sein, sich in ihm zu baden, daß ich sogar
zweifle, ob die augenscheinlichste Gewißheit des Fiebers, das
er sich dadurch zuzog, ihn davon hätte zurückhalten können:
und ein Redner von Profession sollte beim Anblick eines so
außerordentlich großen, so ungemein schönen, so wohl er-
leuchteten, von so vielem Golde schimmernden und mit so
herrlichen Gemälden ausgeschmückten Saales nicht von einer
unwiderstehlichen Lust ergriffen werden, eine Rede in ihm
zu halten, in ihm zu gefallen und sich Ehre zu machen, ihn
mit seiner Stimme auszufüllen, kurz, selbst ein Teil seiner
Schönheit zu werden? Er sollte sich begnügen können, ihn
bloß anzuschauen, zu betrachten und stillschweigend zu bewundern und, als ob er stumm wäre oder aus Neid zu schweigen sich vorgenommen hätte, wieder davongehen, ohne ihm
seine Bewunderung durch Worte ausgedrückt zu haben?
Wahrlich, das wäre nicht, was man von einem Manne von
Geschmack und von einem warmen Liebhaber alles Schönen
zu erwarten berechtigt ist! Nur ein roher Mensch, ein Mensch
ohne alles Gefühl für Schönheit und Kunst, ein von allen

Musen verlassener Mensch könnte dessen fähig sein und würde dadurch beweisen, daß ihm die schönsten Dinge fremd wären, daß er sich unwürdig und unfähig halte, von dem zu sprechen, was gebildeten Menschen das lebhafteste Vergnügen macht, und nicht wisse, daß es einem gelehrten Manne nicht erlaubt ist, sich beim Anschauen schöner Kunstwerke wie ein ungelehrter zu benehmen. Die letzteren mögen sich immerhin begnügen, zu tun, was auch die gemeinsten Leute in diesem Falle tun, die Augen aufzureißen und herumzusehen, von einem zum anderen zu gehen und alles anzustaunen, und an die Decke hinaufzuschauen, und die Hände vor Verwunderung aufzuheben und ihr Vergnügen stillschweigend zu genießen, aus Furcht, etwas zu sagen, das ihre Unwissenheit verrate, oder doch nichts sagen zu können, das des Gegenstandes würdig wäre. Wer hingegen schöne Werke mit einiger Kenntnis sieht, der begnügt sich, meines Erachtens, schwerlich, bloß seine Augen daran zu weiden und ein stummer Anschauer ihrer Schönheit zu sein: sondern er wird sich soviel als möglich damit zu beschäftigen und das Vergnügen des Anschauens durch Reden gleichsam zu bezahlen suchen.

Die Schönheit dieses Saales verlangt einen empfänglichen Zuschauer, einen, dessen Urteil nicht bloß in den Augen ist, sondern der das, was er sagt, auch mit Gründen zu belegen weiß. Denn daß er zum Beispiel gegen den schönsten Teil des Tages, gegen die aufgehende Sonne liegt, und also, sobald seine Flügeltüren aufgetan werden, bis zum Überfluß mit Licht erfüllt wird — eine Richtung, die unsere Alten auch den Tempeln zu geben pflegten —, daß die Länge zur Breite und beide zur Höhe ein so schönes Verhältnis haben, und daß er mit Fenstern versehen ist, die man nach Erfordernis jeder Jahreszeit öffnen oder verschließen kann: wie sollte nicht alles das, da es so viel zur Anmut eines Gesellschaftssaales beiträgt, besonders angemerkt und gelobt zu werden verdienen?

Nicht weniger wird ein Kenner an der Decke desselben bewundern, daß sie bei aller ihrer Schönheit nichts Entbehrliches, bei allen ihren Verzierungen nichts hat, das man anders wünschen möchte, und daß die Vergoldungen so schicklich und mit einer so weisen Ökonomie angebracht sind, daß sie die Schönheit des Ganzen erheben, ohne durch einen prahlerischen Anspruch auf Reichtum zu beleidigen. So begnügt sich eine züchtige schöne Frau, um ihre Schönheit zu erheben, mit einem dünnen goldenen Kettchen um den Hals, mit einem leichten Ring am Finger, an ganz einfachen Ohrringen, mit einer Schnalle oder einem Bande, um den herabwallenden Teil ihrer Haare zusammenzuhalten; kurz, sie verlangt nicht, daß ihre Gestalt mehr durch ihren Schmuck gewinnen soll, als ihr Kleid durch eine Verbrämung mit Purpur. Die Hetären hingegen, zumal die häßlicheren, glauben, sie können im Putze nie zuviel tun: ihre ganze Kleidung muß von Purpur, ihr ganzer Hals übergüldet sein; sie suchen die Augen wenigstens durch die Kostbarkeit ihres Schmuckes anzulocken und trösten sich durch erborgte Reize über das, was ihnen selbst abgeht. Sie bilden sich ein, ihr Arm werde durch den Glanz eines goldenen Armbandes weißer scheinen, hoffen den Mangel eines niedlichen Fußes durch vergoldete Sandalen zu verbergen und glauben, ihr Gesicht selbst werde durch funkelnde Juwelen desto liebenswürdiger werden, wohingegen eine ehrbare Frau nicht mehr Gold an sich hat, als die Gewohnheit schlechterdings erfordert, und nicht erröten würde, sich auch ohne einen anderen Schmuck als ihre bloße Schönheit sehen zu lassen. Ebenso ist die Decke dieses Saales, die man sich im Verhältnis zum Ganzen wie das Haupt an einem schönen Körper vorstellen kann, abgesehen davon, daß sie an sich selbst schön ist, zwar mit Gold verziert, aber nicht anders als wie der nächtliche Himmel mit Sternen, deren Funkeln bloß durch die Zwischenräume eine zugleich so angenehme und prächtige Wirkung tut; wohingegen er uns, wenn er lauter Feuer wäre, nicht schön, sondern fürchterlich vorkommen würde. Überdies ist zu bemerken, daß das Gold hier weder müßig noch bloß zum Vergnügen den übrigen Dekorationen beigemischt worden ist, sondern auch über den ganzen

Saal einen gewissen gelblichen Glanz reflektiert, der dem
Auge wohl tut; zumal wenn das Sonnenlicht darauf fällt und,
indem es sich mit dem Golde vermischt, den angestrahlten
Teilen einen neuen Feuerglanz gibt, dessen lebhafterer Schimmer von den unbestrahlten auf das angenehmste absticht. Die
Decke oder der Plafond dieses Saales verdiente also wohl
einen Homer zum Lobredner, der sie ohne Zweifel hypsoro-
phon, wie das Schlafzimmer der Helene, oder aigleenta, wie
den Olympos, genannt haben würde. Aber die ganze übrige
Verzierung und besonders die Malereien an den Wänden,
das schöne Spiel der Farben und die Lebhaftigkeit, die Wahrheit und den ungemeinen Fleiß, womit alles dargestellt und
ausgearbeitet ist, wüßte ich, der Wirkung nach, die es auf
das Auge ausübt, nicht besser als mit dem Anblick des Früh-
lings und einer blumenvollen Wiese zu vergleichen; ausgenommen, daß jene verblühen, welken und ihre Schönheit
wieder verlieren, hier aber ein ewiger Frühling, eine immer
blühende Wiese und ein unverwelklicher Flor zu sehen ist,
woran das Auge sich weidet und ewig sich weiden kann, ohne
daß ihm etwas von seiner Anmut durch den Genuß entzogen
wird.
Was Wunder also, wenn die Schönheit dieses Saales sowohl
zum Reden auffordert, als den Redenden in Feuer setzt und
es ihm auf alle mögliche Art leicht macht, Ehre einzulegen?
Ich selbst erfahre ja diese Wirkung an mir, und erfuhr sie
schon vorher, indem ich bloß in der Absicht, mich hören zu
lassen, in diesen Saal gekommen bin, von seiner Schönheit
wie von einem Zaubervogel oder einer Sirene angelockt und
voller Hoffnung, wie unbedeutend auch mein Talent bisher
gewesen sein möge, so werde es jetzt, gleich einem unansehn-
lichen Menschen in einem schönen Kleide, durch den Ort ver-
schönert und erhoben werden.
Aber ich sehe mich mitten im Sprechen von einer anderen
Rede, und einer, die sich nichts Schlechtes zu sein dünken
läßt, unterbrochen; und während ich einhalte, um zu hören,
was sie wolle, sagt sie mir gerade ins Gesicht, ich habe etwas

Falsches behauptet, und sie wundere sich, wie ich sagen
könne, die Schönheit eines mit Malerei und Vergoldung ausgeschmückten Saales sei einem Redner, der sich hören lassen
will, vorteilhaft, da doch, ihrer Meinung nach, gerade das
Gegenteil der Fall sei. Wenn es euch also gefällt, so soll sie
selbst hervortreten und euch, als Richter zwischen mir und
ihr die Gründe vortragen, warum sie einen schlechten und
unausgezierten Ort dem Redenden für zuträglicher halte.
Was ich zu sagen hatte, habt ihr gehört, so daß es ganz un-
nötig wäre, wenn ich das nämliche zweimal sagen wollte.
Meine Gegnerin mag also immerhin auftreten und reden: ich
will schweigen und ihr auf eine kleine Weile meinen Platz
überlassen.

Meine Herren also (spricht sie), der Redner, der vor mir
sprach, hatte eine Menge schöner Sachen zum Lobe dieses
Saales vorgebracht, gegen welche ich so weit entfernt bin,
etwas einwenden zu wollen, daß ich sogar gesonnen bin, noch
verschiedenes nachzuholen, was er übergangen hat. Denn je
schöner der Saal euch dünken wird, desto nachteiliger für
den, der darin reden will, werdet ihr ihn zu halten genötigt
sein. Vor allen Dingen erlaubt mir, die Vergleichung, die mein
Gegner von den Weibern und ihrem Putz und Schmuck hergenommen hat, gegen ihn selbst geltend zu machen. Ich behaupte also, daß ein reicher Schmuck einer schönen Frau nicht
nur nichts dazu helfen könne, um schöner zu scheinen, sondern daß er gerade das Gegenteil wirke: denn der Glanz des
Goldes und der Edelsteine blendet den Anschauenden, und
anstatt daß er die Gesichtsfarbe oder die Augen oder den
Hals oder den Arm oder die Hand der Dame bewundert
hätte, bleibt er an einer Gemme, einem Smaragd, einer Hals-
kette oder einem Armbande hangen; so daß die Schöne alle
Ursache hat, es übel zu finden, daß sie selbst vor lauter Putz
und Schimmer übersehen wird, weil die Anschauer keine
Muße haben, sich mit ihr aufzuhalten und nur, gleichsam im
Vorbeigehen, einen flüchtigen Blick auf sie werfen können.
Das nämliche, denke ich, muß demjenigen begegnen, der

mitten unter so vielen schönen Kunstwerken eine Probe seiner Beredsamkeit ablegen will.

Ich kann euch aber, wenn ihr es verlangt, auch noch einen weisen Mann als Zeugen aufstellen, der sich nicht weigern wird, mir zu bezeugen, daß der Eindruck von dem, was man sieht, unvergleichlich viel stärker ist als von dem, was man hört. Es ist kein geringerer als Herodotos, der in seiner Kalliope ausdrücklich sagt: die Ohren sind nicht so gläubig als die Augen. Er räumt also, wie ihr seht, dem Gesicht die erste Stelle ein, und das mit Recht. Denn die Worte sind (wie Homer zu sagen pflegt) geflügelt und flattern, sowie sie entstehen, wieder davon. Das Vergnügen hingegen, das uns Dinge, die wir sehen, gewähren, verweilt und bleibt bei uns und kann sich unser also völlig bemächtigen.

Noch einmal, meine Herren, müßt ihr nicht gestehen, daß dies alles nur sehr geeignet ist, die Zuhörer zu zerstreuen und ihre Augen auf eine zu angenehme Art zu beschäftigen, als daß ein Redner sich einige Aufmerksamkeit von ihnen versprechen dürfte? Indessen ist meine Absicht hierbei keineswegs, meinem Gegner einen schlimmen Dienst bei euch zu erweisen und ihn für einen vermessenen Prahler auszugeben, der sich selbst in Schwierigkeiten, die seine Kräfte übersteigen, verwickelt habe und nicht verdiene, daß ihr dem, was er euch vorzutragen gedenkt, ein günstiges Ohr leiht. Im Gegenteil, ich habe euch vielmehr dadurch geneigt machen wollen, desto mehr Nachsicht mit ihm zu haben und ihm durch euren guten Willen die Schwierigkeit seines Unternehmens, unter so nachteiligen Umständen euren Beifall zu erhalten, besiegen zu helfen. Denn auch so wird er noch immer Mühe genug haben, etwas vorzubringen, das nicht ganz unwürdig scheine, in einem so prächtigen Saale angehört zu werden. Übrigens laßt euch nicht befremden, daß ich diese Fürbitte für einen Gegner einlege: denn meine Bewunderung für diesen Saal ist so groß, daß ich einem jeden, wer es auch sei, der sich in demselben hören lassen will, einen glücklichen Erfolg gönnen möchte.

Flavius Josephus

Flavius Josephus (37–100 n. Chr.), eine der eigentümlichsten Erscheinungen der Spätantike, ist der Historiker des Jüdischen Krieges. Selbst Jude und als Kommandant der von ihm heldenmütig verteidigten Festung Jotapata in römische Gefangenschaft geraten, wohnte er später der Belagerung Jerusalems im römischen Lager bei, die mit der Einnahme der Heiligen Stadt durch Titus, ihrer Zerstörung, der Einäscherung des Tempels und der grausamen Bestrafung des unglücklichen Volkes endete (September 70 n. Chr.). Das Meisterwerk des Josephus, die „Geschichte des Jüdischen Krieges", das ursprünglich in der syro-chaldäischen Muttersprache des Josephus geschrieben wurde, aber nur in einer griechischen Umarbeitung von seiner Hand überliefert ist, enthält im 5. Buch eine Beschreibung der Stadt Jerusalem und ihrer glänzenden Bauten, der das nachfolgende 5. Kapitel mit der Darstellung des T e m p e l s u n d der B u r g A n t o n i a entnommen ist. (Deutsche Übertragung von Heinrich Clementz, Verlag Benjamin Harz, Berlin und Wien 1923.)

JERUSALEM ZUR ZEIT DES TITUS

Um 80 n. Chr.

Der T e m p e l war auf dem Rücken eines stark befestigten Hügels erbaut. Anfangs hatte der Gipfelraum des letzteren kaum für das eigentliche Tempelgebäude und den Altar gereicht, da der Hügel auf allen Seiten steil und abschüssig war. Nachdem aber König Solomon, der erste Erbauer des Tempels, den östlichen Teil mit einer Böschungsmauer umgeben hatte, wurde auf dem Erdaufwurf eine Säulenhalle, damals die einzige, errichtet; an den übrigen Seiten dagegen stand der Tempel noch frei. In den folgenden Jahrhunderten erbreiterte das Volk durch fortgesetzte Anschüttungen die ebene Fläche auf dem Hügel; dann durchbrach man auch die nördliche Mauer und nahm noch so viel Raum hinzu, als nachher die Einfriedigung des ganzen Tempelbezirkes umschloß. Nachdem nun der Hügel von seinem Fuß an mit einer dreifachen Terrasse unterbaut und so ein alle Erwartungen übersteigendes Werk zu Ende geführt war – während einer Reihe von Jahrhunderten hatte dazu der gesamte Tempelschatz, in welchen die aus der ganzen Welt Gott dargebrachten Opfergaben flossen, verwendet werden müssen –, umgab man sowohl den oberen als den unteren Raum des Heiligtums mit einer Ringmauer, deren niedrigster Teil auf einem dreihundert Ellen hohen und stellenweise sogar noch höheren Unterbau ruhte. Doch war nicht die ganze Tiefe dieses Fundamentes sichtbar; denn größtenteils hatte man die Vertiefungen ausgefüllt, um sie mit den Gassen der Stadt auf gleiche Höhe zu bringen. Die zu dem Unterbau verwendeten Felsstücke hatten eine Größe von je vierzig Ellen. Die reichlich vorhandenen Geldmittel und der Wetteifer des Volkes förderten übrigens das Unternehmen in kaum glaublicher Weise, so daß es möglich wurde, durch Beharrlichkeit mit der Zeit ein Werk fertig zu stellen, dessen Vollendung man früher nie zu erhoffen gewagt hatte.

Würdig solcher Fundamente waren aber auch die auf ihnen errichteten Bauten. Sämtliche Hallen waren doppelt und ruhten auf fünfundzwanzig Ellen hohen Säulen, die aus dem weißesten Marmor bestanden und ein Getäfel von Zedernholz trugen. Die Kostbarkeit des Materials, seine schöne Bearbeitung und harmonische Zusammenfügung gewährten einen unvergeßlichen Anblick, und doch hatte weder der Pinsel des Malers noch der Meißel des Bildhauers das Werk von außen geschmückt. Die Breite der Hallen betrug dreißig Ellen, und der ganze Umfang derselben, die Antonia mit eingerechnet, sechs Stadien. Der gesamte nicht überdachte Raum war mit Mosaik von allerhand Steinen gepflastert. Ging man über diesen Hof, so kam man an ein den zweiten Tempelraum umschließendes, drei Ellen hohes Steingitter von sehr gefälliger Arbeit. An ihm waren in gleichen Abständen Säulen angebracht, welche das Gesetz der Reinigkeit teils in griechischer, teils in römischer Sprache verkündeten, daß nämlich kein Fremder das Heiligtum betreten dürfe; denn so hieß dieser zweite Raum des Tempels, zu dem man auf

vierzehn Stufen aus dem ersten hinanstieg.[1] Die Fläche des
Heiligtums bildete ein Viereck und war mit einer besonderen
Mauer umgeben. Die äußere Höhe dieser Mauer, welche
eigentlich vierzig Ellen betrug, wurde zum Teil durch die
Treppe verdeckt. Innen dagegen erschien die Mauer nur
fünfundzwanzig Ellen hoch; denn da sie an einen höheren,
mit Treppen versehenen Raum angebaut und in ihrem unteren Abschnitt durch den Hügel verdeckt war, konnte man
sie hier nicht in ihrer ganzen Höhe sehen. Zwischen der
obersten, vierzehnten Treppenstufe und der Mauer befand
sich übrigens noch ein ganz ebener Raum von zehn Ellen.
Von hier aus führten sodann weitere fünfstufige Treppen zu
den Toren, deren zusammen acht gegen Süden und Norden,
nämlich vier nach jeder dieser beiden Richtungen, und zwei
gegen Osten sahen. Letzteres hatte seinen guten Grund;
denn da man nach dieser Himmelsgegend für die Frauen
einen eigenen Platz, wo sie ihre Andacht verrichten konnten,
umfriedigt hatte, so war auch ein zweites Tor erforderlich,
welches dem ersten gegenüber die Mauer durchbrach. Auch
von den anderen Himmelsgegenden, nämlich von Süden und
von Norden, führte je ein Tor in den Vorhof der Frauen.
Durch die anderen Tore einzutreten, war den Frauen nicht
gestattet; ja sie durften, auch wenn sie durch das ihrige hin-
eingelangt waren, die Umfriedigung nicht überschreiten.
Dieser Platz stand übrigens einheimischen wie fremden jüdischen Frauen ohne Unterschied zur Verrichtung ihrer Andacht offen. Die Westseite hatte kein Tor, sondern es lief
hier die Mauer ununterbrochen fort. Die Hallen, welche
zwischen den Toren an der inneren Seite der Mauer angebracht waren und zu den Schatzkammern führten, ruhten auf
überaus schönen und großen Säulen. Sie bildeten nur eine
einfache Reihe, standen aber, abgesehen von der Größe,
denen des unteren Hofes in keiner Beziehung nach.
Neun der Tore waren einschließlich ihrer Pfosten und Ober-

---

1 Das heißt, wenn man das Steingitter passiert hatte.

schwellen über und über mit Gold und Silber bekleidet; eines, das Außentor des eigentlichen Tempels, war sogar von korinthischem Erz und übertraf die versilberten und vergoldeten ganz bedeutend an Wert. Jedes Tor hatte zwei je dreißig Ellen hohe und fünfzehn Ellen breite Flügel. Gleich hinter dem Eingang erweiterte sich der Raum nach beiden Seiten hin mittels turmartiger Nischen von dreißig Ellen Breite und über vierzig Ellen Höhe, deren jede auf zwei im Umfang zwölf Ellen messenden Säulen ruhte. Alle Tore hatten gleiche Größe; nur dasjenige, welches oberhalb des korinthischen Tores aus dem Vorhof der Frauen von Osten her ins Heiligtum sich öffnete und dem Tor des Tempelgebäudes gegenüberlag, war bedeutend größer. Es hatte nämlich eine Höhe von fünfzig Ellen und Türen von vierzig Ellen Breite, auch viel reicheren Schmuck und ganz massive Gold- und Silberbekleidung. Diese Metallbeschläge hatte an den neun Toren Alexander, der Vater des Tiberius, anbringen lassen. Fünfzehn Stufen führten von der Mauer, welche den Vorhof der Frauen begrenzte, zu dem größeren Tore, fünf Stufen weniger als zu den anderen Toren.

Zum Tempelhause selbst, welches inmitten des geweihten Heiligtums stand, stieg man auf zwölf Stufen hinan. Die Front des Gebäudes war gleich hoch und breit, nämlich hundert Ellen, das Hintergebäude aber um vierzig Ellen schmäler, da der Vorderbau rechts und links flügelförmig zwanzig Ellen weit über dasselbe hinausragte. Das vordere Tor des Heiligtums, siebzig Ellen hoch und fünfundzwanzig breit, hatte keine Türen; denn es sollte ein Sinnbild des unabsehbaren, offenen Himmels sein. Seine Vorderseite war überall vergoldet, und wenn man hindurchsah, hatte man den vollen Anblick des eigentlichen Tempelhauses, welches zugleich das höchste Bauwerk des Tempels war. Auch um die nach einwärts schauende Öffnung des Tores strahlte alles von Gold. Der innere Tempelraum zerfiel also in zwei Abteilungen; offen aber war nur die vordere, die in ununterbrochener Höhe neunzig, in der Länge fünfzig und in der Breite etwa

zwanzig Ellen maß. Das Tor, welches in diese Abteilung
führte, war, wie gesagt, durchweg vergoldet, samt der ganzen
dasselbe umgebenden Wand; über ihm befanden sich goldene Rebzweige, von welchen mannsgroße Trauben herab-
hingen. Die andere der beiden Abteilungen des Tempelgebäudes war niedriger als die vordere, und es führten in
sie fünfundfünfzig Ellen hohe und sechzehn Ellen breite goldene Türen. Vor den letzteren wallte ein gleich langer baby-
lonischer Vorhang herab, bunt gestickt aus Hyazinth, Byssus,
Scharlach und Purpur, wunderschön gewoben mit sehens-
werter Mischung der Stoffe. Er sollte ein Bild des Weltalls
sein; der Scharlach nämlich sollte das Feuer, der Byssus die
Erde, der Hyazinth die Luft, der Purpur das Meer andeuten,
zwei der Stoffe durch ihre Farbe, Byssus und Purpur durch
ihren Ursprung, indem jenen die Erde, diesen das Meer erzeugt.[1] Die Stickerei zeigte den Anblick des ganzen Himmels mit Ausnahme der Bilder des Tierkreises.[2]
Durch diesen Eingang also gelangte man in den niedrigeren
Teil des Tempelgebäudes. Dieser war sechzig Ellen hoch,
ebenso lang und zwanzig Ellen breit. Seiner Länge nach zerfiel er wieder in zwei Räume. Die vordere Abteilung,[3] deren
Länge auf vierzig Ellen bemessen war, enthielt drei bewun-
derungswürdige, weltberühmte Kunstwerke: den Leuchter,
den Tisch und das Rauchfaß. Die sieben Lampen, welche sich
von dem Leuchter abzweigten, bedeuteten die sieben Planeten,[4] die zwölf Brote auf dem Tisch den Tierkreis und das
Jahr; das Rauchfaß aber, welches mit dreizehn verschiedenen
Sorten Räucherwerk aus dem Meere, der unbewohnten
Wüste und der bewohnten Erde gefüllt wurde, zeigte an,
daß alles von Gott komme und für Gott da sei. Die innerste

---

1 Byssus nämlich war feinste Leinwand, Purpur der mit dem Safte der Meer-
schnecken Purpura und Murex gefärbte Stoff.
2 Nach dem mosaichen Gesetz war es den Juden bekanntlich verboten, Bildnisse von Menschen oder Tieren herzustellen.
3 Das Heilige.
4 Zu den Planeten rechneten die Alten: Sonne, Mond, Merkur, Venus, Mars,
Jupiter und Saturn.

Abteilung des Tempels endlich hatte zwanzig Ellen im Ge-
viert und war von dem vorderen Raume wiederum durch
einen Vorhang getrennt. In ihr befand sich einfach gar
nichts;[1] von niemand durfte sie betreten, verletzt oder gesehen werden; sie hieß das Allerheiligste. Rechts und links
stießen an die niedrigere Tempelabteilung viele durcheinander gehende dreistöckige Wohnungen, welche beiderseits
vom Tore aus zugänglich waren. Der obere Teil des Tempelhauses hatte keine derartigen Anbauten mehr und war daher schmäler. Seine Höhe betrug gegen vierzig Ellen; auch
war er einfacher gearbeitet als der untere. Rechnet man diese
vierzig Ellen zu den sechzig vom Boden aus, so ergibt sich
eine Gesamthöhe von hundert Ellen.

Der äußere Anblick des Tempels bot alles dar, was Auge
und Herz entzücken konnte. Auf allen Seiten mit schweren
goldenen Platten bekleidet, schimmerte er bei Sonnenauf-
gang im hellsten Feuerglanz und blendete das Auge gleich
den Strahlen des Tagesgestirns. Fremden, die nach Jerusalem pilgerten, erschien er von fern wie ein schneebedeckter
Hügel; denn wo er nicht vergoldet war, leuchtete er in blen-
dender Weiße. Seine Spitze starrte von scharfen goldenen
Spießen, damit er nicht von Vögeln, die sich auf ihn nieder-
ließen, verunreinigt würde. Von den zu seinem Bau verwendeten Quadern waren manche fünfundvierzig Ellen lang,
fünf Ellen hoch und sechs Ellen breit. Vor ihm stand der
fünfzehn Ellen hohe, fünfzig Ellen lange und breite Altar,
viereckig von Gestalt und an seinen Ecken mit hornartigen
Vorsprüngen versehen; von Süden her führte ein sanft an-
steigender Weg zu ihm hinauf. Er war ohne Anwendung
eines eisernen Werkzeuges gebaut; überhaupt hatte Eisen ihn
nie berührt. Rings um Tempel und Altar lief ein zierlich ge-
arbeitetes, etwa eine Elle hohes Gitter von schönem Gestein,
welches das gewöhnliche Volk von den Priestern schied.

---

[1] Nämlich nichts weiter als ein Stein, auf den der Hohepriester am Ver-
söhnungstage ein Gefäß mit Räucherwerk stellte. Die heilige Lade war mit
dem ersten Tempel zugrunde gegangen.

Was nun die Antonia betrifft, so lag dieselbe in dem Winkel, den zwei der Hallen des äußeren Tempelraumes, die westliche und die nördliche, miteinander bildeten. Gebaut war sie über einem fünfzig Ellen hohen, auf allen Seiten abschüssigen Felsen. Sie war ein Werk des Königs Herodes, durch das er seine Prachtliebe in hohem Grade bekundete. Zunächst nämlich war der Fels von seinem Fuße an mit geglätteten Steinplatten belegt, einmal des schönen Aussehens wegen, und dann auch, damit jeder, der hinaufzuklettern oder hinabzusteigen versuchen sollte, davon abglitte. Vor dem eigentlichen Burggebäude erhob sich sodann eine drei Ellen hohe Mauer, innerhalb deren die Antonia selbst noch um vierzig Ellen anstieg. Das Innere hatte die Räumlichkeiten und die Einrichtung eines Palastes; denn es war in Gemächer jeder Art und Bestimmung geteilt, in Hallen, Bäder und geräumige Kasernenhöfe, so daß die Burg, was Ausstattung mit allen Bequemlichkeiten anging, den Eindruck einer Stadt, in bezug auf Pracht den eines Königspalastes machte. Das Ganze sah wie ein Turm aus, war aber an den Ecken wieder mit vier Türmen besetzt, von denen zwei je fünfzig, die beiden anderen, nämlich der südliche und östliche, je siebzig Ellen hoch waren, so daß man von ihnen aus den ganzen Tempelraum überschauen konnte. Wo die Burg an die Tempelhallen grenzte, führte je eine Treppe in diese hinunter, auf welchen die Wachmannschaften der stets in der Antonia liegenden römischen Legion herabstiegen, um, in den Hallen verteilt, an Festtagen das Volk zu überwachen, damit es keine aufrührerischen Bewegungen anstelle. Wie der Tempel eine Zwingburg für die Stadt, so war dies für den Tempel die Antonia. In letzterer lag auch die Besatzung für alle drei; außerdem hatte die obere Stadt noch eine eigene Festung, den Palast des Herodes. Der, wie bereits bemerkt, von der Antonia getrennte Hügel Bezetha war der höchste von den Hügeln und mit einem Teil der Neustadt verbunden. Er allein nahm auch, wenn man von Norden kam, die Aussicht auf den Tempel weg.

Leon Battista Alberti

Leon Battista Alberti (1404—1472) ist, ähnlich wie
Leonardo da Vinci, ein universales Genie: er betätigt sich in
Dichtkunst, Musik und fast allen bildenden Künsten. Weitaus am
bedeutendsten ist er als Architekt. In seinen Bauten ein kühner
Wegbereiter, in seinen Schriften der erste bedeutende Theoreti-
ker der Baukunst.

Sein Hauptwerk ist „De re aedificatoria decem libri", „Zehn
Bücher über die Baukunst" (Hugo Heller & Co., Wien und
Leipzig 1912).

Wir zeigen in unseren Proben — Vorrede und 9. Kapitel — seine
allgemeine Einstellung zur Architektur; daneben erweist er sich in
seinen „Zehn Büchern" als ein Praktiker, dem keine Einzelfrage
des Bauens entgeht.

ÜBER DIE BAUKUNST

1458

I

Vielerlei und verschiedenerlei Künste, welche zu einer
guten und glücklichen Lebensführung beitragen, haben
unsere Vorfahren mit größtem Fleiße und höchster Aufmerksamkeit sich zu eigen gemacht und uns überliefert. Obwohl
diese alle offenbar gleichsam um die Wette dahin abzielen,
soviel als möglich dem Menschengeschlechte von Nutzen zu
sein, so merken wir dennoch, daß ihnen etwas angeboren und
eigentümlich sei, wodurch jede einzelne vor den andern besondere und verschiedene Früchte zu versprechen scheint.
Denn wir üben ja die Künste teils aus Notwendigkeit, teils
aus Nützlichkeit. Teils aber sind sie nur deshalb in Ansehen,
weil sie sich mit Dingen beschäftigen, deren Kenntnis besonders schätzenswert ist. Welches jedoch diese Künste sind,
brauche ich nicht erst zu sagen, denn das liegt auf der Hand.
Läßt du aber die ganze Schar aller herrlichen Künste vor
deinem Geiste vorübergleiten, so wirst du keine einzige finden, die nicht unter Hintansetzung der übrigen ihre eigenen
und bestimmten Ziele verfolgt und anstrebt. Wenn du aber
dennoch eine findest, welche sowohl derart ist, daß du derselben in keiner Beziehung entbehren kannst, als auch, daß

sie Nutzen, verbunden mit Vergnügen und Ansehen, gewährt,
so wirst du meiner Ansicht nach aus der Zahl derselben die
Baukunst nicht glauben ausschalten zu dürfen, denn diese ist,
wenn du genauer zusiehst, sowohl öffentlich als privat für das
Menschengeschlecht besonders geeignet und äußerst dankens-
wert sowie an Würde nicht die letzte unter den ersten.

Doch bevor ich weiter fortfahre, glaube ich, auseinanderset-
zen zu müssen, wen ich für einen Architekten gehalten wissen
will. Denn ich werde dir keinen Zimmermann bringen, den
du mit den hervorragendsten Männern anderer Fächer vergleichen sollst. Die Hand des Arbeiters dient ja dem Architekten nur als Werkzeug. Ein Architekt wird der sein, behaupte ich, der gelernt hat, mittels eines bestimmten und
bewundernswerten Planes und Weges sowohl in Gedanken
und Gefühl zu bestimmen, als auch in der Tat auszuführen,
was unter der Bewegung von Lasten und der Vereinigung und
Zusammenfügung von Körpern den hervorragendsten menschlichen Bedürfnissen am ehesten entspricht und dessen (möglichste) Erwerbung und Kenntnis unter allen wertvollen und
besten Sachen nötig ist. Derart wird also ein Architekt sein.

Ich kehre zum Gegenstande zurück. Es gab Leute, die sagten,
daß das Wasser oder das Feuer die Anfänge boten, auf
Grund deren sich die menschliche Gesellschaft bildete. Wenn
ich aber die Nützlichkeit und Notwendigkeit von Decke und
Wand betrachte, so werde ich natürlich davon überzeugt sein,
daß diese in viel höherem Grade dazu beigetragen haben, die
Menschen zu vereinigen und zusammenzuhalten. Doch wir
bedürfen eines Architekten nicht nur deshalb, weil er uns eine
sichere und willkommene Zuflucht gegen Sonnenbrand, Kälte
und Schneesturm bereitet, obwohl auch dies keineswegs die
geringste Wohltat ist, sondern auch, weil er für das öffentliche
und das private Wohl vieles erfunden hat, das ohne Zweifel
überaus nützlich und für die Bedürfnisse des Lebens immer
von neuem äußerst angemessen ist. Wie viele hervorragende
Familien hätten sowohl unsere als auch andere Städte der Welt
gänzlich verloren, die durch der Zeiten Ungunst erschüttert

wurden, wenn sie nicht der väterliche Herd gleichsam im Schoß ihrer Vorfahren wieder aufgenommen und behütet hätte. Den Dädalus hielt seine Zeit wohl hauptsächlich deshalb hoch, weil er bei den Selinuntern eine Höhle erbaut hatte, aus der ein solch warmer, linder Dampf ausströmte und sich sammelte, daß er äußerst heftige Schweißausbrüche erregte und dadurch die Körper unter äußerstem Wohlbehagen gesund machte. Wie vieles dieser Art ersannen andere, was zur Erhaltung der Gesundheit beiträgt, wie Fahrbahnen, Schwimmbäder, Thermen und dergleichen! Oder was soll ich die Fahrzeuge, die Stampfmühlen und all diese Kleinigkeiten aufzählen, welche dennoch für die Lebensführung so wichtig sind? Was die Wassermassen, die man aus dem verborgensten Innern der Erde erschließt und der verschiedensten und unbeschränktesten Verwendung zuführt? Was die Siegeszeichen, Heiligtümer, Opferstätten, Tempel und ähnliches, das er für die Pflege des Gottesdienstes und für den Ruhm der Nachwelt ersann? Wozu soll ich endlich erwähnen, daß er durch Abtragen von Felsen, Durchstechen von Bergen, Ausfüllung von Tälern, durch Trockenlegung von Sümpfen mittels Ableitung derselben in einen See oder ins Meer, Erbauung von Schiffen, Regulierung von Flüssen, Freilegung von Zugängen, Errichtung von Brücken und Häfen nicht nur für den zeitweiligen Bedarf der Menschen vorsorgte. Ja sogar den Zugang zu allen Ländern der Erde hat er erschlossen. Hierdurch kommt es, daß die Menschen Früchte, Gewürze, Edelsteine, Erfahrung und Sachkenntnis sowie· alles, was zum Heil und Segen des Lebens beiträgt, im wechselseitigen Verkehr einander vermittelten. Hierzu kommen noch die Geschütze, Maschinen, Burgen und was dazu beiträgt, das Vaterland, die Freiheit, den Besitzstand und das Ansehen der Bürgerschaft zu schützen und zu vermehren sowie die Herrschaft zu befestigen und auszubreiten. Ich meine daher, wenn man fragt, von wem alle jene Städte, welche seit Menschengedenken infolge einer Belagerung unter fremde Herrschaft kamen, überwunden und niedergezwungen wurden, so wirst du nicht leugnen können:

vom Architekten. Einen bewaffneten Feind zu verachten ist
nämlich leicht. Aber die Gewalt des Geistes, die Macht seiner
Hilfsmittel, den Anprall der Geschosse, mit welchen der
Architekt zu dreuen, zu überrumpeln und zu bedrängen weiß,
könnte man nicht auf längere Dauer aushalten. Dagegen
kommt es bei den Belagerten niemals vor, daß sie sich durch
etwas anderes mehr als durch die Hilfe und Kunst des Architekten für genügend sicher halten.

Ferner, wenn du die erfolgten Expeditionen durchgehst, wirst
du vielleicht finden, daß durch seine Künste und Tüchtigkeit
mehr Siege errungen worden seien als unter der Führung und
Aufsicht eines Feldherrn, und daß der Feind öfter durch den
Geist und die Waffen des ersteren als durch das Schwert des
letzteren ohne den Rat jenes unterlegen sei. Und was die
Hauptsache ist, mit einer kleinen Schar und ohne Gefahr für den
Soldaten siegt der Architekt. Über die Nützlichkeit genug.

Wie angenehm aber das Interesse an der Baukunst und die
Beschäftigung damit ist, zeigt sich sowohl in anderem als auch
darin, daß man niemanden finden dürfte, der nicht, sobald er
nur die Fähigkeit besitzt, mit Leib und Seele danach strebt,
etwas zu erbauen. Und wenn er etwas zur Baukunst ersonnen
hat, so kann er es mit bestem Willen nicht ertragen und muß
es, wie durch natürlichen Antrieb, für die allgemeine Benutzung preisgeben.

Oft kommt es auch vor, daß wir, wenn wir auch mit anderen
Sachen beschäftigt sind, es nicht unterlassen können, innerlich
irgendein Bauwerk zu überdenken. Und haben wir ein fremdes Bauwerk uns angesehen, so mustern und prüfen wir
sofort dessen Maße und überlegen nach unseren Geisteskräf-
ten, was man etwa wegnehmen, hinzufügen oder ändern
könnte, und erwägen überdies, wodurch dies Bauwerk noch
feiner gemacht werden könnte. Wenn aber etwas wohl angeordnet und richtig ausgeführt ist, wer dürfte das nicht mit
größtem Vergnügen und höchster Freude ansehen? Soll ich
noch berichten, wie sehr den Bürgern zu Hause und draußen
die Baukunst nicht nur geholfen und sie erfreut, sondern sie

auch noch viel mehr geehrt hat? Wer belobt sich nicht, weil
er gebaut hat? Und berühmen wir uns nicht, wenn wir in einem
Privathaus wohnen, das ein bißchen genauer ausgeführt wurde?
Wenn du eine Wand oder einen Portikus recht prächtig ausgeführt hast oder dir den Schmuck der Türgewände, der Säulen oder der Decke geleistet hast, so sind die guten Leute mit
dir und mit sich zufrieden und beglückwünschen dich und sich :
wohl hauptsächlich deshalb, weil sie wissen, daß du durch
diese Anwendung deines Reichtums dir, deiner Familie, deinen
Nachkommen und der Stadt Zier und Würde sehr vermehrt hast.

Die Insel Kreta adelte vor allem das Grabmal Jupiters. Delos
wurde nicht so sehr wegen des Orakels Apolls als wegen der
Form und Erscheinung der Stadt und der Erhabenheit des
Tempels aufgesucht. Wieviel aber die Baukunst zum Ansehen
des Latinischen Reiches und Namens beigetragen habe, darüber will ich nicht mehr sagen, als daß ich aus Grabstätten
und Überbleibseln der alten Herrlichkeit, die wir überall
sehen, vieles den Geschichtsschreibern zu glauben gelernt
habe, was vielleicht sonst mir weniger glaublich schiene. Vor-
trefflich billigt daher Thukydides die Klugheit der Alten, die
ihre Stadt mit jeder Art von Gebäuden derart ausschmückten,
daß sie weit mächtiger schienen, als sie waren. Und welchen
gab es unter den mächtigsten und weisesten Fürsten, der nicht
unter die vornehmsten Mittel, seinen Namen und Nachruhm
zu verbreiten, die Baukunst gezählt hätte? Doch hiervon
genug.

Endlich sei noch gesagt, daß die Beständigkeit, das Ansehen
und die Zier eines Gemeinwesens am meisten des Architekten
bedürfe, der es bewirkt, daß wir zur Zeit der Muße in Wohlbehagen, Gemütlichkeit und Gesundheit, zur Zeit der Arbeit
zu aller Nutz und Frommen, zu jeder Zeit aber gefahrlos und
würdevoll leben können. Wir werden daher nicht leugnen,
daß er im Hinblick auf das Vergnügen und die wunderbare
Anmut seiner Werke, deren Notwendigkeit, im Hinblick auf
die Unterstützung und den Schutz durch seine Erfindungen

und angesichts des bleibenden Nachruhms zu schätzen, zu
ehren und unter die Vornehmsten zu zählen sei, welche sich
um das Menschengeschlecht Ehr und Preis verdient haben.

II

Die ganze Kraft des Geistes, alle Kunst und Erfahrung im
Bauwesen wird bei der Einteilung aufgewandt, denn die Teile
eines ganzen Gebäudes und das ungeschmälerte Gehaben,
sozusagen der einzelnen Teile, schließlich der Zusammenklang
und Zusammenhang aller Linien und Winkel zu einer Wirkung,
das alles findet seinen Prüfstein allein in einer Einteilung, die
Zweck, Würde und Annehmlichkeit zum Grundsatz hat.
Denn wenn der Staat, nach einem Grundsatz der Philosophen,
ein großes Haus ist, und ein Haus hinwiederum ein kleiner
Staat ist, warum sollte man da nicht die Glieder dieser selbst
als kleine Wohnungen bezeichnen? Wie zum Beispiel das
Atrium, den offenen Säulengang, das Speisezimmer, die Portikus und dergleichen. Und warum sollte bei diesem etwas aus
Sorglosigkeit und Nachlässigkeit beiseite gelassen werden, was
dem Ansehen und dem Lobe des Bauwerkes schaden könnte?
Die größte Sorgfalt und Aufmerksamkeit herrsche also bei
Erwägung von derlei Sachen, die zum Gelingen des Ganzen
beitragen, und man bemühe sich, daß auch die kleinsten Teile
geist- und kunstvoll einander angepaßt erscheinen. Und wie
beim Lebewesen Glied zu Glied, so soll auch beim Bauwerk
Teil zu Teil passen. Daher stammt der bekannte Satz, daß zu
großen Bauten auch große Bauglieder gehören. Dies befolgten
die Alten in so getreuer Weise, daß sie nebst allem andern
auch insbesondere öffentlichen und ausgedehnten Gebäuden
größere Fronten gaben als Privatgebäuden. So soll auch jedes
Bauglied seine geeignete Stelle und seine passende Lage
haben; es sei nicht größer, als es der Zweck, nicht kleiner, als
es sein Wert erfordert; es sei nicht auf einem Platze, der zu
ihm fremd und beziehungslos ist, sondern an seinem und dem
ihm zugehörigen Platz, daß es an anderer Stelle nirgends passender angeordnet sein könnte. Es wird also nicht der hervor-

ragendste Teil eines Gebäudes abseits, der für die Öffentlichkeit bestimmte im Verborgenen, ein privater Teil aber auf offenem Platze angelegt werden. Ferner muß man auch auf die Jahreszeiten Rücksicht nehmen, so daß die Räume für den Sommer anders als für den Winter angelegt werden müssen. Denn verschiedene Räume bedürfen auch verschiedener Lage und Größe; sommerliche Wohnräume nämlich sollen weiträumiger sein, winterliche aber werden, wenn sie gedrückter sind, nicht unwillkommen sein. Sommerräume brauchen Schatten und Wind, Winterräume Sonne. Auch muß man verhüten, daß die Bewohner aus einem kalten Raum unmittelbar in einen heißen treten müssen, ohne daß ein Raum von gemäßigter Temperatur dazwischenliegt, oder ebenso aus einem warmen Raum in einen zweiten, der durch Nebel und Wind unwirtlich ist. Denn das würde vor allem dem körperlichen Wohlbefinden am meisten schaden.

Um die allgemeine Anerkennung und Bewunderung des Bauwerkes noch zu festigen und zu erhöhen, sollen sich die einzelnen Glieder desselben auch so aneinanderreihen, daß nicht in einem allein aller Schmuck aufgewendet erscheint, während die anderen ganz vernachlässigt geblieben sind; sondern sie sollen untereinander so zusammenpassen, daß das Ganze eher als ein einheitlicher Körper als eine verzettelte und zerstreute Zahl von Gliedern erscheint. Übrigens muß man bei der Durchbildung der Glieder die Mäßigkeit der Natur beherzigen. Denn wie sonst überall, so loben wir auch hierin weder die allzugroße Nüchternheit, als wir die ungezügelte Bauwut tadeln. Mäßig sollen die Glieder sein und zu dem Zwecke, den du vor Augen hast, notwendig. Denn die Baukunst, wenn du richtig zusiehst, ging von der Notwendigkeit aus. Ihre Annehmlichkeit nährte sie, der Brauch ehrte sie, das Ende war, daß sie nach dem Vergnügen ausblickte, obwohl das Vergnügen niemals vor allen Unmäßigkeiten zurückschreckte.

Man baue daher so, daß man an Gliedern nie mehr wünscht, als vorhanden sind, und nichts, was vorhanden ist, irgendwie getadelt werden kann. Doch soll damit nicht gesagt sein, daß

man alles mit ein und demselben Linienzuge und nach demselben Schema entwerfe, so daß nirgends ein Unterschied ist,
sondern anderes wird uns gefallen, wenn es größer, anderes
uns zusagen, wenn es kleiner ist; anderes wird wieder aus der
Mittelstellung zwischen diesen beiden Lob ernten. Manches
wird durch seine aufrechten Linien Gefallen erwecken,
manches wieder durch seine gekrümmten, und schließlich wird
wieder anderes mit beiderlei Linienzug gebilligt werden; nur
das eine meide, wovor ich eindringlich warne, daß du nicht in
den Fehler verfällst, ein Ungeheuer mit ungleichen Schultern
und Seiten geschaffen zu haben. Eine Würze zwar des Geschmackes ist die Verschiedenheit, wenn sie durch die wechsel-
seitige Gleichförmigkeit der auseinanderliegenden Dinge
untereinander eine sichere Grundlage hat; wenn aber infolgedessen alles einander in aufgelöster und unvereinbarer Ungleichheit sich widerspricht, so wird sie vollkommen sinnlos
sein. Denn wie bei der Lyra, wenn die tiefen Stimmen zu den
hellen gestimmt sind, und die in der Mitte zwischen beiden
liegenden harmonisch miterklingen, aus der Verschiedenheit
der Stimmen ein voller und herrlicher Zusammenklang entsteht, der unsere Sinne in ganz eigener Weise gefangennimmt
und fesselt, so geht es auch mit allen anderen Dingen, die
unsere Sinne zu bewegen und zu ergreifen imstande sind.
Übrigens wird dies, wie's der Zweck, das Behagen und auch
die löbliche Gewohnheit der Erfahrenen erheischt, auszuführen sein. Denn gegen die Gewohnheit in vieler Hinsicht
anzukämpfen, bringt wohl Dank, doch auch ihr beizustimmen,
ist ein Gewinn und von großem Vorteil. Sobald daher alle
anderen hervorragenden Architekten durch ihre Werke offenbar zum Ausdruck brachten, daß hier am besten die Dorische,
die Ionische, die Korinthische oder Toskanische Ordnung
am Platze sei, so werden wir nicht durch bloße Übertragung
ihrer Zeichnung auf unseren Bau, wie durch Gesetze gebunden, daran festhalten, sondern wir werden durch ihr Beispiel
angeeifert, durch neue, bessere Entwürfe gleiches oder womöglich noch größeres Lob zu ernten suchen.

Giorgio Vasari

Die folgende Schilderung ist der Lebensbeschreibung des Filippo
Brunelleschi entnommen, die V a s a r i (1511—1574), der selbst
Maler und Architekt war, in seinem großen Werk „Die Lebens-
beschreibungen der berühmtesten Architekten und Maler" gibt.
Sie steht im III. Band als Nr. 6 (Ausgabe von Heitz, Straßburg
1906).

DER BAU DER DOMKUPPEL VON FLORENZ
DURCH FILIPPO BRUNELLESCHI

1550

Als das Jahr 1420 kam, waren endlich in Florenz alle jene
Meister von jenseits der Alpen versammelt, und gleichermaßen auch die toskanischen und alle geschickten Künstler
von Florenz; und auch Filippo kehrte nach Florenz zurück.
Es versammelten sich also alle im Verwaltungsgebäude von
S. Maria del Fiore in Gegenwart der Konsuln und der Bau-
verwalter, im Verein mit einer auserlesenen Anzahl der be-
gabtesten Bürger, um nach Anhörung der Meinung eines jeden
über die Art der Wölbung der Tribuna entscheidend zu bestimmen. Sie wurden in den Audienzsaal gerufen und einer
nach dem anderen um ihre Ansicht befragt, und jeder Architekt setzte die Ausführungsart auseinander, die er ersonnen
hatte. Und es war ein schönes Schauspiel, die seltsamen und
verschiedenartigen Ansichten über den Gegenstand zu hören;
denn einer schlug vor, vom Erdboden aus Pfeiler aufzumauern,
und über sie die Bögen zu wölben, worauf die Balkenrüstun-
gen ruhen sollten, die die Last der Wölbung zu tragen hätten;
andere waren da, die die Wölbung aus Tuffstein für zweckmäßig hielten, weil dadurch das Gewicht geringer würde; viele
waren darin einig, einen Pfeiler in der Mitte zu errichten und
die Wölbung darüber zeltförmig wie bei San Giovanni in
Florenz auszuführen; und es fehlte auch nicht der Vorschlag,
der es als richtig empfahl, den Raum der Tribuna mit Erde
aufzufüllen und Geldstücke darein zu mengen, so daß man
nach ihrer Einwölbung einem jeden, der von dieser Erde haben

wollte, die Erlaubnis, sie zu holen, geben könnte; so würde das
Volk sie in einem Nu und ohne Kosten fortschaffen. Einzig
Filippo sagte, daß man sie ohne Holzmassen und ohne Pfeiler
oder Erde wölben könnte, ohne die großen Kosten für so viele
Bögen, und ganz leicht ohne Einrüstung vom Boden aus. Den
Konsuln, die auf irgend etwas Ausgezeichnetes gewartet hatten, den Verwaltern und allen Bürgern schien es, daß Filippo
etwas für Dummköpfe gesagt hätte; sie machten Witze darüber und lachten ihn aus; und sie drehten ihm den Rücken und
sagten ihm, daß er von etwas anderem sprechen möge, und
daß diese Art gut für Verrückte sei, wie er einer wäre. Da
fühlte sich Filippo beleidigt und sagte: „Ihr Herren, bedenket
wohl, es ist nicht möglich, sie in anderer Weise einzuwölben,
als in dieser; und obwohl ihr mich auslacht, werdet ihr einsehen, wenn ihr nicht eigensinnig sein wollt, daß das Werk
auf andere Art weder ausgeführt werden darf, noch ausgeführt werden kann. Und es ist notwendig, wenn man die
Kuppel so ausführen will, wie ich es mir denke, daß man sie
im Viertel-Spitzbogen wölbe, und daß man sie doppelt mache,
eine Wölbung außen und eine innen, so daß man zwischen
beiden hin und her gehen könne, und an den Ecken, welche
die acht Seiten bilden, muß durch die ganze Stärke des Baues
ein Verband aus Verzahnungssteinen hergestellt werden, und
ebenso muß das Bauwerk an der Außenseite durch eichene
Verankerungsringe umgürtet werden. Und an die Lichtzuführung ist zu denken, an die Treppen und an die Leitungen für
den Ablauf des Regenwassers. Und niemand von euch hat
daran gedacht, Vorsehung zu treffen, daß man von innen Gerüste für die Mosaikarbeiten herstellen könne, noch auch an
unendlich viele andere schwierige Dinge: aber ich, der ich die
Wölbung fertig vor mir schaue, sehe es klar, daß es keine
andere Weise noch Weg sie zu wölben gibt, als diejenige, von
der ich spreche." Und da er sich beim Sprechen erhitzte, und
während er seine Idee klarer zu machen suchte, damit sie begreiflich und glaubhaft würde, immer neue Fragen zur Bespre-
chung brachte, glaubte man ihm immer weniger und hielt ihn

für ein dummes Vieh und einen Schwätzer; darum sagte man
ihm mehrere Male, daß er gehen sollte, und als er es nicht
tun wollte, wurde er schließlich von den Dienern aus dem
Saale geschleppt und für ganz verrückt erklärt. Dieser Schimpf
war der Grund, warum Filippo später sagen konnte, er hätte
nirgend durch die Stadt zu gehen gewagt, weil er fürchtete,
man würde ihm nachrufen: sieh da, der Narr. Die Konsuln
blieben im Saale zurück, verwirrt sowohl durch die schwierigen Vorschläge der ersten Meister, als durch den Vorschlag
des Filippo, der ihnen närrisch vorkam, weil er nach ihrer
Meinung das Unternehmen durch zwei Dinge auf einen falschen Weg brachte, erstens durch den Vorschlag der doppelten Wölbung, die doch ein äußerst großes und übermäßiges
Gewicht bedeuten würde, zweitens durch das Fortlassen der
Lehrgerüste; andererseits kannte Filippo, der so viel Jahre
für die Studien verwendet hatte, um die Ausführung dieses
Werkes zu erhalten, nur diese eine Möglichkeit und war mehr-
mals nahe daran, von Florenz fortzugehen. Aber da er doch
zum Siege gelangen wollte, mußte er sich mit Geduld wapp-
nen; denn so viel hatte er gesehen, um zu wissen, daß die
Geister dieser Stadt nicht allzu fest auf einem Vorsatz ver-
harrten. Filippo hätte ihnen ein kleines Modell, das er bei der
Hand hatte, zeigen können; er wollte es aber nicht tun, weil
er die geringe Einsicht der Konsuln, die Mißgunst der Künstler und die geringe Beständigkeit der Bürger kannte, von
denen der eine den, der andere jenen begünstigte, je nachdem
ihnen einer am besten gefiel. Und ich wundere mich darüber
nicht, da in dieser Stadt ein jeder den Beruf in sich fühlt, eben-
soviel zu verstehen als die Meister vom Fach, während es doch
nur wenige sind, die in Wahrheit Verständnis besitzen; und
dem werden die nicht widersprechen, welche die Verhältnisse
kennen. Das also, was Filippo nicht vor der Obrigkeit zu erreichen vermocht hatte, begann er abseits zu betreiben; und
er sprach davon bald zu diesem Konsul, bald zu jenem Verwalter, und gleicherweise auch zu vielen Bürgern, indem er
ihnen Teile seines Entwurfes zeigte, und brachte sie dahin,

daß sie beschlossen, die Ausführung des Werkes entweder
ihm oder einem der Fremden zu übertragen. Zu diesem Be-
hufe versammelten sich ermutigt die Konsuln, die Verwalter
und jene Bürger, und die Architekten disputierten über den
Gegenstand; sie wurden aber alle von den Gründen des
Filippo kleinlaut gemacht und besiegt, wobei, wie man erzählt,
der Streit um das Ei sich folgendermaßen abspielte: Man
wollte, daß Filippo seine Arbeiten bis ins einzelne klar mache
und sein Modell vorlege, wie sie das ihre vorgelegt hätten;
das wollte er nicht tun, sondern machte den fremden und hei-
mischen Meistern den Vorschlag, daß derjenige, welcher auf
einer ebenen Marmorplatte ein Ei aufrecht hinstellte, den Auftrag für die Kuppel erhalten solle, da man daran seine Erfin-
dungsgabe erkennen könnte. Man nahm also ein Ei, und alle
jene Meister versuchten, es aufrecht hinzustellen, aber keinem
gelang es. Da rief man ihm zu, daß er es hinstellte, und so
nahm er es mit Grazie in die Hand, setzte es mit einem Stoße
auf die Marmorplatte und brachte es so zum Stehen. Die
Künstler murrten, auf diese Weise hätten sie es auch gekonnt,
worauf ihnen Filippo lächelnd erwiderte, daß sie auch die
Kuppel würden wölben können, wenn sie sein Modell und
seine Zeichnung gesehen hätten. Und so wurde der Entschluß
gefaßt, daß er die Ausführung dieses Werkes in Auftrag be-
käme, und es wurde ihm aufgegeben, die Konsuln und die
Verwalter besser darüber zu unterrichten. —
Als die Übertragung der Arbeit an Filippo unter den Künstlern und Bürgern bekannt wurde, schien es dem einen gut,
dem anderen schlecht, wie es stets die Meinung des Volkes
und der gedankenlosen und neidischen Menschen ist. Während man das Material beschaffte, um die Mauerarbeiten zu
beginnen, bildete sich unter den Handwerkern und Bürgern
eine Partei, die sich gegen die Konsuln und Verwalter auf-
lehnte, indem sie sagten, daß man die Angelegenheit übereilt
hätte, und daß eine solche Arbeit nicht nach dem Rate eines
einzigen ausgeführt werden dürfe; wenn sie an ausgezeichneten Männern so arm wären, als wie sie daran Überfluß

hätten, so wäre es wohl zu verzeihen; es gereiche aber der
Stadt nicht zur Ehre, wenn man sie im Falle eines Unglücks,
wie es zuweilen bei Bauten vorkomme, als Leute tadeln könnte,
die, ohne an den möglichen Schaden und die Schande für die
Gesamtheit zu denken, ein allzuschweres Amt einem einzelnen aufgebürdet hätten; und darum wäre es gut, dem
Filippo einen Amtsgenossen beizugeben, um sein Draufgän-
gertum zu zügeln. Lorenzo Ghiberti war in hohes Ansehen
gelangt, weil er seine Tüchtigkeit an den Türen von San Giovanni bewiesen hatte; und daß er bei gewissen Leuten, die in
der Regierung Einfluß hatten, beliebt war, zeigte sich aufs
deutlichste; denn als sie den Ruhm Filippos wachsen sahen,
arbeiteten sie unter dem Deckmantel der Liebe und Hingebung an den Bau derart bei den Konsuln und Verwaltern,
daß er dem Filippo bei dem Unternehmen zur Seite gestellt
wurde. In welche Verzweiflung und Bitterkeit Filippo verfiel,
als er von diesem Verfahren der Verwalter erfuhr, erkennt
man daraus, daß er drauf und dran war, aus Florenz zu fliehen. Und wenn nicht Donato und Lucca della Robbia dagewesen wären, die ihn trösteten, wäre er außer sich geraten.
Wahrhaftig, ruchlos und grausam ist die Tollheit derjenigen,
die, von der Mißgunst geblendet, im ehrgeizigen Wettstreit
die Ehren und schönen Werke in Gefahr bringen; an ihnen
lag es wirklich nicht, wenn Filippo nicht die Modelle zerbrach,
die Zeichnungen verbrannte und in weniger als einer halben
Stunde all das über den Haufen warf, was er mühselig in
soviel Jahren aufgebaut hatte. Die Verwalter entschuldigten
sich bei Filippo und ermunterten ihn, vorwärts zu gehen, da
doch er und kein anderer der Erfinder und Schöpfer dieses
Bauwerkes sei; nichtsdestoweniger gaben sie aber dem Lorenzo
dasselbe Gehalt wie Filippo. Mit geringer Lust nahm er das
Werk in Angriff, da er einsah, daß er die Mühen allein zu
tragen, während er die Ehre und den Ruhm mit Lorenzo zu
teilen haben würde. Doch nahm er sich vor, ein Mittel zu finden,
daß Lorenzo bei diesem Werke es nicht allzulange aushielte,
und fuhr gemeinsam mit ihm in der Arbeit fort, dem Plane

gemäß, den er in seinem Schreiben an die Verwalter dargelegt
hatte. In dieser Zeit kam Filippo auf den Gedanken, ein
großes Modell zu machen, da bisher noch keines gemacht
war; und er ging ans Werk und ließ es von einem Tischler
namens Bartolomeo, der bei der Universität wohnte, herstellen. Und er machte daran, wie beim Bau selber, entsprechend
dem Maßstab des Modells alle die heiklen Details, wie Treppen mit und ohne Lichtzufuhr und alle Arten von Lichtöffnungen, Türen, Anker und Sporne; und auch ein Stück von der
Anordnung des Gesimsumganges führte er daran aus. Als
Lorenzo davon hörte, trachtete er, es zu sehen; doch da
Filippo es ihm abschlug, geriet er in Zorn und gab ebenfalls
den Auftrag zu einem Modell, damit es nicht aussehe, als ob
er sein Gehalt um nichts beziehe, sondern daß er zu etwas
da sei. —

Eines schönen Morgens erschien Filippo nicht bei der Arbeit,
verband sich den Kopf und legte sich zu Bett; er schrie fortgesetzt, ließ sich mit größtem Eifer Hackbretter und Tücher
wärmen und stellte sich, als leide er an Kolik. Als die Meister,
welche die Anweisungen für ihre Arbeit erwarteten, davon
hörten, fragten sie Lorenzo, wie sie fortzufahren hätten. Er
erwiderte, daß es Sache des Filippo sei, Anordnungen zu treffen, und daß man ihn erwarten müsse. Da rief einer: „Kennst
du denn nicht seine Absichten?" „O ja", sagte Lorenzo, „aber
ohne ihn werde ich nichts tun." Und das sagte er zu seiner
Entschuldigung, da er das Modell des Filippo nicht gesehen
und ihn niemals gefragt hatte, welchen Plan er einhalten
wollte, um nicht als Unwissender dazustehen; da er sich nun
auf sich selbst gestellt sah, antwortete er in zweifelhaften Ausdrücken, hauptsächlich weil er wußte, daß er gegen den Willen
Filippos an dem Werke teilhabe. Bei diesem hatte das Übel
bereits länger als zwei Tage gedauert, und der Provviditore
und eine Anzahl von Werkführern der Maurer gingen ihn
besuchen und verlangten immer wieder von ihm, daß er ihnen
sage, was sie zu tun hätten. Und er: „Ihr habt Lorenzo; mag
er einmal die Sache machen;" und anderes war nicht aus ihm

herauszubekommen. So entstanden denn, als man davon
hörte, Redereien und schwer tadelnde Urteile über das Werk.
Einige sagten, das wäre sein Schmerz, und deswegen hätte er
sich ins Bett gelegt, weil ihm der Mut fehlte, die Wölbung
auszuführen, und daß es ihn reute, sich auf den Tanz ein-
gelassen zu haben. Und seine Freunde verteidigten ihn, indem
sie sagten, falls er mißmutig wäre, so sei er es über die Ge-
meinheit, daß man ihm Lorenzo zum Genossen gegeben habe;
aber sein Leiden wäre Kolik und durch die vielen Anstrengungen für das Werk verursacht. Während man so lärmte,
stand die Arbeit still, und fast alle Maurer- und Steinmetz-
arbeiten blieben liegen, und die Meister murrten über Lorenzo
und sagten: „Soll er nur dafür da sein, das Gehalt einzustrei-
chen, aber keine Anweisungen für die Arbeit geben können;
wenn Filippo nicht vorhanden wäre oder sein Übel lange
dauerte, was würde er da tun? Ist es seine Schuld, daß er
krank ist?" Die Verwalter, die sich durch diesen Handel in
schiefes Licht gestellt sahen, entschlossen sich, Filippo aufzu-
suchen; und als sie angekommen waren, trösteten sie ihn
wegen der Krankheit und sagten ihm, in welche Unordnung
der Bau geraten wäre und welche Sorgen ihnen seine Krankheit bereitet habe. Darauf sagte Filippo mit Worten, die durch
den erheuchelten Schmerz und die Liebe zum Werke leidenschaftlich bewegt waren: „Ist er denn nicht vorhanden,
Lorenzo? Warum macht er es denn nicht? Ich kann mich nur
wundern über euch." Die Verwalter antworteten darauf: „Er
will ohne dich nichts tun." Ihnen entgegnete Filippo: „Ich
würde es schon machen ohne ihn." Diese scharfe und doppel-
sinnige Antwort genügte ihnen; sie gingen fort mit der Erkenntnis, daß seine Krankheit darin bestand, allein arbeiten
zu wollen. Sie gedachten also, Lorenzo vom Werke abzu-
berufen und schickten Freunde zu Filippo, um ihn aus dem
Bette zu holen. So kam denn Filippo auf den Bau, und als er
die Anstrengungen zugunsten Lorenzos sah und daß er sein
Gehalt bezog ohne jegliche Leistung, sann er auf ein anderes
Mittel, wie er ihn beschämen und öffentlich und gründlich seine

Unfähigkeit in diesem Berufe enthüllen könnte; und so machte
er in Gegenwart Lorenzos den Verwaltern folgende Vorschläge: „Ihr Herrn Verwalter, wenn wir die Zeit, die uns
für das Leben gegeben ist, ebenso nach unserem Belieben
bestimmen könnten, wie es uns freisteht zu sterben, so würden
ohne Zweifel viele angefangene Sachen auch zu Ende geführt
werden, während sie so unvollendet zurückbleiben. Meine
unvorhergesehene Krankheit, die ich hinter mir habe, konnte
mir das Leben nehmen und dieses Werk zum Stillstand bringen; damit nun für den Fall, daß ich oder Lorenzo wieder
einmal erkrankte, was Gott verhüten möge, der eine des
anderen Teil fortführen könne, habe ich daran gedacht, daß
die Hochwohllöblichen Herren ebenso, wie sie uns das Gehalt
geteilt haben, uns auch die Arbeit teilen mögen, so daß ein
jeder, vom Wunsche getrieben, zu zeigen, was er kann, unfehlbar Ruhm und Nutzen in diesem Gemeinwesen erwerben
könne. Es sind zwei Dinge von Schwierigkeit, an welche
gegenwärtig Hand zu legen ist: das eine sind die Gerüste,
welche von außen und von innen für die Arbeiten der Maurer
dienen sollen, und worauf Menschen, Steine und Kalk untergebracht werden und worauf die Winden für das Heben der
Lasten und ähnliche Geräte Platz haben müssen; das andere
ist der Ankerring, der oberhalb der zwölf Ellen zu legen ist
und die acht Wände der Kuppel umgürten und den Bau
binden soll, so daß die ganze Last, die man darauf setzt, zu-
sammenziehend und verbindend wirkt, daß der Druck nicht
auseinandertreibt und ausdehnt, sondern damit das ganze
Gebäude gleichmäßig auf sich selbst ruht. So mag denn
Lorenzo einen der beiden Teile wählen, den er am leichtesten ausführen zu können glaubt; ich mache mich anheischig,
den anderen ohne Schwierigkeit zu vollenden, und so wird
man keine Zeit mehr verlieren." Nach diesen Ausführungen
sah sich Lorenzo seiner Ehre wegen außerstande, eine der
beiden Arbeiten abzulehnen, und obwohl er es nicht gerade
gern tat, entschloß er sich, den Ankerring zu übernehmen,
weil es die leichtere Aufgabe war, und er auf die Ratschläge

der Maurer rechnete; auch erinnerte er sich daran, daß an
der Kuppel von San Giovanni zu Florenz eine Steinkette war,
die er, wenn nicht ganz, doch zum Teil als Vorbild nehmen
konnte. Und so machte sich denn einer an die Gerüste, der
andere an den Ankerring, und einer wie der andere kam
zum Ende. Die Gerüste des Filippo waren mit solcher Überlegung und Sorgfalt ausgeführt, daß er geradezu als das
Gegenteil erschien von dem, wofür viele ihn vorher gehalten
hatten; denn die Handwerker arbeiteten darauf in solcher
Sicherheit, zogen Lasten auf und waren dabei so sicher, als
ob sie zu ebener Erde ständen; und die Modelle der Gerüste
blieben in der Opera aufbewahrt. Lorenzo führte an einer
der acht Seiten den Ankerring mit den größten Schwierigkeiten aus; und als er fertig war, zeigten die Verwalter ihn
dem Filippo, und dieser sagte nichts dazu. Er sprach aber
mit Freunden darüber und sagte, daß es eines ganz anderen
Verbandes als dieses bedürfe, und daß er in anderer Weise,
als geschehen, gelegt werden müsse, und daß er für den auf-
lastenden Druck nicht genüge, weil er nicht ausreichend zu-
sammenziehe; und das Gehalt, das man Lorenzo zahle, sei
ebenso weggeworfen als die Ankerung, die er hatte mauern
lassen.

Man begriff die Stimmung Filippos und beauftragte ihn, zu
zeigen, wie man eine solche Kette auszuführen habe, damit
sie wirksam sei. Da er bereits früher Modelle und Zeichnungen gemacht hatte, zeigte er es ihnen sofort. Wie es nun die
Verwalter und die anderen Meister sahen, erkannten sie,
welch Irrtum es gewesen war, Lorenzo zu begünstigen: und
um den Irrtum auszumerzen und um zu beweisen, daß sie
das Gute zu schätzen wüßten, machten sie Filippo zum obersten Leiter des ganzen Baues auf Lebenszeit mit der Bestimmung, daß an dem Werk nichts ohne seinen Willen geschehen
dürfe. So gab er denn Anordnungen, den Bau wieder in Gang
zu bringen und führte ihn mit solcher Pflichttreue und Genauigkeit fort, daß nicht ein Stein gemauert wurde, den er
nicht hätte sehen wollen. Andererseits wurde Lorenzo, der

sich besiegt und beschämt sah, von seinen Freunden derart
begünstigt und unterstützt, daß er unter dem Vorwande, erst
nach Ablauf von drei Jahren entlassen werden zu können,
sein Gehalt weiter bezog. Immerfort machte nun Filippo um
jeder noch so kleinen Sache willen Zeichnungen und Modelle
zu Hilfsmaschinen für die Mauerung und zu Vorrichtungen
zum Aufziehen der Lasten. Aber nichtsdestoweniger hörten
einige hämische Personen, Freunde des Lorenzo, nicht auf,
ihn zur Verzweiflung zu bringen, indem sie den ganzen Tag
Konkurrenzmodelle arbeiteten; so machte Meister Antonio
da Verzelli eines, und andere Meister, wie sie bald von diesem,
bald von jenem Bürger begünstigt und vorgeschoben wurden,
welche damit ihre Unbeständigkeit, ihre Unwissenheit und
Verständnislosigkeit zeigten, da sie doch Vollkommenes in
Händen hatten und Unvollkommenes und Unnützes hervor-
holten. Die Ankerketten waren bereits ganz um die acht
Seiten der Kuppel herumgelegt, und die Maurer waren guten
Mutes und wacker bei der Arbeit; aber da sie von Filippo
mehr als gewöhnlich angetrieben wurden, und da er einige
Rüffel bei der Maurerarbeit und bei sonstigen täglich vor-
kommenden Sachen gegeben hatte, war Verstimmung bei
ihnen entstanden: aus diesem Grunde und aus Neid schlossen sich die Werkführer zu einer Verschwörung zusammen
und erklärten, daß die Arbeit anstrengend und gefährlich sei,
und daß sie die Wölbung nicht ohne große Bezahlung ausführen wollten, obwohl ihr Lohn schon über das Gewöhnliche
gesteigert war; auf solche Weise dachten sie, sich an Filippo
zu rächen und für sich einen Vorteil zu erreichen. Den Verwaltern war die Sache unangenehm und nicht minder Filippo;
und er überlegte sich die Sache und entschloß sich eines
Samstagabends, sie alle wegzuschicken. So waren sie denn
entlassen, wußten nicht, wie die Sache auslaufen würde und
befanden sich in verdrießlicher Stimmung, als am folgenden
Montag Filippo zehn Lombarden einstellte, bei ihnen stehen-
blieb und sie an einem Tage mit: „Mach dies, mach das," so
weit anleitete, daß sie viele Wochen bei der Arbeit blieben.

Auf der anderen Seite waren die Maurer entlassen und sahen
sich von ihrer Arbeit enthoben und beschämt, und da sie keine
so einträgliche Arbeit hatten, als diese war, schickten sie Ver-
mittler zu Filippo und ließen ihm sagen, daß sie gern wieder-
kommen möchten, und empfahlen sich ihm auf das dring-
lichste. Er hielt sie viele Tage hin, als ob er sie nicht nehmen
wollte; schließlich stellte er sie mit geringerem Lohn wieder
ein als sie vorher gehabt hatten: und auf solche Weise hatten
sie Einbuße, wo sie Gewinn erwartet hatten; und mit ihrer
Rache an Filippo erreichten sie nur Schaden und Schande
für sich selber. Das Gerede war bereits stumm geworden,
und allenthalben war man zur Anerkennung der Einsicht
Filippos gelangt, da man den Bau sich so ohne Schwierigkeiten
wölben sah; und bei denen, die nicht durch Leidenschaft
befangen waren, herrschte bereits die Ansicht, daß er einen
Mut bewiesen habe, wie ihn vielleicht kein Architekt, weder
in der antiken noch in der modernen Zeit, in seinen Werken
gezeigt habe; dies kam daher, daß er sein Modell hervorbrachte, an welchem für jedermann die großartigen Überlegungen in der Voraussicht der Treppen und der Innen- und
Außenfenster, damit man sich vor Angst im Dunkeln nicht
stoßen könne, klar wurden; desgleichen wie viele verschieden-
artige eiserne Geländer, die an den steilen Stellen für den
Aufstieg angebracht waren, er mit Überlegung verteilt hatte:
über alles dies hatte er sogar an die Eisen für innen anzubringende Gerüste gedacht, für den Fall, daß man einst
Arbeiten in Mosaik oder Malerei auszuführen haben würde.
Ferner hatte er für die weniger gefährlichen Stellen die Rinnen
für das Regenwasser bestimmt, und daß es dort offen, hier
gedeckt abgeleitet werde; und weiter zeigte er bei der Anordnung von Löchern und verschiedenartigen Öffnungen zu
dem Zwecke, die Winde zu brechen und die Schäden von
Dünsten und Erdbeben zu verhüten, wie sehr ihm seine Studien bei seinem langjährigen Aufenthalt in Rom von Nutzen
gewesen waren. Wenn man noch bedenkt, was er an Verklammerungen, Verkleidungen, Fugungen und Verbindungen

der Steine geleistet hatte, so machte der Gedanke schaudern
und erbeben, daß ein einziger Kopf zu so vielen Dingen,
wie Filippo es gezeigt hatte, fähig sei. Und seine Erfindungskraft wuchs fortgesetzt in solchem Maße, daß nichts so
schwierig und so uneben war, was er nicht leicht gangbar
gemacht hätte; er bewies es an seinen Hebevorrichtungen, bei
welchen durch Anwendung von Gegengewichten und Rädern
ein einziger Ochse Lasten zog, die sonst kaum zwölf bewältigt hätten. Der Bau war bereits so hoch emporgewachsen, daß
es eine überaus große Unbequemlichkeit war, zur Erde zu
gelangen, wenn man einmal hinaufgestiegen war, und die
Meister verloren damit viele Zeit, daß sie zum Essen und
Trinken herabgehen mußten und litten dabei durch die Hitze
des Tages große Beschwer. Da kam Filippo darauf, die Eröffnung von Schenken in der Kuppel mit Küche und Weinaus-
schank anzuordnen; und so verließ keiner die Arbeit vor dem
Abend; das war für sie eine große Bequemlichkeit und von
größtem Vorteil für die Arbeit. Wie Filippo das Werk tüchtig
vorwärtsschreiten und glücklich gelingen sah, wuchs sein Mut
derart, daß er ununterbrochen dafür bei der Arbeit war; und
er ging selbst zu den Brennöfen, wo man die Ziegel strich,
und wollte den Lehm sehen und wie man ihn knete, und
die gebrannten Steine wollte er eigenhändig mit der größten
Sorgfalt auslesen. Und bei den Steinmetzen paßte er auf, daß
die Blöcke keine Risse hatten und daß sie hart waren, und
für die Verklammerungen und Fugungen gab er ihnen Modelle
aus Holz und Wachs oder schnitt sie ihnen aus Rüben; desgleichen tat er für die Eisenarbeiten bei den Schmieden. Und
er erfand die Haspelwerke mit Widerhaken und die Göpel
und förderte damit sehr die Baukunst, die wahrhaftig durch
ihn auf solche Höhe kam, wie sie sie in Toskana nie besessen
hatten.

Albrecht Dürer

Albrecht Dürer (1471—1528) hat die Umstellung des Festungsbaues auf Verteidigung durch Geschütze maßgebend beeinflußt. Sein Werk „Etliche Underricht zur Befestigung der Stett, Schloß und Flecken" erschien 1527. Wien, Padua und andere Plätze wurden nach seinen Angaben befestigt.

Das Werk ist dem König Ferdinand gewidmet: „Von wegen der genad und gutthat, so mir von weiland dem aller durchleuchtigsten und großmechtigen Kayser Maximilian hochlöblicher Gedechtnis ewer Majestät herren und großvater beschehen ist."

Nachdem Dürer alle Einzelheiten des Festungsbaues mit größter Genauigkeit entwickelt hat, schildert er zwei Anlagen, die ein Königsschloß in der Mitte umschließen.

Unsere Probe, die von der ersten dieser Anlagen handelt, zeigt, mit welcher baumeisterlichen Sachlichkeit der Künstler arbeitet. Seine Worte werden von reizvollen technischen Zeichnungen begleitet.

Der Text ist unter Beibehaltung der Wortstellung durch Angleichung einiger Worte und der Schreibweise an unsere heutige Form verständlicher gemacht.

VOM FESTUNGSBAU

1527

So ein Herr weites und wohlgepflegtes Land und die Wahl hat, nach seinem Willen ein fest Schloß zu bauen, daraus man sich in der Not der Feind erwehren und aufenthalten möge, der soll zu solchem ein gelegen Ort suchen lassen, wie hernach folgt.

Erstlich soll ein eben, fruchtbar Land darzu erwählt werden, und diese Ebene soll gegen Mitternacht ein hoch Holz-Gebirg haben, auf daß zu dem Bau weder an Holz noch Stein kein Mangel sei. Auf dies Gebirg soll man etliche feste Warten setzen und also machen, daß die Feinde schwerlich darzusteigen mögen. Und zu den Warten sollen heimliche verborgene Ein- und Ausgäng sein. Aus diesen Warten kann man allenthalben in die Weiten sehen, also daß sich nichts regen möge, des man nit inne werd, auch mögen Zeichen

darauf gegeben werden mit aufgereckten Körben, Rauch und
Büchsenschützen oder Feuer.

Und dies Schloß soll gesetzt werden eine kleine Meil weit
von dem Gebirg auf der Ebene gegen Mittag. Auch soll dieser
erwählt Ort ein stark fließend Wasser vor dem Schloß gegen
Mittag hin fließend haben, das nit abgegraben mag werden,
und wo es möglich, soll dies Wasser durch alle Gräben mit
einem Lauf um das ganze Schloß geleitet werden; darin mag
man Fisch ziehen. So man aber die Gräben trocken will
lassen, so mag man Kurzweil darein richten, als Bogen-, Arm-
brust- und Büchsen-Schießen, Ballschlagen, Thier- und Baum-
Garten etc.

Dies Schloß soll ganz in der Vierung gebaut werden, doch
sollen die äußersten Ecken, jeglichs mit einer Linie sechshundert Schuh lang, in Form eines Diameters abgenommen
werden, und auch ein jegliches inneres Gebäu nach seiner
Gebühr, mehr oder minder. Diese Vierung soll ein große
Weiten haben von wegen der äußeren Wehren, die viel für
sich nehmen, darum soll eine Seiten von dieser äußersten
Vierung, wo die Eck nicht abgeschnitten werden, ungefähr
bis an vier tausend dreihundert Schuh Länge haben.

Diese Vierung des Schloß soll über Ort gesetzt werden, von
der vier Windstärk wegen, auf daß sich die an den Ecken
leichtlich abstoßen. Nämlich also: von den ersten zweien
Ecken soll das eine gegen den Aufgang, das andere gegen den
Niedergang gesetzt werden, darnach kommen die anderen
zwei, das eine gegen Mittag, das andere zur Mitternacht. Vor
diesem Schloß herum soll man auf eine kleine Meile wegs,
oder so weit man mit einer Schlangen reichen mag, kein fest
noch hoch Haus laßen aufbauen, noch Gräben oder ander
wehrlich Ding darum führen. Dies Schloß soll nur ein groß
Thor, das hoch und weit sei, haben, von minder Sorg und
weniger Hut wegen. Doch soll der Herr einen heimlichen verborgenen Ausgang haben, auf daß er seins Gefallens aus- und
einfahren auch reiten möge. Solcher heimlicher Gang soll
fleißig zu aller Zeit sauber und in Bau gehalten werden. Aber

noch ein kleines Thor soll gemacht werden, auf daß man aus-
und einfahren, auch reiten möge zu den Wehren. Um dieses
Schloß sollen zwiefache geschüttete Wälle mit zwiefachen
Gräben zuring herumgeführt werden und ausgefüttert werden.
Die Thore, so voreinander stehen, sollen nach Vorteil abgesetzt und verrückt werden, auf daß wenn etwa in einer
Schnelle eines abgelaufen wurde, die innern ungewonnen
bleiben. Wie das aber meisterlich soll zugerichtet werden, ist
den Künstlern wissend, und darum nit not davon zu schreiben. Ob den Thoren sollen die Wälle frei bleiben, daß man
darüber fahren mög, auch soll alles Wasser und Ausgießen
durch die Wälle an den vier Seiten stark vorgewölbt und
ausgelegt werden, und wo das Wasser in die Gräben ausläuft,
da soll es mit Brettern verwahrt sein und die Unreinigkeit oft
geräumt werden, wie auch einer jeglichen trefflichen Stadt
solches zu bedenken nutz ist.
Aber die Teilung inwendig des Schlosses soll also gemacht
werden: in der Mitte soll das herrliche Haus des Königs auf
einem gevierten Platz gestellt werden, dessen eine Seiten
achthundert Schuh lang sei, und kein Eck soll an dieser Vierung abgeschnitten werden. Wie aber ein solch königlich Haus
gebaut soll werden, schreibt Vitruvius, der alte Römer, klar.
Außerhalb dieser Vierung werde ein Zwinger herumgeführt,
sechzig Schuh dick und vierzig Schuh hoch. Außerhalb des
Zwingers werde gemacht ein Graben fünfzig Schuh tief und
sechzig weit. Aber der Zwinger des königlichen Hauses soll
vier Thore haben und vier Schlagbrücken, ein jegliches auf
allen Seiten in die Mitte der Mauern gesetzt, damit er bald,
wenn er will, auf allen Seiten heraus zu seinem Volk mög
kommen. Ob den vier Thoren mögen gemacht werden vier
runde Türme, die heraus in den Graben treten, unten im
Grund durch den Diameter hundert Schuh weit und oben
siebenzig, auch sollen ihre Mauern unten noch so dick sein
wie oben; darin mag man hübsche Wohnungen bauen. Aber
das Gemäuer dieser Türme soll von Grund auf hundert
und fünfunddreißig Schuh hoch gemacht werden mit einem

niederen Dach. Aber in einem Eck soll ein Turm gemacht
werden zweihundert Schuh hoch, oben halb so weit als unten;
davon man weit aus mag sehen und eine Schlag-Glocken darauf
richten. Es soll auch dieser Turm zu einem Chor genommen
und eine Kapelle innen daran gebauet werden.

So nun des Königs Haus nach der Lehre Vitruvii oder anderer verständiger Werkleute gemacht ist, dann mache man
außerhalb seines Grabens einen gevierten Platz rings herum
sechshundert Schuh breit. Auf diesem Platz sollen wohnen
des Königs Räte, Diener und Handwerker. Der soll auch
mit Brunnen und Zisternen, wie sich das schicket, wohl ver-
sorgt werden. Außerhalb des umgebenden gemeinen Platzes
soll gemacht werden der erste gemauerte Wall, sechzig Schuh
hoch ob dem Erdreich und oben hundert Schuh breit, aber
unten in der Tiefe hundert und fünfzig Schuh breit, fest aus-
geleimt, damit die Mauern Strebekraft haben.

Außerhalb dieses Walls werde gemacht ein Graben fünfzig
Schuh tief und oben fünfzig Schuh weit; aber die äußere
Grabenmauer soll gerade aufgeführt werden.

Darnach werd gemacht außerhalb des Grabens ein gepflaster-
ter Weg hundert und fünfzig Schuh breit, auf daß man Raumweite genug möge haben, darauf etwas zu handeln auch
Häuser darauf zu setzen.

Außerhalb dieses Platzes setze man einen gemauerten Wall,
in allen Maßen wie der innere gemacht, allein soll er oben
zehn Schuh niederer sein, als der innere ist.

Zwischen diese zwei Wälle sollen in den Graben acht Streichwehren gemacht werden, die von der Bastei an die anderen
aufrechten Mauern des Grabens rühren, ein jeglicher hundert
Schuh breit; die vier sollen an den vier Ecken im Diameter
gestellt werden und die andern vier kreuzweis zu gleichen
Winkeln, mitten zwischen die vorgemeldeten vier Streichwehren.

Darnach werden in den äußeren Graben an die Bastei zwölf
Streichwehren gemacht, je eine hundert Schuh lang und hundert Schuh breit, wegen der Raumweite, die sie bedürfen, um

auf dreierlei Art sich aus einer jeglichen zu wehren. Die soll man auf jeglicher Seiten zu gleichen Winkeln drei stellen, nämlich stets auf zwei Ecken neben einander zwei, und darnach eine in die Mitte einer jeglichen Seite.

Aber zwischen diesen heraustretenden Streichwehren sollen in den zwei Wällen Streichwehre gemacht werden, wie die in der Bastei beschrieben sind, und so daß stets zwischen zwei Schießlöchern fünfzig Schuh weit sei. Alle Gewölbe, die unter der Erde gemacht werden, sollen Luftlöcher haben.

Vor diesem gemauerten Wall mach man aber einen Graben, hundert und fünfzig Schuh weit und fünfzig tief. Über diese Gräben soll man wohlverwahrte Brücken machen und mit den Fallbrücken recht versehen, und die Ausfahrt durch die Wälle soll vorgewölbt werden mit Bogen, deren einer zwölf Schuh dick sei. An diesen inneren Wällen sollen innen an einer jeglichen Seite gleich eingeteilt drei Stiegen aufgeführt werden, eine fünf und zwanzig Schuh breit. Auf diesem Wall kann man ungehindert rings herum um das ganze Schloß kommen. Auch sollen an gelegenen Orten der äußeren Bastei den Wächtern niedere Häuslein für Ungewitter gebaut werden.

Außerhalb des weiten Grabens werde eine platte Ebene gemacht, hundert und fünfzig Schuh breit. Außerhalb dieser Ebene werfe man einen tiefen und sehr weiten ungemauerten Graben auf und schütte das Erdreich gegen das Schloß. Doch daß man diesen Wall nicht zu sehr hoch mach. Auf diesen Wall mag man auch Windmühlen und Pferdemühlen einrichten, wenn man am Wasser nicht mahlen kann.

Darauf werde ein leichter Zaun gesteckt, oder man mache ein Mäuerlein quaderdick darauf, als eine Brustwehr, sieben Schuh hoch, innen mit Staffeln, daß man darüber hinaussehen kann; und auswendig soll dieser Graben keine Höhe vom Erdreich gegen das Land haben. Aber die Brücke soll innen zwischen dem Wall ein starkes Thorhaus haben, wohl verwahrt. Wie man aber das Steinwerk alles mauern soll und haftend machen, ist früher in der Bastei angezeigt. Auch was

man an Erdreich ausgräbt, das soll in die Wälle geworfen
werden, auf daß man kein Erdreich hinwegfahren muß; so
werden große Unkosten erspart.

Man mag auch vor den äußersten Brücken noch ein kleines
Wehr um die Brücke führen und eine Fallbrücke darüber
werfen, so man sie aufzieht, sodaß niemand aus noch ein
mag kommen, wenn man zu Tisch sitzt oder etwas anderes
vollführt.

Wie sich aber ein großmächtiger Herr mit großem und kleinem
Geschütz, desgleichen mit Schutz und Schirm und aller anderen Notdurft rüsten und versehen möge, werden ihm erfah-
rene Kriegsleute, die solches täglich brauchen, wohl Unterricht geben; desgleichen soll der Herr trachten nach allem
Proviant, Zeug und Notdurft, auf daß es ihm an nichts
gebreche. Die Stallung aber soll man machen innen an dem
äußeren gemauerten Wall; da mag man ohne Hinderung
zweitausend Pferde stellen und mit aller Notdurft versehen.
Auch mag man außerhalb des weiten gefütterten Grabens
hinter dem leichten Zaun eine große Menge Kriegsvolk zu
Fuß legen, wenn man denen Hütten aufschlägt, die täglich
scharmützeln und auf Beute laufen. Wenn dann des Herrn
Standort dem Schloß nicht zu weit liegt, so kann man täglich
Hilfe und Rat schicken mit Volk und anderer Notdurft. Die
Wirtshäuser aber sollen vor den Thoren zu beiden Seiten am
äußeren Graben bescheiden von Holzwerk aufgebaut werden,
die sollen keine Stärke haben, auf daß, so Feinde herein-
laufen, sie nicht Schutz darin haben und keinen Schaden
daraus tun können.

Wer sich nun in einem solchen Bau, der mit dem Nötigen
versehen wäre, nicht wehren wollte, der müßte niemand als
sich selbst die Schuld geben. Denn solche zweifache Wehr
ist schwerlich zu gewinnen. Und ob gleich der äußere gemauerte Wall mit großem Kriegsvolk und gewaltigem Sturm
genommen wäre, so ist der innere Wall höher denn der
äußere, und ist noch unberührt.

Darum können die Innern, so sie tapfer sind, den Feind mit
Gewalt wieder abtreiben, denn sie haben eine große Frei-
fläche und einen tiefen Graben zwischen sich. Man soll auch
Löcher auf dem äußersten Wall haben, falls man benötigt
wurde, daß man die Büchsen darein werfen müßte, auf daß
der Herr nicht mit seiner eigenen Wehr beschädigt werde.
Der König soll nicht unnütze Leute in diesem Schloß wohnen
lassen, sondern geschickte, fromme, weise, tapfere, erfahrne,
kunstreiche Männer, gute Handwerksleute, die für das Schloß
tauglich sind, Büchsengießer und gute Schützen. In das königliche Schloß soll niemand gelassen werden, als dem der König
vertraut und das erlaubt. Der König soll keinen toten Körper
innerhalb der Gräben begraben lassen, sondern einen Kirchhof machen zunächst am Gebirge gegen den Aufgang, so wird
der Dunst durch den Westwind, der durch's Jahr zu feuchter
Zeit am meisten weht, hinweg getrieben.

François Rabelais und Johann Fischart

Der größte französische Satiriker des 16. Jahrhunderts, F r a n - ç o i s R a b e l a i s (1494—1553), hat in seinem berühmten Roman „Gargantua, père de Pantagruel" das Klosterleben durch die Schilderung einer Anlage, wie er sie sich wünschte, verspottet. Was ihm dabei vorschwebt, ist das Bild der üppigen und kunstreichen Schlösser, die Franz I. vor seinen Augen an der Loire erbaute.

Der deutsche Satiriker J o h a n n F i s c h a r t (1546 oder 1547 bis 1590) hat diesem Werk schon ein Menschenalter später eine freie deutsche Form gegeben, die 1785 von Dr. Eckstein bearbeitet und Wieland gewidmet ist.

Dieser Bearbeitung entstammt unser Stück (1. Band, Kapitel 37 bis 39).

DIE ABTEY FREYBURG-THELEM

1532

Nur der wackere Mönch war noch übrig zu belohnen: und das war doch sicherlich der Mann nicht, den man übergehen durfte, wenn das Verdienst, nach der Sitte des Huckebackinger Hofes, entscheiden sollte.

Gargantua bot ihm die Abtey Weinheim an. Bruder Hans schlug sie aus. Der Prinz ließ ihm die Wahl unter den Abteyen Traubenweiler und St. Ignatz; und wenn sie Dir beyde gefallen, setzte er hinzu, so nimm sie. Allein Bruder Hans erklärte ganz freymüthig, daß er mit Mönchen nichts zu schaffen haben wolle. Wie soll ich Andere regieren, sprach er, da ich mich selber nicht zu regieren weis? Wenn Ihre Hoheit indeß glauben, daß ich Ihnen Dienste erwiesen habe, und noch erweisen könne, so erlauben Sie mir gnädigst, eine Abtey nach meinem eignen Sinne zu gründen.

Diese Idee gefiel dem Prinzen ungemein; und sogleich wieß er seinem Günstlinge das schöne Thelemer Ländchen am Rheinstrome zur Stiftung an. Bruder Hans dankte demüthigst.

Br. Hans. Die Gesellschaft, die ich zu stiften gedenke, wird aber von allen bisherigen ganz verschieden seyn.

Gargantua. Du wirst also wohl vor allen Dingen keine Mauern
um deine Abtey aufführen. Denn alle Abteyen sind mächtig
wohl vermauert.

Br. Hans. Ey, freylich nicht, Ihre Hoheit! Schälke, Buben,
Huren, Aufrührer, Räuber, Diebe, Narren, Faullenzer, und
Taugenichtse mag man vermauern; aber nicht edle Seelen
beyderley Geschlechtes, wie ich sie aufzunehmen gedenke. —
In einigen Conventen gewöhnlichen Schlages herrscht der
Gebrauch, wenn ein unklösterliches Frauenzimmer in das Hei-
ligthum kömmt, ihm die Spur nachzufegen. Eben so soll man
in meiner Abtey alle Schritte und Tritte auf das sorgfältigste
nachfegen, welche etwa irgendein geistlicher Bruder oder
Schwester in unser Gebiet thut, ihr Orden, Regel, und Kutte
mag auch heißen, wie er will.

Gargantua. Henker, das ist scharf! Aber höre, Bruder Hans;
in andern Stiften sind alle Geschäfte in Horas oder Stunden
vertheilt. Das kann ich auf den Tod nicht leiden! Wirst du
das nicht auch anders einrichten? Der wahrste Zeitverlust, den
ich kenne, ist das Stundenzählen. Was für Gutes kann daraus
entspringen? Ist es nicht eine läppische Grille, sich mehr nach
dem Tone einer Glocke, als nach dem Ausspruche unsrer gesunden Vernunft zu richten?

Br. Hans. Freylich! freylich, Ihre Hoheit! In meiner Abtey
thut ein jeder, was und wann es ihm gut dünkt. Uhren,
Glocken, Sonnenzeiger, und Quadranten werden platterdings
nicht geduldet.

Gargantua. Welche Personen sind dann wahlfähig, Brüder-
chen? — In unsere Klöster, sehe ich, nimmt man heutiges
Tages vorzüglich einäugige, hinkende, pucklichte, häßliche,
ausgemergelte, triefäugige, närrische, geistlose, übelgeartete,
— mit einem Worte, sehr liebenswürdige Frauenzimmer auf:
und aus den Männern ladet man ebenfalls Krüppel und
Lahme zum Gastmahle ein.

Br. Hans. Nicht so Hans von Ammenhausen! ... Wozu nützt
wohl ein Frauenzimmer, Ihre Hoheit, das weder gut noch
schön ist?

Gargantua. In das Kloster zu stecken.

Br. Hans. Oder Hemden zu nähen. Nein, in meine Gesellschaft werden nur schöne, junge, und geistvolle Personen aufgenommen. In Nonnenklöster darf keine Mannsperson als verstohlnerweise kommen; in meiner Gesellschaft ist das Gesetz, wo Männer sind, dürfen auch Weiber, wo Weiber sind, auch Männer seyn. In andern Klöstern müssen die Aufgenommenen nach dem Probejahre Lebenslang ausdauern; bey mir gehn sie ungehindert ab und zu, wie Bienen. Gewöhnlich legen Ordensleute das dreyfache Gelübde der Keuschheit, Armuth, und des Gehorsams ab: bey mir darf jeder und jede heyrathen, reich seyn, und frey leben. Frauenzimmer nehme ich vom zehnten bis funfzehnten; Männer vom zwölften bis achtzehnten Jahre an.

Zum Bau des neuen Klosters ließ Gargantua dem wackern Mönche 2 700 000 Pantagruel d'or auszahlen: und für jedes Jahr, bis das Werk vollendet seyn würde, wurden ihm 1 669 514 Sonnenkronen angewiesen. Zu ewiger Unterhaltung der Abtey ward ein Fond von 2 320 568 Rosenobel jährlicher Einkünfte, jedesmal den eilften Junius vor die Pforten von Freyburg zu liefern, ausgemittelt. Alles dieses wurde mit stattlichen Schenk- und Stiftbriefen wohl verclauselt.

Die Figur des Gebäudes war ein Sechseck: jede Ecke trug einen runden Thurm sechzig Schritte im Diameter dick. Zwischen jedem Thurme war eine gleiche Strecke von 312 Schritten: und das Ganze hatte sechs Stockwerke, die gewölbten Kellerräume mitgerechnet. Nie hat die Sonne ein prächtigeres Meisterstück der Baukunst gesehn. Denn man zählte nur von Zimmern 9332 darin, wovon jedes ein Closet, Cabinet, Hinterzimmer, Garderobe, Capelle, und Ausgang zum benachbarten Saale hatte. Alle Zimmer waren mit eben so vielem Geschmacke als Reichthum ausgetäfelt, tapezirt, gegypst, und mit Kupferstichen, Gemälden, oder Anticken geschmückt. Einer von den Flügeln der Abtey enthielt die zahlreichste Büchersammlung und den vollständigsten Vorrath von Werkzeugen aller Wissenschaften; und ein anderer eine Gemäldegallerie von tausend solchen Künstlern, deren einzelne Werke schon den Ruhm eines Orts ausmachen. Der dritte Flügel war für die Damen, und der vierte für die Herren zur Wohnung bestimmt. Im fünften und sechsten waren die Kirche, das Opernhaus, das Comödienhaus, der Maskeradensaal, die Kampfplätze, Thurnierschranken, Badstuben, Archive, Marställe und andere Bedürfnisse. In den heimlichen Gemächern waren Momus, Zoilus, Midas, Bavius, Marius, Duns, Scevers, und ihres Gleichen in Lebensgröße mit Kohlen in schwarzer Kunst gemahlt; und allenthalben ist eine Wand offen gelassen für ihre Brüder aus unsrer Zeit, die etwa Belieben finden werden, ihre Gemälde dahin zu senden. Alles dieses mit den Gärten, Springbrunnen, Pyramiden, Obelisken, Statüen, Teichen, Seen, Parken, Labyrinthen, und Waldungen umher in einer Beschreibung umständlicher auseinander zu legen, ist für mich mehr als ein gordischer Knoten. Nur dieses merke ich noch an, daß um den cirkelrunden Forst zu Thelema ein Flecken lag, worin nichts als Goldschmiede, Schuster, Schneider, Schreiner, Weber, Näherinnen, Juweliere, Goldspinner, Kaufleute und desgleichen wohnten, welche beständig für die freyen Brüder und Schwestern vollauf zu thun hatten.

Der ganze Wandel der Thelemiten hing nicht von Gesetzen, Statuten oder Regeln, sondern einzig und allein von ihrem freyen Willen ab. Sie erhuben sich aus dem Bette, wenn es ihnen bequem war; sie tranken, aßen, arbeiteten, und schliefen, wenn ihnen die Lust anwandelte. Keiner weckte sie; Keiner zwang sie, zu trinken, zu essen, oder den Herren Momus und Zoilus einen Besuch abzulegen. Kurz, ihre Statuten enthielten nur diese vier Worte:

Thue, was dir beliebt!

Bruder Hans kannte den Menschen. Freye, wohlgeschaffene und wohlunterrichtete Seelen, die in Frieden und Freuden miteinander umgehn dürfen, haben von Natur einen Stachel, der sie zum Guten treibt, das Gefühl der wahren Ehre. Sobald uns aber jeder Tritt vorgeschrieben, jeder Weg gezeichnet, und jede Bewegung der Seele sogar gegängelt wird: so erwacht im Innern der eben so tief gepflanzte Geist des Widerspruches. Unsere Thelemiten oder freyen Brüder und Schwestern waren eben deswegen von dem edlen Wetteyfer begeistert, sich gegenseitig alle Gefälligkeiten zu erweisen. Wenn Einer oder Eine sprach: laßt uns trinken; so tranken Alle. Wenn Einer oder Eine sprach: wollen wir jagen? so jagten Alle. Unter ihnen gab es Keinen oder Keine, der oder die nicht mit Verstand zu lesen, mit Geschmack zu schreiben, zu singen, zu spielen, fünf oder sechs Sprachen zu reden, und in allen zu dichten verstanden hätte; und daher konnte es dieser Gesellschaft nie an Unterhaltung fehlen. Wahrlich, niemals vorher hat man auf Erden so brave, wackere, galante, frische, gewandte, kluge, und artige Herren, und nie nachher so liebliche, gefällige, offene, kunstgeschickte, gesunde, und mit allen Vapeurs und Launen so unbekannte Damen gesehn, als hier in Freyburg.

> Wer sagt mir an, wo Freyburg liegt?
> Soll seyn ein wackres Kloster!
> Hat Engel, wenn die Mähr nicht trügt,
> Und keine Pater noster!
> Ich muß, kömmt mir das Freyen ein,
> Fürwahr muß eins aus Freyburg freyn.

Joseph Furtenbach der Ältere

Joseph Furtenbach der Ältere (1591—1667) hat in einer Art „Baukunde des Architekten", die er „Mannhafter Kunstspiegel" nannte (Augspurg 1663), zahlreiche Bauaufgaben zeichnerisch behandelt und mit seltsamem, meist gereimtem Kommentar versehen. Bemerkenswert sind im Rahmen dieser Zeit seine Theaterbauten, deren Erläuterung auch der Exkurs „Von der Prospectiva" gewidmet ist.

Die Probe zeigt, welch langen Weg unsere Sprache zurücklegen mußte, bis sie sich in technischen Dingen klar ausdrücken konnte.

VON DER PROSPECTIVA DES THEATERS

1663

W as die Comoedien für herrlich Nutzen haben /
  Wie sie das trawrig Hertz erfrischen vnd erlaben /
Wie sie das Menschlich thun fürstellen wunderlich /
Kein Zung außsprechen kan / das glaub mir sicherlich /
Was vor vil hundert Jahr in der Welt ist geschehen
  Das könden wir mit Lust in der Comoedi sehen /
  Die Sitten vnd Gebärd / die Kleider die zur Zier
  Gemachet worden seynd / auff die recht alt Manier.
Deßgleichen wie GOTT hab die seinen könden schutzen
Behüten vor Gewalt / vnd vor deß Feindes trutzen
  Wie er mit Schwerdt vnd Fewr könd stürtzen alle Macht
  Das schnell darnider lig der stoltzen Pomp vnd Pracht.
Wie sich das blaw Gewölb / sampt Sonn / Mond vnd den
                                                    Sternen
Vnd das Gewülck erzeig [kan man hierinnen lernen
  Der Donner vnd der Blitz / der Regen vnd der Schnee
  Würd allhie fürgestellt [darzu die wütend See.
Das nun diß alles fall dem Menschen in die Augen /
Ein jedes seinem Orth vnd Person recht mög taugen /
  Darzu muß hübsch vnd schön / durch Prospectivisch Kunst
  Der Schawplatz sein formiert: sonst alles ist vmbsonst.

Was es für ein holdseelig / tieff nachsinnendes / beneben
deß Menschen Auge vnd Hertz erquickendes Anschawen
vmb die Prospectiva, fürnemblich aber / wann sie zu er-
bawung eines Theatri oder Scenae di Comoedi angerichtet
wird / seye / das mag mit einiger Feder nit zur genüge beschrieben / noch vil weniger deroselben vil insich habende /
so wol erfrewende Ding / außgesprochen werden. Sintemahlen der also hinein lauffende Augpuncten / nicht allein
den hierinn vnerfahrenen / sonder auch den Meister selbsten / der es zum außfertigen auffgesetzet / dermaßen ver-
führet / ja solcher maßen bestürtzet / das der so vnvoll-
kommene Mensch gleichsam darüber erstummet / vnd sein
Sinnligkeit entzucket wird. Dannenhero mit seiner Vernunfft
in einer andern newen liebreichen Welt vmbschweiffen thut /
so gar / das hierdurch manichmahl die Melancolische Gemü-
ther erfrischet / gestärcket / vnd zu längerm Leben angereitzet
werden.

Wiewohlen zwar nicht ohne ist / das dergleichen Gebäw /
neben derselben Acten zuvollziehen / man biß dahero / son-
derlichen aber in Italien, über die massen grosse Vnkosten
angewendet hat / massen mir dann auch wol bewust ist / das
in ein / zwar siben mal verwandlete Theatrum oder Scena di
Comoedie, wol 1/2 Thonnen Goldes ist gespendirt worden /
welche Comoedi doch nur ein einziges mahl bey einem Fürstlichen Beylager gehalten / dieselbige auch nur die anwesende
grosse Herren zusehen / bekommen / die andere vil 1000. Cit-
tadini vnd Innwohner aber / wie sehr sie sich auch darnach
gesöhnet haben / dannoch die Gnade zubesichtigen / sie nicht
gehabt mögen.

Demnach aber dises Exercitium bey der Posteritet, vnd her-
wachsenden Jugend / da mans zuvorderst zu Gottes Lob /
Preiß vnd Ehr / beneben auch zu Wolstand der Erbarn Welt
gebraucht / an ihme selbsten hochnutzlich / ja sehr erfrewlich
ist. Sintemahlen die junge Knaben / ob einem dergleichen wol
accommodirten Theatro, gute apparenz von ansehnlicher

gestallt bekommen / welches ihnen dann auch zu dapfferem
vnerschrockenem Reden / sonderbare Anmuthung gibt / sie
behertzt vnd heroisches Gemüths machet / das sie hernach so
wol in Geistlich- als nicht weniger auch bey den Weltlich-
vorhaltenden Sachen / desto Mannhaffter vnd vnerschrockener /
ihre Reden führen können. Derowegen es auch bey den
nidrigs Standspersonen / in den Privat-Stätten / ein sonderbare Nothdurfft beneben großer Wolstand ist / dergleichen
Comoediantische Theatra auffzubawen / bey der Posteritet
zuerhalten / damit die liebe herwachsende Jünglinge / von
andern Sünd-Schand- vnd Lastern abgehalten / hingegen
aber / durch dergleichen löbliche Exercitien, in guten Sitten /
auch nutzbarn Tugenden / vfferzogen werden.

Nun ists darumben nicht eben an dem gelegen / das man
jedes mahl / wie oben gehört / so gar große Gebäw / vnd
vnerschwingliche Vnkosten anwenden müste / sonder man kan
eben so wol / mit geringen passierlichen Außgaben dise Acten,
wie folgt / vollziehen. In was gestallt aber dergleichen ansehn-
liche Fürstl: Comoedi Theatra, könden auffgericht / vnd zu
Werck gesetzt werden / das ist in meiner deß 1640. Jahrs
in den Truck gegebenen Architectura Recreationis, an folio
59. biß 70. beschrieben.

Demnach von keiner Sachen besser noch beständiger mag
geschriben / oder geredt werden / als was man zuvor im
großen Werck selbsten / das wolgerathene allbereit schon erfahren hatte / als habe ich bey diser Occasion, kein Vmbgang
nehmen können / allgemeinem Wesen zum besten / (wie ich
dann der gäntzlichen Hoffnung gelebe / das bey rechtgeschaf-
fenen verständigen Menschen / mein hierbey angewendete
gutmeinende Mühewaltung / wol werde angelegt seyn /) eben
das jenige Theatrum oder Scena di Comoedi, welches durch
Gottes guten Beystand / ich / allbereit zwey mahl erbawet /
vnd auffrichten habe lassen / vnd dem Liebhaber diser Dingen / hernach folgender gestallt / recht vertrewlich communi-
cieren wöllen / dasselbige mit all vnd jeden Vmbständen /

nach Architectonischer Art / in denen bald kommenden vier Kupferblatten vorgerissen / mit dem gäntzlichen versichern / das / da man solcher Erinnerung werde volg laisten / das alsdann der Situs, oder Platz / die gebührende größe / vnd die Comoedianten hernach auch gnugsame commoditet hierob zu agiren zufinden.

II. TEIL

Johann Wolfgang Goethe

Als Niederschlag seiner Straßburger Studienzeit schreibt Goethe
(1749—1832) dieses Hohelied der „deutschen", nämlich gotischen
Baukunst. Später macht ihn die italienische Reise zeitweise so
blind für alles, was nicht Antike ist, daß er die Gotik sogar
schmäht. Erst Boisserée bringt ihn mit den Plänen zum Kölner
Dom wieder zum Verständnis der mittelalterlichen Baukunst
zurück, und er erkennt, daß in der Kunst die Meisterwerke verschiedener Zeiten sich nicht ausschließen, sondern brüderlich
nebeneinanderstehen.

VON DEUTSCHER BAUKUNST

D. M. Ervini a Steinbach. 1773

Als ich auf deinem Grabe herumwandelte, edler Erwin,
und den Stein suchte, der mir deuten sollte: Anno do-
mini 1318. XVI. Kal. Febr. obiit Magister Ervinus, Guber-
nator Fabricae Ecclesiae Argentinensis, und ich ihn nicht finden, keiner deiner Landsleute mir ihn zeigen konnte, daß sich
meine Verehrung deiner an der heiligen Stätte ergossen hätte:
da ward ich tief in die Seele betrübt, und mein Herz, jünger,
wärmer, töriger und besser als jetzt, gelobte dir ein Denkmal,
wenn ich zum ruhigen Genuß meiner Besitztümer gelangen
würde, von Marmor oder Sandsteinen, wie ich's vermöchte.
Was braucht's dir Denkmal! Du hast dir das herrlichste
errichtet; und kümmert die Ameisen, die drum krabbeln, dein
Name nichts, hast du gleiches Schicksal mit dem Baumeister,
der Berge auftürmte in die Wolken.
Wenigen ward es gegeben, einen Babelgedanken in der Seele
zu zeugen, ganz, groß und bis in den kleinsten Teil notwendig schön, wie Bäume Gottes; wenigern, auf tausend bietende
Hände zu treffen, Felsengrund zu graben, steile Höhen drauf
zu zaubern und dann sterbend ihren Söhnen zu sagen: Ich
bleibe bei euch in den Werken meines Geistes; vollendet das
Begonnene in die Wolken.
Was braucht's dir Denkmal! und von mir! Wenn der Pöbel
heilige Namen ausspricht, ist's Aberglaube oder Lästerung.

Dem schwachen Geschmäckler wird's ewig schwindeln an
deinem Koloß, und ganze Seelen werden dich erkennen
ohne Deuter.

Also nur, trefflicher Mann, eh ich mein geflicktes Schiffchen
wieder auf den Ozean wage, wahrscheinlicher dem Tod als
dem Gewinnst entgegen, siehe hier in diesem Hain, wo ringsum die Namen meiner Geliebten grünen, schneid' ich den
deinigen in eine deinem Turm gleich schlank aufsteigende
Buche, hänge an seinen vier Zipfeln dies Schnupftuch mit
Gaben dabei auf. Nicht ungleich jenem Tuch, das dem heiligen Apostel aus den Wolken herabgelassen ward, voll reiner
und unreiner Tiere: so auch voll Blumen, Blüten, Blätter, auch
wohl dürres Gras und Moos und über Nacht geschoßne
Schwämme, das alles ich auf dem Spaziergang durch unbedeutende Gegenden, kalt zu meinem Zeitvertreib botanisie-
rend, eingesammelt, dir nun zu Ehren der Verwesung weihe.

Es ist im kleinen Geschmack, sagt der Italiener, und geht vorbei. Kindereien! lallt der Franzose nach und schnellt trium-
phierend auf seine Dose à la Grecque. Was habt ihr getan,
daß ihr verachten dürft?
Hat nicht der seinem Grab entsteigende Genius der Alten
den deinen gefesselt, Welscher! Krochst an den mächtigen
Resten, Verhältnisse zu betteln, flicktest aus den heiligen
Trümmern dir Lusthäuser zusammen und hältst dich für Ver-
wahrer der Kunstgeheimnisse, weil du auf Zoll und Linien
von Riesengebäuden Rechenschaft geben kannst. Hättest du
mehr gefühlt als gemessen, wäre der Geist der Massen über
dich gekommen, die du anstauntest, du hättest nicht so nur
nachgeahmt, weil sie's taten und es schön ist; notwendig und
wahr hättest du deine Pläne geschaffen, und lebendige Schönheit wäre bildend aus ihnen gequollen. So hast du deinen
Bedürfnissen einen Schein von Wahrheit und Schönheit auf-
getüncht. Die herrliche Wirkung der Säulen traf dich; du
wolltest auch ihrer brauchen und mauertest sie ein, wolltest
auch Säulenreihen haben und umzirkeltest den Vorhof der

Peterskirche mit Marmorgängen, die nirgends hin noch her
führen, daß Mutter Natur, die das Ungehörige und Unnötige
verachtet und haßt, deinen Pöbel trieb, ihre Herrlichkeit zu
öffentlichen Kloaken zu prostituieren, daß ihr die Augen weg-
wendet und die Nasen zuhaltet vorm Wunder der Welt.

Das geht nun so alles seinen Gang; die Grille des Künstlers
dient dem Eigensinne des Reichen; der Reisebeschreiber gafft,
und unsre schönen Geister, genannt Philosophen, erdrechseln
aus protoplastischen Märchen Prinzipien und Geschichte der
Künste bis auf den heutigen Tag, und echte Menschen ermor-
det der böse Genius im Vorhof der Geheimnisse.

Schädlicher als Beispiele sind dem Genius Prinzipien. Vor ihm
mögen einzelne Menschen einzelne Teile bearbeitet haben;
er ist der erste, aus dessen Seele die Teile, in e i n ewiges
Ganze zusammenwachsen, hervortreten. Aber Schule und
Prinzipium fesselt alle Kraft der Erkenntnis und Tätigkeit.
Was soll uns das, du neufranzösischer philosophierender
Kenner, daß der erste zum Bedürfnis erfindsame Mensch vier
Stämme einrammelte, vier Stangen drüber verband und Äste
und Moos drauf deckte? Daraus entscheidest du das Gehörige
unsrer heutigen Bedürfnisse, eben als wenn du dein neues
Babylon mit einfältigem patriarchalischem Hausvatersinn
regieren wolltest.

Und es ist noch dazu falsch, daß deine Hütte die erstgeborne
der Welt ist. Zwei an ihrem Gipfel sich kreuzende Stangen
vornen, zwei hinten und eine Stange quer über zum First ist
und bleibt, wie du alltäglich an Hütten der Felder und Wein-
berge erkennen kannst, eine weit primärere Erfindung, von
der du doch nicht einmal Prinzipium für deine Schweineställe
abstrahieren könntest.

So vermag keiner deiner Schlüsse sich zur Region der Wahrheit zu erheben, sie schweben alle in der Atmosphäre deines
Systems. Du willst uns lehren, was wir brauchen sollen, weil
das, was wir brauchen, sich nach deinen Grundsätzen nicht
rechtfertigen läßt.

Die Säule liegt dir sehr am Herzen, und in anderer Welt-

gegend wärst du Prophet. Du sagst: Die Säule ist der erste,
wesentliche Bestandteil des Gebäudes und der schönste.
Welche erhabene Eleganz der Form, welche reine mannigfaltige Größe, wenn sie in Reihen dastehen! Nur hütet euch,
sie ungehörig zu brauchen; ihre Natur ist, frei zu stehn. Wehe
den Elenden, die ihren schlanken Wuchs an plumpe Mauern
geschmiedet haben!
Und doch dünkt mich, lieber Abt, hätte die öftere Wiederholung dieser Unschicklichkeit des Säuleneinmauerns, daß die
Neuern sogar antiker Tempel Interkolumnia mit Mauerwerk
ausstopften, dir einiges Nachdenken erregen können. Wäre
dein Ohr nicht für Wahrheit taub, diese Steine würden sie
dir gepredigt haben.
Säule ist mitnichten ein Bestandteil unserer Wohnungen; sie
widerspricht vielmehr dem Wesen all unserer Gebäude.
Unsere Häuser entstehen nicht aus vier Säulen in vier Ecken;
sie entstehen aus vier Mauern auf vier Seiten, die statt aller
Säulen sind, alle Säulen ausschließen, und wo ihr sie anflickt,
sind sie belastender Überfluß. Eben das gilt von unsern Palästen und Kirchen, wenige Fälle ausgenommen, auf die ich
nicht zu achten brauche.
Eure Gebäude stellen euch also Flächen dar, die, je weiter sie
sich ausbreiten, je kühner sie gen Himmel steigen, mit desto
unerträglicherer Einförmigkeit die Seele unterdrücken müssen!
Wohl! wenn uns der Genius nicht zu Hilfe käme, der E r -
w i n e n v o n S t e i n b a c h eingab: vermannigfaltige die
ungeheure Mauer, die du gen Himmel führen sollst, daß sie
aufsteige gleich einem hocherhabenen, weitverbreiteten Baume
Gottes, der mit tausend Ästen, Millionen Zweigen und Blättern wie der Sand am Meer ringsum der Gegend verkündet
die Herrlichkeit des Herrn, seines Meisters.

Als ich das erstemal nach dem Münster ging, hatte ich den
Kopf voll allgemeiner Erkenntnis guten Geschmacks. Auf
Hörensagen ehrt' ich die Harmonie der Massen, die Reinheit
der Formen, war ein abgesagter Feind der verworrenen

Willkürlichkeiten gotischer Verzierungen. Unter der Rubrik
G o t i s c h , gleich dem Artikel eines Wörterbuchs, häufte
ich alle synonymischen Mißverständnisse, die mir von Unbe-
stimmtem, Ungeordnetem, Unnatürlichem, Zusammengestop-
peltem, Aufgeflicktem, Überladenem jemals durch den Kopf
gezogen waren. Nicht gescheiter als ein Volk, das die ganze
fremde Welt barbarisch nennt, hieß alles G o t i s c h , was
nicht in mein System paßte, von dem gedrechselten bunten
Puppen- und Bilderwerk an, womit unsere bürgerlichen Edelleute ihre Häuser schmücken, bis zu den ernsten Resten der
älteren deutschen Baukunst, über die ich, auf Anlaß einiger
abenteuerlicher Schnörkel, in den allgemeinen Gesang
stimmte: „Ganz von Zierat erdrückt!" und so graute mir's im
Gehen vorm Anblick eines mißgeformten, krausborstigen
Ungeheuers.

Mit welcher unerwarteten Empfindung überraschte mich der
Anblick, als ich davortrat: Ein ganzer, großer Eindruck füllte
meine Seele, den, weil er aus tausend harmonierenden Einzelheiten bestand, ich wohl schmecken und genießen, keineswegs aber erkennen und erklären konnte. Sie sagen, daß es
also mit den Freuden des Himmels sei. Und wie oft bin ich
zurückgekehrt, diese himmlische Freude zu genießen, den
Riesengeist unserer ältern Brüder in ihren Werken zu umfassen! Wie oft bin ich zurückgekehrt, von allen Seiten, aus
allen Entfernungen, in jedem Lichte des Tags zu schauen
seine Würde und Herrlichkeit! Schwer ist's dem Menschengeist, wenn seines Bruders Werk so hoch erhaben ist, daß er
nur beugen und anbeten muß. Wie oft hat die Abenddäm-
merung mein durch forschendes Schauen ermattetes Aug' mit
freundlicher Ruhe geletzt, wenn durch sie die unzähligen
Teile zu ganzen Massen schmolzen und nun diese, einfach
und groß, vor meiner Seele standen und meine Kraft sich
wonnevoll entfaltete, zugleich zu genießen und zu erkennen!
Da offenbarte sich mir, in leisen Ahnungen, der Genius des
großen Werkmeisters. Was staunst du? lispelt' er mir entgegen. Alle diese Massen waren notwendig; und siehst du sie

nicht an allen älteren Kirchen meiner Stadt? Nur ihre willkür-
lichen Größen hab' ich zum stimmenden Verhältnis erhoben.
Wie über dem Haupteingang, der zwei kleinere zu'n Seiten
beherrscht, sich der weite Kreis des Fensters öffnet, der dem
Schiffe der Kirche antwortet und sonst nur Tageloch war, wie
hoch drüber der Glockenplatz die kleineren Fenster forderte!
— Das all war notwendig, und ich bildete es schön. Aber, ach,
wenn ich durch die düstern, erhabenen Öffnungen hier zur
Seite schwebe, die leer und vergebens da zu stehen scheinen!
In ihre kühne, schlanke Gestalt hab' ich die geheimnisvollen
Kräfte verborgen, die jene beiden Türme hoch in die Luft
heben sollten, deren, ach, nur einer traurig dasteht, ohne den
fünfgetürmten Hauptschmuck, den ich ihm bestimmte, daß
ihm und seinem königlichen Bruder die Provinzen umher hul-
digten! — Und so schied er von mir, und ich versank in teil-
nehmende Traurigkeit, bis die Vögel des Morgens, die in
seinen tausend Öffnungen wohnen, der Sonne entgegen-
jauchzten und mich aus dem Schlummer weckten. Wie frisch
leuchtet er im Morgenduftglanz mir entgegen, wie froh konnt'
ich ihm meine Arme entgegenstrecken, schauen die großen,
harmonischen Massen, zu unzählig kleinen Teilen belebt, wie
in Werken der ewigen Natur, bis aufs geringste Fäserchen,
alles Gestalt und alles zweckend zum Ganzen: wie das festgegründete, ungeheure Gebäude sich leicht in die Luft hebt,
wie durchbrochen alles und doch für die Ewigkeit! Deinem
Unterricht dank' ich's, Genius, daß mir's nicht mehr schwin-
delt an deinen Tiefen, daß in meine Seele ein Tropfen sich
senkt der Wonneruh des Geistes, der auf solch eine Schöpfung herabschauen und Gott gleich sprechen kann: Es ist gut!

Und nun soll ich nicht ergrimmen, heiliger E r w i n , wenn
der deutsche Kunstgelehrte, auf Hörensagen neidischer Nachbarn, seinen Vorzug verkennt, dein Werk mit dem unverstandenen Worte G o t i s c h verkleinert, da er Gott danken
sollte, laut verkündigen zu können: Das ist deutsche Baukunst, unsere Baukunst, da der Italiener sich keiner eigenen

rühmen darf, viel weniger der Franzose. Und wenn du dir
selbst diesen Vorzug nicht zugestehen willst, so erweis' uns,
daß die Goten schon wirklich so gebaut haben, wo sich einige
Schwierigkeiten finden werden. Und, ganz am Ende, wenn du
nicht dartust, ein Homer sei schon vor dem Homer gewesen,
so lassen wir dir gern die Geschichte kleiner gelungener und
mißlungener Versuche und treten anbetend vor das Werk des
Meisters, der zuerst die zerstreuten Elemente in ein lebendiges
Ganzes zusammenschuf. Und du, mein lieber Bruder im
Geiste des Forschens nach Wahrheit und Schönheit, verschließ
dein Ohr vor allem Wortgeprahle über bildende Kunst,
komm, genieße und schaue! Hüte dich, den Namen deines
edelsten Künstlers zu entheiligen, und eile herbei, daß du
schauest sein herrliches Werk! Macht es dir einen widrigen
Eindruck oder keinen, so gehab dich wohl, laß einspannen,
und so weiter nach Paris.

Aber zu dir, teurer Jüngling, gesell' ich mich, der du bewegt
da stehst und die Widersprüche nicht vereinigen kannst, die
sich in deiner Seele kreuzen, bald die unwiderstehliche Macht
des großen Ganzen fühlst, bald mich einen Träumer schiltst,
daß ich da Schönheit sehe, wo du nur Stärke und Rauheit
siehst. Laß einen Mißverstand uns nicht trennen, laß die
weiche Lehre neuerer Schönheitelei dich für das bedeutende
Rauhe nicht verzärteln, daß nicht zuletzt deine kränkelnde
Empfindung nur unbedeutende Glätte ertragen könne. Sie
wollen euch glauben machen, die schönen Künste seien entstanden aus dem Hang, den wir haben sollen, die Dinge rings
um uns zu verschönern. Das ist nicht wahr! Denn in dem
Sinne, darin es wahr sein könnte, braucht wohl der Bürger
und Handwerker die Worte, kein Philosoph.

Die Kunst ist lange bildend, eh' sie schön ist, und doch so
wahre, große Kunst, ja oft wahrer und größer als die schöne
selbst. Denn in dem Menschen ist eine bildende Natur, die
gleich sich tätig beweist, wann seine Existenz gesichert ist.
Sobald er nichts zu sorgen und zu fürchten hat, greift der
Halbgott, wirksam in seiner Ruhe, umher nach Stoff, ihm

seinen Geist einzuhauchen. Und so modelt der Wilde mit
abenteuerlichen Zügen, gräßlichen Gestalten, hohen Farben
seine Kokos, seine Federn und seinen Körper. Und läßt diese
Bildnerei aus den willkürlichsten Formen bestehen, sie wird
ohne Gestaltsverhältnis zusammenstimmen; denn e i n e
Empfindung schuf sie zum charakteristischen Ganzen. Diese
charakteristische Kunst ist nun die einzige wahre. Wenn sie
aus inniger, einiger, eigner, selbständiger Empfindung um sich
wirkt, unbekümmert, ja unwissend alles Fremden, da mag sie aus
rauher Wildheit oder aus gebildeter Empfindsamkeit geboren
werden, sie ist ganz und lebendig. Da seht ihr bei Nationen
und einzelnen Menschen dann unzählige Grade. Je mehr sich
die Seele erhebt zu dem Gefühl der Verhältnisse, die allein
schön und von Ewigkeit sind, deren Hauptakkorde man beweisen, deren Geheimnisse man nur fühlen kann, in denen
sich allein das Leben des gottgleichen Genius in seligen Melodien herumwälzt; je mehr diese Schönheit in das Wesen eines
Geistes eindringt, daß sie mit ihm entstanden zu sein scheint,
daß ihm nichts genugtut als sie, daß er nichts aus sich wirkt
als sie: desto glücklicher ist der Künstler, desto herrlicher ist
er, desto tiefgebeugter stehen wir da und beten an den Ge-
salbten Gottes.

Und von der Stufe, auf welche E r w i n gestiegen ist, wird
ihn keiner herabstoßen. Hier steht sein Werk: tretet hin und
erkennet das tiefste Gefühl von Wahrheit und Schönheit
der Verhältnisse, wirkend aus starker, rauher, deutscher Seele,
auf dem eingeschränkten, düstern Pfaffenschauplatz des
medii aevi.

Und unser aevum? hat auf seinen Genius verziehen, hat seine
Söhne umhergeschickt, fremde Gewächse zu ihrem Verderben
einzusammeln. Der leichte Franzose, der noch weit ärger
stoppelt, hat wenigstens eine Art von Witz, seine Beute zu
e i n e m Ganzen zu fügen, er baut jetzt aus griechischen
Säulen und deutschen Gewölben seiner Magdalene einen
Wundertempel. Von einem unserer Künstler, als er ersucht

ward, zu einer altdeutschen Kirche ein Portal zu erfinden, hab' ich gesehen ein Modell fertigen, stattlichen antiken Säulenwerks.

Wie sehr unsere geschminkten Puppenmaler mir verhaßt sind, mag ich nicht deklamieren. Sie haben durch theatralische Stellungen, erlogene Teints und bunte Kleider die Augen der Weiber gefangen. Männlicher Albrecht Dürer, den die Neulinge anspötteln, deine holzgeschnitzteste Gestalt ist mir willkommener!

Und ihr selbst, treffliche Menschen, denen die höchste Schönheit zu genießen gegeben ward und nunmehr herabtretet, zu verkünden eure Seligkeit, ihr schadet dem Genius. Er will auf keinen fremden Flügeln, und wären's die Flügel der Morgenröte, emporgehoben und fortgerückt werden. Seine eigenen Kräfte sind's, die sich im Kindertraum entfalten, im Jünglingsleben bearbeiten, bis er stark und behend wie der Löwe des Gebirges auseilt auf Raub. Drum erzieht sie meist die Natur, weil ihr Pädagogen ihm nimmer den mannigfaltigen Schauplatz erkünsteln könnt, stets im gegenwärtigen Maß seiner Kräfte zu handeln und zu genießen.

Heil dir, Knabe! der du mit einem scharfen Aug' für Verhältnisse geboren wirst, dich mit Leichtigkeit an allen Gestalten zu üben. Wenn denn nach und nach die Freude des Lebens um dich erwacht und du jauchzenden Menschengenuß nach Arbeit, Furcht und Hoffnung fühlst; das mutige Geschrei des Winzers, wenn die Fülle des Herbstes seine Gefäße anschwellt, den belebten Tanz des Schnitters, wenn er die müßige Sichel hoch in den Balken geheftet hat; wenn dann männlicher die gewaltige Nerve der Begierden und Leiden in deinem Pinsel lebt, du gestrebt und gelitten genug hast und genug genossen und satt bist irdischer Schönheit und wert bist, auszuruhen in dem Arme der Göttin, wert, an ihrem Busen zu fühlen, was den vergötterten Herkules neu gebar — nimm ihn auf, himmlische Schönheit, du Mittlerin zwischen Göttern und Menschen, und mehr als Prometheus leit' er die Seligkeit der Götter auf die Erde!

Johann Wolfgang Goethe

Goethes lebendiges Verhältnis zu den Erscheinungen der Baukunst zeigt sich mit besonderer Deutlichkeit in einer kurzen Ausführung, die in seinen „Maximen und Reflexionen" zu finden ist.
Der Gedanke, Baukunst mit Musik in Beziehung zu setzen, taucht
mehrfach fast gleichzeitig auf. Friedrich Schlegel hat im Kreise
der Romantiker von Architektur als „gefrorener Musik" gesprochen. Aber niemand hat den Vergleich in ein so farbiges Bild
gefaßt, wie Goethe, und niemand hat ihm, wie er, die Wendung
ins „Städtebauliche" gegeben.
Die Stadt als musikalische Kristallisation ist eine besonders schöne
Vorstellung.

DIE VERSTUMMTE TONKUNST

Ein edler Philosoph sprach von der Baukunst als einer
erstarrten Musik und mußte dagegen manches Kopf-
schütteln gewahr werden. Wir glauben diesen schönen Gedanken nicht besser nochmals einzuführen, als wenn wir die
Architektur eine verstummte Tonkunst nennen.
Man denke sich den Orpheus, der, als ihm ein großer wüster
Bauplatz angewiesen war, sich weislich an dem schicklichsten
Ort niedersetzte und durch die belebenden Töne seiner Leier
den geräumigen Marktplatz um sich her bildete. Die von
kräftig gebietenden, freundlich lockenden Tönen schnell
ergriffenen, aus ihrer massenhaften Ganzheit gerissenen Fels-
steine mußten, indem sie sich enthusiastisch herbeibewegten,
sich kunst- und handwerksgemäß gestalten, um sich sodann in
rhythmischen Schichten und Wänden gebührend hinzuordnen.
Und so mag sich Straße zu Straße anfügen! An wohlschützen-
den Mauern wird's auch nicht fehlen.
Die Töne verhallen, aber die Harmonie bleibt. Die Bürger
einer solchen Stadt wandeln und weben zwischen ewigen
Melodien; der Geist kann nicht sinken, die Tätigkeit nicht
einschlafen, das Auge übernimmt Funktion, Gebühr und
Pflicht des Ohres, und die Bürger am gemeinsten Tage fühlen
sich in einem ideellen Zustand; ohne Reflexion, ohne nach
dem Ursprung zu fragen, werden sie des höchsten sittlichen

und religiösen Genusses teilhaftig. Man gewöhne sich, in Sankt Peter auf und ab zu gehen, und man wird ein Analogon desjenigen empfinden, was wir auszusprechen gewagt.

Dagegen in einer schlecht gebauten Stadt, wo der Zufall mit leidigem Besen die Häuser zusammenkehrte, lebt der Bürger unbewußt in der Wüste eines düstern Zustandes; dem fremden Eintretenden jedoch ist es zumute, als wenn er Dudelsack, Pfeifen und Schellentrommeln hörte und sich bereiten müßte, Bärentänzen und Affensprüngen beizuwohnen.

Johann Georg Sulzer

Der Schweizer J o h a n n G e o r g S u l z e r (1720—1779), der in
Berlin als Professor tätig war, verfaßte eine fünfbändige „Allgemeine Theorie der schönen Künste" (Weidmannsche Buchhand-
lung, Leipzig 1792) in der Form eines Lexikons.
Unter dem Stichwort „Baukunst" beginnt er seine Ausführungen
mit den von uns wiedergegebenen Gedanken.

BAUKUNST

Um 1778

Wir betrachten hier die Baukunst nur, insofern der Geschmack einen Anteil daran hat; das Mechanische
darin, obgleich jeder Baumeister dasselbe genau verstehen
muß, gehört nicht hierher. Dieses, nebst dem Wissenschaftlichen, das der Baumeister aus der Mathematik schöpfen muß,
davon abgesondert, so bleibt noch genug übrig, um dieser
Kunst einen Rang unter den schönen Künsten zu geben. Das
Genie, wodurch jedes gute Werk der Kunst seine Wichtigkeit
und innerliche Größe oder die Kraft bekommt, sich der Aufmerksamkeit zu bemächtigen, den Geist oder das Herz einzu-
nehmen; den guten Geschmack, wodurch es Schönheit, Annehmlichkeit, Schicklichkeit und überhaupt einen gewissen
Reiz bekommt, der die Einbildungskraft fesselt: diese Talente
muß der Baumeister so gut als jeder andere Künstler besitzen.
Eben der Geist, wodurch Homer oder Raphael groß wurden,
muß auch den Baumeister beleben, wenn er in seiner Kunst
groß sein soll. Alles, was er, durch diesen Geist geleitet, hervorbringt, ist ein wahres Werk der schönen Künste.
Die Notdurft, zu deren Behuf ein Gebäude aufgeführt wird,
bestimmt dessen Hauptteile; durch mechanische und mathematische Regeln bekommt es seine Festigkeit; aber aus Sachen,
die die Notdurft erfunden, ein Ganzes zusammen zu setzen,
das in allen seinen Teilen jedes Bedürfnis unserer Vorstel-
lungskraft befriedigt; dessen überlegte Betrachtung den Geist
beständig in einer vorteilhaften Wirkung erhält; das durch sein
Ansehen Empfindungen von mancherlei Art erweckt; das dem
Gemüte Bewunderung, Ehrfurcht, Andacht, feierliche Rührung

einprägt: dieses sind Wirkungen des durch Geschmack geleiteten
Genies; und dadurch erwirbt sich ein großer Baumeister einen
ansehnlichen Rang unter den Künstlern.

Wie diese Kunst in ihren Ursachen so edel als irgendeine
andere ist: so kann sie auch ihren Rang durch ihre Wirkungen behaupten. Woher hat der Mensch überhaupt seine Begriffe von Ordnung, von Schönheit, von Harmonie und Übereinstimmung; gewiß nützliche und wichtige Begriffe? Woher
hat er die ersten Empfindungen von Annehmlichkeit, von
Lieblichkeit, von Bewunderung der Größe und selbst von
Ehrfurcht für höhere Kräfte, als aus überlegter Betrachtung
körperlicher Gegenstände, die der Bau der Welt ihm vor
Augen stellt? Sieht man nicht, daß der erste Anwachs der
menschlichen Vollkommenheit, der Schönheit, Annehmlichkeit,
Bequemlichkeit und andern vorteilhaften Eindrücken der
Gegend, die man bewohnt, zuzuschreiben sei? Und trägt nicht
ein elendes, von allen Annehmlichkeiten und Bequemlichkeiten entblößtes Land das meiste zu der Barbarei und dem
viehischen Zustand seiner Einwohner bei? Wenn dieses nicht
kann geleugnet werden, so kann man auch der Baukunst, die
jeden nützlichen Eindruck, den die Schönheit einer Gegend
machen kann, auch durch ihre Verunstaltung, nach einer
andern Art, hervorbringt, den Nutzen zur Kultur des Geistes
und des Gemütes nicht absprechen.

Wer irgendeinen Geschmack an Ordnung, Schönheit und
Pracht in bloß körperlichen Gegenständen hat, der lese die
Nachricht, welche Pausanias von Athen gibt, und überlege hernach, was für Wirkungen es auf einen Athenienser müsse gehabt haben, in einer solchen Stadt zu wohnen. Der würde gewiß
eine geringe Kenntnis der menschlichen Natur verraten, der nicht
begreifen könnte, wieviel vorteilhafte Wirkung auf die Veredlung des Menschen dergleichen Gegenstände haben können.

Das Wesen der Baukunst, insofern sie die Frucht des vom
Geschmack geleiteten Genies ist, besteht darin, daß sie den
Gebäuden alle ästhetische Vollkommenheit gebe, deren sie,
nach ihrer Bestimmung, fähig sind. Vollkommenheit, Ordnung,

Schicklichkeit der innern Einrichtung; Schönheit der Form, ein
schicklicher Charakter, Ordnung, Regelmäßigkeit, guter Geschmack in den Verzierungen von außen und innen: dieses
sind die Eigenschaften, die der Baumeister jedem Gebäude
geben muß.

Also muß er, wenn ihm die eigentliche Bestimmung desselben
angezeigt wird, die Hauptteile in der schicklichsten Größe,
jeden, wie er zum Gebrauch am vollkommensten ist, erfinden;
die gefundenen Hauptteile dergestalt in ein Ganzes zusammen verbinden und anordnen, daß nicht nur jeder Teil seinen
schicklichen Ort bekomme, sondern das Ganze auswendig
und inwendig ein wohl überlegtes, bequemes, seinem Charakter und seiner Bestimmung richtig entsprechendes und nach
seiner Form wohl in die Augen fallendes Werk ausmache;
jeder einzelne Teil muß bis auf die geringste Kleinigkeit so
sein, wie er sich zu dem, was er sein soll, am besten schickt.
Es muß überall Verstand, Überlegung und guter Geschmack
aus dem Werk hervorleuchten. Alles Unnütze, alles Unbe-
stimmte, alles Widersprechende, alles Verworrene muß auf
das sorgfältigste vermieden werden. Wenn das Auge durch
die gute Form des Ganzen gereizt worden, so muß sogleich
auf die wesentlichen Hauptteile geleitet werden, selbige wohl
unterscheiden können, und wenn es davon gesättigt ist, auf
die kleinern Teile geführt werden, deren Bestimmung, Notwendigkeit und Schicklichkeit zum Ganzen einleuchtend fühlen. In dem Ganzen muß eine solche Harmonie, ein solches
Gleichgewicht der Teile sein, daß kein Teil zum Schaden des
Ganzen weder hervorsteche, noch durch Mangel und Unvoll-
kommenheit die Aufmerksamkeit störe. Kurz, alle Weisheit
und aller Geschmack, den man an dem äußern und innern
Bau des menschlichen Körpers bewundert, daran alles vollkommen ist, muß nach Beschaffenheit des Gegenstandes auch
in einem vollkommenen Gebäude zu bemerken sein.

Also hat der Baumeister, wie jeder andere Künstler, die
Natur für seine eigentliche Schule zu halten. Jeder organisierte
Körper ist ein Gebäude; jeder innere Teil ist vollkommen zu

dem Gebrauch, wozu er bestimmt ist, tüchtig; alle zusammen aber sind in der bequemsten und engsten Verbindung; das Ganze hat zugleich in seiner Art die beste äußerliche Form und ist durch gute Verhältnisse, durch genaue Übereinstimmung der Teile, durch Glanz und Farbe angenehm. Diese Eigenschaften hat auch jedes vollkommene Gebäude. Man könnte deswegen mit einigem Schein behaupten, daß dem Baumeister die Erfindungskraft und das Genie noch nötiger sind als dem Maler; denn dieser kann schon durch eine pünktliche Nachahmung der Natur gute Werke hervorbringen, da der andere nicht die Werke der Natur, sondern das Genie und den Geist derselben nachzuahmen hat, wozu mehr als ein bloß leibliches Auge nötig ist. Der Maler erfindet seine Formen nicht, sie sind schon in der Natur vorhanden; aber der Baumeister muß sie erschaffen.

Deswegen gereicht die Vollkommenheit der Baukunst einer Nation zu nicht geringerer Ehre, als die ist, die sie durch andere Talente erwerben kann. Elende Gebäude, die bei einer gewissen Größe weder Bequemlichkeit noch Regelmäßigkeit haben, bei denen widersinnige Veranstaltungen, abenteuerliche Verhältnisse, Unfleiß der Arbeit und andere Mängel dieser Art durchgehends herrschen, sind ein untrüglicher Beweis von dem Unverstand und dem schlechten Gemütszustand einer Nation. Vorteilhafte Begriffe hingegen muß man von der Denkungsart eines Volkes bekommen, das auch in seinen geringsten Gebäuden und in den kleinsten Teilen derselben, wahren Geschmack, Überlegung, Schicklichkeit und edle Einfalt zeigt. Bei den Thebanern war ein Gesetz, nach welchem ein Maler, der ein schlechtes Werk verfertigt hatte, um Geld gestraft wurde. Wichtiger wäre es, in einem gesitteten Staat Gesetze zur Verhütung grober Fehler gegen die Baukunst einzuführen. Ihre Aufnahme und ihr Einfluß auf die geringsten Privatgebäude ist gewiß der Aufmerksamkeit eines Gesetzgebers nicht unwürdig; und so gut, nach dem Urteil der ehemaligen Spartaner, die Musik einen Einfluß auf die Sitten haben kann, so gewiß kann die Baukunst dieses tun. Schlechte,

ohne Ordnung und Verstand entworfene und aufgeführte
oder mit närrischen, abenteuerlichen oder ausschweifenden
Zieraten überladene Gebäude, die in einem Lande allgemein
sind, haben unfehlbar eine schlimme Wirkung auf die Denkungsart des Volkes.

Der gute Geschmack der Baukunst ist im Grunde eben der,
der sich sowohl in andern Künsten, als in dem ganzen sittlichen Leben der Menschen vorteilhaft äußert. Seine Wirkung
ist, daß in einem Gebäude nichts Unüberlegtes, nichts Unver-
ständiges, nichts, das der Richtigkeit der Vorstellungskräfte
zuwider ist, angetroffen werde; daß jeder einzelne Teil sich
zum Ganzen wohl schicke; daß das Ansehen und der Charakter, oder das Gepräge des Gebäudes, mit seiner Bestimmung
wohl übereinkomme; daß kein Teil und keine Zierat daran
sei, von der man nicht ohne Umschweife sagen könne, warum
sie da sei; daß die edle Einfalt dem Überfluß an Zieraten vorgezogen werde; daß endlich aus jedem einzelnen Teile Fleiß
und Verstand deutlich hervorleuchten. An den wenigen Gebäuden, die von der guten Zeit der griechischen Baukunst übrigge-
blieben sind, zeigen sich alle diese Eigenschaften deutlich; sie
können als Muster des reinen Geschmacks angesehen werden.

Die ersten Bemühungen in dieser Kunst entstehen natürlicherweise bei jedem Volke, sobald es sich aus der gröbsten Barbarei losgerissen, Muße zum Nachdenken und Begriffe von
Ordnung, Bequemlichkeit und Schicklichkeit bekommen hat.
Denn es ist dem Menschen natürlich, das Ordentliche der Unordnung vorzuziehen. Also fällt der Ursprung der Baukunst
in die entferntesten Zeiten und ist nicht bei einem Volk allein
anzutreffen. Es würde angenehm und lehrreich sein, die
Hauptarten des Geschmacks in der Baukunst, durch Aufzeich-
nung einiger Hauptgebäude der diese Kunst übenden, aber
sonst keine Gemeinschaft unter sich habenden Nationen vor
Augen zu legen. Es würde sich viel von dem Nationalcharak-
ter derselben daraus bestimmen lassen. Man würde zwar in
allen dieselben Grundgesetze, aber auf sehr verschiedene
Weise angewendet, finden.

Wilhelm Heinrich Wackenroder

Wilhelm Heinrich Wackenroder (1773—1798) ist
einer jener frühreifen Jünglinge der Romantik, deren Höhenflug
und Selbstvollendung durch den Tod in jungen Jahren jäh unterbrochen wurde. Wackenroders Seelenhaftigkeit wirkte stark auf
den kühleren Tieck, der 1797 Wackenroders „Herzensergießun-
gen eines kunstliebenden Klosterbruders" und nach Wackenroders
Tode dessen „Phantasien über die Kunst für Freunde der Kunst"
herausgab. Aus dem letzteren Werk stammen die von genialer
Einfühlung in das Wesen der Baukunst zeugenden Gedanken
über die Peterskirche, welche Wackenroder, dessen Traum
einer Italienreise sich nicht erfüllte, niemals selbst gesehen hat.
(Nach dem Neudruck der Tieckschen Ausgabe in „Werke und
Briefe von W. H. Wackenroder" bei Lambert Schneider, Berlin.)

EIN WUNDER DER WELT

1799

Erhabnes Wunder der Welt! Mein Geist erhebt sich in
heiliger Trunkenheit, wenn ich deine unermeßliche Pracht
anstaune! Du erweckest mit deiner stummen Unendlichkeit
Gedanken auf Gedanken, und lässest das bewundernde Gemüt nimmer in Ruhe kommen.
Ein ganzes Jahrhundert hat gesammelt an deiner steinernen
Größe, und auf zahllosen Menschenleben bist du emporgestiegen zu dieser Höhe! —
In nackten Steinbrüchen ist euer Vaterland, ihr mächtigen
Mauern und Säulen! Manche grobe Hand hat dort für küm-
merlichen Lohn der trotzigen rohen Natur ihre Marmorfelsen abgezwungen, unbekümmert, was jemals aus dem unförmlichen Klumpen würde; nur sein Eisen, sein Werkzeug
war täglich des Arbeiters einziger Gedanke, bis er es einst
zum letzten Male in die Hand nahm und starb.
Wie mancher, den nichts anders auf der Welt kümmerte, als
diese Steine, einen fest auf den anderen zu schichten für einen
geringen Lohn, ist darüber von der Erde gegangen! Wie
mancher, dessen Geschäft es war, diese Säulen und Gebälke

mit allen kleinen Zierden in freien, reinen Linien auszuhauen, und der innerlich recht stolz sein mochte auf einen schönen Säulenknauf, der sich jetzt in dem unendlichen Ganzen verliert, hat sein Auge geschlossen, und kein Auge der Welt vielleicht hat den Säulenknauf wieder achtsam betrachtet, nach dem letzten Male, da er ihn mit Freuden ansah.

Eine ganze Reihe von Meistern der Baukunst sind an der Schöpfung dieses Kolosses vorübergegangen: sie waren es, die durch Zeichnungen und Modelle von kleinem Umfange alle die hundert groben Hände regierten, und alle die unförmlichen Kinder der Felsen zu schönen Gestalten zusammenzauberten, und der eine größeste der Meister war es, der durch ein dürres Zahlengewebe und krumme Linien auf geringem Papier der ungeheuren Kuppel das Gesetz vorschrieb, die Last der Mauern kühn zu besteigen, und sich hoch in Lüften hängend zu erhalten.

Und auch eine ganze Reihe der Statthalter des Heiligen Stuhls, welche durch armselige kleine Metallstücke, die sie von ihren toten, stillen Schatzkammern in die Welt streuten, wie durch elektrische Funken aus der schlafenden Kraft der groben Hände, der schlafenden Kunst der Steinarbeiter den schönträumenden Geistern der Architekten, eine vereinigte, sichtbare Wirklichkeit ans Tageslicht zogen − welche, durch die millionenmal wiederholte elende Einförmigkeit dieser bedeutungslosen Metallstücke, ein so geistreiches Wunderwerk von so unerschöpflicher Schönheit und Erhabenheit für die Welt und die menschliche Würde eintauschten − auch diese sind längst von ihrem glänzenden Stuhle aufgestanden, und haben ihren heiligen Fuß demütig in eben das dunkle Land gesetzt, wohin die Millionen, die sie als Gottes Statthalter anbeteten, eingegangen sind.

Wie mannigfache menschliche Spuren reden aus allen deinen Steinen hervor! Wie viele Leben sind an deiner Schöpfung zerschellt! Und du stehst, ein unsterblicher Bau, stützest dich auf deinen starken Mauern, und siehst unerschrocken hinaus in lange Jahrhunderte. −

Die tausend einzelnen Steine der Felsen, die unförmlichen
Massen, die verstümmelten Gliedern glichen, haben sich zu
schlanken Säulen vereinigt, deren erhabene Gestalt das Auge
mit liebevollen Blicken umschlingt, oder zur Kuppel, an deren
sanften, mächtigen Wölbung der Blick jauchzend hinauf-
schwebt. Verschwunden sind die unzähligen verstümmelten
Glieder: es steht ein Ganzes von Mauern und Säulen da, als
wäre es beim Bau der Welt von Riesen aus reichem Tone
gebildet, oder aus zerschmelzten Felsen in ungeheuren Formen gegossen. – Und die erstaunenswürdige Wirklichkeit
dieses unglaublichen Traums, welche die Einbildungskraft erschreckt, worauf beruht sie, als auf ein paar flüchtigen Worten und Federstrichen jener dreifach bekrönten Häupter?
Doch du prangst in deinem Dasein, und hast nichts mehr an
dir von deinem Ursprunge. Menschen erschufen dich, und du
bist höherer Natur als das Geschlecht deiner Schöpfer,
lässest die sterblichen Scharen langer Jahrhunderte nieder-
knien unter deinem Dome und umhüllst sie mit der Gottheit,
die ewig aus deinen Mauern spricht.
Wohl dem vergänglichen Menschen, daß er Unvergänglich-
keit zu schaffen vermag! Wohl dem Schwachen und Un-
heiligen, daß er erhabene Heiligkeit gebären kann, wovor
er selber niederkniet! Unter dem Himmel der frommen
Kunst treibt die sterbliche Zeugungskraft eine goldene
Frucht, edler als Stamm und Wurzel, hervor; die Wurzel
mag vergehen, die goldene Frucht verschließt göttliche
Kräfte. – Die Menschen sind nur die Pforten, durch welche
seit der Erschaffung der Welt die göttlichen Kräfte zur Erde
gelangen, und in der Religion und dauernden Kunst uns sichtbar erscheinen.
Ein herrlich-kühner Gedanke ist es, die Formen der Schönheit, die uns in kleinen vergänglichen Werken gefallen, in
gewaltigen Räumen, majestätisch, mit Felsen für die Ewigkeit aufzuführen. Eine sehr edle Kunst, die, alle menschliche
Gestalt und Sprache verachtend, denen die sämtlichen übrigen Künste dienstbar sind, allein darauf stolz ist, ein

mächtig großes, sinnliches Bild der schönen Regelmäßigkeit, der
Festigkeit und Zweckmäßigkeit, dieser Angeltugenden, und
allgemeinen Ur- und Musterbilder in der menschlichen
Seele, vor unser Auge zu stellen. Ihre Werke sind (gleich
der harmonischen Wissenschaft der Weisheit in der Seele
des Weisen) ein fest in sich verbundener schöner Zusammenhang von tragenden und getragenen Massen, von kühn
hinanstrebenden Säulen und Wänden, und von schützen-
den, ruhig schwebenden und herabsehenden Decken und Gewölben. Frei unter Gottes Himmel stehn ihre Werke, und
wurzeln unmittelbar in dem Erdenrund, dem Schauplatze
aller Dinge; sie lassen sich nicht, wie die Werke der andern
Künste, mit Händen regieren, das Geschlecht, das sie hervorbrachte, geht in sie hinein, fühlt sich von ihnen umschlossen, und sie sind die edlen Gefäße, die alle andre Kunst und
Wissenschaft, ja die edelste Tätigkeit der Welt, in ihren
Räumen bewahren.
Was können sie Größeres bewahren und umschließen, als
das Streben des Menschen nach der Gottheit? Oh, da
müssen sich ihre Mauern erweitern, und ihre Kuppeln erheben, soweit sie vermögen, um einen mächtigen Raum zu
umspannen, um viele, viele Kinder der Erde in einen mütter-
lichen Schoß zu sammeln, auf daß die einsam umherirrende
Andacht von Tausenden, unter dieser Wölbung versammelt
und von der ewigen Umarmung dieser heiligen Mauern umfangen, zu einer vereinigten Flamme zusammenbrenne, und
die Gottheit ein würdiges Opfer empfange. Zahllose Mengen der Vergangenheit haben diese heiligen Mauern zur
Andacht geweiht, und zahllose der Zukunft erwarten sie
sehnlich in ihre Arme zu schließen.
Ich höre sie wohl, die vernünftigen Weisen, die spotten und
sprechen: „Was soll der Welt die tote, unfruchtbare Pracht?
Im engen, ungeschmückten Raume betet der Mensch so
fromm — und viele Dürftige, nebst Witwen und Waisen,
hätten wir gespeiset und gekleidet von diesen steinernen
Schätzen." — Ich weiß es wohl, daß man der Kunst und auch

der Religion es bitter verarget, wenn sie in reicher, königlicher Pracht sich vor der Welt erheben. Es mögen dies sehr festgegründete Gedanken der menschlichen Vernunft sein, aber doch sind es nicht die Gedanken der schaffenden Vorsicht.

Nach einem durch menschliche Vernunft berechneten Gleichmaße und einer strengen, geistigen Ordnung der Dinge, wollen die Weisen unsre Erde neu erschaffen. Aber was ist die Erde, als ein uns hörbarer Laut aus der verborgenen Harmonie der Sphären? — ein uns sichtbarer flüchtiger Blitz aus den verborgenen dunkeln Wolken des Weltalls? — und was sind wir? — — Jenes gewaltsame Auf- und Niederwallen der irdischen Dinge — daß sich das Hohe zum Hohen gesellt, und die Flächen und Tiefen verwahrlost vergehen — erscheint mir nicht anders als der eigentümliche, geheimnisvolle Pulsschlag, das furchtbare, unverständliche Atemholen des Erdgeschöpfs. Wenn die Erde große und erhabene Dinge zum wirklichen, körperlichen Dasein bringen will, so bleibt ihr Streben immer irdisch, und sie kennt für Größe und Erhabenheit keine würdigere Gefährten, als irdische Schätze. — So hat auch selbst die leblose Natur, recht im irdischen Sinne, die wunderbare Schönheit ihrer Gebirge noch mit dem unterirdischen Überflusse der kostbaren Metalle verschwenderisch belohnt, indes endlose Wüsteneien unter ihrer kargen Hand verschmachten.

Drum schweige, menschlicher Witz, und laßt euch bezaubern, ihr frommen Sinnen, von der erhaben-übermütigen Pracht. — —

Aber ach! selbst dieses Wunder der Welt, wie verschwindet es in der kleinen Unendlichkeit der Dinge dieser Erde! — Es schrumpft zusammen, wenn das Auge sich eine kurze Spanne entfernt, und ist nicht da für alle übrige Welt. Ganze Weltteile haben nie davon gehört, und selbst Tausende, die es sehen, haben an wichtigere Dinge zu denken, und gehen gleichgültig vorüber.

Karl Wilhelm Ferdinand Solger

Das Vorbild der platonischen Dialoge verlockt den Philosophen
S o l g e r (1780—1819), seine Ästhetik in die Form von „Vier
Gesprächen über das Schöne und die Kunst" zu kleiden, denen
er, wie Plato, einen Eigennamen voransetzt. Er nennt sie „Erwin"
(Berlin 1815). Als Probe geben wir einen Ausschnitt, der von der
Baukunst handelt.

AUS EINEM GESPRÄCH ÜBER KUNST

1815

Es gibt eine Kunst, die in der Phantasie lebt, in welcher von
Anfang an jene allgemeine Einheit, welche die Gesetze
des Raumes bestimmt, mit der im Raum erscheinenden Materie und ihrer Gestaltung vollkommen zusammenstimmt. So
wie also der Raum zwischen dem Erkennen und dem Stoff, so
ist im Raume zwischen dem allgemeinen Gesetze und der
besonderen Gestaltung ein beide vollkommen vereinendes
Band, welches wir das Verhältnis nennen, und in dessen Mitte
hat die Kunst, die auf diesem Wege sich entwickelt, die Baukunst, ihren Sitz.
Ich erkannte leicht, sprach er, daß von dieser die Rede sein
würde. Doch vieles bleibt mir noch dunkel. Schon zwei Haupt-
fragen stören mich. Erstens: Wie kann das bloße Verhältnis,
welches ein Gegenstand der Meßkunst und etwas ganz Abgezogenes ist, eine schöne Kunst begründen? Und zweitens:
Wie kann die Baukunst, welche doch augenscheinlich aus dem
sinnlichen Bedürfnis ihren Ursprung genommen hat, anders,
als der Zweckmäßigkeit wegen, auf das Maß zurückgeführt
werden, und doch die göttliche Idee ausdrücken?
Wir wollen, sagt' ich, um uns hierüber zu beruhigen, stufen-
weise und streng entwickeln, was in unserer Herleitung der
Baukunst liegt. Zuvörderst scheint dir diese Kunst von der
Notdurft und Zweckmäßigkeit auszugehen, und so wird sie
von vielen beurteilt. Wenn sie sich aber auch anschließt an das
sinnliche Bedürfnis des Schutzes und der Bedeckung, kann
man deswegen unbedingt behaupten, daß sie aus demselben

hervorgehe, und sollte man nicht vielmehr daraus, daß sie die
Seele so unglaublich erhebt, ganz das Gegenteil schließen,
das müsse nämlich wohl nicht die wahre und höchste Baukunst
sein, die sich bloß mit der Errichtung oder selbst mit der Verzierung der Wohnhäuser beschäftigt? Warum sie sich aber an
jene Verhältnisse der Zweckmäßigkeit anschließt, das ist wohl
klar, wenn wir bedenken, wie sie die Materie als bloßen Stoff
behandelt, der dem Gedanken gegenübersteht, und wollten
wir darum gleich eine solche Bestimmung über das Bedürfnis
annehmen, so wäre das nicht besser, als wenn man dem
Drama, weil es das wirkliche Leben darstellt, die knechtische
Nachahmung des ganz Gemeinen aufbürdet. Dagegen lehnt
sich denn aber auch das ganze Wesen dieser Kunst auf. Denn
soll die Gestaltung der Regel und dem Maße vollkommen
entsprechen, so müssen auch Zweck und Mittel ganz und gar
in ein gemeinsames Drittes verschmolzen sein. Dieses Dritte
aber ist das Verhältnis, an welchem ohne Störung die äußere
Masse in unseren Verstand aufgenommen und dieser in jene
hinübergeleitet wird. Und eben dieses bringt die ganz eigentümliche Wirkung dieser Kunst hervor. Denn nicht in dem für
sich bestehenden, lebendigen Einzelwesen erschöpft sich ihr
Wirken, wie das der Malerei und Bildhauerei, sondern in dem
Verhältnis zwischen der wahrgenommenen Materie im Raume
und dem wahrnehmenden und doch gesetzmäßigen Erkennen,
welches als ein ganz allgemeines, sich doch in der wirklichen,
bestimmten Gestaltung vollständig offenbart. So darfst du
nicht sagen, jene Gesetzmäßigkeit in ihren Werken sei etwas
Abgezogenes; denn sie offenbart sich in einer ganz gegenwärtigen Form, in welcher auch Stoff und Erkenntnis etwas ganz
Wirkliches und einzelnes werden, ja beides geht so ineinander
über, daß der unbeseelte Stoff selbst als
organisch erscheint, und seine Gestaltung
sich bald der menschlichen, bald der Pflan-
zenbildung nähert, das Verhältnis also nicht
von außen hinzugetan wird, sondern aus der
Masse selbst erwächst. Wer die Säulenbündel

altdeutscher Kirchen und die himmelhoch sich wölbenden
Zweige, in welche sie auseinandertreiben, recht lebendig an-
schaut, dem wird das Sprießen und Drängen nach oben und
das pflanzenartige Wachstum nicht verborgen bleiben. In der
ionischen Säule dagegen zeigt sich am lebendigsten die üppige
und weiche Fülle, der man mit dem Auge die darunter ver-
schlossene Lebenswärme anzufühlen glaubt. Darum eben bestimmt also das schöne Bauwerk so ganz unser Gemüt und
setzt dasselbe in eine durchaus eigentümliche Verfassung, weil
das Gemüt selbst nach seinen allgemeinen Gesetzen in die
gegenwärtige, aus sich selbst treibende Gestaltung mit aufgeht. Muß nun nicht solche Verschmelzung der Form des
Wahrnehmens mit seinem Gegenstande notwendig die Äußerung einer Idee sein?

Sie muß wohl, sagt' er, denn ohne dies wäre solche Durchdringung, welche die bloße Zweckmäßigkeit nicht darbietet,
unmöglich.

Und was ist es denn nun, frag' ich weiter, was sich hierin
äußert? Kann es etwas anderes sein, wenn es die wirkliche
und lebendige Idee, und doch kein beseeltes Einzelwesen ist,
als das Wesen überhaupt, oder die Gottheit, in welcher allein
diese Harmonie als allgemeines, ewiges Dasein von Anfang
an vollendet ist?

Wahrlich, versetzt' er, es kann nichts anderes sein.

Nichts anderes, sagt' ich darauf, kann also auch in diesem
reinen Verhältnis der räumlichen Gestaltung wohnen, als die
Gottheit selbst. Demjenigen also eine Wohnung in besonderer Gestalt zu geben, der kein Bedürfnis derselben hat und
dessen Wohnung der gesetzmäßig erfüllte Raum, das heißt
das Weltall ist, darauf geht diese Kunst hinaus. Jedes ihrer
Werke ist darum eine solche Welt, und ein Haus einer Gottheit, sollte sie auch durch ganz verschiedene Äußerungen
darin erscheinen. Denn die allgemeinste und höchste Bestimmung der Baukunst bleibt zwar, der Gottheit Tempel zu
geben; doch läßt sich diese Aufgabe auch durch viele abgesonderte Äußerungen der Idee, im Staat und selbst bis in das

bürgerliche Leben hinein verfolgen; nur das Bedürfnis muß nie das Bestimmende sein. Ja erst dann würde die Kunst, wenn es möglich wäre, ihr vollständiges Wirken erfüllen, wenn sie unser ganzes wirkliches Leben mit einer solchen göttlichen Wohnung umgäbe und uns so überall an den Anblick der Schönheit und Harmonie gewöhnte. Aber das beweist freilich, daß sie gänzlich entwürdigt ist, wenn sie zur bloßen Verzierung der Wohnhäuser gebraucht wird, während die Kirchen und Staatsgebäude kaum einem menschlichen Aufenthalte gleichen. Ganz anders dachten unsre deutschen Voreltern, welche gern Jahrhunderte auf die Ausführung eines Gotteshauses wandten. Indessen laß uns davon schweigen, und sage mir nur, ob du nicht auf gewisse Weise in der Baukunst das verarbeitet siehst, was auch der Urstoff der dramatischen Poesie war?

Ich seh' es ein, sprach er, daß zwischen beiden eine gewisse Gleichartigkeit stattfindet. Denn wie das Drama nicht ein erhöhtes und dadurch gleichsam fremdes Leben darstellt, sondern das gegenwärtige vor unsern Augen werden läßt, so bildet auch die Baukunst keine persönlichen, von der Idee erfüllten Einzelwesen, die wir als Ideale ansehn müßten, wie sie die Bildhauerei und Malerei schafft, sondern umgibt uns mit einer kunstgemäßen und schönen Gegenwart, deren nächste Wirkung unsere eigene Stimmung ist, die aus der Betrachtung der Werke jener anderen Künste doch immer nur als abgeleitet hervorgehen kann. Dies ist wohl auch der Grund, warum zur wirklichen Vorstellung des Dramas schöne Baukunst so wichtig ist.

Arthur Schopenhauer

Schopenhauer (1788–1860) entwickelt seine Anschauungen über Baukunst vor allem im § 43 seines Hauptwerkes „Die
Welt als Wille und Vorstellung". Er geht dabei ausschließlich
von der antiken Baukunst aus, für die mittelalterliche Architektur
und den Gewölbebau fehlt ihm das Verständnis.

DIE BAUKUNST

1818

W enn wir nun die Baukunst, bloß als schöne Kunst,
abgesehen von ihrer Bestimmung zu nützlichen
Zwecken, in welchen sie dem Willen, nicht der reinen Erkenntnis dient und also nicht mehr Kunst in unserm Sinne ist, betrachten, so können wir ihr keine andere Absicht unterlegen,
als die, einige von jenen Ideen, welche die niedrigsten Stufen
der Objektität des Willens sind, zu deutlicher Anschaulichkeit zu bringen: nämlich Schwere, Kohäsion, Starrheit, Härte,
diese allgemeinen Eigenschaften des Steines, diese ersten, einfachsten, dumpfesten Sichtbarkeiten des Willens, Grundbaß-
töne der Natur; und dann neben ihnen das Licht, welches in
vielen Stücken ein Gegensatz jener ist. Selbst auf dieser tiefen
Stufe der Objektität des Willens sehen wir schon sein
Wesen sich in Zwietracht offenbaren: denn eigentlich ist der
Kampf zwischen Schwere und Starrheit der alleinige ästhetische Stoff der schönen Architektur: ihn auf mannigfaltige
Weise vollkommen deutlich hervortreten zu lassen, ist ihre
Aufgabe. Sie löst solche, indem sie jenen unvertilgbaren Kräften den kürzesten Weg zu ihrer Befriedigung benimmt und
sie durch einen Umweg hinhält, wodurch der Kampf verlän-
gert und das unerschöpfliche Streben beider Kräfte auf
mannigfaltige Weise sichtbar wird.—Die ganze Masse des
Gebäudes würde, ihrer ursprünglichen Neigung überlassen,
einen bloßen Klumpen darstellen, so fest als möglich dem
Erdkörper verbunden, zu welchem die Schwere, als welche
hier der Wille erscheint, unablässig drängt, während die
Starrheit, ebenfalls Objektität des Willens, widersteht. Aber
eben diese Neigung, dieses Streben, wird von der Baukunst

an der unmittelbaren Befriedigung verhindert und ihm nur
eine mittelbare, auf Umwegen, gestattet. Da kann nun zum
Beispiel das Gebälk nur mittels der Säule die Erde drücken;
das Gewölbe muß sich selbst tragen, und nur durch Vermitte-
lung der Pfeiler kann es sein Streben zur Erdmasse hin befriedigen und so fort. Aber eben auf diesen erzwungenen Umwegen, eben durch diese Hemmungen entfalten sich auf das
deutlichste und mannigfaltigste jene der rohen Steinmasse
inwohnenden Kräfte: und weiter kann der rein ästhetische
Zweck der Baukunst nicht gehen. Daher liegt allerdings die
Schönheit eines Gebäudes in der augenfälligen Zweckmäßigkeit jedes Teiles, nicht zum äußern willkürlichen Zweck des
Menschen (insofern gehört das Werk der nützlichen Baukunst an), sondern unmittelbar zum Bestande des Ganzen, zu
welchem die Stelle, Größe und Form jedes Teiles ein so notwendiges Verhältnis haben muß, daß, womöglich, wenn
irgendein Teil weggezogen würde, das Ganze einstürzen
müßte. Denn nur indem jeder Teil so viel trägt, als er füglich
kann, und jeder gestützt ist gerade da und gerade so sehr, als
er muß, entfaltet sich jenes Widerspiel, jener Kampf zwischen
Starrheit und Schwere, welche das Leben, die Willensäuße-
rungen des Steines ausmachen, zur vollkommensten Sichtbarkeit, und es offenbaren sich deutlich diese tiefsten Stufen der
Objektität des Willens. Ebenso muß auch die Gestalt jedes
Teiles bestimmt sein durch seinen Zweck und sein Verhältnis
zum Ganzen, nicht durch Willkür. Die Säule ist die allerein-
fachste, bloß durch den Zweck bestimmte Form der Stütze:
die gewundene Säule ist geschmacklos: der viereckige Pfeiler
ist in der Tat weniger einfach, wiewohl zufällig leichter zu
machen als die runde Säule. Ebenso sind die Formen von
Fries, Balken, Bogen, Kuppel durch ihren unmittelbaren Zweck
ganz und gar bestimmt und erklären dadurch sich selbst. Die
Verzierungen der Kapitelle usw. gehören der Skulptur, nicht
der Architektur an, von der sie, als hinzukommender Schmuck,
bloß zugelassen werden und auch wegfallen könnten. — Dem
Gesagten gemäß ist es zum Verständnis und ästhetischen

Genuß eines Werkes der Architektur unumgänglich nötig, von seiner Materie, nach ihrem Gewicht, ihrer Starrheit und Kohäsion, eine unmittelbare, anschauliche Kenntnis zu haben, und unsere Freude an einem solchen Werke würde plötzlich sehr verringert werden durch die Eröffnung, das Bimsstein das Baumaterial sei: denn da würde es uns wie eine Art Scheingebäude vorkommen. Fast ebenso würde die Nachricht wirken, daß es nur von Holz sei, während wir Stein voraussetzten; eben weil dies nunmehr das Verhältnis zwischen Starrheit und Schwere, und dadurch die Bedeutung und Notwendigkeit aller Teile, ändert und verschiebt, da jene Naturkräfte am hölzernen Gebäude viel schwächer sich offenbaren. Daher auch kann aus Holz eigentlich kein Werk der schönen Baukunst werden, so sehr dasselbe auch alle Formen annimmt: dies ist ganz allein durch unsere Theorie erklärlich. Wenn man aber vollends uns sagte, das Gebäude, dessen Anblick uns erfreut, bestehe aus ganz verschiedenen Materien, von sehr ungleicher Schwere und Konsistenz, die aber durch das Auge nicht zu unterscheiden wären, so würde dadurch das ganze Gebäude uns so ungenießbar wie ein Gedicht in einer uns unbekannten Sprache. Dieses alles beweist eben, daß die Baukunst nicht bloß mathematisch wirkt, sondern dynamisch, und daß, was durch sie zu uns redet, nicht etwa bloße Form und Symmetrie, sondern vielmehr jene Grundkräfte der Natur sind, jene ersten Ideen, jene niedrigsten Stufen der Objektität des Willens. — Die Regelmäßigkeit des Gebäudes und seiner Teile wird teils durch die unmittelbare Zweckmäßigkeit jedes Gliedes zum Bestande des Ganzen herbeigeführt, teils dient sie, die Übersicht und das Verständnis des Ganzen zu erleichtern, teils endlich tragen die regelmäßigen Figuren, in dem sie die Gesetzmäßigkeit des Raumes als solchen offenbaren, zur Schönheit bei. Dies alles ist aber nur von untergeordnetem Wert und Notwendigkeit und keineswegs die Hauptsache, da sogar die Symmetrie nicht unnachläßlich erfordert ist, indem ja auch Ruinen noch schön sind. Eine ganz besondere Beziehung haben nun noch die Werke

der Baukunst zum Lichte: sie gewinnen doppelte Schönheit
im vollen Sonnenschein, den blauen Himmel zum Hintergrund, und zeigen wieder eine ganz andere Wirkung im Mon-
denschein. Daher auch bei Aufführung eines schönen Werkes
der Baukunst immer besondere Rücksicht auf die Wirkungen
des Lichtes und auf die Himmelsgegenden genommen wird.
Dies alles hat seinen Grund zwar großenteils darin, daß helle
und scharfe Beleuchtung alle Teile und ihre Verhältnisse erst
recht sichtbar macht: außerdem aber bin ich der Meinung, daß
die Baukunst, so wie Schwere und Starrheit, auch zugleich das
diesen ganz entgegengesetzte Wesen des Lichtes zu offenbaren
bestimmt ist. Indem nämlich das Licht von den großen, undurch-
sichtigen, scharf begrenzten und mannigfach gestalteten Massen aufgefangen, gehemmt, zurückgeworfen wird, entfaltet es
seine Natur und Eigenschaften am reinsten und deutlichsten,
zum großen Genuß des Beschauers, da das Licht das erfreu-
lichste der Dinge ist, als die Bedingung und das objektive
Korrelat der vollkommensten anschaulichen Erkenntnisweise.
Die Baukunst hat von den bildenden Künsten und der Poesie
das Unterscheidende, daß sie nicht ein Nachbild, sondern die
Sache selbst gibt: nicht wiederholt sie, wie jene, die erkannte
Idee, wodurch der Künstler dem Beschauer seine Augen leiht;
sondern hier stellt der Künstler dem Beschauer bloß das
Objekt zurecht, erleichtert ihm die Auffassung der Idee,
dadurch, daß er das wirkliche individuelle Objekt zum deutlichen und vollständigen Ausdruck seines Wesens bringt. Die
Werke der Baukunst werden sehr selten, gleich den übrigen
Werken der schönen Kunst, zu rein ästhetischen Zwecken aufgeführt: vielmehr werden diese anderen, der Kunst selbst
fremden, nützlichen Zwecken untergeordnet, und da besteht
denn das große Verdienst des Baukünstlers darin, die rein
ästhetischen Zwecke, in jener ihrer Unterordnung unter
fremdartige, doch durchzusetzen und zu erreichen, indem er
sie auf mannigfaltige Weise dem jedesmaligen willkürlichen
Zwecke geschickt anpaßt und richtig beurteilt, welche ästhe-
tisch-architektonische Schönheit sich mit einem Tempel, welche

mit einem Palast, welche mit einem Zeughause usw. verträgt und vereinigen läßt. Je mehr ein rauhes Klima jene Forderungen des Bedürfnisses, der Nützlichkeit vermehrt, sie fester bestimmt und unerläßlicher vorschreibt, desto weniger Spielraum hat das Schöne in der Baukunst. Im milden Klima Indiens, Ägyptens, Griechenlands und Roms, wo die Forderungen der Notwendigkeit geringer und loser bestimmt waren, konnte die Baukunst ihre ästhetischen Zwecke am freiesten verfolgen: unter dem nordischen Himmel wurden ihr diese sehr verkümmert: hier, wo Kasten, spitze Dächer und Türme die Forderung waren, mußte die Baukunst, da sie ihre eigene Schönheit nur in sehr engen Schranken entfalten durfte, sich zum Ersatz desto mehr mit dem von der Skulptur geborgten Schmucke zieren, wie an der gotischen Baukunst zu sehen.

Muß nun diesergestalt die Baukunst, durch die Forderungen der Notwendigkeit und Nützlichkeit, große Beschränkungen leiden, so hat sie andererseits an eben diesen eine kräftige Stütze, da sie, bei dem Umfange und der Kostbarkeit ihrer Werke und der engen Sphäre ihrer ästhetischen Wirkungsart, sich als bloß schöne Kunst gar nicht erhalten könnte, wenn sie nicht zugleich als nützliches und notwendiges Gewerbe einen festen und ehrenvollen Platz unter den menschlichen Hantierungen hätte. Der Mangel dieses letzteren eben ist es, der eine andere Kunst verhindert, ihr als Schwester zur Seite zu stehen, obgleich dieselbe, in ästhetischer Rücksicht, ganz eigentlich ihr als Seitenstück beizuordnen ist: ich meine die schöne Wasserleitungskunst. Denn was die Baukunst für die Idee der Schwere, wo diese mit der Starrheit verbunden erscheint, leistet, dasselbe leistet jene für dieselbe Idee, da, wo ihr die Flüssigkeit, das heißt Formlosigkeit, leichteste Verschiebbarkeit, Durchsichtigkeit, beigesellt ist. Schäumend und brausend über Felsen stürzende Wasserfälle, still zerstäubende Katarakte, als hohe Wassersäulen emporstrebende Springbrunnen und klar spiegelnde Seen offenbaren die Ideen der flüssigen schweren Materie gerade so, wie die Werke der Baukunst die Idee der starren Materie entfalten.

Karl Friedrich Schinkel

Unser Stück ist eine etwas gekürzte Abhandlung aus den „Nachgelassenen Schriften" Band 3 von Schinkel (1781—1841). Sie gehört zu den Studien, die er für ein großes architektonisches Lehrbuch machte, das seine Gedanken vor allem an Beispielen entwickeln sollte, die er zu entwerfen begonnen hat. Der Plan ist leider Fragment geblieben.

GEDANKEN UND BEMERKUNGEN
ÜBER KUNST
Um 1840

Da ordentliche Künstler nicht Zeit haben, über Kunst öffentlich viel zu schwatzen, das Publikum aber leider noch nicht so weit ist, Kunstwerke ohne Gewürz genießen zu können, so halte ich es für ein großes Unglück, wenn dergleichen Redensarten nur von e i n e m Kopfe ausgehen, und wünsche gern, die Einseitigkeit durch mehrere in gleicher Qualität dastehende Gefährten zu vermeiden.

In der Kunst muß der Gedanke immer auf Verwirklichung gerichtet sein, und in der Darstellung die Kritik heraustreten, die dem schöpferischen Geiste notwendig beiwohnen muß. Da nun Kunst überhaupt nichts ist, wenn sie nicht neu ist, das heißt, praktisch darauf ausgeht, den sittlichen Fortschritt im Menschen zu fördern, und dafür immer neue Wendungen erfindet, so sieht man schon, daß aus dem Vorhandenen eine höhere Kritik nie vollständig erwachsen kann, und deshalb Kunstgelehrte, die nicht zugleich praktische Künstler sind, allemal weit von der höchsten Kritik und deshalb von der höchsten Einsicht in die Kunst entfernt sind. Wer auf sie allein etwas hält, ist ein Dummkopf in der Kunst. Denn nur durch das Schöpferische, welches aufs Praktische geht, zugleich aber das höhere Bedürfnis befriedigt, wird die wahre Kritik herbeigeführt. Da dies aber ein Mehr in der Welt ist und vorher nie da war, so verlieren die bloßen Gelehrten ihren Standpunkt und wissen durchaus nicht, was sie damit anfangen sollen, verwerfen das Neue, weil sie es in ihre Ordnung nicht unterbringen können. Glückliche Phantasie hilft ihnen aus, aber wie selten ist diese da. Vorurteilsfreiheit, Unbefangenheit und gänzliches Entbehren des Egoismus sind gleichfalls glückliche Eigenschaften.

Wenige Menschen erheben sich bei Beurteilung von Kunstwerken, besonders der Architektur, auf den Standpunkt allgemeiner Bildung oder allgemeiner Ansichten. In der Regel ist ihnen nur dasjenige schön und lobenswert, was sie sich für ihre eigenen Lebensverhältnisse wünschen und für diese angemessen finden. Das Gewöhnliche, das Alltägliche in einer gewissen Vollendung und Sauberkeit bleibt ihnen das höchste Ideal. Neues, Großartiges, Ungewöhnliches spricht selten den großen Haufen an und wird nach obiger Ansicht, insofern es nicht mit ihrem Komfortable zusammenstimmt, immer großen Tadel und viele Gegner finden. Künstler, die anderes als diese Alltagsstimme nicht beachten, sinken aus der eigentlichen Kunstregion hinab; sie werden Leute nach der Mode.

Hauptgrundsatz.
Die bildende, die schöne Kunst hat die Aufgabe, den Abdruck des Zustandes einer Seele, das Bild des Zustandes einer schönen Seele darzustellen.
Geschieht dies in Tönen, so können die Bewegungen, Leidenschaften, Beschwichtigungen, das ruhige Wohlbehagen, Beängstigungen, Erschütterungen des Gemüts in reiner Folge dieser Seelenzustände erscheinen; es ist dann Musik die Kunst im allgemeinsten Sinne, die Kunst, die in allen übrigen Kunstformen wieder enthalten und ihren Hauptbestandteil ausmachen muß.
Wird der Zustand der Seele dargestellt, wo dieselbe nach Verstandes- und Vernunftzwecken Schönes ordnet, verbindet unter statischen und mechanischen Gesetzen, so ist die daraus hervorgehende Kunst Baukunst.

Aus dieser Definition geht hervor, daß diese Kunst auch in allen übrigen Künsten eintritt, dann jedoch mit Befreiung von den statisch-mechanischen Gesetzen. Wird der Zustand der Seele dargestellt, wie sie von den Gegenständen der Natur ergriffen wird, unter welchen bestimmten Empfindungen sie dieselben betrachtet, auffaßt, von ihnen affiziert wird, so geht daraus die bildende Kunst hervor. Diese teilt sich ihrer Natur nach in plastische und malerische.

Man nennt die Sprache die schönste aller Himmelsgaben, aber wäre das Leben minder schön, wenn man nur durch Musik zueinander oder durch bildende Kunst spräche? Und wäre das Menschengeschlecht deshalb auf einer niederen Stufe? Hätte die Sprache das Zweite sein können, wäre sie, aus jenen Künsten hervorgegangen, nicht vielleicht noch vollkommener geworden, so wie diese Künste es geworden, nachdem sie den Sprachproduktionen gefolgt sind? Wer vermag durch Sprache die Linien einer Venusgestalt auszudrücken? Wer das Antlitz einer Madonna di San Sisto?

Nur das Kunstwerk, welches edle Kräfte gekostet hat, und dem man das höchste Streben des Menschen, eine edle Aufopferung der edelsten Kräfte, ansieht, hat ein wahres Interesse und erbaut. Wo man sieht, daß es dem Meister zu leicht geworden, daß er nichts Neues erstrebt hat, sondern sich auf seine Fertigkeit und angeübte Kunst verließ, und wo es ihm unbewußt doch gelungen ist, seine bekannte Formenschönheit auszukramen, da fängt schon das Langweilige seiner Gattung an, und solche Werke, so hoch sie auch in anderer Rücksicht über anderer Meister Werke stehen mögen, sind doch seiner nicht mehr ganz würdig, weil er der Welt etwas Höheres hätte erringen können.

Der Mensch bilde sich in allem schön, damit jede von ihm ausgehende Handlung durch und durch in Motiven und Ausführung schön werde. Dann fällt für ihn der Begriff von Pflicht in dem gröberen Sinne, welcher von schwerer Pflicht, drückender Pflicht usw. spricht, ganz fort, und er handelt überall in seligem Genuß, der die notwendige Folge des Hervorbringens des Schönen ist. Mit anderen Worten: jede Handlung sei ihm eine Kunstaufgabe. − So hat er die Seligkeit auf Erden und lebt in der Gottheit, und aus diesem Standpunkt wird ihm die Pflicht in obigem Sinne als halbe Sünde erscheinen, oder vielmehr: ein Mensch, der nur nach Pflichtgefühl handelt, steht noch auf dem unvollkommenen Standpunkte, in welchem die Sünde noch bekämpft werden muß, folglich noch Gewalt über den Menschen ausübt, und noch nicht durch die Liebe zum Schönen ganz verdrängt wurde. Es kann nicht die Bestimmung des Lebens sein, sich zu quälen, vielmehr soll Seligkeit die Bestimmung alles Lebens sein, und so wird man eigentlich Gott wohlgefälliger, wenn man mit Liebe handelt; aber nur das Schöne ist der höchsten Liebe fähig, und darum handle man schön, um sich selbst lieben und dadurch selig werden zu können.

Das Schöne liegt in der Vorstellung und wird lediglich in derselben erst zum Schönen; daß man es an den Dingen außerhalb zu finden glaubt, liegt darin, daß gewisse Gegenstände so allgemeine Wirksamkeit haben, um auch bei dem rohesten Menschen Vorstellungen vom Schönen zu erzeugen, oder vielmehr die Seele in diejenige Tätigkeit zu versetzen, deren Bewußtsein das Gefühl des Schönen erzeugt. Das Schöne ist also erzeugt durch das Behagen an eigener Tätigkeit in harmonisch-sittlichem Gefühl der Weltanschauung und in dem Gefühl des Göttlichen in der Welt.

Die schöne Kunst macht uns zu Kindern; wir spielen mit ihr, und je unschuldiger und unbefangener wir dies tun, je mehr werden wir wieder Kinder. Wenn wir aber nicht Kinder werden können, kommen wir nicht ins Himmelreich. Zum vollkommenen Zustand gehört reelle Lebendigkeit, Regsamkeit. − Phlegma, sei es körperlich, sei es geistig, ist ein sündhafter Zustand für den, welcher in Zeiten der Bildung lebt, ein tierischer für den, welcher in Zeiten der Barbarei lebt.

Überall ist man nur da wahrhaft lebendig, wo man Neues schafft — überall, wo man sich ganz sicher fühlt, hat der Zustand schon etwas Verdächtiges, denn da weiß man etwas gewiß, also etwas, was schon da ist, wird nur gehandhabt, wird wiederholt angewendet. Dies ist schon eine halbtote Lebendigkeit. Überall da, wo man ungewiß ist, aber den Drang fühlt und die Ahnung hat zu und von etwas Schönem, welches dargestellt werden muß, da, wo man also sucht, da ist man wahrhaft lebendig. Aus diesen Reflexionen erklärt sich das oft furchtsame, ängstliche und demütige Naturell der größten Genies der Erde.

In gewissem Sinne kann man behaupten, der Geist belebe die Materie durch die ihr von ihm aufgedrückte Form wirklich, mache sie zu einem lebendigen Wesen, mit dem man umgeht. Wie hat nicht ein Bildwerk einer schönen Minervastatue gewirkt, was hat dergleichen Bildwerk nicht zu Tausenden von gemütvollen Menschen gesprochen, wie hat es nicht in ihnen außer dem Wohlgefallen viele neue Gedanken und Aufschlüsse erzeugt, und dies durch Jahrtausende hindurch! Es lebt ein Genius in dem Stein, der so lange darinnen wohnt und physisch und moralisch wirkt, so lange noch eine Erkennbarkeit der Form da ist.

Das freie Leben des Menschen und gewissermaßen jedes Naturlebens unterscheidet sich von dem Leben eines Kunstwerkes nur dadurch, daß jenes sich zu einem höheren Standpunkte hinauswindet und in der Zeit fortentwickelt, dagegen das Kunstwerk diesen Standpunkt wirklich erreicht hat und außerhalb des zeitigen Entwickelns abgerundet und geschlossen dasteht. Darum kann es, wenn es wirken soll, nicht den Charakter einer halben Entwicklung, eines zufälligen Zusammenhangs und Gebundenseins mit der fortstrebenden Welt an sich tragen; denn dies würde immer das Gefühl erzeugen, daß man dabei jene Abrundung entbehrte, und so würde entweder der triviale Sinn für Natürlichkeit nicht befriedigt werden, oder das ganze Kunstgeschöpf seinem

Charakter nach zweifelhaft bleiben und keine moralische
Wirkung erzeugen können.
Ein Kunstwerk daher, wenn es nicht auf irgendeine Weise
Monument ist und sein will, ist kein Kunstwerk; das ist: es
soll in ihm ein andere, menschliche Geschöpfe belebender
Geist wohnen, der mit ihm fortlebt, so lange die Materie hält,
welche die Form in sich trägt.

Nicht bloßes Bedürfnis kann Schönheit geben, nicht alle
zufällige Nützlichkeit ist zu charakterisieren, sonst entsteht
Chaos.
Nur wer sich frei über dem Bedürfnis bewegt, wird sich schön
zeigen, wenn er nur in dieser Freiheit das Charakteristische
gibt, wodurch der Gegenstand individuell wird. Der eine
Mensch bewegt sich und betreibt alles mit Adel, ein anderer
mit Stärke, Lieblichkeit, mit Feinheit, mit Großartigkeit usw.
Es gibt solche, welche sich gewissermaßen gewöhnt haben,
vieles nicht öffentlich zur Schau zu tragen, was nicht allgemein
interessant ist, sondern nur das, was irgendeinen Gedanken
in seinem großen Zusammenhange und in seinen Hauptzügen
darstellt. Daher sind wohl gewisse allgemeingültige, in allen
Zeiten verständliche Ausdrücke vorhanden, welche das ästhetische Gefühl nach und nach festgestellt und zu Gesetzen
gemacht hat.

Was ist strenger Stil?
Es ist wohl möglich, daß es gute Architektur geben kann, die
außer der wirklichen Konstruktion des gegenwärtigen Materials erklärt werden kann. Unter gewissen Umständen und in
einer gewissen Ansicht ist die Architektur wohl als eine Verzierung fürs menschliche Leben zu betrachten, und es ist ihr
deshalb darin kein Vorwurf zu machen. Nur muß man den
Ausdruck Verzierung nicht in dem Sinne nehmen, als ob sie
Nachahmung von etwas außer ihr liegendem Unwesentlichen
wäre; sie soll hier für Ausdruck oder noch mehr für Abdruck
eines schönen und durch Vernunft, Freiheit und Jugendsinn

erhöhten Lebens, sei es einer Nation oder eines einzelnen Menschen, auf den sich das Bauwerk bezieht, sein. Jugendsinn gilt hier für Kindlichkeit, unschuldiges Spiel, Naivität, bewußtlose Tätigkeit und Äußerung nach Vernunftgesetzen. — Auch wird die Schönheit durch das Gefühl des Übermäßigen, des Gewaltsamen, des Gesuchten, des Verwickelten, welches entweder aus dem dargestellten Gegenstande oder aus der Art der Behandlung im Kunstwerke spricht, vernichtet. Das naturgemäß Kräftige und Kühne, das Zarte, das Milde, das Heitere, Naive, Erhabene, Tragische, Komische in seinen einfachsten Äußerungen bildet das Feld, in welchem die Schönheit in der Kunst sich ausbreiten kann. Die Einfachheit und die Verständlichkeit sind notwendigste Bedingungen; das Gefühl für Schönheit will zugleich Gemächlichkeit, Wohlbehagen des Zustandes; beunruhigende Dunkelheiten, die unsere Phantasie nicht leicht auszufüllen weiß, verderben den Genuß. Die Gegenstände sind so darzustellen, daß Zeit und Raum in physischer und moralischer Hinsicht dabei nie zu dürftig zugeschnitten erscheint, sondern immer so, daß dem Beschauer die Möglichkeit einer gemächlichen Handlung, den Umfang des Charakters auszubilden leicht wird. — Dies ist die eigentliche Kunstruhe, die Bewegung des Gemüts und des Physischen zuläßt, aber derselben das Ideale, das Leidenschaftslose, Kunstgerechte gibt. Ebenso schließt der Begriff des Einfachsten nicht die reichste Komposition der Kunstwerke aus, wenn nur jedes einzelne der Darstellung die naivste und einfachst charakteristische Seite abgewonnen, und der Zusammenhang der verschiedenen Einzelheiten auf eine natürliche und klare Weise heraustritt.

Auf die Architekturkunstwerke angewendet, müssen alle diese Eigenschaften auch passen. Ein solches Werk, als Abdruck zwar nicht der Handlungen, Neigungen, Bestrebungen, der Gesinnungen einer Persönlichkeit, des Individuums oder der Nationen selbst, aber doch als der Abdruck der für diese bestimmten Räume muß diesem Charakter zusagen und entsprechen, jedoch immer streng sich zugleich in seiner eigenen Vernunft bewegen. Deshalb wird sie auch zurückwirken auf die darinnen Lebenden, sie regelnd und leitend. Das Natürliche im Gegensatze vom Erkünstelten im schlechten Sinne wird immer auch hier die Grundlage werden müssen, auf welcher der Charakter dieser Werke Fuß faßt.

Des Kunstwerks Bestimmung für die Nachwelt ist: es soll eigentlich dartun, wie man dachte und empfand, und es kann dies besser, als jeder Schriftzug es vermag. —

In der Architektur sind die Teile, die den Charakter eines bestehenden ruhenden, beständigen Seins tragen, von denen zu unterscheiden, welche handelnd dastehen; erstere sind quadratisch, die anderen sind strebend, drückend, sich anschmiegend, trennend, übergehend, schwellend, sich biegend — für die Verzierung und für Gefäße zeigt sich hier die sehr bewegliche und lebendige Spirallinie, die sich entfaltende Form, die aufnehmende Form, die sich zusammenziehende und auftuende Form.

Man überträgt ganz lebendige Handlungen den toten Massen; bei der gotischen Architektur ist das Bewegliche vorherrschend, bei der griechischen das ruhig Bestehende.

Der Mensch sucht unter den beständig wechselnden Gestaltungen der Welt immer etwas Beständiges — das Göttliche; es soll nicht alles untergehen, er will etwas haben, was ihm bleibt. — Zuerst wurde nur für die Götter gebaut, während der Mensch noch in leicht zerstörbaren Hütten wohnte.

Die neue Zeit (England) macht alles leicht; sie glaubt gar nicht mehr an ein Bestehendes und erkennt zu deutlich die Nichtigkeit der Natur, und daß alles sich bald anders gestalten werde. Dabei ist der Sinn fürs Monumentale verlorengegangen.

Das Vertrauen, das die Menschheit auf ihre Werke selbst legt, indem sie ihnen einen entschiedenen Wert beilegt und ihre Erhaltung auf lange Zeit erstrebt, hat aber etwas moralisch Hohes und Erhabenes. Dagegen ist die völlige Geringschätzung alles Bestehenden, dem man sobald als möglich ein anderes an seine Stelle wünscht, dieser Hang und die Beförderung des Wechsels, der endlich für kein Ding die Zeit, es zu erkennen und zu genießen, zuläßt, ein sicheres Zeichen von der Nichtigkeit des Zeitcharakters und derer, die an der Spitze stehen.

In der Architektur, kann man sagen, wird, wie in der übrigen Kunst, keine Formgattung neu erdacht, sondern sie wird nur rein aus der Natur heraus empfunden, wie sie nach allgemeinen Naturgesetzen überhaupt möglich ist, oder sie wird aus mehreren solchen einzelnen Formen zusammengesetzt, wo ein vernunftgemäßer Zweck die ganze Anordnung bestimmt. Sie ist also nicht weniger nachahmend, im höheren Sinne gedacht, als die Bildnerei und Malerei, das heißt sie schafft nach denselben Naturprinzipien Gegenstände für Zwecke in der Natur, in welcher in diesem Falle der ganze Mensch mit seinen geistigen Bestrebungen mit eingerechnet wird, denn für diesen allein werden ja auch die Kunstwerke der Malerei und Bildnerei geschaffen. So wie der Mensch von seinem primitiven Naturzustande sich entfernt, einer höheren Kultur und dann dem abwärtsschreitenden, vervielfältigten, ins Breite zerfließenden und eines Mittelpunktes mehr und mehr entbehrenden Zustande entgegengeht, wird den gleichen Charakter auch die Architektur annehmen, und darin liegt das Schwierige derselben für die späteren Zeiten, zugleich aber auch ein Fingerzeig, wie die Architektur rückwirkend das menschliche Bestreben auf ihre Weise, und soweit die Kraft ihres Bereiches reicht, regulieren und bessern könne und solle, und zwar durch das Monument, welches durch alle Zeiten der Bildung eigentlich immer den festen einfachen Charakter behalten muß, der seine Wurzeln im primitiven Zustande der Menschenkultur schlägt und sich bis zum Gipfel einer höchsten Blüte herausgestaltet.

Hermann Lotze

Der bedeutende Philosoph L o t z e (1817—1881) hat eine „Geschichte der Ästhetik in Deutschland" geschrieben. (Cotta, Stuttgart 1868.) Ihr ist diese Probe entnommen, um zu zeigen, wie sich ein kluger Kopf im letzten Drittel des 19. Jahrhunderts die architektonische Zukunft dachte.

ÜBER DEN BAUSTIL DER GEGENWART

1868

Wenden wir uns zu dem Leben und der Anwendung, so finden wir die Frage, wie wir bauen sollen, seit langer Zeit lebhaft aber unfruchtbar verhandelt. Weiter reicht die Übereinstimmung nicht, als bis zu den Grundsätzen, daß unser Bauen überhaupt einen konkreten Stil haben und daß es sich gleich eng an unsere Bedürfnisse wie an den spezifischen Geist der modernen Zeit und ihrer Phantasie anschließen müsse. Der Zwiespalt beginnt mit der spezielleren Frage, wie diesen Forderungen zu genügen sei. Wird an die Architekten das Verlangen gerichtet, aus ihrer Kenntnis aller vorhandenen Möglichkeiten heraus mit erfinderischem Geiste den neuen Stil zu fixieren, der unserer Zeit entspreche, so finden wir häufig, daß sie vor allem den Geist dieser Zeit selbst zu korrigieren unternehmen, um ihm denjenigen Ausdruck aufzudrängen, der ihren eigenen Vorneigungen angemessen ist. Nur gehört zu dem Charakter der Gegenwart eine Universalität des Geschmacks, die, durch Überlieferung aller Art genährt, jede eigentümliche Gattung der Schönheit nachzugenießen und zu bewundern fähig ist, ohne deshalb jede als unmittelbare Lebensumgebung ihren eigenen Gewohnheiten entsprechend zu finden. Nicht jede Schönheit der Kunstgeschichte läßt sich im Leben reproduzieren, und anderseits sind die Strömungen dieses Lebens selbst so vielförmig, daß zu ihrem Ausdruck ein einziger alles beherrschender Stil vielleicht nicht in derselben Weise zu hoffen und zu wünschen ist, wie er vergangenen Zeiten von gleichförmigerer Signatur ihres

Wesens möglich war; nach manchen Richtungen hin stehen wir
auf demselben Boden mit der Vorzeit und haben keinen
Grund, ihre Verfahrungsweisen zu ändern, nach andern
haben wir keine Gemeinschaft mit ihr und folglich auch keine
Veranlassung, uns durch die von ihr gefundenen Formen beschränken zu lassen.

Daß die Einheit des religiösen Bewußtseins uns abhanden
gekommen ist, schmälert allerdings die Anzahl der monumentalen Aufgaben, die der Architektur gestellt werden; aber für
diejenigen, welche dennoch gegeben werden, besteht unsere
Zusammengehörigkeit mit der Vergangenheit fort. Das religiös gestimmte Heidentum hat seine Kultusformen und seine
Baukunst entwickelt, die wir bewundern können; der Rationalismus und die unkirchliche Gesinnung unserer Zeit haben
weder den positiven Glaubensinhalt noch das religiöse Bedürfnis der antiken Welt; beide haben auf allen Gebieten der
Kunst sich bisher unfruchtbar gezeigt und können nicht den
Anspruch machen, einem Bedürfnis, welches sie nicht fühlen,
die Art seiner Befriedigung zu bestimmen. Sie brauchen beide
überhaupt keine Kirchen zu bauen; wo aber deren gebaut
werden, ist nicht einzusehen, aus welchem Grunde der romanische und der gotische Stil verlassen werden sollten. Der
eine wie der andere entspricht nach verschiedenen Seiten
vollkommen dem religiösen Gefühl, welches überhaupt
die Bedeutung einer geschichtlichen Kirche anerkennt;
die andere Richtung der Gegenwart aber, die sich dieser
Anerkennung entzieht, würde ihren Tempel wirklich da
suchen müssen, wo er ja im Gegensatz zu der Kirche so
oft gezeigt worden ist: in Gottes großer Natur, aber gar
nicht mehr in einem Kunstwerk von Menschenhänden.
Beide jene Stile sind übrigens bildsam genug, um den
verschiedensten Bedürfnissen zu genügen und eine unerschöpfliche Menge schöner Formationen zu entwickeln, die
zugleich nicht in übermäßigem Gegensatz gegen die Forderungen der bürgerlichen Baukunst ständen. Die weitere
Ausbildung beider würden wir weniger von dem an der

klassischen Antike gebildeten Auge, als mit R e i c h e n s p e r -
g e r , dem begeisterten Lobredner des gotischen Stils, von
dem eingehenderen ästhetischen Studium der Gotik selbst erwarten; wer in dieser, wie eben noch P e c h t getan, nur eine
hassenswürdige, von Frankreich her uns importierte Barbarei
sieht (Kunst und Kunstindustrie auf der Weltausstellung von
1867), täuscht sich über den Grad und den Grund der Sym-
pathie, den diese Bauweise noch im Volke findet, und ebenso
täuschen sich diejenigen, welche den freien Schwung der Linien
und die breit anmutig und zierlich entwickelte Dekoration des
Altertums für verträglich mit dem ästhetischen Charakter des
Kirchenbaus halten.

Im lebhaftesten Gegensatz gegen diese noch fortdauernde
kirchliche Strömung unserer Zeit steht die t e c h n i s c h -
i n d u s t r i e l l e. Sie stellt der Baukunst neue Aufgaben genug, ohne daß bisher ein ihnen völlig entsprechender Stil sich
gebildet hätte; was sich aber gebildet hat, pflegt der Hyper-
kritik von seiten der alten Theorien zu unterliegen. Wer sich
der ersten Zeiten der Eisenbahnen erinnert, wird wohl zugestehen, daß manche damals in leichter Holzkonstruktion pro-
visorisch hergestellte Hallen in der Tat mit dem Ganzen des
Eisenbahnbetriebes einen harmonischen Eindruck machten.
Das Charakteristische der industriellen Mechanik besteht in
der Bewältigung des Großen durch die einfachsten und kleinsten möglichen Apparate; dem Geiste dieser Kühnheit entsprach die Luftigkeit der früheren Anlagen weit mehr als die
ungeheuren Aufhäufungen von Stein, meist in romanischem
Stil, die jetzt an ihrer Stelle stehen. Die Lokomotive mit ihrem
phantastischen Bau, ein kleines vulkanisches Ungeheuer von
riesenmäßiger Kraft, nimmt sich mit ihrer Beweglichkeit sehr
fremdartig zwischen diesen breiten Massen aus, die in gleich
unerfreulichem Formengegensatz gegen die Schienenwege
und die leichtgespannten Brücken sowie gegen all die geräuschvolle Betriebsamkeit des Reiselebens stehen. Für die
Herstellung lichter Aufstellungsräume hatte Paxtons Glas-
und Eisenbau ein neues Prinzip erfunden; die Mängel des-

selben sind von größerem Scharfsinn aufgedeckt worden, als man zur Fortentwicklung des schätzbaren Keimes verwendet hat. Man begegnet dem Einwurf, die Schlankheit der Eisensäule gewähre den ästhetischen Eindruck der Festigkeit nicht, der eine gewisse sichtbare Breite der stützenden Masse verlange. Allein es gibt keine von Natur feststehende Proportion zwischen Dicke und Höhe, die diesen Eindruck allein sicherte; unser ästhetisches Gefühl ist hier abhängig von der Erfahrung. Eine hölzerne Stütze scheint uns vollkommen sicher, wenn eine steinerne von gleichen Dimensionen uns höchst gefahrdrohend vorkommt; nur wieder die Gewöhnung an die hölzerne verdächtigt uns im Anfang die noch schlankere metallene. Daß ferner der Eisenbau in der Ornamentierung noch mangelhaft und ohne Stilgefühl gewesen sei, mag wahr sein; allein für die neue Verfahrungsweise, die nicht durch bloßes Auflegen schwerer Massen, sondern durch mannigfache kohäsive Spannung und Vernietung der einzelnen Teile zum Ziele kommt, mußte eine allmähliche Ausbildung einer völlig neuen Dekoration, nicht eine Nachahmung der alten, erwartet werden. Die Voraussetzung, diese wieder finden zu müssen, kann nur ungerecht gegen das Überraschende machen, was bisher dieser Bauweise herzustellen gelungen ist. Am schwersten wiegen die Einwände gegen die Haltbarkeit des metallischen Materials, und es ist kaum zu hoffen, daß weitere Erfahrungen sie in befriedigendem Maße widerlegen werden. Aber es ist die Frage, ob monumentale Dauer eine unabweisliche Aufgabe j e d e r Architektur ist. Der Schönheit überhaupt ist die ewige Dauer nicht wesentlich; „schuf ich doch", sagte der Gott, „nur das Vergängliche schön." Unserer lebhaft bewegten Zeit kann es wohl auch darauf ankommen, die vorübergehenden Bedürfnisse, die sie empfindet, vorübergehend in schöner Wirklichkeit auszuprägen und für sich, für die Lebenden, Werke herzustellen, an deren Statt die Zukunft die ihrigen setzen mag. Was sich forterhielte, würde der Stil, die K u n s t des Bauens sein, nicht das einzelne W e r k , und darin würde kein Unglück liegen.

Am häufigsten erweckt Klagen über Stilverfall die Privatbaukunst, in welcher der Künstler dem undisziplinierten Belieben
der einzelnen nachgeben muß. Ein wesentlicher Grund der
unerfreulichen Erscheinungen, die uns hier begegnen, liegt im
Mangel an Klarheit über das, was man will. Das Wohnhaus
einer Familie soll nicht versuchen, das Problem eines einheitlichen Ganzen von konstruktiver Konsequenz des Stils zu
lösen; das Haus hat dem Leben zu dienen, nicht das Leben
sich nach der Räumlichkeit des Hauses zu richten. Unglücklich,
wer genötigt ist, in einem ästhetischen Monumente zu wohnen, und nicht den geringsten Einfall seiner Lust und Laune,
nicht dem vermehrten oder veränderten Bedürfnis durch
irgendeinen Anbau nachgeben darf, aus Furcht, die Einheit
des Kunstwerks zu zerstören, dessen Parasit er ist. Die monumentale Kunst hat die Aufgabe, dem Bewußtsein einen idealen Lebenszweck vorzuhalten, dem die veränderlichen Gewohnheiten ganzer Zeitalter sich unterordnen sollen; ihr
gebührt es, diesen Zweck vollständig und ohne nichtssagenden
Überfluß, durch eine folgerecht aus einem Prinzip sich ent-
wickelnde Konstruktion und mit einheitlich abgeschlossenem
Plan zu Erscheinung zu bringen. Das Leben des einzelnen und
der Familie wird dagegen nie vollständig durch eine Idee bestimmt, und ist noch minder imstande, der Idee, von der es
vorherrschend bewegt würde, eine mangellose und abge-
schlossene Darstellung zu geben. Die sittliche Verpflichtung
des einzelnen geht nur darauf unerläßlich, den Handlungen,
zu denen der Weltlauf ihm unzusammenhängende Veranlas-
sungen bringt, die Einheit einer G e s i n n u n g zu geben; sie
kann nicht bis zu der Forderung gesteigert werden, alle diese
zufällig ihm abgenötigten Äußerungen auch zu der Einheit
eines planmäßigen Ganzen zu verknüpfen. Und ebenso mag
das Haus durch die Gleichartigkeit des S t i l e s , in welchem
es sich den veränderlichen Bedürfnissen durch allmähliches
Wachstum anpaßt, die Einheit des Charakters ausdrücken, die
sein Bewohner zu bewahren hat: aber es macht eine ungehörige
Prätension, wenn es, von Anfang an auf symmetrische Ab-

geschlossenheit seines Planes berechnet, sich als ein umwandelbares Ganze gegen jede Veränderung und Vergrößerung sträubt. Monument kann es nur dadurch sein wollen, daß es die rastlose Beweglichkeit ausdrückt, mit welcher der lebendige Geist der Bewohner neue Bedürfnisse durch neue Hilfsmittel befriedigt, diese dem Älteren anmutig anzupassen oder die Gelegenheiten sinnreich zu verwerten weiß, die das Vorgefundene unabsichtlich zur Gewinnung reizender, dem häuslichen Leben dienender Örtlichkeiten darbietet. Diese geschichtliche Schönheit besitzen viele mittelalterliche Gebäude, Burgen sowohl als Wohnhäuser; sie würden uns noch mehr befriedigen, wenn sie die eine ästhetische Forderung, die wir allerdings aufrechthalten müssen, die Einheit des Stils, besser bewahrt hätten, und nicht oft die Formen wesentlich verschiedener Zeitalter ohne Vermittlung aneinander rückten. Daß diese Ansicht der Sache in die Privatbaukunst ein mehr malerisches und landschaftliches, als architektonisches Prinzip einführen würde, gebe ich nicht nur zu, sondern halte eben dies für notwendig; dem modernen Leben dienend, das ebenso viel Bedürfnis heimlicher Zurückgezogenheit als des Zusammenhanges mit der äußern Natur hegt, wird das Wohnhaus am besten tun, sich jedes hochtrabenden Anspruchs auf konstruktiven Tiefsinn und Einheit des Planes zu enthalten; es mag sich einfach für eine Raumumfriedigung geben, die durch Sauberkeit der Ausführung und durch Feinheit malerisch zusammenstimmender Maßverhältnisse erfreut, von dem herrschenden monumentalen Stile aber mag es nur die Ornamentik entlehnen, um seine Zusammengehörigkeit mit diesem zu einem und demselben Zeitalter zu bekennen.

Allerdings setzen diese Bemerkungen den glücklichen Fall eines einzeln stehenden Hauses voraus, das sich nach Bedürfnis vergrößern kann und das nur mit einem Stück Landschaft in kunstmäßig zu bearbeitender Verbindung steht. Die Lebensverhältnisse in größeren Städten gewähren diese Bedingung selten, allein sie geben auch den Gebäuden eine andere Bedeutung, die sich in ihrer architektonischen Behandlung folge-

recht ausdrücken kann. Was hier nicht staatlichen Zwecken
gewidmet ist und darum monumentale Behandlung und isolierte Lage verlangt, das dient als Geschäftsraum oder als
Herberge einer veränderlichen Bevölkerung, die nicht hier
verlangen kann, ihre individuelle Eigenart in äußerlicher Erscheinung vollständig auszuleben. Beide Bestimmungen lassen
zu und verlangen sogar, wie mir scheint, daß diesem Massen-
leben entsprechend auch die Bauwerke auf individuelle Selbständigkeit verzichten, und Schönheit nur die malerischen und
imposanten Massenwirkungen suchen, welche die künstlerisch
erfundene Anordnung der im einzelnen gleichartigen hervorbringen kann. Man hat vielfältig den Kasernenstil unserer
modernen Hauptstädte gescholten und ihm die anmutige Verwirrung älterer vorgezogen, in denen jedes Haus seine besondere Physiognomie zeigt; ich glaube, daß man hiermit nur die
ungeschickte Ausbeutung eines richtigen Prinzips der Schönheit einem unanwendbaren gegenübergestellt hat. Jene Versammlungen ausdrucksvoller Häuserindividuen werden da,
wo eine nicht symmetrische aber bequeme Anordnung sie im
Raume zweckmäßig verteilt, stets eine anmutige Erscheinung
bleiben; aber so wie diese letztgenannte Bedingung in alten
Städten selten erfüllt ist, so ist umgekehrt den neueren die
stillose Unförmlichkeit der einzelnen Bauwerke keineswegs
zu der Massenwirkung notwendig, in der jeder unbefangene
Sinn ein eigentümliches wohlberechtigtes Element der Schönheit anerkennen wird. Große Städte wollen als große Städte
schön sein; sie sind es niemals, wenn ihre einzelnen schönen
Bestandteile so ineinander verwirrt sind, daß es nirgends in
ihnen einen orientierenden Mittelpunkt und klare Aussichten
über die Massen gibt, und wenn so trotz der Größe des Ganzen der Blick überall nur auf Kleinem oder auf Wenigem zugleich haften kann. An einzelnen wohlverteilten Brennpunkten
müßten die monumentalen Bauwerke stehen, die mit aller
Konsequenz und allem Reichtum des herrschenden Stiles die
ewigen idealen Aufgaben der Kultur verherrlichen; diese
Plätze würden zu verbinden sein durch Gebäudereihen und

Straßen, die mit sorgfältiger Benutzung der Gunst des Terrains die dem modernen Gefühl unentbehrliche Beherrschung des Ganzen von verschiedenen Standpunkten und dieser Standpunkte durch einander möglich machten, und die in ihrer uniformen Erscheinung die massenhaft zusammengefaßte Lebenskraft und Regsamkeit der Bevölkerung versinnlichten; in den Vorstädten, die sich gegen die Landschaft öffnen, würden ästhetische Rücksichten und Bedürfnis zugleich jener individuellen Architektur Raum geben, welche dem veränderlichen und mannigfaltigen persönlichen Leben mit leichtem Anschlusse an den Stil des Ganzen seine charakteristische Erscheinung verschafft.

Betrachten wir das religiöse Leben als den Mittelpunkt unserer idealen Kultur, so würde nur der gotische Stil, und vielleicht der romanische, die nötige Biegsamkeit besitzen, um allen unsern verschiedenen Lebensinteressen zu entsprechen. In seiner konstruktiven Vollständigkeit würde er den Kirchen und dem Sinne, der sie bauen heißt, noch immer völlig angemessen sein; die Privatbaukunst würde sein für sie unpassendes Prinzip der Wölbung fallen lassen und doch durch die Wahl der Proportionen und der Ornamentik sich noch immer selbst in ihren leichtesten und heitersten Werken als zugehörigen Nachklang des ernsten und vollständigen Stils darstellen können. Es wäre anders, wenn die wesentlich modernen Bestrebungen, deren sonstiges Recht wir anerkennen, weit genug sich geklärt und gefestigt hätten, um künstlerisch bestimmend auf den Gesamtausdruck unseres Lebens einzuwirken. Dies ist namentlich mit politischen Tendenzen bisher nicht der Fall, und alle Architektur ist bisher an der ausdrücklich gestellten Aufgabe gescheitert, der staatlichen Repräsentation des Volkes angemessenen Ausdruck zu geben. Sie hat nur Erfolg gehabt, wo diese Aufgabe durch die historische Entwicklung unbewußt nach und nach erfüllt wurde. Es konnte wenigstens ausdrucksvolle, zuweilen schöne Fürstenschlösser und Rathäuser geben, wo ein legitimes Herrschergeschlecht, mit der Geschichte seines Volkes durch große Taten und Leiden verbunden, oder wo eine Stadtgemeinde, von gesonderten auf verschiedene Berufe gegründeten Genossenschaften zusammengesetzt, durch lange Wechselwirkung ihrer Selbstregierung ein charakteristisch individuelles Leben entwickelt hatte, das gleich charakteristische Erscheinung zuließ. Aber die Kunst kann keine anpassenden Formen für politische Versammlungen erfinden, deren Bestand, Befugnisse und Geschäftskreise zweifelhaft sind, und deren Mitglieder, auf Zeit gewählt, heute dieses, morgen jenes Prinzip vertreten.

Gottfried Semper

Gottfried Semper (1803—1879), der führende Architekt
seiner Zeit, entwickelt in seinem großen Werk „Der Stil in den
technischen und tektonischen Künsten" (Fr. Bruckmann, München
1878) die stilistischen Eigentümlichkeiten der verschiedenen Tech
niken aus dem Wesen ihres Materials und dessen praktischer
Bearbeitung.
Er beginnt mit theoretischen Ausführungen kritischer Art, aus
denen wir einen Ausschnitt bringen.

DREI HAUPTRICHTUNGEN DER BAUKUNST

1878

Man sieht die Baukunst alle möglichen Richtungen einschlagen, unter denen sich drei Hauptschulen hervor-
tun, die den drei Formen, worunter sich die Wissenschaften
mit der Kunst beschäftigen, entsprechen; nämlich:

a) Die Materiellen, unter dem Einfluß der Naturwissen-
schaften und der Mathematik.

b) Die Historiker, unter dem Einfluß der Kunstgeschichte
und der antiquarischen Forschung.

c) Die Schematiker, Puristen usw., unter dem Einfluß
der spekulativen Philosophie.

Die Materiellen

Wohl am mächtigsten haben diejenigen Lehren auf unsere
Kunstzustände eingewirkt, welche Anweisung geben, den Stoff
zu baulichen und struktiven Zwecken zu bewältigen.

Sie entsprechen der allgemeinen praktischen Richtung unserer
Zeit und werden unterstützt und getragen durch die groß-
artigen Bauunternehmungen, die besonders das Eisenbahn-
wesen veranlaßte. Sie trifft im allgemeinen der Vorwurf, die
Idee zu sehr an den Stoff geschmiedet zu haben durch die
Annahme des unrichtigen Grundsatzes, es sei die architekto-
nische Formenwelt ausschließlich aus stofflichen konstruktiven
Bedingungen hervorgegangen und ließe sich nur aus diesen

weiterentwickeln; da doch vielmehr der Stoff der Idee dienstbar, und keineswegs für das sinnliche Hervortreten der letztern in der Erscheinungswelt a l l e i n i g maßgebend ist. Die
Form, die zur Erscheinung gewordene Idee, darf dem Stoffe,
aus dem sie gemacht ist, nicht widersprechen, allein es ist nicht
absolut notwendig, daß der Stoff als s o l c h e r zu der Kunst-
erscheinung als Faktor hinzutrete. Schon die ersten Haupt-
stücke der vorliegenden Schrift werden über diesen wichtigen
Punkt Näheres enthalten, indem sie auf den geschichtlichen
Ursprung und die Entwicklung des materiellen Bauprinzips
hinweisen.

Zu den Materiellen sind auch diejenigen zu rechnen, die
dem sogenannten natürlichen Stile des Ornamentierens hul-
digen und dabei oft eine Nichtbeachtung der stilistisch-struk-
tiven Grundsätze des Ausschmückens darlegen.

Die Historiker

Die historische Schule, die in verschiedene, einander bekämp-
fende Richtungen zerfällt, ist bestrebt, gewisse Vorbilder der
Kunst längst vergangener Zeiten oder fremder Völker mit
möglichst kritischer Stiltreue nachzubilden, die Anforderungen der Gegenwart nach ihnen zu modeln, anstatt, wie es
natürlicher scheint, die Lösung der Aufgabe aus ihren Prä-
missen, wie sie die Gegenwart gibt, frei heraus zu entwickeln,
und zwar mit Berücksichtigung jener traditionellen Formen,
die sich durch Jahrtausende hindurch als unumstößlich wahre
Ausdrücke und Typen gewisser räumlich und struktiv formaler Begriffe ausgebildet und bewährt haben.

Sie sind in gewissem Sinne die Antipoden der Materialisten,
obschon beide Tendenzen auch ihr gegenseitig Gemeinsames
haben, das sich schon in der Geringachtung des Gegenwärtigen
und traditionell Gegebenen ausspricht.

Die vielen Richtungen dieser, unsere Zeit ganz speziell
charakterisierenden Schule haben jene zahllosen Werke als
Ausgangspunkte, in denen die Entdeckungen und Studien
über die Künste aller Länder der antiken, der mittelalter-

lichen und der modernen Welt niedergelegt sind. Sie meinen
alle in dem geschichtstreuesten Auffassen und Reproduzieren
des Vorbildes eine Garantie ihres Erfolges zu erkennen, und
wirklich zeichnen sich ihre Leistungen in Beziehung auf kri-
tisch-verständiges Wiedergeben vor allem, was vorher in
diesem Sinne versucht worden ist, vorteilhaft aus.
Ausnehmend gelehrtes und gründliches kritisches Verfahren,
höchst fleißiges und besonnenes Zusammenstellen, gewissen-
haftestes Durchsuchen aller Forschungsquellen der Bibliotheken und Archive, der Monumente und Kunstkammern nach
Gewährsstellen, Künstlernamen, Stiftungsdaten, Stilkriterien,
struktiven, ikonographischen, liturgischen und allen sonstigen
Aufschlüssen, bei sonst geringem eigentlich künstlerischem
animus und Gedankenschwung, daher für das schaffende
Streben anregungslos, dies sind Charakterzüge der modern-
sten kunstgeschichtlich-archäologischen Literatur, die sich in
den Kunstleistungen der historischen Schule widerspiegeln.
Die neugotische, derzeit vorherrschende Abzweigung derselben datiert erst seit etwa einem halben Jahrhundert, sie
wurde zuerst durch Goethe und die Dichter der romantischen
Richtung in Deutschland angeregt. Ihre ersten Proben waren
Gartenpavillons und kleine Landkirchen, die dürftig genug
ausfielen. Doch datieren aus dieser Zeit auch umfassendere
Werke, wie zum Beispiel die beiden gotischen Aufsätze der
(romanischen) Türme des Großmünsters in Zürich. Ihre eigentliche Wirksamkeit begann aber erst mit der Zeit, wie das
Interesse für die Erhaltung der alten gotischen Denkmäler
rege ward und großartige Unterstützung fand. Die Restau-
rationswerke, die infolge dieser romantisch-antiquarischen
Bewegung unternommen wurden, bildeten eine Anzahl von
Werkführern und Werkleuten heran, die seitdem als Vir-
tuosen dieses Stils Gelegenheit fanden, ihn bei neuen Bauwerken anzuwenden.
Dieser geschichtliche Hergang zeigt uns die neugotische Richtung ihrer Entstehung und ihrem Wesen nach als r e s t a u -
r a t o r i s c h. Die Zahl ihrer Anhänger unter Technikern

und Laien ist sehr bedeutend — unter ersteren besteht die
große Masse aus den genannten Routiniers, denen die com-
pendiaria artis, welche der gotische Stil sich schuf, ein er-
wünschtes vademecum ist. Wegen des konstruktiven Prinzips,
das dieser Stil mit äußerster Konsequenz verfolgt, und wegen
der Leichtigkeit, womit er der Marktproduktion seiner formalen Bestandteile auf mechanischen Wegen Vorschub leistet,
findet er auch unter den Materiellen und den Industriellen
seine zahlreichen Anhänger, namentlich in England, wo dieser
Stil überdies sich noch herkömmlich erhielt, wennschon in
höchst schematischer Weise.

Aber es bekennen sich zu dieser Schule auch sehr t a l e n t -
v o l l e K ü n s t l e r , die beinahe sämtlich erst sich zu ihr
bekehrten, nachdem sie vorher auf ganz anderen Richtungen
ihre künstlerische Bildung sich erworben und Proben ihres
Talentes abgelegt hatten. Dieses vorzüglich in Frankreich, wo
der gotische Baustil von jenen Künstlern auf demjenigen
Punkte früher Entwicklung wieder aufgenommen wird, auf
dem er der Weiterbildung noch fähig ist, wogegen man in
Deutschland und England den bereits erstarrten Stil befolgt.

Diese bedeutenderen Männer unter den Neugoten stehen mit
einer sehr tätigen politisch-religiösen Partei in engster Verbindung — derselben Partei, die (der damaligen Prachtliebe
sich als Hebel für ihre propagandistischen Zwecke bedienend)
den ausgearteten Jesuitenstil erfand, gegen den sie jetzt zu
Felde zieht. Sie ist in Frankreich in dieser Wirksamkeit am
tätigsten, wohl wegen des Geschmackeinflusses, den Paris von
jeher über andere Länder übte; wobei aber die Unsicherheit
und Beweglichkeit dieses Pariser Stützpunktes bedenklich
scheint. Die Eiferer in jener tendenziösen Künstlerpartei behandeln das nordwestliche und nördliche Europa geradezu
wie ein dem Christentum neu zu eroberndes Heidenland und
bringen dieselben Mittel der Bekehrung in Vorschlag, wodurch bereits schon einmal über Frankreich dasselbe Ziel
erreicht wurde. (Vide Reichenspergers Fingerzeige.)

Das Absichtsvolle und Studierte, was dieser Richtung anhaftet,

das Prinzip der Unfreiheit, das in dem von Priestern und
Archäologen entworfenen Programm derselben mit klaren
und bestimmten Worten ausgesprochen ist, sind die sichersten
Bürgschaften für die Ansichten derer, die ihr die Zukunft
absprechen, mögen ihre Leistungen an sich auch wohlverstan-
den und ihre Pläne gut berechnet sein.

Aus umgekehrten Gründen bleibt immer noch der sogenannten klassischen Schule ein stets neues Wirken in Aussicht,
denn die Archäologie kann noch so scharf sichten und scharf-
sinnig spüren, es bleibt immer doch zuletzt dem divinatori-
schen Künstlersinn allein vorbehalten, aus den verstümmelten
Überresten der Antike ein Ganzes zu rekonstruieren. Hier
bleibt daher die archäologische Kritik hinter jenem im entschiedensten Nachteil und verliert sie ihre Initiative; dieser
Notwendigkeit des Erfindens aus Mangel an hinreichenden
Anhaltspunkten für servile Restitution, diesem unkritischen
Verfahren ist es zum Teil zuzuschreiben, daß alle Wieder-
geburten der antiken Kunst sofort Neues, und niemals so
ganz Schlechtes wie jene neugotischen Gebäude aus dem Anfang dieses Jahrhunderts, zuwege brachten. Sogar die zierliche
kleine Renaissance der Zeit Ludwigs XVI. und die neueste
hellenistische, deren Koryphäe Schinkel ist, waren sofort
schöpferisch; das Entstandene ist bleibendes ruhmvolles
Eigentum der Zeiten, denen es angehört. Die antiken Überlieferungen werden aber auch aus ganz anderen, viel tiefer
liegenden Gründen ihre neue belebende Kraft stets für uns
behalten und alles Seltsame und Spezifische überdauern, was
die bunte Zeit aus ihnen hervorrief. Was die Kunstgeschichte
betrifft, so wird sie erst dann der Kunst eine wahre Führerin
werden, wenn sie aus ihrem gegenwärtigen sondern kritischen und archäologischen Standpunkte zu dem der Vergleichung und der Synthesis übertritt.

Die Puristen, Schematiker und Zukünftler

Die Philosophie will das Schöne seinem Begriffe nach definiert
und scharf in seinen Unterbegriffen begrenzt haben, sie macht

sich zweitens breit mit der Zerlegung des Schönen nach seinen Eigenschaften; wenn sie es nun drittens noch zu einer lebendigen Kunstlehre brächte, so wäre der ästhetische Teil ihrer Aufgabe erfüllt; an die Stelle der in der Kunst herrschend gewordenen Verwirrung und Zersplitterung hätte sie Einheit des Trachtens und Harmonie des Vollbringens gesetzt. Es ist aber mit der Philosophie in ihrer Anwendung auf Kunst wie mit der auf Naturlehre angewandten Mathematik; letztere kann zwar jede gegebene noch so komplizierte Funktion differentieren, aber das Integrieren gelingt ihr selten, und am wenigsten in solchen Fällen der Physik, bei denen ein verwickeltes Durcheinanderwirken von Kräften stattfindet, dessen Gesetz zu bestimmen ist. – Aber die Mathematik v e r - s u c h t doch wenigstens derartige Integrationen und rechnet sie zu ihren höchsten Aufgaben, wogegen die Ästhetik von heute ganz ähnliche Aufgaben und Probleme der Kunstphysik (um mich der Analogie wegen, die zwischen dem Wirken der Natur und dem der Kunst stattfindet, dieses gewagten Ausdruckes zu bedienen) kurzweg von sich abweist und den Standpunkt a l s g l ü c k l i c h ü b e r w u n d e n e r k l ä r t, auf welchem noch Ästhetiker wie Lessing und Rumohr, die wirklich selbst etwas von der Kunst und ihrer Praxis (jeder von beiden in seiner Sphäre) wußten und verstanden, den Künstler in die Lehre zu nehmen dürfen glaubten. (Zeising, Ästhetische Forschungen, Einleitung Seite 2.)
Es ist dem Kunstphilosophen nur noch um die Lösung s e i - n e s Problems zu tun, das mit dem des Künstlers nichts gemein hat, dem als „Ausgangs- und Zielpunkt seiner Tätigkeit die Erscheinungswelt gilt, während dem Ästhetiker das Erste und das Letzte die Idee ist, die ihm als der Keim und Samen alles Daseienden, als die befruchtende Kraft gilt, welcher alles, auch das Schöne, seine Existenz verdankt usw." (Zeising).
Ihm ist der Kunstgenuß Verstandesübung, philosophisches Ergötzen, bestehend in dem Zurücktragen des Schönen aus der Erscheinungswelt in die Idee, in dem Zergliedern desselben und dem Herauspräparieren des Begriffskerns aus ihm.

Also auch von dieser Seite sieht sich die Kunst isoliert und auf
ein ihr besonders abgestecktes Feld verwiesen. — Das Gegenteil von vormals — denn bei den Alten war auch dieses Gebiet
in demselben Reiche gelegen, woselbst die Philosophie wal-
tete, die selbst Künstlerin war und den andern Künsten als
Führerin diente, aber mit diesen ergreisend zur Scheidekunst
ward, und an Stelle lebensvoller Analogien tote Kategorien
erfand.

Ebenso war der gotische Bau die lapidarische Übertragung der
scholastischen Philosophie des 12. und 13. Jahrhunderts. Item
mit kunstanatomischen Studien ist den Künsten nicht gedient,
deren Gedeihen davon abhängt, daß beim Volke das Vermögen des ungeteilten, unmittelbaren Kunstempfindens und
die Freude daran wieder erwache.

Bei alledem übt die spekulative Ästhetik einen bedeutenden
Einfluß auf unsre Kunstverhältnisse, wie diese einmal sind;
zunächst durch die Vermittlung der sogenannten Kenner und
Kunstfreunde, die sich durch sie und nach ihr ein auf reine
Willkür begründetes schematisch-puritanisches Kunstregiment
erwarben, das dort, wo es durchzudringen vermochte, eine
traurige Verödung der Kunstformenwelt veranlaßte. So zeigt
eine gewisse süddeutsche Architekturschule, in der sich die
materialistisch-konstruktive Richtung mit dem ästhetischen
Puritanismus vereinigt, bei lobenswerten Erfolgen auf dem
Gebiete des Nutzbaues, die Unzulänglichkeit ihrer Mittel,
sowie es sich um wahre monumentale Kunst handelt. Diese
Mittel, um welche moderne Prinzipiensucht sich selbst gebracht hat, sind zum großen Teil nur irrtümlich als Erfindungen der Perioden des Verfalls der Künste, als absolut ge-
schmackswidrig oder als antikonstruktiv bezeichnet und unter
dieser falschen Anklage verurteilt worden. Unter ihnen sind
in der Tat älteste Überlieferungen der Baukunst, welche
durchaus der Logik des Bauens, allgemein der des Kunstschaffens, entsprechen, und die ihren symbolischen Wert haben,
der älter als die Geschichte und durch Neues gar nicht aus-
drückbar ist.

Eine andre Rückwirkung der spekulativen Philosophie auf die Künste zeigt sich in der ikonographischen Tendenz- und Zukunftskunst, der Jagd nach neuen Ideen, dem Gepränge mit Gedankenfülle, Tiefe und Reichtum der Bedeutung usw. usw.

Dieses Anrufen des nicht künstlerischen Interesses, dieses Tendenzeln (dem die Kunstekstase und die oft lächerliche Deutesucht von seiten der Kunstkenner und Archäologen würdig antwortet) sind bezeichnend entweder für die Barbarei oder für den Verfall; die Kunst auf ihrer höchsten Erhebung haßt die Exegese, sie vermeidet daher aus Überlegung das Hervortreten derartigen Wollens, verhüllt dasselbe hinter den allgemeinsten, rein menschlichen Motiven und wählt mit Absicht die einfachen, schon bekannten Vorwürfe, betrachtet diese, gerade so wie den Stoff, den Ton oder den Stein, aus dem sie schafft, lediglich als Mittel zu einem Zwecke, der sich selbst genügt.

> Den Himmel erschuf ich aus der Erd'
> Und Engel aus Weiberentfaltung,
> Der Stoff gewinnt erst seinen Wert
> Durch künstlerische Gestaltung!

John Ruskin

Mit dem von uns gebrachten Stück leitet R u s k i n (1819—1900)
sein Hauptwerk „Die sieben Leuchter der Baukunst" ein. (Eugen
Diederichs Verlag, Jena 1900.)
Der einflußreiche englische Kunstschriftsteller suchte die Ver-
irrungen des 19. Jahrhunderts dadurch zu bessern, daß er die
ethische Seite der Architektur stark in den Vordergrund stellte.

MORALISCHE GESETZE DER BAUKUNST

1880

Vor einer Reihe von Jahren kam ich in einem Gespräch
mit einem Maler (Mulready), dessen Werke gegenwärtig
in England vielleicht die einzigen sind, welche vollendete
Zeichnung mit Farbenpracht vereinigen, auf die Frage, durch
welche Mittel und Wege diese Einheit am sichersten zu erreichen sei. Die Antwort war so bestimmt wie umfassend:
„Wissen, was man zu tun hat, und es tun" — umfassend nicht
nur im Hinblick auf den einen Kunstzweig, auf den sie sich
bezog, sondern als die Grundbedingung des Erfolges in jeder
Richtung menschlichen Strebens. Denn ich glaube, daß Mißerfolge weit seltener auf Unzulänglichkeit der Mittel oder
Hast in der Arbeit zurückzuführen sind, als auf Unklarheit
der Begriffe über das, was getan werden soll. Obwohl es zu
Spott und selbst Tadel Anlaß geben kann, wenn Menschen
sich vornehmen und einbilden, irgendeine Vollkommenheit zu
erreichen, welche die kühl abwägende Vernunft mit den uns
zu Gebote stehenden Mitteln als unerreichbar erscheinen
läßt, so wäre es ein noch verhängnisvollerer Irrtum, wenn wir
aus überängstlicher Erwägung unsere ursprüngliche Eingebung
verkümmern ließen, oder, was nicht ausgeschlossen, überhaupt die Erkenntnis des Vollkommenen und Guten dadurch
hinderten oder beschränkten.
Vor allem müssen wir dies im Auge behalten: während des
Menschen Vernunft und Gewissen, durch Offenbarung gestützt, sobald die auf Ernstes gerichtet sind, stets hinreichen,
ihm die Erkenntnis des Rechten zu vermitteln, weder Vernunft

noch Gewissen noch Gefühl jemals ausreichen (weil sie
nicht dazu bestimmt sind), um darüber zu entscheiden, was
möglich ist. Denn der Mensch kennt weder seine eigene Kraft
noch die seiner Genossen, weder die Macht und Zuverlässig-
keit seiner Verbündeten, noch die seiner Gegner. Das sind
Dinge, über die seine Schlüsse durch Leidenschaft getrübt
oder durch Unwissenheit beschränkt werden können; aber es
ist seine eigene Schuld, wenn er es zuläßt, daß sie seinem
Pflichtbewußtsein und Willen zum Rechten hindernd in den
Weg treten. Soweit ich Einblick gewinnen konnte in die
Ursachen der zahllosen Mißerfolge, denen kluggeistige Menschen – insbesondere in politischen Dingen – ausgesetzt sind,
so scheinen sie mir am häufigsten aus dem einzigen Irrtum zu
entspringen, daß die Nachfrage nach den immer zweifelhaften
und oft ganz unerklärlichen Verhältnissen der Widerstands-
fähigkeit, Gelegenheit oder Ungelegenheit der Umstände,
stets die Entschließung hinausschiebt, wenn nicht völlig aufhebt, für das, was allein wünschenswert und gerecht ist. Darum
darf es uns nicht wundernehmen, daß oft die kühl abwägende
Berechnung unserer Macht uns mit unseren Mängeln nur zu
leicht aussöhnt, ja sogar zu dem folgenschweren Trugschluß
verleitet, die denkbarste Machterweiterung unseres Ich sei an
sich schon gut.
Was für die menschliche Weltklugheit gilt, das scheint mir
auch anwendbar auf die ausgesprochen weltkluge Kunst des
Bauens. Alle Elemente der Technik wie der Einbildungskraft
so innig verschmelzend, wie in der Menschheit Seele und Körper verschmolzen sind, zeigt sie denselben unausgeglichenen
Hang zum Vordringen des Niederen über das Erhabene, zum
Überwiegen des konstruktiven über die Reinheit und Einfachheit des gedanklichen Elements. Dieser Hang nimmt, wie jegliche Art des Materialismus, mit unserer fortschreitenden
Epoche zu, und die einzigen Gesetze, die ihm einen Damm
entgegensetzen könnten, werden, da sie leider auf engherzi-
gen Parteivorurteilen begründet sind, schon einerseits mit
Geringschätzung als veraltet, andererseits mit Trotz als

tyrannisch angesehen, und sind darum ungeeignet, den neuen
Formen und Zwecken zu dienen, welche die Forderungen des
Tages bringen. Wie mannigfaltig diese Forderungen werden
können, ist unberechenbar; seltsam und ungeduldig scheinen
sie aus jedem Schatten einer Veränderung plötzlich hervorzutreten. Wieweit es möglich ist, ihnen gerecht zu werden, ohne
wesentliche Eigenschaften der architektonischen Künste zu
opfern, kann durch vereinzelte Beobachtung und Berechnung
nicht erkannt und bestimmt werden. Es gibt kein Gesetz, kein
auf Überlieferung begründetes System, das nicht in einem
Augenblicke umgestoßen werden kann, durch das Vordringen einer neuen Lebensbedingung oder die Entdeckung eines
neuen Materials. Die verständigste, wenn nicht einzige Methode, die Gefahr einer vollständigen Auflösung von allem,
was systematisch und folgerichtig in der Praxis oder von ehr-
würdigem Ansehen im Urteil ist, abzuwenden, besteht darin,
vorläufig unsere Bemühungen, Mißbräuche, Beschränktheiten
und Bedürfnisse im e i n z e l n e n zu bekämpfen, ganz ein-
zustellen und statt dessen zu untersuchen, worin die dauernden, allgemeingültigen und unwiderlegbaren Gesetze menschlichen Strebens bestehen — Gesetze, die im Wesen, nicht im
Wissen des Menschen begründet sind und darum die Unver-
änderlichkeit des einen in so hohem Grade besitzen, daß sie
weder durch die Zunahme noch Verminderung des andern
berührt und verletzt werden können.
Derartige Gesetze, die einer besonderen Kunst eigentümlich
wären, gibt es vielleicht nicht; ihre Tragweite umspannt notwendigerweise den ganzen Horizont menschlicher Tätigkeit;
dennoch gibt es abweichende Formen und Verrichtungen in
jedem Gebiet, und der Umfang ihrer Gültigkeit kann ihrer Bedeutung keinesfalls Abbruch tun. Es ist nun meine Aufgabe gewesen, den der Baukunst eigentümlichen Erscheinungsformen
dieser Gesetze nachzugehen, und wenn sie, wie behauptet, nicht
nur vor Irrtümern bewahren, sondern die Bürgschaft jeglichen
Erfolges sein sollen, so glaube ich nicht zuviel für sie zu bean-
spruchen, wenn ich sie die Leuchter der Baukunst nenne.

9*

Wir haben gesagt, daß es keinen Zweig menschlicher Tätigkeit gibt, dessen unveränderliche Gesetze nicht in Übereinstimmung sind mit jeder andern Art menschlichen Strebens.
Mehr noch: Genau in dem Maße, wie wir irgendeine ,Gruppe
dieser praktischen Gesetze zusammenfassen, sehen wir sie
über die bloße Ähnlichkeit und Übereinstimmung hinaus-
wachsen und zum tatsächlichen Ausdruck werden für die Ner-
ven und Bindeglieder jener mächtigen Urgesetze, welche die
sittliche Welt regieren. Wie gering und unbedeutend auch
immer die einzelne Handlung sein mag, in ihrer guten Ausführung liegt etwas, das Gemeinschaft hat mit dem edelsten
Ausdruck männlicher Tugend; und die Wahrhaftigkeit, Ent-
schlossenheit und Mäßigung, die wir als Merkmale geistiger
Wesenheit achten und ehren, üben auf die Werke der Hand
einen Einfluß aus, ebenso wie auf die Bewegungen des Körpers und die Tätigkeit des Denkens.
Die Aussicht auf das kommende Jahrhundert ist dunkel und
voller Rätsel, und die Masse des Übels, gegen das wir zu streiten haben, nimmt zu wie ausströmendes Wasser. Jetzt ist nicht
die Zeit für eitle Gedanken über Metaphysik oder die müßige
Unterhaltung in den Künsten. Die Gotteslästerungen der
Erde tönen immer lauter, und ihre Leiden häufen sich von
Tag zu Tag; und wenn es sich ziemt, mitten im harten Kampf
und Mühen, an denen jeder gute Mensch berufen ist teilzu-
nehmen, einen Augenblick innezuhalten, um den Finger in
einer Richtung aufzuheben, die abseits der allernächsten und
drückendsten Notwendigkeit liegt, so sind wir verpflichtet, die
Fragen, womit wir ihn beschäftigen wollen, in der Weise zu
behandeln, daß weder sein Eifer noch seine Wirkungskraft
beeinträchtigt werden durch die Entziehung einer Stunde, die
ihm zeigt, wie selbst solche Dinge, die gleichgültig, mechanisch
und nicht beachtenswert schienen, zu ihrer Vollkommenheit
der Erkenntnis und Mitwirkung jener heiligen Grundsätze des
Glaubens, der Wahrheit und des Gehorsams bedürfen, deren
Betätigung er sein Leben geweiht hat.

III. TEIL

Jakob Burckhardt

Jakob Burckhardt (1818—1897) hat durch seine Werke
vor allem die italienische Renaissance der Kunstgeschichte erschlossen. Seine überlegene Vielseitigkeit kann man daran erkennen,
daß er unter anderem auch der Verfasser einer „Griechischen
Kulturgeschichte" ist, der wir eine Probe seiner großen Dar-
stellungskunst entnehmen. (Verlag Alfred Kröner, Stuttgart.)
Burckhardt zeigt, wie im alten Griechenland die politische Gestaltung und die Stadt-Gestaltung eines Gemeinwesens in unlösbarem
Zusammenhang stehen. „Polis", das Wort für den Begriff „Stadt",
ist zugleich die Wurzel des Begriffes „Politik" geworden. Die
Ausführungen darüber, daß eine Stadt, die vom politischen Leben
ganz durchpulst sein soll, nur einen beschränkten Umfang haben
darf, und die Betonung der großen ethischen Bedeutung des Begriffes „Vaterstadt" berühren sich mit Gedanken, die allgemeine
Bedeutung behalten.

DIE GRIECHISCHE POLIS

1872

Wenn irgendwo der Mensch mehr ist als seine Stätte, so
gilt dies von den Griechen. Die lebendige Polis, das
Bürgertum, ist ein sehr viel mächtigeres Produkt gewesen als
alle Mauern, Häfen und Prachtbauten. Aristoteles nennt schon
den Menschen überhaupt „ein politisches Wesen von Natur";
in einer beredten Stelle seiner Politik (VII, 6) stellt er dann
den Griechen den zweierlei Barbaren gegenüber, den nordischen Naturmenschen und den asiatischen Kulturmenschen,
und weist ihm die Vorzüge beider zu, den Mut der einen und
den Verstand der anderen, so daß er nicht nur frei und im
Besitz der besten Staatseinrichtungen sei, sondern sogar —
sobald er nur einen Staat bilden würde — über alle anderen
herrschen könnte. Nach diesem allgemeinen Fähigkeitszeugnis
werden nun die besondern Anschauungen der Griechen über
ihre Polis zu prüfen sein.
Sie ist vor allem bereits vorhanden, schon bevor es ein Räson-
nement darüber gibt. Odysseus trifft überall nur Völker
an, welche eine Polis haben, so selbst die Lästrygonen ihr

Telepylos, ja selbst die Kimmerier haben die ihrige, in Duft und
Nebel gehüllt. Dann wird das Städtegründen ein dauernder
Vorgang in Griechenland selbst und an Hunderten von Stellen des Barbarenstrandes; der eigentliche Wunsch aber ist,
daß einem Stamm auch eine Polis entspreche, und Bias konnte
den von der Persermacht bedrohten ionischen Städten raten,
nach Sardinien auszuwandern und dort eine Ionierstadt zu
gründen; hätten sie ihm gefolgt, meint Herodot (I, 170), sie
wären die glücklichsten Griechen geworden. Selbst die Komödie läßt sich diese Anschauung nicht entgehen, und Peisthe-
tairos muß den Vögeln vor allem einprägen, daß nur eine
Vogelstadt sein solle.

Menschenrechte gibt es im Altertum überhaupt nicht und auch
bei Aristoteles nicht; die Polis ist ihm nur eine Gemeinschaft
von Freien; der Metöke und der massenhaft vorhandene
Sklave ist vor allem kein Bürger, und ob er daneben ein
Mensch sei, wird nicht weiter erörtert. Diejenigen Forderungen, welche an den Bürger gestellt werden, sind in der Tat,
wie sich zeigen wird, nicht Sache des ersten besten, und man
könnte unbedingt nicht jeden dazu brauchen. Wer draußen
ist, der mag, wenn er sich überhaupt wehren und behaupten
kann, leben wie die Kyklopen, ohne Agora und ohne Gesetze, indem jeder über seine Familie richtet; in der Polis verhält es sich anders.

Vor allem kommt es hier auf die Qualität an, während man
sich in der Quantität Schranken gefallen läßt. Verstümmeltes,
mißgestaltet Geborenes soll man — so will Aristoteles — nicht
aufziehen, und wenn man bedenkt, was für ein unglückliches
Wesen der Krüppel unter Griechen war, so wird dies begreiflich.

Das Lebensmaß, welches eine Polis in sich enthalten muß,
wird bezeichnet mit dem Wort αὐτάρκεια, das Genügen. Für
unsere Rechnungsart ein sehr dunkles Wort, für den Griechen
aber völlig verständlich. Eine Feldmark, welche die nötigsten
Lebensmittel schaffte, ein Handelsverkehr und eine Gewerb-
lichkeit, welche für die übrigen Bedürfnisse in mäßiger Weise

sorgte, endlich eine Hoplitenschar, mindestens so stark als die der nächsten, meist feindlichen Polis, dies waren die Bedingungen jenes „Genügens". Aristoteles redet hier so deutlich, als man es wünschen mag. Eine Polis, sobald sie zu volkreich ist, kann schon kaum mehr gesetzlich leben. Die Zahl der wirklichen Bürger macht eine Stadt groß, nicht eine Vielheit der Gewerbsarbeiter (Banausen) bei Wenigkeit der Hopliten. Die Schönheit liegt auch hier im Begrenzten, im Proportionalen. Ein spannenlanges Schiff ist kein Schiff mehr und ein zwei Stadien langes auch nicht. Eine zu menschenarme Stadt genügt sich nicht; eine allzu bevölkerte genügt sich zwar in betreff der Bedürfnisse, aber als eine Masse, nicht mehr als eine Stadt, denn sie kann keine wahre Verfassung, keine Politeia mehr haben. Welcher Stratege würde solche Massen anführen? Welcher Herold würde genügen, wenn er nicht ein Stentor wäre? Um gerecht zu richten und um die Ämter nach Verdienst zu vergeben, müssen die Bürger einander kennen und wissen, welcher Art die Leute sind. Die beste Begrenzung ist, daß die Stadt so groß sei, als das Genügen des Lebens erfordert, aber übersichtlich. Und zwar scheint es, daß man eine Stadt von 10 000 erwachsenen Bürgern (πόλις μυρίανδρος) für das im ganzen wünschbare Maß gehalten habe; Heraklea Trachinia und Katana bei seiner Neugründung als Aitne erhielten diese Zahl; wir dürfen zur Erläuterung herbeiziehen die Volksversammlung der Zehntausend (μύριοι) in Arkadien, und da selbst Idealbilder (Utopien) von Philosophen so manches in Staat und Sitte der Griechen klarmachen helfen, so mag erwähnt werden, daß der Idealstaat des Hippodamos von Milet eben diese Zahl innehalten sollte.

Was nun die Polis ist, will, kann und darf, kann am besten aus ihrem historischen Verhalten ergründet werden. Alle Stadtrepubliken unseres abendländischen Mittelalters, auch wenn sie oft und viel an die Polis erinnern, sind doch wesentlich etwas anderes, nämlich einzelne, mehr oder weniger freigewordene Teile schon vorher bestehender großer Reiche gewesen, und selbst von den italienischen wird zuletzt nur

Venedig denjenigen Grad von Autonomie besessen haben,
den die Polis genoß. Auch war die Kirche etwas Gemeinsames, das über allen Städten und Königreichen stand und das
in Griechenland völlig wegfiel. Aber abgesehen von diesen
Unterschieden ist die Polis an sich eine Schöpfung ganz
anderer Art; einmal in der Weltgeschichte hat in voller Kraft
und Einseitigkeit sich hier ein Wille verwirklicht, welcher
längst wie mit Ungeduld scheint auf seinen Welttag gewartet
zu haben.

In neuern Zeiten ist es, abgesehen von philosophischen und
sonstigen idealistischen Programmen, wesentlich der einzelne,
das Individuum, welches den Staat postuliert, wie es ihn
braucht. Es verlangt von ihm eigentlich nur die Sicherheit, um
dann seine Kräfte frei entwickeln zu können; hierfür bringt
es gern wohl abgemessene Opfer, hält sich aber um so viel
mehr dem Staat zu Danke verpflichtet, je weniger derselbe
sich um sein sonstiges Tun kümmert. Die griechische Polis
dagegen geht von vornherein vom Ganzen aus, welches früher vorhanden sei als der Teil, nämlich als das einzelne Haus,
der einzelne Mensch. Wir dürfen aus einer innern Logik hinzufügen: und dies Ganze wird den Teil auch überleben; es
handelt sich nicht bloß um eine Bevorzugung des Allgemeinen
vor dem einzelnen, sondern auch des Dauernden vor dem
Augenblicklichen und Vorübergehenden. Von dem Individuum wird nicht bloß im Felde und auf Augenblicke, sondern
jederzeit die Hingebung der ganzen Existenz verlangt, denn
es verdankt dem Ganzen alles; ja schon die Sicherung seines
Daseins, welche damals nur der Bürger genießt, und zwar nur
in seiner Stadt oder soweit deren Einfluß reicht. Die Polis ist
ein höheres Naturprodukt; entstanden ist sie, damit Leben
möglich sei, sie existiert aber weiter, damit richtig, glücklich,
edel, möglichst nach der Trefflichkeit gelebt werde. Wer hier
am Regieren und Regiertwerden teilhat, der ist Bürger: das
erstere wird noch näher bestimmt als Teilnahme an Gericht
und Ämtern. Allein der Bürger verwirklicht überhaupt all
sein Können und jede Tugend im und am Staat, der ganze

griechische Geist und seine Kultur steht in stärkster Beziehung
zur Polis, und weit die höchsten Hervorbringungen der Poesie
und der Kunst des Blütezeitalters gehören nicht dem Privat-
genuß, sondern der Öffentlichkeit an.
Die oft großartig pathetische Kunde von diesen Anschauungen
erhalten wir teils durch die Dichter der Blütezeit, teils durch
Philosophen und Redner des IV. Jahrhunderts, welche bereits
nicht mehr das Gefühl konstatieren, wie es wirklich noch
herrschte, sondern wie es hätte herrschen sollen.
Die Vaterstadt (πατρίς) ist hier nicht bloß die Heimat, wo
dem Menschen am wohlsten ist und wohin ihn das Heimweh
zieht, nicht bloß die Stadt, auf welche er trotz aller ihrer Mängel stolz ist, sondern ein höheres, göttlich mächtiges Wesen.
Vor allem ist man ihr den Tod im Kampfe schuldig, und zwar
zahlt man ihr damit nur das „Nährgeld" zurück. Schon Homer
gönnt den Troern, zumal dem Hektor, hie und da die feurig-
sten Klänge des Patriotismus, und die Elegiendichter, in dem
so Wenigen, was von ihnen erhalten ist, bleiben nicht zurück.
Der gewaltigste Zeuge aber ist Äschylos. Seine „vom Kriegs-
gott erfüllte" Dichtung „Sieben gegen Theben" vereinigt in
den Reden des Eteokles den höchsten Ausdruck der Opfer-
pflicht des Bürgers gegen die Muttererde mit dem Pathos des
Königs und Verteidigers. In seiner eigenen Grabschrift redet
der Dichter nicht von seiner Poesie, sondern von seiner
Tapferkeit: „Sagen mag es der marathonische Hain und der
starklockige Meder, der es hat erfahren müssen."
Aber die Großtaten gehören im Grunde gar nicht dem einzelnen, sondern der Vaterstadt; diese, nicht Miltiades und
Themistokles, hat bei Marathon und Salamis gesiegt, und
Demosthenes findet dann ein Zeichen des Verfalls darin, daß
jetzt viele sagen, Timotheos habe Kerkyra genommen, und
Chabrias habe bei Naxos die Feinde geschlagen. Jedenfalls
hat auch der Verdienstvollste der Heimat mehr zu danken,
als diese ihm. Und wem die Heimat unrecht getan, der
soll ihr begegnen wie einer Mutter in solchem Falle. So lehrt
Pythagoras.

Außer dem Siege, welcher für die Heimat mit äußerster Aufopferung erkämpft werden muß, wird derselben bei den
großen Dichtern auch ein Gefühl der höchsten Begeisterung
wie eine Gabe dargebracht. Namentlich gestattet die griechische Denkweise derartige Gebete für das Wohl einer einzelnen Stadt, wie das Christentum als Weltreligion sie nicht
mehr gestatten würde, weil es des Menschengeschlechts als
eines Ganzen eingedenk sein muß. In den „Schutzflehenden"
häuft das prachtvolle Chorlied der Danaiden auf das gastliche
Ardos jeden denkbaren Segen im Überfluß; das Beste aber
hat Äschylos seiner eigenen Vaterstadt gegönnt in dem letzten
großen Chorgesang der „Eumeniden" mit den Zwischenreden
der Athene. Nur einer in der Alten Welt hat noch gewaltigere
Töne dieser Art anzustimmen vermocht; Äschylos wünscht
und betet; Jesaias in seiner Vision des künftigen Jerusalems
(Kap. 60) weissagt und schaut das Geweissagte schon als ein
Vollendetes.

Die Polis hat ferner eine erziehende Kraft; sie ist nicht nur
„die beste Amme, die früher euch als Knaben, welche spielten
auf dem weichen Grund, treu hegte und pflegte und keine
Last der Wärterin versäumte", sondern sie erzieht den Bürger
sein Leben lang. Sie hält zwar keine Schulen, wenn sie auch
den herkömmlichen gymnastischen und musischen Unterricht
begünstigt, auch mag hier des vielseitigen Bildungsstoffes noch
nicht näher gedacht werden, welcher durch die Chorgesänge
der Feste, durch den reichen Kultus, durch Bauten und Kunstwerke, durch das Drama und durch die Rezitationen von
Dichtern der ganzen Bürgerschaft von selbst entgegenkam.
Endlich erschien die ganze bisherige Geschichte einer ruhm-
vollen Stadt als eine der stärksten Anleitungen zur Trefflichkeit: „Nirgends", sagt Xenophon, „hat man größere und zahl-
reichere Taten der Vorfahren aufzuweisen als in Athen, und
viele, hiervon erhoben, suchen dann sich der Tugend zu widmen und stark zu werden."

So ist die Polis, im Lebensgrad noch über die phönizische
Stadtrepublik beträchtlich hinaus entwickelt, ein ganz eigenes

Produkt der Weltgeschichte. Sie ist die Darstellung eines Gesamtwillens von höchster Tätigkeit und Tatfähigkeit, indem sie ja nur im Sinne der Tat, der Machtübung, der Leidenschaft aus dem Dorfleben herausgetreten ist; daher sie streng sein muß in der Defination des Aktivbürgers, der ja ein Teil von dieser Kraft sein soll.

Solche Poleis kennen eine ganz andere Sorte von Glück und Unglück als die Städte anderer Völker und Zeiten, und selbst die lebendigsten Stadtrepubliken des Mittelalters reichen nur momentan an diesen Grad des Lebens und Leidens.

Theodor Mommsen

Theodor Mommsen (1817—1903) beendet das 5. Buch seines Lebenswerkes „Römische Geschichte" mit dem Kapitel XI: „Republik und Monarchie." (Weidmannsche Verlagsbuchhandlung, Berlin 1856.)
In ihm gibt er ein Bild davon, wie das Rom aussah, das Cäsar vorfand, und welche Pläne er für seine Umgestaltung hatte.

DIE HAUPTSTADT ZUR ZEIT CÄSARS

1856

Aus Rom war zur Zeit Cäsars der gute Stamm latinischer Nation längst völlig verschwunden. Es liegt in den Verhältnissen, daß die Hauptstadt ihr munizipales und selbst ihr nationales Gepräge schneller verschleift als jedes untergeordnete Gemeinwesen. Hier scheiden die höheren Klassen rasch aus dem städtischen Gemeinleben aus, um mehr in dem ganzen Staate als in einer einzelnen Stadt ihre Heimat zu finden; hier konzentriert sich unvermeidlich die ausländische Ansiedlung, die fluktuierende Bevölkerung von Vergnügungs- und Geschäftsreisenden, die Masse des müßigen, faulen, verbrecherischen, ökonomisch und moralisch bankerotten und ebendarum kosmopolitischen Gesindels. Auf Rom fand dies alles in hervorragender Weise Anwendung. Der wohlhabende Römer betrachtete sein Stadthaus häufig nur als ein Absteigequartier. Indem aus der städtischen Munizipalität die Reichsämter hervorgingen, das städtische Vogtding die Versammlung der Reichsbürger ward, kleinere sich selber regierende Bezirks- oder sonstige Gemeinschaften innerhalb der Hauptstadt nicht geduldet wurden, hörte jedes eigentliche Kommunalleben für Rom auf. Aus dem ganzen Umfange des weitumfassenden Reiches strömte man nach Rom, um zu spekulieren, zu debauchieren, zu intrigieren, zum Verbrecher sich auszubilden oder auch daselbst vor dem Auge des Gesetzes sich zu verbergen. Es hat vielleicht nie eine Großstadt gegeben, die so durchaus nahrungslos war wie Rom; teils die Einfuhr, teils die häusliche Fabrikation durch Sklaven machten hier

jede Industrie von vornherein unmöglich. Die nachteiligen
Folgen des Grundübels der Staatenbildung im Altertum überhaupt, des Sklavensystems, traten in der Hauptstadt schärfer
als irgendwo sonst hervor. Nirgends häuften solche Sklavenmassen sich an wie in den hauptstädtischen Palästen der
großen Familien oder der reichen Emporkömmlinge. Nirgends
mischten sich so wie in der hauptstädtischen Sklavenschaft die
Nationen dreier Weltteile, Syrer, Phryger und andere Halb-
hellenen mit Libyern und Mohren, Geten und Iberer mit den
immer zahlreicher einströmenden Kelten und Deutschen. Die
von der Unfreiheit unzertrennliche Demoralisation und der
scheußliche Widerspruch des formellen und des sittlichen
Rechts kamen weit greller zum Vorschein bei dem halb oder
ganz gebildeten gleichsam vornehmen Stadtsklaven als bei
dem Ackerknecht, der das Feld gleich dem gefesselten Stier
in Ketten bestellte. Schlimmer noch als die Sklavenmassen
waren die der rechtlich oder auch bloß tatsächlich freigegebe-
nen Leute, ein Gemisch bettelhaften Gesindels und schwer-
reicher Parvenus, nicht mehr Sklaven und doch noch nicht
völlig Bürger, ökonomisch und selbst rechtlich von ihrem
Herrn abhängig und doch mit den Ansprüchen freier Männer:
und eben die Freigelassenen zogen sich vor allem nach der
Hauptstadt, wo es Verdienst mancherlei Art gab und der
Kleinhandel wie das kleine Handwerk fast ganz in ihren
Händen waren. Ihr Einfluß auf die Wahlen wird ausdrücklich
bezeugt; und daß sie auch bei den Straßenkrawallen voran
waren, zeigt schon das gewöhnliche Signal, wodurch diese von
den Demagogen gleichsam angesagt wurden, die Schließung
der Buden und Verkaufslokale. Zu allem dem kam, daß die
Regierung nicht bloß nichts tat, um dieser Korrumpierung der
hauptstädtischen Bevölkerung entgegenzuwirken, sondern sogar ihrer egoistischen Politik zuliebe ihr Vorschub leistete. Die
verständige Gesetzvorschrift, welche dem wegen Kapitalver-
brechens verurteilten Individuum den Aufenthalt in der
Hauptstadt untersagte, ward von der schlaffen Polizei nicht zur
Ausführung gebracht. Die dringend nahegelegte polizeiliche

Überwachung der Assoziation des Gesindels ward anfangs
vernachlässigt, späterhin als freiheitswidrige Volksbeschrän-
kung sogar für strafbar erklärt.

Für die Regulierung des Tiberstromes ward nichts getan;
kaum daß man die einzige Brücke, mit der man immer noch
sich behalf, wenigstens bis zur Tiberinsel von Stein aufführen
ließ. Für die Planierung der Siebenhügelstadt war ebensowenig
etwas geschehen, außer wo etwa die Schutthaufen ausgeglichen
hatten. Die Straßen gingen eng und winkelig Hügel auf und
ab und waren elend gehalten, die Trottoirs schmal und
schlecht gepflastert. Die gewöhnlichen Häuser waren von Ziegeln ebenso liederlich wie schwindelnd hoch gebaut, meistens
von spekulierenden Baumeistern für Rechnung der kleinen Besitzer, wobei jene steinreich, diese zu Bettlern wurden. Wie
einzelne Inseln in diesem Meer von elenden Gebäuden erschienen die glänzenden Paläste der Reichen, die den kleinen
Häusern ebenso den Raum verengten wie ihre Besitzer den
kleinen Leuten ihr Bürgerrecht im Staat und neben deren
Marmorsäulen und griechischen Statuen die verfallenden Tempel mit ihren großenteils noch holzgeschnitzten Götterbildern
eine traurige Figur machten. Von einer Straßen-, einer Ufer-,
Feuer- und Baupolizei war kaum die Rede; wenn die Regierung um die alljährlich eintretenden Überschwemmungen,
Feuersbrünste und Häusereinstürze überhaupt sich bekümmerte, so geschah es, um von den Staatstheologen Bericht und
Bedenken über den wahren Sinn solcher Zeichen und Wunder
zu begehren. Man versuche sich ein London zu denken mit
der Sklavenbevölkerung von New Orleans, mit der Polizei
von Konstantinopel, mit der Industrielosigkeit des heutigen
Rom und bewegt von einer Politik nach dem Muster der
Pariser von 1848, und man wird eine ungefähre Vorstellung
von der republikanischen Herrlichkeit gewinnen, deren Untergang Cicero und seine Genossen in ihren Schmollbriefen be-
trauern. — Cäsar trauerte nicht, aber er suchte zu helfen, soweit
zu helfen war. Rom blieb natürlich, was es war, eine Weltstadt.
Der Versuch, ihm wiederum einen spezifisch italischen

Charakter zu geben, wäre nicht bloß unausführbar gewesen, sondern hätte auch in Cäsars Plan nicht gepaßt. Ähnlich wie Alexander für sein griechisch-orientalisches Reich eine angemessene Hauptstadt in dem hellenisch-jüdisch-ägyptischen und vor allem kosmopolitischen Alexandreia fand, so sollte auch die im Mittelpunkt des Orients und Okzidents gelegene Hauptstadt des neuen römisch-hellenischen Weltreichs nicht eine italische Gemeinde sein, sondern die denationalisierte Kapitale vieler Nationen. Darum duldete es Cäsar, daß neben dem Vater Jovis die neu angesiedelten ägyptischen Götter verehrt wurden und gestattete sogar den Juden die freie Übung ihres seltsamen fremdartigen Rituals auch in der Hauptstadt des Reiches. Wie widerlich bunt immer die parasitische, namentlich hellenisch-orientalische Bevölkerung in Rom sich mischte, er trat ihrer Ausbreitung nirgends in den Weg; es ist bezeichnend, daß er bei seinen hauptstädtischen Volksfesten Schauspiele nicht bloß in lateinischer und griechischer, sondern auch in andern Zungen, vermutlich in phönikischer, hebräischer, syrischer, spanischer, aufführen ließ. – Aber wenn Cäsar den Grundcharakter der Hauptstadt, so wie er ihn fand, mit vollem Bewußtsein akzeptierte, so wirkte er doch energisch hin auf die Besserung der daselbst waltenden kläglichen und schimpflichen Zustände. Leider waren eben die Grundübel am wenigsten austilgbar. Die Sklaverei mit ihrem Gefolge von Landplagen konnte Cäsar nicht abstellen; es muß dahingestellt bleiben, ob er mit der Zeit versucht haben würde, die Sklavenbevölkerung in der Hauptstadt wenigstens zu beschränken, wie er dies auf einem andern Gebiete unternahm. Ebensowenig vermochte Cäsar eine freie hauptstädtische Industrie aus dem Boden zu zaubern; doch halfen die ungeheuren Bauten der Nahrungslosigkeit daselbst einigermaßen ab und eröffneten dem Proletariat eine Quelle schmalen, aber ehrlichen Erwerbes. Dagegen wirkte Cäsar energisch darauf hin, die Masse des freien Proletariats zu vermindern. Der stehende Zufluß von solchen, die die Getreidespenden nach Rom führten, ward durch Verwandlung derselben in eine auf eine feste Kopfzahl beschränkte Armenversorgung wenn nicht ganz verstopft, doch sehr wesentlich beschränkt. Unter dem vorhandenen Proletariat räumten einerseits die Gerichte auf, die angewiesen wurden, mit unnachsichtlicher Strenge gegen das Gesindel einzuschreiten, anderseits die umfassende überseeische Kolonisation; in den wenigen Jahren seiner Regierung führte Cäsar 80 000 Kolonisten über das Meer, von denen ein sehr großer Teil den unteren Schichten der hauptstädtischen Bevölkerung entnommen sein wird, wie denn die meisten korinthischen Ansiedler Freigelassene waren. Cäsar, überzeugt wie jeder andere verständige Mann, daß die einzige wahrhafte Hilfe gegen das Elend des Proletariats in einem wohlregulierten Kolonisierungssystem besteht, und durch die Beschaffenheit des Reiches in den Stand gesetzt, dasselbe in fast ungemessener Ausdehnung zu verwirklichen, wird die Absicht gehabt haben, hiermit dauernd fortzufahren und dem stets wieder sich erzeugenden Übel durch einen bleibenden Abzugskanal zu begegnen. Maßregeln wurden ferner ergriffen, um den argen Preisschwankungen der wichtigsten Nahrungsmittel auf den hauptstädtischen Märkten Grenzen zu setzen. Die neu geordneten und liberal verwalteten Staatsfinanzen lieferten hierzu die Mittel, und zwei neu ernannte Beamte, die Getreideädilen, übernahmen die spezielle Beaufsichtigung der Lieferanten und des Marktes der Hauptstadt. Dem Klubwesen wurde wirksamer, als es durch Prohibitivgesetze möglich war, gesteuert durch die veränderte Verfassung, indem mit der Republik und den republikanischen Wahlen und Gerichten die Bestechung und Vergewaltigung der Wahl- und Richterkollegien, überhaupt die politischen Saturnalien der Kanaille von selbst ein Ende hatten. Außerdem wurden die durch das Clodische Gesetz ins Leben getretenen Verbindungen aufgelöst und das ganze Assoziationswesen unter die Oberaufsicht der Regierungsbehörden gestellt. Mit Ausnahme der althergebrachten Zünfte und Vergesellschaftungen, der religiösen Vereinigungen der Juden und anderer besonders ausgenommener Kategorien, wofür die einfache Anzeige an den

Senat genügt zu haben scheint, wurde die Erlaubnis, eine bleibende Gesellschaft mit festen Versammlungsfristen und stehenden Einschüssen zu konstituieren an eine vom Senat und regelmäßig wohl erst nach eingeholter Willensmeinung des Monar-
chen zu erteilende Konzession geknüpft. Das detaillierte
Regulativ, das Cäsar über die hauptstädtische Polizei erließ,
ist großenteils noch erhalten, und es kann, wer da will, sich
überzeugen, daß der Imperator es nicht verschmähte, die
Hausbesitzer zur Instandsetzung der Straßen und zur Pflasterung der Trottoirs in ihrer ganzen Breite mit behauenen
Steinen anzuhalten und geeignete Bestimmungen über das
Tragen der Sänften und das Fahren der Wagen zu erlassen,
die bei der Beschaffenheit der Straßen nur zur Abend- und
Nachtzeit in der Hauptstadt frei zirkulieren durften. Endlich
das hauptstädtische Bauwesen und die damit zusammenhängende Fürsorge für die gemeinnützigen Anstalten überhaupt
nahm durch Cäsar, der die Baulust des Römers und des Orga-
nisators in sich vereinigte, plötzlich einen Aufschwung, der
nicht bloß die Mißwirtschaft der letzten anarchischen Zeiten
beschämte, sondern auch alles, was die römische Aristokratie
in ihrer besten Zeit geleistet hatte, so weit hinter sich ließ wie
Cäsars Genie das redliche Bemühen der Marcier und Ämilier.
Es war nicht bloß die Ausdehnung der Bauten an sich und die
Größe der darauf verwandten Summen, durch die Cäsar seine
Vorgänger übertraf, sondern der echt staatsmännische und gemeinnützige Sinn, der das, was Cäsar für die öffentlichen
Anstalten Roms tat, vor allen ähnlichen Leistungen auszeichnet.
Er baute nicht Tempel und sonstige Prachtgebäude, sondern
er entlastete den Markt von Rom, auf dem sich immer noch
die Bürgerversammlungen, die Hauptgerichtsstätten, die Börse
und der tägliche Geschäftsverkehr wie der tägliche Müßiggang
zusammendrängten, wenigstens von den Versammlungen und
den Gerichten, indem er für jene eine neue Dingstätte, die
Saepta Julia auf dem Marsfeld, für diese einen besonderen
Gerichtsmarkt, das Forum Julium zwischen Kapitol und Palatin, anlegen ließ. Verwandten Geistes ist die von ihm her-

rührende Einrichtung, daß den hauptstädtischen Bädern jährlich
drei Millionen Pfund Öl, größtenteils aus Afrika, geliefert
und diese dadurch in den Stand gesetzt wurden, den Badenden das zum Salben des Körpers erforderliche Öl unentgelt-
lich zu verabfolgen – eine nach der alten wesentlich auf Baden
und Salben gegründeten Diätetik höchst zweckmäßige Maßregel der Reinlichkeits- und Gesundheitspolizei. Indes diese
großartigen Einrichtungen waren nur die ersten Anfänge einer
vollständigen Umwandlung Roms. Bereits waren die Entwürfe
gemacht zu einem neuen Rathaus, einem neuen prachtvollen
Basar, einem mit dem Pompeischen wetteifernden Theater,
einer öffentlichen lateinischen und griechischen Bibliothek
nach dem Muster der kürzlich zugrunde gegangenen von
Alexandreia – die erste Anstalt derart in Rom –, endlich zu
einem Tempel des Mars, der an Reichtum und Herrlichkeit
alles bisher Dagewesene überboten haben würde. Genialer
noch war der Gedanke, einmal durch die Pontinischen Sümpfe
einen Kanal zu legen und deren Wasser nach Tarracina abzuleiten, sodann den unteren Lauf des Tiberstromes zu ändern
und ihn von dem heutigen Ponte Molle an, statt zwischen
dem Vatikanischen und dem Marsfelde hindurch, vielmehr um
das Vatikanische Feld und das Janikulum herum quer durch
die Pontinischen Sümpfe in den Hafen von Tarracina zu führen. Durch diesen Riesenplan wurde auf einen Schlag teils die
äußerst beschränkte Baugelegenheit in der Hauptstadt in der
Art erweitert, daß das damit auf das linke Tiberufer verlegte
Vatikanische Feld an die Stelle des Marsfeldes treten und das
geräumige Marsfeld für öffentliche und Privatbauten disponi-
bel ward, teils wurden die Pontinischen Felder und überhaupt
die latinische Küste entsumpft, teils der Hauptstadt der so
schmerzlich vermißte sichere Seehafen gegeben. Es schien in
der Tat der Imperator Berge und Flüsse versetzen und mit
der Natur selber den Wettlauf wagen zu wollen. Indessen,
so sehr auch durch die neue Ordnung die Stadt Rom an
Bequemlichkeit und Herrlichkeit gewann, ihre politische Supre-
matie ging ihr durch ebendieselbe unwiederbringlich verloren.

Ferdinand Gregorovius

Ferdinand Gregorovius (1821—1891) ist der Verfasser
der großartigen „Geschichte der Stadt Rom im Mittelalter".
Das ihr entnommene Stück zeigt am Beispiel Roms, welche Rolle
eine große Stadt für die geistige Orientierung der Weltgeschichte
spielen kann.

BEGRIFF DER STADT ROM
1859

Drei Städte glänzen überhaupt in der Geschichte der
Menschheit durch die allgemeine Bedeutung, welche sie
für dieselbe haben: Jerusalem, Athen und Rom. Alle drei sind
im Prozeß des Weltlebens mit- und durcheinander wirkende
Faktoren der menschlichen Kultur. Jerusalem, die Hauptstadt
des machtlosen Judenvolkes, war der Mittelpunkt jener rät-
selhaften Theokratie, aus welcher das Christentum hervorging, demnach die Metropole der Weltreligion. Sie erhielt
noch lange nach ihrem Falle ein geschichtliches Dasein, neben
und in bezug auf Rom. Die Römer hatten sie in alten Zeiten
zerstört, ihr Volk war in der Welt zerstreut, ihre Heiligkeit
auf das christliche Rom übergegangen; da tauchte sie im
11. Säkulum wieder empor und wurde in der Periode der
Kreuzzüge das Pilgerziel der Christen und der Gegenstand
des großen Völkerkampfes zwischen Europa und Asien. Sie
sank sodann mit jenen Ideen, für welche sie das Symbol gewesen war, in Geschichtslosigkeit zurück.
Neben der Stadt des einen Gottes der Menschheit glänzt das
polytheistische Athen auf einem andern Gipfel des geschichtlichen Lebens als erster Mittelpunkt des abendländischen
Geistes, seiner Wissenschaft, Philosophie und schönen Ideale.
Dann steigt die große Roma auf, die Gesetzgeberin der politischen Welt. Athen und Rom aber sind miteinander unzertrennlich verbunden. Sie entsprechen einander wie Geist und
Wille, wie Gedanke und Tat. Sie sind die klassischen Formen
der Welt. Die Ideenmacht Athens erregt die begeisterte Liebe,
die tatengroße Herrlichkeit Roms, die ehrfürchtige Bewunde-

rung des Menschengeschlechts. Alle schöpferische Arbeit des
Denkens und der Phantasie sammelte sich in der Hauptstadt
des hellenischen Geistes, und diese kleine Republik der Pallas
Athene übte eine ideale Herrschaft über die Menschheit aus,
welche in der gesamten Bildung der Völker noch fortdauert
und ewig dauern wird.

Die Weltmonarchie Roms dagegen, eine einzige unwieder-
holbare Tatsache der Geschichte, ruht auf ganz andern Grundlagen. Wer das Wesen dieser wunderbaren Stadt nur äußerlich auffaßt, urteilt, daß sie mit kriegerischer Kraft ohne-
gleichen und mit nicht minderem politischem Genie die Welt
sich unterworfen und die Blüte edlerer Nationen geraubt oder
zerstört habe. Im Gegensatz zu dem freien Geiste des Helle-
nentums sieht er nur Knechtschaft und Despotie. Er entdeckt
in Rom Armut an schöpferischen Kulturideen; er sieht nur
große politische Triebe der Eroberung, große Bedürfnisse des
praktischen Verstandes und den bewunderungswürdigen Riesenbau des Staats, des Rechts und der bürgerlichen Gesetze.
Was sich in die höchsten Sphären des Denkens erhebt, findet
er in Rom entweder nicht entwickelt oder nur aus der Fremde
eingeführt. Selbst die Fülle edler Kunstwerke, die Rom ver-
schönerten, erscheint ihm nur als die Beute der Tyrannei,
hinter deren Siegeswagen die gefangenen Musen einhergehen,
gezwungen der prosaischen Königin der Welt zu dienen.

Diese Wahrheit ist unleugbar, jedoch sie ist nicht alles. Die
Entstehung Roms aus einem in die Mythe verhüllten Keim, das
Wachsen, endlich die Monarchie dieser einen Stadt wird stets
als das tiefste Mysterium des Weltlebens erscheinen, neben
der Entstehung und Herrschaft des Christentums. Und diese
Religion, in dem national abgeschlossenen Jerusalem entsprungen, aber durch ihr Prinzip weltbürgerlich, zog in die Welt-
hauptstadt Rom ein, wie in ihren von der Geschichte ihr zu-
bereiteten Sitz, um dann aus den Ruinen der politischen
Monarchie die Riesengestalt der Kirche, das ist der moralischen Monarchie, hervorzutreiben. Die dämonische Kraft,
welche der einen Stadt die Herrschaft über so viele durch

Sprache, Sitten und Geist verschiedene Nationen erwarb, kann
nicht erklärt werden; nur ihre Entwicklung läßt sich in einer
langen Kette von Tatsachen verfolgen, während das innerste
Gesetz dieser Welttatsache selbst, welche Rom heißt, für uns
unergründbar bleibt.

Die Welt wurde nicht von jener athenäischen Akropolis aus
durch die bildende Gewalt des Geistes erobert und regiert,
sondern von dem völkerverschlingenden Jupiter des Kapitols
unter Blutströmen bezwungen. Die romulische Stadt am Tiber
erbte die Schätze und die Arbeit von drei Weltteilen, in
deren Mitte sie im schönsten Lande der Erde gebaut war. Sie
erzeugte aus ihrem eigenen Genie weder Religion noch
Wissenschaft; sie nahm solche in sich auf, aber sie war im
höchsten Grade geschickt, eine Weltzivilisation auszubreiten,
dem Weltgeist das Wort und die Form zu geben.

Die kosmopolitische Macht tritt mit Rom auf. Sie wird ein
System, welches alles in der Alten Welt bisher Entwickelte
und Gestaltete in eine soziale Gesamtordnung zusammenfaßt,
die beschränkten Grenzen der Nationalität aufhebt und die
Völker als Glieder einer großen Staatsfamilie unter gleicher
Regierung vereinigt. Dies römische Prinzip ist, als auf die
Menschheit bezogen, über die Individualität des schönen
Helenentums erhaben. Es ist mit einem Wort die Idee des
„Imperiums" oder des Reichs, welches in Rom zur Weltform
wird. Sie hat das Abendland, als ein ihm gehöriges Prinzip,
bis auf unsere Zeiten herab beherrscht. Ihrer Macht und
Dauer kam nur die Schöpfung der Kirche gleich, und auch
diese war in ihrer sichtbaren Gestalt nur die religiöse Form
derselben antiken Reichsidee.

Erst Rom führte aus, was Hellas zum Glück für die volle Entwicklung seines eigenen Geistes nicht ausgeführt hatte; es faßte
die gesamte antike Zivilisation in einen allgemeinen Organismus zusammen, in das „Reich". Das Reich ist die damalige
Kulturwelt, für welche Hellas die humane Bildung geschaffen
hatte, Rom die bürgerlichen Gesetze schuf und das Juden-
tum die allgemeine Religion erzeugte. Virgil hat das hohe

Bewußtsein von der weltbürgerlichen, monarchischen Mission
der Römer in den unsterblichen Versen ausgesprochen:

Tu regere imperio populos, Romane, memento:
Hae tibi erunt artes, pacisque imponere morem,
Parcere subjectis, et debellare superbos.

Dieser großartige Spruch, welcher die Natur und die Aufgabe
Roms vollkommen ausdrückt, prägte sich tief in die Menschheit ein; ein Abglanz von ihm ist der mittelalterliche Kaiser-
spruch „Roma Caput Mundi Regit Orbis Frena Rotundi". Seit
Augustus stand der Glaube fest, daß die Römer das zur Welt-
herrschaft (Monarchie) auserwählte Volk seien, daß der
Römerstaat der Weltstaat sei, wie bei den Juden der Glaube
feststand, daß ihr Staat der Gottesstaat und ihre Religion die
Weltreligion sei.

Die Scheidewand, welche ehedem das nationale Hellas und
seine größten Denker zwischen Griechen und Barbaren, und
welche Israel zwischen sich und den Heiden gezogen hatten,
fiel in dem weltbürgerlichen Reich der Römer, worin alle Bil-
dungsformen Aufnahme, alle Religionen Kultusfreiheit und
alle Völker das Bürgerrecht erhielten. So wurde die Einheit
der gebildeten Menschheit als die „Römische Republik" dargestellt, deren erwähltes Oberhaupt der Kaiser und deren
Hauptstadt die „ewige Roma" war, das Wunderwerk der
bewohnten Erde, das Erzeugnis und Denkmal der Weltgeschichte.

Die majestätische Stadt wuchs, alterte und sank mit dem Römischen Reich, und die Auflösung beider ist ein ebenso merkwürdiger Prozeß, als es ihr Wachstum gewesen war. Denn
die Zeit hatte eine nicht mindere Anstrengung nötig, diesen
Riesenbau von Gesetzen und Rechten, von staatlichen Ord-
nungen, von Überlieferungen und Denkmälern der Jahrhunderte zu zerbrechen, als sie gebraucht hatte, ihn aufzurichten.
Es gibt in der Geschichte der Menschheit kein tragisches Schauspiel, welches dem Falle und endlich der Vernichtung des
großen Rom gleichkäme. Sieben Jahre vor dem Einbruch der

Westgoten stand der letzte Poet der Römer auf dem Palatin; er betrachtete von dort das noch unbesiegte Rom und pries voll Begeisterung die unsagbare Pracht der greisen Kaiserstadt, ihre goldbedeckten Tempel, ihre Triumphbogen, Säulen und Standbilder und die ungeheuren Gebäude, in deren riesigen Anlagen menschliche Kunst die Natur zusammengehäuft hatte. Kaum zweihundert Jahre nach Claudian stand der Bischof Gregor auf der Kanzel des St. Peter, und er verglich in seiner schwermütigen Predigt die einst unermeßliche Stadt einem zerschlagenen irdenen Gefäß und das einst weltbeherrschende Römervolk einem Aar, der entfiedert, altersschwach und sterbend am Tiberstrande dasitze. Acht Jahrhunderte nach Gregorius stand Poggio Bracciolini auf den Ruinen des Kapitols; er sah vom alten Rom nichts mehr als Reste zertrümmerter Tempel, niedergeschmetterte Architrave, zerspaltene Bogen und Scherben der Herrlichkeit des Forums, wo nun Vieh weidete. Er schrieb sein Buch von den „Wechselfällen des Glücks", denen alles Große auf Erden erliegen muß. Derselbe Anblick begeisterte dreihundert Jahre später den Engländer Gibbon zu dem Plan, die Geschichte des Unterganges der Stadt Rom zu schreiben, die er jedoch in sein unsterbliches Werk vom Sinken und Fallen des Römischen Reichs verwandelte. Ich bin in Wahrheit weit davon entfernt, weil ich diese Geschichte schreibe, mich neben solche Männer zu stellen, dennoch will ich es sagen, daß ich mich vollkommen in ihrem Falle befunden habe. Vom Anblick Roms ergriffen, beschloß ich, den Untergang dieser Stadt darzustellen, aber ihn selbst begleitet auf eine in der Geschichte unwiederholte Weise der Wiederaufgang zu neuer weltbeherrschender Macht. Nur Rom allein durfte sich unter allen Städten der Welt mit dem göttlichen Titel der „Ewigen" schmücken, und die Prophezeiung des Dichters „Imperium sine fine dedi" wurde zur Wirklichkeit.

Das Römische Reich, vom Alter entnervt, wurde durch den Völkersturm der kraftvollen Germanen zerstört. Die Stadt

der Cäsaren fiel sodann in sich selbst zusammen, nachdem
der Römerstaat und der antike Kultus erstorben waren. Die
christliche Religion zertrümmerte und verwandelte die heidnische Stadt der alten Römer, aber sie hob wie aus den Kata-
komben, ihrem unterirdischen Arsenal, ein neues Rom empor.
Auch dies hüllte sich in Mythen. Denn wie Romulus und
Remus die Gründer des antiken Rom gewesen waren, so
wurden jetzt zwei heilige Apostel, Petrus und Paulus, die
legendären Schöpfer des neuen Rom. Auch dieses wuchs langsam und unter schrecklichen Metamorphosen, bis es nach
einem Prozeß, welcher in der Geschichte nicht seinesgleichen
hat, nochmals zum Haupt der Welt wurde. Weil nun Rom
in der großen Periode der Menschheit, die man das Mittelalter
nennt, deren allgemeine Form war, wie es einst die Form des
Altertums gewesen ist, so ist es aller Mühe wert, den Elementen nachzuforschen, die sich wiederum in dieser einen Stadt
versammelten, um ihr nach dem tiefsten Sturze zum zweiten-
mal die Monarchie zu geben. Diese Wiedergeburt ist indes
kein so schwieriges Rätsel, als es die Entstehung der antiken
Römerherrschaft war; denn sie erklärt sich vollkommen aus
jener im Abendlande fest gewordenen Reichsidee, welche sich
mit dem Christentum verband und die römische Kirche er-
schuf.
Daß die christliche Religion in derselben Stunde entstand, in
welcher das Cäsarenreich gestiftet wurde, ist eins von den
geschichtlichen Ereignissen, die man providentiell zu nennen
pflegt. Sie durchdrang das antike Reich und verschmolz mit
ihm, weil ihr weltbürgerliches Prinzip der Weltmonarchie entsprach. Dies erkannte Konstantin. Die neue Kirche fügte sich
in die politische Verwaltung des Reiches ein, indem sie über
seine Provinzen, gemäß der konstantinischen Diözesanverfas-
sung ein Netz von Bistümern und Sprengeln zog Sie war in
ihrer äußeren Gestalt eine lateinische Schöpfung und hatte das
Reich zu ihrer Voraussetzung.
Als sodann die Germanen das westliche Imperium vernichtet
hatten, trat die römische Kirche, eine noch rein geistige Natur

und daher von der Zerstörung durch die Barbaren unberühr-
bar, als die allgemeine Autorität des Abendlandes aus ihrer
Hülle hervor. Sie nahm im Westen die Stelle der Reichsgewalt
ein, deren Prinzip sie wie ein Gesetz in ihrer Bundeslade be-
wahrte. Sie rettete den Latinismus und die antike Zivilisation,
welche auf sie übergegangen war oder deren Reste sie
doch in Verwahrung nahm. Sie stand als das alleinige Bollwerk
da, an welchem sich die wogende Völkerflut der Barbaren
brach. Daß sie schon ein unerschütterlicher Organismus war,
während das antike Reich zerfiel, ist eine der größten Tatsachen der Geschichte überhaupt; denn auf diesem festen
Grundstein der Kirche wurde das gesamte Leben Europas
neu gegründet.

Die Kirche also, aus der Verbindung des Christentums mit
dem Römerreich entstanden, zog aus diesem das System ihrer
Zentralisation und den Schatz antiker Sprache und Bildung,
aber die absterbenden alten Völker allein konnten ihr nicht
den lebendigen Stoff für ihre Entwicklung darbieten, vielmehr
gerade sie waren es, welche das Christentum entstellten und
mit dem antiken Heidentum durchdrangen. Sie verband sich
durch geschichtliche Verhältnisse — und dies ist ihre zweite
welthistorische Epoche — mit dem jungen Germanentum. Die
deutschen Urvölker besaßen nur Naturreligionen, die der
christlichen Religion keinen Widerstand leisteten wie das in
tausendjähriger Herrschaft, in Literatur und Kunst, in Kultus
und Staat fest gegründete Heidentum der klassischen Nationen.
Sie waren meist schon Christen, als sie das römische Abendland in Besitz nahmen. Indem sie das Reich tatsächlich zerstörten, beugten sie sich doch voll Ehrfurcht vor der römischen
Kirche wie vor dem römischen Reichsideal, denn dessen Überlieferung war das politische Dogma der Welt geworden.

Für diese große Wirkung, die Verbindung der antiken mit
der neuen, der lateinischen mit der germanischen Welt, war
die Fortdauer der Stadt Rom eine Grundbedingung. Rom
ragte nach dem Zusammensturz des westlichen Reichs aus der

allgemeinen Sintflut der Barbarei in Wahrheit als ein Ararat der menschlichen Zivilisation hervor. Die uralte Hauptstadt der Welt blieb oder wurde der moralische Mittelpunkt für das sich neu bildende Abendland. Aber nachdem die Macht des politischen Imperiums von ihr gewichen war, hätte sie eine solche Stellung nicht mehr einnehmen können, wenn nicht die Bischöfe, die ihren Sitz in ihr genommen hatten, der Stadtkirche Roms den Primat über alle andern Episkopate errungen hätten. Sie erlangten das Hohepriestertum in der Christenheit.

Die römische Kirche verwandelte den Imperialismus, in welchem sie selbst als eine hierarchische Schöpfung entstanden war, allmählich in das Papsttum. Die Verfassung des Reichs wurde in ein kirchliches System übertragen, dessen Mittelpunkt der Papst war. Diesen geistlichen Wahlmonarchen, bei welchem, wie bei Imperatoren, Stamm und Nation gleichgültig waren, umgab der alte Reichssenat in der Gestalt von Kardinälen und Bischöfen. Aber das konstitutionelle Prinzip, welches die Cäsaren nicht gekannt hatten, wurde auf Grund des demokratischen Prinzips der Gleichheit aller Priester in den Konzilen und Synoden eingeführt, wozu die Provinzen nach dem allgemeinen Senatshause, dem römischen Lateran, ihre Abgeordneten schickten. Die Statthalter dieser kirchlichen Provinzen waren die vom Papst geweihten oder beaufsichtigten Bischöfe; die Klöster in allen Ländern glichen den alten Römerkolonien; sie waren Burgen oder Stationen der geistlichen Herrschaft Roms wie der Kultur, und nachdem die heidnischen oder ketzerischen Barbaren in Britannien und Deutschland, in Gallien und Spanien durch die unblutigen Waffen Roms bezwungen worden waren, gebot die Ewige Stadt wiederum in dem schönsten Teile der antiken Welt und schrieb ihm Gesetze vor. Wie man auch die neue Zentralisation betrachten mag, die von Rom ausging, sie wurde auf dem geschichtlichen Bedürfnis der Menschen gegründet. Auch war der Primat Roms für rohe und gesetzlose Jahrhunderte notwendig, weil er die Einheit des Christentums erhielt. Denn ohne die absolute Kirche, ohne den Römergeist der Bischöfe, welche jede rebellische Neigung der Provinzen, von der orthodoxen Lehre abzufallen, mit der Kraft des Scipio und des Marius unterdrückten, würde jenes in hundert Religionen und Ausgeburten nationaler Phantasie zerfallen sein. Jedoch die Schicksale Roms und der Welt wiederholten sich zweimal; und es waren endlich wiederum die Germanen, welche tausend Jahre nach dem Falle des alten Römerreichs die Universalherrschaft auch des zweiten Rom zerstörten und die Freiheit des Glaubens und Wissens durch eine große, die Menschheit umgestaltende Revolution eroberten.

Die Ehrfurcht der Völker des Mittelalters vor der Stadt Rom war unbegrenzt. In ihr als in der großen Bundeslade antiker wie christlicher Bildung sahen sie die Gesetze, die Urkunden, die Symbole des Christentums versammelt; sie sahen in der Stadt der Märtyrer und der Apostelfürsten die Schatzkammer aller übernatürlichen Gnaden. Hier war der Mittelpunkt der göttlichen Verwaltung des Menschengeschlechts, hier thronte der Hohepriester des Neuen Bundes, welcher Christus auf Erden zu vertreten behauptete. Alle oberste geistliche wie weltliche Macht empfing in Rom ihre Weihe; die Quellen der priesterlichen, der lösenden und bindenden Gewalt, der kaiserlichen oder oberrichterlichen Majestät, endlich der Kultur schienen auf den Hügeln Roms zu entspringen, gleich den Strömen des Paradieses, welche in die vier Weltgegenden befruchtend sich ergießen. Alle Anstalten der Völkerzucht waren ursprünglich von dieser einen Stadt ausgegangen, die Bistümer, die Klöster, die Missionen, die Schulen, die Bibliotheken waren Kolonien Roms. Ihre Mönche und Priester waren, wie ehemals Konsuln und Prätoren, in die Provinzen gezogen und hatten sie zum Glauben an die geistliche Macht Roms bekehrt. Die Überreste römischer Märtyrer wurden über Meer und Land geführt und als heilige Reliquien unter die fernsten Altäre Britanniens und Germaniens andachtsvoll versenkt. Die Sprache des Kultus wie der Schule unter den Barbaren stammte aus Rom; die heilige wie die profane Literatur, die

Musik, die Mathematik, die Grammatik, die Kunst zu bauen
und zu malen kamen aus Rom. Die Menschen an den dunkelsten Grenzen des Westens und Nordens wußten alle von
Rom, und wenn sie den Namen dieser Stadt hörten, welcher
schon seit so vielen Jahrhunderten die Welt in Aufruhr versetzte, so erfaßte sie mystische Sehnsucht nach ihr, und ihre
verzückte Phantasie malte sich im Bilde der Ewigen Stadt
ein Eden aus, wo die Pforten des Himmels sich öffneten oder
schlossen. Es gab im Mittelalter eine lange Zeit, in welcher
Rom die Gesetzgeberin, Lehrerin und Mutter der Völker war,
um welche, ihre Kinder, sie einen dreifachen Ring der Einheit
legte, der geistlichen in dem Papsttum, der weltlichen in dem
Kaisertum, dessen Krone die deutschen Könige im Dom
St. Peters zu empfangen kamen, und der Kultur im allgemeinen als des Erbes, welches die alten Römer der Welt zurück-
gelassen hatten.

Dies sei genug, die Gipfel zu bezeichnen, auf denen Rom im
Mittelalter als herrschendes Prinzip der christlichen Völker-
gemeinde stand. Vor dieser weltgeschichtlichen Aufgabe,
welche die Stadt zum zweiten Male überkam, mildern sich die
Schrecken vieler Jahrhunderte, aus denen sich die Menschheit
mühevoll emporarbeitete, um sich durch die Macht des Wissens von der Zucht Roms zu befreien, als sie dafür heran-
gereift war. Die Sünden der alten Völkerdespotin wurden
durch den großen Gedanken des Weltbürgertums aufgewo-
gen, durch welchen Rom Europa dem Chaos der Barbarei entrissen und zu einer gemeinsamen Freiheit und Bildung befähigt hat.

Georg Dehio

Georg Dehio (1850—1932) hat seine „Geschichte der Deutschen Kunst" (Deutscher Kunstverlag, Berlin) in den Jahren 1919
bis 1924 in Straßburg vollendet „im Angesicht des Münsterbaues,
dessen Steine in Ewigkeit deutsch reden werden".
Unser Beitrag behandelt den Abschnitt „Der Spätromanismus und
die gotische Rezeption der ersten Stufe in Westdeutschland".

DIE BAUKUNST VOM ENDE DES 12. BIS
ZUR MITTE DES 13. JAHRHUNDERTS

1919

Es ist gebräuchlich, den Baustil dieser Epoche Übergangsstil
zu nennen. Man tut es im Hinblick auf das Schlußergebnis,
welches die vollendete Herrschaft des gotischen Stils war. Der
Name Übergangsstil ist jedoch auf eine falsche Vorstellung
gegründet. Es liegt nicht so, daß die Entwicklung mit einheitlicher Zielstrebigkeit dem genannten Schlußergebnis sich entgegen bewegt hätte. Das gotische Bausystem, das ist richtig,
ist eine Evolution des romanischen Stils; aber nicht des
deutsch-romanischen, sondern des französisch-romanischen.
Bei seinem Eindringen in Deutschland stieß er auf eine ein-
heimische Baukunst, die nicht sowohl rückständig als überhaupt anders gerichtet war und mit der er in Streit geriet. Er
kam als ein zersetzendes und umformendes Ferment. Die
Grundsubstanz in der Baukunst der späteren Stauferzeit wird
man aber nicht anders als romanisch, spät-romanisch, bezeichnen dürfen.
In ihrer formalen Erscheinung mannigfaltiger als je eine
andere, war diese staufische Baukunst doch im Kernpunkte des
architektonischen Wollens, in der Struktur, einheitlicher als
die der vorangegangenen Epoche. Sie machte dem Zwiespalt
zwischen dem Flachdeckbau und Gewölbebau ein Ende. Damit begann sie. Sobald in dieser Hauptfrage die Unsicherheit
beseitigt war, strömten ihr neue Gedanken zu und wuchsen
ihr die Kräfte. Der ersten Epoche des romanischen Ge-
wölbebaues, das war ihr Grundübel, war die Einsicht in den

organischen Zusammenhang zwischen Decke und tragenden Bauteilen noch nicht aufgegangen. Diesen Zusammenhang herzustellen war jetzt das Hauptproblem, zugleich und in fortwährender Wechselwirkung ein technisches und künstlerisches. Der Mauerkörper sollte seine passive Haltung aufgeben, sie in funktionelle Aktivität umwandeln.

Zwei Lösungen standen im Wettstreit. Die eine geht von gewissen Gepflogenheiten der römischen Baukunst aus, in geistreich neuer Interpretation sie weiterführend. Die andere ist die gotische. Beiden gemein ist der Gedanke, den Druck der Gewölbe, anstatt ihn in gleichmäßiger Verteilung wirken zu lassen, auf wenige auseinanderliegende Punkte zu sammeln und dementsprechend das aufgehende Mauerwerk in statisch aktive, demgemäß massiger gebildete, und in statisch wenig beanspruchte, wesentlich dem Raumabschluß dienende Teile, die dünner sein durften, zu zerlegen. In der Art der Durchführung aber differierten die beiden Systeme nicht nur, sondern waren sie Antithesen.

Das erste System — das wir nach der Schule, in der es am häufigsten angewendet wurde, das kölnische nennen wollen — löst das Mauermassiv von i n n e n her durch Nischen, Blenden und flache Galerien auf, während die zwischen diesen Höhlungen in voller Mächtigkeit stehenbleibenden Mauerteile als Widerlager fungieren. In den Vor- und Rücksprüngen dieses Systems und seinen Licht- und Schattenkontrasten ist zugleich ein wirkungsvolles Mittel reich bewegter formaler Gliederung gewonnen. Die Außenfläche der Mauermasse aber behält den Charakter einer ungebrochenen Ebene. Köln besaß in der Kirche St. Gereon einen römischen Ovalbau mit zehn im Grundriß einen überhöhten Halbkreis bildenden Nischen. Flachnischen haben wir am Aachener Münster kennengelernt. Nischengliederung gerader Wände in Krypten und Kapellen war in der frühromanischen Zeit der rheinischen, aber auch der Donauschule geläufig. Im Münster zu Essen war sie auf die Seitenwände einer Basilikenanlage übertragen. Ebenso in St. Kastor in Koblenz. Dies ist die Tradition. Sie bot, falls

wir nicht hypothetisch noch den einen oder anderen unter-
gegangenen Römerbau ihr hinzurechnen wollen, zu dem, wozu
die kölnische Schule am Ende des 12. Jahrhunderts sie fort-
entwickelte, nicht mehr als eine rudimentäre Andeutung. Das
Neue ist, außer dem vergrößerten Maßstabe, die Hinzufügung
eines zweiten Geschosses mit noch vermehrter Brechung: der
die Nischen sondernde Mauersporn in einen Laufgang aufgelöst, der Grund der Nische mit einer weiten Fensteröffnung
versehen, der Gewölbefuß von einem schlanken Paar gekup-
pelter Säulen getragen, außen über dem Gewölbeanfall als
Belastung der Drucklinie eine Zwerggalerie. Es läßt sich gar
nicht genug loben, wie sinnreich hier die Kräfteverteilung mit
der formalen Gliederung in Einklang gebracht ist. Zum Wesen
des Systems gehört ferner die Neigung, mit zentralisierenden
Grundrissen sich zu verbinden. Wir kommen darauf in späte-
rem Zusammenhang noch zu sprechen. Hier wollen wir nur
auf den Schönheitswert dieser Verbindung für die Geltend-
machung des Systems an sich die Aufmerksamkeit lenken. Die
Ausbuchtungen werden für unser Gefühl Ausstrahlungen
eines vom Zentrum herkommenden einheitlichen Bewegungs-
dranges. Steht der Beschauer aber auf einem andern Punkte
als dem Zentrum, so ergibt sich aus ihrer im Verhältnis zur
Blickrichtung wechselnden Lage eine Mannigfaltigkeit der per-
spektivischen Erscheinung von großem Reiz.
Im Gegensatz zum kölnischen System, das die Widerlager
nach innen zieht, wirft das französische sie nach außen. Rechnet jenes mit Tonnen- und Kuppelgewölben, so ist dieses
durchaus auf das Kreuzgewölbe eingestellt. Die Form desselben gestattet, die Kräftezerlegung schon mit der Decke zu
beginnen. Erinnern wir uns, daß das Kreuzgewölbe in seiner
ältesten Fassung Durchdringung zweier Halbzylinder war.
Bei einer Folge von Kreuzgewölben, wie der longitudinale
Grundriß der Basilika sie mit sich brachte, blieb in der Längs-
achse die Kontinuität des primären Zylinders gewahrt. Aber
schon der romanische Stil war dazu gelangt, die einzelnen
Gewölbeabteilungen gegeneinander zu isolieren. Es geschah

11 Baumeister

dadurch, daß in der Querrichtung Gurten eingespannt, weiterhin, daß das Gewölbe auch an der Schildwand nicht unmittelbar auf diese, sondern auf einen selbständig konstruierten Schildbogen gesetzt wurde. Der gotische Stil nun isolierte auch die einzelnen Kappen, indem er in ihre nach den Diagonalen verlaufenden Schnittlinien ebenfalls selbständig gemauerte Bögen legt. So bestand das Gewölbe aus einem schon in sich haltbaren Gerüst von Rippen, und die in relativ kleine Abschnitte zerlegten Gewölbeflächen konnten als bloße Füllungen auf ihnen ruhen. Damit war einerseits die absolute Last verringert, andererseits der ganze Druck noch entschiedener auf die vier Eckpunkte hingelenkt. Gelang es, diese sowohl gegen den senkrechten Druck als gegen Seitenschub — eine unvermeidliche Folge der Bogenform — hinlänglich zu sichern, so kam der zwischen diesen Punkten liegende Mauerabschnitt nur noch als Raumabschluß in Betracht und konnte sehr dünn ausgeführt und in beliebiger Ausdehnung mit Fenstern durchbrochen werden. Nötig war noch, die tragenden Mauern und Pfeiler durch Widerlager zu sichern, nach innen durch vorgesetzte Dienste, nach außen, das ist in der Druckrichtung, durch Strebepfeiler und Strebebögen.

Das sind die leitenden Gedanken der gotischen Systematik. Nur šekundäre Bedeutung, wenigstens sekundär in konstruktiver Hinsicht, hat die Umwandlung der Rundbögen in Spitzbögen. Durch sie wird aber das Gewölbe von der Verpflichtung auf quadratische Grundrißform befreit, und alle Hemmungen, die im gebundenen System der romanischen Zeit gelegen hatten, fallen weg. Ein weiterer Vorzug der gotischen Strukturformen ist ihre größere Modulationsfähigkeit. Ein anderer der geringere Materialverbrauch. Dieser zweite freilich war nur für den rechnenden Verstand unanfechtbar, und zwar um so einleuchtender, je mehr die schlechten Transportmittel jener Zeit die Materialbeschaffung erschwerten. Für das ästhetische Gefühl lag darin eher etwas Widerstrebendes. Denn wir wissen, wie sehr die Deutschen durch die romanische Kunst daran gewöhnt waren, den Ausdruckswert der Masse

hochzuhalten. Nicht minder mißfiel ihnen, daß ein so wichtiger
Teil des konstruktiven Gefüges, wie die Widerlager es sind,
im inneren Aufbau unsichtbar blieb, während der äußere
durch sie unruhig zerrissen wurde. Schöner und wahrer erschien in diesem Punkte das kölnische System, das die Widerlager unmittelbar zum ästhetischen Motiv machte.
Bei der Abwägung der beiden Systeme kamen aber noch
andere Eigenschaften in Betracht. Das kölnische zeigte sein
Bestes nur in Verbindung mit zentralisierender Planbildung;
eine in die lithurgischen Gewohnheiten tief eingreifende Umwälzung stand hier in Aussicht. Das gotische dagegen war
unmittelbar aus den Bedingungen des basilikalen Langbaus
hervorgegangen und insofern das konservativere. Es war sicher
die konstruktiv vollkommenste Lösung des Problems der Ge-
wölbebasilika, das der abendländische Kirchenbau nun einmal
zu seinem Hauptproblem gemacht hatte. Man sieht: es handelte sich bei der Auseinandersetzung nicht um ästhetische
Werte allein. Und schließlich hatte die Gotik alle im weltbürgerlichen Zuge der Zeit liegenden Imponderabilien auf
ihrer Seite. Wir begreifen, daß sie siegen mußte. Der dem
Siege vorausgehende Kampf ist eines der interessantesten
Schauspiele, das die deutsche Kunstgeschichte überhaupt zu
bieten hat.
Selbstverständlich war den Zeitgenossen das Wesen der
Gegensätze, in denen sie mittendrin standen, nicht so klar,
wie es sich uns in der historischen Fernansicht darstellt; erst
im letzten Stadium des Kampfes mögen sie bemerkt haben,
daß es sich um ein Entweder–Oder handelte. Die deutschen
Bauleute, die nach Frankreich kamen, sahen den Stil als einen
werdenden. Sehr selten wird einer sich über die zwingende
Logik des Systems volle Rechenschaft gegeben haben. Die
meisten sahen in ihm nur Einzelheiten. Und so kam es, daß
er auch nicht als System nach Deutschland verpflanzt wurde,
sondern aufgelöst in seine Elemente, die von der im ganzen
durchaus noch romanisch gestimmten deutschen Baukunst für
ihre eigenen ungotischen Zwecke willkürlich, einmal so,

einmal anders, aufgebraucht wurden. Die Kreuzrippen werden
aufgenommen, aber ohne weitgehende Konsequenz in bezug
auf Mauern und Pfeiler, überwiegend als Ausdruck formaler
Bewegung: der Spitzbogen findet Eingang, aber ebenfalls am
meisten um seines linearen Ausdruckswertes willen, während
die Ausnutzung seiner Beziehungen zum Grundriß (Ersatz des
Quadrats durch das Oblongum) nicht in der Willensrichtung
der Zeit liegt; Gratgewölbe und Rippengewölbe, Spitzbogen
und Rundbogen werden unbekümmert gemischt, man freut
sich an dem Reichtum der dabei entstehenden Abschattierun-
gen der formalen Erscheinung. Fast immer ablehnend ver-
hielt man sich gegen den offenen Strebebogen, da er in einer
romanisch empfundenen Außenarchitektur einen Mißton bedeutet hätte.
Dies ist unter ewig wechselnden Formen das Wesen der ersten
Stufe der Rezeption. Auf der zweiten verschiebt sich der
Schwerpunkt. Es wird nun wirklich und mit innerer Folgerichtigkeit gotisch gedacht. Die deutschen Meister versuchen
mit den gotischen Mitteln eigenartige Kompositionen hinzustellen, die zwar nicht in der Konstruktion, aber in der Raumgestaltung die einheitliche Überlieferung weiterbilden. Erst
die dritte Stufe bedeutet den Sieg. Die Rezeption kommt zur
Vollendung, die Mustergültigkeit der inzwischen zur Reife
gelangten französischen Architektur wird uneingeschränkt anerkannt. Diese dritte Stufe — deren erste Vertreter, genau um
die Mitte des Jahrhunderts, das Langhaus des Straßburger
Münsters und der Chor des Kölner Doms sind — liegt aber
schon außerhalb der Grenzen der uns beschäftigenden
Epoche.
Nun kommt aber noch eine Differenzierung anderer Art in
Betracht. Was die deutschen Bauleute in Frankreich kennen-
lernten, war am Anfang des 13. Jahrhunderts noch kein gleichförmiger Stil. Zu einem solchen ist die Gotik erst in der
Epoche der Hochgotik geworden. Die Frühgotik Frankreichs
ist nicht auf einem Punkte, nicht aus einer einzigen Wurzel
entsprungen. Sie zeigte sich anders dem, der sie in Burgund,

anders dem, der sie in Franzien oder gar im Westen kennen-
lernte. So kam es, daß diese aus gesonderten Quellen herkommenden Strömungen, die in Frankreich verhältnismäßig
schnell sich vermischten, bei ihrem Übertritt auf das deutsche
Gebiet länger als dort ihre Ursprungsfarbe bewahrten. Folgende Spielarten sind zu unterscheiden: Erstens die rudimentäre Zisterziensergotik, ein Produkt Burgunds. Zweitens die
außerzisterziensische burgundische Frühgotik, vertreten vornehmlich durch Vezelay und Dijon. Drittens die eigentlich
französische Frühgotik; Laon, Soissons und Reims können als
Studienplätze der deutschen Wanderkünstler bestimmt nach-
gewiesen werden; von den vierziger Jahren ab die bereits in
die hochgotische Phase eingetretenen Kathedralen von Char-
tres, Paris und Amiens. Viertens, wahrscheinlich auf dem See-
wege erreicht, der Westen.

Unter diesen teils durch die logische Problementwicklung,
teils durch historische Zufälle bedingten Wandlungen liegt
als unveränderliche Unterströmung jenes Etwas, das wir das
deutsche Kunstwollen nennen. Auch es tritt nicht einfach in die
Erscheinung, sondern differenziert nach den Charakteren der
Stämme, aus denen das deutsche Volk sich zusammensetzt. Es
wäre begreiflich, wenn der innerdeutsche Verkehr im Verein
mit der kosmopolitischen Strömung eine gleichmacherisch ver-
schleifende Wirkung ausgeübt hätte. Um so bemerkenswerter
ist es, daß das Gegenteil eintrat. Aus der Bereicherung der
Kunstmittel erwuchs für die einzelnen Stämme die Möglichkeit, in der Baukunst ihre Sonderart bestimmter auszuprägen
und mit charakteristischen Zügen reicher auszustatten als je
zuvor.

Herman Grimm

Herman Grimm (1828—1901) gibt in seinem „Leben Michelangelos", aus dem wir die Schilderung des Architekten Michelangelo herausgreifen, eine Kulturgeschichte der ganzen Epoche,
in die dieses Leben fällt. Ähnlich wie beim Dom in Florenz setzte
die Kuppelgestaltung von Sankt Peter die Gemüter der ganzen
Architektenschaft jener Zeit in Bewegung.

MICHELANGELO ALS ARCHITEKT

1860

Als Michelangelo eines Tages auf dem Bauplatze erschien,
um das Modell San Gallos (für die Peterskirche) in
Augenschein zu nehmen, stand dessen ganzer Anhang da; la
setta Sangallesca, sagt Vasari, und machte seinem Ärger Luft.
Es freue sie, daß Michelangelo die Mühe übernehmen wolle;
San Gallos Plan sei eine gute Wiese für ihn, um darauf zu
weiden. „Da habt ihr ganz recht", erwiderte er darauf. Unverständlich genug freilich für die, die er treffen wollte, denn
seine Meinung war gewesen, wie er anderen erklärte, daß sie
recht hätten, den Plan eine Wiese zu nennen, da sie als
Ochsen geurteilt hätten.
Heute gehört nur geringe Einsicht dazu, den Unterschied der
beiden Meister zu erkennen. Nicht weit von San Gallos Modell
in einem anstoßenden Raume steht Michelangelos in Holz
ausgeführtes Projekt der Kuppel, an dem sich bis auf die
kleinsten Stein- und Balkenlagen alles angegeben findet, was
später nach seinem Tode dann mit Genauigkeit danach ausgeführt werden konnte. Michelangelo stellte es für fünfundzwanzig Scudi her, während San Gallo für das seinige allein
tausend Scudi Honorar berechnete. Doch ist das Michelangelos
bei weitem einfacher und geringer dem Umfange nach. Aber
was beide wollten, sieht man klar: Michelangelo hatte eine
neue, groß erdachte, in sich beruhende Architektur im Sinne,
während San Gallo nur entlehnte und, ohne von einer eigenen
ganzen Idee auszugehen, so gut es ging, zusammenfügte, was
sich in seinem Gedächtnis gesammelt hatte.

Michelangelos erste Arbeit war, die vier Pfeiler noch einmal
zu verstärken, damit sie die Kuppel desto sicherer trügen,
dann setzte er den runden, turmartigen, Tambour genannten
Bau auf die Bogen, auf dem nach seinem Tode erst die doppelte Kuppel fertig ausgeführt wurde. Viele Ansichten Roms
aus dem 16. Jahrhundert zeigen die Kirche in ihrem unvoll-
endeten Zustande. Vorn die alte Fassade, eine große, glatte
Mauerfläche, die Türen und Fenster einfach hineingeschnitten,
zwischen denen die Wand mit Malereien bedeckt war. Weit
hinter ihr hervorragend, auf dem noch unförmlich und roh
erscheinenden Unterbau, der Tambour, wie ein ungeheurer,
in der Luft sich erhebender, säulenumstellter Tempel; offen
und ohne Kuppel, ein wunderbarer Anblick. Da heute nun,
wenn man auf dem Platze vor der Kirche steht, die vordere
Fassade, die nicht von Michelangelo ist, den Tambour gerade
bis zur- Kuppel bedeckt, welche ebenfalls erst nach seinem
Tode aufgeführt wurde, so kann man sagen, daß Michelangelo
von Sankt Peter, wie er sich für gewöhnlich unseren Blicken
bietet, nichts bei seinen Lebzeiten mit Augen sah. Die den
Platz umfassenden Säulengänge hat er nicht einmal angegeben,
und der Obelisk und die Brunnen wurden gleichfalls von
späteren Architekten in die Mitte des Platzes gestellt.
Die den Tambour umlaufende Säulenstellung mit den Fenstern
dazwischen und dem Ansatz der Kuppel als Krönung darüber
ist Triumph architektonischer Schönheit. Alles erscheint so
leicht und ebenmäßig in der Tat, als wenn es gewachsen wäre.
Und doch darf nicht vergessen werden, daß selbst hier Michelangelos Modell nicht völlig zur Ausführung kam. Denn diese
Säulen, welche zu je zweien gekoppelt sich nicht eng an die
Wand anschließen, sondern scheinbar abstehend eine Art
Gang um den Tambour bilden, waren bestimmt, auf ihren
Kapitellen, die jetzt kahl vorstoßen, Piedestale mit Bildsäulen
zu tragen, die wie feierliche Kerzen gleichsam ringsum die
Kuppel umstehen sollten. Mancher glaubt hier einen Fehler
zu entdecken, weil er Michelangelos Absicht nicht kennt. Ge-
rade darin aber zeigt er sich groß als Architekt, daß er die

Bildhauerarbeit nicht als willkürlich anzubringende oder
fortzulassende Verzierung nahm, sondern als architektonisches Element verwandte, das zur Harmonie des Ganzen
notwendig war.

Auch von innen betrachtet, wenn man mit zurückgebogenem
Kopfe in die Kuppel hineinblickt, bietet sich ein wunderbarer
Anblick. Unter den Fenstern des Tambours her zieht sich ein
Kreis von Figuren, die in lichten grauen Schatten und mit
goldenen Lichtern auf weißem Grund erscheinen.

Das unendliche Nebenwerk, von dem die Kirche heute erfüllt ist und ohne Rücksicht auf die Architektur, wo sich nur
Platz bot, angebracht worden ist, trägt die Schuld, daß uns
der Bau nicht auf den ersten Blick in seiner wahren Größe
erscheint. Das Auge, das frei die Massen überfliegen möchte,
wird von unzähligen Dingen abgelenkt und verirrt sich. Beim
öfteren Besuch der Kirche gewöhnt man sich daran, übersieht
das Unbedeutende und läßt die Verhältnisse rein auf sich
wirken. Die grandiose Macht der Pfeiler und Bogenstellungen
tritt dann hervor, und die Entfernungen, die sich zuerst kaum
schätzen lassen, werden begreiflich. Ich erinnere mich, daß
ich eines Nachmittags eintrat. Vorn, wo ich stand, kamen
große Sonnenströme durch die Seitenfenster und warfen
zwischen den Bogen hindurch das breite Licht quer über den
Boden, dann wurde es nach hinten zu allmählich dämmeriger
bis ganz in die Tiefe, wo Dunkel herrschte und um die Gruft,
die die Gebeine des heiligen Petrus birgt, gerade in der Mitte
der Kuppel der Kranz von goldenen Lampen brannte. In
einer unendlichen Ferne schien das zu stehen. Riesenmäßig
stiegen die schattigen Bogen darüber empor, und das Orgel-
spiel, das die heilige Handlung, die da gefeiert wurde, be-
gleitete, drang nur wie ein sanftes Summen zu mir. Es schien,
als sei die Kirche um das Doppelte gewachsen, seit ich sie
zuletzt betreten.

Auf dem Dache umhergehend, zwischen den Dächern der
Nebenkapellen, welche herausragend über die Fläche wie
kleine Tempel für sich dastehen, niedrig aber erscheinen

neben dem Tambour, der die mittelste Kuppel trägt und der jetzt mächtig wie das Pantheon aufragt, glaubt man sich wie auf einer luftumflossenen Insel, die eine Stadt für sich bildet. Alles in der Tiefe umher wirkt klein und entfernt und unbedeutend. In die Höfe des langgezogenen vatikanischen Palastes sieht man wie in leere Kästen hinein. Und ringsum hält den Blick dann das blaue, rein gezogene Gebirge auf und nach Westen der schimmernde Streifen des Meeres, der zwischen den sanft auslaufenden Enden des Gebirges sich ausspannt. Und so auch, wie das Meer von Sankt Peter herab, sieht man die Kuppel vom Meere über dem fernen Horizont schwebend als das erste Wahrzeichen Roms. Oder zu Lande der Stadt näherkommend, erblickt man den Bau in weiter Ferne durch Felsen und Bäume über der äußersten Linie plötzlich und fühlt, daß man der Stadt nahe sei. Heute ist Rom nicht denkbar ohne den Sankt Peter Michelangelos, den zu Michelangelos Zeiten kein Auge sah als nur das seinige, wenn im Geist das Werk vor ihm aufstieg, das er bauen wollte. So gewaltig wie er sah es keiner, denn ihm schwebte auch das vor den Augen, was später nicht vollendet worden ist. –

Die Peterskirche gewährt in Bronze- und Marmorwerken eine sichtbare Geschichte der Entwicklung der Bildhauerkunst von den ersten Zeiten bis auf die unseren. Sie enthält, darüber schwebend, gleichsam die Geschichte des Christentums sowohl als der weltlichen Gewalten.

Jedesmal, wenn ich die Peterskirche betrat, nahm sie mich völlig ein. Alles andere erscheint unbedeutend in der Erinnerung. Man hat das Gefühl, von einem architektonischen Monument umfangen zu sein, das eine Welt für sich bildet und für dessen Beurteilung das Gefühl des Tages gleichgültig ist. –

Aber auch ohne das Kapitol ist Rom nicht Rom, und auch das sah nur Michelangelo allein zu seinen Zeiten. Nach seinen Plänen sind später die Paläste darauf gebaut worden, in deren Mitte die Statue Marc Aurels steht. Ausgeführt wurde von

ihm selbst nur die zweiseitige Treppe, welche als Hintergrund
Marc Aurels zum Senatorenpalast hinaufgeht. Sie ist unter
Paul III. entstanden. Es war damals eine besondere Liebhaberei für Architektur in Rom erwacht. Unter der Ägide des
jungen Kardinals Farnese bildete sich eine Gesellschaft von
Künstlern, Literaten und Edelleuten bis in die höchsten Kreise,
welche den Vitruv zu ihrem Studium machten. Claudio Tolo-
mei war die eigentlich treibende Kraft unter diesen Herren.
Auch Vasari wurde zugelassen und empfing von hier aus den
Anstoß zu seinen Lebensbeschreibungen der Künstler. Durch
die Erlebnisse von den kirchlichen Dingen gewaltsam abgelenkt, scheint der arbeitende Geist der Gebildeten einen
Abfluß für seine Energie gesucht und in der Architektur gefunden zu haben. Die Umgestaltung der Stadt ward niemals
eifriger betrieben, Paläste wurden errichtet, umgebaut, vollendet, Altertümer mit größerem Eifer gesammelt als je zuvor,
Nachgrabungen veranstaltet und die ideale Form zerstörter
antiker Bauwerke zurückerfunden. Michelangelo setzte für
Farnese die Marmortafeln zusammen, auf denen ein Teil des
alten Roms als Plan eingegraben war und die, damals wieder
ans Tageslicht kommend, in einem der kapitolinischen Paläste
eingemauert sind. Diesem Triebe, zu bauen und zu verschönern, scheinen die Paläste ihre Entstehung zu danken,
die dem jahrhundertelang wüst daliegenden Platze auf der
Höhe des kapitolinischen Felsens eine Andeutung wenigstens
der alten Würde verliehen.
Die Wiederherstellung des Kapitols begann mit der Aufführung der flach ansteigenden Treppe am Platze Araceli, zu
deren beiden Seiten, am Fuße des Aufganges, die wasser-
speienden Löwen von schwarzem Granit liegen, während oben
bei ihrer Einmündung in den Platz die kolossalen Dioskuren
mit den Rossen stehen. Früher war hier steiler Felsen und der
Aufgang nur vom Forum her, das auf der anderen Seite liegt;
beim Einzuge Karls V. entstand die erste Anlage der neuen
Treppe, vielleicht durch San Gallo, während die jetzige bei
Michelangelos Tode noch nicht einmal begonnen war. Die

Aufstellung des Marc Aurel aber in der Mitte des Platzes
geschah noch unter seinen Augen. Der Platz, wo er steht, die
Paläste umher, die römische Luft, alles mag daran schuld sein,
daß ich sie für die schönste Reiterstatue der Welt halte. An
Würde der Haltung und an Ebenmaß der Komposition scheint
sie jedem Anspruche zu genügen. Es ist dieselbe Statue, die
durch den Namen des Konstantin, den sie fälschlicherweise so
lange getragen hat, vor Zerstörung bewahrt blieb. Sie stand
vor dem Lateran, ehe sie auf das Kapitol gebracht wurde. Aus
den Nüstern des Pferdes floß roter und weißer Wein bei der
Krönung Rienzis zum Volkstribunen. Jetzt aber steht sie nun
auch schon wieder Jahrhunderte auf dem Felsboden, der mehr
erlebt hat als irgendein Fleck der Erde, solange sie von Menschen bewohnt wird.

Michelangelo hat bei ihr gezeigt, wie man Reiterstatuen aufstellen muß. So niedrig als möglich, den Grundsätzen der
Alten gemäß. Nicht genug, daß er das Piedestal von der
mäßigsten Höhe anlegte, ließ er die Mitte des Platzes, wo
Marc Aurel steht, im weiten Umkreise einige Stufen niedriger
legen, so daß, von der Schwelle der Paläste zu beiden Seiten
aus betrachtet, das bronzene Pferd mit uns beinahe auf gleicher Fläche erscheint. Dadurch verlieh ihm Michelangelo jenen
Schein höherer Wirklichkeit, der das Resultat der wahren
Kunst ist. Als der Bewohner dieser Paläste erscheint der rei-
tende Kaiser, die Treppe, der er den Rücken zuwendet, wert,
von seinen eigenen Sohlen betreten zu werden. Und so,
während alles von der Höhe des Kapitols verschwunden war,
was an die alten Zeiten erinnerte, hat Michelangelo den Platz
wieder geheiligt, und wie er in dem neuen Rom der Päpste
dem Apostel einen Tempel erbaute, hier dem einzigen, der
von den alten Herrschern, die von Rom aus der Welt geboten,
übrigblieb, unter freiem Himmel eine Residenz errichtet. Bei
beiden Werken nicht bloß ein großer Baumeister durch das
eigentliche Architektonische, die Dimensionen, die innere
Struktur, die Ornamente, sondern größer noch dadurch, daß
er im Geiste der antiken Meister das Stück Erde verschönerte,

auf dem er seine Gedanken ausführte. Michelangelo liebte Rom, er kannte es seit vielen Jahren: durch das, was er gebaut hat, ist die Stadt zu höherer Würde gleichsam aufgeblüht. Ihm verdankt sie die Gestalt zumeist, in der sie allen denen unauslöschlich im Gedächtnis fortlebt, die ein guter Stern jemals durch ihre Tore führte.

Carl Justi

Das Buch von J u s t i (1832—1912) „Diego Velazquez und sein Jahrhundert", dem das folgende Stück entnommen ist, gehört zu den klassischen Werken der Kunstliteratur. Der Beitrag ist gekürzt.

DIE STADT MADRID IM 17. JAHRHUNDERT

1903

Das Madrid der Zeit des Velazquez hat sich im Grundriß bis auf den heutigen Tag wenig verändert, wie ein Blick auf den großen Antwerpener Plan von 1656 zeigt. Nur neue Quartiere haben sich um diesen Kern gelegt. Schon damals hieß die Puerta del Sol der Nabel der Hauptstadt, war der Prado die Abendpromenade der feinen Welt. Dies Madrid ist eine Schöpfung Philipps II. seit 1561.

Das mittelalterliche maurische Magerit wird geschichtlich zum ersten Male genannt unter Ramiro II. von Leon, der um 932 einen Angriff auf den festen Ort machte, der als Vorposten Toledos von Wichtigkeit war. Dieser Nähe der Hauptstadt und den reichen Jagdgründen verdankt es seine allmählich wachsende Bedeutung und die öftere Anwesenheit der kastilischen Herrscher. Alphons VI. hatte es 1083 endlich den Mauren abgenommen. In der Reisebeschreibung Leos von Rozmital (1466) wird es, als Station zwischen Getafe und Alcalá, mit einer Zeile abgefertigt. In der Beschreibung des Pedro de Medina vom Jahre 1548, in der es heißt, daß der königliche Palast im Bau begriffen sei, ist dieser Stadt e i n e Seite (fol. 88 b) gewidmet; ihre Merkwürdigkeiten bestünden in gesunder Luft, gutem Wein, Brunnen und Feuerstein (pedernal). In der zweiten Ausgabe (1595) nimmt es sieben Seiten ein. Noch im Jahre 1582 rühmt es Argote de Molina als guten Forst für Saue und Bären. Aber schon seit 1339 liest man auch von Tagungen der Cortes von Kastilien im Saal des Alkazar. Im 16. Jahrhundert vollzog sich dann die Umwandlung zur Großstadt in fieberhaftem Tempo.

Die Gesundheit des Klimas hatte einst Madrids Glück gemacht. Der Kaiser glaubte bei seinem ersten Besuch den heilsamen Einfluß des reinen trockenen Luftzugs dieses Tafellands auf seine gichtische Konstitution zu empfinden, er beschloß dort zu residieren. Diese Luft, der es seinen arabischen Namen verdanken soll, wurde durch die Winde von der Sierra de Guadarrama her und durch die mächtigen Wälder temperiert. Damals wählte man es zum Sommeraufenthalt; heute ist seine Luft unter allen Städten Spaniens die verderblichste. Die Wälder sind zur Zeit Philipps IV. verschwunden. Schon im Jahre 1640 machte sich der Holzmangel fühlbar, man fand nötig, Baumpflanzungen vorzuschreiben, besonders an Flüssen, und führte das Sprichwort an, „daß die Franzosen an die Vergangenheit, die Italiener an die Zukunft, die Spanier nur an die Gegenwart denken".

Philipps II. mathematischem Geist leuchtete die Lage „im Nabel seiner Reiche" ein. Der Neubau wurde mit spanischem Leichtsinn betrieben: die Linien der Straßen blieben dem Zufall überlassen; trotz des vorzüglichen Materials von Holz und Stein baute man eilfertig aus Lehm, wie man es noch jetzt in kastilischen Landstädten sieht; und um die Luft reinzuhalten, verzichtete man auf Abtritte. Daher war Madrid die schmutzigste und übelriechendste Stadt Europas.

Nach und nach verließ der Adel Toledo und Valladolid und baute sich hier Paläste. Der leichte Verdienst lockte die erwerbende Klasse an; „mancher erdreistet sich (sagt Medina), zu dem Grafen Gevatter zu sagen, dessen Landgut er vor kurzem hinter dem Esel verlassen hatte". Aber da der Unterhalt für Menschen und Vieh aus weiter Ferne herbeigeschafft werden mußte, war das Leben schon unter Philipp II. teurer als in Rom. Nachdem sein Sohn es noch einmal mit Valladolid versucht hatte, nahm unter Philipp IV. die Bautätigkeit einen unerhörten Aufschwung. Die Fremden strömten herbei, vielstöckige Häuser mit Balkons an allen Fenstern erhoben sich, deren Insassen sich nicht kannten; man sagte, hier sei eine Wand von der andren weiter entfernt als Valladolid von

Gent; wer morgens ausgehe, erkenne abends seine Straße und sein Haus nicht wieder. In ähnlichen Hyperbeln schildern die Dichter die Raschlebigkeit: Frauen, Häuser und Trachten verwandeln sich vor unsern Augen; es gibt nichts Dauerndes hier als den Wechsel. „Der große Mann, der, kaum tot, abends fortgefahren wird, ist morgen vergessen; niemand hat Zeit, seinem Sarg eine Erdscholle nachzuwerfen." Es versteht sich, daß die Damen das alles himmlisch fanden. Calderon läßt es uns sagen durch seine Eugenia: ihr ist der Staub, Kot und das Wagengerassel der Madrider Gassen teurer als der duftigste Blumengarten.

Verrufen ist die Charakterlosigkeit der baulichen Physiognomie des modernen Madrid, das zum Beispiel aus alten Zeiten kaum eine bemerkenswerte Kirche besitzt, mit Ausnahme von S. Geronimo im Prado (ihr Abbruch wurde neuerdings mit Mühe verhindert), dessen banale Straßen an die Nichtigkeit französischer Provinzialstädte erinnern. Aber im 17. Jahrhundert hatte die spanische Hauptstadt einen anderen Reiz: ihren kosmopolitischen Zug.

Was dem Ankömmling zuerst auffiel war, in der Kapitale dieser streitbaren Monarchie eine ganz offene Stadt zu finden, ohne Mauern, Tore und Gräben. Die Mauern mit den 130 Türmen waren bei der Erweiterung nach und nach weggebrochen worden oder zerfallen. Daher vergleicht sie Gongora mit dem Nil, wie dieser kein Ufer für seine Gewässer, so leidet Madrid keine Mauern für seine Häuserexpansion. Madrid war damals noch ein Mittelpunkt der europäischen Politik. Das Wachstum dieses Emporkömmlings, der das altehrwürdige herrliche Toledo verdrängte, fällt parallel mit der Zeit, wo Spanien aus seinen nationalen und von der Natur vorgezeichneten Grenzen heraustrat und einen Zug nach der Universalmonarchie nahm. Ein Hof, der seine Statthalter nach Flandern, der Lombardei, Neapel, Sizilien und Amerika schickt, muß ein weltstädtisches Wesen bekommen. Tirso nennt Madrid den „Universalplatz", die „Weltkarte", die „ganze Welt". „Sie ist", sagt Calderon, „ein Vaterland für

jedermann, in ihrer kleinen Welt sind Eingeborene und
Fremde gleich geliebte Söhne." Die Spanier, von ihrem Land
als dem „Schutz und Zepter der Welt" träumend, waren stolz
auf dies „edle Gasthaus aller Fremden". Die Madrider werden
als gesprächig, höflich und gefällig gerühmt. Dies überraschte
in einem Land, in dessen Ortschaften sonst die Fremden mit
Steinwürfen begrüßt zu werden pflegten. Es hieß schon damals
die „Sphäre" nicht nur der Schönheit, sondern auch des ver-
feinerten Lebensgenusses. Die Stadt am Manzanares war trotz
ihrer unglücklichen Lage (ohne schiffbaren Fluß) eine Art
Weltbazar, besonders für Luxusartikel. Pessimisten nannten
es Neu-Babylon, wo die schärfsten Köpfe in der Vielheit der
Sprachen verwirrt werden; das Hospital, wo man Sünden auffängt wie Beulen, und von Glück zu sagen hat, wer gesund
herauskommt. —

Gustav Freytag

Gustav Freytag (1816—1895) gibt in seiner großen Kulturgeschichte „Bilder aus der deutschen Vergangenheit" Schilderungen des Entwicklungszustandes der deutschen Stadt in bestimmten
zeitlichen Abschnitten.
Wir haben das Jahr 1750 als Probe herausgegriffen.

DIE DEUTSCHE STADT VON 1750

1870

Wie lebten die Bürger, aus deren Häusern der größte
Teil unserer Denker und Erfinder, der Gelehrten und
Dichter hervorging, welche die neue Bildung weiterführen
sollten, kühner, schöner, freier?

Es ist eine mäßig große Stadt um 1750. Noch stehen die alten
Ziegelmauern, Türme nicht nur über den Toren, auch hie und
da über den Mauern. Manchem ist ein hölzernes Notdach auf-
gesetzt, in den stärksten sind Gefängnisse eingerichtet, andere,
baufällige, die vielleicht im großen Kriege zerschossen wurden,
sind abgetragen. Auch die Stadtmauer ist geflickt, vorspringende Winkel und Basteien liegen noch in Trümmern, blühender Flieder und Gartenblumen sind dahinter gepflanzt und
ragen über die Steine; der Stadtgraben auf der Außenseite
liegt zum Teil trocken, dann weiden wohl noch Kühe einzelner
Bürger darin, oder die Tuchmacher haben ihre Rahmen mit
Reihen eiserner Häkchen aufgestellt und spannen friedlich die
Tücher daran auf; die gewöhnlichste Farbe ist seit den Pie-
tisten „Pfeffer und Salz", wie man schon damals sagte, und
die alte Lieblingsfarbe der Deutschen, Blau, das nicht mehr
aus deutschem Waid, sondern aus dem fremden Indigo bereitet wird. Noch haben die engen Toröffnungen hölzerne Boh-
lentore, oft zwei hintereinander; sie werden zur Nachtzeit
von der Stadtwache geschlossen, welche dort auf Posten steht,
aber erst durch Klopfer und Glocke geweckt werden muß,
wenn jemand von außen Einlaß begehrt. Auf der innern Seite
der Stadtmauer sind zuweilen noch Bruchstücke der Holzgale-
rien zu sehen, in denen einst die Bogen- und Hakenschützen

standen, aber nicht überall ist der Weg längs der Mauer frei,
schon sind dürftige Häuser und Schuppen angeleimt.
Im Innern der Stadt stehen die schmucklosen Häuser noch
nicht so zahlreich als in späteren Jahrhunderten, noch liegen
einzelne wüste Stellen dazwischen, die meisten aber sind von
den Wohlhabenden gekauft und in Gärten verwandelt. Vielleicht ist schon ein Kaffeegarten nach dem Muster des berühmten Leipziger angelegt, dann stehen einige Baumreihen und
Bänke darin, und in der Gaststube lehnen am Verschlage des
Wirtes die Gipspfeifen der Stammgäste, aber seit kurzem ist
neben dem Gips der Maserkopf und der teure Meerschaum
aufgekommen. In der Nähe des Hauptmarktes werden die
Häuser stattlicher, nicht überall sind die alten Lauben erhalten, bedeckte Gänge, welche einst in einem großen Teile
Deutschlands durch das Unterstock der Markthäuser führten,
die Gehenden in der Regenzeit schützten und das Leben des
Hauses mit der Straße verbanden. An dem massiven Bau des
Rathauses sind die alten Pfeiler und Gewölbe durch rohen
Kalkanwurf und durch Zwischenmauern verklebt, in den
düstern lichtarmen Räumen des Innern hängen Spinnen-
gewebe, erheben sich graue Mauern von Akten, lagert unendlicher Staub; in der Ratsstube stehen die steifen Polster-
stühle mit grünem Tuch und Messingnägeln beschlagen im
erhöhten Raum, dessen Schranke die Ratsherren von den Bürgern trennt; alles schmucklos und lange nicht getüncht, alles
dürftig und unschön, wie eine unfertige Einrichtung; denn in
dem neuen Staate fehlt Geld und Freude, die öffentlichen Gebäude zu schmücken, sie werden vom Bürger als ein notwendiges Übel betrachtet, ohne Teilnahme, ohne jedes Selbst-
gefühl. Noch sehen die Häuser des Marktes zum großen Teil
mit spitzem Giebel auf die Straße, und zwischen den Häusern
gießen weit vorspringende Dachrinnen ihr Wasser auf das
schlechte Pflaster, das aus Feldsteinen kunstlos zusammengesetzt ist. Viel Giebel haben die schöne Gliederung des germanischen Stils verloren, wer verschönern will, läßt die Dach-
linie in Rokokoschnörkeln, am liebsten gradlinig bis zur Spitze

laufen. Unter den Häusern stehen einzelne Kirchen oder ver-
lassene Klostergebäude mit Strebepfeilern und Spitzbögen.
Gleichgültig sieht das Volk auf diese Überreste einer Vergangenheit, mit welcher es kaum durch e i n e teure Erinnerung
verbunden ist; für die alte Kunst ist ihm das Verständnis ganz
verschwunden; wie Friedrich von Preußen das Marienburger
Schloß, so zerstört überall der nüchterne, verständige, licht-
fordernde Sinn die Bauten alter Zeit. Vorsorglich hat der
Magistrat die leeren Räume des Klosters zu einem Pfarrhaus
oder zu Schulstuben eingerichtet, Fenster ausgeschlagen, Gips-
decken gezogen; dann schauen die Knaben von ihrer lateinischen Grammatik verwundert auf die Steinrosetten und die
zierliche Arbeit des Meißels aus einer Zeit, wo dergleichen
Unnötiges noch gebaut wurde, und in dem verfallenen Kreuz-
gange, durch welchen einst Mönche ernsthaft schritten, werfen
sie jetzt aus hölzernem Schlüssel ihren Brummkreisel: denn
der Circitor susurrans oder Mönch ist ein Lieblingsspiel dieser
Zeit, das auch vornehme Herren in verkleinerter Form zuweilen in der Tasche führen.
Es ist bereits Ordnung in der Stadt, die Straßen müssen ge-
kehrt werden; Düngerhaufen, welche fünfzig Jahre früher in
ansehnlichen Mittelstädten vor den Häusern lagen, seit im
Kriege die alte Sauberkeit verschwunden war, sind wieder
durch Verordnungen beseitigt, welche die Räte des Landes-
herrn den Oberamtleuten, die Oberamtleute dem Ratskolle-
gium zugeschickt haben. Auch der Viehstand der Stadt hat sich
sehr verringert; die Schweine und Rinder, welche noch kurz
vor 1700 zwischen den spielenden Kindern im Straßen-
schmutze sich belustigten, werden streng in Höfen und Hin-
terhäusern bewahrt, die Landesregierung sieht nicht gern, daß
die Städter in den Ringmauern Vieh halten, denn sie hat die
Torakzise eingeführt, und ein abgedankter Unteroffizier treibt
sich, den Rohrstock in der Hand, in der Nähe des Tores
umher, um die Karren und Körbe der Landleute zu untersuchen. So hat sich die Viehzucht in die dürftigen Vorstädte
und die Vorwerke gezogen, nur in den kleinen Landstädten

hilft die Ackernahrung das Leben der Bürger erhalten. Auch
die Sicherheitspolizei tut ihre Pflicht, auf Bettler und Vaga-
bunden wird stark gefahndet, der Passeport ist dem anspruchs-
losen Reisenden unentbehrlich; Ratsdiener sind in den Straßen sichtbar und spähen in die Wirtshäuser; zur Nacht wird
wohl auch eine Brandwache in die Nähe des Rathauses gestellt,
und der Türmer gibt mit Fahne und großem Sprachrohr das
Notzeichen. Auch das Spritzenhaus wird in Ordnung gehalten,
plumpe Feuertonnen stehen an der Seite des Rathauses unter
offenem Schuppen, über ihnen hängen die eisenbeschlagenen
Feuerleitern. Sogar die Nachtwächter sind ziemlich wachsam
und bescheiden, sie sangen nach dem großen Kriege hier und
da anzügliche Reime, sooft sie die Stunden abriefen, jetzt hat
ein frommer Pfarrer darauf bestanden, daß ihnen Text und
Melodie geistlich sei.
Der Handwerker arbeitet in der alten Weise fort, fast jeder
steht fest in seiner Zunft, sogar die Maler sind zünftig und
fertigen als Meisterstück eine Kreuzigung mit einer Anzahl
vorgeschriebener Figuren. In den katholischen Landschaften
leben sie von massenhafter Anfertigung der Heiligenbilder,
in den protestantischen malen sie Schilder und Scheiben und
die Wappen der Landesherren, welche zahlreich an öffentlichen Gebäuden, sogar über den Türen einzelner Handwerker zu sehen sind. Es fehlt nicht mehr an solchen, welche die
alte Zunftverfassung für eine Last halten, weil sie ihrem Bestreben, sich zu Fabriktätigkeit zu erweitern, hartnäckig widersteht, so die großen Tuchmacher und Eisenarbeiter. Und die
lustigen Jahresfeste, welche einst Freude und Stolz fast jedes
einzelnen Handwerks waren, sie sind fast alle abgelebt. Die
Aufzüge in Masken, eigentümliche alte Tänze, vertragen sich
nicht mit der Bildung einer Zeit, in welcher der einzelne keine
größere Furcht hat, als seiner Würde zu vergeben, in der von
der Kanzel gepredigt wird, daß geräuschvolle weltliche Ergötz-
lichkeit sündhaft sei, in welcher endlich auch die gelehrten
Männer der Stadt keinen zureichenden Grund für dergleichen
Straßenlärm finden.

Sigfried Giedion

Der Schweizer S i g f r i e d G i e d i o n (geb. 1897) macht in
seinem 1922 im Verlag F. Bruckmann, München, erschienenen
Werk „Spätbarocker und romantischer Klassizismus" den groß
angelegten Versuch einer Analyse der Formentwicklung auf dem
schwierigen Grenzgebiet zwischen zwei Stilen. Seine Darstellung
geht in eingehender Untersuchung den vielfach verwickelten vor-
und zurückgreifenden Stilzusammenhängen nach. In dem hier
abgedruckten Auszug wird unternommen, die grundsätzliche
Wesensart der beiden Stilformen des Barocks und des Klassizismus zu bezeichnen.

BAROCK UND ROMANTIK

1922

Barock und Romantik stehen einander gegenüber. Der
B a r o c k vorwärtsstürmend, aggressiv! Der Kosmos ist
dazu da, in Stufenreihen zerlegt zu werden, die sich dienend
unterordnen und in einem vollendeten System nach einer
ewigen Spitze neigen. Herrschertum wird Symbol! Das einzelne Ich gilt nichts. Alle Zellen haben zu gehorchen! — Alles
ist Teil!
Eine ungeheure Dynamik erfaßt alles, aus dem ein ähnlicher
Ton geschlagen werden kann, und ruht nicht, bis die natürliche Gegebenheit in Bewegung, Kurve und unendliches Gehorchen verwandelt, die Fruchtbarkeit des ganzen erhöht,
gleichgültig, ob es sich um Land, Baum, Pflanze, Wasser,
überlieferte Form, Ornamentik oder die menschliche Gestalt
handelt. Es ist e i n Netz, das alle Erscheinungen umspannt, in
Atem hält und mit bewunderungswürdiger Ökonomie alles,
was nicht dazugehört, fortwirft!
Der Barock ist der Stil der großen Z u s a m m e n -
f a s s u n g e n !
In der ersten Hälfte des 17. Jahrhunderts hatten die Maler
aus der Ebene den Begriff der räumlichen Unendlichkeit entwickelt. Die nordischen Architekten fanden bald den Weg,
ihn ins Architektonische umzusetzen. Nicht durch einfac' e

Übernahme, indem das Schloß etwa in die freie Ebene gestellt wurde, um im übrigen den Himmel wirken zu lassen, sondern durch Umgestaltung der Erde, durch Eingriff, durch Organisation des Vakuums, durch Aufteilung in vielfache und weite Räume, die alle in die Tiefe, ins Unendliche zogen. Dem Renaissancegarten wurde die vierte Wand ausgeschlagen.

Auch im Innern entstand ein Rausch, den ganzen Bau in Raumkurven aufzulösen, um schließlich im großen Saal Mitte und Gipfelung zu finden, die Innen- wie Außenräume gleichmäßig beherrscht.

Es gehört zur Stärke des Barocks, wie er mit allen Mitteln die Abhängigkeit der einzelnen Zelle vom Nebenan, vom Davor und Dahinter anzudeuten wußte und doch dem einzelnen Raum nicht das Ansehen eines Fragments gab, sondern ihn eine vollendete Einheit werden ließ. Getäfelte, hell gestrichene Wände schossen in die Höhe, von zarten Profilen durchzogen, bei denen — wie bei einem hochgezüchteten Tier — die leiseste Andeutung genügte, um den geforderten Ausdruck zu erlangen. Alle Glieder waren gesättigt mit Tradition: Tradition nicht im Sinne einer Fessel, Tradition im Sinne der Weitergestaltung übernommener und nicht zu Ende geführter Probleme.

Wie alle Glieder, so hat auch das Ornament große Zusammenfassungen zu vollziehen. Ihm wird nun eine verknüpfende Funktion. Wo Verbindungen anzudeuten sind, hat es aufzutreten. Wo Ecken aneinanderstoßen, hat es sie zu überspielen oder zu mildern; Girlanden verbinden die einzelnen Felder, und ein Teil des spätbarocken Klassizismus erhält von den schwergewordenen Gehängen den — bereits von der Romantik — in verächtlichem und übertragenem Sinn gebrauchten Namen: Zopf! Unschwer ist zu verstehn, daß einer formalistisch geschulten Zeit, die dem Ornament die Rolle zubilligte, einzelne Glieder zu verzieren und herauszuheben, der Irrationalismus der Rocaille als Zügellosigkeit erscheinen mußte. Und doch wird der in Hohlkehle und Decke schießenden Ornamentik — sei es Rocaille oder Girlande — die Aufgabe, den Raum als Ganzes noch einmal in aller Leichtigkeit zusammenzuflechten, so daß auch für den Raum zutrifft, was Friedrich Schlegel einmal von seinen Bewohnern sagte; er erscheint wie in einen „Äther von Fröhlichkeit" gehüllt!

Die R o m a n t i k ist passiv, reflektierend. Sie stürmt nicht in die Natur, um in sie einzugreifen, sondern um sie zu verstehn! Der englische Einfluß hat den Landschaftsgarten zwar schon im spätbarocken Klassizismus durchgesetzt und er ist eine der vorgreifenden Mahnungen, daß das Ende des Barocks naht; doch handelt es sich bei den zurechtgestellten Szenen, den Einsiedeleien, Ruinen, Tempeln in dieser Zeit mehr um die Erregung sentimentaler Stimmungen, wie sie etwa die Schäferdichtung widerspiegelt, als um wirkliche Einfühlung; erst die Romantik versenkt sich wahrhaft in Wald, Baum und Pflanze. Sie läßt alles wachsen, mit unendlicher Liebe für jede Einzelform. Alle Stärke, alle Schwäche entstehen ihr daraus.

Wie Baum und Pflanze eigene Berechtigung erhalten, zurechtgestellt, aber im Grunde nicht angetastet werden, so geht es auch mit allen übrigen Dingen, mit den Stilformen der Vergangenheit, die ohne Ökonomie, wahllos fast, bei aller Gegensätzlichkeit des Ausdrucks, mithelfen müssen, das Leben der Romantik zu verstärken. — Das ist zulässig, denn die ewige Spitze, nach der sich im Barock alles zuneigen, das große System, dem sich dienend alles unterordnen mußte, um am Ende in größerer Einheit wieder auferstehen zu können, gewaltiger und tiefer, als die verwirrende Summe der Einzelteile, dieses Zentrum fehlt der Romantik!

Die Einheit der Romantik — als Zeit genommen — besteht in ihrer Fähigkeit, alle Dinge nebeneinander aufwachsen zu lassen, woraus eine Vielheit einzelner Individuen entsteht, seien es Häuser, Bäume oder Stilformen, die ihr ungeschmälertes

Wachstum mit verminderter Gemeinschaft, mit größerer gegenseitiger Isolierung erkauft haben.

Der romantische Mensch unterjocht die Erde nicht. Er erduldet sie! Rückschauend auf Zeiten, ferne Orte, Gefühle, entflieht er dem handelnden Augenblick. Er sinnt, versenkt sich, sieht in sich. Alle Fasern des Organismus werden behorcht, unentdeckte Schichten des Ichs werden aufgewühlt und gelangen ins Bewußtsein. Eine neue Welt öffnet sich. Das Gefühl wird befreit und das Wissen um das Gefühl! In der Renaissance mag der Mensch entdeckt worden sein, jetzt entdeckt man das Ich!

Gewiß haben die Romantiker − vor allem Friedrich Schlegel − das Ich, die „Ichheit" Fichtes, die nur Individuum überhaupt, nicht das Individuum A oder B oder C sein sollte (Fichte, 1798) mißdeutet zum persönlichen Ich, zur Individualität. Die Steigerung des persönlichen Ich lag den Romantikern am Herzen, ihnen galt gerade die Individualität als das Ursprüngliche im Menschen (F. Schlegel), ja Schlegel ging bis zu der Behauptung, „daß die Tugend eines Menschen in der Originalität bestehe". Die Ableitung, die die Fichtesche Ichheit durch die Romantiker erfuhr, indem sie persönlich, anstatt absolut genommen wurde, war falsch. Trotzdem entströmen beide Begriffe dem gleichen Grundwollen, denn auch Fichte stellt ein Ich an die Spitze, aus dessen Selbstbewußtsein, aus dessen In-sich-sehen erst das Bild der Welt geboren wird.

Das Ich wird gesteigert, in jeder Hinsicht. Der barocke Universalismus, der nicht nach dem Woher einer Gestaltung fragte, und aus dem Unbewußten, ja, in scheinbarer Nachahmung, die saftigsten völkischen Varietäten hervorbrachte, wird verworfen. Zum betonten Begriff wird die Nation, als das gesteigerte völkische Ich, das sich von allen andern abzugrenzen und über alle andern zu erheben hat. Wenig später erhält auch das ökonomische Ich eine ungewohnt scharfe Steigerung und Abgrenzung, durch die gleichfalls das Gesicht des Jahrhunderts entscheidend bestimmt wird. Und der

Künstler, der dazwischenlebt, mußte erst einmal — soweit er
es vermochte — die barocke Tradition zerschlagen, um dafür
die gesamte Historie einzutauschen, und wenn diese sich
manchmal als ein Reis erwies, das keinen rechten Halt bot
und beim Erklettern bedenklich schwankte, so sollte sein ge-
steigertes Ich, seine Persönlichkeit, sein Genie dafür eintreten! —

Theodor Fontane

Theodor Fontane (1819—1898) hat an dem vierbändigen
Werk „Wanderungen durch die Mark Brandenburg" von 1862 bis
1882 gearbeitet. Erst später trat er mit den Romanen hervor, die
ihn in die erste Reihe unserer Prosaschriftsteller stellen.
Als diese „Wanderungen" Fontane nach Ruppin, dem Geburtsort
Karl Friedrich Schinkels, führen, schaltet er die Schilderung des
Künstlers ein, die wir bringen.

DER MEISTER DES KLASSIZISMUS
1872

Karl Friedrich Schinkel wurde am 13. März 1781 zu Neu-
ruppin geboren. Wir wissen wenig von den ersten
Jahren seiner Kindheit. Sein Vater war Superintendent in
Ruppin und starb infolge der Anstrengungen, die er während
des großen Feuers, das im Jahre 1787 die ganze Stadt verzehrte, durchzumachen hatte. Auch die Superintendenten-
wohnung ward in Asche gelegt, so daß von dem Hause, darin
Schinkel geboren wurde, nichts mehr existiert. Die Mutter
Schinkels (eine geborene Rose und der berühmten gleich-
namigen Gelehrtenfamilie nahe verwandt) zog nach dem Hin-
scheiden ihres Mannes in das sogenannte Predigerwitwen-
haus, das, damals vom Feuer verschont geblieben, sich bis diesen Tag unversehrt erhalten hat. In diesem Hause, mit dem
alten Birnbaum im Hof und einem dahinter gelegenen alt-
modischen Garten, hat Schinkel seine Knabenzeit vom sechsten bis vierzehnten Jahre zugebracht.

Aus seiner frühesten Jugend ist nur folgender kleiner Zug
aufbewahrt worden. Sein Vater zeichnete ihm öfter allerlei
Dinge auf Papier, namentlich Vögel. Der kleine Schinkel saß
dann dabei, war aber nie zufrieden und meinte immer: „Ein
Vogel sähe doch noch anders aus." Sein Charakter nahm früh
ein bestimmtes Gepräge an; er zeigte sich bescheiden, zurück-
haltend, gemütvoll, aber schnell aufbrausend und zum Zorn
geneigt. Eine echte Künstlernatur. Auf der Schule war er
nicht ausgezeichnet, vielleicht weil jede Art der Kunstübung

ihn von früh auf fesselte und ein intimeres Verhältnis zu den Büchern nicht aufkommen ließ. Seine musikalische Begabung war groß; nachdem er eine Oper gehört hatte, spielte er sie fast von Anfang bis zu Ende auf dem Klavier nach. Theater war seine ganze Lust. Seine ältere Schwester schrieb die Stücke, er malte die Figuren und schnitt sie aus. Am Abend gab es dann Puppenspiel.

In seinem vierzehnten Jahre zog seine Mutter nach Berlin, und Schinkel kam nur noch besuchsweise nach Ruppin, besonders nach Kränzlin, einem nahebei gelegenen Dorfe, an dessen Pfarrherrn seine ältere Schwester verheiratet war. Nach Kränzlin hin, wie schon hier bemerkt werden mag, adressierte er auch seine Briefe aus Italien, wohin er im Jahre 1803 seine erste Reise antrat. Unter seinen Jugendarbeiten im Radenslebener Herrenhause befindet sich auch eine Zeichnung der Kränzliner Kirche.

Das Berliner Leben unterschied sich zunächst wenig von den Tagen in Ruppin. Hier wie dort eine Wohnung im Predigerwitwenhause, hier wie dort Besuch des Gymnasiums. Auch auf der Berliner Schule, dem Grauen Kloster, ging es nicht glänzend mit dem Lernen, die Kunst hatte ihn bereits in ihrem Bann.

Es war im Jahre 1797 auf der damals stattfindenden Ausstellung, daß ein großartiger, vom jungen Gilly herrührender phantastischer Entwurf eines Denkmals für Friedrich den Großen den tiefsten Eindruck auf ihn machte und ihn empfinden ließ, wohin er selber gehöre. Er verließ die Schule (1798), ward in das Haus und die Werkstatt beider Gillys, Vater und Sohn, eingeführt und begann seine Arbeiten unter der Leitung dieser beiden ausgezeichneten Architekten. Eine enthusiastische Verehrung für den Genius des früh hingeschiedenen jüngeren Gilly blieb ihm bis an sein Lebensende.

Es existieren Arbeiten aus dieser ersten Schinkelschen Zeit, und alle zeigen den Gillyschen Einfluß. Jedenfalls war das Verhältnis Schinkels zu Gilly von kürzester Dauer; schon nach zwei Jahren, am 3. August 1800, starb dieser liebenswürdige und geistreiche Künstler. Er hinterließ ihm zweierlei: den ausgesprochenen Wunsch, seine Arbeiten durch ihn (Schinkel) vollendet zu sehen, dann aber die Sehnsucht nach Italien. Im Durchblättern der Gillyschen Mappen hatte der jugendliche Schüler desselben vom ersten Augenblick an erkannt, wo das Richtige, das Nacheifernswerte zu finden sei.

Arbeiten, übernommene und eigene, hielten unseren Schinkel noch fast drei Jahre lang in der Heimat fest; endlich, im Frühjahr 1803, kam die langersehnte Stunde, und seine Fahrt ins „schöne Land Italia" begann.

Während der ganzen Reise prävalierte in ihm der Maler. Er war unzweifelhaft als Architekt nach Italien gezogen, aber nur wenige seiner Briefe aus jenen Reisejahren beschäftigen sich mit Architektur. Selbst die herrlichen Tempeltrümmer von Girgenti regten überwiegend die dichterische Phantasie des Landschaftsmalers an; zu baukünstlerischen Betrachtungen über die hehren Überreste hellenischen Altertums gelangte er nirgends, und die Renaissancebauten Ober- und Mittelitaliens ließen ihn ebenfalls kalt. Am meisten Eindruck machte die sarazenische Baukunst auf ihn, und ihre phantastischen Reize umstrickten ihn überall von Venedig bis Sizilien. Die Rückreise nach Deutschland ging über Paris, dessen jedoch in den betreffenden Briefen nur flüchtig Erwähnung geschieht; die Sehnsucht, nach fast zweijähriger Abwesenheit, stand wieder nach der Heimat, und Ende Januar 1805 war er zurück. Hier bot sich für seine Wirksamkeit als praktischer Architekt vorläufig wenig, und durch die unglückliche Katastrophe, die das Jahr darauf hereinbrach, wurde vollends alle Aussicht gestört.

Unser Ruppiner Superintendentensohn, den wir uns gewöhnt haben, als Architekten, und nur als solchen, zu kennen und zu bewundern, war zum Teil der eigenen Neigung, aber mehr dem Zwange gebieterischer Umstände nachgebend, zehn Jahre lang (von 1805 bis 1815) vorwiegend ein Landschaftsmaler. Er malte große hochpoetische Landschaften in Öl, vor allem jenen reichen Zyklus perspektivisch-optischer Bilder, worin er

fast aus allen Teilen der Welt das Schönste und Interessanteste
vor den staunenden Augen seiner Landsleute entrollte.
Was uns, die wir die Mark durchreisen und beschreiben, mit
besonderer Genugtuung erfüllt, ist der Umstand, daß die
herrlichen Gegenden des Südens, in denen er so lange ge-
schwelgt, ihn nicht unempfänglich für die Reize seiner märki-
schen Heimat gemacht hatten. Er verachtete unsere Landschaft
keineswegs, wie so viele tun, die sich dadurch das Ansehen
feineren Kunstverständnisses zu geben vermeinen. Neben
Palermo oder Taormina malte er „die Oderufer bei Stettin",
und selbst „Stralau und die Spree" erschienen seinem
Künstlerauge nicht zu gering.
Bis hierher haben wir uns fast ausschließlich mit Schinkel, dem
Maler, beschäftigt, der Friedensschluß von 1815 aber schuf
einen plötzlichen Wandel, und von nun ab tritt der Baumeister
in den Vordergrund. Es fällt diese Wandlung der Verhältnisse
(nachdem er übrigens schon 1810 in die Oberbaudeputation
berufen war) mit seiner Ernennung zum Geheimen Oberbau-
rat zusammen. Man darf fast sagen, er wurde lediglich auf
Vertrauen und Diskretion hin in diese Stellung eingeführt,
denn noch war es ihm versagt geblieben, durch irgendeinen
ausgeführten Bau von Bedeutung die Aufmerksamkeit oder
gar die Bewunderung der Fachleute auf sich zu ziehen.
Fünfundzwanzig Jahre lang, in runder Zahl von 1815 bis 1840,
war er nun als Baumeister im großen Stile tätig, und in eben
diesem Zeitraume gelang es ihm, „Berlin", wie seine Verehrer
sagen, „in eine Stadt der Schönheit umzugestalten", jedenfalls aber unserer Residenz im wesentlichen den Stempel auf-
zudrücken, den sie bis zu dieser Stunde trägt. Denn auch das,
was nach ihm gebaut worden ist, ist zu gutem Teile Geist von
seinem Geist.
Inwieweit Berlin im Innern den Stempel Schinkels trägt, das
wird am ehesten erhellen, wenn ich einfach aufzähle, welche
Häuser und Paläste, welche Brücken und Plätze wir der
fünfundzwanzigjährigen baukünstlerischen Tätigkeit unseres
Schinkels verdanken.

Es sind: die Königswache, die Domkirche (Restauration), das
Kreuzbergmonument, das Monument für den General von
Scharnhorst auf dem Invalidenkirchhof, das Schauspielhaus,
das Potsdamer Tor und die Wachthäuser rechts und links
neben demselben, das alte Museum samt Lustgarten und
Springbrunnen, die Schloßbrücke samt ihren Statuen, die
Friedrich-Werdersche Kirche, die vier Kirchen einerseits in
Wedding und Moabit, andererseits vor dem Rosentaler Tor und
auf dem Gesundbrunnen, die Palais der Prinzen Karl und
Albrecht, die neuen Packhofsgebäude, das Graf Redernsche
Palais, die Einfahrt in die Neue Wilhelmstraße, die Stern-
warte am Enckeplatz, die Bauschule.
Bedeutsam wie diese Bauten sind — vorzüglich für den, der
die Geschichte derselben verfolgt und die Schwierigkeiten in
Anschlag bringt, die sich der Ausführung entgegenstellten —,
so geben sie doch zum kleinsten Teile nur eine Vorstellung
von der umfassenden und geradezu Staunen erregenden
Tätigkeit, die Schinkel zunächst innerhalb der Hauptstadt und
ihrer Umgebung und im weiteren im Lande Preußen überhaupt entfaltete. In Potsdam führte Schinkel folgende Bauten
aus: das Kasino, Schloß Glienicke, die Nikolaikirche, das
Kavalierhaus auf der Pfaueninsel, die Brücke zu Glienicke,
Charlottenhof, Schloß Babelsberg (teilweis). In Tegel: das
Schlößchen; in Stralau: die Kirche. Dazu verschiedene Villen
in der Umgegend von Berlin.
Wenn wir uns annähernd ein richtiges Bild davon entwerfen
wollen, welcher Art und welchen Umfanges sein Schaffen war,
so müssen wir nicht allein das im Auge haben, was er wider-
strebenden Gewalten gegenüber aus Berlin wirklich machte,
sondern vor allem auch das, was er daraus machen wollte;
wir müssen in den Kreis seiner schöpferischen Tätigkeit alles
das mit hineinziehen, was in hundert ausgeführten Blättern
auf dem Papiere lebt, aber in der Ungunst der Zeiten schei-
terte. An der Stelle, wo jetzt das Potsdamer Tor steht, sollte
sich beispielsweise die große Friedenskathedrale zur Erinnerung an die Freiheitskriege erheben. Die Linden entlang

gedachte er in Statuen und Denkmälern eine monumentale
Siegesstraße zu ziehen, und an Stelle des alten Domes sollte
ein wirklicher Dom hoch in die Luft steigen, glänzend genug,
um sich den anderen Prachtbauten jenes Platzes würdig an-
zureihen. So waren die Pläne, aber nur die Mappen Schinkels geben Auskunft darüber, was damals alles gedacht, entworfen, erstrebt wurde. Das wenigste trat ins Leben. „Er
diente einem sparsamen König in einer geldarmen Zeit."
Diese Mappen, die eigentlichste Hinterlassenschaft Schinkels,
sind es, die uns ein Bild der Gesamttätigkeit des Meisters
erschließen, einer Tätigkeit, die fast alle Gebiete des künstlerischen Lebens umfaßte. Gab es eine neue Spontinische
Oper, wer anders als Schinkel konnte die Dekorationen, gab
es ein fürstliches Begräbnis, wer anders als Schinkel konnte
die Zeichnung zu Monument oder Grabstein entwerfen? Das
ganze Kunsthandwerk — dieser wichtige Zweig modernen
Lebens — ging unter seinem Einfluß einer Reform, einem
mächtigen Aufschwung entgegen. Die Tischler und Holz-
schneider schnitzten nach Schinkelschen Mustern, Fayence und
Porzellan wurden schinkelsch geformt, Tücher und Teppiche
wurden schinkelsch gewebt. Das Kleinste und das Größte
nahm edlere Formen an: der altväterische Ofen, bis dahin
ein Ungeheuer, wurde zu einem Ornament, die Eisengitter
hörten auf, eine bloße Anzahl von Stangen und Stäben zu
sein, man trank aus Schinkelschen Gläsern und Pokalen, man
ließ seine Bilder in Schinkelsche Rahmen fassen, und die Grab-
kreuze der Toten waren Schinkelschen Mustern entlehnt.
Seiner Umfassendheit entsprach seine Rastlosigkeit. Selbst am
Teetische, dem Gange der Unterhaltung folgend, zeichnete
er mit Feder und Bleistift vor sich hin. Nur Reisen, immer
ersehnt und immer willkommen, unterbrachen von Zeit zu
Zeit den Gang der Geschäfte, das Gleichmaß des Schaffens.
Freilich, auch diese Reisen waren wieder Arbeit, aber doch
nebenher eine Erfrischung, wie nichts anderes sie gewährte.
Die Art, wie Schinkel zu reisen pflegte, gewährte ihm eine
große geistige Erholung, aber eine körperliche kaum. Denn

er, dessen ganzes Wesen überhaupt derart auf das Geistige gerichtet war, daß er sich mit allen physischen Bedürfnissen so kurz und mäßig wie nur immer möglich abfand, hatte gerade dann am allerwenigsten ein Ohr für die Forderungen des Körpers, wenn sein Geist (wie immer auf Reisen geschah) doppelte und dreifache Nahrung empfing. So kam es, daß seine ursprünglich robuste Natur vor der Zeit zu wanken begann, weshalb er sich auch von 1832 an fast alljährlich genötigt sah, statt zu Reisen für Auge und Herz, zu Badekuren seine Zuflucht zu nehmen. Marienbad, Karlsbad, Kissingen wurden abwechselnd gebraucht.

Im September 1841 erfolgte ein Blutsturz, der Vorbote des Todes. Ein Fieber stellte sich ein, das ihn nicht wieder verließ. Am 9. Oktober starb er.

Am 12. Oktober wurde er auf dem Friedhofe der Dorotheenstädtischen oder Friedrich-Werderschen Gemeinde (vor dem Oranienburger Tore) bestattet. Es ist derselbe Friedhof, auf dem auch Fichte, Hegel, Franz Horn, Schadow, Beuth und Borsig ihre Ruhestätte gefunden haben.

Das Grabmal, das ihm das Jahr darauf auf dem Friedhofe errichtet wurde, war eine Nachbildung des Hermbstädtschen Monuments, das Schinkel selbst einige Jahre früher entworfen hatte. Das Monument ist etwa sechs Fuß hoch, aus Granit und Bronze aufgeführt und trägt neben Namen und Daten die Inschrift:

Was vom Himmel stammt, was uns zum Himmel erhebt,
Ist für den Tod zu groß, ist für die Erde zu rein.

IV. TEIL

Fürst Hermann Pückler-Muskau

Fürst Pückler (1785—1871) unternimmt 1828 eine Reise nach England, um durch eine reiche Heirat seine kostspielige Liebhaberei großer Parkanlagen fortsetzen zu können. Er berichtet seine Eindrücke treulich an seine „Schnucke"; das ist die Frau, von der er sich scheiden lassen will, wenn die Brautfahrt gelingt. Sie gelingt nicht, sondern endet in einer Liebschaft mit der gefeierten Sängerin Henriette Sonntag.
Aus „Briefe eines Verstorbenen". (Georg Müller, München 1910.)

ENGLISCHE REISEEINDRÜCKE
1828

Zum erstenmal befand ich mich heute ohne irgendeine Einladung und benutzte die Freiheit sogleich zu verschiedenen Exkursionen. Unter andern besah ich die Gefängnisse von Kingsbench und Newgate. Das erste, welches hauptsächlich für Schuldner bestimmt ist, bildet eine völlig isolierte Welt im kleinen, einer nicht unbedeutenden Stadt ähnlich, welche jedoch von ungewöhnlichen, nämlich dreißig Fuß hohen Mauern umgeben ist. Garküchen, Leihbibliotheken, Kaffeehäuser, Buden und Handwerker aller Art, schöne und ärmlichere Wohnungen, selbst öffentliche Plätze und Mädchen, auch ein Markt fehlen nicht. Auf dem letztern wurde bei meiner Ankunft eben sehr geräuschvoll Ball gespielt. Wer Geld mitbringt, lebt, bis auf die Freiheit, im Bezirk des Orts so gut und angenehm als möglich. Selbst an sehr anständiger Gesellschaft von Damen und Herren ist in der kleinen Kommune von tausend Menschen nicht immer Mangel, nur wer nichts hat, ist übel dran. Für einen solchen aber ist ja jeder Fleck der Erde ein Gefängnis! Lord Cochrane hat eine Zeit in Kingsbench zugebracht, als er, um die Fonds fallen zu machen, eine falsche Nachricht hatte verbreiten lassen, und der reiche und angesehene Sir Francis Burdet saß ebenfalls hier geraume Zeit wegen eines Libells, das er verfaßt. Der Gefangene, welcher mich herumführte, war bereits zwölf Jahre ein Bewohner dieses Orts und äußerte mit dem besten Humor, daß er wohl

nie mehr herauszukommen Hoffnung habe. Ähnlich sprach
sich eine alte, sehr anständige Französin aus, die gar nicht
einmal ihre Verwandten von ihrer Lage unterrichten wollte,
indem sie hier zufrieden lebe und nicht wisse, wie es ihr in
Frankreich ergehen möchte, wohl eingedenk: Que le mieux
est l'ennemi du bien.

Schlimmer sieht es in Newgate, dem Gefängnis für Ver-
brecher aus. Aber auch hier herrschte viel Milde in der Be-
handlung und dabei eine m u s t e r h a f t e Reinlichkeit. Das
Gouvernement gibt jedem Verbrecher früh ein halbe Kanne
dicke Gerstenschleimsuppe, mittags den einen Tag ein halbes
Pfund Fleisch, den andern Fleischbrühsuppe, und täglich ein
Pfund gutes Brot. Außerdem ist ihnen auch noch anderes
Essen und eine halbe Flasche Wein täglich zu kaufen erlaubt.
Sie beschäftigen sich den Tag über, wo sie sich in besonderen
Höfen, die zu einer gewissen Anzahl Stuben gehören, aufhalten können, wie und womit sie wollen. Für diejenigen,
welche arbeiten wollen, gibt es Werkstätten; viele aber
rauchen und spielen nur von früh bis abend im Hofe. Um
9 Uhr morgens müssen sich alle zum Gottesdienst versammeln.
Gewöhnlich wohnen sieben bis acht in einer Stube. Zum
Schlafen erhalten sie jeder eine Matratze und zwei Decken,
auch Kohlen zum Kochen und im Winter zum Heizen, soviel
nötig ist. Die zum Tode Verurteilten kommen in besondere,
etwas weniger kommode Zellen, wo zwei bis drei in einer
schlafen. Am Tage haben indes auch diese ihren Hof zur
Rekreation und zum Essen eine besondere Stube. Ich sah sechs
Knaben, wovon der älteste kaum vierzehn Jahre zählte, und
die alle unter Todesurteil schwebten, sehr lustig hier rauchen
und spielen. Das Urteil war indessen noch nicht bestätigt und
sie daher noch mit den übrigen Gefangenen zusammen. Man
glaubte, sie würden begnadigt und nur zeitlebens nach
Botanybay geschickt werden.

Vier ältere, die sich in derselben Lage befanden, nur mit dem
Unterschied, daß sie, wegen zu schwerer Verbrechen auf keine
Begnadigung rechnen durften und ihr Lebensende in wenig

Wochen erwarten mußten, nahmen dem ohngeachtet ihr
Schicksal noch humoristischer auf als jene, denn drei davon
spielten sehr geräuschvoll unter Späßen und Gelächter Whist
mit dem toten Mann, der vierte aber saß auf dem Fenster-
brett, wo er eifrig in einer Grammatik studierte, um — fran-
zösisch zu lernen! C'était bien un philosophe sans le savoir.

Gestern abend besah ich mir zum erstenmal Vauxhall, ein
öffentlicher Garten, in dem Geschmack von Tivoli in Paris,
aber weit glänzender und grandioser. Die Illumination mit
Tausenden von Lampen in den brennendsten Farben ist ungemein prachtvoll. Besonders schön nahmen sich kolossale
unter den Bäumen aufgehangene Blumenbuketts aus, wo die
Blumen von roten, blauen, violetten und gelben Lampen, die
Blätter und Stiele von grünen gebildet wurden, dann Kron-
leuchter von einem bunten türkischen Muster aller Nuancen,
und ein Tempel für die Musik, von dem königlichen Wappen
nebst dem „crest" darüber gekrönt. Mehrere Triumphbogen
waren nicht, wie sonst gewöhnlich, von Brettern aufgeführt,
sondern transparent von Eisen gegossen, welches sie unendlich eleganter und dennoch ebenso reich erscheinen ließ.
Weiterhin breitet sich der Garten noch mit verschiedenen Ab-
wechslungen und Darstellungen aus, wovon heute die merk-
würdigste die der Schlacht von Waterloo war. Um 7 Uhr
wird der Garten geöffnet. Aller Orten gibt es verschiedene
Darstellungen. Um 8 Uhr beginnt die Oper. Dieser folgen
anderswo Seiltänzer, um 10 Uhr zum Schluß die erwähnte
Schlacht von Waterloo. Dies Schauspiel ist sonderbar genug,
und die Täuschung wirklich in manchen Szenen sehr groß.
Zum Schauplatz dient ein Teil des freien Gartens selbst, der
mit uralten Kastanienbäumen, mit Gebüsch untermengt, besetzt ist. Zwischen vier der ersten, deren Laub so dicht ist,
daß kaum der Himmel durchschimmern kann, war eine Tribüne mit Gradins für ungefähr eintausendzweihundert Menschen errichtet, die wohl bis vierzig Fuß Höhe hinanstieg. In
einem furchtbaren Gedränge, nicht ohne einige empfindliche

Stöße zu erhalten und auszuteilen, erreichten wir unsern Sitz.
Es war eine warme wunderliebliche Nacht. Der Mond schien
äußerst hell und zeigte in einer Entfernung von ungefähr
fünfzig Schritt zwischen zwei Riesenbäumen einen kolossalen
Vorhang von rotem Zeuge, mit den vereinigten Wappen
Großbritanniens bemalt. Hinter dem Vorhang ragten viele
andere Baumgipfel, so weit man sehen konnte, hervor.
Nach einer minutenlangen Stille donnerte ein Kanonenschuß
durch den Wald, und die militärische Musik von zwei Garde-
regimentern ertönte zugleich in grandioser Harmonie aus der
Ferne. Der Vorhang öffnete sich in der Mitte, rauschte voneinander, und wir erblickten wie im Tageslicht auf einem
Boden, der sich sanft erhebt, unter hohen Bäumen hervor-
schimmernd, das Vorwerk Houguemont (nicht eine Dekoration, sondern aus Holz aufgebaute Fassaden mit gemalter
Leinewand bekleidet, die wirkliche Häuser vollkommen nachahmten) und aus dem Walde avancierten unter militärischer
Musik die französischen Garden, treu uniformiert, mit ihren
bärtigen Sappeurs voran. Sie formieren sich in Parade, und
Napoleon auf seinem Schimmel, im grauen Überrock, von
mehreren Marschällen begleitet, passiert sie en revue. Ein
tausendstimmiges „Vive l'Empereur!" erschallt, der Kaiser berührt seinen Hut, eilt im Galopp weiter, und die Truppen in
gedrängten Massen biwakieren. Nach einiger Zeit beginnt ein
fernes Schießen, es wird immer tumultuarischer auf der Szene,
und die Franzosen marschieren ab. Kurz darauf erscheint
Wellington mit seinem Generalstab, alle in recht guter Kopie
der Personalitäten, harangiert seine Truppen und reitet langsam ab. Das große Original befand sich selbst unter den Zu-
schauern und lachte herzlich über sein Konterfei. Jetzt beginnt das Gefecht durch Tirailleurs, ganze Kolonnen rücken
dann gegeneinander an, machen Attacken mit dem Bajonett,
die französischen Kürassiere chargieren die schottischen Kar-
rees, und da gegen eintausend Menschen und zweihundert
Pferde in der Aktion sind, auch das Pulver nicht gespart wird,
so waren manche Momente in der Tat auffallend einem

wirklichen Gefechte ähnlich. Besonders gut geriet der Sturm auf Houguemont, das in derselben Zeit durch einschlagende Bomben in Feuer aufgeht. Der dichteste Rauch eines wirklichen Feuers verhüllte eine Zeitlang die Streitenden, die im allgemeinen Tumult nur durch die Blitze des kleinen Gewehrfeuers teilweise sichtbar wurden, während mehrere Sterbende und Tote den Vordergrund einnahmen. Als der Rauch sich verzog, stand Houguemont noch in Flammen, die Engländer als Sieger, die Franzosen als Gefangene umher, und von weitem sah man Napoleon zu Pferde, und hinter ihm seinen vierspännigen Wagen über die Szene fliehen. Wellington aber als Sieger wurde unter dem fernen Kanonendonner mit Hurrageschrei begrüßt. Die lächerliche Seite der Vorstellung war Napoleon, welcher der Eitelkeit der Engländer zuliebe mehreremal flüchtend und verfolgt über die Szene jagen und dem Plebs in gutem und schlechtem Anzug zum Jubel dienen mußte. Das ist das Los der G r o ß e n auf der Erde! Der Welteroberer, vor dem einst die Erde zitterte, dem das Blut von Millionen bereitwillig floß, und auf dessen Wink die Könige lauschten – ist jetzt ein Kinderspiel, die Märchen seiner Zeit verschwunden wie ein Traum, der Jupiter dahin, und Scapin, wie es scheint, allein noch übrig. Obgleich nach Mitternacht, war es doch noch Zeit genug, mich aus der seltsamen Licht- und Mondscheinszene auf einen glänzenden Ball bei Lady L... zu begeben, mit vielen Diamanten, schönen Weibern, kostbaren Erfrischungen, schwelgerischem Souper und kolossalem Ennui. Schon um 5 Uhr früh ging ich daher zu Bett.

Schon mehrere Male habe ich den Architekten Herrn Nash besucht, dem ich viel Lehrreiches in m e i n e r Kunst verdankte. Man sagt, daß er sich ein Vermögen von 500 000 £ im speziellen Sinne des Wortes „aufgebaut" habe. Er besitzt einige herrliche Landsitze, und kein Künstler in der Stadt wohnt auch in dieser anmutiger. Vor allem gefiel mir seine Bibliothek.

Sie bildet eine lange, breite Galerie mit zwölf tiefen Nischen auf jeder Seite und zwei großen Portalen an den Enden, die in zwei andere geräumige Zimmer führen. Die Galerie ist flach gewölbt und erhält einen Teil ihres Lichts von oben durch eine zusammenhängende Reihe eleganter Rosetten, deren mattes Glas verschiedene grau in grau gemalte Figuren schmückten. In jeder Nische befindet sich in der Decke ebenfalls ein halbrundes Fenster von lichtem Glase, an der Rückwand oben ein Alfreskogemälde aus den Logen Raffaels, und unter diesem auf Postamenten aus Gipsmarmor: Abgüsse der besten Antiken. Den übrigen Raum der Nische nehmen Schränke mit Büchern ein, welche jedoch nicht höher, als das Postament der Statue ist, emporsteigen. Auf den breiten Pfeilern zwischen den Nischen sind ebenfalls Arabesken nach Raffael aus dem Vatikan, vortrefflich al fresco ausgeführt.

Vor jeder Nische, und etwas entfernt davon, steht in der mittleren Galerie ein Tisch von Bronze mit offenen Fächern, welche Mappen mit Zeichnungen enthalten, und auf den Tischen Gipsabgüsse irgendeines berühmten architektonischen Monuments des Altertums. Ein breiter Gang bleibt noch in der Mitte frei.

Aller Raum an Wänden und Pfeilern, der keine Malereien enthält, ist mit mattem Stuck belegt, der in einem blaßrötlichen Tone gehalten und mit goldenen, schmalen Leisten eingefaßt ist. Die Ausführung erscheint durchgängig gediegen und vortrefflich.

Helmuth von Moltke

Als der spätere Feldmarschall von Moltke (1800 bis
1891) während der Jahre 1835 bis 1839 in militärischer Mission
in der Türkei lebte, schrieb er tagebuchartige Briefe an seine
Eltern.
Die „Briefe aus der Türkei" (E. S. Mittler & Sohn, Berlin) sind
nicht nur durch ihre Beobachtungen, sondern auch durch ihre
Sprache berühmt geworden. Wir geben das Schreiben vom 28. Dezember 1837 gekürzt wieder.

DIE AYA SOPHIA IN KONSTANTINOPEL

1837

Solche Fluten und Verheerungen sind über Konstantinopel
zusammengeschlagen, daß fast jede Spur ihres Altertums
verwischt worden ist. Die Stadt des Byzanz ging in der des
Konstantin unter, und die Schöpfung des römischen Impera-
tors wurde von Stambul, dem stehenden Lager eines Tataren-
stammes, überdeckt. Zwar ist Konstantinopel voll von Trümmern, aber es sind die Trümmer von gestern, und darin unterscheidet sich die oströmische von der abendländischen Hauptstadt. Die Stadt, welche die sieben Hügel am Tiber krönt, ist
fast ganz in die Ruinen des alten Rom hineingebaut, indes
eine Stadt aus Holz die sieben Hügel am Bosporus bedeckt,
welche jede Feuersbrunst umgestaltete. Dennoch ragen einige
Denkmäler aus der Vorzeit, und ich will dich an ihnen vor-
überführen.
Die meisten Erinnerungen haften an dem Tempel, welchen
Konstantin der göttlichen Weisheit errichtete und dessen Kalk-
wände und Bleikuppeln, durch vier riesenhafte Strebepfeiler
gestützt, sich noch heute hoch über den letzten Hügel, zwischen der Propontis und dem Goldenen Horn erheben. Dort
steht noch immer die alte Sophia, wie eine ehrwürdige Matrone
im weißen Gewande mit grauem Haupt auf ihre mächtigen
Krücken gestützt, und schaut über das nahe Gedränge der
Gegenwart weit hinaus über Land und Meer in die Ferne.
Von ihren Beschützern, ihren Kindern verlassen, wurde die

tausendjährige Christin gewaltsam zum Islam bekehrt; aber sie wendet sich ab vom Grabe des Propheten und blickt nach Osten, der aufgehenden Sonne ins Antlitz, nach Süden gen Ephesus, Antiochien, Alexandrien, Korinth und dem Grabe des Erlösers, nach dem Westen, der sie verließ, und nach dem Norden, von dem sie Befreiung erwartet. – Feuersbrünste und Belagerungen, Bürgerkrieg und fanatische Zerstörungswut, Erdbeben, Stürme und Ungewitter haben ihre Macht gegen diese Mauern gebrochen, welche christliche, heidnische und mohammedanische Kaiser unter ihre Wölbung aufnahmen. Aber so viele Jahrhunderte gehen dennoch nicht spurlos an einem Menschenwerke vorüber. Die Kuppel der Sophienkirche ist mehr als einmal eingestürzt, das Innere durch Feuer verheert, und riesenhafte Anbaue wurden nötig, um den Dom von außen zu stützen. Die Türken haben zu drei verschiedenen Zeitabschnitten vier unter sich ungleiche Minaretts hinzugefügt, welche lange nicht so schlank und zierlich sind wie die der später erbauten anderen Moscheen, und obwohl fast alle Reisebeschreiber über den Anblick der Aya Sophia in offizielle Bewunderung ausbrechen, so will ich dir nur gestehen, daß sie auf mich weder den Eindruck eines großen, noch eines schönen Bauwerks gemacht hat, bis ich hineintrat.

Die Sophia ist darin das Gegenteil der türkischen Moscheen überhaupt, welche, von außen gesehen, durch ihre geschmackvolle Bauart überraschen, deren Inneres aber keinen Ehrfurcht erweckenden Eindruck macht. Sie entbehrt eine der größten Zierden jener Moscheen, den Vorhof (Haram), und man findet nirgends einen günstigen Punkt, um sie zu beschauen. Aber wenn man durch den Nartex oder Portikus, unter welchem die Büßenden zurückblieben, unter die weite Hauptkuppel tritt und einen Raum von 115 Fuß im Durchmesser ganz frei, ohne Säulen und Stützen vor sich sieht, über dem 180 Fuß hoch eine steinerne Wölbung in der Luft zu schweben scheint, dann staunt man über die Kühnheit des Gedankens, über die Größe der Ausführung eines solchen Baues. Die Sophia ist dreimal so hoch, als der Tempel Salomonis war,

und ihre ganze Länge und Breite beträgt (die Halbdome mitgerechnet) 250 Fuß; die drei Seiten nämlich, links, rechts und
vor dem Eintretenden, sind in drei niedrigere, aber immer
noch über 100 Fuß hohe Halbkugeln von 50 Fuß im Halb-
messer erweitert, welche unten wieder in kleinere Halbkreise
ausschweifen. Das Überraschende ist die große Freiheit des
Raums, 8000 Quadratfuß, von einer einzigen Wölbung über-
spannt. Unsere christlichen Kathedralen gleichen einem Wald
mit schlanken Stämmen und breiten Blätterkronen, diese Dome
sind dem Firmament selbst nachgeahmt.

Die breiten Halbkugeln an den Seiten enthalten zwei geräumige Tribünen, getragen durch die acht Riesensäulen, welche
Konstantin aus Ephesus, Athen und Rom zusammenbrachte.
Die Tempel Europas, Asiens und Afrikas wurden geplündert,
um diese christliche Kirche zu schmücken, und du findest auf
der zweiten Tribüne einen Wald von Säulen aus Porphyr,
Giallo antico, Jaspis und Marmor. Die an der westlichen Seite
weichen auf eine sehr bedenkliche Weise von dem Senkrechten ab und zeigen, daß hier die Hauptmauern sich bedeutend
gesenkt haben müssen. Eine akustische Merkwürdigkeit überraschte mich in den Nebenkuppeln; da sie parabolisch gebaut
sind, so hört man das leiseste Geräusch, welches an der gegen-
überstehenden Seite verursacht wird. Es macht einen schauer-
lichen Eindruck, die bekannte Stimme eines Freundes in un-
mittelbarster Nähe aus der Mauer flüstern zu hören, den man
mit den Augen vergebens sucht.

Das Licht fällt hauptsächlich durch eine Reihe von Fenstern,
welche den Fuß der Kuppel umgeben. Längs derselben befindet sich unter der Wölbung ein Umgang, von dem aus man
einen schauerlich schönen Blick 150 Fuß tief hinab in das Innere
des Domes hat, auf die Gruppen von Betenden, die den
weiten Fußboden bedecken. Ich habe oben erwähnt, daß die
Sophia nicht nach der Kibla oder dem Grabe des Propheten
orientiert sei; sie wendet nicht ihre Seiten, sondern ihre Ecken
den vier Weltgegenden zu und steht daher beinahe, aber doch
nicht genau so orientiert wie die später erbauten Moscheen.

Damit nun das Gebet der Gläubigen die rechte Richtung nicht
verfehle, so hat man die Rohrmatten und Teppiche des Fuß-
bodens der heiligen Stadt Mekka zugekehrt, eine Verschiebung, welche zu dem ganzen Bau nicht paßt und einen unan-
genehmen Eindruck macht.

Aber nicht ohne eine Anwandlung von Schrecken entdeckt
man hier, wie die Wölbung der Kuppel an Stellen durch fuß-
tiefe Einsenkungen oder, wenn ich so sagen darf, durch große
Beulen von der sphärischen Form abweicht. Die Wölbung war
mit Mosaik von Steinen oder vielmehr mit einem künstlichen
Glasfluß ausgelegt, welcher abgeschliffen, vergoldet oder gemalt ist. Die Türken haben aber diese Bilder sowie die vier
Cherubim über den Hauptpfeilern entweder übertüncht oder
unkenntlich gemacht, und das Innere ist ganz frei von Bild-
werken, Gemälden, Standbildern oder Denkmälern. Der einzige Schmuck der Wände sind die prachtvollen Inschriften
aus dem Koran, welche äußerst geschmackvolle Arabesken
bilden; die Buchstaben sind vergoldet, 6 bis 8 Fuß hoch, ziehen
sich in langen Streifen auf dunkelblauem Grunde um die
Kuppel oder sind in Tafeln zusammengestellt.

Auf allerlei Stiegen und über kleinere Dächer gelangt man
von außen bis an den Rand des großen Hauptgewölbes; von
dort steigt man auf die Decke der Fenster, findet eine Kette,
die von dem goldenen Halbmond auf der Spitze der Kuppel
herabhängt und mittels welcher, wer nicht an Schwindel
leidet, leicht auf die obere Fläche derselben hinaufklettert. Die
Aussicht von diesem künstlichen Berge belohnt reichlich die
Mühe des Erklimmens; dicht unter sich hat man auf der einen
Seite die inneren Höfe des Serails, auf der anderen den
Atmeidan; der Hafen gleicht einem breiten Strom, der mit
zahllosen Schiffen und Nachen gerade auf die Sophia zu-
strömt, und ringsumher erblickt das staunende Auge eine
Mannigfaltigkeit von Städten und Meeren, von Land und
Gebirg, wie die Phantasie sie nicht ersinnen, die Kunst sie
nicht nachbilden kann. Das Hinabsteigen ist etwas weniger
angenehm.

Jakob Burckhardt

Jakob Burckhardts, des großen Baseler Kunstgelehrten,
„Briefe an einen Architekten" (Georg Müller und Eugen Rentsch,
München 1913) sind an den jungen Schweizer Max Alioth gerichtet. Im Jahre 1870 beginnen die Schreiben des 52jährigen Meisters
an den 28jährigen Architekten, der in Basel mit einigen vielversprechenden Arbeiten hervorgetreten war. Die Briefe begleiten
Alioth bis 1889 nach Paris und Frankfurt a. M. Ohne rechten
Erfolg kehrt er nach Basel zurück, wo er mitten in verheißungs-
voller Tätigkeit stirbt.
Burckhardt lernt man durch die Briefe nicht nur als Architektur-
betrachter, sondern auch als Menschen kennen.

REISEBRIEFE AN EINEN ARCHITEKTEN
1870

Verehrter Herr und Freund!

Basel, 1. Februar 1870

Es freut mich vor allem, daß Sie das Gefühl haben, daß es
wohlgetan gewesen, mit Rom zu beginnen. In einem gewissen
Sinne wird Ihnen allerdings nachher „nichts mehr großartig
genug sein", wie Sie es zum voraus ahnen. Es gibt an andern
Orten ebenso große Bauten, aber nirgends mehr diese
sich bis ins Geringste hinein verratende, sich von selbst ver-
stehende Größe des Maßstabes und nirgends mehr
vollends so viele originelle Einzelerfindungen und Ideen.
Vor dem Fundament in Via Giulia möchte man wirklich
weinen; im Hinblick aber auf das viele Unvollendete, Ver-
eitelte und Verpfuschte, was der Passionsweg durch die Geschichte der Architektur Ihnen noch zeigen wird, rate ich,
einstweilen mit den Klagen noch sparsam zu sein. Übrigens
glaube ich einmal von Geymüller gehört zu haben, daß noch
eine Skizze eines Stückes der Fassade erhalten sei, ich bin
nur leider so aus allen italienischen Sachen heraus, daß nichts
mehr, was ich nachträglich erfahre, recht haften will.
Um das Höfchen bei Palazzo Altemps sind Sie sehr zu beneiden. Wie Zahlloses der Art habe ich übersehen, schon

deshalb, weil ich vor meiner letzten Reise 1853/54 keinen
Letarouilly und überhaupt auch sonst fast kein Sammelwerk
zur Präparation benützen konnte.
E. E. Publikum weiß überhaupt nicht, unter was für kümmer-
lichen Umständen der Cicerone auf die Welt gekommen ist.
Nun, er hat mir hernach die Professur am Polytechnikum verschafft, und daraufhin hat sich mein Schicksal überhaupt wieder
etwas erholen können.
Sie werden in Italien noch so manches sehen, wovon Sie
nicht begreifen, wie ich es habe übergehen können – denken
Sie nur immer, ich hätte es nicht gesehen oder bei meiner
damals erst allmählich erfolgenden Augenöffnung nicht erkannt. Ach, was sind Sie glücklich, Sie sehen jetzt jede Stunde
etwas, das durch Formenbildung, Proportion und Lichtwir-
kung schön ist. Sie leben in einer Stadt, wo der mäßigste Kor-
ridor, die bescheidenste Treppenrampe die Nähe der Größten
irgendwie verraten. Wir hier sind recht brave Leute, aber
zuzeiten erstaunliche Knorzer, und wenn man aus Italien
wieder nach Basel kommt, fallen einem die Häuser über dem
Kopf zusammen.
Ganz begierig wäre ich, von Ihnen zu vernehmen, wie Sie
jetzt Paris und Rom gegeneinander verrechnen, und was Sie
jetzt von dem künstlerischen Gewissen einiger berühmter
Pariser Architekten denken. Denn bloße Geschmackssache
sind Nouveau Louvre, Opéra usw. nicht mehr, wenn man
seine Schule in Italien gemacht hat oder gar „Grand prix de
Rome" gewesen ist; man muß etwas von seiner Moralität auf-
opfern, um solchergestalt der Mode gefällig zu sein. Wie
völlig o h n e G r ö ß e sind diese riesigen neuen Pariser
Bauten! Von den speziellen Gründen der Häßlichkeit zu
schweigen. Wer Millionen wegwerfen könnte, um Zeitgenossen zu blamieren, der müßte einmal an irgendeinem Boulevard mit einem Stück echten, derben Italiens aufrücken. Vielleicht gingen den Parisern dabei die Augen auf. Und zwar
müßte es nicht eine römische Fassade, sondern eine im Stil des
Sanmicheli sein, damit sie einmal sähen, wie Monsieur Garnier

seine Aufgabe hätte fassen können, und wie Pracht und Würde sich nicht ausschließen.

Ich denke nun, wie Sie mit Ihrem Skizzenbuch herumwandern und stenographisch bald da, bald dort Grundrisse, Profile, Verhältnisse und – rasch à l'estompe – die Beleuchtung irgend-eines architektonischen Anblicks fixieren und daneben irgend-eine fleißige Detailaquarelle ausarbeiten. Der Himmel gebe Ihnen mildes Winterwetter.

Crostate und süßen Wein möchte ich auch gern wieder in Rom genießen, wäre auch für beides noch empfänglich. Grüßen Sie von mir unbekanntermaßen den weißen Pfau im Pal. Altemps.

Noch eines: für alles, was ins Gebiet der Notizen, Namen, Straßennachweisungen, Jahreszahlen usw. gehört, verlassen Sie sich nicht auf Ihr Gedächtnis, sondern wenden Sie jedes-mal eine Zeile und ein paar Sekunden dran.

Seien Sie bestens gegrüßt

von Ihrem ergebenen

J. Burckhardt

Rom, 5. April 1875

Albergo-Centrale, Piazza-Rosa

Nachdem Sie vermutlich meinen Brief an Herrn G. gelesen, will ich einen neuen an Sie wenigstens anfangen, da es ein schwüler Sonntagabend ist und begonnen hat zu regnen, ich auch zum Laufen zu müde bin, sintemal ich heut fast das ganze kapitolinische Museum rasch durchnotiert und nach-mittags die ganzen Kaiserpaläste durchirrt habe.

Mein Respekt vor dem Barocco nimmt stündlich zu, und ich bin bald geneigt, ihn für das eigentliche Ende und Haupt-resultat der lebendigen Architektur zu halten. Er hat nicht nur Mittel für alles, was zum Zweck dient, sondern auch für den schönen Schein. Worüber einst mündlich mehreres.

Einstweilen befinde ich mich trotz aller Jagd und Hatz vor-trefflich und genieße unter anderem das Glück, nicht mehr ex

officio wissen zu müssen, von wem das Altarblatt in der xten
Kapelle rechts in San Dings herrührt. Nächstens werde ich nun
Pal. Altemps aufsuchen und den weißen Pfau von Ihnen grü-
ßen, wenn er noch lebt. Ich habe die „Schneigge" überall und
empfinde namentlich, wie sehr doch Rom etwas anderes ist
als zum Beispiel Genua, wo es aussieht, als hätten Kinder
Theaterdekorationen vierten Ranges schräg und quer auf
Felsen herumgestellt. Was ich unterwegs von Frührenaissance
gesehen, das sah ich mit tiefer Rührung, namentlich in Siena
S. Caterina mit Fassade, Treppchen, Höfchen, Hällchen und
Zubehör. Dagegen hat mich der Palazzo del Magnifico daselbst zum Narren gehabt; ich hatte ihn früher nur von außen
gesehen und glaubte nun wegen der bronzenen Fackelhalter,
das Innere müßte doch noch etwas aus der Tyrannenzeit ent-
halten, fand aber nichts als in einem stinkenden Höfchen einen
vorgewölbten Gang, auf welchem vermutlich einst der selige
Tyrann auf den Abtritt ging. In Genua wird jetzt im Pal.
Doria nur noch die untere Halle, der obere Hauptsaal, ein
Zimmer und die Galerie gezeigt, letztere das Reichste, was
von Dekoration unmittelbar raffaelischer Schule außerhalb
Roms vorkommt; vor einundzwanzig Jahren sah ich noch
neun Räume.
Rom ist enorm verändert, der Korso abends und nachts ein
Stück Paris; die Invasion der Italiener und aller ihrer Dialekte
fällt bei Schritt und Tritt auf; ich höre Milanese und Napoli-
tanisch usw. Manches ist teurer, doch nicht so sehr wie ich
fürchtete. Manches ist entschieden bequemer als früher, und
Essen und Trinken so gut als je. Der rote Wein vom letzten
Jahr ist selbst in Kneipen wie „Tre Ladroni" und „Archetto"
feurig und herrlich wie ein Burgunder, und wenn ich des
Alleintrinkens in höherem Grade fähig wäre, so würde ich
ein Trunkenbold. Die Kaffeewirte geben zu 15 Cents einen
Kaffee, der unsere jämmerlichen Basler Cafétiers mit ihrem
Geschmier zu 30 bis 40 Cents jämmerlich zuschanden macht.
Und NB., der Kaffee wächst ja auch in Italien nicht und zahlt
hier ohne Zweifel einen höheren Zoll als in der Schweiz. In

den kleineren Cafés achte ich jetzt immer darauf, was sich in
der Mitte über dem Büfett befindet; bisweilen ist es noch die
Madonna mit dem Lämpchen davor; irgendwo war es noch
die Madonna, aber statt des Lämpchens war eine Zahl aus-
erwählter Schnäpse in Flaschen davor aufgestellt; in den auf-
geklärten Cafés sieht man statt der Madonna die Büste Vit-
torio Emanueles, meist tief verstaubt, so daß sich ihm der
Staub auf die Stirn, die Augenhöhlen, den gewaltigen Schnauz
und das Oberteil des Knebelbartes gesetzt hat, was ganz
abenteuerlich aussieht. Übrigens bin ich in Italien und bis zu
meiner Rückkehr völlig ministeriell und governativ gesinnt.

Was Rom für mich momentan besonders kennzeichnet, das ist
die große Menge von Deutschen; heute in den Kaiserpalästen
waren sie die beträchtliche Mehrzahl. Dieser Tage im Vatikan
ging ich einer Partie Deutschen nach, welche einen alten aus-
rangierten Österreicher zum Cicerone hatten; Sie hätten hören
sollen, was der ihnen erzählte! – Ganz rührend war's heute
im großen Saal des Museo capitolino, wo die Zentauren
stehen; es war Öffnungstag, und auch armes Volk von Rom
lief herum; eine gute alte Frau mit einem Kinde fragte mich
ganz erschrocken, wo solche Kreaturen vorkämen? Und ich
mußte sie beruhigen, daß dies nur „immaginazioni dé scultori"
seien; „perchè", fügte ich weise hinzu, „sarebbe di troppo
l'inteiligenza dell' uomo insieme colla forza del cavallo". Aber
ist es nicht eine herrliche Sache, für ein Volk zu meißeln, das
auch das Kühnste für wirklich hält, das vielleicht noch die alle-
gorischen weiblichen Figuren für „Sante persone" hält? während ja im Norden jedes Kind a priori weiß, daß die Kunst
nur Spaß sei.

Eines gibt mir hier noch immer auf die Ohren: ich kann die
freche Diagonale nicht ausstehen, in welcher die Bettler auf
den Fremden als auf eine sichere Beute zugeschritten kommen. Übrigens noch lieber Bettler als Räuber; vorgestern sind
nicht weit von der Caecilia Metella vier Engländerinnen in
einem Wagen von Strolchen überfallen und völlig geplündert,
eine sogar in den Hals verwundet worden.

Ich lebe bereits in einem Morast von Photographien und bin doch erst am Anfang. Allgemach kommen mir aber, nicht für mich, sondern für die, welche nach uns kommen, gewisse Bedenken: das alles wird verbleichen, während die geringste lithographische Ansicht dauerte; nun hat sich alles auf die Photographie geworfen, und man wird sagen: wenn eine verbleicht, so macht man tausend neue — allein die Objekte selbst sind nicht ewig! und ich habe im Camposanto zu Pisa manches viel zerstörter angetroffen als früher, auch im Palazzo publico zu Siena.

Ich weiß, lieber Freund, Sie haben anderes zu tun als Briefe zu schreiben, aber hübsch wären ein paar Zeilen von Ihnen doch! Wenn die Auserwählten sich für diesen Brief interessieren, so zeigen Sie ihnen denselben.

Mailand, Freitag nachm.

in einem Café am Corso

Es ist ein wonniger Regentag, kein bloßer Sprühregen, nein, ein Landregen; umsonst hat die Sonne einige infame Versuche gemacht, uns wieder zu kujonieren; es hilft ihr nichts.

Architekturlied aus Italien

An manchem schönen Vestibül
Verstärkt' ich schon mein Kunstgefühl,
An mancher schönen Stegen;
Es ist ein wahrer Segen.

Ich bin in Welschland wohlbekannt,
Jetzt durchgeschwitzt und hartgebrannt
Und tu mich nicht genieren,
Krummkrüpplich zu skizzieren.

Denn neben Dir ist alles Tand,
O Du, halb Dreck —, halb Götterland,
Wo alles hoch und luftig
(Der Mensch bisweilen schuftig).

Und mein Programm ist bald gesagt:
An allem, was da schwebt und ragt,
Gebälk, Gewölb' und Kuppeln,
Mich noch recht vollzuschnuffeln,

Damit mir Atem übrig bleibt,
Wenn Basel mir den Angstschweiß treibt
Und enge Häuserreihen
Ob mir zusammen „keien".

Alfred Lichtwark

Alfred Lichtwark (1852—1914) sandte von seinen vielen
Reisen regelmäßige Berichte an die Kommission für die Verwaltung seiner Hamburger Kunsthalle. Sie sind eine Art Tagebuch
seiner Erlebnisse.
Eine Auswahl seiner „Reisebriefe", besorgt von Gustav Pauli,
wurde in zwei Bänden herausgegeben im Verlag Broschek & Co.,
Hamburg.

REISEBRIEF AUS BAMBERG
1895

Bamberg, den 2. September 1895

Am heiligen Sedantag, wie ich hier sagen hörte. Ich bin
wie berauscht von der Stadt. Gestern abend kam ich hier
an mit einem echt „bayerischen" Zuge, der nach einem bisher
noch nicht entdeckten Gesetz an jeder beliebigen Station aus
einem Schnellzug zu einem Bummelzug werden kann. Nachdem ich mich ein wenig restauriert hatte, was nach Gluthitze
im überfüllten Abteil nötig war, trat ich beim Mondschein die
erste orientierende Wanderung durch die Stadt an. Es war,
als ob ich durch eine Lohengrindekoration wandelte. Die
Straßen gehen sieben Hügel auf und ab in unvorhergesehenen Wendungen. Häuser treten vor und springen zurück, wie
sie wollen. Bauordnung spricht nicht mit. Alle Nebenstraßen
sind ganz dunkel, weil Vollmond ist, man wandelt wie in
tiefen Schluchten und sieht hie und da aus dem Dunkel heraus ein Giebelfenster, eine Säulenfassade übereck im hellen
Mondschein wie im Tageslicht liegen, man geht über Brücken,
auf deren Pfeilern Heilige ihre Arme in die Nacht erheben
und unter denen das reißende Wasser tost, während in der
nebelhaften Ferne unwahrscheinlich hoch über einem erleuch-
tete Fenster glänzen. In der Hauptstraße hängen, durch lange
dunkle Zwischenräume getrennt, einsame Bogenlampen an
unsichtbaren Fäden wie aufgehängte Monde, von einer Wolke
von Mücken und Nachtfaltern umgeben, durch die in Scharen
die Fledermäuse schießen. Man sieht sie nicht, aber ihre

Schatten eilen in irrationalen Linien über den hellen Boden.
Am Ende der langen Straße kam ich langsam durch dunkle
Schluchten auf den Domplatz emporgestiegen: Häuser mit
leidenschaftlich bewegten Barockfiguren, hie und da mit der
ewigen Lampe vor einem Heiligenbild, einem ganz kleinen
roten Pünktchen, haushohe Substruktionen, über denen
dunkle Bäume im Mondschein stehen und von deren Balu-
straden die Klematis dicht wie ein Gewand herabfallen; und
überall gespensterhaft, von der schwülen Luft kaum bewegt,
die Sedanfahnen, lange schmale Streifen vom Giebel bis zum
Pflaster.
Dieser Domplatz im Mondschein, ich konnte mich gar nicht
trennen. Geschlechter haben ihm nacheinander seinen Charakter gegeben, aber jedes hat mit unendlich feinem Raumgefühl
fortgeführt, was angefangen war, und so ist ein Ganzes geworden, in dem Romantik, Gotik, Renaissance und Barock zu
einer überwältigenden Harmonie zusammenklingen.
Ohne die Vorbereitung des steilen Anstiegs in der Häuser-
schlucht wäre der Eindruck vielleicht nicht so übermächtig. Es
war ein Kunstmittel wie die dunkle Passage im Panorama.
Der Domplatz im Mondschein, das war wirklich wie Lohen-
grin, nur viel schöner, weil der eine Theatermaler nicht so
viel Phantasie haben kann wie ein beinah erfülltes Jahrtausend.
Denn dieser Domhof auf dem hohen Felskegel an der Regnitz hat miterlebt, was seit Karls des Großen Tagen unserem
Volke widerfahren ist. Hier erhob sich die feste Burg der
wilden Babenberger, denen die Stadt ihren Namen dankt, hier
hielt Otto der Große den Langobardenkönig Berengar gefangen, hier residierte der heilige Kaiser Heinrich II. mit
seiner Gemahlin Kunigunde, hier huldigte Friedrich von
Hohenstaufen ingrimmig seinem Nebenbuhler Lothar von
Sachsen, hier empfing die heilige Elisabeth die Gebeine ihres
Gemahls und hielt die erste Seelenmesse auf deutschem Boden,
hier wurde Heinrich von Hohenstaufen zum deutschen Kaiser
gewählt und hier 1208 König Philipp von Hohenstaufen er-

mordet von Otto von Wittelsbach (in einem etwa 1540 erbauten Erker; die Stelle wird noch gezeigt). Und hier hat in der
neuen Residenz Napoleon gewohnt, und sein Marschall Ber-
thier, Fürst von Wagram, Schwiegersohn des Herzogs Wilhelm
in Bayern, durch einen Sturz aus dem Fenster seinen Tod gefunden, als er, unter der Restauration Pair de France geworden, sich vor dem aus Elba anrückenden Napoleon geflüchtet
hatte und den Einzug der Russen besichtigen wollte. Dasselbe
Zimmer diente dann dem verjagten König Otto von Griechenland als letzte Zufluchtsstätte.

Das alles hatte ich in dem Leistschen Führer auf der Fahrt
hierher gelesen, einem liebenswürdigen Buch mit sehr viel
Lokalwissenschaft und entzückender Naivität.

Und nun stand ich auf dem stark aufsteigenden Platz, zur
Linken den romanischen Dom mit seinen vier phantastischen
Türmen, gerade vor mir die alte Hofhaltung, ein Bau der
deutschen Frührenaissance, einstöckig, aber mit einem kräftig
emporstrebenden, fast turmartigen Mittelbau, rechts die neue
Residenz, ein kolossaler Barockbau, und als ich mich umsah,
blickte ich über eine statuengeschmückte Mauer auf die Stadt
hinab, die mit Türmen und Giebeln im dunstigen Mondlicht
dalag, tief unten, weit bis zum Horizont sich hinschiebend, die
misera plebs, die zur Fürstenherrlichkeit hinaufschaut. Der
Platz ist angelegt nach dem Prinzip der Piazzetta in Venedig,
geschlossen an drei Seiten, aber offen, wo die Aussicht zu
schön war, um sie zu unterdrücken.

Da ich den Stadtplan im Kopf hatte, konnte ich gemächlich
nach allen Richtungen die Stadt durchqueren. An der Regnitz
unten gibt es Prospekte, die unsern Fleten oder den Kanälen
von Venedig ähnlich sehen, und die man nicht erwartet, wenn
man im obern Teil der Stadt das reißende, vielfach aufge-
fangene Wasser tosen gehört hat. Alle Augenblicke öffnet
sich eine Perspektive auf diese oder jene der hochliegen-
den Kirchen. Zuletzt kam ich zu den „Kellern" hinauf, den
Bamberger Biergärten, wo an dem schönen Abend hoch und
niedrig nebeneinander unter Bäumen saß, Bier trank und das

mitgebrachte Abendbrot verzehrte, echt süddeutsches, speziell
bayerisches Volksleben.

Heute früh habe ich angefangen, das alles bei Tageslicht
wiederzusehen. Der Eindruck ist ein ganz anderer, aber er
verliert nicht.

Bamberg ist wesentlich romanisch und barock, den beiden
Gipfelpunkten der geistlich-weltlichen Macht der Fürstbischöfe
entsprechend. Von der Gotik, die in Deutschland der Stil des
Bürgertums war, ist nicht viel zu sehen. Nur die bürgerliche
Pfarrkirche, aus der Zeit eines kurzen Aufschwungs der Bür-
germacht stammend, hat einen mächtigen gotischen Chor, der
mit dem einen gotischen Turm das Stadtbild beherrscht. Es
gelang den Bischöfen nach heftigem Kampf, das Bürgertum zu
schwächen und sich wieder zu unterwerfen, nachdem es zur
Zeit der Hussitengefahr den Versuch gemacht hatte, sich zu
befreien und die Stadt zu befestigen. Alle Mauern und Gräben wurden wieder zerstört, weil die Bischöfe die Stadt in
Botmäßigkeit erhalten wollten. Gegen das 18. Jahrhundert
war sie dann im Schutz der Bischöfe wieder erstarkt und
drückte ihre Wohlhabenheit durch einen phantastischen Um-
bau des alten Rathauses aus.

Dies Rathaus weist auf den Gang der Entwicklung deutlich
hin. Es liegt nicht in der ältern Stadt, die sich an die befestigte
Burg angegliedert hatte, auch nicht in der neuen, jenseits der
Regnitz entstandenen, sondern auf einer Insel im Fluß zwischen beiden. Die Straße, die beide verbindet, im Mittelalter
die einzige, geht durch den Rathausturm. Von beiden Seiten
führt eine Brücke auf den Turm zu, dessen gotischer Kern im
vergangenen Jahrhundert in eine verwegene, üppige Rokokodekoration gesteckt ist. Balkons springen auf die Brücken vor,
deren Sockel und Geländer wie die Konsole einer Kirchen-
orgel des Rokokos gebildet sind, und ein zierlicher Turm
krönt die schwere Masse. Ähnliche Situationen für Rathäuser
kommen auch sonst vor, wenn zwei Stadtkerne sich zu einem
Ganzen vereinigen, so bei der Lage des Hamburger Rathauses
an der Trostbrücke.

Die ganze Stadt ist mit Klöstern durchsetzt. Heute sind sie
Kasernen geworden, Klarissenkaserne, Dominikanerkasernen,
Karmeliterkasernen. Hier wie anderwärts ist der Militarismus
der Erbe des Mönchtums geworden. Daß es möglich war,
deutet auf eine gewisse innere Verwandtschaft, die beim Offi-
zier sogar bis zu einer priesterlichen Begünstigung des Zölibats
reicht. Außer den Klöstern drücken die zahlreichen und zum
Teil sehr schönen Domherrenhöfe dem Straßenbild ihren
Charakter auf, wappengeschmückte Barockbauten. Denn das
Domkapitel spielte hier eine besonders große Rolle, oft in
heftiger Fehde mit dem Fürstbischof. Wie in Würzburg war
das Fürstbistum ein eifersüchtig bewachtes Hausgut des hei-
mischen Adels, nach dem kein Fürst die Hand ausstrecken
durfte. Dieselben Wappen der Schönborn usw. kehren, wie
in Würzburg, überall wieder.
In mehreren Armen fließt die Regnitz durch die Stadt, von
den Bürgern abgeleitet, wie einst bei uns der Elbstrom. Das
gewaltige leere Bett des äußersten Armes zu sehen, der sich
in weitem Bogen um die Stadt spannt, hat etwas Tristes. Er
dient heute bei Hochwasser der Stromregulierung.
Tausendfach geknechtet und unterdrückt hat das Bürgertum
in Bamberg sich doch bewußterweise große Aufgaben gestellt.
Auf der Brücke nach dem Rathaus steht ein langes Gedicht
zum Lob der Erbauer mit dem sehr deutlichen Schluß:

> Dies sollt ihr zum Exempel han,
> Und fanget auch dergleichen an.

Der Bischof aber war auf die Dauer mächtiger als sein Kapitel
und als seine Hauptstadt. Was Heinrich den Heiligen bewogen,
das Bamberger Fürstbistum zu gründen im Kampf mit seinen
Großen, namentlich dem Würzburger Bischof, mit seiner Familie, die das Lehen der vernichteten Babenberger als Hausgut behalten wollte, konnte ich nicht erfahren, denn es gibt
noch keine brauchbare Geschichte des Fürstbistums, und die
großen Autoritäten der Lokalgeschichte, wie Dr. Leitschuh,
sind zufällig alle verreist. Es muß ein leidenschaftlich geliebtes

Projekt des Kaisers gewesen sein, denn er ordnete dem Bamberger Fürstbischof vier der Kurfürsten als Erbkammerherrn bei, darunter Sachsen und Brandenburg.

Immerhin ist aber Bamberg eine künstliche Schöpfung geblieben, und bei aller Pracht und allem Reichtum der Bauten, die ihm dienten, fehlt doch der ganz große Zug, der das Fürstbistum in Würzburg charakterisiert, das in höherem Grade eine historische Notwendigkeit gewesen zu sein scheint.

Auguſte Rodin

Der große französische Bildhauer R o d i n (1840—1917) hat in einem leidenschaftlichen Buch „Die Kathedralen Frankreichs" (Genius-Verlag, Berlin) die großen Offenbarungen der Gotik gefeiert.
Wir bringen die Einleitung des Werkes.

DIE KATHEDRALEN

Um 1913

Die Kathedralen rufen ein Gefühl von Zuversicht, Vertrauen, Frieden hervor. Wodurch? Durch ihre Harmonie. Einige technische Anmerkungen sind hier vonnöten.

Die Harmonie des lebenden Körpers entsteht durch das Gleichgewicht bewegter Massen. Die Kathedrale ist im Ebenbilde lebender Körper erbaut. Ihre Proportionen, ihre Gleichgewichtsbeziehungen entsprechen genau der Ordnung in der Natur, entspringen allgemeinen Gesetzen. Die großen Meister, die diese Wunder der Baukunst errichtet haben, beherrschten die gesamte Wissenschaft und verstanden sie zu nutzen, da sie, aus den natürlichen ursprünglichen Quellen geschöpft, in ihnen lebendig geblieben war.

Jedermann weiß, daß der menschliche Körper in Bewegung labil ist, und daß sein Gleichgewicht durch Ausgleichung wiederhergestellt wird. Das Standbein bildet, indem es unter den Körper tritt, die einzige Stütze des ganzen Körpers und vollbringt in diesem Augenblick die ganze Kraftleistung. Das Spielbein dient nur dazu, die Haltung gradweise zu verändern, bis es zur Entlastung des Standbeines selbst Standbein wird. Dies nennt man in der gewöhnlichen Rede „ausspannen", indem man das Körpergewicht von einem Bein auf das andere verlegt; so würde eine Karyatide ihre Last von einer Schulter auf die andere wälzen. —

Diese Bemerkungen haben für die Betrachtung der Kathedralen einige Wichtigkeit. Die kompensierten Gleichgewichtsstörungen, diese immerwährenden, unbewußten Gebärden des Lebens, erklären das Prinzip, welches die Architekten des

Strebepfeilers anwandten und dessen sie zur sicheren Stützung
ihrer gewaltigen Gewölbemassen bedurften.
Und wie jedes vernünftig angewendete Prinzip glückliche Folgen auf allen Gebieten, weit über die unmittelbaren Absichten
des Wissenschaftlers und Künstlers hinaus, nach sich zieht, so
wurden die Gotiker große Maler, weil sie große Architekten
waren. – Selbstverständlich nehmen wir hier das Wort Maler
in seinem weitesten, allgemeinsten Sinn. Die Farben, in die
unsere Maler ihre Pinsel tauchen, sind nichts als Licht und
Schatten des Tages und der beiden Dämmerungen. Die
Flächen, durch die die großen Gegensätze entstanden, welche
die Kathedralen-Baumeister zu bewältigen hatten, haben nicht
nur auf Gleichgewicht und Festigkeit Bezug; sie bestimmen
außerdem jene tiefen Schatten und schönen Lichter, die dem
Bauwerk ein so herrliches Kleid geben. Denn alles hängt zusammen, das geringste Teilchen Wahrheit bedingt die ganze
Wahrheit, und das Schöne unterscheidet sich nicht vom
Zweckmäßigen, was auch die Unwissenden darüber denken
mögen.
Die großen Schatten und Lichter nun ruhen auf nichts als
eben diesen Hauptflächen, den einzigen, die auf die Entfernung hin wirken, die ohne Dürftigkeit und Armut sind, da
in ihnen die Halbtöne vorwiegen. Und trotz ihrer Großartigkeit, oder noch besser, gerade ihretwegen sind diese
Linien, diese Flächen einfach und leicht. Vergessen wir es nicht:
Die Kraft ist es, die die Grazie erzeugt; es ist eine Perversität
des Geschmacks oder des Geistes, die Grazie in der Schwäche
zu suchen. Die Details sind dazu da, um, von der Nähe gesehen, zu entzücken und, von weitem gesehen, die Umrisse
machtvoll zu gestalten. –
Nur Wirkungen von solcher Intensität konnten auf weite
Entfernungen tragen. Nun erhob sich die Kathedrale, um die
Stadt zu beherrschen, die sich wie unter Flügel um sie drängte,
erhob sich, um als Sammelplatz, als Zufluchtsstätte den auf
weiten Wegen verirrten Pilgern zu dienen, ihnen gleichsam
ein Leuchtturm zu sein, um lebendige Augen tagsüber ebenso

weithin zu erreichen als das Angelus und die Sturmglocken
lebendige Ohren des Nachts. Auch die Natur weiß es, daß
für die Schönheit der großen Wesen und selbst für ihre
Grazie das vollkommene Gleichgewicht der Massen genügt;
sie gewährt ihnen nur das Wesentliche. Aber das Wesentliche
ist eben alles!

So auch die großen Flächen, die an gotischen Bauten durch
den Schnitt der Diagonalbogen im Kreuzgewölbe entstehen.
Welche Vornehmheit in diesen einfachen und so starken
Flächen! Dank ihnen wirken Licht und Schatten gegenseitig
aufeinander, rufen die Halbtöne hervor und damit das Wesentliche der Fülle, die wir an diesen gewaltigen Bauwerken bewundern. Diese Wirkung ist rein malerisch.

Wir sind also anläßlich der Architektur sofort dazu gekommen, von der Malerei zu sprechen. Und wirklich, dieses Spiel,
diese harmonische Verwendung von Tag und Nacht ist Zweck
und Mittel, ist im eigentlichen Sinne die Lebensform aller
Künste. Ist sie nicht (zum Beispiel) die ganze Architektur?
Die Architektur ist zugleich die geistigste und die sinnlichste
aller Künste, diejenige, die auf das entschiedenste alle menschlichen Fähigkeiten erfordert; in keiner anderen wirken Phantasie und Vernunft so tätig mit, doch ist sie auch am unmittel-
barsten den Gesetzen der Atmosphäre unterworfen, von der
die Bauwerke beständig umspült werden.

Um Licht und Schatten ihrem Wesen und seinen Absichten
gemäß zu benützen, verfügt der Architekt nur über gewisse
Kombinationen geometrischer Flächen. Welch ungeheure
Wirkungen kann er aus diesen immerhin beschränkten Mitteln
schöpfen! – Sollten die Wirkungen in der Kunst um so größer
sein, je einfacher die Mittel sind? Sicherlich, denn es ist das
höchste Ziel der Kunst, das Wesentliche auszudrücken. Alles,
was nicht wesentlich ist, gehört nicht zur Kunst. Schwierig ist
es nur, das Wesentliche vom Unwesentlichen zu sondern; je
reicher die Mittel sind, desto mehr steigt die Schwierigkeit,
desto bedenklicher wird es, die zufälligen Nuancen zur Geltung zu bringen, ohne ihre natürliche Freiheit zu verletzen

und ohne doch auch wiederum der auszudrückenden Idee
Gewalt anzutun.

Sind diese höchsten Ziele der Architektur nicht dieselben wie
die der Skulptur? Der Bildhauer, der seine Modelle den
Formen des sinnlichen Lebens entnimmt, den Pflanzen, Tieren,
dem Manne und dem Weibe, wird gewiß auf wunderbare
Weise durch die unerschöpfliche Abwechslung in all dieser
Schönheit unterstützt; doch gerade die Mannigfaltigkeit kann
eine Gefahr für ihn werden. Er gelangt nur dann zum großen
Ausdruck, wenn er sein ganzes Studium dem harmonischen
Spiel von Licht und Schatten widmet, genau so, wie der Architekt es tut. Im letzten Grunde sind es also immer Licht und
Schatten, die der Bildhauer wie auch der Architekt formt und
bildet. Die Skulptur ist nur eine Unterart im ungeheuern Gebiet der Architektur, und wir sollten niemals von ihr reden,
ohne sie dieser unterzuordnen.

Wie sehr die „Meisterwerke" wirklich „Meisterwerke" sind,
weiß ich wohl, und wie freue ich mich, es zu wissen! Es ist
genau ebenso, wie große Seelen große Seelen sind. Nur indem
sie sich zum zwingend Notwendigen im Ausdruck ihrer Gedanken und Gefühle erheben, gelangen Mensch und Künstler
zu würdiger Vollkommenheit. Das Meisterwerk ist notwendigerweise eine sehr einfache Sache, die jedoch, wiederholen
wir es, nur das Wesentliche enthält. Alle Meisterwerke wären
auf ganz natürlichem Wege dem Volke verständlich, wenn
dieses nicht den Sinn für die Einfachheit verloren hätte. Aber
selbst dann, wenn die Menge unfähig geworden ist, zu verstehen, muß der Künstler gleichwohl ein volkhaftes Gefühl,
gleichsam eine „Massenseele" besitzen, um Meisterwerke
auffassen und schaffen zu können. Was er mit den Meistern
verstehen muß, muß er mit dem Volke fühlen, auch wenn
dieses nur ideell gegenwärtig ist. Und so werden auch die
Meister wieder „Volk", um mit dem Herzen, mit der Liebe
nachzuschaffen, was sie verstandesmäßig entdeckt haben.

Die gotische Architektur, die das Volk voraussetzt, für das
Volk bestimmt ist, sie spricht zu ihm in der grandiosen ein-

fachen Sprache der Meisterwerke. Das Gebäude verteilt Licht
und Schatten und beherrscht sie beide mittels der Flächen, auf
denen es sie empfängt. Während die eine der beiden gegenüberliegenden Flächen beleuchtet ist, ist die andere im Schatten.
Die beiden, an sich schon ausgedehnten Flächen vergrößern
sich noch durch den Gegensatz. Die Antike kennzeichnet sich
durch kürzere Flächen als die Gotik. Die Flächen der Gotik
entsprechen kräftigen Tiefenwirkungen. Diese tiefen Schatten
sind aber immer weich, halten sich im Halbton, diesem Schweben des Lichtes, diesem verliebten Kosen der Sonne.
Nur wenig Schwarz. Das Schwarz ist ein Gewaltmittel, dessen,
wie es scheint, Werke, die für das volle Licht bestimmt sind,
nicht bedürfen. Unsere modernen Architekten mißbrauchen
das Schwarz; deshalb ist alles, was sie schaffen, so hart, dürftig,
ja armselig. Die Renaissance, die von der Gotik ausging, verwendet Schwarz nur wie einen Akzent; überall sind Halbtöne. Daher die Schiefe der Bogenrundungen, die Ausweitung
der Vorhallen, das Hervorspringen der Strebepfeiler in der
Fassade, und überhaupt all die schrägen Flächen an der Achse
des Bauwerks, die zugleich schmücken, die Einheit seiner
Größe betonen und Halbdunkel hervorrufen. Man findet
diese schrägen Flächen in den Basreliefs wieder und selbst in
den Skulpturen der Portalbogen; dies ist die allgemeine Methode der gotischen Arbeit, und so herrscht überall dieselbe
kluge und gefühlvolle Zartheit, begleitet von derselben
Energie.
Ich möchte diese großartige Kunst lieben lehren und mit-
wirken, das zu retten, was von ihr noch unversehrt geblieben
ist, möchte die große Lehre der heute mißverstandenen Vergangenheit für unsere Kinder aufbewahren.
Aus diesem Wunsche heraus versuche ich es, die Geister und
die Herzen zum Verständnis und zur Liebe aufzurufen.
Doch ich kann nicht alles sagen. Sehet selbst. Und vor allem:
Blicket mit Bescheidenheit und Empfänglichkeit. Stimmet euch
zur Arbeit und zur Achtung.

Richard Wagner

Richard Wagner (1813—1883) konnte 1872 sein Fest-
spielhaus in Bayreuth einweihen. Er hat die Gedanken, die ihn
bei diesem neuartigen Bau leiteten, in einem Aufsatz niederge-
legt. („Sämtliche Schriften" Band 9. Verlag Breitkopf & Härtel,
Leipzig.)
Das Vorbild des Bayreuther Hauses hat auf zahlreiche deutsche
Theater seine Wirkung ausgeübt; zum Beispiel Festspielhaus in
Worms, Prinzregenten-Theater in München, das alte Schiller-
Theater in Berlin-Charlottenburg.

EIN FESTSPIELHAUS

1873

Wenn ich jetzt noch den Plan des im Aufbau begriffenen
Festtheaters in Bayreuth erläutern will, glaube ich
hierzu nicht zweckmäßiger vorgehen zu können, als indem
ich auf die zuerst von mir gefühlte Nötigung, den technischen
Herd der Musik, das Orchester, unsichtbar zu machen, zurück-
greife; denn aus dieser e i n e n Nötigung ging allmählich
die gänzliche Umgestaltung des Zuschauerraumes unsres neu-
europäischen Theaters hervor.
Meine Gedanken über die Unsichtbarmachung des Orchesters
kennen meine Leser bereits aus einigen näheren Darlegungen
derselben in meinen vorangehenden Abhandlungen, und ich
hoffe, daß ein seitdem von ihnen gemachter Besuch einer heutigen Opernaufführung, sollten sie dies nicht schon früher von
selbst empfunden haben, sie von der Richtigkeit meines Ge-
fühles in der Beurteilung der widerwärtigen Störung durch die
stets sich aufdrängende Sichtbarkeit des technischen Appa-
rates der Tonhervorbringung überzeugt hat. Habe ich in
meiner Schrift über Beethoven den Grund davon erklären
können, aus welchem uns schließlich, durch die Gewalt der
Umstimmung des ganzen Sensitoriums bei hinreißenden Aufführungen idealer Musikwerke, der gerügte Übelstand, wie
durch Neutralisation des Sehens, unmerklich gemacht werden
kann, so handelt es sich dagegen bei einer dramatischen
Darstellung eben darum, das Sehen selbst zur genauen

Wahrnehmung eines Bildes zu bestimmen, welches nur durch
die gänzliche Ablenkung des Gesichtes von der Wahrnehmung
jeder dazwischenliegenden Realität, wie sie dem technischen
Apparate zur Hervorbringung des Bildes eigen ist, geschehen
kann.

Das Orchester war demnach, ohne es zu verdecken, in eine
solche Tiefe zu verlegen, daß der Zuschauer über dasselbe
hinweg unmittelbar auf die Bühne blickte; hiermit war sofort
entschieden, daß die Plätze der Zuschauer nur in einer gleichmäßig aufsteigenden Reihe von Sitzen bestehen konnten,
deren schließliche Höhe einzig durch die Möglichkeit, von
hier aus das szenische Bild noch deutlich wahrnehmen zu
können, seine Bestimmung erhalten mußte. Das ganze System
unserer Logenränge war daher ausgeschlossen, weil von ihrer
sogleich an den Seitenwänden beginnenden Erhöhung aus der
Einblick in das Orchester nicht zu versperren gewesen wäre.
Somit gewann die Aufstellung unserer Sitzreihen den Charakter der Anordnung des antiken Amphitheaters; nur konnte
von einer wirklichen Ausführung der nach den beiden Seiten
weit sich vorstreckenden Form des Amphitheaters, wodurch es
zu einem sogar überschrittenen Halbkreise ward, nicht die
Rede sein, weil nicht mehr der von ihm großenteils umschlos-
sene Chor in der Orchestra, sondern die den griechischen Zu-
schauern nur in einer hervorspringenden Fläche gezeigte, von
uns aber in ihrer vollen Tiefe benutzte Szene das zur deutlichen Übersicht darzubietende Objekt ausmacht.

Demnach waren wir gänzlich den Gesetzen der P e r s p e k -
t i v e unterworfen, welchen gemäß die Reihen der Sitze sich
mit dem Aufsteigen erweitern konnten, stets aber die gerade
Richtung nach der Szene gewähren mußten. Von dieser aus
hatte nun das P r o s z e n i u m alle weitere Anordnung zu
bestimmen: der eigentliche Rahmen des Bühnenbildes wurde
notwendig zum maßgebenden Ausgangspunkte dieser Anordnung. Meine Forderung der Unsichtbarmachung des Orchesters gab dem Genie des berühmten Architekten, mit dem
es mir vergönnt war, zuerst hierüber zu verhandeln, sofort die

Bestimmung des hieraus, zwischen dem Proszenium und den
Sitzreihen des Publikums entstehenden, leeren Zwischen-
raumes ein: wir nannten ihn den „mystischen Abgrund", weil
er die Realität von der Idealität zu trennen habe, und der
Meister schloß ihn nach vorn durch ein erweitertes zweites
Proszenium ab, aus dessen Wirkung in seinem Verhältnisse
zu dem dahinterliegenden engeren Proszenium er sich alsbald
die wundervolle Täuschung eines scheinbaren Fernerrückens
der eigentlichen Szene zu versprechen hatte, welche darin besteht, daß der Zuschauer den szenischen Vorgang sich weit
entrückt wähnt, ihn nun aber doch mit der Deutlichkeit der
wirklichen Nähe wahrnimmt; woraus dann die fernere Täuschung erfolgt, daß ihm die auf der Szene auftretenden Personen in vergrößerter, übermenschlicher Gestalt erscheinen.
Der Erfolg dieser Anordnung dürfte wohl allein genügen, um
von der unvergleichlichen Wirkung des nun eingetretenen
Verhältnisses des Zuschauers zu dem szenischen Bilde eine
Vorstellung zu geben. Jener befindet sich jetzt, sobald er
seinen Sitz eingenommen hat, recht eigentlich in einem
„Theatron", das heißt einem Raume, der für nichts anderes
berechnet ist, als darin zu schauen, und zwar dorthin, wohin
seine Stelle ihn weist. Zwischen ihm und dem zu erschauenden
Bilde befindet sich nichts deutlich Wahrnehmbares, sondern
nur eine, zwischen den beiden Proszenien durch architektonische Vermittlung gleichsam im Schweben erhaltene Entfernung, welche das durch sie ihm entrückte Bild in der Unnah-
barkeit einer Traumerscheinung zeigt, während die aus dem
„mystischen Abgrunde" geisterhaft erklingende Musik, gleich
den, unter dem Sitze der Pythia dem heiligen Urschoße Gaias
entsteigenden Dämpfe, ihn in jenen begeisterten Zustand
des Hellsehens versetzt, in welchem das erschaute szenische
Bild ihm jetzt zum wahrhaftigsten Abbilde des Lebens
selbst wird.
Eine Schwierigkeit entstand in betreff der den Seitenwänden
des Zuschauerraums zu gebenden Bedeutung: da sie durch
keine Logenräume mehr unterbrochen waren, boten sie kahle

Flächen, welche mit den aufsteigenden Reihen der Sitzplätze
in keine sinnige Übereinstimmung zu bringen waren. Der
berühmte Architekt (Semper), welchem zuerst die Aufgabe
zuerteilt war, das Theater im Sinne einer monumentalen Ausführung zu entwerfen, wußte sich hier durch die Anwendung
aller Hilfsmittel der architektonischen Ornamentik im edelsten Renaissancestil so vorzüglich zu helfen, daß uns die Flächen verschwanden und sich in eine fesselnde Augenweide
verwandelten. Da wir für das provisorische Festtheater in
Bayreuth jeden Gedanken an ähnlichen Schmuck, wie er nur
durch kostbares edles Material Bedeutung erhält, entsagen
mußten, drang sich uns überhaupt die Frage, was mit diesen,
dem eigentlichen Zuschauerraume unentsprechenden Seitenwänden anzufangen sei, von neuem auf. Ein Blick auf den
ersten der im Anhange mitgeteilten Pläne zeigt uns ein der
Bühne zu sich verendendes Oblong des wirklich benutzten
Raumes für die Zuschauer, begrenzt von zwei Seitenwänden,
welche mit ihrem, dem Gebäude als solchem unerläßlichen,
geraden Laufe dem Proszenium sich in der Weise zuwenden,
daß dadurch eine sich erweiternde unschöne Winkelecke entsteht, deren Raum andererseits für die Bequemlichkeit der auf
Stufen zu ihren Sitzen sich wendenden Zuschauer durchaus
zweckmäßig zu verwenden war. Um die hierdurch zugleich
vor dem Proszenium zu beiden Seiten sich bildende, störende
und die Wirkung des Ganzen belästigende Fläche möglichst
unschädlich zu machen, war mein jetziger erfindungsreicher
Berater bereits auf den Gedanken gekommen, ein nochmals
vorgerücktes und erweitertes drittes Proszenium einzuschalten.
Von der Vortrefflichkeit dieses Gedankens erfaßt, gingen wir
aber bald noch weiter, und mußten finden, daß wir der
ganzen Idee der perspektivisch nach der Bühne zu sich verkür-
zenden Breite des Zuschauerraumes nur dann vollkommen
entsprechen würden, wenn wir die Wiederholung des von der
Bühne aus sich erweiternden Proszeniums auf dessen ganzen
Raum, bis zu seinem Abschlusse durch die ihn krönende
Galerie, ausdehnten, und somit das Publikum, auf jedem von

ihm eingenommenen Platze, in die proszenische Perspektive
selbst einfügten. Es ward hierzu eine dem Ausgangsproszenium
entsprechende, nach oben sich erweiternde Säulenordnung als
Begrenzung der Sitzreihen entworfen, welche über die dahinterliegenden geraden Seitenwände täuschte, und zwischen
welcher die nötigen Stufentreppen und Zugänge sich zweckmäßig verbargen.

Da uns nur die Einrichtung eines p r o v i s o r i s c h e n
Theaters aufgegeben war, wir somit die der Idee entsprechende Zweckmäßigkeit der i n n e r e n Einrichtung desselben
einzig im Auge zu behalten hatten, durfte es uns als eine,
unsere Unternehmung für jetzt einzig ermöglichende Erleichterung erscheinen, daß die äußere Gestalt des ganzen Theater-
baues, wie sie die innere Zweckmäßigkeit auch im Sinne der
architektonischen Schönheit darzustellen hätte, nicht in das
Gebiet der uns zur Aufgabe gestellten Erfindung zu rechnen
war. Wäre uns selbst ein edleres Material, als dies hier der
Kostenanschlag gestattete, im Sinne der Errichtung eines
monumentalen Ziergebäudes zur Verfügung gestellt gewesen,
so würden wir doch gerade vor unsrer Aufgabe zurück-
geschrocken sein, und hätten uns nach einer Hilfe umsehen
müssen, die wir mit Sicherheit so schnell kaum wohl irgendwo
angetroffen haben würden. Es stellte sich hier uns nämlich die
neueste, eigentümlichste und deshalb, weil sie noch nie versucht werden konnte, schwierigste Aufgabe für den Architekten der Gegenwart (oder der Zukunft?) dar. Gerade die
spärlich uns zugemessenen Mittel wiesen uns darauf hin, für
unsren Bau nur das rein Zweckmäßige und für die Erreichung
der Absicht Nötige zur Ausführung zu bringen: Zweck und
Absicht lagen hier aber einzig in dem Verhältnisse des inneren Zuschauerraumes zu einer Bühne, welche in den größten
Dimensionen zur Herrichtung einer vollendeten Szenerie bestimmt war. Eine solche Bühne hat den dreifachen Raum ihrer
wirklichen, dem Zuschauer einzig zugewendeten Höhe nötig,
da der auf ihr dargestellte szenische Komplex sowohl nach
unten versenkt, als nach oben aufgezogen werden können

muß. Über dem eigentlichen Parterre bedarf die Bühne daher
ihrer doppelten Höhe, während für den Zuschauerraum nur
die einmalige Höhe nötig ist. Wenn bloß diesem Zweckmäßig-
keitsbedürfnisse nachgegeben wird, entsteht somit ein Kon-
glomerat von zwei aneinander gehefteten Gebäuden von ver-
schiedenartigster Form und Größe. Um den hieraus sich
ergebenden Abstand der beiden Gebäude möglichst zu verdecken, haben bei neueren Theaterbauten die Architekten es
sich meistens angelegen sein lassen, auch den Zuschauerraum
bedeutend aufsteigen zu lassen, außerdem aber auf diesem
noch leere Räume zu konstruieren, welche zu Malerböden
oder auch Verwaltungslokalitäten freigestellt, ihrer großen
Unbequemlichkeit wegen aber selten zur Benutzung gezogen
wurden. Immer noch war man hierbei durch die im Zuschauerraum bis zu beliebiger, ja oft unmäßiger Höhe aufsteigenden
Logenränge unterstützt, deren oberste sich sogar bis auf weit
über die Höhe der Bühne hinaus verlieren konnten, da man
sie nur den ärmeren Klassen der Bevölkerung anbot, welchen
die Beschwerde der dunstigen Vogelperspektive, aus welcher
sie die Vorgänge im Parterre zu betrachten hatten, ohne Bedenken zugemutet wurde. Allein diese Ränge fallen in
unsrem Theater hinweg, und kein architektonisches Bedürfnis
kann uns bestimmen, über lange Wände den Blick nach oben
zu richten, wie dies im christlichen Dome allerdings der
Fall ist.
Die Opernhäuser der älteren Zeit wurden nach der Annahme
der Nichtunterbrechung der Höhengrenze des Gebäudes, somit in der Form langer Kästen konstruiert, davon wir ein
naives Exemplar am Königlichen Opernhause in Berlin vor
uns haben. Der Architekt hatte hierbei einzig die Fassade für
den, dem Eingange zugewendeten, schmalen Teil des Gebäudes zu besorgen, welches seiner Länge nach man dagegen
gern zwischen die Häuser einer Straße einbaute, um sie so
dem Anblicke gänzlich zu entziehen.
Ich glaube nun, daß wir, mit der Aufgabe der Errichtung eines
äußerlich kunstlos, auf einen hochgelegenen freien Raum zu

stellenden provisorischen Theatergebäudes, dadurch, daß wir hierbei ganz naiv und ganz nach reiner Notdurft verfuhren, zugleich zu der deutlichen Aufstellung des Problemes selbst gelangten. Nackt und bestimmt liegt dieses jetzt vor uns, und belehrt uns, gewissermaßen handgreiflich, darüber, was unter einem Theatergebäude zu verstehen ist, wenn es auch äußerlich ausdrücken soll, welchem (gewiß nicht gemeinen, sondern durchaus idealen) Zwecke es zu entsprechen hat. Dieses Gebäude stellt somit in seinem Hauptteile den unendlich komplizierten technischen Apparat zu szenischen Aufführungen von möglichster Vollendung dar: ein Zugang zu diesem Gebäude enthält dagegen einen, gleichsam nur übermauerten Vorhof, in welchem sich diejenigen zweckmäßig unterbringen wollen, welchen die szenische Aufführung zum Schauspiel werden soll. Uns ist es, als ob, wenn diese einfache Bestimmung, wie wir sie notgedrungen mit schlichtester Deutlichkeit in unserem Gebäude aussprechen mußten, ohne alles Voreingenommensein durch Bauwerke von ganz anderer Bestimmung, wie Paläste, Museen und Kirchen es sind, festgehalten und zum unverkünstelten Ausdrucke gebracht wird, dem Genius der deutschen Baukunst eine nicht unwürdige, ja vielleicht ihm wahrhaft einzig eigentümliche Aufgabe zur Lösung übergeben sei. Glaube man dagegen, um der ewig unerläßlich dünkenden Hauptfassade wegen, den Hauptzweck des Theaters durch Flügelanbaue, etwa für Bälle, Konzerte und dergleichen verdecken zu müssen, so werden wir aber wohl immer auch in dem Banne der hierfür üblichen, unoriginalen Ornamentik verbleiben; unseren Skulpturen und Bildhauern werden dann immer wieder die Motive der Renaissance mit uns nichtssagenden, unverständlichen Figuren und Zieraten einzig einfallen, und — schließlich wird in einem solchen Theater es dann gerade wieder so hergehen, wie es eben im Operntheater der „Jetztzeit" der Fall ist; weshalb denn auch jetzt schon meistens die Frage an mich gerichtet wird, warum mir denn durchaus ein besonderes Theater nottue.

Wer mich jedoch auch hierin richtig verstanden hat, wird sich
der Einsicht nicht erwehren können, daß selbst die Architektur
durch den Geist der Musik, aus welchem ich mein Kunstwerk
wie die Stätte seiner Verwirklichung entwarf, zu einer neuen
Bedeutung geführt werden dürfte, und daß somit der Mythos
des Städtebaues durch Amphions Lyra einen noch nicht ver-
lorenen Sinn habe. —
Schließlich dürften wir aber, von den hierdurch angeregten
Betrachtungen aus, einen noch weiteren Blick auf das dem
deutschen Wesen überhaupt Nottuende werfen, sobald wir
es in die Bahn einer originalen, von falsch verstandenen und
übel angewendeten fremden Motiven unbeirrten Entwicklung
geleitet wünschen.

Es ist vielen Verständigen aufgefallen, daß die kürzlich gewonnenen ungeheuren Erfolge der deutschen Politik nicht das
geringste dazu vermochten, den Sinn und den Geschmack der
Deutschen von einem blöden Bedürfnisse der Nachahmung
des ausländischen Wesens abzulenken, und dagegen das Verlangen nach einer Ausbildung der uns verbliebenen Anlagen
zu einer dem Deutschen eigentümlichen Kultur anzuregen.
Mit Mühe und Not erwehrt sich unser großer deutscher Staats-
mann der Anmaßungen des römischen Geistes auf dem kirchlichen Gebiete; allseitig ganz unbeachtet bleiben die fort-
gesetzten Anmaßungen des französischen Geistes in betreff
der Leitung und Bestimmung unseres Geschmackes und der
von diesem wiederum beeinflußten Sitten. Einer Pariser Dirne
fällt es ein, ihrem Hute eine gewisse extravagante Form zu
geben, so genügt dies, um alle deutschen Frauen unter denselben Hut zu bringen; oder ein glücklicher Börsenspekulant
gewinnt über Nacht eine Million, und sofort läßt er sich eine
Villa im St.-Germain-Stile bauen, zu welcher der Architekt
die gehörige Fassade in Bereitschaft hält. Bei den hierüber
angestellten Betrachtungen kommt uns dann wohl der Gedanke
an, es gehe dem Deutschen zu gut, und erst eine ihn über-
kommende große Not werde ihn bestimmen können, zu der
ihm einzig wohl anstehenden Einfachheit zurückzukehren,

welche ihm durch die Erkennung seines wahrhaften, innigen Bedürfnisses verständlich werden dürfte. Indem wir jetzt diesen, auf die Breite des Lebens einer Nation hinleitenden Gedanken eben nur angedeutet lassen, sei es uns jedoch gestattet, ihn für die zuvor angeregte Betrachtung auf dem Gebiete einer idealen Not festzuhalten. Das Charakteristische der Ausbildung unseres Planes für das besprochene Theatergebäude bestand darin, daß wir, um einem durchaus idealen Bedürfnisse zu entsprechen, die uns überkommenen Anordnungen des inneren Raumes Stück für Stück als ungeeignet und deshalb unbrauchbar entfernen mußten, dafür nun aber eine neue Anordnung bestimmten, für welche wir, nach innen wie nach außen, ebenfalls keine der überkommenen Ornamente zu verwenden wissen, so daß wir unser Gebäude für jetzt in der naivsten Einfachheit eines Notbaues erscheinen lassen müssen. Auf die erfinderische Kraft der Not im allgemeinen, hier aber der idealen Not eines schönen Bedürfnisses, uns verlassend, verhoffen wir, gerade vermöge der durch unser Problem gegebenen Anregung, zur Auffindung eines deutschen Baustiles hingeleitet zu haben, welcher sich gewiß nicht unwürdig zuerst an einem der deutschen Kunst, und zwar der Kunst in ihrer populärsten nationalen Kundgebung durch das Drama, geweihten Bauwerke, als von anderen Baustilen sich merklich unterscheidend und eigentümlich zeigen könnte.

Paul Appel

Der Lyriker P a u l A p p e l , der auch als Kunstschriftsteller hervorgetreten ist, wurde am 12. Juni 1896 in Wolfskehlen geboren. Das Berliner Ehrenmal ist entstanden durch die Vereinigung eines meisterlichen Innenraums mit einem meisterlichen Bauwerk, die ein Jahrhundert auseinanderliegen. Dem unbekannten Urheber des schöpferischen Gedankens, Schinkels Wache auf diese Weise zum Denkmal zu machen, gebührt ein ehrenvolles Gedenken. Die Möglichkeit, den Gedanken auszuführen, und die Tatsache, daß er durch Tessenow in dieser feinsinnigen Weise verwirklicht wurde, ist auf dem Gebiet des Denkmals ein wundervoller Einzelfall, ganz allgemein aber zeigt die Lösung beispielhaft, wie Baukunst ohne Zuhilfenahme illustrierender Künste die Stimmung großen, zugleich erschütternden und erhebenden Geschehens zum Ausdruck bringen kann.

DER INNENRAUM
DES BERLINER EHRENMALS
1943

Tessenows Ehrenmal Unter den Linden ist bereits unter die wesentlichen geistigen und seelischen Besitztümer des Volkes eingereiht. Es ist genannt, weitgehend bekannt, und jeder Deutsche, der genügend Sinn für die wertbildende Kraft einer künstlerischen Leistung besitzt, hat, wenn auch nicht bestimmte, so doch bestimmtere Vorstellungen von dem Werk. Die anderen Denkmalschöpfungen, die dem Gedächtnis des ersten Weltkriegs und seiner Toten gelten, hat es an öffentlicher und heimlicher Wirkungskraft spürbar überholt, nicht ausgenommen jene Schöpfungen, deren symbolische Bedeutung leichter aufgenommen und leichter gewürdigt werden kann, wie etwa Bleekers Werk in München, Barlachs Werk in Kiel oder Albikers Werk in Freiburg. Einen genaueren Vergleich dieser Arbeiten mit Tessenows Ehrenmal anzustreben, wäre abwegig, da es sich um Werke zweier verschiedener Kunstsprachen handelt; aber wenn das Sprechen der Plastiker eingängiger erscheint, so ist die Sprache des Architekten dafür um so anhaltender, und wo jene mit affektiver Wirkung kommen, mit lyrisch oder dramatisch unterbauten Gesten, da kommt Tessenow mit einer — man möchte sagen — stummen Reinlichkeit, einer nackten Gelassenheit, einer feierlichen Gradsinnigkeit, deren sittliche Bedeutung nicht hoch genug veranschlagt werden kann. Ein Etwas von dem soeben Geäußerten scheint es denn auch zu sein, was dieser schlichten Halle die hohe Stellung gesichert hat, deren sie sich zwischen den übrigen Ehrenmalschöpfungen rühmen darf.

Die Wirkungen, die das Werk auslöst, sind breit und sind vielschichtiger Natur. Man muß sie langsam und beschreibend aufdecken. Aber trotzdem kann man nicht um die Vorfrage herumkommen, worauf, im tiefsten Grunde, seine Wirkung beruht. Daß dabei zunächst historisierende, traditionelle Momente eine gewisse Rolle spielen, ist nicht von der Hand zu weisen. Der Schinkelbau der Alten Wache ist vielen geläufig, und er ist den vielen ehrwürdig, weil sich ein gut Teil preußischer Geschichte in ihm verkörpert. Auch ästhetisch gesehen, bleibt die Anziehungskraft bestehen, da die Stilempfindung des Klassizismus als Bildungsempfindung von einem bestimmten Teil unseres Volkes nicht entbehrt werden kann. Aber beide Wirkungen sind angetragene, sind keine lebendig aufspringenden Wirkungen, und die Masse des Volkes kann von ihnen gar nicht erfaßt sein. Die Wirkungsursachen, die von dem Ehrenmal ausgehen, liegen denn auch auf einer anderen Ebene. Wer sie erspüren und studieren will, soll sich einmal etwas länger, als seine rein menschlichen Antriebe es von ihm wünschen, in dem ernsten grauen Raume aufhalten. Er sieht dann Menschen um sich herum, Menschen wie er selber, stumme Menschen, die eintreten, die still stehenbleiben, die ein Blumenangedenken vor dem Stein niederlegen, die ihn behutsam umschreiten und sich wieder still dem Ausgang zuwenden. Solange sie verweilen, sind sie von einer fernherkommenden Fesselung ergriffen. Sie sehen die hohen Wände empor, auf deren einer das braune Kreuz aufragt, sie scheinen in den Eichkranz hineinblicken zu wollen, und sie müssen auch einmal hinaufsehen zu der Lichtöffnung, die die Welt der Elemente magisch mit dem Opferstein verknüpft.

Ziemlich sicher wohl kann gesagt werden, daß keiner auf Be-
fragen imstande wäre, seine Regungen, soweit sie von dem
Kunstwerk des Raumes selber ausgehen, in genauer Weise zu
bestimmen. Könnte er's auf Anhieb, dann wäre es mit der
ästhetischen Kraft flauer bestellt, als man es gerne wünschen
möchte. So aber, in der wortlosen Bannung des Raumes, offenbart sich die Symbolkraft, die von dem Ehrenmal ausgeht, in
gebieterischer Weise. Der verstummte, in sich selber ein-
gesunkene Mensch hat die wenigen Symbolzeichen, Stein,
Kranz, Kreuz und Kerzen zwischen Wandung und Himmels-
luft, in sich aufgenommen wie der Abc-Schütze seine ersten
Hieroglyphen, und er ist davon erfüllt wie jener. Daß der
Gestus des Einfachen und Großen ihn gepackt hat, das weiß
er gar nicht. Aber er fühlt sich in der Mitte einer Echtheit,
und das ist alles. Das ist auch, ästhetisch genommen, wirklich
alles. Daß man nicht zufügen und wegnehmen kann von den
Dingen dieser Erlebnissphäre, bezeugt ihren hohen Rang. Zugleich ist damit ein nächster Echtheitsbeweis gegeben. Wäre
nämlich die Symbolisierung in irgendeiner Weise flach, wäre
sie zu rasch geraten, wären kunstgeschichtliche Reminiszenzen,
übertragene Vorstellungen mit im Spiel, so müßte der Raumgestaltung etwas irgendwie Antiquiertes anhaften, etwas
seelisch Übertünchtes, etwas, das den Verstand zum Kriti-
sieren und das Herz zur Neugier bringt. Aber von all dem
ist nichts zu gewahren. Der Raum ist so, als ob man sich im
Innern eines ruhigen Kristalls befände, notwendig seiner
selbst enthoben und so notwendig eben, wie Sterben und
Beten, daran wir gemahnt werden sollen, es erfordern.
Wirkungen dieser Art sind nicht alltäglich, und die Impulse,
durch die sie hervorgerufen werden, ebensowenig. Man geht
daher wohl nicht fehl, wenn man als den tragenden Grund
der Tessenowschen Konzeption die männlichste aller Künstler-
eigenschaften annimmt: die Leidenschaft zur Wahrheit. Sie
ist die treue Gevatterin seiner früheren Arbeiten, eigentlich
aller, gewesen, und sie hat auch hier bestimmend auf ihn eingewirkt. Schon bei dem Wettbewerb, zu dem er zusammen

mit Hans Poelzig, Peter Behrens und Mies van der Rohe (um nur die wichtigsten Mitbewerber zu nennen) eingeladen wird, ist er von dem Wunsch beherrscht, einen Raum zu schaffen, in dem man, wie er selber äußerte, „beten kann". Er greift also gleich hoch, wie man sieht. Bei diesem Hochgreifen ist es dann naturgemäß auch weiter geblieben, als er aus dem Wettbewerb als erster Sieger hervorgeht und die Bauaufgabe ihm übertragen wird. Sofort entwickelt sich ihm die innere Verpflichtung zu der nur möglichsten Intensität des Arbeitens. Er läßt in der Nähe seiner Ateliers ein naturgetreues Modell der Schinkelschen Wache aufbauen, um jeder großen Proportion und auch der kleinen Nuance sicher zu werden. Über die Schwierigkeiten schweigt er. Auch darüber, daß bei der Umsetzung in die Wirklichkeit neue Schwierigkeiten hinzukommen, werden nicht allzuviel Worte verloren. Wenn der für den Stein aus Schweden hergeholte Syenitblock beim Schliff gerade an einer entscheidenden Stelle Blasen wirft, so wird er aufgegeben, und ein zweiter muß heran. Und da es mit diesem nicht besser geht, wird nach einem dritten gefahndet, der schließlich dem Künstler den Willen tut und mit der Makellosigkeit seiner dunklen Flächen beglückt. Endlich dann hat das hundertjährige Außen der Schinkelschen Wache sein neues, verwandtes und auch nicht mehr verwandtes Innen gefunden. Es läßt sich, im Anschluß an das Werk, eine Philosophie der Harmonie durchführen, und zwar eine Philosophie, um deren Einfachheit und Bruchlosigkeit die Philosophen den Architekten beneiden können. Tessenow ehrt in allererster Linie die Gegebenheiten. Er nimmt den Schinkelbau, den er schätzen kann, dem er aber nicht unbedingt zugetan ist, als den Ausgangspunkt, an dem nicht zu rütteln ist. Daß aber an eine motivische Weiterbildung des alten Formenschatzes im Innern der Wache, und sei's auch in noch so freier Weise, nicht gedacht werden kann, ist ihm ebenso sicher. Planungen solcher Art führen zu Unfreiheit und letzten Endes zu ästhetischer Verquältheit, wenn's nicht gar noch schlimmer kommt. Tessenow läßt daher die Atriumsidee, die, neben dem Gedanken

der Lichtquelle von oben, für das Preisausschreiben gefordert
war, entschlossen fallen, und er hat damit den entscheidend-
sten Schritt der Denkmalsgestaltung bereits getan. Um aber
eine natürliche Verbindung zwischen Außen und Innen, auf
die nicht zu verzichten war, wenn das Ganze an Klangkraft
nichts einbüßen sollte, zu erreichen, schafft er einen Übergang,
der eine der Hauptschönheiten des Werkes darstellt. Ein
Architekt von minderer Begabung hätte das kniffelige Problem
vielleicht so zu lösen versucht, daß er den Innbaukörper, etwa
durch schwere Türen, von den Außenteilen abgeschlossen
hätte. Er hätte dann zwar fürs Innen freie Hand gehabt, aber
der Abschluß wäre doch nichts weniger als eine Trennung
gewesen. Tessenow will aber den Fluß vom Außen zum Innen;
er muß ihn wollen, wenn der alte und der neue Stilgedanke
zu einer Einheit verschweißen sollen. So bildet er seine drei
hohen, ernsten Gittertüren aus dunklem Eisen. Sie sind feier-
lich genug, um den Eintretenden auf die Seelenwelt, die ihn
im Innern erwartet, zu verweisen, sind aber in ihrem Stab-
gefüge so gehalten, daß sie keinen Bruch zwischen Portikus
und Halle herbeiführen. Ja ihre Form ist derart, daß die
Kannelierungen der Schinkelschen Säulen in den Gitterstäben
der Tessenowtüren weiterklingen: der Kunstverstand des
Architekten feiert hier einen zweiten zarten Triumph.
Nun, nach Überwindung der grundlegenden Schwierigkeiten,
hat sich Tessenow nur mit der Innenraumgestaltung zu befassen. Stofflich ist er dabei an zwei Bedingungen gebunden:
an den Raumkörper und seine Maße und an die Forderung
der Lichtquelle in der Decke. Natürlich fesseln ihn beide
Momente, aber es will doch scheinen, als ob die zweite Bedingung ihn stärker gefesselt habe, da sie die seelisch reichere
Bedingung darstellt. Licht, Luft, Regen und Wind, denen
Zugang gegeben werden soll, sind hier nicht Licht, Luft, Regen
und Wind im gewöhnlichen, im materiellen Sinn, sondern es
sind diejenigen Elemente der Schöpfung, unter denen die
Soldaten des großen Krieges kämpften, unter denen sie
starben, und unter denen sie nun geehrt werden sollen. Kunst-

philosophisch kann das nur heißen, daß ihre Metaphysik von
dem Architekten verstanden und zum beherrschenden Gedanken erhoben sein will. Wie aber soll's getätigt, wie soll es
umgesetzt werden? Doch wohl nicht so, daß die stumme Ver-
klärung, die Luft, Licht, Wind und Regen für sich schon darstellen, für nicht genügend befunden und durch figürliche
Allegorie ganz anderer Art ersetzt werden soll? Das wäre
doch alles unternatürlich geworden. Heinrich Tessenow aber
ist kein Künstler, der den Ernst der Natur verbrämen, der ihn
überziehen und steigern will. Keiner hat eindringlicher als er
in seinen Schriften darauf verwiesen, daß der künstlerische
Mensch zu Grenzsetzungen und zum Einhalten von Grenzen
verpflichtet ist. Er entschließt sich daher zu voller Zurückhaltung. Er stellt einen stillen Opferstein unter den Himmel,
er legt einen stillen Kranz darauf, vor den Stein legt er eine
schlichte Platte und schreibt darauf die Jahre, die der Welt-
krieg gedauert hat. Braucht er sonst noch etwas, das dem
erinnernden Menschen, der hier zum Sichsammeln, zum
Danken und zum Beten verweilen will, frommen kann? Ja,
er braucht noch die Stille. Und so richtet er rings seine vier
stillen grauen Wände auf und dazu, zurückgerückt, die zwei
Kandelaber, daß diejenigen, die die Kraft haben, die Stille
zu hören, sie aus dem Feuer der zwei kleinen Flammen auch
hören können. Das soll dann aber auch alles sein: jedes Mehr
wäre ein Zuviel und ein Zuwenig.
Was bis jetzt zu den hierhergehörigen Fragen geäußert werden
konnte, deutet nur die seelische Linie an, die einzuhalten war.
Von da bis zur Verwirklichung ist's aber noch ein gut Stück
Weg. Denn nicht jeder Künstler, der stärkere Empfindungen
für das Unwägbare, das Große und das Geheime hat, ist auch
mit der Kraft begabt, es formenmäßig wiederzugeben. In den
anderen bildenden Künsten mag's noch angehen, weil sich da
das Unwägbare leichter ansprechen, wenn auch nicht leichter
verwirklichen läßt. In der Baukunst aber scheidet jedes Ungefähr von Vorstellungen aus, hier braucht's guten Grund und
gute Gründe. Tessenow nun hat beides sorgfältig erwogen.

Er geht von dem mehr in die Breite als in die Höhe gelagerten
Raumkubus aus, folgt ihm aber nicht. Hätte er sich ausschließlich von der breiten Würfelform leiten lassen, so wäre er
folgerichtig dazu gekommen, auch dem Steinwürfel die
gleichen Proportionen zu geben. Das hätte dann nach Harmonie ausgesehen, wäre aber eine lahme, eine nur formale
Harmonie gewesen, die jeglicher Spannung entbehrt hätte.
Spannung aber, innerlich mehr noch als äußerlich, mußte das
höchste Ziel sein, wenn die Welt des Irdischen und des Himmlischen in eine fruchtbare Beziehung gebracht werden sollte.
So wählt Tessenow für den Stein dieses schöne, echte Hoch-
format und gibt ihm mit dem darauf ruhenden Kranz noch
einen steigernden Akzent: nun erst steht der eine Architektur-
teil dem anderen ebenbürtig gegenüber, und beide verruhen
sich ineinander in der Kraft einer höheren Spannung. Eine
kleine logische und gefühlsmäßige Lücke klafft aber trotzdem
noch. Irdische und außerirdische Welt, als deren Sinnträger
der Raumwürfel und der Würfel des Opfersteins zu gelten
haben, sind ja nirgendwo in der Natur in streng mathematischer Logik aufeinander bezogen. Immer schafft die Natur,
der jede nackte Genauigkeit zuwider ist, sich ihre Zwischen-
stufen. Wenn also eine ganz fromme und ausreichende
„Wahrheit" erreicht werden sollte, so mußte auch dieser
Lebensteil des Nuancierten irgendwie im Bauwerk eingefan-
gen werden. Vielfältig, etwa in Form von Ornamentierung,
durfte es jedoch nicht geschehen, weil dann die Idee des
sakramentalen Ernstes dadurch gemindert, wenn nicht gar ver-
kitscht worden wäre. Da greift Tessenow wieder zu einem
seiner seltenen und reinen Mittel. Er gibt den beiden Kande-
labern in ihrer ganzen Höhe eine sanft konkave Schwingung
und der Lichtquelle den Umriß einer umgestülpten Glocke,
und mit diesen beiden Mitteln, die als Wirkungen von dem
naiven Beschauer zwar nicht gedacht, aber intensiv erspürt
werden können, ist das hart logische Gleichgewicht von Raumwürfel und Opfersteinwürfel zu seiner nötigen Milderung
gebracht. Von wo aus man nun auch blickt, und wohin man

das Auge richtet, immer ist man von einer dieser stillen, elementaren Kurven begleitet, die Odem und vertieftes seelisches Leben in die Raumschöpfung hauchen. An solchen leisen Tiefsinnigkeiten fehlt es auch sonst im einzelnen nicht. Da ist zum Beispiel der Fußboden der Halle. Er fügt sich aus kleinen und kleinsten rechteckigen Steinen, die sauber voneinander abgesetzt sind, zusammen. Sie wirken wie etwas Altes, etwas schon lange Dagewesenes, beinahe wie holperig und vertraut. Warum arbeitet der Architekt in dieser Art? Erscheint es, gemessen an der Idee des Sakralen, nicht notwendiger, großflächige, quadratische Fliesen in einheitlicher Größe zu verwenden? Ja, wenn man von ungefähr denkt, wenn man die Idee eines absichtsvoll feierlichen Großraums in sich herumschleppt. Tessenows Gedanken aber greifen weiter, sind nicht nur ästhetisch bestimmt und sind — dies vor allem — gegenwartssicher. Er will kein Kryptengebilde schaffen, will nichts Abgeschlossenes, weil er fühlt, daß diese Ideenform dem heutigen Menschen nicht mehr behagen kann. Wer heute lebt, ist kein mittelalterlicher Mensch, teilt sich nicht auf in Bewußtheit und in Mystik, macht keine Trennung zwischen Marktplatz und Kircheninnern. Er trägt, so gut er das kann, seine Seelen- und Empfindungskräfte nebeneinander her und glaubt an ihr stilles Zusammengehören. Also braucht's auch keiner besonderen Weihefliesen in diesem Raum. Nein, es ist gut, wenn die Pflasterung hier in dem stillen Abseits an die Pflastersteine draußen auf der Straße erinnert, wenn Welt- und Gottesnähe nicht zu weit auseinandergetrieben werden, sondern sich wie von ungefähr begegnen.

Und dann noch der Kranz! Er ist ein schönes, wesenhaftes Gebilde, voller Reiz und Stille. Er liegt auf dem Stein wie von immer her, in brüderlicher Rechtmäßigkeit. Er ist nicht ohne Pathos, aber er lebt nicht von Übertreibung. Trotz der stilisierenden Formen, die Ludwig Gies ihm verliehen hat, hat er etwas von einem frisch gewundenen Kranz an sich. Woher nun stammt dieser empfindsame Strom, der von ihm ausgeht? Einfach von zwei handfesten, handwerkerhaften Momenten.

Er ist nicht vollplastisch gearbeitet, seine Durchbrüche lassen ihm
die zarte Sinnlichkeit der Natur, und durch ein einfaches Verfahren, daß er mit Hilfe kleiner Stützen nicht direkt auf die
Steinplatte zu liegen kommt, hat er etwas von dem leichten Odem
eines Kranzes, der dem Sieger aufs Haupt gedrückt wird.
So ist das ganze Denkmalswerk, im großen und kleinen, ein
Zeugnis tiefer Seelenempfindung und einer besonnenen Planung. Wenn in diesen Erörterungen mehr von der Wirkung
der seelischen Kräfte ausgegangen wurde, so geschah es aus
dem guten Recht dessen heraus, der seelisches Leben spürt
und aufnimmt. Dem Architekten und Baumeister soll damit
keine Sonderart von seelischem Heldentum unterschoben werden, sondern es ging nur um den Beweis, wie das Unwägbare
aus dem Erwägbaren herauswächst, wie Planung, geistige Kraft
und handwerkliches Gewissen eben jene feinen Wirkungen
zeitigen. Schließlich und endlich sind ja beide Welten nicht zu
trennen, oder es gäbe denn keine Kunst des Bauens. Heinrich
Tessenow selbst war es vorbehalten, die Probe aufs Exempel
seiner Kunst zu machen, als er von staatlicher Seite zu einer
Erweiterung seiner ursprünglichen Bauidee veranlaßt wurde;
er sollte dem Wunsche stattgeben, an der dem Eingang gegenüberliegenden Wand das Symbol des christlichen Duldens
und Sterbens, ein Kreuz, aufzurichten. Er tat's, und der Eingriff fiel so aus, als sei er vom ersten Tage des Werdens an
mitgedacht worden. Kann's einen schöneren Rechenschafts-
beweis für einen Baumeister geben, als daß er Zusätze machen
kann, ohne die Einheit einer Idee zu verletzen? Nun ist das
Ehrenmal Unter den Linden mit seinem hohen, braunen
Kreuz etwas näher an die Herzen der Besucher geschoben
worden, es spricht ein klein bißchen mehr, aber nicht lauter,
und der Druck des ziemlich hoch angesetzten Querbalkens
stellt, im Lichtquell der Deckenöffnung, seine Forderungen
zur Demut und zum stillen Harren. Die Natureinfachheit der
ganzen Schöpfung aber, die aus Kunsteinfachheit und aus
einer adeligen Seele geboren wurde, schafft ruhig und ver-
läßlich weiter an allen, die den Raum betreten.

Hermann Allmers

Als der friesische Dichter und Bauer H e r m a n n A l l m e r s
(1821—1902) im Jahre 1858 sein „Marschenbuch" herausgab,
war es einer der ersten Versuche, Kultur und Wesen eines deutschen Volksstammes als Gesamtbild zu erfassen.
Das Buch, dem unser Beitrag entnommen ist, konnte bis heute
lebendig bleiben.

EIN MARSCHENHOF

1858

Wohl nur die Bevölkerung Nordfrieslands und der abgelegenen Inseln und Halligen wohnt in Häusern,
deren Bauart wir als wirklich uralt friesisch ansehen dürfen.
In den ältesten Zeiten herrschte sicherlich diese Bauweise auch
in unseren Marschen, welche indes nur für Fischer und Schiffer
geeignet, für Viehzucht und Ackerbau jedoch durchaus nicht
anzuwenden war.
Als aber die Marschbewohner die ersten Perioden ihres
Fischer-, Schiffer- und Piratenlebens überwunden hatten, als
jenes abgesonderte Insel- und Halligleben aufhörte, als schon
gemeinsam angelegte Deiche das Land schützend umgaben
und die Bewohner des nun gesicherten fruchtbaren Landes
anfingen, erst Viehzucht und dann Ackerbau zu treiben, konnten die kleinen altfriesischen Häuschen nicht mehr genügen,
und es war nichts natürlicher, als daß man nun die Häuser
des Nachbarvolkes, die schon für Ackerbau und Viehzucht
eingerichtet waren, zum Muster nahm und hier und dort
vielleicht mit wenigen Abweichungen ebensolche erbaute.
Unsere Nachbarn aber waren die Niedersachsen, und so ist
denn die ganze Bauart in den Weser- wie Elbmarschen, mit
Ausnahme des auch sonst so merkwürdig abweichenden Alten-
landes, als eine niedersächsische zu betrachten. —
Bis auf den heutigen Tag wohnt daher der Marschbauer nach
uralt treulicher Sitte mit seinem gesamten Vieh unter einem
Dache, und auch noch eine tüchtige Masse Getreide bergen
die Wände des Hauses. — Alle ältesten Gebäude bestehen aus

Fachwerk; in den Bauernhäusern der Elbmarschen ist dasselbe noch jetzt in Anwendung, in den Wesermarschen dagegen längst durch massives Backstein-Mauerwerk verdrängt
worden. – Das hohe mächtige Dach besteht immer aus Rohr
oder Stroh und bedeckt in den Wesermarschen (mit Ausnahme des Landes Wursten) als ein kleiner Walm auch den
oberen Teil der beiden Giebel. – Zwei Drittel des Hauses
sind der Wirtschaft, das hintere Drittel den Wohnräumen
gewidmet. Durch eine große Doppeltür in der Fronte, über
der ein alter frommer und kerniger Spruch zu lesen ist, tritt
man auf die große Tenne (Dreschdiele) von gestampftem Ton;
rechts und links blicken in langer Reihe die Köpfe der Rinder,
Kühe und Pferde aus ihren Ställen; oben sind die Balken
hoch mit Getreide belastet, denn es liegt hier trocken und
wärmt das Haus. In den alten Häusern auf der Geest finden
wir die schöne, malerische und patriarchalische Sitte des offenen Herdfeuers, der wie ein Altar des Hauses sich in der Mitte
des Hintergebäudes zeigt, wo die Viehställe aufhören und der
Raum zu beiden Seiten weiter wird. Rechts und links ist die
„Howand", jener helle Raum, wo die Kojen des Gesindes
angelegt sind, und vor welchen nach alter Weise das Mittags-
mahl eingenommen wird. –
Über dem Herdfeuer befindet sich der „Speckwiem", behängt
mit mächtigen Schinken, Speckseiten, Rauchfleischstücken und
Würsten, stets umwallt von Rauchwolken; haben diese erst
hier ihre Dienste getan, dann müssen sie über die Diele durchs
Korn ziehen, um es recht trocken und haltbar zu machen;
denn man hütet sich wohl, Schornsteine anzulegen. An den
Wänden, zur Seite und hinter dem Herde stehen die großen
Truhen und Schränke, glänzen in langen Reihen mächtige
blanke Zinnschüsseln, Krüge, Teller und anderes Gerät, und
erst hinter dieser Wand sind die Zimmer, die aber nur bei
feierlichen Gelegenheiten, bei Hochzeiten und Kindtaufen
gebraucht werden; denn für gewöhnlich sitzt alt und jung
traulich um die lodernden Feuerflammen. Das ist das uralte
niedersächsische Bauernhaus. Wer aber noch mehr davon

wissen möchte, der lese ja des alten Mösers unvergleichlich schöne und wahre Schilderung desselben. —

Aber fast nur auf der hohen Geest finden wir noch diese mit den alten, einfachen, patriarchalischen Sitten des Volkes so innig zusammenhängende Einrichtung. In den Marschen ist sie bei größeren Bauernhäusern so gut wie verschwunden, höchstens im südlichen Osterstade und sodann im Stedingerlande können wir sie noch antreffen.

Überall sonst ist der offene Herd in eine Küche zurückgetreten, der Rauch zieht durch einen Schornstein, die alte Howand ist verschwunden, und die Türen der Wohnräume gehen bei den größeren Hausleuten nie mehr unmittelbar auf die Diele, sondern des Zuges wegen auf einen Vorplatz (Windfang), der von ersterer durch eine Wand mit Flügeltüren geschieden ist, und jede Marsch hat hierin wieder ihre eigenen Abweichungen.

Ein großer Teil der Kultur in den Wesermarschen, namentlich in denen des linken Ufers, ist, wie man bald sieht, von Westen her eingedrungen und teilweise noch von Westen nach Osten fortschreitend. In Holland steht die Marschkultur am höchsten. Von diesem lernte Ostfriesland das meiste, von Ostfriesland ging vieles nach Jeverland, dann nach Butjahdingen und dem Stadlande, und wieder von genannten Marschen nimmt jetzt das Land Wührden und Osterstade schon manche Verbesserung seiner Landwirtschaft und Viehzucht an. Auch auf manche Sitte und Gewohnheit ist holländische Einwirkung bemerkbar.

In die Marschen des linken Elbufers, also im Lande Hadeln und Kedingen, ist dagegen solcher fremde Einfluß von Osten hergekommen, und diese dürfen somit in mancher Beziehung die stammverwandten transalbingischen Striche im Ditmarschen, die Wilster und Kremper Marsch als ihre ehemaligen Vorbilder ansehen.

16*

Graf Hermann Keyserling

Seinem „Reisetagebuch eines Philosophen" hat K e y s e r l i n g
(geb. 20. Juli 1880 in Koemo, Livland) das Motto vorangesetzt
„Der kürzeste Weg zu sich selbst führt um die Welt herum".
Die Bilder einer Weltreise geben ihm Gelegenheit zu den verschiedensten Betrachtungen. Den Eindruck des vielleicht bedeutendsten Bauwerks Indiens, des T a j M a h a l, nimmt er zum
Anlaß, um über das Verhältnis von Rationellem und Dekorativem
in der Baukunst grundsätzliche Bemerkungen zu machen.

INDISCHE EINDRÜCKE

1921

Daß es so etwas geben kann, hätte ich nicht für möglich
gehalten. Ein massiver Marmorbau, ohne Schwere, wie
aus Äther gebildet; vollendet rationell und doch rein dekorativ; ohne bestimmbaren Gehalt und doch sinnvoll im
höchsten Grade: der Taj Mahal ist nicht nur eins der größten
Kunstwerke, er ist vielleicht das größte aller Kunststücke,
das der bildende Menschengeist je vollbracht hat. Das Maxi-
mum an Vollendung, das hier erreicht erscheint, ist allen Maß-
stäben, die ich wüßte, entrückt, denn Halbvollendetes auf der
gleichen Linie gibt es nicht. Anlagen gleichen Planes liegen zu
Dutzenden auf der weiten Ebene Hindostans verstreut, aber
keine von ihnen läßt die Synthese auch nur ahnen, welche
die Schöpfung Schah Dschehans in sich beschließt. Jene sind
vernunftgemäß angelegte Gebäude, mit schönen Dekorationen
obendrein; das Vernunftgemäße wirkt als solches, das Dekorative seinerseits, und über das Gesamtbild läßt sich von den
gleichen Voraussetzungen aus urteilen, wie über alle sonstige
Architektur. Im Falle des Taj liegt unverkennbar ein Dimen-
sionswechsel vor. Das Vernunftgemäße ist im Dekorativen
eingeschmolzen, welches bedeutet, daß die Schwere, deren
Ausnutzung das Realmotiv aller sonstigen Baukunst ist, ihr
Gewicht verloren hat; umgekehrt ist dem Dekorativen sein
Arabeskencharakter genommen, da hier die Arabeske alle Vernunft in sich eingesogen hat und vom gleichen Gehalt durch-

geistigt erscheint, den sonst nur Rationelles besitzt. So wirkt
der Taj nicht nur als schön, sondern zugleich, so befremdlich
dies klingen mag, als wunderhübsch; er ist ein erlesenstes Bijou.
Ihm fehlt, bei vollendeter Schönheit, bei unerreichter Lieblichkeit und Anmut, jedwede Erhabenheit. Und nun was den Sinn
betrifft: Ausdruckswert im Verstande der bekannten architektonischen Ausdrucksmöglichkeiten hat er keinen, nicht
mehr als irgendein Kabinettstück der Goldschmiedekunst.
Weder spricht aus ihm Geistigkeit, wie aus dem Parthenon,
noch Sammlung und Kraft, wie aus den typischen mohamme-
danischen Bauten; seine Formen haben weder einen seelischen
Hintergrund, wie diejenigen gotischer Kathedralen, noch einen
animalisch-emotionellen, wie die drawidischer Tempel. Der
Taj ist nicht einmal notwendig ein Grabdenkmal: ebenso gut
oder so schlecht könnte er ein Lusthaus sein, wie jeder erkennen wird, der sich durch die Zypressen ringsum und die
tausenderlei geläufigen Kommentare seinen unbefangenen
Blick nicht trüben läßt. Freilich ist es gar anheimelnd, zu
denken, daß dieser Bau ein Denkmal treuer Gattenliebe sei
und die im Tode Wiedervereinten überwölbe. Allein die tote
Königin ist mitnichten die Seele des Taj. Dieser hat keine Seele,
keinen Sinn, der sich irgendwoher ableiten ließe. Eben darum
aber stellt er das absoluteste Kunstwerk dar, das Architekten
jemals aufgeführt haben.
Die Architektur gilt als unfreie Kunst; sie ist es insofern, als
geistige Schönheit in ihr nur durch das Medium empirischer
Zweckmäßigkeit dargestellt werden kann. Was schön erscheint,
ohne zweckmäßig zu sein, ist eben deshalb sinn- und gehalt-
los — die Arabeske ist da und gefällt, doch sie bedeutet nichts.
Daher der merkwürdige Antagonismus zwischen dem Rationellen und dem Dekorativen: im Fall vollendet rationaler
Kunst, wie der hellenischen, wirkt dieses als überflüssig; je
weniger Schmuck und Beiwerk, desto besser. Umgekehrt bedarf das Dekorative notwendig eines Objektes, das ihm Sinn
verleiht. Am wesenhaftesten mutet es dort an, wo es ein ihm
entsprechendes Leben voraussetzt, wie in den Palästen Italiens

und Indiens; je mehr selbständige Bedeutung es beansprucht, desto leerer und sinnloser wirkt es. Beim Taj nun erscheint der Geist nicht als empirisch gebunden und das Dekorative nicht als innerlich leer; dieser Bau ist absolut zwecklos trotz vollendeter Rationalität und vollkommen gehaltvoll trotz seines Arabeskencharakters. Er gehört eben einer besonderen Sphäre an. In dieser gelten die üblichen Kategorien nicht. Hier bedeutet das Dekorative ein ebenso Innerliches, wie sonst das Zweckmäßigschöne, und die Vernunft erscheint nicht tiefer als der Schimmer. Der Taj ist wohl das absoluteste Kunstwerk, das es gibt; er ist so ausschließlich, daß seine Seele, gleich seinem Körper, keine Fenster hat. Wir können sie nur ahnen, nur verehren, wirklich hin zu ihr führt kein Weg.

Und was ist es, das diese Einzigkeit bedingt? Es ist das Zusammenwirken vieler Kleinigkeiten; das Dasein von Nuancen, denen man es nimmer zutrauen würde, daß sie so Ungeheures bedeuten könnten. Der allgemeine Plan des Taj liegt hunderten indischer Mausoleen zugrunde, die völlig gleichgültig wirken, die Chromatik ist hundertfach nachgeahmt worden, mit keinem besseren Erfolg, als daß die also geschmückten Gebäude den Eindruck von Konditorware machen. Man verschiebe nur ein wenig die Proportionen, man ändere um ein Jota die Dimensionen, man nehme ein anderes Material; man versetze den Taj, wie er ist, in eine Gegend von anderen Luftfeuchtigkeits- und Lichtbrechungsverhältnissen: er wäre nicht mehr der Taj Mahal. Ich habe den gleichen weißen Marmor keine hundert Kilometer entfernt von Agra zu Moscheen verwandt gesehen: dort hat er nichts vom Schmelze des Taj. An diesem Kunstwerke wird einem besonders deutlich, was es mit der Individualität für eine Bewandtnis hat. Man stelle noch so viel Kausalreihen her, weise noch so viel Beziehungen nach: nie wird man das Eigentliche fassen; irgendein geringfügig scheinender Umstand falle weg, und das Wesen erscheint alsbald verwandelt. Dies spricht wenig zugunsten der metaphysischen Wirklichkeit des Individuums; wie sollte etwas metaphysisch wirklich sein, was so augenscheinlich von empirischen Verhältnissen abhängt? Es beweist andrerseits jedoch die Absolutheit des Phänomens. Dieses ist schlechterdings einzig, auf nichts anderes und Äußeres zurückzuführen. Und manchmal, zu Zeiten platonisierender Stimmung, neige ich zum Glauben, daß es insofern an Metaphysisch-Wirklichem doch teilhaben könnte. Ein bestimmter Aspekt des ewigen Geistes kann nur unter bestimmten empirischen Bedingungen sichtbar werden. Diese Bedingungen als solche sind nichts Wesenhaftes, und in ihnen erschöpft sich das Individuelle. Allein der Geist, der es beseelt, existiert an sich selbst, gleichviel, ob und wie er sich äußert. So mag das Urbild des Taj von Ewigkeit her die Welt der Ideen geziert haben.

Ist es, weil italienische Architekten für das Wunder des Taj mit verantwortlich sind, daß meine Gedanken nach dem fernen Italien hinüberschweifen? Oder wegen des renaissance-artigen Charakters der Mogulkultur? – Wohl aus letzterem Grunde. Diese Kultur bedeutet recht eigentlich dasselbe wie das Rinascimento in Italien vom 15. bis zum 17. Jahrhundert. Das heißt, sie bietet ein gleich großes Rätsel. Mir ist es immer unklar geblieben, wie einsichtsfähige Menschen wähnen können, die Renaissance begriffen zu haben, indem sie feststellen, daß diese auf das Neuanknüpfen mit dem klassischen Altertum zurückgeht. Wie kommt es, daß dieses Neuanknüpfen so Ungeheures zur Folge gehabt hat – nur damals (denn zerrissen war der Zusammenhang nie), nur auf einige Jahrhunderte und nie wieder? Wie kommt es, daß die Italiener nur um diese eine Zeit des Größten fähig waren? Biologisch sind sie heute noch die gleichen; sie sind nicht im mindesten entartet; noch immer ist wahr, was Alfieri behauptete, daß die Pflanze Mensch nirgends auf Erden besser gedeihe, als in Italien. Die Italiener von heute sind künstlerisch genau so begabt wie ihre Vorfahren: Warum waren sie nur im Renaissancezeitalter groß? – Damals kam offenbar ein „Geist" über sie, wie er ähnlich zur Zeit der großen Mogulkaiser über die Künstler Indiens gekommen ist; die empirischen

Konstellationen waren derart, daß sie einem „Geiste" zum
Ausdrucksmittel werden konnten.

Was das heißt, weiß ich selber nicht; seit Jahren ringe ich mit
dem Problem. Aber der Tatbestand steht außer Frage: Höhe-
perioden der Kultur, gleich der Renaissance, sind aus den
nachweisbaren Kausalreihen nicht restlos zu erklären. Sie sind
qualitativ verschieden von dem, was ihnen voranging und
auf sie folgte. Sie verdanken ihr Dasein letztlich einem spiri-
tuellen Influx, der unverkennbar den Charakter der „Gnade"
trägt. Die Gnade verwandelt zeitweilig alle Natur. Ist aber
ihr Quell versiegt, dann hilft keine Anstrengung mehr und kein
Talent. Seit der Hochrenaissance ist es abwärts gegangen in
Italien mit der künstlerischen Kultur, trotz aller Genies, die
wieder und wieder geboren wurden, und heute besitzen die
Italiener von allen Völkern vielleicht am wenigsten schöpferischen Geschmack, obgleich sie noch immer die Kunstbegab-
testen sind. Was bedeutet das? — Ich weiß es nicht. Aber
seit ich den Taj gesehen, kommen mir allerhand kuriose Gedanken über das Verhältnis von Erscheinung und Sinn. Eine
kleine Verschiebung innerhalb der empirischen Verhältnisse,
und der Taj wäre nicht das Wunder, das er ist. Die richtigen
können leicht durch Zufall gefunden worden sein. Eine ge-
ringfügige Veränderung in Wortwahl und Syntax verwandelt
eine Trivialität zum Urwort und umgekehrt; eine versehent-
lich gezogene Linie, ein von ungefähr aufgesetzter Farbenfleck
gibt dem Bild einen unnachahmlichen Ausdruck. Und dieser
Ausdruck ist doch das Eigentliche, das, worauf der ganze Wert
der Gioconda zum Beispiel beruht. Sollte zwischen Notwendigkeit dem Geiste nach und empirischer Zufälligkeit ein
geheimer Zusammenhang bestehen? So daß es einer Notwendigkeit entspricht vor Gott, wenn zufällig auf Erden ein
Genie ersteht, zu bestimmter Zeit in die Geschichte eingreift,
von ungefähr eine bestimmte Linie zieht? — Ich weiß nichts bestimmtes, so vieles ich ahne. Aber durch die unmittelbare Mani-
festation eines selbständigen Sinnes allein scheinen mir die
Wunder der Renaissance- und der Mogulenkunst erklärbar.

V. TEIL

Heinrich Wölfflin

Im Jahre 1915 unternimmt es W ö l f f l i n (1864–1945) in seinem Buch „Kunstgeschichtliche Grundbegriffe" (F. Bruckmann A.-G., München), verschiedene Epochen in der Entwicklung der neueren Kunst nach der Art des künstlerischen Sehens zu charakterisieren. Er unterscheidet: 1. Das Lineare und das Malerische. – 2. Fläche und Tiefe. – 3. Geschlossene Form und offene Form. – 4. Vielheit und Einheit. – 5. Klarheit und Unklarheit. Unser Beitrag gibt den Abschnitt „Architektur" aus dem ersten Kapitel.

DAS LINEARE UND DAS MALERISCHE
IN DER ARCHITEKTUR
1915

Die Untersuchung des Malerischen und Nicht-Malerischen in den tektonischen Künsten bietet das besondere Interesse, daß hier erst der Begriff, losgelöst aus der Vermischung mit den Forderungen der Imitation, als reiner Begriff der Dekoration sichtbar wird. Natürlich liegen die Verhältnisse nicht ganz gleich für Malerei und Architektur – die Architektur kann ihrer Natur nach nicht im selben Grade wie die Malerei zur Kunst des Scheins werden –, allein der Unterschied ist doch nur ein gradueller, und die wesentlichen Momente der Defination des Malerischen können unverändert herübergenommen werden.

Das elementare Phänomen ist dieses: daß zwei ganz verschiedene Wirkungen der Architektur zustandekommen, je nachdem wir die architektonische Gestalt als etwas Bestimmtes, Festes, Bleibendes auffassen müssen, oder als etwas, das bei aller Stabilität doch umspielt ist von dem Schein ständiger Bewegung, das heißt Veränderung. Daß wir uns nicht mißverstehen! Natürlich rechnet alle Architektur und Dekoration mit gewissen Bewegungssuggestionen: die Säule steigt empor, in der Mauer sind lebendige Kräfte wirksam, die Kuppel hebt sich, und die bescheidenste Ranke im Ornament hat ihr Teil von bald schleichender, bald lebhaft sich werfender Bewegung.

Aber bei all dieser Bewegung bleibt in der klassischen Kunst
das Bild dasselbe, während die nachklassische Kunst den Schein
erweckt, als müßte es sich unter unseren Augen verändern.
Das ist der Unterschied zwischen einer Rokokodekoration
und einem Renaissanceornament. Eine Pilasterfüllung hier
mag noch so lebendig gezeichnet sein, die Erscheinung bleibt,
die sie ist, während das Ornament, wie es das Rokoko über
die Flächen streut, den Eindruck erweckt, als befinde es sich
in ständiger Wandlung. Und ähnlich ist die Wirkung der
großen Architektur. Die Gebäude laufen nicht davon und
Mauer bleibt Mauer, aber es besteht ein sehr fühlbarer Unterschied zwischen der fertigen Erscheinung klassischer Baukunst
und dem nie ganz faßbaren Bilde der späteren Kunst: es ist,
als hätte der Barock sich gescheut, jemals ein letztes Wort
auszusprechen.

Dieser Eindruck des Werdenden, Ungestillten hat verschiedene Gründe, alle späteren Kapitel werden uns zur Erklärung
Beiträge liefern, hier soll nur das erörtert werden, was in
einem spezifischen Sinne malerisch heißen kann, während der
populäre Sprachgebrauch alles malerisch nennt, was sich
irgendwie mit dem Eindruck des Bewegten verbindet.

Man hat mit Recht gesagt, die Wirkung eines schön propor-
tionierten Raumes müßte empfunden werden, auch wenn man
mit verbundenen Augen hindurchgeführt würde. Der Raum
als etwas Körperliches kann nur wieder mit körperlichen
Organen aufgefaßt werden. Diese Raumwirkung ist aller
Architektur eigen. Wenn nun aber ein malerischer Reiz dazu-
kommt, so ist das etwas Rein-Optisches, Bildhaftes und darum
auch jener allgemeinsten Art von Tastgefühl nicht mehr zugänglich. Ein Raumdurchblick ist malerisch nicht durch die
architektonische Qualität der einzelnen Räume, sondern
durch das Bild, das Augenbild, das der Beschauer empfängt.
Jede Überschneidung wirkt durch das Bild, das aus der über-
schneidenden und der überschnittenen Form sich ergibt: die
einzelne Form für sich läßt sich ertasten, das Bild aber, das
aus dem Hintereinander der Formen entsteht, kann nur

gesehen werden. Wo immer also mit „Ansichten" gerechnet wird, stehen wir auf malerischem Boden.

Es ist selbstverständlich, daß auch die klassische Architektur g e s e h e n werden will und daß ihre Tastbarkeit nur eine ideelle Bedeutung hat. Und ebenso kann man natürlich auch hier das Bauwerk auf vielerlei Art ansehen, verkürzt oder unverkürzt, mit viel oder mit wenig Überschneidung usw., allein es wird in allen Ansichten doch die tektonische Grundform als das Entscheidende durchschlagen, und wo diese Grundform sich entstellt, da wird man das Zufällige einer bloßen Nebenansicht empfinden und nicht lange dulden wollen. Umgekehrt hat die malerische Architektur ein besonderes Interesse, die Grundform in möglichst vielen und verschiedenartigen Bildern erscheinen zu lassen. Während im klassischen Stil die bleibende Form den Akzent hat und die wechselnde Erscheinung daneben keinen selbständigen Wert besitzt, ist hier die Komposition von vornherein auf „Bilder" angelegt. Je vielfacher sie sind und je mehr sie sich von der objektiven Form entfernen, für um so malerischer wird die Architektur geschätzt.

Im Treppenhaus eines reichen Rokokoschlosses sucht man nicht nach der festen, bleibenden, körperlichen Gestalt der Anlage, sondern man überläßt sich dem Wogen der wechselnden Ansichten, überzeugt, daß diese nicht zufällige Nebenwirkungen sind, sondern daß in diesem unendlichen Bewegungsschauspiel das eigentliche Leben des Baues zum Ausdruck gelangt.

Der Bramantesche St. Peter als Rundbau mit Kuppeln hätte auch viele Ansichten ergeben, allein die malerischen in unserem Sinne wären für den Architekten und seine Zeitgenossen die bedeutungslosen gewesen. Das Seiende war das Wesentliche, nicht die so oder so verschobenen Bilder. Im strengeren Sinne könnte die architektonische Architektur prinzipiell gar keinen Standpunkt des Beschauers anerkennen — es ergeben sich immer gewisse Verschiebungen der Form — oder alle; die malerische Architektur dagegen rechnet immer mit dem betrachtenden Subjekt, und darum ist es ihr gar nicht erwünscht, allseitig umgehbare Gebäude zu bekommen, wie Bramante sich seinen St. Peter gedacht hatte; sie beschränkt den Platz für den Beschauer, um sicherer zu den Ansichtswirkungen zu kommen, die ihr am Herzen liegen. Wenn die Frontansicht immer eine Art Ausschließlichkeit für sich in Anspruch nehmen wird, so trifft man jetzt doch überall Kompositionen, die deutlich darauf ausgehen, die Bedeutung dieser Ansicht zu entwerten. Sehr klar ist das etwa bei der Karl-Borromäus-Kirche in Wien mit den zwei der Front vorgestellten Säulen, deren Wert erst in den nichtfrontalen Ansichten sich offenbart, wenn die Säulen unter sich ungleich werden und die zentrale Kuppel überschnitten wird.

Aus demselben Grunde ist es nicht als Unglück empfunden worden, wenn eine Barockfassade in die Gasse so eingestellt war, daß sie überhaupt kaum frontal übersehen werden konnte. Die Theatinerkirche in München, ein berühmtes Beispiel einer Doppelturmfassade, ist erst von Ludwig I. im Zeitalter des Klassizismus freigelegt worden, ursprünglich steckte sie zur Hälfte in der engen Gasse. Die Erscheinung mußte also immer eine optisch-asymmetrische sein. —

Man weiß, daß der Barock den Reichtum der Form gesteigert hat. Die Figuren werden komplizierter, die Motive schieben sich ineinander, die Ordnung der Teile ist schwerer zu fassen. Soweit das mit der grundsätzlichen Vermeidung des Absolut-Klaren zusammenhängt, wird später noch von diesen Dingen zu reden sein, hier soll das Phänomen nur insofern behandelt werden, als darin die spezifisch malerische Umsetzung der reinen Tastwerte in Sehwerte zur Geltung kommt. Der klassische Geschmack arbeitet durchweg mit linienklaren, tastbaren Grenzen; jede Fläche ist bestimmt gerandet; jeder Kubus spricht als völlig tastbare Form; es ist nichts da, was nicht in seiner Körperlichkeit rein auffaßbar wäre. Der Barock entwertet die Linie als Grenzsetzung, er vervielfacht die Ränder, und indem die Form an sich sich kompliziert und die Ordnung eine verwickeltere wird, wird es den einzelnen

Teilen immer schwerer, als plastische Werte zur Geltung zu kommen: es entzündet sich, unabhängig von der besonderen Ansicht, eine (rein-optische) Bewegung über die Gesamtheit der Formen hin. Die Wand vibriert, der Raum zuckt in allen Winkeln.

Ausdrücklich soll hier davor gewarnt werden, diesen malerischen Bewegungseffekt mit der großen Massenbewegung gewisser italienischer Bauwerke gleichzusetzen. Das Pathos geschwungener Mauern und gewaltiger Säulenhaufen ist nur ein Sonderfall. Malerisch ist ganz ebensogut das leise Flimmern einer Front mit kaum merklichen Ausladungen. Was ist nun aber der eigentliche Antrieb bei dieser Stilwandlung? Mit dem bloßen Hinweis auf den Reiz gesteigerten Reichtums ist nicht auszukommen; es handelt sich ja auch nicht um eine Wirkungssteigerung auf gleicher Basis, auch im reichsten Barock sind nicht nur mehr Formen da, sondern Formen von einer generell anderen Wirkung. Offenbar haben wir dasselbe Verhältnis vor uns wie in der Entwicklung der Zeichnung von Holbein zu van Dyck und Rembrandt. Auch in der tektonischen Kunst soll sich nichts mehr verfestigen in tastbaren Linien und Flächen, auch in der tektonischen Kunst soll der Eindruck des Bleibenden aufgehoben werden durch den Eindruck des Sich-Verändernden, auch in der tektonischen Kunst soll die Form atmen. Das ist, abgesehen von allen Ausdrucksverschiedenheiten, die Grundidee des Barocks.

Der Eindruck der Bewegung aber wird erst dann erreicht, wenn an Stelle der körperlichen Realität der optische Schein tritt. Das ist, wie schon bemerkt, in der tektonischen Kunst nicht im gleichen Maße möglich wie in der Malerei, man wird von einer impressionistischen Ornamentik, aber nicht von einer impressionistischen Architektur sprechen können. Aber immerhin stehen der Baukunst genügende Mittel zur Verfügung, um dem klassischen Typ den malerischen Kontrast entgegenzusetzen. Immer kommt es darauf an, wieweit die Einzelform der (malerischen) Gesamtbewegung sich gefügig zeigt. Die entwertete Linie verflicht sich leichter in das große

Formenspiel als die plastisch bedeutsame, grenzbezeichnende
Linie. Licht und Schatten, die an jeder Form hängen, werden
in dem Moment zu einem malerischen Element, wo sie etwas
Selbständiges neben der Form zu bedeuten scheinen. Im klassischen Stil sind sie an die Form gebunden, im malerischen
erscheinen sie als entbunden und zu freiem Leben erwacht.
Es sind nicht die Schatten der einzelnen Pilaster und Gesimse
und Fensterverdachungen, die man wahrnimmt oder wenigstens nicht mehr sie allein: die Schatten binden sich untereinander, und die plastische Form kann auf Momente ganz untergehen in der Gesamtbewegung, die die Fläche überspielt. Bei
Innenräumen kann diese freie Lichtbewegung in Kontrasten
des Blendend-Hellen und des Nächtlich-Dunkeln geführt sein
oder in lauter hellen Tönen erzittern: das Prinzip bleibt dasselbe. Dort wird man an die starke plastische Bewegung italienischer Kirchenräume denken, hier an die flimmernde Helligkeit eines ganz leise modellierten Rokokozimmers. Daß das
Rokoko die Spiegelwände geliebt hat, heißt nicht nur, daß es
die Helligkeit liebte, sondern daß es auch die Wand als körperliche Fläche durch den Schein der unfaßbaren Nicht-Fläche,
des spiegelnden Glases, zu entwerten wünschte.
Der Todfeind des Malerischen ist die Isolierung der einzelnen
Form. Damit die Bewegungsillusion zustandekommt, müssen
die Formen zusammenrücken, sich verflechten, ineinander ver-
schmelzen. Ein malerisch komponiertes Möbel braucht immer
Atmosphäre, man kann eine Rokoko-Kommode nicht an einer
beliebigen Wand aufstellen, die Bewegung muß weiterklingen.
Es ist der besondere Reiz einheitlicher Rokokokirchen, daß
jeder Altar, jeder Beichtstuhl in das Ganze eingeschmolzen
ist. Wieweit in folgerichtiger Weiterentwicklung der Forderung auch die tektonischen Schranken aufgehoben werden,
lernt man mit Erstaunen an Beispielen höchster malerischer
Bewegung, wie etwa der Johann-Nepomuk-Kapelle der Brüder Asam in München.
Sobald der Klassizismus wieder erscheint, treten die Formen
augenblicklich auseinander. An der Palastform sieht man wieder

Fenster neben Fenster, einzeln faßbar. Der Schein ist zerstoben. Die körperliche Form, die feste und bleibende, soll sprechen, und das heißt, daß die Elemente der tastbaren Welt wieder die Führung bekommen, die Linie, die Fläche, der geometrische Körper. Alle klassische Architektur sucht die Schönheit in dem, was ist, barocke Schönheit ist Schönheit der Bewegung. Dort haben die „reinen" Formen ihre Heimat, und man sucht der Vollkommenheit ewig-gültiger Proportionen sichtbare Gestalt zu geben; hier verblaßt der Wert des vollendeten Seins vor der Vorstellung des atmenden Lebens. Die Beschaffenheit des Körpers ist nicht gleichgültig, aber das erste ist, daß er sich bewege: in der Bewegung vor allem liegt der Reiz des Lebendigen.

Das sind Grundunterschiede der Weltanschauung. Was wir hier über malerisch und nichtmalerisch auseinandergesetzt haben, bildet einen Teil des Ausdrucks, den die Weltanschauung sich in der Kunst gegeben hat. Der Geist des Stiles ist aber gleichmäßig gegenwärtig im großen wie im kleinen. Ein bloßes Gefäß genügt, den weltgeschichtlichen Gegensatz zu illustrieren. — Wenn Holbein einen Krug zeichnet, so ist es die plastisch-geschlossene Gestalt in absoluter Vollendung; eine Kanne des Rokokos gibt die malerisch unbegrenzte Erscheinung; sie legt sich in keinem faßbaren Umriß fest, und die Flächen sind von einer Lichtbewegung überspielt, die ihre Greifbarkeit illusorisch macht; die Form erschöpft sich nicht in einer Ansicht, sondern behält für den Betrachter etwas Unendliches.

Mag man noch so haushälterisch mit den Begriffen umgehen, die zwei Worte malerisch und nichtmalerisch genügen schlechterdings nicht, die zahllosen Nuancen der geschichtlichen Entwicklung zu bezeichnen.

Karl Scheffler

Karl Scheffler (geb. am 27. Februar 1869 in Hamburg)
entwickelt in seinem Buch „Der Geist der Gotik" (Insel-Verlag,
Leipzig 1917) die Wesenszüge „gotischen" Gestaltens.
Er sieht dabei den Begriff „gotisch" nicht als historische, sondern
als künstlerische Charakterbezeichnung.

DIE BEIDEN FORMENWELTEN DER
KUNST

1917

Während ich das erste Wort suche, um diese Ausführungen zu beginnen, muß ich des Augenblickes gedenken, als sich der Gedanke vom ewigen Dualismus der Kunst
zum erstenmal deutlich in mir bildete. Es geschah, als ich eines
Tages zum Fenster hinaussah und eine Schar von Tauben
beobachtete, die sich auf dem Dach und den Gesimsen des
gegenüberliegenden Hauses tummelten. Einige der Tauben
flatterten auf, flogen im Kreise und ließen sich schwebend
nieder, andere hockten auf den Gesimsen oder verfolgten
sich im Paarungstrieb. Im stillen Hinsehen fiel es mir auf, daß
alle Bewegungen, die rein automatisch vor sich gehen, das
Emporsteigen, Fliegen, Schweben und Niedergleiten, daß alle
rein körperlichen Funktionen, die unwillkürlich ausgeübt werden, angenehm und „schön" wirken, daß dagegen Formen
des Charakteristischen, ja des Grotesken entstehen, wenn die
Tiere im Banne einer psychischen Regung sind, wenn sie etwa
erschreckt um sich äugen, einander ängstlich fliehen oder
brünstig suchen. Die beiden Gruppen von Bewegungen stellten sich meinem Auge als grundsätzlich verschieden dar. Die
erste Gruppe enthält die gymnastisch glücklichen und darum
die harmonischen, die ornamentalisch schönen Formen; die
zweite Gruppe umfaßt die leidvollen Formen, die sich dem
Häßlichen nähern. Die Formen der ersten Gruppe schmeicheln
dem Auge, die anderen haben dagegen etwas Frappierendes.
Solange sich die Kräfte automatisch balancieren, stellt sich
beim Betrachter ein reines ästhetisches Vergnügen ein; wenn

sich der Wille der Tiere aber im Gehirn konzentriert und die
Bewegungen psychischen Impulsen unterworfen sind, finden
Ausschaltungen und partielle Lähmungen statt, die ornamen-
talische Schönheit ist dahin, das Bild ist dann als bedeutende
Erscheinung eindrucksvoll, nicht aber als ein Reiz angenehm.
Mit dieser einen Erfahrung des Auges war mir plötzlich ein
Schlüssel gegeben. Die Beobachtung an sich ist nichts Besonderes, aber sie war für mich und zu jenem Zeitpunkt etwas
Besonderes. Das wurde schon dadurch offenbar, weil sie von
jenem Gefühl des Glücks begleitet war, das sich einstellt,
wenn der Mann fühlt, wie er wächst und wie Entscheidendes
in ihm vorgeht. Es mußte von der einen Erfahrung gleich auf
ein Ganzes geschlossen werden: die beiden Gruppen von Bewegungen teilten mir im Augenblick die ganze Kunst, die ja
nichts anderes ist als ein großes Bewegungsgleichnis, in zwei
Hemisphären, deren jede ihre besonderen seelischen Voraussetzungen und eine ihr eigentümliche Formenwelt hat, in
zwei Kräftegruppen, die sich bekämpft haben, solange es
eine Kunstgeschichte gibt, und die sich in aller Zukunft bekämpfen werden.
Am anschaulichsten ist der Kampf dieser beiden Formenwelten
in Europa ausgetragen worden. Zwei Stile haben von je in
Europa geherrscht und während der Zeiten, die von geschicht-
licher Erkenntnis erhellt werden, einander den Vorrang strei-
tig gemacht; zwei primäre Stile, ursprüngliche Formenschöpfungen, die in einem grundsätzlichen Gegensatz zueinander
stehen. Wenn man sie als den griechischen und gotischen Stil
bezeichnet, so weiß jedermann, was gemeint ist, trotzdem die
Worte ungenau sind. Ungenau ist das eine Wort, weil das
Griechische, wie es hier verstanden wird, nicht eine Formenwelt umfaßt, die fertig dem Geiste eines einzigen Volkes entsprungen ist, und weil die griechische Form andrerseits entscheidenden Anteil hat an vielen europäischen und außereuro-
päischen Stilwandlungen bis auf unsere Tage. Und ungenau ist
auch die Bezeichnung „gotisch", weil das Gotische im Sinne
meiner Auffassung keineswegs nur ein Gebilde des nordischen

Mittelalters gewesen ist, sondern irgendwie immer gegenwärtig war, wenn in Europa oder sonstwo etwas Neues mit
elementarer Kraft zutage trat. Jedenfalls aber handelt es sich
um zwei grundsätzlich sich unterscheidende Bildungskräfte,
und jede Zeit, jedes Volk müssen eine Entscheidung darüber
treffen, welcher dieser Kräfte sie sich vor allem anvertrauen
wollen. Wie diese Entscheidungen getroffen worden sind, das
in der Geschichte der europäischen Kunst zu verfolgen, ist von
großem Reiz. Oft ist der Entschluß vom Volksinstinkt, vom
Zeitgeist schnell und kühn gefaßt worden, oft auch nur
zögernd und ungewiß. Wie für ewige Dauer haben sich die
südlichen, die romanischen Völker der griechischen Formen
bemächtigt; die nordischen Völker dagegen haben dauernd
geschwankt zwischen dem Griechischen und dem Gotischen.
Es gibt Mischstile und Kompromisse und höchst seltsame
Metamorphosen. Alles aber weist letzten Endes doch zurück
auf den einen großen Gegensatz, der in der Natur selbst
begründet ist.

Die beiden Formenwelten, die mit den Worten „griechisch"
und „gotisch" gleichnishaft bezeichnet werden, begünstigen
hier vor allem den Willen zum Ausdruck und dort die Ehrfurcht vor dem Gesetzlichen. In der griechischen Baukunst
sind alle Einzelformen auf lange, man darf sagen auf ewige
Dauer gestellt. Die Säule hat etwas Endgültiges, es ist daran
nicht zu viel und nicht zu wenig getan, es ist eine Formel
gefunden, die an erschöpfender Knappheit nicht übertroffen
werden könnte. Ebenso stellt sich das schön gegliederte Gesims
als eine formale Quintessenz dar, als das Ergebnis einer bewunderungswürdigen Zusammenarbeit vieler Geschlechter
und Individuen, als das Werk einer von allem störenden Sub-
jektivismus gereinigten Phantasietätigkeit ganzer Zeiten. Eben
um ihrer Endgültigkeit willen konnten diese reinen, über-
persönlichen Formen so bequem übernommen, angewandt
und abgewandelt werden. Auf griechische Bauformen gehen
ja sowohl die Formen der römischen Baukunst wie die Formen
der über ganz Europa, über die ganze Welt verbreiteten

italienischen Renaissance zurück. Keiner gotischen Bauform
wohnt eine solche Allgemeingültigkeit inne. Die gotischen
Formen erscheinen vom Augenblick geschaffen, die Persönlichkeit hat an ihnen mehr Anteil, und eben darum können sie
nicht leicht übernommen und umgebildet werden. Gegenüber
der griechischen Form wirkt die gotische fast improvisiert; sie
ist nicht so sehr ein Extrakt als vielmehr das Gebilde des
Augenblicks. Die griechischen Säulenordnungen konnten nach
bestimmten Regeln angewandt und in fast wissenschaftlicher Weise variiert werden: an den Kapitellen und am Stein-
gebälk konnten Tausende von Sklavenhänden fortmeißeln,
weil die Formen regelmäßig wiederkehren, weil sie eine
unendliche Vervielfältigung geradezu bedingen. Der griechische Stil reiht gleiche Formen aneinander, er will die Wiederholung derselben Form, und eben darum bedarf er bei der
Ausführung nicht so sehr großer, schöpferischer Persönlichkeiten als vielmehr geschickter und sorgfältiger Arbeiter. Alles
in diesem Stil ist auf Gesetzmäßigkeit gestellt, es herrscht die
Regel, der Kanon, das Wissen um die Wirkungen und um die
überlieferbaren, meßbaren und erprobten Verhältnisse. Innerhalb der gotischen Formenwelt aber konnte dem sklavischen
Arbeiter nur weniges überlassen werden. Denn dort ist eigentlich nicht eine Form genau wie die andere, jede Form erscheint
spontan geschaffen und — selbst dort, wo ihr Charakter konventionell festgelegt ist — von einem subjektiven Willen
durchgebildet; dadurch kommt in jede Form ein eigensinnig
genialisches Eigenleben. Nicht die Wiederkehr des Gleichen
ist das Prinzip der gotischen Bauweise, sondern die Abwandlung eines Formprinzips durch viele Möglichkeiten; nicht
Regelmäßigkeit wird erstrebt, sondern Mächtigkeit oder Freiheit und Fülle. Das Wesentliche in der gotischen Form sind
nicht Gesetz und Regel, sondern es ist die unmittelbare Ausdruckskraft. Es wird nicht ein endgültiges, ein sozusagen
destilliertes Verhältnisleben der Teile erstrebt, es wird nicht
ein Kanon der reinen Proportionen geschaffen, sondern es
muß das wirkungsvolle Verhältnisleben in der gotischen

Kunst vom Künstler eigentlich jedesmal von neuem intuitiv
gegriffen werden. Dadurch wird die Wirkung sehr unmittelbar, doch haftet ihr auch viel Einmaliges, ja etwas Einzigartiges
an. Um einen griechischen Tempel, einen römischen Palast,
eine italienische Renaissancekirche gut zu bauen, genügten
unter Umständen die Tradition, die Erfahrung, das Wissen,
die Kenntnis des Kanons und der Praxis; um aber einen
gotischen Dom wirkungsvoll zu türmen, dazu gehörte in erster
Linie schöpferische Kühnheit. Die griechisch-italienische Bauweise könnte gegebenenfalls ohne geniale Begabungen bestehen und doch eine gewisse Höhe halten, die gotische Bauweise aber muß ohne ursprüngliche Genialität gleich maniriert
und konventionell werden. Eben darum setzt die gotische
Form selbständigere Arbeiter und willenskräftigere Persönlichkeiten voraus. Nur eine an Individualitäten, an Tempera-
menten reiche Zeit ist reiner gotischer Formenschöpfungen
fähig. Schon aus diesem Grunde bleibt der gotischen Form die
unendliche Ausdehnungsmöglichkeit und die allgemeine An-
wendbarkeit versagt. Denn Persönlichkeiten und Tempera-
mente sind nicht zu allen Zeiten da, sorgfältige, genaue Arbeiter aber sind stets zu erziehen.

Auch in der Natur steht einem Prinzip der langen Dauer
überall ein Prinzip des schnellen Antriebs gegenüber. Die
Natur will ebenfalls die ewige Wiederkehr des Gleichen
oder doch des Ähnlichen; aber sie will auch immer ein Neues.
Sie will zugleich die Regel und den Überschwang. Paradox
könnte man sagen, die Natur sei ebensowohl griechisch wie
gotisch. Wie aber in der Natur der orgiastischen Fülle der
Schöpfungskraft, dem Übermaß des Triebhaften die regelnde
Ordnung, die eherne Notwendigkeit beschränkend und form-
gebend gegenübersteht, und wie der Elementardrang des
Schöpfungswillens wiederum dafür sorgt, daß das heilig ord-
nende Gesetz niemals formalistisch erstarrt, wie ein ewiger
Kampf ist zwischen Unruhe und Ruhe, zwischen Rausch und
Besonnenheit, zwischen Ungeduld und Geduld, und wie das
Resultat dieses Kampfes ohne Ende eine Welt ist, die immer

wieder frisch und herrlich ist, als sei sie eben aus der Hand des Schöpfers hervorgegangen – so wirken auch in der Kunst aufeinander Maß und Übermaß, Ruhe und Unruhe, Geduld und Ungeduld, so geht auch dort aus diesem ewigen Kampf erst das Bedeutende ursprünglich und mannigfaltig hervor. In der Kunst wirkt, wie in der Natur, eine zentrifugale und eine zentripetale Kraft; in der Kunst wie in der Natur heißen die beiden entscheidenden Gewalten Antrieb und Hemmung, Freiheit und Gesetz. Der künstlerische Bildungstrieb des Menschen hat sich dualistisch spalten müssen, um im Höchsten schöpferisch werden zu können. Etwa so, wie die Natur den Menschen in Mann und Weib zerlegt hat, um sich zu erhalten und fortzupflanzen.

In diesem Sinne ist die gotische Form die männliche, sie ist die zeugende und anregende Form. Sie ist die Form des heroischen Affektes; auch dort, wo sie scheinbar nüchtern vom profanen Bedürfnis ausgeht. Denn während sie rein zweckmäßig bestimmt zu sein scheint, steigert sie das Zweckmäßige unversehens zum Monumentalen. Man denke an die mittelalterliche Verteidigungsarchitektur. Es ist strenge Zweckarchitektur, ohne Zierat, ohne rein darstellende Formen, nur aus Mauern, Zinnen und Türmen gebildet. Sie sollte den Feind abhalten. Aber zugleich sollte sie ihn schrecken und einschüchtern, das heißt, sie sollte eine Wirkung auf seine Seele ausüben. Darum wurden Formen gewählt, deren Wucht voller Drohung war, die kriegerisch wirkten und eine Macht repräsentierten; und so geriet das Fortifikatorische wie von selbst zur düsteren Großheit und starren Unbedingtheit. Das Einfache wirkte nicht mehr nüchtern zweckhaft, sondern wie ein Symbol des Dräuenden und Wehrhaften. Diese Übersteigerung ins Symbolische aber ist einer der wesentlichen Züge alles Gotischen.

Aus dem Burgenbau, aus der Befestigungsarchitektur ging organisch der Kirchenbau hervor. Der trotzig auf Selbstbehauptung stehende Wille erstrebte die mächtige Wirkung, aus dem groß begriffenen Bedürfnis wurde die Idee abgeleitet; diese Idee aber wurde mit der Zeit selbständig und wuchs ins Geistige, ins rein Künstlerische hinein. Die Stimmung, die den primitiven gotischen Kunstwerken anhaftet, wurde zum Motiv an sich erhoben. Um die Stimmung aber künstlerisch auszudrücken, mußte eine Formenwelt geschaffen werden, die sich aus lauter Stimmungselementen zusammensetzt. Das will sagen: aus Elementen, die neun Zehntel des Lebens, der Natur, der menschlichen Empfindung ignorieren, um dem einen Zehntel desto einseitig stärker zum Ausdruck zu verhelfen; aus Elementen, die das Objekt vergewaltigen, die alle helfen, ein einziges mächtiges Gefühl zu illustrieren und die alle erfüllt sind von der Leidenschaft, einen bestimmten Willen auszudrücken, ihn zu steigern und zu motivieren. Jede gotische Kunstform will vor allem dieses: motivieren. Sie ist nicht vom Zweck genesen, wie die griechische Form. Alle Formen der Gotik, sowohl dort, wo sie sich einfach, wuchtig und primitiv, wie auch dort, wo sie sich darstellend, reich und barock geben, weisen irgendwie immer auf etwas Konstruktives. Das sichtbar Konstruktive jedoch nimmt in der Baukunst die Stelle ein, die der Naturalismus in der Malerei einnimmt. Nun ist aber dieser Konstruktionsnaturalismus der Gotik nicht zu profanen Zwecken, sondern um der künstlerisch-symbolischen Wirkung, um des starken Ausdrucks willen da. In allem Gotischen ist die Frage nicht zu lösen, ob zuerst die Konstruktion oder die künstlerische Vorstellung dagewesen ist. Die Antwort ist so schwierig wie die Beantwortung der Frage, ob zuerst das Huhn oder das Ei dagewesen sei. Konstruktion und Form werden im Gotischen zugleich und eines durch das andere immer gefunden. Neuerungen, wie der Spitzbogen und das Pfeilersystem, sind erst möglich geworden, als eine mit sich selbst noch unbekannte Sehnsucht nach Mitteln ausschaute, dunkel ihr vorschwebende Wirkungen zu realisieren. Es mag mit solchen technischen Entdeckungen gehen wie mit den geographischen, die auch erst erfolgen, wenn der von Expansionstrieben genährte Instinkt zweckvoll wissenschaftlich Schiffe ausrüstet. Dieses aber ist so recht das

Wesen des gotischen Geistes: ein mit sich selbst unbekanntes
mächtiges Lebensgefühl in neue Kunstformen zu kleiden, ur-
weltliche Instinkte artistisch zu rechtfertigen und aus der Notdurft des Lebens unmittelbar eine zwar naturalistisch gebro-
chene, aber auch geheimnisvolle Formenwelt abzuleiten. So
ist es im Mittelalter gewesen, als auf der Grundlage des
Zweckmäßigen und des tektonisch Mathematischen eine be-
törende Romantik aufblühte, ein Urwald von Form, wimmelnd
von Leben und Gestalt. Der erregte Wille führte das Bedürfnis über sich selbst hinaus – bis an die Grenzen der Phantastik. Der Raum wurde überhöht, seine natürlichen Mauer-
grenzen wurden gesprengt, ein System von Pfeilern wuchs,
voll eines dröhnenden Rhythmus, steil in die Höhe, das Licht
selbst wurde romantisiert, indem man es durch farbige Fenster leitete, und in allen Teilen des Doms – der ein Gesamt-
kunstwerk der Architektur, Plastik und Malerei war – begann
ein Spiel mit der Konstruktion, mit dem Zweckhaften, bis alles
Materielle sich schließlich im Transzendentalen verlor. Hier
wird die andere Seite des gotischen Geistes offenbar: seine
Lust an der Fülle, seine romantische Schmucklust. Das Gemäuer bedeckte sich mit phantastisch reichem Zierat, mit
Menschen- und Tiergestalten, mit Blättern und Blumen, mit
tektonischen und malerischen Formen bunt durcheinander –
scheinbar willkürlich und doch logisch geordnet nach einem
Gesetz der Empfindung. Alles einzelne weist zurück auf etwas
Individuelles; im dunkelsten Winkel noch betätigt sich das
sehnsüchtig bildende Talent; über allem einzelnen aber steht
einigend ein großer, leidenschaftlicher Kollektivwille. Alle
Menschen haben irgendwie Anteil an den Wunderbauten der
mittelalterlichen Gotik; aber alle bleiben sie auch anonym.
Und dieses eben ist ein Charakteristikum des Geistes der
Gotik überhaupt: er lebt sich in Massenkundgebungen aus;
seine Ideen können zwar nur von Persönlichkeiten verwirklicht werden, aber sie schließen auch jede Persönlichkeit ein.
Daher dieser bezeichnende Trieb zum Rauhen und Kolossalen
einerseits und zur Fülle des Details anderseits, daher diese

heftige Neigung zur Phantastik der Quantität. Beides, der Kolossaltrieb und der Formenüberschwang, die primitive Nacktheit sowohl wie die Schmuckfülle, weisen auf eine geistige Unruhe zurück. Diese Unruhe setzt sich immer dann in künstlerische Wirkungen um, wenn sich eine Kraft von hartem Druck befreit, wenn ein Kampf stattfindet, wenn Sehnsucht, Unruhe und Trotz sich um ein Höchstes bemühen, während ein rauhes Klima, arme Lebensformen, Not und Mühsal den titanisch erregten Willen beschränken. Der Empordrängende vor allem will ungewöhnliche Denkmale seines Willens errichten, er denkt in steinernen Babelgedanken. Alle gotische Kunst deutet auf einen Zustand des Gemüts, der eintritt, wenn sich der Geist aus phantasievoller Dämonologie, aus schaudernder religiöser Ergriffenheit zur Gewissensfreiheit selbständig durchringt. In Augenblicken, wo ein Volk in der Mitte dasteht zwischen unbedingter Anbetung und Geistesfreiheit, wo es sich selbst wachsen fühlt und auch die Lust des Wachsens, geraten die Werke am größten und reichsten im Sinne des Geistes der Gotik. Beruhigte, saturierte Völker kennen nicht diese elementaren Willensausbrüche in der Kunst. Darum sind vor allem werdende Völker, die noch auf Morgenstufen weilen, Völker mit Jünglingstemperament, voll vom Geiste der Gotik. Oder auch die alternden Völker, in denen eine neue Unruhe erwacht und neue Begierde. Auch glückliche Völker, die in einem heiteren Klima leben, fassen die Kunst nicht so ekstatisch auf, sie suchen mehr das Glück und den Genuß; die Gotiker dagegen sind nie heiter, ruhig und harmonisch, sie werden gepeinigt von einem Verantwortlichkeitsgefühl, ihre Kraft ist nicht frei von Angst, ihr Wille ist voller Leidenschaften. Darum bedeutet ihnen auch die Tradition nicht viel. Ihnen schwebt als Ideal immer etwas Phänomenisches vor. In ihrer Kunst herrscht die Stimmung. Der gotische Mensch hat ganz den einseitigen Druck der Kräfte. Er lebt innerlich ruckweis, nicht stetig. Und dieses gilt ebensowohl für ganze Völker wie für die einzelnen Talente, für die Individuen, die ihrer Natur nach als Gotiker anzu-

sprechen sind, und für ganze Künstlergeschlechter, die vom
Geiste der Gotik regiert werden.

Im Gegensatz hierzu suchen Völker und Individuen, die auf
die griechische Formenwelt eingestellt sind, nicht den Affekt,
sondern die Beruhigung. Selbst wenn sie einmal das Ungeheure unternehmen, setzen sie Wohlklang und Harmonie
allem anderen voran; sie schaffen das Kolossale nur, um zu
prahlen, nicht aus einem eingeborenen Hang zum Phänome-
nischen. Wenn sie das Übergroße schaffen, so sind es nur
Vergrößerungen des eigentlich für eine mittlere Größe Gedachten. Im allgemeinen sagt ihnen das Mittlere und eine
gewisse Normalempfindung zu. Die Baukunst des griechischen
Menschen geht nie sichtbar und absichtsvoll vom Zweck und
von der Konstruktion aus, sie ist nicht naturalistisch und
ebensowenig romantisch-symbolisch. Der Zweck und die Konstruktion fügen sich willig dem schönen Schein. Die Architektur ist rein darstellend; darum bedarf sie gar nicht der Anstrengung, die nötig ist, wo etwas an sich Profanes aufs höchste
idealisiert werden soll; darum gerät die Form auch nirgends
zum gewaltsam Charakteristischen. Die Bedürfnisse treten in
einem Klima, das die Mitte hält zwischen eisiger Kälte und
tropischer Hitze, bei weitem nicht so anspruchsvoll hervor;
das Materielle der Zwecke erscheint von vornherein mehr
aufgehoben, jedes einzelne Bauglied hat ein dekoratives
Eigenleben, das sich auch erhält, wenn es für sich allein betrachtet wird, und alles Statische ist wohlklingend geworden.
Die Bauwerke scheinen nicht so sehr, wie die des gotischen
Geistes, einzelne Individuen zu sein, sie sind vielmehr Gebilde des reinen Wohllautes und Verkörperung eines sehr
durchgebildeten Stilprinzipes. Eine Cella und ringsherum Säulenreihen: das ist der griechische Tempel; vier Mauern mit
regelmäßig angeordneten Fensteröffnungen auf einem Rechteck errichtet, edel gegliedert von Pfeilern und Gesimsen: das
ist der italienische Palast. Da nun aber das Ganze dekorativ
ist, da jede Form ein Wohlklang ist, so kann diese Bauweise
auf Häufungen verzichten. Darum ist sie im allgemeinen einfach

und ein Kind der Selbstbeschränkung. In der griechischen
Formenwelt dominiert das Klare, das formal Endgültige. Alle
Anstrengung erscheint überwunden, das Gerüst des Bauwerks
ist wie mit blühendem Fleisch bedeckt, ohne daß aber die
Gelenke undeutlich würden, ohne daß die gymnastische Ela-
stizität der Glieder verlorenginge. Die Kunst des griechischen
Menschen weist, wo und wann immer sie uns entgegentritt,
auf eine Gemütsverfassung, die nicht ekstatisch erregt ist, son-
dern besonnen, die nicht religiös gefärbt ist, sondern weltlich.
Diese Gemütsart will weniger, daß das Kunstwerk drohe, als
vielmehr, daß es schmeichle; sie ist nicht unruhig nach dem
Neuen, sondern glücklich im Besitz. Darum ist der griechische
Mensch wie von selbst ein Verweser der Tradition. In seinen
Künsten geht das eine immer scheinbar ohne Anstrengung aus
dem anderen hervor. Wo der gotische Mensch das Gefühl des
Werdens rauschhaft und doch auch leidend erlebt, da genießt
der griechische Mensch sein Werden und Sein als Glück. Das
gibt seiner Kunst die stolze Ruhe, das Aristokratische, es löst
die Spannungen und schafft die Harmonie. In der gotischen
Kunstwelt geht der Mensch mehr sittlich wollend vor, in
der griechischen mehr ästhetisch genießend. Benutzt man einmal die Terminologie Nietzsches, um die Gegensätze zu bezeichnen, so könnte man die gotische Welt die des dionysi-
schen Geistes, die griechische Welt aber vom appollinischen
Geiste geschaffen nennen.

Man möchte das Gotische sentimentalisch nennen, trotzdem
in diesem Wort ein herabsetzender Nebensinn verborgen ist.
Das Sentimentalische muß entstehen, weil die Formen des
gotischen Geistes nicht in erster Linie aus einer freien Vernunft, sondern aus dem stark okkupierten Gefühl fließen.
Die Kunstform dient einer reizbaren Idee, nicht einer zufrie-
denen Sinnlichkeit, das macht sie sentimentalisch. Das Sentimentalische in diesem Sinne ist die Hälfte der Menschen-
natur. Mit ihm zusammen hängt jenes große Erstaunen vor
der Welt, jenes tiefe philosophische Wundern, worauf alle
Religion letzten Endes zurückgeht. Die sentimentalische Natur

gibt sich einem schreckhaften Gottgefühl hin; sie steht immer
mehr oder weniger im Banne eines Schuldgefühls, einer mystischen Lebensfurcht. Aus dieser Furcht aber geht dann eine
besondere Art von Willen hervor; es wohnen darin die
Instinkte, die göttlichen und die tierischen, eng beieinander,
und es ruht darin embryonisch die Idee, die, über alle Vernunft, über alle Realität hinaus, dem Leben das Unbedingte
abtrotzen möchte, die nicht davor zurückschreckt, zum Himmel selbst eine Jakobsleiter anzulegen, worauf die Engel
herab- und hinaufwallen. In diesem Sentimentalischen ist jenes
Dämonische enthalten, worauf Goethe so oft zurückkam und
das in ganzen Völkern sich ebensowohl zeigt wie in großen
Individuen. Es „wählt sich gern etwas dunkle Zeiten", wie
Goethe meinte, es übt eine besondere Anziehungskraft aus,
und nicht selten ist darin die Größe dem Diabolischen gesellt.
Auch im Geiste der Gotik ist immer mehr oder weniger von
dieser Dämonie. Das erklärt den oft beängstigenden Formen-
spuk aller gotischen Kunst, es erklärt die Hysterie und die
krankhafte Heftigkeit des Empfindens neben einer eiskalt
erscheinenden Spekulation und erhellt die Frage, warum diese
Kunst so oft mehr bildend ist als schön.
Der griechische Mensch erschafft die Formen der Ruhe und des Glückes, der gotische
Mensch die Formen der Unruhe und des
Leidens.

Wilhelm Worringer

Unter den Kunsthistorikern betont W o r r i n g e r (geb. 13. Januar 1881 in Aachen) mit besonderem Nachdruck, daß wir in unseren ästhetischen Vorstellungen einseitig unter der Herrschaft der Antike stehen und nicht berücksichtigen, daß sich aus nordischen Einflüssen eine ganz andere Einstellung zum künstlerischen Gestalten ergeben hat.

Das Wollen geht hier nicht auf Naturverbundenheit, die bei baulichen Formen durch gefühlsmäßige Vermenschlichung zur „Einfühlung" führt, sondern auf Abstraktion.

Diesen weltanschaulich bedingten Gegensatz hat Worringer im allgemeinen in seinem Werk „ A b s t r a k t i o n und E i n - f ü h l u n g " dargestellt. Ihm geht er im besonderen in seinem Buch „ F o r m p r o b l e m e d e r G o t i k " (Verlag R. Piper & Co., München) nach, dem unser Beitrag entnommen ist.

DER BAUGEDANKE DER GOTIK

1920

Den besten Übergang zur Untersuchung des gotischen Baugedankens und seines von der griechischen Tektonik gänzlich verschiedenen Wesens finden wir, indem wir uns das Verhältnis der beiden Bauweisen zu ihrem Material, dem Stein, veranschaulichen. Alle künstlerische Architektur fängt erst damit an, daß sie sich nicht begnügt, den Stein als bloßes Material zu irgendwelchen praktischen Zwecken zu benützen und ihn demnach nur nach Maßgabe seiner materiellen Gesetzlichkeit zu behandeln, sondern versucht, dieser toten materiellen Gesetzlichkeit einen Ausdruck abzugewinnen, der einem bestimmten apriorischen Kunstwollen entspricht. So sahen wir, daß die griechische Kunst diese tote Gesetzlichkeit des Steins zu einem wundervollen Ausdrucksorganismus verlebendigt (wie sie in der Ornamentik die tote abstrakte Linie des Primitiven zu einer organisch gerundeten und organisch rhythmisierten Linie verlebendigt). Aus der starren unsinnlichen Logik der Konstruktion macht sie ein sinnlich empfundenes und sinnlich erfaßbares Spiel lebendiger Kräfte. Zwischen logischer Gesetzmäßigkeit und organischer Notwendigkeit ist hier eine Synthese geschaffen, die den anderen idealen klassischen Synthesen von Begriff und Anschauung, von Denken und Erfahrung, von Verstand und Sinnlichkeit vollkommen entspricht. Das Ideale dieser Synthese besteht darin, daß keiner der die Synthese bildenden Faktoren zu kurz kommt, sie durchdringen sich vielmehr, sie unterstützen sich, sie ergänzen sich. Damit ist schon gesagt, daß diese architekturale Synthese nicht durch eine Vergewaltigung des Steins und seiner materiellen Gesetzlichkeit zustande kommt; vielmehr geht die konstruktive Gesetzlichkeit unmerklich und ohne Gewaltsamkeit in die organische Gesetzlichkeit über. Bei voller Bejahung des Steins und seiner materiellen Gesetzlichkeit erreicht die klassische Architektur also ihren lebendigen Ausdruckswert.

Den Stein bejahen, heißt die Auseinandersetzung von Last und Kraft architektonisch aussprechen. Denn das Wesen des Steins ist Schwere, auf dem Gesetz der Trägheit baut sich seine architektonische Verwendbarkeit auf. Der primitive Baumeister nutzt die Schwere des Steins nur praktisch aus, der klassische Baumeister aber nutzt sie auch künstlerisch aus; er bejaht sie ausdrücklich, indem er zum künstlerischen Gedanken des Baues die Auseinandersetzung von Last und Kraft macht. Er bejaht den Stein, indem er seine konstruktive Gesetzlichkeit zu einer organisch lebendigen Gesetzlichkeit macht, das heißt, indem er versinnlicht. Alles, was die griechische Architektur an Ausdruck erreicht, erreicht sie m i t dem Stein, d u r c h den Stein; alles, was die gotische Architektur an Ausdruck erreicht, erreicht sie — hier kommt der volle Kontrast zur Geltung — t r o t z des Steins. Ihr Ausdruck baut sich nicht auf der Materie auf, sondern kommt nur durch ihre Verneinung, nur durch ihre Entmaterialisation zustande.

Wenn wir einen Blick auf die gotische Kathedrale werfen, sehen wir nur eine gleichsam versteinerte Vertikalbewegung, in der jedes Gesetz der Schwere ausgeschaltet zu sein scheint. Wir sehen nur eine ungeheuer starke, der natürlichen Schwerkraft des Steins entgegengesetzte Kräftebewegung nach oben.

Keine Mauer, keine Masse gibt es, die uns den Eindruck eines
festen materiellen Steins vermittelt, nur tausend Einzelkräfte
sprechen zu uns, deren Materialität uns kaum zum Bewußtsein kommt, sondern die nur als Träger eines immateriellen
Ausdrucks wirken, als Träger einer ungehemmten Höhen-
bewegung. Vergebens suchen wir nach einer für unser Gefühl
nötigen Andeutung des Verhältnisses von Last und Kraft:
eine Last scheint gar nicht zu existieren; wir sehen nur freie
und ungehinderte Kräfte, die mit einem ungeheuren Elan zur
Höhe streben. Es ist klar, daß der Stein hier seiner ganzen
materiellen Schwere entledigt ist, daß er hier nur Träger eines
unsinnlichen, unkörperlichen Ausdrucks, kurz, daß er hier
entmaterialisiert worden ist.

Diese gotische Entmaterialisation des Steins zugunsten eines
rein geistigen Ausdruckswesens entspricht der Entgeometri-
sierung der abstrakten Linie, wie wir sie zugunsten desselben
Ausdruckszweckes in der Ornamentik konstatierten.

Der Gegensatz von Materie ist Geist. Den Stein entmateriali-
sieren heißt ihn vergeistigen. Und damit haben wir der Ver-
sinnlichungstendenz der griechischen Architektur die Vergei-
stigungstendenz der gotischen Architektur klar gegenübergestellt.

Der griechische Baumeister tritt an sein Material, den Stein,
mit einer gewissen Sinnlichkeit heran, er läßt darum die
Materie als solche sprechen. Der gotische Baumeister dagegen
tritt mit einem rein geistigen Ausdruckswillen an den Stein
heran, das heißt mit Konstruktionsabsichten, die künstlerisch
unabhängig vom Stein konzipiert werden und für die der
Stein nur das äußerliche und rechtlose Mittel der Verwirklichung bedeutet. Das Resultat ist ein abstraktes Konstruk-
tionssystem, in dem der Stein nur eine praktische, keine künstlerische Rolle spielt. Die mechanischen Kräfte, die in der
breiten Massigkeit des Steins gleichsam schlummern, sie sind
von dem gotischen Ausdruckswillen erweckt worden; sie sind
selbstherrlich geworden und haben die Masse des Steins so
sehr aufgezehrt, daß an Stelle der sichtbaren Festigkeit der

Materie eine nur berechenbare Statik tritt. Kurz, aus dem
Stein als Masse mit seiner Schwerkraft wird ein nacktes konstruktives Gerüst aus Stein. Die Baukunst, die eine Maurer-
kunst gewesen, wird zu einer Steinmetzenkunst, zu einer unsinnlichen Konstruktionskunst. Der Gegensatz von klassischem
Bauorganismus und gotischem Bausystem wird zu dem Gegensatz eines lebendig atmenden Körpers und eines Skeletts.
Die griechische Architektur ist angewandte Konstruktion, die
gotische ist Konstruktion an sich. Das Konstruktive ist dort
nur Mittel zum praktischen Zweck, hier ist es Selbstzweck,
denn es deckt sich mit der künstlerischen Ausdrucksabsicht.
Weil in der abstrakten Sprache konstruktiver Beziehungen
sich das gotische Ausdrucksverlangen aussprechen konnte,
wird die Konstruktion über ihren praktischen Zweck weit
hinaus um ihrer selbst willen getrieben. In diesem Sinne
könnte man die gotische Architektur als eine gegenstandslose
Konstruktionswut bezeichnen, denn sie hat kein direktes
Objekt, keinen direkten praktischen Zweck, nur dem künstlerischen Ausdruckswillen dient sie. Und das Ziel dieses gotischen Ausdruckswillens kennen wir: es ist das Verlangen, auf-
zugehen in einer unsinnlichen, mechanischen Bewegtheit stärkster Potenz. Wir werden später bei der Betrachtung der Scholastik, dieser Parallelerscheinung zur gotischen Architektur,
sehen, wie auch sie den gotischen Ausdruckswillen getreu
widerspiegelt. Auch hier ein Übermaß konstruktiver Spitzfindigkeit ohne direktes Objekt, nämlich ohne Erkenntnis-
zweck — denn die Erkenntnis ist ja durch die geoffenbarte
Wahrheit der Kirche und des Dogmas schon festgelegt —, auch
hier ein Übermaß konstruktiver Spitzfindigkeit, das keinem
andern Zweck dient, als der Schaffung einer sich ununterbrochen steigernden unendlichen Bewegtheit, in der sich der
Geist wie in einem Rausche verliert. Hier wie dort derselbe
logische Wahnsinn, derselbe Wahnsinn mit Methode, derselbe
rationalistische Aufwand zu einem irrationellen Zwecke, und
wenn wir uns nun zurückerinnern an das wirre Chaos nordi-
scher Ornamentik, das gleichsam das abstrakte unkörperliche

Bild einer unendlichen ziellosen Bewegtheit bot, so sehen wir,
wie hier im ersten erwachenden dumpfen künstlerischen Be-
tätigungsdrang nur vorbereitet wurde, was später mit so hohem
Raffinement in Architektur und Scholastik zur Vollendung gebracht wurde. Die Einheitlichkeit des Formwillens durch viele
Jahrhunderte hindurch tritt deutlich zutage.

Doch würde man in großem Irrtum sein, die Scholastik und
die gotische Architektur für nichts anderes als logische Kunststücke zu halten. Das sind sie nur für den, der den ins Trans-
zendentale strebenden Ausdruckswillen nicht sieht, der hinter
diesem rein konstruktiven beziehungsweise rein logischen
System steht und der sich dieser konstruktiven Elemente nur
als Mittel bedient. Denn wenn wir vorhin sagten, daß das
Konstruktive in der gotischen Architektur Selbstzweck sei, so
gilt das nur insofern, als dieses Konstruktive eben der geeignete Träger für den künstlerischen Ausdruckswillen ist. Denn
die konstruktiven Vorgänge werden uns ja in der Gotik direkt,
bei bloßer Anschauung gar nicht verständlich, sondern nur
indirekt, nur durch Berechnung auf dem Reißbrett gleichsam.
Die konstruktive Bedeutung des einzelnen gotischen Bauglie-
des kommt uns bei der Anschauung kaum zum Bewußtsein;
das einzelne Bauglied wirkt vielmehr auf den Beschauer nur
als mimischer Träger eines abstrakten Ausdrucks. Die ganze
Summe logischer Berechnungen wird also schließlich doch
nicht um ihrer selbst willen aufgeboten, sondern um eines
überlogischen Effektes willen. Das Ausdrucksresultat geht über
die Mittel, mit denen es erreicht wurde, weit hinaus, und wir
erleben innerlich den Anblick einer gotischen Kathedrale nicht
wie ein Schauspiel konstruktiver Vorgänge, sondern wie einen
in Stein ausgedrückten Ausbruch transzendentalen Verlangens.
Eine Bewegung von übermenschlicher Wucht reißt uns mit
sich fort in den Rausch eines unendlichen Wollens und Be-
gehrens hinein; wir verlieren das Gefühl unserer irdischen
Gebundenheit, wir gehen auf in eine alles Endlichkeitsbewußt-
sein auslöschende Unendlichkeitsbewegung.

Jedes Volk schafft sich in seiner Kunst ideale Auslösungs-

möglichkeiten für sein Lebensgefühl. Des Gotikers Lebensgefühl steht unter dem Druck einer dualistischen Zerrissenheit
und Friedlosigkeit. Um diesen Druck auszulösen, bedarf es
höchster Steigerungszustände, höchster Pathetik. Der Gotiker
baut seine Dome ins Unendliche nicht aus spielerischer Freude
an der Konstruktion, sondern damit der Anblick dieser über
allen menschlichen Maßstab weit hinausgehenden Vertikalbewegung in ihm jenen Empfindungstaumel auslöst, in dem
allein er seine innere Disharmonie betäuben, in dem allein
er Glückseligkeit finden kann. Dem klassischen Menschen genügte die Schönheit des Endlichen zur inneren Erhebung, der
dualistisch zerrissene und deshalb transzendental veranlagte
Gotiker vermochte nur im Unendlichen Ewigkeitsschauer zu
spüren. Die klassische Architektur gipfelt deshalb in der Schönheit des Ausdrucks, die gotische in der Macht des Ausdrucks;
jene spricht die Sprache organischen Seins, diese die Sprache
abstrakter Werte.

Die Nachwelt hat in der Gotik nur die logischen Werte gesehen, für die überlogischen hatte sie kein Organ, es sei denn,
daß sie dieses Überlogische auf das Niveau moderner Stimmungsromantik herabzog, wobei dann über die logischen
Werte wieder ganz hinweggesehen wurde. Wenn wir von
dieser Stimmungsromantik absehen, finden wir, daß die
gotische Architektur nur als konstruktive Leistung gewürdigt
wurde. Sie wurde insbesondere diskreditiert von ihren Epigo-
nen, den Vertretern jener neudeutschen Baumeistergotik, die
im 19. Jahrhundert ihr Wesen trieben. Da verstand man die
Gotik nur dem Worte, nicht dem Geiste nach. Da man zu dem
transzendentalen Ausdruckswillen kein seelisches Verhältnis
mehr hatte, schätzte man sie nur um ihrer konstruktiven und
dekorativen Werte willen und schuf restaurierend und neu
schaffend jene trockene, leblose, nüchterne Gotik, die nicht
vom Geiste, sondern von einer Rechenmaschine gezeugt
scheint.

Ein gewisses inneres Verständnis der Gotik brachte erst wieder
die moderne Eisenbaukonstruktionskunst. Hier stand man

wieder einem architekturalen Gebilde gegenüber, bei dem der künstlerische Ausdruck mit den Mitteln der Konstruktion selbst bestritten wurde. Doch bei aller äußeren Verwandtschaft ist ein gewaltiger innerer Unterschied zu konstatieren. Denn in dem modernen Fall ist es das Material selbst, das direkt zu einer solchen konstruktiven Einseitigkeit aufforderte, während die Gotik nicht durch das Material, sondern trotz des Materials, trotz des Steins zu solchen konstruktiven Ideen kam. Mit anderen Worten: hinter der künstlerischen Erscheinung der modernen Eisenkonstruktionsbauten steht nicht ein aus bestimmten Gründen zum Konstruktiven neigender Formwille, sondern nur ein neues Material. Nur soviel könnte man vielleicht sagen, daß es ein atavistisches Nachklingen jenes alten gotischen Formwillens ist, das den modernen nordischen Menschen zu einer künstlerischen Bejahung dieses Materials antreibt und an seine sachgemäße Verwendung sogar die Hoffnung an einen neuen Architekturstil knüpfen läßt.

In der Gotik war das Ausdrucksbedürfnis das Primäre gewesen, dem das Material, der Stein, nicht entgegenkam, sondern Widerstand leistete. Es setzte sich trotz der Gebundenheit an den Stein durch und brachte damit das Entscheidend-Neue in eine Architekturentwicklung hinein, die ja zum größten Teil Steinarchitektur gewesen und als solche entweder organischer Gliederbau wie die griechische, oder strukturloser Massenbau wie die orientalische, oder eine Vermischung beider wie die römische Baukunst gewesen war. Daß die Gotik nach all diesen die Steinbautradition geradezu verkörpernden Bauweisen ein absolut Neues schuf, nämlich den struktiven Gerüstbau, den m e c h a n i s c h e n Gliederbau, also den vollkommenen Gegensatz zum o r g a n i s c h e n Gliederbau, das ist die Kraftleistung, mit der sie ihr Höchstes und Eigentlichstes an Ausdrucksverlangen verwirklichte.

Herman Sörgel

Herman Sörgel (geb. 2. April 1885 in München) hat
schon bald nach Verlassen der Hochschule begonnen, eine
„Theorie der Baukunst" zu veröffentlichen, von der leider nur
der erste Band „Architektur-Ästhetik" erschienen ist.
(Piloty & Loehle, München 1921.)
Der Verfasser wurde später von seinem großen Projekt der
Senkung des Mittelmeerspiegels — „Atlantropa" — in Anspruch
genommen.

ENTSTEHUNG DES ARCHITEKTONISCHEN
KUNSTWERKS
1921

Die Baukunst ist als die „Mutter", die „Basis" und die
„Achse" aller bildenden Künste bezeichnet worden.
Diese Bezeichnungen bedürfen jedoch der näheren Erklärung.
Sicher hat sich das Bedürfnis nach s c h ü t z e n d e r U m g e -
b u n g (Architektur) früher als das nach bildlicher Dar-
stellung (Malerei und Plastik) eingestellt. Sicher hat auch
das schon bestehende bauliche Rudiment als Schreibtafel oder
Hintergrund für zeichnerisch lineare und reliefartig plastische
Betätigung schon in den prähistorischen Zeiten gedient, man
muß also zeitlich der Malerei und Plastik vorangegangen sein.
Kann man aber in jenen frühesten Stadien der vorgeschicht-
lichen Zeiten, sozusagen im ersten Säuglingsalter der Kultur,
schon von einer eigentlichen K u n s t des Bauens sprechen?
Solange es sich nur um rein technische Gebilde ohne jede
künstlerische Absicht handelt, wie bei primitiven Höhlen oder
roh gezimmerten Hütten, wohl nicht. Andrerseits wäre es
ebenso falsch, erst in bewußt dreidimensional b e h e r r s c h -
t e n Räumen die Kunst des Bauens anerkennen zu wollen.
Die ägyptischen Tempel und Straßen zum Beispiel haben
zweifellos künstlerische Eigenschaften, verraten aber noch
wenig Bemeisterung des Räumlichen im Sinne räumlich bewußter Vollkommenheit. Aus solchen Erwägungen heraus
scheint die Annahme am richtigsten, daß das Bauen an sich

zeitlich zwar aller anderen bildenden Kunst vorangegangen ist, daß man aber von einer Kunst des Bauens erst dann reden darf, als das R a u m p r o b l e m auftauchte, als das Raumbewußtsein erwacht war und künstlerisch — wenn auch vorerst noch in unvollkommener Weise — in Angriff genommen. wurde. Bis zur Gestaltung und Bewältigung dreidimensionaler Räume ist von diesem Anfangsstadium freilich noch ein weiter Weg, die Entwicklung der Stadtbaukunst zeigt ihn. Doch wäre es einseitig und ungerecht, das Ringen nach einem gestellten Ziel geringer einschätzen zu wollen, als die endgültige Beherrschung des Erstrebten. B e i s o l c h e r A u f f a s s u n g, w e l c h e i n d e r E i g e n a r t d e s a r c h i t e k t o n i s c h e n S c h ö p f e r g e i s t e s b e g r ü n d e t l i e g t, s t e l l t s i c h d i e E n t s t e h u n g u n d E n t w i c k l u n g d e r B a u - k u n s t u n d i h r e r W e r t e g a n z a n d e r s d a r, a l s n a c h e i n e r m e h r ä u ß e r l i c h e n S t i l e n t w i c k - l u n g u n d S t i l v e r ä n d e r u n g.

Die Frage nach der zeitlichen Entwicklung der Baukunst drängt vor allem zur Untersuchung ihrer E n t s t e h u n g s w e i s e. Die Bezeichnung der Architektur als „Basis" aller bildenden Kunst setzt die Analyse des architektonischen S c h ö p f e r - g e i s t e s voraus. Und die Entscheidung „Was ist Architektur im wahren Sinne des Wortes?" führt stets von neuem zur Erforschung des p r a k t i s c h e n W e r d e g a n g s eines baulichen Gebildes. So muß es — das kann die kurze Vorbetrachtung lehren — fürs erste interessieren, bei jeder ästhetischen Untersuchung immer wieder in die geheime Werkstatt des Künstlers, in die Eigenheiten des Konzipierens und Entwerfens, also in die eigentliche, von allen Zeit- und Stilerscheinungen unabhängige Quelle jeder räumlichen Kunst möglichst einzudringen.

Wie kommt der Entwurf eines Raumgebildes, wie kommt dieses selbst zustande? Die Hauptelemente des fertigen Architektureindruckes nach Inhalt, Zweck und Form wurden im zweiten Abschnitt erörtert. Wie vollzieht sich aber p r a k - t i s c h ihr Werden, ihre Tätigkeit? Mit anderen Worten:

Während bisher das Wesen des architektonischen Wahrnehmungsinhaltes vorzugsweise vom Standpunkt des r e z e p t i v e n Beschauers aus betrachtet wurde, soll mit diesem Kapitel versucht werden, das p r o d u k t i v e Verhalten des Architekten zu seinen inneren Wahrnehmungen und Gesichten vom Standpunkt der Erfindung und Gestaltung etwas näher zu beleuchten. Das Produktive unterscheidet sich vom Rezeptiven hauptsächlich dadurch, daß der Gegenstand noch nicht gegeben ist. Wenn sich auch Schaffen und Verstehen in der ästhetischen Wahrnehmung treffen und in gewissem Sinne identisch werden, so ist doch das Schaffen an sich und für sich allein genommen ein ungleich verwickelterer Vorgang als das Verstehen. Seine besondere Analyse kann manche Punkte im bauästhetischen Inhalt deutlicher machen. Im Kunstschaffen sind die meisten Momente des Verstehens schon enthalten, aber nicht umgekehrt. Freilich sind die Unterschiede im Grunde außerästhetischer Art, und etwas wesentlich Neues kann daher die Analyse des Kunstschaffens nicht zum ästhetischen Wahrnehmungsinhalt beitragen. Sie kann nur vieles verdeutlichen, bestätigen und vervollständigen.

Über ihr architektonisches Schaffen sind von K ü n s t l e r n s e l b s t wenig Aufschlüsse überliefert. Die Literatur der Selbstbiographie ist hier im Gegensatz zu den Dichtern, Malern und Musikern sehr spärlich. Die Konzeption gestaltet sich beim Architekturschaffen wegen der besonderen Stellung zum Zweck und zum Menschenleben noch dazu ungleich verwickelter als bei anderen Künstlern, und es lassen sich nur mit Vorbehalt und genauer Prüfung Analogieschlüsse zu jenen ziehen. Alle Aphorismen, welche die baukünstlerische Tätigkeit ganz allgemein mit dem malerischen, plastischen, dichterischen oder musikalischen Schaffen symbolisieren, sind Gemeinplätze, die soviel wie nichts Positives enthalten. Was soll es zum Beispiel heißen, wenn Schelling in einem Briefe an Hegel die Baukunst die „Landschaft der Plastik" und in seiner Kunstphilosophie die „Musik in der Plastik" nannte? Oder wenn Richard Wagner sagte: „Der Architekt ist der eigentliche

Dichter der bildenden Kunst." Trägt es zum Verständnis
der Raumkunst bei, wenn sie L. Ziegler mit dem Tanz vergleicht? „Von der gotischen Bauweise dürfte man entsprechend
behaupten, in ihr werde die Architektur getanzt. („Floren-
tinische Introduktion", 1912, Seite 48.)
Sicher entspringt das Schaffen des Raumkünstlers aus einem
Gestaltungstrieb und Verwirklichungsdrange
wie bei jedem anderen Künstler auch. Der schöpferische Geist
erlebt seine Kunst ganz anders, viel stärker, wenn seine Pläne
ausgeführt werden, deshalb drängt es ihn zur Verwirklichung.
Dieser Drang, das innerlich Geschaute zu gestalten, ist keine
persönliche Eitelkeit, sondern — wie Vischer sagte — eine Art
höherer Mitteilungssucht. Es drängt den Künstler, seine
Mitmenschen zur Mitfreude an seinem Werke aufzufordern.
Die Hemmung daran erzeugt Schmerzgefühl. Die Herkunft
des künstlerischen Triebes bleibt letzten Grundes dunkel. Man
kann sie weder durch Vererbung, noch durch Angeborenheit,
noch durch eine pathologische Nervenaufreizung, durch einen
„Rausch" oder ähnliches erklären. Sind die Keime zum Raum-
sinn vorhanden, so entwickeln sie sich bei günstigen Voraussetzungen wohl zum tatkräftigen Schaffen. Viele Forscher
messen hierbei dem A f f e k t eine große Rolle zu. Damit die
Kraft zur Gestaltung vorhanden sei, soll aber beim Architekturschaffen ein Vorherrschen des Affekts ausgeschlossen sein.
Mag der Dichter oder Musiker, der Schauspieler oder Tänzer
der affekthaften Inspiration bedürfen, den Architekten soll
bei seiner Konzeption sicher eine etwas gezügeltere Phantasie
leiten. Mag umgekehrt bei anderen Künstlern die Einseitigkeit des Wissens und Könnens sogar förderlich sein, vom
Architekten muß ob der engen Verknüpfung seiner Werke
mit dem menschlichen Gemeinschaftsleben eine gewisse Vielseitigkeit und Erfahrung gefordert werden. Er darf kein
Grübler, kein Einsiedler, wie mancher Dichter, Musiker, Maler
usw., sondern soll ein Weltmann sein. Der Baukünstler muß
etwas gesehen haben, er soll aus einem großen Vorrat von
Geschautem und Erlebtem schöpfen können. Er muß soziales

Gemeinschaftsempfinden besitzen, um modern, lebensvoll
bauen zu können. Daß diese Vielseitigkeit nicht etwa durch
akademische Prüfungen und angelernte Stileinzelformen erreicht werden kann, zeigt am besten eine kleine Auslese von
führenden Baukünstlern, von denen auffallenderweise keiner
sein Können der Technischen Hochschule verdankt. G. v. Seidl
zum Beispiel war Maschineningenieur, sein Talent zur Architektur entwickelte sich hauptsächlich durch Reisen. Messel
wurde erst sehr spät durch das Leben selbst der einflußreiche
Baukünstler. Behrens war Maler und Kunstgewerbler, van
de Velde Impressionist, Bruno Paul Maler. Sicher sind auch
die Theodor Fischer, Schumacher, Muthesius, Bestelmeyer,
Bonatz, Pölzig, Kreis, Tessenow usw. nicht vom akademischen
Hochschulstudium inspiriert worden. Man könnte diese Erscheinungen nicht dadurch abschwächen, daß man unter dem
Schöpfergeist des Genius eine außerordentliche, vom Normalen abweichende Geistesbeschaffenheit voraussetzen würde.
Genie und Talent sind nur Gradunterschiede, keine Wesens-
unterschiede. Die Entstehung des Kunsttriebes liegt in einer
Autonomie des menschlichen Geistes begründet, die ebenso
der Willkür wie auch dem Zwange fremd ist. Der Geist bedient sich seines Materials in dem ihm zweckmäßig scheinen-
den Sinne, mag es sich nun dabei um ein Talent oder ein
Genie handeln.

Ist die Fähigkeit der P h a n t a s i e vorhanden und gibt ein
S t o f f, das ist das Bauprogramm, den A n l a ß, so wird
dieses durch den W i l l e n von der Phantasie erfaßt und führt
zur K o n z e p t i o n. Es entsteht ein innerlich geschauter
Raum, und dieses Raumgebilde wird beim weiteren Fortschreiten des Architekturschaffens — wie S k i z z i e r e n , P r o -
j i z i e r e n auf die drei bestimmenden Ebenen der Raum-
darstellung und manchmal auch M o d e l l i e r e n — immer
festgehalten, vertieft und verbessert. Auch bei der Betrachtung
des fertigen Werkes ist dieser Vorgang und seine Reihenfolge
oft ein Schlüssel und Nachweis für das Werden und das Verständnis des Baues, und der Versuch einer nachträglichen,

sich wiederholenden Konzeption kann wertvolle Aufschlüsse über Wesen und Absicht eines Raumgebildes geben. Die genauere Gliederung und abwägende Maßbestimmung bringt dann die K o m p o s i t i o n , welche alles an seinen richtigen Platz rückt, mit Ökonomie das Überschüssige wegnimmt, das Fehlende ergänzt und durch Proportionierung, Scheidung und Kontrastwirkung Ordnung schafft. Die Komposition hat alles auf seine Über- und Unterordnung zu prüfen, das Vorherrschende vom untergeordneten Beiwerk zu trennen, die wichtigsten Hauptwirkungen vorzubereiten, zu gliedern und wieder aufzulösen. Jeder Druck erfordert einen Gegendruck, jede Last eine Stütze. In jedem Einzelglied ist das Ganze mit zu berücksichtigen, dabei ist aber doch durch entsprechende Akzentuierung, durch rhythmische Betonung ein reizvoller Antagonismus anzustreben. Ein gewisses Leben, eine pulsierende Spannung soll auch über der feierlichsten Monumentalarchitektur zu verspüren sein. Erst wenn die ernste Haltung der Quadern oder Putzflächen von einer belebenden Eurhythmie überrieselt wird, erklingen die architektonischen Töne zu einem Akkord. Diese Beweglichkeit und Vielseitigkeit der Komposition wird nicht gehemmt durch die Gebundenheit eines bestimmten Stiles. Die Einzelformen sind dabei nur Werkzeuge und Trabanten eines höheren Willens und müssen in der r ä u m l i c h e n Gesamtdisposition elastisch Folge leisten.

Der so kurz angedeutete Entstehungsvorgang des architektonischen Kunstwerkes setzt also mit einer G e f ü h l s e r r e g u n g ein, das heißt ein vorhandenes Material wird von der Schaffensphantasie durchdrungen. Die Idee entzündet sich an dem seelischen Vermögen des Künstlers, und sie erst gibt Anlaß zum Aufsuchen der nötigen Gedanken und innerlich geschauten, bestimmten optischen Vorstellungen. Obgleich die mehr gefühlsmäßigen Kräfte mit dem Gedankeninhalt und Formausdruck eng verwachsen und im Wahrnehmungsinhalt ganz und gar gleichzusetzen sind, so muß doch bei der Konzeption den seelischen Elementen als den ursprünglichen die hervorragendste z e u g e n d e K r a f t zugesprochen werden. Ohne Gefühl würde man überhaupt nichts von ästhetischen Regungen verspüren. In ihm muß man den Kern des allerersten künstlerischen Erlebnisses anerkennen. Es ist das Agens; wenngleich es sich beim Blick auf das fertige Werk gar nicht unmittelbar bemerkbar macht, sondern vielmehr das sichtbare formale und nächst diesem vielleicht der Zweck, das Material oder die Technik in die Erscheinung treten. Das Sinnliche ist zwar bei der äußerlich formalen Wahrnehmung der Zeit nach das erste, was auffällt, es wird aber erst zum Ästhetischen durch die zeugende Idee. In solchem Sinne ist die geistige Beseelung das Erste und Hauptsächliche. Noch klarer wird diese Entstehungsfolge, wenn man das Seelische selbst noch in seinen inneren Vorgängen berücksichtigt. Schon vor dem Zustandekommen einer bestimmten Idee muß die P h a n t a s i e angeregt werden, welche jene erst entwickelt und zweifellos dem eigentlichen Kunstschaffen vorangehen muß. Das Bestimmende für die Erscheinungsform wird dann die durch die Phantasie erregte I d e e. Phantasie und Idee sind in diesem gegenseitigen Verhältnis unzertrennlich voneinander abhängig, und ihre gemeinsame Leistung erweist ihre Priorität vor der Erscheinung. Auch am fertigen Wahrnehmungsinhalt kann sich das wahrhaft Ästhetische erst offenbaren, wenn die sinnliche Erscheinung von der Idee empfindend durchdrungen wird. Zu dieser Wechselwirkung gesellt sich bei der Architektur dann von selbst auch die logische Übereinstimmung der konstruktiven, zwecklichen und materiellen Bedingtheiten in ihrer Erscheinung.

Mag auch beim nur oberflächlich n a c h schaffenden Beschauer das Sichtbare das unmittelbar Interessierende sein, beim n e u schaffenden Künstler ist das Ursprüngliche sicher der gefühlsmäßige Empfindungsgehalt. Der Architekt soll beispielsweise ein Rathaus entwerfen. „Rathaus!" Es steht vor seinem Geiste blitzartig ein Etwas, das vorerst noch unabhängig von der Situation ist und auch noch nichts mit Gestaltung zu tun hat. Es taucht etwas in ihm auf, was – im ersten Augenblick des

Konzipierens – nur empfunden, nicht gesehen werden kann, nämlich d a s Rathaus, das Rathaus Κατ' έξοχήν, das Rathausm ä ß i g e ohne Beziehung aufs Konkrete, also das Objektive an allen Rathäusern zusammengenommen, welches der Entwerfende schon immer als seinen geistigen Besitz vor der Programmaufstellung eines bestimmten Rathauses in sich getragen hat. Dieses Unsinnliche ist der zeugende Keim beim Entwurf, es ist etwas vorerst nur Gefühltes, und schon deshalb ist die Ansicht, daß das sichtbar Formale die Schaubarkeit die erste Forderung in der Ästhetik der bildenden Kunst sei, irrig.

Das T y p i s c h e aus allen Rathäusern in ihrem Stimmungsgehalt ist das erste beim schaffenden Baukünstler eines solchen Gebäudes, und auch der nachschaffende Kunstverständige wird dieses am fertigen Werk zuerst – wenngleich vielleicht über den Umweg des Formalen – suchen. Er wird es auch noch aufbewahren in sich, wenn er den Bau schon lange nicht mehr vor Augen hat und die genauen Formen ganz aus seinem Gedächtnis entschwunden sind. Es wird sich in ihm oft sogar so verdichten, daß er beim Wiedersehen des wirklichen Gebäudes erstaunt, ja enttäuscht sein kann, wenn er plötzlich die äußeren Ausdrucksmittel seiner inneren Vorstellung vor sich sieht. Seine Phantasie hat vielleicht während der Abwesenheit von dem Bau weitergearbeitet, hat das Typische gesteigert und findet jetzt nicht gleich den Weg zurück, den sie gegangen ist. Wie oft erfährt man eine Enttäuschung über die technischen Mittel, die Einzelheiten usw., wenn man einem Bau, an den man sich hie und da erinnert hat, nach längerer Zeit wieder gegenübersteht, sein Formales nachkontrolliert und vergleicht mit der Erinnerung, die sich nur an das Seelische gehalten hat. Die Phantasie hat während der Zeit etwas Größeres daraus gemacht, hat sich nur mit der Idee allein beschäftigt. Wie hoch und erhaben ist ebenso oftmals diese Idee beim schaffenden Künstler, und wie weit bleibt sein fertiges formales Werk dahinter zurück! Alle diese Argumente deuten auf ein Unsinnliches im Sinnlichen hin, welchem die Priorität eingeräumt werden muß und welches zugleich auch die Unzulänglichkeit einer nur formalen Betrachtungsweise offenkundig macht.

Friedrich O s t e n d o r f sagte in seiner „Theorie des architektonischen Entwerfens": „daß die I d e e der ä u ß e r e n
Erscheinung vor dem Grundriß da und für ihn bestimmend
war." Die Idee im allgemeinen hat mit der äußeren Erscheinung vorerst noch nichts zu tun. Hätte sie das, so wäre der
Entwurf von außen nach innen entstanden, das heißt die
äußere Erscheinung hätte den inneren Zweck und praktischen
Sinn von vornherein beeinflußt. Eine „Idee der äußeren Erscheinung" kann besonders bei größeren, unübersichtlicheren
Bauanlagen unmöglich das erste sein. Sie wäre bei weitverzweigten, zahlreichen Trakten, zum Beispiel einer Krankenhausanlage, viel zu verwickelt, um sofort eine ideelle Vorstellung vom fertigen Bau aufleuchten zu lassen, von welcher
der Architekt ausgehen könnte. Ostendorf deutete dies letztere selbst an, blieb aber der vorgefaßten „Idee der äußeren
Erscheinung" treu, wie auch seine Beispiele und Entwürfe
einer „Dorfkirche", eines „Denkmals" usw. zeigen. Nicht die
Idee einer bestimmten äußeren Erscheinung des zu schaffenden Bauwerks soll dem Architekten von Anfang an vor Augen
schweben: diese entwickelt sich erst bei der gemeinsamen
Bearbeitung der Pläne heraus. Er kann vielmehr nur den
a l l g e m e i n s t e n Typus, dem eine Gebäudeart, zum Beispiel ein Rathaus, angehört, in sich tragen.

Einen e i n z e l n e n Typus gibt es nicht — „einzeln" ist hier
Widerspruch zu „Typus", also contradictio in adjecto —
„das" Rathaus zum Beispiel ist nicht als wirkliche Erscheinung
vorhanden, sondern den Typus „das Rathaus" kann man sich
aus allen bestehenden Rathäusern zusammengenommen nur
denken. Man kann „das" Rathaus nicht aufzeichnen, ebensowenig wie „den" Baum. Auch aus diesem Grunde muß man
— wie schon betont — auf etwas Unsinnliches hinter allem
Sinnlichen in der Architektur schließen, und darf keinesfalls
die „Idee" mit einer „äußeren Erscheinung" zu einem Begriff
verbinden. Die Idee, der Typus „das Rathaus", ist ein

Mikrokosmos, der seine Grenzen hat, aber doch zugleich das ganze Universum enthält. Für den Architekten gilt hier das gleiche treffliche Wort, welches J. P. Fr. Richter vom Dichter und seinem Schaffen sagte, nämlich daß „ihm das Universum leise in das Herz schlüpft und ungesehen darin ruht und der Dichterstunde wartet". („Vorschule der Ästhetik", § 57.)

Die Kunst zeugt sich aus etwas Universalem her, sie gehört nicht sich selbst, sondern der ganzen Menschheit. Der Standpunkt mit der Forderung „l'art pour l'art" ist verfehlt. Die Kunst bedarf zu ihrer Selbstbestätigung des Weltenwiderhalls, des Echos jenes Objektiven im Einzelmenschen. Dadurch, daß die Kunst als Offenbarung des Weltgeistes an das objektiv Allgemeinmenschliche im besonderen Subjekt des Künstlers oder Kunstbetrachters rührt, wird zugleich auch die Auffassung „l'art pour l'artist" hinfällig. Ohne Widerspruch hierzu bleibt aber zu Recht bestehen, daß die Gesetze künstlerischen Schaffens und Verstehens sich notwendigerweise aus und durch menschliche Fähigkeiten herleiten lassen müssen, wie die Kunst aus menschlichen Kräften erzeugt und für solche bestimmt ist, was dem Kunstschaffen und Kunstverstehen entspricht. Jenes Unsinnliche der Idee als Erstes beim Entwerfen ist das seelische „tertium comparationis", wo sich Künstler und Kunstbetrachter treffen.

Als vorzüglichste seelische Kräfte im allerersten Architekturschaffen wurden die Phantasie und die Ideenerzeugung bezeichnet. Sie bilden die bereits universale Basis, die elementaren Grundtriebe zur Hervorbringung des baulichen Kunstwerks. Sobald die Idee durch die Phantasie zur Empfindung eines allgemeinen Typus erregt ist, tritt sofort die optische Versinnlichung ein. Gleichzeitig muß das Material der Phantasie durch das verstandesgemäße Urteil geläutert werden. Und alle diese gleichzeitigen geistigen Vorgänge müssen selbstverständlich ganz im architektonisch räumlichen Sinne vor sich gehen. Nicht nur die einseitige

Beherrschung der „äußeren Erscheinung" ist dabei notwendig, sondern die Bemeisterung des Raumes von innen und außen. Das A u g e ist für den Architekten ein ungemein wichtiges Werkzeug. Es gab wohl einen blinden Homer, einen tauben Beethoven, aber es wird niemals einen blinden Baukünstler geben! Der Architekt, welcher mit seinem Programm, seinem Material und seinen Konstruktionen nur die reale Zweckerfüllung anstreben würde, wäre bestenfalls ein Techniker. Als Künstler muß er schon in der ersten Versinnlichung der Idee das P h ä n o m e n sehen, und ein solches bleibt der Bau für ihn bis zur fertigen Ausführung. Die Forderungen des Zweckes, des Materials und der Konstruktion sieht der Architekt alle durch die Brille der Erscheinung. Er sieht dadurch nicht weniger oder verschwommen, im Gegenteil mehr und tiefer. Die Erfüllung der statischen Bedingtheiten usw. sind conditio sine qua non, durch welche der Entwerfende und Ausführende hindurch fühlen, sehen und denken muß. Sie sind ästhetisch nur insofern wesentliche Notwendigkeiten, als sie für das Phänomen des Werkes bestimmend werden. Sie bedeuten für den Künstler niemals grundsätzliche Hemmungen oder Unmöglichkeiten, sie können ihn nicht zwingen, seinen ästhetischen Standpunkt aufzugeben und in der Architektur nur reine Technik zu sehen. Andererseits bewahren gerade jene Schwierigkeiten vor Virtuosentum.

Der Laie macht wohl nie in dem Maße wie der entwerfende und ausführende Architekt die wertvolle Erfahrung, wie viele wichtige v e r s t a n d e s g e m ä ß e Z u s a m m e n h ä n g e in einem Bau stecken und schon im freiesten, künstlerischen Entwurf enthalten sind. Es ist gerade das Geheimnis der architektonischen Schöpfung, daß die angeschlagenen Gefühlswerte sich bei der Versinnlichung sogleich mit den technischen Gegebenheiten verbinden, als ein Ganzes Gestalt gewinnen und weiterwachsen, in ihren Absichten einander durchdringen und bis zu ihrer letzten Vollendung nicht nur gemeinsam, sondern auch einig dem gleichen Endziel zustreben. Die Festlegung eines einzelnen Elementes im Architekturwerk bedeutet

zugleich die Bestimmung aller übrigen. Bei der Anlage des
Grundrisses muß der Schnitt und damit der Aufriß schon mit-
empfunden, mitgedacht und mitgeschaut werden. Erst in ihrer
Gesamtheit besteht die Partitur des architektonischen Konzer-
tes. Die Orchestralwirkung kann niemals aus einem einzelnen
Instrument allein erzeugt werden. Der Grundriß zum Beispiel
für sich genommen, wäre nur eine einzelne Stimme daraus.
Die Ausbildung des Aufrisses, die Fassaden und die Harmonie
mit der Umgebung setzen wiederum den Pulsschlag der inneren Raumorganismen voraus. Die Ausdehnung und Form
eines Raumes trägt die notwendige Bestimmung und Größe
der Konstruktionsstärken, der Mauerdicken usw. in sich. Und
so sind die verstandesgemäßen Bedingungen eines Baues in
solchem Maße mit den formalen und seelischen Werten ver-
quickt, daß sie mit ihnen zusammen notwendigerweise das
Ästhetische im Kunstwerk bilden müssen.

Der r ä u m l i c h e   Z u s a m m e n h a n g   mit der menschlichen Körpergröße und dem Menschenleben, das sich in den
Architekturgebilden abspielen soll, bleibt dabei ständig das
künstlerische Regulativ. Man kann sich die Architektur so
entstanden denken, daß der Mensch durch eine weiche Masse
hindurchgeht, sich in verschiedenen Richtungen bewegt, sich
setzt, legt, hinauf- und heruntersteigt, je nach den Zwecken
und Fordernissen des Lebens. Denkt man sich die weiche
Masse dann erhärtet, so daß die Hohlräume alle klar zu sehen
wären, und dieses selbst über die Tastregion hinaus zu einer
angemessenen Sehweite erweitert, künstlerisch verteilt und
formal ausgebildet, so muß daraus die architektonische Folie
als Hintergrund und als Behälter des Menschenlebens entstehen, wie sie aus dem räumlichen Zusammenhang der Natur
und Körperwelt mit dem menschlichen Maße und Bedürfnis
folgert. In jenen Raumgefäßen stecken dann immerfort die
erregenden Ursachen ihrer Formungen darinnen, das heißt, sie
fordern durch ihre Physiognomie ständig zur Wiederholung
der dreidimensionalen Bewegungen und menschlichen Tätig-
keiten auf, aus welchen sie erzeugt wurden.

So muß das architektonische Kunstwerk zugleich e r l e b t , g e s c h a u t und k o n s t r u i e r t sein! Wäre es nur „erlebt", das heißt ausschließlich von Gefühlen erfunden und von Empfindungen durchdrungen, wie der Maler oder Lyriker nur von einer Impression allein ausgeht, so wäre es praktisch unbrauchbar. Das architektonische Erleben muß sich an Hand der zwecklichen und optischen Forderungen erzeugen. Wäre ein Bauwerk nur „geschaut", so wäre es einseitig von außen nach innen konzipiert. Man darf nicht ausschließlich von der Massenverteilung, von Giebeln, Erkern, Vorbauten usw. ausgehen und das Zweckprogramm in dieses nur aufs Auge allein gestellte Gebilde hineinpressen, sondern muß eine ebenso gute formale Gestaltung im Zusammenarbeiten mit Grundrissen, Schnitten usw. suchen. Wäre ein Bau nur „konstruiert", so wäre er ebenso einseitig von innen nach außen erdacht. Es ist falsch, einen Grundriß zum Beispiel ohne Rücksicht auf das Äußere zuerst fertigzustellen, oder, wie es von manchen Bestellern getan wird, den Grundriß überhaupt schon als gegeben aufzustellen und vorzuschreiben. Der Wettbewerb um ein Opernhaus in Berlin, wo das letztere der Fall war, ist ein Beweis, daß diese Dinge nicht so selbstverständlich sind, wie sie scheinen.

Wie schon gesagt, ist die „Idee der äußeren Erscheinung", von der Ostendorf ausging, ein Widerspruch in sich; denn eine Idee kann noch keine Erscheinung sein. Ebenso falsch ist es aber, die Architektur in ein Inneres und ein Äußeres zu teilen und vom Inneren als dem Primären aus zu entwerfen. Dieser alte, oft erörterte Gegensatz, der sich in den Schlagworten: „V o n i n n e n n a c h a u ß e n o d e r v o n a u ß e n n a c h i n n e n ? " zusammenfassen läßt, wird hinfällig. Die Baukunst ist nicht Raumkunst u n d Körperkunst und Flächenkunst, sondern sie ist n u r Raumkunst. Das Räumliche in der Architektur besteht nicht in einem inneren Hohlraum und einem äußeren Körper, sondern in einem inneren u n d äußeren Hohlraum. Die Straße, der Platz und der Landschaftsraum unterliegen grundsätzlich den gleichen Gesetzen wie der

Innenraum. In jedem Falle handelt es sich um ästhetische Normen des Raummäßigen. Die Mauern und materiellen Stoffe der Architektur haben niemals als konvexe Körper im Sinne der Plastik Bedeutung, sondern sind Bildungs- und Begrenzungsflächen nach drei Dimensionen für den Hohlraum als das eigentliche architektonische Kunstwerk. Selbstverständlich kann in einem räumlichen Zusammenhang der Straßenraum wichtiger und monumentaler als der Binnenraum — oder umgekehrt — sein, und das Bedeutungsvollere hat dann vorzuherrschen; während sich das andere unterordnet. Die Entscheidung, nach welcher Seite das Hauptgewicht zu verlegen ist, liegt in sozialen und allgemein kulturellen Bedingungen begründet, ist wohl auch eine Frage des künstlerischen Geschmacks und Taktes des einzelnen, hat aber nichts mit den Grundlagen der Raumkunst als solcher zu tun.

Philipp Otto Runge

Seine höchsten Gedanken hat der Maler R u n g e (1777—1810)
auf a l l e Schöpfungen der Kunst bezogen, also nicht nur auf
die Malerei, sondern auch auf die Baukunst. In seinen Kompositionen suchte er nach einer Verbindung mit der Baukunst, was
in seiner dekorativen und zugleich monumentalen Art zu seiner
Zeit etwas durchaus Ungewöhnliches war.
Die nachfolgenden Gedanken, die einem Brief an seinen Bruder
Daniel entnommen sind, zeigen, wie sich ihm das Schöpferische
des künstlerischen Gestaltens untrennbar mit religiösen Einflüssen
verbindet, die ihren Ursprung nicht in bestimmten Dogmen, sondern in kosmischen Vorstellungen haben.

SCHÖPFERISCHES AHNEN

1802

Ich dachte an die verschiedenen Religionen, wie sie entstanden
und zugrunde gegangen wären, und es fiel mir wieder eine
Bemerkung von Tieck auf, daß gerade dann, wann ein Zeitalter zugrunde gegangen war, immer die Meisterwerke aller
Künste entstanden seien; zum Beispiel der Homer, der Sopho-
kles, der Dante, die großen griechischen Kunstwerke und die
neuern römischen, so auch in der Baukunst, und daß diese
Kunstwerke jedesmal gerade den höchsten Geist der zugrunde gegangenen Religion in sich getragen; es war mir in
die Augen springend aus dem, was gewesen war, daß nach
dem höchsten Punkt in jeder Kunstepoche jedesmal die Kunst
gesunken, sich aufgelöst und einen ganz andern höchsten,
fast noch schönern Punkt wieder erreicht habe; ich fragte
mich: sind wir jetzt wohl wieder daran, ein Zeitalter zu Grabe
zu tragen?
Ich verlor mich in Staunen, ich konnte nicht weiterdenken; ich
saß vor meinem Bilde, und das, was ich zuerst darüber gedacht,
wie es in mir entstanden, die Empfindungen, die in mir jedesmal beim Monde oder beim Untergange der Sonne aufsteigen, dieses Ahnen der Geister, die Zerstörung der Welt,
das deutliche Bewußtsein alles dessen, was ich von jeher darüber empfunden hatte, gingen meiner Seele vorüber; mir

wurde dieses feste Bewußtsein zur Ewigkeit: Gott kannst du hinter diesen goldnen Bergen nur ahnen, aber deiner selbst bist du gewiß, und was du in deiner ewigen Seele empfunden, das ist auch ewig — was du aus ihr geschöpft, das ist unvergänglich; hier muß die Kunst entspringen, wenn sie ewig sein soll. — Wie es nun weiter in mir ergangen, inwiefern ich aus diesen verworrenen Gefühlen mich herausgearbeitet und sie zu regulieren gesucht, das höre nun; was dann noch weiter gekommen, und was sonst noch zu seiner Erklärung gehört, davon hernach.

Wenn der Himmel über mir von unzähligen Sternen wimmelt, der Wind saust durch den weiten Raum, die Woge bricht sich brausend in der weiten Nacht, über dem Walde rötet sich der Äther, und die Sonne erleuchtet die Welt; das Tal dampft, und ich werfe mich im Grase unter funkelnden Tautropfen hin, jedes Blatt und jeder Grashalm wimmelt von Leben, die Erde lebt und regt sich unter mir, alles tönet in einen Akkord zusammen, da jauchzet die Seele laut auf und fliegt umher in dem unermeßlichen Raum um mich, es ist kein Unten und kein Oben mehr, keine Zeit, kein Anfang und kein Ende, ich höre und fühle den lebendigen Odem Gottes, der die Welt hält und trägt, in dem alles lebt und wirkt: hier ist das Höchste, was wir ahnen — Gott?

Dieses tiefste Ahnen unsrer Seele, daß Gott über uns ist, daß wir sehen, wie alles entstanden, gewesen und vergangen ist, wie alles entsteht, gegenwärtig ist und vergeht um uns, und wie alles entstehen wird, sein wird und wieder vergehen wird, wie keine Ruhe und kein Stillstand in uns ist; diese lebendige Seele in uns, die von ihm ausgegangen ist und zu ihm kehren wird, die bestehen wird, wenn Himmel und Erde vergehen, das ist das gewisseste deutlichste Bewußtsein unser selbst und unsrer eigenen Ewigkeit.

Wir empfinden, daß ein unerbittlich Strenges und fürchterliches Ewiges, und eine ewige, süße und grenzenlose Liebe, sich hart und im heftigsten Kampfe einander entgegenstehen, wie Hartes und Weiches, wie Felsen und Wasser; wir sehen diese beiden überall im Kleinsten wie im Größesten, im ganzen wie im einzelnen: diese beiden sind die Grundwesen der Welt und in der Welt gegründet, und kommen von Gott, und über diesen ist allein Gott. Sie stellen sich beim Anfang eines jeden Dinges, das von Gott kommt, das im Menschen und in der Natur gegründet ist, fest und im heftigsten Kampf einander entgegen. Je roher sie sich einander entgegenstellen, desto weiter ist ein jedes Ding von seiner Vollendung, und je mehr sie sich vereinigen, desto mehr nähert jedes Ding sich seiner Vollendung. Nach dem höchsten Punkte dieser Vollendung kehrt der Geist zu Gott zurück, die leblosen Grundstoffe aber zerstören sich ineinander im innersten Kern ihres Daseins; dann vergehen Himmel und Erde, und aus der Asche entwickelt sich von neuem die Welt, und jene beiden Kräfte erneuern sich wieder rein und vereinigen und zerstören sich aufs neue. Diesen ewigen Wechsel der Dinge empfinden wir in uns, in der ganzen Welt, in jedem leblosen Dinge und in der Kunst. —

So wie ein Kunstwerk, das nicht in unsrer eigenen ewigen Existenz gegründet ist, nicht besteht, so ist es gewiß auch mit dem Menschen, der nicht in Gott gegründet ist. Die Blüten, die wir treiben aus dem Bewußtsein dieses unsers ersten Ursprungs, wo der Saft aus diesem Stamm der Welt gezogen wird, denen gedeihen die Früchte; ein jeder Mensch ist ein Zweig an diesem großen Baum, und nur durch den Stamm können wir den Saft erhalten zu ewigen, unsterblichen Früchten. Wer einen Zusammenhang mit dem Stamm nicht mehr in sich fühlt, der ist schon verdorrt.

Ernst Mössel

In seinem Buch „Vom Geheimnis der Form und der Urform des Seins" (Deutsche Verlags-Anstalt, Stuttgart 1939) entwickelt Ernst Mössel (1881—1946) die Theorie von der unsichtbaren geometrischen Grundlage aller vollkommenen Architektur. Unsere Probe ist dem dritten der Gespräche entnommen, in die er seine Ausführungen gekleidet hat.

Die früheren Bücher, auf die Bezug genommen wird, sind: „Die Proportion in Antike und Mittelalter" und „Urformen des Raumes als Grundlagen der Formgestaltung".

GEOMETRIE UND BAUKUNST
Bruchstück eines Gesprächs

1939

Als man wieder an Deck kam, waren die letzten Lichter des Ufers in der Ferne verschwunden, und der nächtliche Himmel begann in dem milden Glanz seiner Gestirne zu leuchten. Der Arzt zeigte die sichtbaren Bilder des Tierkreises, rechts die Zwillinge und das unscheinbare Bild des Krebses, vorne, in der Fahrtrichtung, den weitausschreitenden Löwen mit dem helleuchtenden Regulus, dann die Spika im Bild der Jungfrau, die zwei Sterne der Waage und schließlich den Skorpion, der eben tief am östlichen Horizont im Rücken sichtbar wurde. Das Siebengestirn des großen Wagens stand hoch, fast im Scheitel. Man suchte den Pol auf, um den die ganze leuchtende Welt ihre Kreise zieht.

Der Sprachgelehrte nahm die Unterhaltung wieder auf: „Wir haben gestern von Sternen und Sterndeutung gesprochen und Sie waren der Meinung, es hänge mit der Himmelsbeobachtung der Alten zusammen, wenn sie die Geometrie als Grundlage ihrer baulichen Gestaltung verwendet haben. Darin läge eine Bekräftigung unserer Vermutung, daß diese Form und Anwendung der Geometrie in eine sehr frühe Stufe der kulturellen Entwicklung zu setzen ist. Mir erscheint das glaubhaft. Aber ich würde gern wissen, ob Sie Belege für Ihre Behauptung haben. Und welcher Art sollen die Beziehungen sein?"

„Ich habe es angedeutet", entgegnete der Baumeister. „Die Elemente der Geometrie, die als Grundlage für Bauwerk und Bildwerk gedient hat, sind die regelmäßigen Teilungen des Kreises mit ihren Figurationen. Und es sind dieselben Elemente, welche zur Teilung und Messung des gestirnten Himmels dienen. Eben deshalb war es möglich, meine Bezeichnungen aus der Terminologie der Astrologie zu entnehmen. Für die Beobachtung des Himmels und seiner Erscheinungen ist diese Geometrie unentbehrliche Voraussetzung. Ohne sie gäbe es kein Maß und keine Ordnung, keine geregelte Beobachtung. Die Geometrie muß verfügbar gewesen sein. Sie muß älter sein als ihre Anwendung auf den Himmel. Und man darf es als selbstverständlich annehmen, daß sie zuvor dazu gedient hat, das irdische Bereich auszumessen und zu teilen, bevor man es gelernt hat, dasselbe am Himmel zu tun. Man lernt es, den Himmel zu teilen und zu messen, sobald eben die Aufmerksamkeit sich den Erscheinungen des Himmels zuwendet und das Bedürfnis entsteht, sich mit ihnen in Beziehung zu setzen. Dieses Bedürfnis wird zum Gestirndienst. Und die Beobachtung der Vorgänge am Himmel und ihres gesetzmäßigen Verlaufes regelt diesen Dienst. Sobald die zwei Dinge sich treffen, die vom Menschen gehandhabte Geometrie mit dem ewig umwandelbaren Gesetz ihres Maßes und das Bild des Himmels mit dem Glanz und der Vielfältigkeit seiner Erscheinungen, gehen sie eine Verbindung ein, die unlöslich wird. In dieser Vereinigung aber gewinnt die Geometrie eine erhöhte Würde. Sie war vorher ein Werkzeug der Notdurft, vielleicht auch ein Spielzeug. Nun aber wird sie ein Bestandteil der Kulturformen. Und diese erhalten, gerade mit Hilfe der Geometrie, so darf man vermuten, ihre Festigkeit und Dauerhaftigkeit. Formelhafte Vorschriften regeln die Anlage, den Bau und die Einrichtung der Kultstätte. Geometrisch bestimmte Formen dringen von hier aus in alle Einzelheiten des kultischen Bereiches und darüber hinaus und vererben sich. Man findet sie in allen Abwandlungen und Resten der primitiven Kultsysteme, in den Mysterienkulten, in der antiken und

mittelalterlichen Magie, in Sagen und Märchen und heute
noch in Glaube und Brauch des Volkes. Und es ändert nichts
daran, wenn die Formen, die ursprünglich einen Sinn hatten,
den Sinn verloren haben, zum unverstandenen Formelkram
des Aberglaubens entartet sind. Vielmehr ist es gerade die
Sinnlosigkeit, die uns den Anlaß bieten kann, den früheren
Sinn wiederherzustellen. Wir führen den Gedankengang an
der Linie der Entwicklung, aber wir tasten uns an ihr nach
rückwärts.

Sie fragen, ob ich Belege für diese Vermutungen habe. Freilich ja. Ich habe in meinen früheren Schriften Reihen von
Tatsachen zusammengestellt, um diese Vermutungen zu
stützen. Denn es sind Vermutungen. Das will ich nicht be-
streiten. Gewißheit, restlose Klarheit ist hier nicht möglich.
Man kann nur versuchen, aus Tatsachen und Vernunftschlüs-
sen eine Folge aufzubauen, in der sich die einzelnen Tatsachen ordnen. So kann ich sagen: die Beziehung zwischen
der tektonischen Geometrie und der astronomischen oder astro-
logischen Geometrie ist ein notwendiger Gedankenschluß."

Inzwischen war es völlig Nacht geworden. Alle anderen Gäste
hatten das Deck verlassen. Nur die kleine Gesellschaft blieb.
Man freute sich der ruhigen Fahrt und des gestirnten
Himmels.

Nach einiger Zeit begann der Rechtsanwalt: „Mich würde
mehr als alles das verlangen zu wissen: Wie konnten Menschen einer primitiven Kulturstufe solche Dinge handhaben?
Mir scheint, die technische Durchführung solcher Geometrie
erfordert entwickelte Vorstellungen, geschultes Denkvermö-
gen. Und welchen Zweck soll das alles gehabt haben?"

„Sie stellen sich diese Dinge beschwerlich vor", entgegnete
der Baumeister, „weil Sie als Kulturmensch gewöhnt sind, sich
in Begriffen zu bewegen. Und Sie müssen auch das, was in
der Anschauung ist, erst in einen Begriff umgewandelt haben,
um damit hantieren zu können. Darin liegt die Schwierigkeit.
Die Menschen aber, denen die Geometrie ein Werkzeug war,
kamen von der anderen Seite her, von der Anschaulichkeit.

Sie verlangen etwas über die Handhabung zu wissen. Darüber kann ich berichten, freilich nicht so vollkommen, als ich selbst wünschte. Es gibt Überlieferungen. Sie sind nicht umfangreich und nicht zahlreich, aber immerhin klar genug, um das Wesentliche zu erfassen. Vielleicht wird im Laufe der Zeit mehr zutage kommen. Denn alle diese Dinge, die für meinen Zweck als Berichte, Zeugnisse, Belege zu dienen vermögen, sind erst richtig zu verstehen, nachdem man die Geometrie als bestimmende Grundlage von Bauwerk und Bildwerk bereits kennt. Das ist bis jetzt nicht der Fall. Zu den Fachgelehrten, welche die Reste der alten Literatur und den Bestand der noch lebenden exotischen Kulturen verwalten, ist die Kenntnis von diesen Dingen noch nicht gedrungen. Einiges würden Sie in meinen früheren Schriften finden, und einiges kann ich noch hinzufügen. Vor einigen Jahren kam mir von einem Gelehrten die Anregung, mich in den Berichten über indische Kultbräuche umzusehen, um für meine Zwecke vielleicht Aufklärung zu bekommen. Die Lebensform und Denkweise, aus der diese Dinge stammen, ist noch nicht erloschen. Es wird vielleicht möglich sein, gerade von dieser Seite her ausgiebigeren Aufschluß zu erhalten."

„Da sind also zunächst", fuhr der Baumeister fort, „die Berichte über die Absteckung und Ausmessung der Opferstätte. Nach den Vorschriften für das altindische Neu- und Vollmondopfer wird für die Opferstätte ein viereckiger Platz im Inneren des Vihara ausgemessen und ausgehoben. Es wird also eine Grube angelegt, und zwar für die verschiedenen Opfer in verschiedenen Abmessungen. Das erste ist immer die Absteckung der Achse in der Richtung von Osten nach Westen und in einer bestimmten Länge. An ihren beiden Enden wird dann der rechte Winkel angelegt und zugleich die Breite des Opferplatzes bestimmt. Sie steht in einem gewissen Verhältnis zur Länge. Die Methoden der Ausführung sind verschieden. Ich habe auf meinen Tafeln einige dieser Anweisungen für die Absteckung des Opferplatzes wiedergegeben. Als Werkzeug dienen immer Pflöcke und Seile. Die

Pflöcke werden in den Boden geschlagen. Die Seile werden an den Pflöcken befestigt und gespannt; vorher sind in gewissen Abständen Knoten in die Seile geschlungen. Sie können, wie gesagt, das Ganze auf meinen Tafeln sehen. Es sind sehr einfache Konstruktionen, die keinerlei Schwierigkeit bieten. Nachdem der Opferplatz auf diese Weise seine Form erhalten hat, werden noch die Stellen für die Feuerherde, für die Sitzplätze, für die Gefäße bestimmt. Der Platz für das eine Feuer erhält die Form eines Kreuzes, ein zweiter die Form eines Kreissegments, der dritte die Form eines Quadrats und so weiter. Und alles wird begleitet von Segenssprüchen oder Anrufungen.

Übrigens sind aus altägyptischer Zeit Reliefbildwerke vorhanden, in denen das Strickspannen und Pflockschlagen dargestellt wird. Es ist eine heilige Handlung; die zwei handelnden Personen sind der König und die Göttin Safeh. Jede der beiden Personen hält Pflock und Schlägel, und um die beiden Pflöcke ist das gespannte Seil gelegt."

„Ich habe schon in meinen früheren Schriften", fuhr der Baumeister fort, „eine Reihe von Belegen dafür gegeben, daß mit Hilfe von Pflöcken und gespannten Seilen auf dem geebneten Bauplatz und auch am Werkstück geometrische Figurationen ausgeführt wurden. Nehmen Sie noch dazu, daß die Bauwerke in der Regel orientiert waren, und daß die Orientierung, also die Herstellung der Ost-West-Linie, selbst schon ein geometrisches Verfahren voraussetzt. Es erfordert eine Beobachtungsstange, die auf der Erde aufgepflanzt wird und als Schattenzeiger dient. Der ägyptische Obelisk ist nichts anderes als ein solcher Zeiger. Um die Stange wird der Kreis geschlagen. In ihm läuft der Schatten der Stange um, den die Sonne wirft. Er schneidet die Kreislinie zweimal im Laufe des Tages, einmal vormittags, einmal nachmittags. Die beiden einander entsprechenden Punkte bezeichnen Ost und West. Ihre Entfernung wird halbiert und von hier die Linie zur Beobachtungsstange gezogen. Diese Linie ist die Mittagslinie. Schließlich ergibt sich noch die axiale Ost-West-Linie. Eine Beschreibung des Verfahrens findet sich bei Vitruv. Ganz ebenso wird es übrigens von indischen Quellen überliefert und ebenso auch in dem chinesischen ‚Heiligen Buch der Rechnung, welches genannt ist Beobachtungsstange im Kreis'. Die Geometrie des Bauplatzes mit Pflock und Schnur hergestellt, ist also sicher ein sehr alter Brauch. Erst in verhältnismäßig späte Zeit wird es zu setzen sein, daß solche Werkzeuge, wie Proportionszirkel, verwendet worden sind. Aus römischer Zeit sind mehrere solcher Instrumente erhalten. Eines, das die Teilung im Maßverhältnis des Goldenen Schnittes gibt, habe ich selbst im Museum zu Neapel festgestellt. Mit einem solchen Instrument ist also eine geometrische Figuration, die durch das Maßverhältnis des Goldenen Schnittes gekennzeichnet ist, mühelos herzustellen; auf dem Papier oder einer anderen ebenen Fläche. Auch Ihnen würde das keinerlei Schwierigkeiten bereiten. Aber man darf nicht vergessen, daß diese Papiergeometrie als Nachbildung oder Abkömmling einer Geometrie aufzufassen ist, die ursprünglich auf dem geebneten Erdboden entstanden ist. Und für die sind Pflock und Schnur die natürlichen Geräte.

In diesem Zusammenhang findet man auch die Antwort auf die Frage, welchen Zweck hatte die geometrische Grundlage für Bauwerke? Einen Zweck in unserem Sinn hatten diese Dinge nicht. Man muß sie auffassen als Bestandteile eines Ganzen von kultischen Vorstellungen und Bräuchen, und zwar als wesentliche und untrennbare Bestandteile. Wenn man den Bezirk des Heiligtums, die Opferstätte, das Bauwerk anlegte, so geschah es innerhalb dieses umfassenden Zusammenhanges. Ein Kreis auf geebnetem Boden ist geschlagen und die Vierteilung vorgenommen. Die Himmelsrichtungen sind damit festgestellt. Es ist nur ein Schritt weiter, folgerichtig in diesem Zusammenhang, wenn auf die vier Punkte des geteilten Kreises die Eckpunkte des Bauwerks gelegt werden. Und es ist nur noch ein weiterer Schritt, wenn die Vierteilung zur Achtteilung erweitert und das Rechteck des Grundrisses aus dieser Teilung entnommen wird. Damit aber haben wir bereits

typische Grundformen von Bauanlagen. Sie sind in ägyp-
tischer, griechischer, römischer, frühchristlicher und mittelalterlicher Zeit überaus häufig verwendet worden. Einen Zweck,
wie wir heute diesen Begriff fassen, hatte das alles freilich
nicht. Es war ein Brauch, und der Brauch hatte seinen Sinn.
Die Beziehung des Irdischen auf das Überirdische wird in ihm
sichtbar. Man kann also sagen, daß der Zweck und Sinn ein
kultisch-symbolischer war. Im Laufe der Zeit ist dieser
ursprüngliche Sinn aus der Geometrie entschwunden, wenn
auch eine Erinnerung daran, mehr oder weniger klar, erhalten
geblieben ist."

„Man kann das alles verstehen", bemerkte der Lehrer,
„sofern es sich um den Grundriß von Bauwerken handelt,
vielleicht auch noch, daß die wesentlichen Maße des Aufrisses
aus dem Grundriß und seiner geometrischen Grundlage abgeleitet werden. Aber Sie behaupten, auch Bildwerke, sogar
figurale Bildwerke, Statuen und Gruppen seien auf geometrischer Grundlage ausgeführt. Nach einem Zwecke will ich
nicht mehr fragen. Aber wie muß man sich die Ausführung vorstellen? Mit Pflock und Seil kann das nicht geschehen sein."

„Mit Pflock und Seil freilich nicht. Aber warum sollte es nicht
möglich sein, auf einer Steinplatte einen festen Punkt zu
schaffen, ein vertieftes Lager, nur eben tief genug, um einen
Stift einzusetzen, und mit einer gespannten Schnur und einem
Stück Kreide oder Kohle daran einen Kreisbogen zu schlagen?
Daß Derartiges wirklich geschehen ist, kann ich durch erhaltene Bildwerke belegen. Am Tor der Goldenen Pforte des
Tempels zu Jerusalem befindet sich das Kapitell eines Pilasters.
Auf ihm sind drei Stifte eingemeißelt, um die eine gespannte
Schnur läuft. Dieser Apparat kann wohl gar nichts anderes
bedeuten, als die geometrische Festlegung eines Maßver-
hältnisses. Oder warum soll es nicht möglich sein, auf einer
geebneten Fläche, sagen wir einen Reißboden, wie ihn die
Zimmerleute heute noch verwenden, den Kreis zu schlagen,
zu unterteilen, ein Rechteck einzuzeichnen und die Maße
dieses Rechtecks dann auf das Werkstück zu übertragen."

„Ausgezeichnet", bemerkte der Bildhauer. „Das erklärt die eigentümliche Wirkung primitiver Reliefs. Sie sind alle gezeichnet, auf die ebene Fläche des Werkstücks gezeichnet. Von da aus ist die Form in die Tiefe geführt. Das wußten wir bisher schon. Aber die klare Gruppenbildung, die einfache und immer so überaus wirkungsvolle Aufteilung des Raumes, die Linienführung, das ist offenbar ein Ergebnis der geometrischen Grundlage. Und wenn dann die Entwicklung zum Hochrelief und schließlich zur Rundplastik leitet, so bleibt der Arbeitsvorgang derselbe. Darum hat auch das Bildwerk immer seine Vorderansicht. Es ist die ursprüngliche Fläche des Werkstücks. Auf ihr war die Zeichnung aufgetragen und in ihr die geometrische Aufteilung, das kann man wohl glauben."

Fritz Schumacher

Fritz Schumacher (geb. 4. November 1869 in Bremen)
hat neben seinen meist für Hamburg errichteten Bauten in zahlreichen Schriften bauliche Fragen behandelt.
Der Beitrag ist ein Stück des letzten Abschnitts aus seinem Buch
„Der Geist der Baukunst" (Deutsche Verlags-Anstalt, Stuttgart
1939).

DIE ZIELE DES BAULICHEN GESTALTENS

1939

Man hat gesagt, „daß alle Kunst im Spieltrieb des Menschen wurzelt" (Jodl, „Ästhetik der Bildenden Kunst").
Wenn das wahr wäre, würde die Frage nach den Zielen im
künstlerischen Schaffen der Baukunst höchst problematisch
werden. Spiel hat kein Ziel außer sich selber, es ist Selbstzweck. Nun besteht wohl kein Zweifel, daß bei jedem künstlerischen Tun auch der Spieltrieb in gewisser Weise in Wirksamkeit tritt, aber bei der Architektur kann man ihn unmöglich als seine Wurzel bezeichnen. Ihre W u r z e l ist nicht die
Freiheit des Spiels, sondern ganz im Gegenteil der Zwang
der „Not". Diese N o t kann materiellen oder geistigen
Charakter tragen, das gibt sehr verschiedene Antriebe, aber
Architektur wird in beiden Fällen diesen Ursprung nie ganz
verleugnen.
In beiden Fällen aber wird für den Schaffenden neben dem
technischen zugleich ein ideelles Ziel stehen, das Ziel nämlich,
die Not so zu meistern, daß ihre Überwindung wie ein
„Spiel" wirkt. Friedrich Nietzsche hat das genannt: „In Ketten
tanzen." Nur in einem solchen Sinne kann man bei der Baukunst von „Spiel" reden.
Wenn wir fragen, in welche Formen sich diese „N o t" kleidet, deren Überwindung Ziel ist, so wollen wir mit dem
Materiellen beginnen. Ein Bau ist, technisch betrachtet, ein
Ringen mit dem Zwang, der vom Baumaterial ausgeht: von
diesem Gesichtspunkt aus ist die nächstliegende „Not" die

Not, die das M a t e r i a l der freien Bewegung in ganz
anderer Weise macht, wie dies bei den anderen bildenden
Künsten der Fall ist. Dieser Zwang bindet den Schaffenden
an ganz bestimmte Maße, die er nicht überschreiten kann: die
Größe des gebrochenen Natursteins gibt ihm den Maßstab
seiner architektonischen Absichten, die Balkenlänge setzt der
Deckengestaltung ein Ziel, die Backsteinmaße bestimmen jede
Gestaltung eines Loches oder eines Vorsprungs, die Ge-
wölbespannungen beherrschen die Grundrißentwicklung.
Überall findet die Ungebundenheit beliebiger Absichten eine
Grenze. Man hat in den letzten Jahrzehnten auf verschiedene
Weise versucht, diese Grenze zu sprengen: der eiserne Träger half beim Bauen unsichtbar mit und machte Überspan-
nungen und Überdeckungen möglich, die früher viel künstlerisches Nachdenken erfordert hätten, oder der Eisenbeton
ergab steinartige Eindrücke und statische Gestaltungen, die
dem wirklichen Stein versagt sind. Diese Versuche haben eine
schwer errungene bittere Lehre gegeben: die peinliche Un-
wahrheit der Stilnachahmungen des 19. Jahrhunderts hängt
eng mit dem versteckten Eisenträger zusammen, und der miß-
glückte Teil der Experimente des 20. Jahrhunderts beruht
zum großen Teil auf einem sichtbaren Mißbrauch des Eisenbetons zu Dingen, die ihn nichts angehen. Es scheint, daß es
Zeiten gibt, in denen Wahrheiten auf negativem Wege
erhärtet werden müssen, die eigentlich auf positivem Wege
völlig deutlich zu erkennen wären. Solch eine Wahrheit ist es,
daß das Umgehen der zwingenden Eigenschaften eines Materials dem Künstler keinen Segen bringt, daß vielmehr auf dem
Ringen mit seiner Eigenart ein Segen ruht. Die schönsten
Wirkungen sind gerade daraus hervorgegangen; und je
charaktervoller das Material ist, je mehr Ansprüche es stellt,
bis es sich einem künstlerischen Willen fügt, um so hochwer-
tiger kann die Ausbeute werden. Wenn Nietzsche spricht vom
„In-Ketten-Tanzen", fügt er hinzu: „Es sich s c h w e r machen
und dann die Täuschung der Leichtigkeit darüber breiten, das
ist das Kunstwerk." („Menschliches, Allzumenschliches.")

Damit steckt er das Ziel, von dem wir sprechen, noch um eine Stufe höher. Es handelt sich nicht nur um die dem Material abgelauschten Selbstverständlichkeiten seiner Behandlung, sondern darum, seinen Charakter besonders hervorzuheben durch das, was man ihm abgewinnt, und trotzdem dies Bemühen nicht als Mühen erscheinen zu lassen. Das letzte Ziel im Verhältnis von Bauwerk und Baumaterial ist E n t m a t e - r i a l i s i e r u n g. Darin scheint nun ein merkwürdiger Widerspruch zu liegen: man soll Kraft daraus schöpfen, daß man das Wesen eines Materials möglichst stark herausholt, und trotzdem soll das Ziel Entmaterialisierung sein? Der Widerspruch entsteht nur aus dem Gegensatz der Blickrichtung von Schaffendem und Betrachtendem. Für den Schaffenden kann es nur das eine Ziel geben, so zu gestalten, als sei sein Werk mit Notwendigkeit gerade aus d e m Material entstanden, mit dem er arbeitet – als sei es aus diesem Material g e w a c h s e n. Für den Betrachtenden schwinden dadurch, und n u r dadurch, alle Reflexionen, die sich an das Material knüpfen; er kommt nicht zu der Frage, wie es funktioniert oder gar ob es funktioniert, ebenso wie ihm vor dem wirklich Gewachsenen solche Überlegungen fernbleiben. Und das ist die Art, wie ein materialgebundenes Werk ästhetisch entmaterialisiert wird: es bleibt für das Gefühl nicht das Ergebnis von Schichten, Tragen, Spannen und Fügen; Begriffe, bei denen man stets an Materialüberlegungen gebunden ist, sondern das Ergebnis von Wollen und Wirken innerer Kräfte, deren Leben den Betrachtenden so gefangennimmt, daß er die Frage nach dem Entstehen vergißt.

Ganz ähnlich wie die Not des Materials muß die Not des Z w e c k e s , dem das Bauwerk dient, überwunden werden. Darin liegt ein weiteres Ziel. Diese Not kleidet sich in die Form eines geschriebenen oder eines ungeschriebenen Programms, das es zu erfüllen gilt, ehe der Schaffende etwa andere Ziele ins Auge fassen darf. Dabei handelt es sich eigentlich nicht um die einfache Tatsache des Erfüllens. Man kann einem Zweck praktisch auf eine Weise gerecht werden, die alle Tage vorkommt, ja die ebensogut auch ein bißchen anders sein könnte, und man kann ihm gerecht werden auf eine einmalige Art, die unverrückbar erscheint.

Nur diese zweite Art der Zweckerfüllung ist ein Ziel des Schaffenden. Sie darf nicht als Nebensache oder gar als Zwang empfunden werden, der Schaffende muß ihr gegenüber den Geist in sich tragen, der uns heute edlen Maschinen gegenüber selbstverständlich geworden ist: den Geist des Entzückens am vollendeten Funktionieren. Das ist mehr als ein Erfüllen, es ist ein Steigern des Zweckhaften, das bis zum Monumentalisieren führen kann. Das setzt etwas voraus, was der Architekt meist nicht allein zu leisten vermag: voll durchgereifte Programme für die zweckdienende Seite eines Bauwerks. Der Schaffende leidet bei den immer stärker mit praktischen Forderungen beladenen Bauvorhaben unserer Zeit unter nichts mehr als unter der Unbestimmtheit der Aufgabestellung, die ihn zum Tasten verurteilt auf Gebieten, wo nicht gefühlt, sondern gewußt werden muß. Nicht Unbestimmtheit, sondern Bestimmtheit gibt ihm erst wieder seine Freiheit. Aber auf vielen Gebieten des immer verwickelteren Lebens großer Menschenhäufung klafft noch eine Lücke zwischen der letzten Klarheit ihrer Organisation und den Möglichkeiten, die beim schaffenden Architekten zu ihrer Verwirklichung zur Verfügung stehen. Auch hier begegnen wir der vielleicht überraschenden Erscheinung, daß die den Willen des Künstlers mechanisierenden Mächte nur durch immer größere Vervollkommnung ihres inneren Wesens überwunden werden können. Ein auf die klaren Formeln einer vollendeten Organisation gebrachtes Programm verliert seine hemmenden Eigenschaften, es ist Ausdruck eines g e i s t i g e n Aufbaus geworden, und diese Durchgeistigung kann man auch eine Form der Entmaterialisierung nennen.

Wenn wir immer wieder auf diesen Begriff zurückkommen, dürfen wir eines nicht vergessen: nur den materiellen Forderungen gegenüber, wie Material, Konstruktion und Zweck sie stellen, ist dieser Eindruck einer Entwirklichung ein Ziel, bei

den ideellen Forderungen ist das Umgekehrte der Fall: für
das, was als unbestimmtes, ideales Ziel gefühlsmäßig über
dem Ganzen schwebt, muß eine Form der W i r k l i c h k e i t
gefunden werden. Solche zunächst im Unbestimmten wur-
zelnden idealen Ziele beziehen sich sowohl auf die künstlerische als auch auf die praktische Bedeutung, die der Schaffende für seinen Bau anstrebt. Ein Maßstab für diese Bedeutung ergibt sich erst, wenn er ihn im allgemeinen Rahmen
der Zeit betrachtet; dann erst kann er sehen, wie sich das
Werk hält, wenn man es von der einen Seite als s t i l i -
s t i s c h e und wenn man es von der anderen Seite als
s o z i o l o g i s c h e Leistung wertet.

Bei der s t i l i s t i s c h e n Seite ist es sehr schwer zu unterscheiden, was sich in der Sphäre des Bewußten und was sich
nur in der Sphäre des Unbewußten abspielen kann. Frühere
Zeiten waren darin glücklicher: an wenigen immer wieder-
kehrenden Aufgaben entwickelten sich Formen, die von einer
Lösung zur nächsten führten, und man vermochte in diesem
klar umgrenzten Rahmen alle Errungenschaften anzuhäufen;
mit innerer Selbstverständlichkeit bildeten sich Typen heraus,
die in der Folgerichtigkeit einer sich organisch entwickelnden
künstlerischen Ausdrucksweise das zeigen, was wir „Stil"
nennen. Dieser Segen der Selbstverständlichkeit ist im 19. Jahrhundert verlorengegangen; was wir heute alles zu bauen
haben, ist kaum noch auf eine einheitliche Formel zu bringen,
und die inneren Antriebe, aus denen es Form gewinnt, auch
nicht. Man kann wieder an ein Wort Nietzsches denken:
„Wollten und wagten wir eine Architektur nach u n s e r e r
Seelenart — so müßte das Labyrinth unser Vorbild sein." Und
doch wird die Sehnsucht nach einem einheitlichen, für die
eigene Zeitepoche bezeichnenden Stilausdruck nie aufhören.
Man kann sie auch eine „Not" nennen.

Der b e w u ß t e Kampf gegen diese Not führt trotz aller
schlechter Erfahrungen des 19. Jahrhunderts immer wieder
zu einem hilfesuchenden Blick auf die Tradition. Aber das
innere Wesen dieses Blickes ist gegen früher ein anderes

geworden: es ist nicht mehr kunstgeschichtlich, es ist ethnographisch. Unser Blick hat sich dafür geschärft, daß es Eigentümlichkeiten des baulichen Gestaltens gibt, die stärker sind als die formalen Wandlungen der Zeitepochen, mit denen wir unsere historischen Stilbegriffe so einseitig verbinden. Es sind Eigentümlichkeiten des Volkstums, die als etwas Unerschütterbares durch das Schaffen eines Volkes hindurchgehen. Sie dürfen nicht nur nicht verletzt werden, es gilt, an ihre Kraft, wo immer die Aufgabe es zuläßt, stets neu anzuknüpfen. Das ist nicht so einfach wie das Anknüpfen an bestimmte historische Formen; schon deshalb nicht, weil diese Eigentümlichkeiten in einem so charaktervoll gegliederten Gesamtgebilde, wie beispielsweise Deutschland es darstellt, durchaus nicht überall die gleichen sind.

Je mehr ein Bauwerk durch Lage und Bestimmung mit der Natur in Zusammenhang steht, um so reicher können solche Zielweisungen sein, die sich aus volklich-bodenstämmiger Überlieferung ergeben und daraus die Grundzüge eines „Stils" gewinnen; anders sieht es aus, sobald wir es nicht mit naturverbundenen, sondern mit den von der Natur losgelösten Bauten der Großstadt zu tun haben. Hier ist das, was Überlieferung uns lehrt, nicht so deutlich und handgreiflich zu erkennen. Es liegt in der Lehre, jede mit neuen Ansprüchen auftretende bauliche Aufgabe aus ihren Bedingungen heraus zu entwickeln. Wenn man neuartigen baulichen Ansprüchen unserer Zeit gegenüber dieser inneren Forderung gerecht wird, kann meist äußerlich nicht etwas herauskommen, was historisch bereits geprägte Züge trägt; die Gleichheit der inneren Auffassung kann sich oft nur in der Ungleichheit der äußeren Formen zeigen.

Es wird immer denkwürdig bleiben, daß es gerade ein Schinkel war, der das Wort gesprochen hat: „Überall ist man nur da wahrhaft lebendig, wo man Neues schafft. — Da, wo man sucht, ist man wahrhaft lebendig."

Dazu kommt, daß manches, was in der freien Natur seine Berechtigung hat, neben den Werken der Ingenieurkunst, die

jede heutige Großstadt durchsetzen, wie künstliche Vermum-
mung wirkt. Es ist ein natürlicher und unabwendbarer Vorgang, daß das, was wir „Ingenieurbau" und das, was wir
„Hochbau" nennen, sich bis zu einem gewissen Grade aufeinander abstimmen: nicht in äußeren Absichtlichkeiten, sondern in Zügen, die aus dem Wesen unserer neueren Konstruktionen ebenso hervorgehen, wie früher Charakterzüge
aus dem Wesen älterer Konstruktionen hervorgegangen sind.
Das Abtragen der unnatürlichen Grenzen, die das 19. Jahrhundert zwischen Architekt und Ingenieur gezogen hat, ist
eins der großen noch nicht erreichten Ziele.
Es liegt auf der Hand, daß bei dem, was in dieser Richtung
entsteht, das besondere Volkstum nicht so leicht erkennbar
hervortritt; die Großstadt wirkt auf sämtlichen Lebensgebieten
im Sinne eines internationalen Antriebs. Aber wo echte Künstler am Werke sind, braucht dieser Antrieb nicht zu siegen.
Man kann deutlich sehen, daß die neuen Materialien, Eisenbeton und Eisen, trotz der gleichmachenden Tendenz, die
ihnen innewohnt, doch vom Franzosen oder vom Amerikaner
anders gebraucht werden wie vom Deutschen, ohne daß darin
irgendeine Absicht liegt. Es ist eine der merkwürdigsten Beobachtungen, die man machen kann.
Bei all diesen Stilfragen, die in die Sphäre des Volkstums
weisen, ist es schließlich nicht mehr unterscheidbar, inwieweit
bewußter Wille und unbewußter Trieb ineinanderspielen, und
es wäre unfruchtbar, wenn es anders wäre. Der Wille weist
die Richtung, der unbewußte Trieb allein vermag den Ausdruck zu schaffen, der späteren Zeiten einmal als echter
Niederschlag des Wesens einer Zeitepoche gilt. Dieser Niederschlag ist gleichsam ein Naturvorgang.
Es ist nicht gesagt, daß das, was dann als „Stil" wirkt, wie
in früheren historischen Epochen nur auf einer bestimmt um-
rissenen F o r m e n s p r a c h e beruht. Das will uns heute
nicht mehr als das einzig wesentliche Merkmal erscheinen.
Ebenso wichtig ist die Art der Aufgabestellung, die in den
Werken einer Zeit hervortritt. Die A u f g a b e s t e l l u n g

charakterisiert deren Wesen, und erst durch sie vermag sich die Tatsache zu verwirklichen, daß große Zeiten ihr Erleben auch äußerlich gestalten und dafür eine Sprache finden, die der Stein spricht. Bei dieser Widerspiegelung einer Zeit in ihren Bauten werden die repräsentativen Aufgaben die führende Rolle spielen: in ihnen spiegelt sich das politische Gesamtgefühl. Daneben werden dann die Aufgaben der Arbeit stehen: in ihnen spiegelt sich der wirtschaftliche Zustand. Und als Drittes gesellen sich dazu die Aufgaben der Fürsorge, die im Wohnwesen gipfeln: in ihnen spiegelt sich der soziale Zustand einer Zeit.

Was aus den Gestaltungen auf diesen drei Gebieten als „Stil" hervortritt, wird möglicherweise weniger in ihrer formalen Haltung als in ihrer geistigen Haltung liegen. Es wird ein s o z i o l o g i s c h e r Stilbegriff sein, der allmählich mehr und mehr die Bedeutung des ä s t h e t i s c h e n Stilbegriffes in den Schatten stellt.

Und damit richtet sich der Blick auf die zweite Seite der idealen Ziele, von deren Verwirklichung wir erst sprachen; wir sehen sie in der Bedeutung, die ein Bauwerk nicht nur als stilistische, sondern zugleich als s o z i o l o g i s c h e Leistung hat.

Was vom Architekten neuerdings den größten Berufsidealismus und das größte Maß unermüdlicher Überlegung fordert, ist das unscheinbarste Gebiet seines Schaffens: das Wohnwesen der großen Massen in allen seinen wirtschaftlichen und sozialen Stufungen. In früheren Zeiten fand es fast unbemerkt seine Lösung neben den eigentlich als künstlerisch betrachteten Aufgaben; heute ist es eines der schwierigsten Probleme geworden. Der Architekt steckt sich dabei nicht allein das primitive Ziel, das zur Wahrung der Menschenwürde Notwendige zu erringen, was oft schon schwer genug zu erreichen ist, sondern darüber hinaus das Ziel, in die Form der Lösung einen Hauch von Freudigkeit zu bringen. Das ist nur dadurch möglich, daß sich mit der liebevollen Gestaltung jeder baulichen Einzelheit eine zweite, andersartige Kunst

verbindet, die Kunst, aus einzelnen an sich unbedeutenden
Organismen einen größeren Gesamtorganismus zu bilden, der
eigentlich erst als Ganzes betrachtet die bauliche Leistung darstellt. Die Kleinhaussiedlung ist dafür das bescheidenste, aber
eben durch die Bescheidenheit besonders deutliche Beispiel.
Das heimliche Künstlertum, das in der Lösung einer wohl-
gegliederten Siedlung hervortreten kann, ist angesichts der verworrenen soziologischen Entwicklung der Menschheit eine der
wichtigsten künstlerischen Kräfte geworden. Es wird wesentlich mitsprechen, wenn man nach dem „Stil" einer Zeit fragt.
Denn was ihr den Stempel aufdrückt, ist nicht nur die Formung des einzelnen Baus, sondern zugleich auch die Art,
wie er Teil eines Gesamtbildes ist: der städtebauliche Zusammenhang wird zum entscheidenden Merkmal der künstlerischen Physiognomie einer Menschenballung. Wenn „Stil"
„das einheitliche in allen individuellen Unterschieden gleich-
bleibende Form g e p r ä g e an Kunstgebilden" ist, dann muß
man das städtebauliche Formgepräge, das sich in einer Zeit
entwickelt, durchaus als Teil seines Wesens in Betracht ziehen.
Nirgends wird man die Besonderheit in den Gewohnheiten
eines Volkes und die idealen Ziele, denen es auf sozialem
Gebiet nachgeht, deutlicher erkennen können als auf dem Gebiet der formenden Z u s a m m e n h ä n g e im baulichen
Gestalten.
In unseren künftigen Städten wird der Einzelbau vielleicht
nicht dieselbe Rolle spielen wie in früheren Kunstepochen,
aber daraus ergibt sich nicht etwa die Notwendigkeit, daß
er kein charaktervolles Eigenleben führt. Das Eigenleben steht
nur im Rahmen eines größeren Lebens, und es kann unter
Umständen gerade innerhalb großer Zusammenhänge zu gewaltiger Wirkung gesteigert werden, die der vereinzelt auf-
gefaßte Bau nie würde erreichen können und dürfen. Alle
Versuche, die ertötende Einförmigkeit der mechanisierten
Höhenbestimmungen unserer Großstadtbauten zu sprengen,
können beispielsweise nur Erfolg haben, wenn man das
Problem des „Hochhauses" nicht im Hinblick auf die Einzel-

erscheinung, sondern im Hinblick auf ein ganzes Stadtstück behandelt und betrachtet. Wenn der Architekt die Ziele seiner architektonischen Gestaltung nicht allein aus den Gesichtspunkten eines ganzen Architekturkomplexes entwickelt, so liegt auch darin eine Art Entmaterialisierung, nämlich das Abstreifen der inneren Fesseln, die mit der Einstellung auf die zunächstliegenden Eigenziele einer baulichen Aufgabe verbunden sind, zugunsten einer Idee, die ihren Urgrund außerhalb der Aufgabe selber hat.

Diese Gedankengänge würden unvollständig sein, wenn man nicht in ihrem Zusammenhang hervorhöbe, daß es für den Architekten nicht allein das Ziel gibt, ein Werk in den großen Zusammenhang der städtebaulichen Absichten zu bringen, sich ihrer Entwicklung einzupassen und sie, wo immer es geht, zu fördern, sondern daß ihm in dem, was wir „Städtebau" nennen, zugleich ein neues großes künstlerisches Ziel erwachsen ist, das eine s e l b s t ä n d i g e Aufgabe bedeutet.

Diese Aufgabe hat darin ihre Besonderheit, daß sie mit unzähligen außerkünstlerischen Fragen in unlösbarem Zusammenhang steht. Forderungen des Verkehrs und der Bevölkerungsbewegung, der Industrie und der Landwirtschaft, der Technik und der Hygiene formen scheinbar ihre Lösungen, und doch schwebt über alledem zusammenfassend eine künstlerische Forderung; und nur wenn sie erfüllt wird, haben wir es mit einer lebensfähigen Leistung zu tun. Denn das letzte Ziel dieser Planungen auf technischem und sozialem Gebiet ist es, ihre ins Leben greifenden Auswirkungen unter eine Gesetzmäßigkeit zu bringen, die sie nicht nur ordnet, sondern die sie unter künstlerischen Gesichtspunkten ordnet.

Diese künstlerischen Gesichtspunkte können manchmal sehr deutlich hervortreten, wenn sie zu großen monumentalen Zusammenhängen führen, aber sie brauchen sich nicht mit deutlicher Eigenwirkung zu zeigen, sie können auch ganz verschwiegen walten. Ja, man kann sagen, daß die verschwiegenen Wirkungen die wichtigsten und meist auch die am schwersten erreichbaren sind. Denn es handelt sich nicht nur darum, das große Lebensgefüge einer Stadt oder einer Landschaft an einigen Stellen besonders festlich zu gestalten, sondern darum, es in allen seinen Teilen, auch den unauffälligsten, harmonisch erscheinen zu lassen. Ganz wie beim baulichen Kunstwerk im engeren Sinne stellt sich auch bei diesem baulichen Kunstwerk im weitesten Sinne das Wort „Organismus" als Zentralbegriff ein. Das ist: ein künstliches Gebilde, das bis zum Eindruck eines naturgewachsenen Gebildes gereift ist.

In der Tat ist das wesentlichste Ziel alles städtebaulichen Gestaltens, wenn man es auf eine einfache Formel bringen will: der Schein natürlichen Wachstums, der Schein der Selbstverständlichkeit; das aber ist der äußerste Gegensatz zu dem, was beim freien Gewährenlassen herauskommt. Denn es führt unweigerlich zum Chaos, wenn wir all die technischen Ansprüche, die unser heutiges Leben durchsetzen und seiner äußeren Form ihr Gepräge aufdrücken, sich selber überlassen. Es gehört neben viel Umsicht viel künstlerisches Gefühl dazu, wenn wir statt dessen den Eindruck natürlichen Wachstums erzielen wollen.

Das Wesen aller jener großen Gesetzmäßigkeiten, die wir erst bei tieferem Einblick die uns umgebende Natur beherrschen sahen, muß demjenigen im Blute liegen, der das Werden der Lebensform leiten will, in der Menschenmassen ihr Dasein würdig führen können. Hier öffnet sich das höchste Ziel baulichen Gestaltens, ein selbstloses Gestalten, das als einheitliche künstlerische Leistung meist nur im Geiste seines Schöpfers vor sich geht, während die Materialisation des formenden Gedankens in viele verschiedene Arbeiten einzelner zerrinnt. Deshalb ist es nötig, daß das Bewußtsein von der Verantwortung, die in jedem baulichen Werk liegt, für jeden einzelnen selbstverständlich wird.

Man wird die Lebensformen der Zukunft, wie sie dem schöpferischen geistigen Auge vorschweben, nicht erreichen können, ohne daß wir den baulichen Egotismus, der sich mit dem Mantel des „künstlerischen Individualismus" zu tarnen pflegt, überwinden und an seiner Stelle ein Gemeingefühl entwickeln, das sich keine künstlerischen Ziele vorstellen kann, die nicht zugleich Ziele der Gemeinschaft wären.

Damit stellt man an Baukunst eine Forderung, die sie innerlich loslöst von den anderen bildenden Künsten. Diesen ist bei ihrem Tun die ganze fanatisch-egoistische Versenkung, die nichts sieht als das eigene Werk, erlaubt. Ist es nicht eine Preisgabe künstlerischer Kraft, die dem Architekten zugemutet wird, wenn man es ihm nicht erlauben will? Es könnte so scheinen, wenn man nicht die gewaltige Perspektive sähe, die ihm solcher Verzicht eröffnet. Durch das Einfügen in ein Gemeinschaftsgefühl kann sein Werk zu symbolischer Bedeutung aufwachsen: es kann S y m b o l e i n e r W e l t - a n s c h a u u n g werden.

Der bauliche Niederschlag des politischen Erlebens eines Volkes, von dem wir erst sprachen, charakterisiert das, was wir h i s t o r i s c h e Weltanschauung nennen können. Sie redet am deutlichsten in einer steinernen Sprache. Denn die Baukunst kann, zielbewußt entfaltet, die weltanschauliche Idee, die in der Organisation des Staates schlummert, am stärksten und sinnfälligsten ausprägen. Man kann sogar sagen, daß sie erst diese Idee wirklich ganz lebendig zu machen imstande ist. Denn viele Funktionen der entscheidenden Formen staatlicher Gestaltung können erst in unmittelbar wirkende Erscheinung treten, wenn Baukunst ihnen den Rahmen geschaffen hat. Aber es ist nicht nur der Rahmen, es kann mehr sein: die Baukunst vermag im Dienste einer Idee das Lebensgefühl einer Epoche ideal zu erhöhen, ja, sie kann v o r w e g n e h - m e n d e i n e F o r m d e r L e b e n s g e s t a l t u n g v e r - k ö r p e r n , d e r e i n e Z e i t i n W a h r h e i t e r s t z u s t r e b t. Und damit ist ihr das höchste Ziel gesteckt, das sie sich b e w u ß t zu stecken vermag.

Neben den bewußten Zielen aber liegen noch andere Wirkungen, die nur unbewußt aus der Gesamthaltung eines künstlerischen Berufs hervorgehen. Man könnte sie, wenn man das Wort in weitem Sinne auffassen will, moralische nennen. Solche Wirkungen sind gemeint, wenn ein amerikanischer

Physiologe, Alexis Carrel, in dem merkwürdigen Buch „Der
Mensch, das unbekannte Wesen" den Gedanken in den Vordergrund stellt: „Die moralische Schönheit ist die Grundlage
der Kultur." Wenn man solch einem Gedanken nachgeht,
kommt man nicht etwa zum Rückfall in den überwundenen
Standpunkt, der dem Ästhetischen das Moralische als Teil
seines Wesens beimischen will. Was gemeint ist, berührt nicht
unmittelbar die Ästhetik, aber es berührt die Baukunst. Wenn
sie sich das Ziel steckt, Träger und Deuter weltanschaulicher
Ideale zu sein, ist der Ausdruck eines tiefen Verlangens, das
in jenem Ausspruch liegt, auch an sie, und gerade an sie gerichtet. Sie soll sich nicht an rein ästhetischen Zielen g e n ü g e n
lassen, sondern sich zugleich auch für moralische Ziele verantwortlich fühlen.

Vielleicht ist das eine Forderung, die jede Kunst für sich in
Anspruch nimmt, aber ihre Nichterfüllung übt wohl nirgends
eine so verhängnisvolle Wirkung aus wie bei der Architektur,
und deshalb tritt sie hier mit besonderem Nachdruck hervor.
Es läßt sich gar nicht ernst genug einschätzen, was die architektonischen Lügen, die das 19. Jahrhundert durch ganze Städte
ununterbrochen in die Welt schreien ließ, für eine innere Zer-
mürbung unseres Volkes hervorgebracht haben, und es läßt
sich gar nicht hoch genug einschätzen, was der Kampf um
architektonische Wahrhaftigkeit als Symptom „moralischen"
Reinlichkeitsbedürfnisses im Gegensatz dazu bedeutet. In
diesem Sinne wird Ethik im praktischen Leben der Baukunst
immer mit Ästhetik verbunden bleiben.

Solche Ethik aber ist nur Hintergrund und Vorbedingung für
die Entfaltung jener letzten Wirkungen, die berechtigen, in
der Baukunst das Symbol einer Weltanschauung zu sehen.

Im Begriffe „Weltanschauung" liegt, vom Leben aus betrachtet, eine d i e s s e i t i g e und eine j e n s e i t i g e Bedeutung.
Von der entscheidenden Rolle, welche die diesseitige Bedeutung für das Wesen der Baukunst spielt, haben wir bereits
gesprochen, als wir in ihr die stärkste Verkörperung des
Staatsgedankens sahen. Wovon wir noch nicht gesprochen

haben, das ist ihre jenseitige, ihre transzendente Bedeutung. Sie hat die Gemüter der Denker in der Architektur mehr beschäftigt als in jeder anderen Kunst. Wenn wir in die großen Epochen baukünstlerischen Schaffens blicken, dann sehen wir, wie ihre Höhepunkte stets dadurch entstanden, daß die Menschen sich bewußt waren, in der Baukunst ein Mittel zu besitzen, um ihre transzendenten Ideen zum Ausdruck zu bringen. Architektur und Frömmigkeit scheint dem Rückblickenden die Vereinigung zu sein, die zu den höchsten Zielen führte. Das ist eine Begriffsverbindung, die man, zur idealen Forderung erhoben, niemandem als Z i e l hinstellen kann, sie ist eine G n a d e.

Solche Gnade scheint uns in besonderem Maße im Zeitalter jener gotischen Dome zuteil geworden zu sein, die wohl immer das erstaunlichste Beispiel einer Architektur als Symbol des Transzendenten sein werden. Aber wenn wir die Kraft, aus der diese Schöpfungen hervorgingen, näher betrachten, ist es dann nicht vielleicht eine einseitige, aus der Blickrichtung unserer Zeit entstandene Schau, wenn wir sie schlechthin als „Frömmigkeit" bezeichnen? Wir haben an anderer Stelle ausgeführt, daß die gotischen Dome zum sichtbaren Abbild der Vereinigung der zwischen Scholastik und Mystik, antiker Philosophie und christlicher Glaubenslehre schwankenden Geistesströme wurden, wie sie sich in der Zeit eines Albertus Magnus oder eines Thomas von Aquino vollzog. Weil dieser weltanschauliche Prozeß mit Religiösem zusammenhängt, scheint uns seine treibende Kraft heute die „Frömmigkeit" zu sein; wir fassen sie damit zu eng: es ist in Wahrheit die weit allgemeinere Kraft, die sich in der Geisteshaltung einer Zeit ausspricht, wenn ihr Sehnen in i r g e n d e i n e r Art an das Geheimnis der Schöpfung rührt.

Ist uns heute Lebenden irgend etwas von einer solchen Geisteshaltung inmitten jener Zerrissenheit unseres seelischen Daseins, die Nietzsche baulich durch das Labyrinth charakterisieren wollte, zurückgeblieben? Im öffentlichen Leben ja: der Staatsgedanke ist in gewaltiger Weise in den Mittelpunkt des

Bewußtseins gestellt; im nichtöffentlichen Leben ist man geneigt, diese Frage zunächst mit einem „Nein" zu beantworten. Als sie jüngst in einem geistig belebten Kreise aufgeworfen wurde, bildeten sich zwei Parteien: die eine wollte eine allgemeingültige Strömung, in der wir seelisch leben, nur noch im Geist der T e c h n i k sehen, die anderen fühlten, daß uns in der M u s i k etwas geblieben ist, was gerade heute eine gewisse Allgemeingültigkeit behauptet hat.

Technik und Musik. Das Instrument stärksten Rationalismus und das Instrument stärksten Irrationalismus. Wie vermag man in solchen Gegensätzen eine Geisteshaltung zu finden, die als Niederschlag in den baulichen Werken einer Zeit hervortreten könnte?

Wenn wir an die Ausführungen denken, zu denen die Gedankengänge dieses Buches geführt haben, stehen wir der Frage einer inneren Verbindung der beiden Begriffe „Technik" und „Musik" nicht ganz ratlos gegenüber. Es gibt Punkte, wo sie sich berühren können, ja, wo sie sich berühren sollten, wenn wir an die letzten Kräfte denken, aus denen der menschliche Gestaltungstrieb entspringt. Die Berührungspunkte liegen in dem, was Kepler als „das Gott von Ewigkeit Eingeborene" bezeichnet hat, in den Geheimnissen dessen, was wir mit dem längst über seinen ursprünglichen Inhalt herausgewachsenen Begriff der „mathematischen Struktur" menschlichen Wesens bezeichnen. Einmal sind diese geheimnisvollen Urkräfte zu den höchsten Äußerungen des Verstandes und das andere Mal sind sie zu den höchsten Äußerungen des Gefühls entwickelt. Am Quellpunkt ihres Wesens liegt eine Verbindungsmöglichkeit. Die Hoffnung für die künstlerische Entwicklung der Zukunft besteht darin, daß diese Möglichkeit in Wirkung tritt, daß die gewaltigen Werke der Technik durchströmt werden von den Gefühlskräften, die in der Musik ihre absolute Verlebendigung finden. Was dann entsteht, ist der künstlerische Zukunftstraum der Architektur. Ist es ganz unverständlich, wenn wir sagen, daß diese Architektur gleichsam zwischen Musik und Technik stehen möchte?

Solche Gedanken, die ein Ahnen ausdrücken, für das es keine eigentlichen Wortprägungen gibt, sind nur verständlich, wenn man in der Baukunst die Züge sieht, die ihr die idealistische Philosophie stets zuerkannt hat, die Züge, die sie zum Kosmischen in Beziehung setzen. Sie ist nach einem Wort Friedrich Theodor Vischers „das andeutende Schema des Kosmos in seiner inneren Unendlichkeit"; ihr letztes Ziel ist „die Idee des Weltgebäudes — des wohlgeordneten Ganzen — symbolisch darzustellen". Oder wie Ed. von Hartmann es ausdrückt: „Sie ist die Ahnung der teleologischen Weltharmonie in der konkreten Gestaltung eines besonderen Falles."

Solche Auffassungen führen zu Gedanken, die von den unmittelbaren Erscheinungen der Baukunst weit ins Reich des gesamten geistigen Lebens einer Zeit hinübergreifen. Vielleicht haben sie Vischer bewegt, wenn er am Schluß seiner „Ästhetik" die Frage aufwirft, „ob nicht im modernen Geiste die unentwickelten Keime einer neuen Religion liegen".

Wenn wir sehen, wie sich heute die verschiedensten Gebiete, die wir nach ihrer besonderen Aufgabestellung „Mathematik", „Physik", „Astronomie", „Biologie", „Philosophie" nennen, kurz alles, was mit Naturwissenschaft und mit reiner Geisteswissenschaft zusammenhängt, schließlich zu dem einen Ziel vereinigen, den Geheimnissen des kosmischen Lebens von irgendeiner Seite näherzukommen, dann können wir in der Tat einen Zug ins Transzendente, der unsichtbar durch die Zeit hindurchgeht, nicht verkennen, denn was hat das religiöse Gefühl zu allen Zeiten anderes bewegt als das Sehnen, zu den letzten in Schleier gehüllten Gesetzen des Kosmos eine menschliche Beziehung zu finden. Wenn wir die Kraft der Architektur, „Weltbau-Gefühle zu erzeugen", richtig verstehen, eröffnet sich eine weite Perspektive für ihre künftige Entwicklung.

Der Blick in diese Perspektive würde vielleicht verschwommen, ja sogar verstiegen erscheinen, wenn wir nicht neben diesem Zug ins Unbestimmbare, der nur in den bedeutsamsten Werken einer Zeit hervorzutreten vermag, den ganz bestimmbaren Sinn für die Bindung der Baukunst an die sozialen Probleme der Zeit als eine Errungenschaft betrachten könnten, die man nicht wieder verlieren kann. Die Verantwortung, die sie trägt für die höchst „diesseitigen" Forderungen der Wohlfahrt großer, oft in den einfachsten und grundlegenden Dingen des Lebens ratlos gewordener Menschenmassen, wird vor allen „jenseitigen" Forderungen ein erstes Gefühl bleiben, das den ernsthaften Architekten erfüllt.

Wenn er dieses Gefühl der in tausend praktischen Fragen des Tages sich äußernden Verantwortung in zusammenfassenden Werken zu steigern weiß zu einem Tun, das nicht nur der Not seines umgrenzten Lebensraumes, sondern das zugleich den Forderungen unpersönlicher und zeitloser Gesetze entspricht, wird das aufleuchten, was wir mit „religiös" meinen. Es ist ein Dienst am Nächsten, der zugleich ein Dienst am Fernsten werden kann.

Paul Valéry

Paul Valéry (geb. 30. Oktober 1871 in Cette) hat in seinem
Buch „Eupalinos, oder Über die Architektur" (Insel-Verlag, Leipzig 1927) einen platonischen Dialog nachgebildet, der gleichsam
ergänzend die künstlerischen Fragen behandelt, die man bei Plato
vergebens sucht.
Die Übersetzung dieses feinsinnigen Werkes aus dem Französischen war Rainer Maria Rilkes letzte Arbeit.
Wir bringen ein Bruchstück in verkürzter Form.

GESPRÄCH ÜBER DIE ARCHITEKTUR
1927

Phaidros: Ich war befreundet mit dem, der diesen Tempel
gebaut hat. Er war aus Megara und hieß Eupalinos. Er
sprach mir gerne von seiner Kunst, von aller Sorgfalt und
aller Kenntnis, die dazu gehört. Er machte mir verständlich
alles, was ich mit ihm in den Bauhütten sah. Vor allem sah
ich seinen erstaunlichen Geist. Ich fand in ihm etwas von der
Kraft des Orpheus. Er sagte diesen unförmigen Haufen von
Steinen und Balken, die um uns herumlagen, ihre gestaltete
Zukunft vorher; und diese Stoffe schienen beim Klang seiner
Stimme jenem einzigen Platze vorbestimmt zu sein, für den
die der Göttin günstigen Geschicke sie bezeichnet hatten.
Wahre Wunder waren seine Ansprachen an die Werkleute.
In ihnen blieb keine Spur von den schwierigen Erwägungen
der Nacht, er gab ihnen nur Befehle und Zahlen.
Sokrates: Das ist die Art Gottes selbst.
Phaidros: Seine Reden und seine Handlungen paßten so
glücklich aneinander, daß man hätte denken können, diese
Menschen seien seine eignen Glieder. Würdest nicht glauben,
Sokrates, welche Freude es für mich war, eine so wohlgeord-
nete Sache kennenzulernen. Ich kann die Idee eines Tempels
nicht mehr trennen von der seiner Aufrichtung. Wenn ich
einen sehe, sehe ich eine wunderbare Handlung, ruhmreicher
noch als ein Sieg und in noch größerem Gegensatz zu der
armseligen Natur. Zerstören und Aufrichten sind gleich an

Wichtigkeit. Es braucht Seelen, für das eine wie für das andere,
aber das Bauen ist meinem Geiste teurer. O sehr glücklicher
Eupalinos!

— — —: Eupalinos war der Mann seiner Vorschrift. Er vernach-
lässigte nichts. Er schrieb vor, die Bretter in der Richtung der
Holzfaser zu schneiden, damit sie, eingelegt zwischen das
Mauerwerk und die Balken, die sich darauf stützen, verhin-
dern, daß die Feuchtigkeit in diesen Fibern aufsteige und, einmal aufgenommen, sie zum Faulen bringe. Er wandte eine
ähnliche Aufmerksamkeit an alle empfindlichen Punkte des
Bauwerkes. Man hätte denken können, es handle sich um
seinen eigenen Körper. Während der Arbeit am Bau verließ
er nicht den Werkplatz. Ich glaube, er kannte jeden Stein.
Er überwachte die Genauigkeit ihrer Behauung, er studierte
auf das eingehendste alle Mittel, die man erfunden hatte, und
daß die Sauberkeit der Fugen nicht leide.

Er verwendete die größte Sorgfalt auf den Mörtel, mit dem
er die Wände aus Rohstein zudeckte. Aber alle diese Feinheiten, bestimmt, die Dauer des Bauwerks zu sichern, waren
eine Kleinigkeit im Verhältnis zu denen, die er gebrauchte,
wenn es sich darum handelte, die Erregungen und Schwingungen vorzubereiten, die in der Seele des künftigen Be-
trachters seines Werkes entstehen sollten.

Er bereitete dem Licht ein unvergleichliches Instrument vor,
das es verbreitete in den Raum, in dem die Sterblichen sich
bewegen, völlig erfüllt von der verständlichen Form und versehen mit beinah musikalischen Eigenschaften. Ähnlich jenen
Rednern und jenen Dichtern, an die du eben gedacht hast,
Sokrates, kannte er die geheimnisvolle Kraft der geringsten
Abwandlung. Vor einer mit so viel Gefühl erleichterten Masse,
die dem Anschein nach so einfach war, wurde keiner gewahr,
wie er zu einer Art Glück geführt wurde durch fast unmerk-
liche Biegungen, durch Wendungen, die zugleich kaum merklich waren und allmächtig; und durch jene tiefe Verbindung
des Regelmäßigen mit dem Unregelmäßigen, die er in sein
Werk eingeführt und darin verborgen hatte, die ebenso

mächtig war wie unbeschreiblich. Sie machten, daß der sich bewegende Zuschauer, gelehrig für ihre unsichtbare Gegenwart, von Vision zu Vision fortschritt, von den großen Stillheiten zu dem Murmeln des Vergnügens, in demselben Maße, in dem er sich näherte oder zurücktrat oder noch näher herankam, solange er sich rührte in dem Umkreis des Werkes, von ihm bewegt, als Spielzeug seiner eigenen Bewunderung. Ich will, sagte dieser Mann aus Megara, daß mein Tempel die Menschen bewege, wie der geliebte Gegenstand sie bewegt.

Sokrates: Das ist göttlich. Ich habe, lieber Phaidros, ein Wort gehört ganz ähnlich und ganz das Gegenteil. Einer unserer Freunde, es hat keinen Sinn, ihn zu nennen, sagte von unserem Alkibiades, dessen Körper so wohlgestaltet war: Wenn man ihn sieht, meint man, Architekt zu werden! . . .

Phaidros: Eines Tages, lieber Sokrates, sprach ich von diesen selben Dingen mit meinem Freund Eupalinos.

Phaidros, sagte er mir, je mehr ich über meine Kunst nachdenke, desto mehr übe ich sie aus; je mehr ich denke und handle, desto mehr leide und freue ich mich in meiner Eigenschaft als Architekt; und um so mehr fühle ich mich selbst mit einer Wollust und einer Klarheit, die immer noch an Sicherheit gewinnen.

Ich verirre mich in lange Wartezeiten; ich finde mich wieder in Überraschungen, die ich mir selbst bereite; und mittels dieser allmählichen Abstufungen in meinem Schweigen schreite ich in meiner eigenen Erbauung vor; ich nähere mich einer so genauen Beziehung zwischen meinen Wünschen und meinen Fähigkeiten, daß es mir scheint, als hätte ich aus dem Wesen, das mir gegeben wurde, ein Menschenwerk gemacht.

Indem ich baute, warf er lächelnd hin, habe ich mich, glaube ich, selbst erbaut.

Sokrates: Sich erbauen und sich selbst erkennen, sind das zwei getrennte Akte oder nicht?

Phaidros: . . . Und er fügte hinzu: Ich habe das Richtige gesucht in den Gedanken, damit sie, in klarer Weise hervor-

gegangen aus der Betrachtung der Dinge, sich wie von selbst
verwandeln in die Handlungen meiner Kunst. Ich habe meine
Aufmerksamkeiten verteilt; ich habe die Probleme umgeord-
net; ich fange an, wo ich früher aufgehört habe, um ein
bißchen weiterzugehen ... Ich bin geizig im Träumen. Wenn
ich mir etwas vorstelle, ist es schon immer, als führte ich
etwas aus. Niemals mehr betrachte ich in dem unabgegrenzten
Raum meiner Seele schöne, eingebildete Bauwerke, die in
bezug auf wirkliche Gebäude das sind, was die Schimären
und Gorgonen darstellen im Verhältnis zu wirklichen Tieren.
Sondern das, was ich denke, läßt sich ausführen; und das,
was ich ausführe, geht auf ein Einsehen zurück ... und
dann ... höre, Phaidros (sagte er mir noch), der kleine Tempel, den ich einige Schritte von hier für Hermes gebaut habe,
wenn du wüßtest, was er für mich bedeutet! — Wo der Vorübergehende nichts sieht als eine elegante Kapelle — eine Kleinigkeit: vier Säulen in sehr einfachem Stil —, da habe ich die
Erinnerung an einen lichten Tag meines Lebens untergebracht.
O süße Verwandlung! Dieser zarte Tempel, niemand ahnt es,
ist das mathematische Bildnis eines Mädchens von Korinth,
das ich glücklich geliebt habe. Er wiederholt getreu die besonderen Verhältnisse ihres Körpers. Er lebt für mich! Er gibt
mir zurück, was ich ihm gegeben habe ...
Deshalb also ist er von so unerklärlicher Anmut, erwiderte
ich ihm. Man fühlt wirklich in ihm die Gegenwart einer Person, die erste Blüte einer Frau, die Harmonie eines entzücken-
den Wesens; er erweckt ungefähr eine Erinnerung, die es
nicht bis zu ihrem Umriß bringt; und dieser Anfang eines
Bildnisses, das du in seiner Vollendung besitzest, genügt, die
Seele zu lösen und zugleich zu bestürzen. Wenn ich mich
meinen Gedanken überlasse, so möchte ich ihn, weißt du, vergleichen mit einem Hochzeitsgesang, in den sich Flöten
mischen, und ich fühle ihn in mir aufkommen.
Eupalinos sah mich an mit einer Freundschaft, die bestimmter
schien und zärtlicher.
Oh, sagte er, was bist du gemacht, mich zu verstehen. Niemand

hat sich mehr als du meinem Daimon genähert. Ich wollte dir
alle meine Geheimnisse anvertrauen; aber von den einen
wüßte ich dir selber nicht angemessen zu reden, so sehr entziehen sie sich der Sprache; die anderen laufen Gefahr, dich
zu langweilen, denn sie beziehen sich auf die Verrichtungen
und die besonderen Kenntnisse in meiner Kunst. Ich kann
dir nur andeuten, welche Wahrheiten, wenn nicht Geheimnisse
du da eben gestreift hast, da du mir von Musik sprachst, von
Gesängen, von Flöten im Hinblick auf meinen jungen Tempel.
Sag mir (da du so empfänglich bist für die Wirkungen der
Architektur), hast du nicht beobachtet, wenn du dich in dieser
Stadt ergingst, daß unter den Bauwerken, die sie ausmachen,
einige stumm sind; andere reden; und noch andere schließlich,
und das sind die seltensten, singen sogar? – Diese äußerste
Belebtheit geht nicht von ihrer Bestimmung aus oder von
ihrer allgemeinen Gestalt, ebensowenig wie das, was sie zum
Schweigen zwingt. Das hängt ab von dem Talent des Erbauers
oder vielmehr von der Gunst der Musen.
Jetzt, da du mich darauf aufmerksam machst, merke ich es
selbst in meinem Geist.
Gut, diejenigen von den Bauwerken, die weder sprechen noch
singen, verdienen nichts als Verachtung; das sind tote Dinge;
geringer im Range als jene Haufen von Bruchsteinen, die die
Karren der Unternehmer ausspeien und die wenigstens durch
die zufällige Verteilung, die sie im Falle annehmen, das neu-
gierige Auge unterhalten ... Was die Bauwerke angeht, die
sich begnügen zu reden, so habe ich, wenn ihre Rede nur
klar ist, alle Achtung für sie. Sie sagen zum Beispiel: hier vereinigen sich die Händler. Hier halten die Richter ihre Überlegungen ab. Hier seufzen die Gefangenen. Hier können die,
die die Ausschweifung lieben, ... (ich sagte da zu Eupalinos,
daß ich in dieser letzten Art recht beachtenswerte gesehen
hätte. Aber er hörte mich nicht.) Diese Kaufhallen, diese
Gerichtshöfe, diese Gefängnisse reden, wenn die, die sie
erbauen, sich darauf verstehen, die genaueste Sprache. Die
einen ziehen sichtlich eine bewegte, immerfort sich erneuernde

Menge an, sie bieten ihnen Vorhallen und Eingänge dar; sie
laden sie ein, durch Türen und durch die leicht zugänglichen
Stiegen einzutreten in ihre geräumigen und wohlerleuchteten
Säle, Gruppen zu bilden und sich den Gärungen der Geschäfte
zu überlassen.... Die Wohnungen der Gerechtigkeit aber
sollen den Augen Strenge und Gerechtigkeit unserer Gesetze
vorstellen. Was ihnen wohl ansteht, ist die Majestät der
bloßen Massen und die ungeheure Geschlossenheit der
Mauern. Das Schweigen dieser öden Wandungen ist nur von
Zeit zu Zeit unterbrochen durch die Drohung einer geheimnisvollen Tür oder durch die traurigen Zeichen, die die Dunkel-
heit eines engen Fensters macht, das von schweren Eisen ver-
gittert ist. Alles hier fällt Urteil, spricht von Strafe. Der Stein
spricht gewichtig aus, was er umschließt. Die Mauer ist unerbittlich, und dieses Werk, der Wahrheit so genau entsprechend, bekennt seine strenge Bestimmung. –
Ich komme jetzt, sagte er, auf jene Meisterwerke, die ganz
und gar einem zu verdanken sind, und von denen ich dir eben
gesagt habe, daß sie aus sich selbst zu singen scheinen. –
Diese scheinbar zufällige Verbindung so verschiedener Dinge
beruht in einer wunderbaren Notwendigkeit, die in ihrer Tiefe
auszudenken fast unmöglich ist, aber deren überredende
Gegenwart du dunkel empfunden hast. –
Also diese seltsame Annäherung der sichtbaren Formen mit
der hinschwindenden Ansammlung sich vollendender Töne;
stelle dir vor, zu welchem heimlichen und tiefsten Urgrund
man vordringen würde, an welchen köstlichen Punkt man
anlangen müßte; welchen Gott man finden würde im eigenen
Fleisch! –
Und du, sagte ich ihm, du begreifst das? Ja und Nein! – Ja:
im Traum. Nein: als Wissenschaft.

VI. TEIL

Wilhelm Heinrich Riehl

Wilhelm Heinrich Riehl (1823—1897) ist der Verfasser
eines vierbändigen Werkes „Naturgeschichte des Volkes". Unser
Beitrag ist aus dem zweiten Band „Land und Leute" (Cotta, Stuttgart 1861). Der Meister deutscher kulturgeschichtlicher Erzählung
sieht schon in der Mitte des 19. Jahrhunderts das Problem der
großen Städte mit seltenem Klarblick.

DIE GROSSEN STÄDTE

1853

Wie im 18. Jahrhundert die Laune der Fürsten, oft aber
auch ihre Eifersucht und ihr Mißtrauen gegen die
natürlichen Städte, gegen die alten festen Burgen des selbständigen Bürgertums die künstlichen Städte schuf, so sind im
19. Jahrhundert zahlreiche künstliche Städte durch die Laune
und Mode unseres bedürfnisreichen, überfeinerten Lebens
geschaffen und mit ihrer Existenz in die Luft gestellt worden.
Hierher gehören namentlich die wie Pilze auftreibenden Bade-
städte, viele kleine Fabrikstädte und jene seltsamen Touristen-
städte in unsern schönen Gebirgs- und Flußtälern, wo sich
rasch eine neue „Stadt" um ein paar große Gasthöfe anlagert,
wie früher um eine Burg, ein Schloß oder ein Kloster. Unsere
Badeindustrie ist so breit über ihre natürliche Grundfläche
hinausgewuchert, daß sie so liederlich und unsicher wie nur
möglich werden mußte. Die Bewohner der glänzenden Bade-
städte sind häufig im Sommer Bürger, im Frühling und
Herbste Bauern und im Winter Proletarier. Da hört dann freilich der Unterschied zwischen Stadt und Land auf. Stattliche
Neubauten drängen sich in solchen Städten binnen wenigen
Jahren zu großen neuen Straßen und Vierteln zusammen —
allein sie sind mit dem Gelde auswärtiger Kapitalisten erbaut,
und der Bürger, welcher darinnen haust, bleibt jenen fremden
Geldmännern seine Lebetage leibeigen. Bei französischen
Spielpächtern müssen solche Städte betteln gehen, um ihre
dringendsten Gemeindebedürfnisse befriedigen und ihre auf
die äußerste Spitze gestellte Existenz behaupten zu können.

Hier wird man freilich den stolzen freien deutschen Bürger
vergeblich suchen, und manches kleinstädtische, aber doch
wenigstens von Natur lebensfähige Krähwinkel steht wie ein
Augsburg oder Venedig der alten Zeit neben solchen im Kerne
hohlen Prunk- und Schaustädten.

Es ist der größte Segen der europäischen sozialen Bewegung,
in deren Auswallungen wir jetzt so steuerlos umhertreiben,
daß sie alle Unnatur unserer Gesittung vorerst wenigstens zur
nacktesten Blöße enthüllt. Nur auf die Diagnose kann die
Heilung erfolgen. In diesem Betracht möge man es nicht als
etwas Kleines ansehen, daß sich in den künstlichen Städten
eine so wurmstichige, weil auf den baren Eigennutz basierte
Loyalität breitgemacht hat, in den natürlichen Mittelpunkten
des Verkehrs ein so rostiger Radikalismus, daß eine so durch-
greifende Eifersüchtelei plötzlich lebendig geworden ist gegen
die neuen Hauptstädte, und wenn der Neid dabei auch nur
dem Besitz eines Zuchthauses oder eines Konsistoriums, eines
Irrenhauses oder einer Eisenbahn gegolten hätte. Beim nächsten Anlaß wird sich der Kampf gegen die künstlichen Städte
organisieren. Am schwersten straft sich allezeit die Unnatur
in sozialen und volkswirtschaftlichen Dingen, denn sie tastet
hier an das empfindlichste, an die Sitte und den Geldbeutel.
Man muß nüchtern genug sein, um einzugestehen, daß alle
Revolutionen zu drei Vierteilen durch den leeren Geldbeutel
eingebrockt wurden, „nicht aus Durst nach Rache" — wie der
Plebejer in Shakespeares „Coriolan" sagt —, „sondern aus
Hunger nach Brot".

Aber nicht bloß in der Bildung neuer Städte, auch in dem
riesigen Anwachsen vieler alten zeigen sich in unserer Zeit
bedenkliche Symptome der Widernatur. Europa wird krank
an der Größe seiner Großstädte. Die gesunde Eigenart Alt-
englands wird in London begraben, Paris ist das ewig eiternde
Geschwür Frankreichs. Man fürchtet, Rußland werde schon
wegen der bloßen Riesengestalt seiner Ländermassen die aus
dem Individuellen hervorgewachsene abendländische Zivilisation verschlingen; warum bejubelt man denn die Riesen-

gestalt unserer sogenannten Weltstädte, denen doch als Städtebildungen ganz dieselben Gefahren drohen wie Rußland als Ländergebilde? Die Urheimat der einförmig zentralisierten unermeßlichen Großstädte ist China, überhaupt der Orient, das Land der politischen und sozialen Erstarrung. Im 18. Jahrhundert sollte jede deutsche Residenzstadt ein Versailles sein, jetzt soll jede Paris und London werden. Auch die kleinste Stadt will nunmehr eine Großstadt wenigstens v o r - s t e l l e n, wie jeder Bürger einen vornehmen Herrn. Diese großen und kleinen Großstädte, in denen jede Eigenart des deutschen Städtewesens abstirbt, sind die Wasserköpfe der modernen Zivilisation. Wasserköpfe bekunden bekanntlich nicht selten ein frühreifes und äußerst erregtes Seelenleben. Man wird aber doch daraus nicht folgern wollen, daß die dicksten Köpfe allemal die gescheitesten und lebensfähigsten seien.

Das fabelhaft rasche Anwachsen unserer größeren Städte geschieht nicht durch einen Überschuß an Geburten, sondern durch einen Überschuß der Einwanderung. Das Land und die kleine Stadt wandert aus nach der Großstadt. Die überwiegende Masse dieser Einwanderer besteht aber aus einzelnen Leuten, die noch keinen festen Beruf, kein eigenes Hauswesen haben, die in der großen Stadt erst ihr Glück machen wollen. Es ist ihnen daheim zu langsam vorwärtsgegangen, in der großen Stadt aber hoffen sie ernten zu können, ohne gesät zu haben. Sicher finden nur wenige dieses geträumte Glück, die Mehrzahl dagegen strömt nach einiger Zeit wieder ab; dafür treten aber wieder ebenso viele und noch mehr Nachströmende ein, die ebenso rasch wieder verschwinden. Nicht durch die seßhafte, sondern durch die flutende und schwebende Bevölkerung werden unsere Großstädte so ungeheuerlich. Schon diese einzige Tatsache sollte den Sozialpolitiker stutzig machen. Luxusarbeiter, Spekulanten, Lehrlinge, Gehilfen, Dienstleute, Tagelöhner usw. sind es, die den Bevölkerungsziffern solcher Städte so viele Nullen ansetzen. Das Proletariat ist es, was von den kleinen Städten in die großen flutet, um von dort aus Stadt und Land zu beherrschen. Nicht

die notwendigen, den unabweislichen Lebensbedürfnissen
dienenden Gewerbe vermehren sich auffallend rasch in den
Großstädten, sondern die kurzlebigen Luxusgewerbe, denen
das Proletariat im Schoße sitzt. In Berlin zum Beispiel haben
sich seit 1784 die Zimmerleute, Maurer, Gerber usw. gar nicht
vermehrt, sondern vermindert; dagegen sind die Buchbinder,
Lackierer, Fabrikanten von musikalischen Instrumenten usw.
wunderbar zahlreich geworden. Am stärksten aber nehmen zu
Tagelöhner und Gesinde.

Die ländliche Bevölkerung lebt größtenteils f a m i l i e n -
w e i s e zusammen, die städtische dagegen zu einem starken
Teile vereinzelt. Die Vereinzelung nimmt zu, je mehr die
größeren Städte Großstädte werden. Schon hierdurch ist eine
sehr bedeutende Kluft zwischen Stadt und Land gesetzt, die
sich leider durchaus nicht verringert, sondern vielmehr zusehends erweitert. Das Wachsen der städtischen Bevölke-
rungsziffer gegenüber der ländlichen verliert durch diesen
Umstand gar sehr an sozialem Gewicht. Unterläßt der Staats-
mann aber die Erwägung des sozialen Momentes, dann wird
die Zunahme der großstädtischen Volksmasse von einem
wahrhaft vernichtenden Gewicht für unsere ganze Zivilisation.
Das allgemeine Stimmrecht würde die bereits angebahnte
Übermacht der großen Städte über das Land vollenden, während ein auf Seßhaftigkeit, eigenen Hausstand und Besitz ge-
gründetes Stimmrecht das moderne Überwiegen der Stadt
über das Land so ziemlich wieder ausgleichen würde. Die
Herrschaft der Großstädte wird zuletzt gleichbedeutend werden mit der Herrschaft des Proletariats. Schon im Jahre 1840
war der fünfundvierzigste Preuße ein Berliner, der fünfund-
dreißigste Franzose ein Pariser, und von je fünfzehn Englän-
dern wohnte je einer in London. In diesen Ziffern der Einwanderer vom Lande zur Großstadt liegt eine weit größere
Summe von Gefahren für die individuelle Entwicklung unseres
gesamten Volkslebens versteckt als in den Ziffern der Aus-
wanderer nach den fernen Weltteilen, die freilich dem Volkswirt unheimlicher ins Ohr tönen mögen.

Bei den ins Ungeheuerliche und Formlose ausgereckten
Großstädten hört der besondere Charakter der Stadt als
eines originellen, gleichsam persönlichen Einzelwesens von
selber auf. Jede Großstadt will eine Weltstadt werden, das
heißt uniform allen anderen Großstädten, selbst das unterscheidende Gepräge der Nationalität abstreifend. In den
Großstädten wohnt das ausgleichende Weltbürgertum. Hier
verschwinden die natürlichen Unterschiede der Gesellschafts-
gruppen; und die moderne Ansicht, welche neben reich und
arm, gebildet und ungebildet keine „Stände" mehr kennt, ist
hier mehr als Einbildung, sie ist eine von dem großstädtischen
Pflaster aufgelesene nackte Wahrheit. Die Weltstädte sind
riesige Enzyklopädien der Sitte wie der Kunst und des Ge-
werbefleißes des ganzen zivilisierten Europas. Ich verkenne
das Stolze dieses Gedankens nicht, ich verkenne nicht, welch
reiche Ernte namentlich das schaffende und erfindende industrielle Talent, der Handel, überhaupt alle materielle Betriebsamkeit aus diesen Enzyklopädien ziehen wird. Wo sich die
Menschen zu ungeheuren Massen ansammeln, da blühet
Arbeit und reift Gewinn, und der Nationalökonom freut sich
darüber. Das gesunde Gedeihen der bürgerlichen Gesellschaft aber ist nicht immer da, wo die größten Massen sind,
so wenig als es andererseits im Einödhof der Gebirgsbauern
zu suchen ist. Es begehrt das mittlere harmonische Maß selbst
im Wachstum der menschlichen Siedlungen. Mit den großen
Enzyklopädien unserer Literatur zog bekanntlich auch der
Geist des Enzyklopädismus ein. Und dieser ist kein guter
Geist gewesen. So wird es auch gehen mit diesen Riesenenzy-
klopädien der Großstädte und ihren weiteren Auflagen. Man
schickt junge Leute in die Großstädte, damit sie die Welt
kennenlernen. Allein den Rausch, die Verwirrung und – das
Mißbehagen des Enzyklopädismus werden die meisten
zurückbringen; nicht reife Studien. Wer alles auf einmal sieht,
der sieht nichts. Der Großstädter braucht nicht mehr zu wandern, er kann sich die Welt behaglichst innerhalb seiner
Stadtmauern beschauen, er läßt die Welt zu sich kommen,

statt zu der Welt zu gehen. Und doch zeitigt nur das Wandern den Geist, wo die Anschauungen der Natur, des Volkslebens, der menschlichen Betriebsamkeit s c h r i t t w e i s e
e r r u n g e n werden. Wer in der Welt wie in einer Enzyklo-
pädie herumstöbert, der gewinnt, was er nicht errungen hat,
darum wird er von dem Gewonnenen wenig behalten. Die
weit überwiegende Mehrzahl der großen Männer Deutschlands, namentlich in Kunst und Wissenschaft, sind aus den
kleineren Städten hervorgegangen und vom Lande gekommen.
Die Sammlung des Geistes auf einen Punkt macht den großen
Mann, und diese wird sich in dem Enzyklopädismus der Großstadt schwer finden lassen. Wenn die hervorragenden Talente
auf dem Lande zeitig und fertig geworden sind, dann zieht
man sie wohl in die Großstadt, und doch erlebten wir auch
dann noch häufig, daß solche Talente dort sofort in eine Art
geistigen Pensionsstandes versetzt erschienen.
Die mittelalterliche Kunsttätigkeit entwickelte sich weit eigen-
artiger als die unsrige in mittleren Städten. Jene Künstler
sahen, hörten und lasen eben nicht zu viel, darum konnten sie
recht aus ihrer Seele Tiefen heraus schaffen. Auf gar viel
moderner Kunst und Art dagegen liegt der Mehltau der
Großstädterei. Das Theater von ganz Europa ist für Genera-
tionen ruiniert worden durch die unersättlichen Ansprüche des
höchst großstädtischen Pariser Publikums auf Prunk und
Spektakel. In Deutschland ist bereits keine wirklich gute
kleine Bühne mehr möglich, denn der deutsche Philister ist
auch in Paris und Wien und Berlin gewesen und wird die
kleine Bühne in seinem Krähwinkel fortan nur noch mit groß-
städtischem Auge messen. Und doch sind solche kleine Bühnen
einst die Zufluchtsstätten einer weit reineren und nationaleren
dramatischen Kunst gewesen.
In der Architektur hat das Kasernensystem des modernen
großstädtischen Häuserbaues den entschiedensten Schaden
gestiftet. Und doch wird man es um so weniger aufgeben
können, je mehr von Tag zu Tag die „vereinzelten Leute"
den großen Städten zuströmen, während kaum noch auf dem

Lande die Familie das Haus bewohnt. Schon kann für die Überzahl der einzelnen Arbeiter und Tagelöhner in den Großstädten nicht mehr Raum geschafft werden, weil sie als Mieter der Häuserspekulanten nicht genügenden Profit bieten. In Berlin droht diese Mietfrage bereits zur „sozialen Frage" zu werden, und in kurzem wird man in solchen Städten von Gemeindewegen Proletarierkasernen bauen müssen, man mag wollen oder nicht. Die „Gesellenhäuser" in England sind schon Kasernen der Art, und man geht eben damit um, sie auch nach Deutschland zu verpflanzen. Man wird sie trefflich einrichten, man wird sogar das Mögliche aufbieten, um den Gesellen in diesen Häusern Ersatz für das verlorene Familienleben zu schaffen, aber Kasernen bleiben sie trotzdem.

Wir könnten diese Ausführung weiter verfolgen und würden dann sehen, daß auch in der Musik und Malerei von den Großstädten der gleiche zersetzende Einfluß geübt wird. Die Kunstausstellungen mit ihren Paradestücken legen Zeugnis genug ab von dem auf die Blasiertheit und Frivolität des großstädtischen Publikums berechneten Geschmack, der vor allen Künsten die Kunst der Prahlerei verlangt. Die sozial so bedeutsame Hausmusik und Kammermusik ist lange Zeit fast ganz unterdrückt worden durch die Wucht der prunkhaften großstädtischen Musikaufführungen und durch das Virtuosentum, welches in diesen Städten seine eigentliche Herberge gefunden hat.

Wir müssen aber auch die entgegengesetzte Seite hervorheben. In den Großstädten als den Stammsitzen der Luxusindustrie beginnt das Handwerk wieder von künstlerischen Elementen durchdrungen zu werden, wie es seit Jahrhunderten nicht mehr der Fall war. Dies ist eine L i c h t s e i t e des großstädtischen Wesens, welches überhaupt aus dem Gesichtspunkte der materiellen Betriebsamkeit stets in glänzender Beleuchtung erscheinen wird. Bei Zeiten, die vorwiegend künstlerisch und erst in zweiter Linie industriell waren, lag in dieser Verschmelzung der Kunst mit dem Handwerk keine

Gefahr für die höheren, idealen Interessen des Künstlertums. Bei der Gegenwart aber ist es umgekehrt; wir sind in erster Linie industriell und erst in zweiter künstlerisch. Daher liegt jetzt der großen Menge der Wahn so nahe, daß der Glanz handwerklicher Technik am Kunstwerk das Kunstwerk selber sei. Dieser Wahn, der den idealen Gehalt des Künstlertums zur Magd der Technik erniedrigt, findet in dem ganzen Kunsttreiben der Großstädte unglaublich Nahrung.

Der vollendete Sieg der Technik in der Kunst und die Erniedrigung der Kunst zur Magd der Luxusindustrie stellte sich dar auf der Londoner Weltausstellung des Jahres 1851. Sie war der Jubeltag des großstädtischen Geistes, in der ersten Großstadt Europas gefeiert. Ihre Nachwirkungen sind schon um deswillen unberechenbar, weil sie die Siegestrunkenheit des großstädtischen Industrialismus auf viele Jahre permanent gemacht hat. In den Sälen des Kristallpalastes hatte man griechische Götterbilder zur Dekoration moderner Fabrikwaren aufgepflanzt. Selbst Jules Janin, das echte Pariser Kind, meinte, der Apoll von Belvedere spiele da eine Rolle, als ob man ihn vor einen Warenballen gespannt, der olympische Jupiter, als ob man ihn als Bierzeichen an einem Wirtshaus ausgehängt habe. Wachen wir, daß über dem Siegesrausch der materiellen Arbeit die höhere Würde des geistigen Schaffens nicht ganz vergessen werde: Ich bekenne wenigstens, daß bei all den schimmernden Einzelheiten des Eröffnungstages, wie sie uns in tausend jubelnden Berichten zugeflutet wurden, nur die Kunde von einer einzigen einen wahrhaft herzerwärmenden Eindruck auf mich gemacht hat. Als der Erzbischof von Canterbury sein Gebet gesprochen, stimmten die Scharen der Sänger Händels „Halleluja" an, und vor der zermalmenden Majestät dieses idealen Meisterwerkes des tiefsinnigen deutschen Künstlers beugten sich erschüttert die stolzen Söhne des materiellen Jahrhunderts.

Damals war es, wo man mit schneidender Frivolität den „kerkerhaft festen und schweren" Kölner Dom, den sechs Jahrhunderte nicht vollenden konnten, wegwerfend mit dem

Prunkstück des Glashauses an der Themse verglich, mit dem „leichten, luftigen Haus", welches ein Winter hervorgezaubert. Hier hatten wir schwarz auf weiß jene in den Großstädten ausgeborene Überhebung der rein technischen Meisterschaft über die Schöpfung des vollen, aus der Tiefe des Geisteslebens geborenen Künstlertums. Wir werden nicht vermögen, dem anerkannten Ruhm eines so außerordentlichen Technikers wie Paxton, den Erbauer des „Kristallpalastes", ein Stücklein auch nur um Haaresbreite ab- oder zuzuschreiben. Aber protestieren müssen wir, wenn man ein aus dem ganzen Ideenreichtum der religiösen und künstlerischen Begeisterung der Jahrhunderte geborenes Kunstwerk ersten Ranges mit der Londoner Industrie-Elle messen will, und den Standpunkt der Geschwindigkeit des Hervorbringens von einer rein technischen Konstruktion wie der Glaspalast auf eine architektonische Kunstschöpfung überträgt. Dann wäre Luca fa Presto der größte Maler gewesen, weil er am geschwindesten gemalt hat. Die Kunst hat Segen dem Handwerk gestiftet, das Handwerk soll es nicht mit Undank zurückzahlen, wie wenn es heischte, daß die Kunst sich demütige vor der bloßen Technik.

Der einfache künstlerische Schönheitssinn war das Charakterzeichen des hellenischen Altertums. Aber als derselbe einseitig in seiner höchsten Blüte stand, brach Hellas sittlich, politisch und sozial zusammen. Die Mystik des religiösen Lebens im Verein mit einem wunderbar individuellen Bau der Gesellschaft erzeugte im Mittelalter jenen spiritualistischen Schaffenstrieb, der unsere Dome türmte. Aber als abermals der Bau dieser Riesentempel in seiner Blüte stand, brach das Mittelalter zusammen. Der forschende, rechnende, der bienenfleißig industrielle Geist des 19. Jahrhunderts hat die wunderbaren Kolosse der modernen Großstädte vollendet und in der größten derselben jene stolze Ruhmeshalle der Industrie aufgestellt. Jene Städte und jene Halle entsprechen einander, beide ein „freies, luftiges Haus". Aber es wird eine höhere und höchste Blütezeit des Industrialismus kommen, und mit ihr und durch dieselbe wird die moderne Welt, die Welt der Großstädte zusammenbrechen und diese Städte zusamt viel fabelhafteren Industriehallen als diejenige war, welche wir geschaut, werden als Torsos stehenbleiben, auf dem Kopfe den Kran, wie der Kölner Dom. Wo die Weltgeschichte über vergangene Zeiten tragisch gerichtet hat, da sollten wir nicht in frivolem Übermut mit dem kleinen Maße des Tages messen und ausrufen: Sehet, wie groß wir sind!

Victor Aimé Huber

Victor Aimé Huber (1800—1869), Professor an der Universität Berlin, erkannte schon 1837 die „Wohnungsfrage" als Problem der Zeit. 1840 gründete er mit Unterstützung des Prinzen Wilhelm von Preußen eine „Berliner Baugesellschaft" für Arbeiterhäuser auf genossenschaftlicher Grundlage, die an der Interesselosigkeit der Öffentlichkeit zugrunde ging.

Unser Beitrag, der einer seiner zahlreichen Schriften, „Die Wohnungsnot der kleinen Leute in großen Städten", entnommen ist, zeigt, daß es dem 19. Jahrhundert auf diesem Gebiet, auf dem es seine großen Sünden beging, nicht an Mahnern gefehlt hat.

DIE WOHNUNGSNOT
DER „KLEINEN LEUTE"

1857

I.

Die Wohnung des Menschen und die damit zusammenhängenden anderweitigen lokalen Momente und Bedingungen des äußeren Lebens haben im Guten wie im Schlimmen einen ganz überwiegenden, entscheidenden Einfluß auf die ganze Lebenshaltung, auf das leibliche, sittliche und intellektuelle Wohl oder Wehe der Familien wie der einzelnen. Dies liegt in der Natur der Dinge, welche hier in Betracht kommen. Wenn wir mit diesen nur einigermaßen bekannt sind, so überzeugen wir uns leicht, daß es gar nicht anders sein kann. Nehmen wir einen Vergleichspunkt aus dem Naturleben der Tiere, so entspricht die Wohnung im gewissen Sinne der Umhüllung des Leibes, sei es Haut oder Schale, in der nur dann ein gedeihliches Leben möglich ist, wenn sie dem Bedürfnis, dem Maß, der Gliederung des Leibes vollkommen entspricht. Ja, man könnte sagen, die Wohnung ist der Leib der Familie, wie der Leib des einzelnen die Wohnung seiner Seele. Die volle Dignität der Wohnung aber stellt sich am anschaulichsten dar im Gebiet göttlicher Dinge, in den Voraussetzungen christlichen Lebens, wonach der Leib des Menschen ein Tempel des heiligen Geistes, jeder Christ ein Priester Gottes,

ein Mitglied des allgemeinen Priestervolks ist. Dann aber
wird jeder, der nicht ganz außerhalb jener Voraussetzungen
steht, es verstehen und zustimmen, wenn wir — namentlich in
Beziehung auf das Familienleben und den Beruf des Familien-
vaters — sagen: Die Wohnung jedes Menschen, vom Palast
bis zur Hütte, ist ein Tempel Gottes — oder sollte und könnte
es doch sein! — Nach alledem sollte man allerdings glauben,
daß so evidente Wahrheiten, wenigstens in ihrer trivialern,
praktischen Seite, ganz allgemein bekannt und anerkannt sein
müßten — zumal in d e n Kreisen, welche überhaupt auf eine
gewisse höhere oder wohl gar auf eine spezifisch christliche
Bildung Anspruch machen, die vor allem doch eine gewisse
Orientierung hinsichtlich der wichtigsten Momente der gesell-
schaftlichen Zustände voraussetzt, die uns umgeben. Wie man
sie aber auch erklären mag — es ist Tatsache, daß jene ganze
unendlich wichtige Seite unserer Kulturzustände seit Menschenaltern — um nicht weiter zurückzugehen — und bis auf
diesen Augenblick von der unendlichen Mehrzahl der Gebildeten, auch der gebildetsten, reichsten und mächtigsten Völker,
wenig oder gar nicht irgend ernstlich beachtet wird — am
wenigsten auf dem Gebiete, wo es doch gerade am meisten
not täte, und mit dem wir es hier und fortan ausschließlich
zu tun haben.
Es sind dies die untern Schichten der bürgerlichen Gesellschaft, die sogenannten arbeitenden Klassen, die kleinen und
kleinsten Leute, wie wir sie fortan nennen und womit wir
namentlich andeuten wollen, daß wir es mit der eigentlichen
A r m u t , dem P a u p e r i s m u s , n i c h t zu tun haben,
obgleich die Anwendung auch nach dieser Seite sich in vielen
und wesentlichen Punkten von selbst versteht. Die Ursachen,
weshalb gerade diese im Guten und Schlimmen besonders
abhängig von der Wohnung sind, liegen auf der Hand, und
zwar hauptsächlich darin, daß sie weniger imstande sind, die
Nachteile und Mängel, die schädlichen Einflüsse derselben
durch mancherlei unschädliche Korrektive zu mildern oder
ihnen auszuweichen oder sie selbst zu beseitigen oder zu ver-

hindern. Die unendliche Mehrzahl der kleinen Leute muß ihre Wohnung so hinnehmen, wie sie ihnen von den großen Leuten bereitet wird.

Halten wir uns also fortan auf diesem Gebiete, so kann es bei auch nur einiger Bekanntschaft mit den allgemeinen Zuständen in diesen Schichten des Volkslebens nicht zweifelhaft sein, daß seit einigen Menschenaltern – um nicht weiter zurückzugehen als die Erbauung der ältern unter den vorhandenen Wohnungen der Art! – die Befriedigung dieses wichtigsten Lebensbedürfnisses so vieler Millionen von Familien im großen und ganzen – wenn auch mit gar manchen erfreulichen Ausnahmen – in völlig gewissenloser oder doch gedankenloser Routine und ohne alle Rücksicht auf die wirkliche Zweckmäßigkeit, auf die wirklichen Bedürfnisse dieser Klasse von Bewohnern stattgefunden hat. Dies gilt aber am meisten von den großen Städten, die wir hier hauptsächlich im Auge haben. Die unendliche Mehrzahl der vorhandenen kleinen und kleinsten Wohnungen, namentlich (aber k e i n e s w e g s ausschließlich!) in den großen Städten ist s c h l e c h t – g r u n d schlecht eben in dem Sinne, daß sie in der ganzen Anlage und Ausführung durchaus ohne Rücksicht auf die wesentlichsten Momente ihrer Bestimmung gebaut und überdies in den meisten Fällen ganz unverhältnismäßig t e u e r sind und geradezu in Wucherpreisen gehalten werden. – Ob es mit den Wohnungsverhältnissen auf diesem Gebiete früher, vor fünfzig oder hundert oder mehr Jahren besser oder schlechter oder ebenso schlecht war – darauf kommt es eigentlich praktisch wenig oder gar nicht an und wird in dieser Beziehung eine ganz allgemeine Bemerkung hier vollkommen genügen. Einerseits sind gewisse Momente der allgemeinen Entwicklung der materiellen Zivilisation, welche sich auf das Bauwesen beziehen, auch den kleinen Wohnungen zugute gekommen, jedoch nicht in irgendwelcher Berücksichtigung der b e s o n d e r n Bedürfnisse der kleinen Leute und am wenigsten in gleichem Maße mit den Veränderungen, welche in diesen Bedürfnissen selbst unter dem Einfluß der allgemeinen

Entwicklung zum Beispiel schon durch die reißend zu-
nehmende Bevölkerung stattgefunden haben. Kann man aber
anderseits auch ohne alle blinde Verehrung für die „gute alte
Zeit" zugeben, daß damals die Wohnung sich mehr von selbst
und gleichsam naturwüchsig, wie die Schale der Schnecke, dem
d a m a l i g e n Bedürfnis, der Lebensweise des kleinen
Mannes anpaßte, so wird man wohl Grund genug haben,
anzunehmen, daß die seitdem eingetretenen meist bloß
äußerlichen Verbesserungen von den Verschlechterungen bedeutend überwogen werden. Dies Mißverhältnis muß aber um
so fühlbarer werden, je mehr mit der Bevölkerung auch die
Bauten ins Massenhafte gehen.

Stellt sich aber die P r a x i s als eine so mangelhafte heraus,
so läßt sich schon von selbst schließen, daß diejenigen sittlichen und geistigen Einflüsse, aus welchen allein eine bessere
Praxis hervorgehen könnte, in demselben Maße fehlen. Mit
anderen Worten: wenn die richtige Erkenntnis dessen, was
hier not tut und was fehlt, der wirklichen Bedürfnisse und
der mangelhaften oder verkehrten Befriedigung derselben —
wenn die rechte Gesinnung, der gute tüchtige Wille bei den
wohlhabenden gebildetern, einflußreichen Klassen allgemein
wäre, so könnte die Sache nicht in eine so schlechte Routine
von Menschenalter zu Menschenalter versunken und geblieben sein.

Die Tatsache, daß die große Mehrzahl der Gebildeten, der
höhern Klassen bei uns entweder gar keine bewußte nähere
Kenntnis von den Wohnungszuständen der untern Klassen
haben oder doch nicht weiter über die zu ihrer Wahrnehmung
kommenden Erscheinungen nachdenken, sich dieselben nicht
in ihrer Bedeutung zum Bewußtsein bringen, wird wohl kaum
jemand in Abrede stellen, wenn er in seinem Kreis sich
darauf umsieht. Wir wollen die Ursachen dieser, wie so
mancher ähnlichen Erscheinungen nicht erschöpfend erörtern,
sondern uns mit einigen beiläufigen Bemerkungen begnügen.
Daß eine gewisse Arglosigkeit, um nicht zu sagen Gedanken-
losigkeit meist dabei im Spiel ist, dürfen wir wohl um so eher

gestehen, da wir in Beziehung auf unsere eigenen Wohnungen
eigentlich nicht viel mehr bewußte Anschauungen und Ein-
sichten der zu wünschenden und der meist zu sehr fehlenden
Zweckmäßigkeit haben. In der Tat aber sind die großen und
mittlern Leute in der Regel – wenn auch auf einem im ganzen
höheren und günstigern Niveau – ebensosehr in der Gewalt
der gedankenlosen Routine der Baukunst oder des Bauhand-
werks, vor allem aber der Bauspekulation, wie die kleinen
und kleinsten Leute. Kein Wunder denn, daß unser Blick für
die Schäden und Leiden auf diesem der Selbstsucht soviel
weniger naheliegenden Gebiet so wenig geschärft und entwickelt ist. Diese Arglosigkeit wird aber auch dadurch be-
stärkt, daß sehr oft die Schäden wirklich nicht so offen
daliegen, daß das ungeübte Auge, der noch nicht angeregte
Sinn, so leicht davon ergriffen werden könnte. Es ist nicht
unsere Absicht und gestattet uns auch weder Zeit noch Raum,
hier durch ausführliche Bilder – wie das tägliche Leben auf
diesem Gebiete sie nur in zu großer Menge darbietet – die
Greuel der kleinen Wohnungen mitten in dem Glanz und
Luxus moderner Großstädte oder in den Idyllen unseres
Landlebens vorzuführen und dadurch auf das Gefühl und die
Phantasie des Lesers zu wirken. Wir berufen uns im allgemeinen auf eine triviale, notorische Tatsache, wenn wir
sagen: es gibt zu Stadt und Land, besonders aber in den
älteren Teilen größerer Städte, gewisse Lokalitäten, wo nicht
bloß das Auge, sondern auch der Geruch und andere Sinne
sich gewaltsam verschließen müßten, um nicht den Eindruck
des entsetzlichsten Unwesens der Wohnungszustände zu erhalten. Elende, halb verfallene Hütten oder noch zurück-
stoßendere Bettelkasernen lassen keiner Selbsttäuschung in
dieser Beziehung Raum. Damit ist aber noch nicht viel gewonnen, denn es läßt sich leicht denken, daß gerade solche
Gegenden von denen am wenigsten besucht werden, die dort
am meisten Stoff zu fruchtbaren Anschauungen und ernsten
Mahnungen finden könnten. Was aber die dem allgemeinen
und höhern Verkehr zugänglichern Lokalitäten betrifft, so

fehlt es in vielen Fällen zwar auch dort keineswegs an nur zu lehrreichen Beispielen der Wohnungsbarbarei, aber die allgemeinen äußern Eindrücke verraten dem ungeübten, flüchtigen Blick und mit andern Dingen beschäftigten Geist nicht immer so leicht den eigentlichen Stand der Sache. Wen sein Weg durch solche Straßen, namentlich in neuern Stadtteilen, führt, der hat sehr leicht den Eindruck solider, großer, nicht gerade äußerlich baufälliger Häuser mit großen Türen und Fenstern, und von Hunderten macht kaum einer mit Bewußtsein andere Ansprüche an eine zweckmäßige Wohnung. Und doch enthalten oft gerade solche äußerlich ganz stattlichen Gebäude die allerunzweckmäßigsten Wohnungen für kleine Leute, weil auf deren eigentümliche Bedürfnisse gerade am allerwenigsten Rücksicht genommen ist. Aber wie wenig Vorübergehende haben Veranlassung, sich diese Spelunken näher und im Innern anzusehen! Gibt es aber unter den höhern Ständen auch manche Personen, welche aus irgendwelchem Grunde, wohl gar in Ausübung der Pflichten der Barmherzigkeit, wirklich über diese Schwellen treten und sich zunächst richtige Anschauungen der Zustände jenseits derselben verschaffen, so ist noch keineswegs gesagt, daß sie damit auch eine richtige Einsicht in die Ursachen der Übelstände gewinnen, die sich ihnen in der ganzen Lebenshaltung der Bewohner aufdrängen. Aber auch umgekehrt schließt ein in mancher Hinsicht scheinbar günstiger Zuschnitt hinsichtlich anderweitiger materieller Bedürfnisse oder wohl gar Genüsse, zum Beispiel ein gewisser L u x u s im Hausgerät, in der Kleidung und Nahrung, ja in den Räumen und Verzierungen, keineswegs immer die gröbsten Übelstände der Wohnung aus, deren Folgen sich denn über kurz oder lang auch weiter geltend machen. Die Leute selbst sind in allen diesen Dingen unendlich gedankenlos. Insbesondere aber gehört schon eine gewisse Übung und Vorbereitung dazu, um zu unterscheiden, wieviel dabei die ursprüngliche Anlage, wieviel der spätere Verfall der Wohnung und wieviel wieder d a r i n auf Rechnung der Bewohner kommt. In der Regel zwar wird man den ersten Punkt viel

zu gering anschlagen oder ganz übersehen, damit aber soll
wahrlich unsererseits dem zweiten und zumal dem dritten
Punkt eine große und beklagenswerte Bedeutung nicht abge-
sprochen werden. Wer könnte bei einiger Bekanntschaft mit
diesen Verhältnissen leugnen, daß ebensosehr und oft die
Schlechtigkeit der Bewohner Schuld ist an der Schlechtigkeit
der Wohnungen als umgekehrt! — Haben wir aber auch hinsichtlich der erstern zunächst nur diejenigen schlimmen Eigenschaften im Auge, welche zu der Verschlechterung der Wohnung beitragen, so wird sich bei näherer Betrachtung bald
ergeben, daß dies größtenteils Eigenschaften sind, die für die
ganze sittliche Haltung entscheidend wirken. Ja, gerade
d a r i n — in der gegenseitigen und sich immer abwechselnd
oder gleichzeitig steigernden Verschlechterung, welche sich auf
a l l e Beteiligten, zumal auch auf den Haus- und Mietsherrn
ausdehnt — gerade darin tritt uns recht eigentlich und handgreiflich der Fluch der gegenwärtigen Wohnungsverhältnisse
entgegen. Gewiß ist es ein seltener Fall, daß nicht der Besitzer
und Vermieter schlechter Häuser und Wohnungen an
schlechte Mieter und Bewohner über kurz oder lang ebenso
schlecht wird als beide, wenn er es nicht schon von vornherein war.
Was wir aber hier unter S c h l e c h t i g k e i t verstehen, wird
sich sehr leicht ergeben, wenn man nur einen Augenblick
ernstlich erwägt, welches die sittlichen Pflichten eines Haus-
herrn gegen a l l e Bewohner seines Hauses, als seine H a u s -
g e n o s s e n im weitern Sinn, nach einer christlich oder auch
nur menschlich gewissenhaften würdigen Auffassung dieses
wichtigen B e r u f s sind.

II.

Es bleibt immer noch eine offene Frage: Welches System ist
denn, die Ausführbarkeit neben mehreren andern und die
freie Wahl in einem gegebenen Fall vorausgesetzt, als das
beste und wirksamste zu empfehlen?
Diese Frage ist nun unbedenklich dahin zu beantworten: Wo

die Umstände es erlauben, ist das System der Cité ouvrière nach dem Vorgange von Mülhausen, Lille und einigen großen englischen Fabriken (zum Beispiel Saltaire bei Bradford) jedoch in vollerer Entwicklung zu empfehlen – das heißt die systematische Ansiedlung einer größern Anzahl (etwa bis zu fünfhundert) Familien in nicht allzugroßer Entfernung von einem entsprechend bedeutenden Arbeitsmarkte, in Einzelwohnungen mit umgebendem Garten, mit dem Recht der Besitzerwerbung, als bürgerliche und kirchliche Gemeine und zugleich in genossenschaftlichem Verband zu aktiv oder passiv gemeinsamer Ökonomie, und mit den nötigen baulichen und anderweitigen Anstalten zu ökonomischen und geselligen Zwecken und zu Förderung standesmäßig gesunder Bildung. Es liegt in der Natur der Sache, daß eine solche Ansiedelung nicht in den Mittelpunkten der dichtesten Bevölkerung, nicht i n den Städten, sondern in den entferntern Vorstädten, oder noch weiter landeinwärts, oder geradezu, wo die Arbeitsverhältnisse es gestatten, auf dem Lande stattfinden könne. Doch darf man die Entfernung von dem Arbeitsfeld nicht allzusehr fürchten. Schon jetzt scheut der Handwerker, der Arbeiter ein halbes oder dreiviertel Stündchen mehr zur Arbeit und wieder nach Haus nicht, wenn Arbeit und Haus danach sind. In unzähligen Fällen ist die Motion die größte Wohltat! Außerdem aber bietet die genossenschaftliche Großökonomie die Möglichkeit, ohne erhebliche Kosten für den einzelnen durch Omnibus oder Eisenbahn die Entfernung zu verkürzen. Der B e r u f zur Unternehmung solcher Ansiedlungen liegt bei großen Arbeitsherren aller Art ihren Arbeitern gegenüber auf der Hand, außerdem aber ist durchaus kein Grund vorhanden, der freien Tätigkeit (gleichviel ob Individuum oder Verein oder Korporation), wo Gott die Mittel und Gaben dazu verliehen, diesen Beruf abzusprechen. Es versteht sich aber von selbst, daß dabei ein sehr bedeutendes Auslage- und Betriebskapital unerläßliche Voraussetzung ist. Wenn wir diese Form der Wohnungsreform d a , wo die Umstände sie zulassen, als die ersprießlichste empfehlen, so

fassen wir die Gründe kurz dahin zusammen: 1. Sie bietet
für den unmittelbaren Zweck der Wohnungsreform die gün-
stigsten Bedingungen durch Einzelwohnungen mit ländlicher
Umgebung usw. 2. Darüber hinaus gestattet sie den Bewohnern die Vorteile einer großen Ökonomie im Vergleich zu
der isolierten kleinsten, in gemeinsamen Einrichtungen und
Anstalten aller Art mit Anwendung aller Fortschritte der
Technik, Chemie usw. und o h n e die Nachteile, welche
ö f f e n t l i c h e Anstalten der Art durch Auflösung und
Schwächung des häuslichen Lebens bieten, weshalb übrigens
eigentliche Speiseanstalten ganz ausgeschlossen sein sollten.
3. Sie bietet eben darin die beste materielle Grundlage
genossenschaftlicher Beziehungen und Organisation innerhalb
der Ansiedlung mit allen daraus zu entwickelnden sittlichen
Vorteilen im Gegensatz zu der atomistischen Isolierung und
faulenden Massenhaftigkeit der gewöhnlichen Zustände. 4. Sie
bietet eben darin auch den sittlichen, religiösen und intellek-
tuellen Einwirkungen konservativer Kräfte das allergünstigste
Feld, wobei wir auch die Konstituierung als kirchliche und
bürgerliche Gemeine im Auge haben.
Bekanntlich herrscht von manchen Seiten ein gewisses Vor-
urteil gegen diese Art der Ansiedlung der arbeitenden Klassen.
Aber es ist dabei ganz überwiegend ein großer Mangel an
Bekanntschaft mit der Sache, um die es sich eigentlich handelt,
und mit den einschlagenden Erfahrungen und an ernstlicher
unbefangener Erwägung im Spiel, und Überfluß bürokra-
tischer und pseudoaristokratischer Vorurteile und Antipathien!
Alle etwa beigebrachten Gründe sind so schwach, daß sie sich
zu gar keiner ernstlichen Erörterung eignen. Spricht man von
dem wohltätigen Einfluß, den die Mischung großer und kleiner
Wohnungen und Leute für die letzteren oder nach beiden
Seiten mit sich bringt? Da ist es schwer, eine solche optimi-
stische Fiktion namentlich hinsichtlich der erstern aus wirklicher Naivität und nicht aus einer bewußten oder unbewußten
Hypokrisie hinsichtlich der bessern und zumal der h e r r -
s c h a f t l i c h e n W o h n u n g e n zu erklären. In den aller-

meisten Fällen sind die Wirkungen dieser Gemeinschaft, wo
überhaupt irgendwelche Beziehungen stattfinden, ganz überwiegend verderblich – namentlich durch die Wirkung des Bei-
spiels der Großen auf die Kleinen.

III.

Sollte es eine allzu extravagante Voraussetzung sein, daß auch
unter den Jüngern der Kunst und zumal ihrer Fürstin, der
Architektur, wenigstens bei einigen das ätzende Eis der Selbstsucht schmelzen könnte, welche so leicht und unvermerkt an
die Stelle der Kunstliebe tritt, wenn dieser jede wohltätige,
gemeinnützige, jede Beziehung zu konkreten Zuständen der
Volksgenossen fehlen? – Sollte ein „pectus facit Architectum"
denen, die es angeht, niemals verständlich zu machen und das
Ärgernis zu beseitigen sein, daß auch unter den Baukünstlern
die Teilnahme an der Wohnungsreform so äußerst selten vorkommt? Liegt es denn so fern, daß gerade auf diesem Gebiete
sich die beste, reichste Gelegenheit findet, das V o l k, welches
ohne seine Schuld grade in dieser Beziehung so entsetzlich verwahrlost ist, durch Eindrücke des zweckmäßig Schönen in
seinen Umgebungen zu heben? Und weiter und höher dann –
der leidige und doch so unentbehrliche g r ü n e T i s c h !
Sollte dort die dürre, selbstgefällige beschränkte Zuversicht
auf die Infallibilität des P a p i e r s , der Akten, der Gesetz-
bücher, die Verordnungen gar nicht zu erschüttern sein zu
einiger Nachhilfe der Wohnungsreform, zur Beseitigung
einiger formalen, gesetzlichen oder finanziellen Hindernisse,
zur Entwicklung eines wahrhaft zeitgemäßen Systems der
Ädilität, zum Beispiel in der allgemeinen Zubereitung des
Bodens für die rechte Wohnungsreform? Und „die Tische der
Geldwechsler"! Werden sie denn niemals wieder jenen edlern
Sinn aufkommen lassen, von dem – nach dem Maß und den
Bedürfnissen jener Zeit – zum Beispiel die Fuggerei in Augsburg Zeugnis gibt? – Werden die Herren der großen Industrie nicht endlich doch auch bei uns sich überzeugen, daß es
nur an ihnen liegt, in die wahre Aristokratie der Zukunft ein-

zutreten, indem sie ihre moralische Pflicht gegen die von ihnen
abhängigen Arbeiter höher auffassen und besser erfüllen als
es die ältere, grundbesitzliche Aristokratie in i h r e m Bereich
bisher getan? —
Die praktische Antwort auf diese Fragen, eben durch die
Bewirkung aller dieser Bekehrungswunder, müssen wir denen
überlassen, deren Stimme in diesem oder jenem oder mehreren dieser Kreise öfter und lieber gehört wird als die unsrige.
Hat Wort und Schrift, hat Tribüne, Katheder und Presse
einen solchen Einfluß, wie die Welt von ihr und sie selbst von
sich rühmt, so mögen sie ihn in dieser Sache erproben und
bewähren! —

Hippolyte Taine

Hippolyte Taine (1828–1893), der große französische Ge-
schichts- und Kulturphilosoph, der seinen Landsleuten in dem
berühmten Hauptwerk „Les origines de la France contemporaine"
nach der nationalen Katastrophe von 1871 den Spiegel vorhielt,
suchte in den geschichtlichen Abläufen ihre Gesetzlichkeit und
glaubte, sie vor allem mit seiner Theorie von der geschichts- und
kulturformenden Macht des Milieus zu erfassen. Zugleich besaß
er eine hervorragende Gabe der Darstellung und Charakterisierung. Ausgedehnte Reisen führten ihn nach Italien, den Nieder-
landen, Deutschland und England. In den „Notes sur
l'Angleterre" gibt er eine fesselnde Schilderung der Weltstadt London, deren weiten Elendsquartieren sein Forscherinter-
esse nicht minder gilt als den glänzenden Stadtteilen des West-
End oder den Parks. (Nach: H. Taine, „Aufzeichnungen über
England", deutsch von Ernst Hardt, Eugen Diederichs Verlag,
Jena 1906.)

LONDON IM JAHRE 1862

1872

Drei Millionen zweihundertfünfzigtausend Einwohner;
das macht zwölf Städte wie Marseille, zehn Städte wie
Lyon und zwei Städte wie Paris auf einem Haufen . . . .
aber Worte auf dem Papier können den Augeneindruck nicht
ersetzen. Man muß mehrere Tage hintereinander einen
Wagen nehmen und den ganzen Vormittag über nach Süden,
Norden, Osten und Westen bis zu den unbestimmten Grenzen hinausfahren, wo die Häuser lichter werden und das Land
beginnt.
Ungeheuer, unermeßlich, diese Worte kommen einem immer
wieder auf die Lippen. Und öfter noch dies andere: reich
und gepflegt. Wie arm und vernachlässigt müssen wir ihnen
nicht vorkommen! Neben diesen squares, diesen cres-
cents, diesen Kreisen und Reihen aus monumentalen fest-
gebauten Häusern mit Säulengängen und gemeißelten Fassaden und neben den breiten Straßen wirkt Paris mittel-
mäßig; es gibt fünfzig Straßen, die so breit sind wie die Rue
de la Paix. Napoleon III. hat Paris sicherlich nur deshalb

niedergerissen und wieder aufgebaut, weil er in London gelebt hatte. Im S t r a n d, in P i c c a d i l l y, in R e g e n t S t r e e t, rings um L o n d o n B r i d g e, an unzähligen Orten wogt eine Menge, ein Surren, ein Gedränge, das unser belebtester und überfülltester Boulevard nicht erreicht. Alles hier hat einen größeren Maßstab, die Klubs sind Paläste, die Wohnhäuser Monumentalbauten, der Fluß ist ein Meerarm, die Droschken fahren doppelt so schnell, und die Matrosen und Omnibusschaffner verschlucken gewissermaßen einen ganzen Satz in einem einzigen Wort; man spart an Worten und Gebärden, preßt aus jeglicher Arbeit und aus der Zeit den höchstmöglichen Nutzen, und der Mensch produziert und verausgabt zweimal so viel als bei uns.

Von der Londoner Brücke bis nach H a m p t o n C o u r t stehen acht Meilen, fast drei Wegstunden lang, Häuser. Hinter den block- und massenweise auf einen Wurf wie nach einem Modell errichteten Vierteln und Straßen kommen unzählige Lusthäuser, baum- und laubumgebene Villen in allen Stilen, gotisch, griechisch, byzantinisch, italienisches Mittelalter oder italienische Renaissance – und in allen Stilmischungen und ›abwandlungen; gewöhnlich stehen sie in Reihen oder Komplexen zu fünf, zehn oder zwanzig einander ähnlichen, die sichtbarlich der Hand ein und desselben Unternehmers wie ebensoviele Exemplare ein und derselben Vase oder Bronze entsprungen sind. Wie wir unsere Pariser Luxusartikel, so handhaben sie ihre Häuser. Welche Fülle wohlhabender, begüterter, reicher Existenzen. Man schließt auf erhöhte Einnahmen, auf einen üppigen, verschwenderischen Bürgerstand, der dem unseren, so beengten, bedrängten, wenig gleicht. Die bescheidensten, aus braunen Ziegeln erbauten Häuser haben ihren Reiz in ihrer Sauberkeit; man sieht spiegelblanke Fliesen, fast überall grünende, blühende Beete und an den Mauern Efeu, Geißblatt oder Glyzinen. – Die ganze Umgebung von Hyde Park ist mit ähnlichen, aber schöneren Häusern bedeckt, welche alle – inmitten Londons – etwas vom freien Lande bewahrt haben. Ein jedes steht abgesondert in seinem Rasen- und Buschviereck; zwei Stockwerke von vollkommener Korrektheit und Haltung, ein Tor, eine Klingel für die Lieferanten, eine andere für die Besucher, ein tiefliegendes Erdgeschoß für Küche und Dienstboten mit einer Sondertreppe, sehr wenig Simswerk und Mauerschmuck, keine auswendigen Fensterläden und große, helle Fenster, die das Licht voll hereinlassen; auf den Simsen und Rändern Blumen; die Pferdeställe liegen, um Anblick und Geruch zu vermeiden, abseits, und alles ist mit weißem, glänzendem, lackiertem Stuck beworfen, nirgends weder ein Staub- noch ein Schmutzfleck; Bäume, Rasen, Blumen und Diener, alles ist gepflegt wie für eine Ausstellung von Mustererzeugnissen. – Wie gut man den Bewohner an dieser seiner Schale erkennt. Zunächst den Germanen, welcher die Natur liebt und das Bedürfnis nach einem Anschein von Land um sich hat, dann den Engländer, der in seinem Hause, sowohl auf der Treppe wie in seinem Zimmer, allein sein will, dem die Gemeinsamkeit unserer großen Pariser Käfige unerträglich wäre, und der, sogar in London, sein Haus zu einem kleinen unabhängigen und wohlverwahrten Schlosse macht. Einesteils ist er schlicht und hat kein Bedürfnis nach äußerem Gepränge, anderenteils aber in Dingen der Haushaltung und Bequemlichkeit anspruchsvoll, und sein Leben trennt er von dem seiner Untergebenen. – Derartiger Häuser gibt es in West-End eine erstaunliche Menge. – Sie bedeuten ungefähr 6000 Franken Miete und sechs bis sieben Diener, der Hausherr verausgabt 30–60 000 Franken im Jahr. Es gibt zehn solcher Vermögen und Lebensführungen hier auf eine in Frankreich.

Denselben Eindruck empfängt man beim Besuch der Parks; der Geschmack ihrer Anlage und ihre Ausdehnung sind bei weitem anders als bei uns. Saint James' Park ist ein wirkliches Stück Land und ein Stück englischen Landes: alte mächtige Bäume, wirkliche Wiesen, große, von Enten und Wasservögeln bevölkerte Seen; Kühe und eingepferchte Hammel weiden das immer frische Gras ab, sogar auf dem schmalen grünen Streifen, der Westminster Abbey einrahmt, sieht man Schafe. Diese Menschen lieben das Land wirklich von Herzen. Man braucht nur ihr Schrifttum von Chaucer bis Shakespeare, von Thompson bis Wordsworth und Shelley durchzugehen, um den Beweis dafür zu finden. Welch ein Gegensatz zu den Tuilerien, den Champs-Elysées und dem Luxembourg! Im allgemeinen ist der französische Garten der Ludwigs des Vierzehnten: ein Salon oder ein Wandelgang unter freiem Himmel, um darin spazieren zu gehen und in Gesellschaft zu plaudern. In dem englischen Garten, so wie sie ihn erfunden und verbreitet haben, weilt man dagegen besser allein, Augen und Seele gehen dort ein Gespräch mit den natürlichen Dingen ein. Wir haben nach diesem Vorbild einen Park im Bois de Boulogne angelegt, haben aber den Fehler begangen, eine Fels- und Kaskadengruppe darin aufzustellen: das Künstliche tritt sofort hervor und verletzt. Englische Augen würden das von vornherein empfunden haben.

Regents Park ist größer als unser Botanischer Garten und der Luxembourg zusammen. Ich habe oft bemerkt, daß unser Leben ihnen eingekerkert und beengt erscheint, sie haben stärker als wir ein Bedürfnis nach Luft und Raum. Engländer, die ich in Paris gekannt habe, ließen bei jedem Wetter auch während der Nacht ihre Fenster offen. Demselben Grunde entspringt auch ihr Bedürfnis nach Bewegung, ihre Landwanderungen zu Pferd und zu Fuß. Stendhal sagte sehr richtig, ein junges englisches Mädchen lege in einer Woche eine größere Strecke zu Fuß zurück, als eine junge Römerin in einem Jahr. Der Nordländer verlangt mit seinem athletischen Temperament nach der Möglichkeit freien Atmens und nach Leibesübung. – Regents Park liegt in einem abgelegenen Viertel. Man vernimmt dort das Rollen der Wagen nicht mehr und vergißt London. Es ist eine Einöde. Die Sonne schien, aber die Luft ist hier stets mit feuchten Wolken, fliegenden Sprengvorrichtungen, beladen, welche alle Viertelstunden in Regengüssen niedergehn. Die großen befeuchteten Wiesen sind von bezauberndem Reiz, und die Zweige träufeln mit einem leisen, eintönigen Geräusch auf das schlummernde Wasser der Seen hernieder. Ich betrat ein Treibhaus: herrliche Orchideen, die einen mit dem reichen Sammetglanz eines Regenbogens, andere fleischfarben, von einem unausdrückbaren, wundervollen, verschmolzenen, ganz von Licht durchdrungenen Ton, in welchem lebendiges Fleisch, die Brust einer Frau, atmet: die Hand empfindet Scheu und Lust zugleich, sich hinaufzulegen. Dicht daneben erheben Palmen ihre Schäfte in die feuchtwarme Luft. — Etwas Seltsames für uns: keine Wächter! Es geht hinein wer will, und niemand richtet Schaden an. Ich begreife sehr gut, daß sie sich über unsere öffentlichen Veranstaltungen und Feste mit ihrer Begleitung von Gendarmen lustig machen. Sogar auf den Bahnhöfen ist ein jeder frei, wartet am Rand des Schienenweges und empfängt seine Freunde an der Waggontür; sie sind erstaunt und verdrossen, uns in unseren Wartesälen eingeschlossen, wie Hammel gepfercht, geführt und immer unter den Augen oder der Hand eines Beamten zu sehen.

Von Regents Park bis Piccadilly gewähren die breiten endlosen Straßen einen trüben Anblick, die Chaussee ist ein schwarzer Kieseldamm, und die ewig gleichen Häuserreihen bestehen aus geschwärzten Ziegeln, in denen die Scheiben mit dunklen Reflexen leuchten. Jedes Haus ist von der Straße durch sein Gitter und seinen Graben getrennt. Fast keine Läden, und kein einziger ist hübsch, keine Schaufenster und Auslagen: für uns wäre das zu traurig, es gibt nichts, was die Augen beschäftigte oder ergötzte. Unmöglich umherzuschlendern, man muß zu Hause arbeiten, oder seinen Regenschirm nehmen, um in sein Bureau oder seine Vereinssitzung zu gehen.

Hyde Park ist von allen der größte: ein kleiner Fluß, große Rasenplätze, Tiere, Dickichte, kurz, ein Landpark, der mit einem Schlage in den Mittelpunkt einer Hauptstadt verlegt worden. Gegen zwei Uhr gleicht die große Allee einer Zirkusmanege, es gibt zehnmal soviel Reiter und zwanzig-

mal soviel Reiterinnen als im Bois de Boulogne an Festtagen.
Ganz kleine Mädchen und achtjährige Knaben sitzen an der
Seite ihres Vaters auf ihrem Pony, ja, ich habe große ehrwürdige Matronen vorbeitraben gesehn. – Dies ist die eine
Seite ihres Luxus, hinzu kommen die Diener: in einer Familie von drei Personen, die ich besuchte, gab es zum Beispiel sieben Dienstboten und drei Pferde. Mutter und Tochter
reiten jeden Tag im Park, oft machen sie sogar ihre Besuche
zu Pferd, an anderen Punkten sparen sie, zum Beispiel am
Theater, sie gehen sehr selten hin und stets in geschenkte
Logen. Starke Bewegung scheint um der Gesundheit willen
unerläßlich: junge Mädchen, Frauen kommen selbst im Regen
nach Hyde Park. Drei Pferde und ein Wagen kosten ungefähr 200 Pfund Sterling im Jahr. Wenn man diese Menge
von Leuten zu Pferd sieht, zieht man denselben Schluß wie
aus den Häusern und Dienstboten: die reiche Klasse ist in
England sehr viel zahlreicher als in Frankreich. – Ein anderes
Merkmal sind die Ausgaben für Wäsche, Kleider, Hand-
schuhe und immer frische Toiletten. Das Klima schmutzt sehr,
man muß daher alles oft erneuern. In jeder Zeitung finde ich
Adressen von Kaufleuten, welche ins Haus kommen, um die
etwas abgetragenen Kleider aufzukaufen. Es ist Pflicht eines
Gentleman, sich makellos zu kleiden, sein getragener Anzug
geht an einen Mann der niederen Klassen über, endigt in
Fetzen auf dem Rücken eines Armen und bezeichnet so den
sozialen Rang seines Besitzers. Nirgends prägt sich der Unterschied der Lebensbedingungen so sichtlich in dem Äußeren
der Menschen aus: den Gesellschaftsanzug eines eleganten
Herrn oder den hellfarbenen Blumenhut einer Dame wird
man wiederfinden, den einen auf einem elenden Stumpf-
sinnigen, der an einer der Themse-Treppen kauert, den anderen in S h a d w e l l auf dem Kopf eines alten Weibes, das
Abfälle durchsucht.

Ebenezer Howard

Das Buch „Gartenstädte in Sicht" (Garden-Cities of to-morrow), Eugen Diederichs Verlag, Jena 1907, hat in England eine Wirkung gehabt, wie sie selten einem Buch zuteil wird. Die erste wirkliche Gartenstadt, Letchworth, ging daraus hervor: abseits von London entstand diese Vereinigung von Wohn- und Arbeitsstätten im Grünen aus eigener Kraft. Hellerau folgte diesem Beispiel in Deutschland.

Wir bringen die Einleitung des Buches. Der Verfasser (1848—1928) war ein Londoner Parlamentsstenograph.

GARTENSTÄDTE IN SICHT

1898

Neues Leben, neues Ringen und Streben, das sich in der Stille unter der Kruste der Reaktion vorbereitet hat, tritt plötzlich zutage.

„Ein Wechsel vollzieht sich häufig nach langer Diskussion und Propaganda, und die Menschen übersehen dabei, daß der Wechsel in der Stille zum größten Teil durch Ursachen bewirkt war, auf die nur wenige achtgaben. In einer Generation ist eine Institution unangreifbar, in der folgenden wird sie von tapferen Männern angegriffen und in der dritten von solchen verteidigt. Zu einer Zeit werden die folgerichtigsten Beweise vergeblich dagegen vorgebracht, wenn es überhaupt erlaubt ist, sie auszusprechen. Zu anderer Zeit genügt die kindlichste Sophisterei, um sie der Verurteilung zu überantworten. Im ersten Falle entsprach die Institution, wenn sie auch nicht durch die Vernunft allein verteidigt werden konnte, der bewußten Denkweise der Allgemeinheit; im zweiten hatte diese Denkweise durch gewisse Einflüsse Veränderungen erfahren, die wahrscheinlich die schärfste Analyse vergeblich zu klären versucht haben würde, und ein Hauch genügte, um das untergrabene Gebäude niederzuwerfen." „The Times", 27. November 1891.

In unsern Tagen, in denen starker Parteigeist und heiß umstrittene soziale und religiöse Fragen die Gemüter bewegen,

dürfte es vielleicht selten eine einzige Frage geben, die das
Leben und die Wohlfahrt des Volkes aufs engste berührt,
und über welche alle Sachkenner – die Politiker und die
Volkswirte der verschiedensten Richtungen – ganz und gar
einer Meinung wären. Wenn man über die Mäßigkeitsbewe-
gung spricht, so wird John Morley sagen, daß sie „seit der
Sklavenbefreiung die bedeutendste Bewegung auf ethischem
Gebiet ist", aber Lord Bruce wird darauf aufmerksam
machen, daß „der Handel mit geistigen Getränken jährlich
800 000 000 Mark zu den Staatseinkünften beisteuert, so daß
er in Wirklichkeit die Unterhaltungskosten für Heer und Flotte
deckt, ganz abgesehen davon, daß er vielen Tausenden von
Menschen Beschäftigung bietet", daß „selbst die Abstinenzler
den konzessionierten Wirten zu großem Dank verpflichtet
sind; denn ohne sie wären die Erfrischungsräume im Kristallpalast schon seit langem geschlossen". Spricht man über den
Opiumhandel, so wird einerseits behauptet, das Opium unter-
grabe zusehends die sittliche Kraft des chinesischen Volkes,
und auf der andern Seite wird geltend gemacht, diese Ansicht
beruhe auf Täuschung; der Chinese sei dank dem Opium zu
Arbeiten fähig, die dem Europäer unmöglich sind, und zwar
bei einer Ernährung, über die der anspruchsloseste Engländer
vor Ekel die Nase rümpfen würde.
Religion und politische Fragen trennen uns zu oft in feindliche
Lager. So kommt es denn, daß gerade auf den Gebieten, auf
denen allein Ruhe, leidenschaftsloses Denken und ideales
Fühlen klare Überzeugungen und gesunde Grundsätze für
jedwede Betätigung erzeugen können, sich dem Zuschauer
Schlachtgetöse und Kampfesgewühl der streitenden Feinde
viel stärker aufdrängen als Wahrheits- und Vaterlandsliebe,
die doch sicherlich fast jede Brust beseelen. Eine Frage jedoch
gibt es, bei deren Behandlung man kaum auf Meinungsver-
schiedenheiten stößt: Der Umstand, daß das Volk dauernd
in die schon übervölkerten Städte strömt und so die ländlichen
Distrikte mehr und mehr entvölkert, wird allgemein aufs
tiefste von den Anhängern aller Parteien beklagt, nicht allein

in England, sondern in ganz Europa, Amerika und in unsern
Kolonien.

In einer Rede, die Lord Rosebery vor einigen Jahren als Prä-
sident der Londoner Grafschaftsverwaltung hielt, legte er besonderen Nachdruck auf folgende Stelle:

„Der Gedanke an London ruft nicht den geringsten Stolz
in mir wach. Wie ein Schreckgespenst verfolgt mich die Un-
geheuerlichkeit Londons, die fürchterliche Tatsache, daß Tausende von Menschen scheinbar vom Zufall an die Ufer dieses
stolzen Stromes verschlagen worden sind, wo jeder in seiner
eigenen Zelle arbeitet, ohne auf den andern Rücksicht zu nehmen oder ihn zu kennen, ohne ihn auch nur zu beachten, ja
ohne die geringste Ahnung zu haben, wie der andere lebt —
diese blinde Zufälligkeit des Geschickes vieler Tausende von
Menschen. Vor sechzig Jahren nannte ein berühmter Engländer, Cobbet, London einen Auswuchs. Wenn es schon
damals ein Auswuchs war, was ist es dann jetzt?! Eine krankhafte Wucherung, eine schleichende Krankheit, der die Hälfte
der ländlichen Distrikte zum Opfer fällt, die ihr Blut vergiftet
und ihr Mark verzehrt."

Die liberale, die radikale und die konservative Presse betrachten dieses ernste Symptom der Zeit mit derselben Besorgnis.
Die „St. James Gazette" sagt am 2. Juni 1892:

„Wie man für diese größte Gefahr des modernen Lebens das
beste Gegengift findet, ist eine Frage von nicht geringer Bedeutung."

Der „Star" schreibt am 9. Oktober 1891:

„Den Strom der Abwanderung vom Lande zurückzudämmen,
ist eins der wichtigsten Probleme unserer Tage. Es mag wohl
noch möglich sein, den Arbeiter auf das Land zurückzu-
bringen, aber wie kann man dem englischen Lande die ländlichen Industrien zurückgeben?"

Die „Daily News" veröffentlichte vor einigen Jahren eine
Reihe von Artikeln „Unser Dorfleben", in denen dasselbe
Problem behandelt wird.

Die Gewerkschaftsführer warnen in demselben Tone. Ben Tillet sagt:

„Hände hungern nach Arbeit, und weite Landstrecken schreien nach Bestellung."

Tom Mann äußert:

„Das übermäßige Arbeitsangebot in der Großstadt ist in der Hauptsache bedingt durch das Zuströmen von Arbeitskräften aus den ländlichen Distrikten, Kräften, die gebraucht würden, um das Land zu bestellen."

So sind sich denn alle über die Dringlichkeit dieses Problems einig. So sehr nun allen an dessen Lösung gelegen ist, ebenso utopisch wäre es aber, eine ähnliche Übereinstimmung über den Wert eines vorzuschlagenden Heilmittels zu erwarten. Nichtsdestoweniger ist es doch wenigstens von außerordentlicher Wichtigkeit, daß über einen Gegenstand, dem man allgemein eine solche Bedeutung beimißt, von Grund aus eine solche Übereinstimmung der Meinung besteht. Dies wird als ein um so bedeutsameres und verheißungsvolleres Zeichen angesehen werden müssen, wenn erst in diesem Buche der Nachweis erbracht sein wird, daß die Antwort auf jene überaus dringliche Frage unserer Zeit eine Erleichterung für die Lösung vieler anderer Probleme bedingt, die den Scharfsinn unserer größten Denker und Reformatoren beschäftigt haben. Ja, der Schlüssel zu dem Problem, wie man das Volk wieder auf das Land zurückleiten könne — auf unser schönes Land mit seinem prächtigen Himmelsgewölbe, seiner frischen Luft, mit der Sonne, die es erwärmt, und dem Regen und Tau, die es befeuchten — die eigentliche Verkörperung der Liebe Gottes zum Menschen — dieser Schlüssel ist in der Tat ein Wunderschlüssel. Denn er öffnet eine Tür, durch deren kaum erschlossene Öffnung eine Flut von Licht hereinströmt, das sich über die Probleme des Alkoholismus, der Überarbeit, der ruhelosen Angst und der zermürbenden Armut ergießt, Übel, denen der Staat bisher ratlos gegenüberstand; ja die selbst das Verhältnis des Menschen zur höchsten Macht erschüttern.

Man könnte denken, daß der erste notwendige Schritt zur
Lösung des Problems, wie man das Volk auf das Land zurück-
leiten könnte, eine sorgfältige Betrachtung der Ursachen
erheische, die bis jetzt zu der Anhäufung der Menschen in
großen Städten geführt haben. In diesem Falle wäre gleich zu
Anfang eine umständliche Untersuchung notwendig. Zum
Glück für den Verfasser und für den Leser ist eine solche
Analyse hier jedoch nicht erforderlich, und zwar aus einem
sehr einfachen Grunde, der sich folgendermaßen erklären läßt:
Was es auch für Ursachen gewesen sein mögen, die in der
Vergangenheit dahin gewirkt haben und noch jetzt dahin
wirken, das Volk in die großen Städte zu ziehen, sie lassen
sich alle als „Anziehungskräfte" bezeichnen. Von diesem
Gesichtspunkte aus kann natürlicherweise kein Heilmittel
wirksam sein, das auf das Volk oder doch wenigstens einen
beträchtlichen Teil desselben nicht größere Anziehungskraft
ausübt, als unsere Städte es jetzt tun. Die neu zu schaffenden
Anziehungskräfte müssen die alten an Stärke übertreffen. Da
nun jede Stadt ein Magnet und jeder Mensch als eine Magnet-
nadel angesehen werden kann, so ist es einleuchtend, daß man
eine gesunde Neuverteilung der Bevölkerung ohne gewaltsame Mittel nur dann herbeiführen kann, wenn man neue
Magneten von noch größerer Anziehungskraft zu schaffen
weiß, als es unsere heutigen Städte sind.

So betrachtet, mag es auf den ersten Blick scheinen, als sei die
Lösung der Frage schwierig, wenn nicht gar unmöglich. „Was",
so mögen manche geneigt sein zu fragen, „kann eigentlich
geschehen, um für den Alltagsmenschen das Land anziehender
zu machen als die Stadt? Ist es möglich, auf dem Lande
höhere Löhne oder doch ein größeres Maß körperlichen
Wohlbehagens zu bieten als in der Stadt; auf dem Lande die
gleichen Möglichkeiten geselligen Verkehrs zu sichern und
dem Durchschnittsmann gleiche oder gar größere Aussichten
auf Fortkommen zu bieten?" Diese Fragen hört man ständig
in ähnlicher Form äußern. Der Gegenstand wird in der öffentlichen Presse und in allen möglichen Diskussionen fort-

während erörtert; als ob den Menschen oder wenigstens den arbeitenden Klassen weder jetzt noch jemals eine andere Wahl oder Möglichkeit bliebe, als entweder ihr Verlangen nach geselligem Verkehr – wenigstens nach einem ausgedehnteren Verkehr, als er auf einem abgelegenen Dorfe möglich ist – zu ersticken, oder aber fast ganz auf alle reinen und innerlichen Freuden des Landlebens zu verzichten.

Man beurteilt die Frage allgemein so, als sei es jetzt und für immer unmöglich, daß die arbeitenden Klassen auf dem Lande auch andere als nur landwirtschaftliche Bestrebungen verfolgen könnten; als seien die überfüllten, ungesunden Städte das letzte Wort in der Volkswirtschaft, und als sei die heutige Form unseres Wirtschaftslebens, durch welche landwirtschaftliche und industrielle Bestrebungen scharf getrennt werden, notwendigerweise von ewiger Dauer. Dieser allgemeine Trugschluß beruht auf dem Umstande, daß der Mensch gewöhnlich blind ist gegenüber allen andern als den ihm bekannten Möglichkeiten. In Wirklichkeit aber gibt es nicht, wie man immer annimmt, nur zwei Alternativen – Stadtleben oder Landleben – sondern noch eine dritte, die alle Vorteile des intensiven tätigen Stadtlebens vollkommen mit all den Schönheiten und Freuden des Landlebens verschmilzt. Diesen Idealzustand wird uns der Magnet bieten, der die von uns allen ersehnte Wirkung hervorzubringen vermag, nämlich die freiwillige Rückkehr des Volkes aus den überfüllten Städten an den Busen unserer gütigen Mutter Erde, der Quelle alles Lebens, alles Glückes, alles Reichtums und aller Macht.

Stadt und Land können also als zwei Magneten angesehen werden, von denen jeder bestrebt ist, die Bevölkerung an sich zu ziehen, ein Wettstreit, an dem sich voraussichtlich bald ein neues, nach der Natur beider geartetes Gebilde beteiligen wird.

Der Stadtmagnet bietet im Vergleich zum Landmagneten die Vorzüge hoher Löhne, guter Arbeitsgelegenheiten und verlockender Aussichten auf Fortkommen; aber teure Mieten und Lebensmittel halten diesen Vorteilen die Waage.

Geselligkeit und Vergnügungslokale üben eine große Anziehungskraft aus, aber Über- und Nachtarbeit, der weite
Weg zur Arbeit und „d i e I s o l i e r u n g d e r M a s s e n"
beeinträchtigen den Wert dieser schätzenswerten Dinge. Die
hellerleuchteten Straßen bilden besonders im Winter einen
großen Reiz, aber dem Sonnenlicht wird immer weniger Zu-
tritt gestattet.

Das Leben auf dem Lande ist gewiß gesund, aber dieser Vorzug geht zum Teil verloren, weil es an geeigneter Entwässe-
rung und anderen gesundheitlichen Maßnahmen fehlt, und
selbst in schon fast verlassenen Gegenden leben die wenigen
Zurückgebliebenen oft so eng zusammengedrängt, als wollten
sie mit den Bewohnern der städtischen Spelunken wetteifern.

Also weder der Stadt- noch der Landmagnet erfüllen den
Zweck eines wirklich naturgemäßen Lebens. Der Mensch soll
Geselligkeit und Naturschönheiten zusammen genießen. Die
beiden Magneten müssen zusammengeschmolzen werden. So
wie Mann und Weib einander durch ihre verschiedenartigen
Gaben und Fähigkeiten ergänzen, so sollen es auch Stadt und
Land tun. Die Stadt ist das Symbol des Gesellschaftslebens,
der gegenseitigen Hilfe und freundlichen Mitarbeiterschaft,
der Vater-, Mutter-, Bruder- und Schwesterschaft, der ausgedehnten Beziehungen der Menschen untereinander, der
großen, umfassenden Sympathien; sie ist das Symbol der
Wissenschaft, der Kunst, der Kultur und der Religion. Und
das Land! Das Land ist das Symbol der Liebe Gottes und
seiner Fürsorge für den Menschen. Was wir sind und was
wir haben, verdanken wir ihm. Wir sind Gebilde der Natur
und müssen wieder zu ihr zurückkehren. Sie nährt und kleidet
uns, sie erwärmt und beherbergt uns. An ihrem Busen ruhen
wir aus. Bildende Kunst, Musik und Poesie schöpfen ihre Begeisterung aus ihrer Schönheit. Ihre Kraft treibt die Räder der
Industrie. Sie ist die Quelle aller Gesundheit, alles Reichtums
und aller Wissenschaft. Aber die Fülle ihrer Freuden und
Weisheit hat sich dem Menschen noch nicht geoffenbart, und sie
kann es auch nicht, solange diese unheilige, unnatürliche

Trennung zwischen Gesellschaftsleben und Natur andauert.
Stadt und Land müssen sich v e r m ä h l e n , und aus dieser
erfreulichen Vereinigung werden neue Hoffnung, neues Leben
und eine neue Kultur erstehen.
Die vorliegende Arbeit soll dartun, wie in dieser Richtung ein
erster Schritt getan werden kann, dadurch, daß ein Land-Stadt-
Magnet geschaffen wird. Und ich hoffe, den Leser zu überzeugen, daß dies ausführbar ist — hier und sogleich, und
zwar auf den gesundesten Grundlagen, sowohl vom ethischen
als auch vom ökonomischen Standpunkte aus betrachtet.
So will ich es denn versuchen, zu zeigen, wie sich in der Land-
Stadt Gelegenheit zu gleichen, ja sogar innigeren gesellschaft-
lichen Beziehungen bietet als in irgendeiner übervölkerten
Stadt, und wie zu gleicher Zeit die Natur jeden Bewohner
umgibt und umschließt; wie höhere Löhne sehr wohl mit
niedrigen Mieten und Steuern Hand in Hand gehen, wie ausreichende Arbeitsgelegenheiten und glänzende Aussichten auf
Fortkommen allen gesichert sind, wie Kapital sich anbieten
und Reichtum entstehen wird, wie die bewundernswertesten
sanitären Maßnahmen möglich sind, wie allenthalben schöne
Landhäuser entstehen und Gärten aufblühen, wie die Grenzen
der Freiheit erweitert werden und zugleich Einigkeit im
Denken und Handeln einem glücklichen Volke die schönsten
Früchte bescheren kann.
Wenn es gelänge, einen solchen Magneten zu schaffen, und
diesem einen viele andere folgten, so würde dadurch die
Lösung der brennenden Frage ermöglicht, die Sir John Gorst
gekennzeichnet hat, der Frage: „Wie man die Flut der in die
Stadt strömenden Bevölkerung zurückdämmen und diese
wieder auf das Land zurückleiten kann?"

Raymond Unwin

Raymond Unwin (geb. 1883) ist der englische Pionier des
Städtebaus. Er ist unter anderem der Erbauer der von Ebenezer
Howard ins Leben gerufenen ersten Gartenstadt Letchworth.
Unser Aufsatz steht in seinem Werk „Grundlagen des Städte-
baus", deutsch von L. MacLean (Verlag Otto Baumgärtel, Berlin
1910).

STÄDTEBAU UND BÜRGERLICHE KUNST

1909

Wir haben uns zu sehr daran gewöhnt, Kunst als etwas
außen Hinzugefügtes, als eine Art kostspieligen Flitters
zu betrachten. Ein großer Teil der unruhigen, vorlauten Ge-
wöhnlichkeit, die wir zu sehen bekommen, beruht auf dieser
falschen Anschauung. Solange die Kunst als Garnitur, als eine
Art Häkelarbeit betrachtet wird, die in immer größeren Mengen den Kleidern des Lebens anzunähen ist, wird man sich
umsonst der Hoffnung hingeben, daß ihr wahrer Wert erkannt
werden möge. Zu oft glaubt man, die bürgerliche Baukunst
bestehe darin, unsere Straßen mit Marmorbrunnen vollzu-
stellen, unsere Plätze mit Figurengruppen zu bestreuen, mit
ringelnden Akanthusblättern und Delphinschwänzen unsere
Laternenpfosten zu umwinden und unsere Gebäude mit sinnlosen Obst- und Blumengehängen, die mit unmöglichen steinernen Bändern zusammengebunden sind, zu dekorieren.
William Morris sagt: „Schönheit, die eigentlich Kunst bedeutet, wenn das Wort in seiner umfassendsten Bedeutung gebraucht wird, ist, behaupte ich, kein bloßer Zufall im menschlichen Leben, welchen man nehmen oder lassen kann, wie es
einem gefällt, sondern sie ist ein ausgesprochenes Lebens-
bedürfnis, wenn wir so leben sollen, wie es die Natur beabsichtigte – das heißt, wenn wir uns nicht damit zufrieden
geben wollen, weniger als Menschen zu sein." Die Kunst, die
er meinte, wirkt von innen nach außen; die Schönheit, die er
als zum Leben notwendig erachtete, ist nicht ein Etwas, das
außen aufgekleistert werden kann. Sie entsteht vielmehr,

wenn das Leben und die Freude am Leben, nach außen wirkend, sich in der Schönheit und Vollkommenheit all der Formen ausdrücken, die zu der Befriedigung ihrer Bedürfnisse
erschaffen worden sind. Solche Überfülle des Lebens wird
dereinst in der Verzierung ihrer Schöpfungen mit passendem
Schmuck Ausdruck finden, und dieser Schmuck kann deren
höchste Schönheit werden, doch ist die Zeit dafür noch nicht
gekommen. Solange die Massen der Menschheit in Baracken
und schmutzigen Winkeln hausen und unsere Kinder fern von
dem Anblick und Genuß grüner Wiesen und Blumen aufwachsen, solange unser Land allein aufgeteilt wird, um den
Interessen einzelner Besitzer zu dienen ohne Rücksicht auf die
Bedürfnisse der Allgemeinheit, ist es nicht an der Zeit, an die
erhabenste Schönheit des Ornamentes zu denken. Uns tut not,
am anderen Ende den Anfang zu machen. Unsere gegenwärtige Aufgabe besteht darin, ein festes Fundament zu
bauen.

Wenn wir bedenken, daß Kunst Ausdruck ist und bürgerliche
Kunst der Ausdruck des Lebens des Gemeinwesens sein muß,
können wir kaum einen sichereren praktischen Leitfaden finden als Mr. Lethabys Ausspruch, daß „Kunst heißt, das schön
zu machen, was gemacht werden muß". Braucht die Stadt eine
Markthalle, belehrt uns unsere Regel, die beste, praktischste
und ansehnlichste Markthalle zu bauen, die wir zu entwerfen
imstande sind. Vorerst laßt unsere Märkte gut gebaut und
unsere Wohnhausviertel gut angelegt sein, dann wird bald
ein so üppiges Bürgerleben heranwachsen, solch eine Freude
und ein Stolz an der Stadt, daß diese im Schmuck Ausdruck
suchen werden. Dies ist nicht der Platz, auf die Einzelheiten
der vielfachen Ursachen einzugehen, die zu dem raschen
Wachstum der Stadtbevölkerung geführt haben. Die Konzentration der Industrie, der Rückgang der Landwirtschaft, der
immer größer werdende Gegensatz zwischen den Lebensbedingungen, die Stadt und Land bieten, haben alle ihren
Teil dazu beigetragen, die Menschen in solch ungeheurer
Anzahl zu veranlassen, das einsame Häuschen am Hügelrand

oder das schläfrige Dorf im Talesgrund gegen die schmutzige
Straße im Armenviertel der Stadt einzutauschen. Der Anstoß
kommt zum Teil von dem Verlangen nach höheren Löhnen,
der Anziehungskraft von abwechslungsreichen Vergnügungen
und strahlenden Gaslaternen; doch kommt es gleichfalls von
dem Verlangen nach größeren Kenntnissen, ausgedehnterer
Erfahrung und einem im allgemeinen gehaltvolleren Leben,
welches man, wie das Volk erkannt hat, nur durch innigeren
Verkehr mit seinen Mitmenschen erreichen kann.

Aber welches auch die Beweggründe zum Verlassen der Dörfer
sein mögen, die Leute haben viele Bande der Anteilnahme
und Anhänglichkeit zerrissen; es muß unser Ziel sein, dafür
zu sorgen, daß, wenn sie nach der Stadt ziehen, sie neue
Bande, neue Anknüpfungspunkte, neue Hoffnungen und jene
allgemeine Umgebung finden, die ihnen ein neues Heim und
Liebe zur neuen Heimat schaffen wird.

Bisher waren unsere modernen Städte zu sehr bloße Anhäufungen von Menschen; aber unsere Aufgabe muß es sein,
diese Ansammlungen in bewußt organisierte Gemeinwesen
zu verwandeln, die in ihren Städten neue Heime im wahren
Sinne des Wortes finden, sich eines gehaltvolleren Lebens
erfreuen, welches der innigere Verkehr mit sich bringt, und in
der Organisation ihrer Stadt Wirkungsfeld und Ansporn finden zur Betätigung und Entwicklung der edleren Ziele, die
dazu beigetragen haben, sie zusammenzuführen.

Aristoteles definiert eine Stadt als den Ort, an dem Männer
ein gemeinschaftliches Leben zu einem edlen Zweck führen.
Die Bewegung zur Verbesserung der Städte, wovon das Anlegen derselben nur einen Zweig bildet, muß die Erschaffung
einer Stadt zum Ziele haben, welche zugleich das gemein-
schaftliche Leben ausdrückt und die Bewohner zur Verfolgung
des edlen Zwecks anspornt. Mit dem Ausdruck des gemein-
schaftlichen Lebens ist das Anlegen der Stadt aufs engste verknüpft; und ob unsere Städte wirklich große Kunstwerke
werden, wird hauptsächlich von der Bedeutung abhängen,
welche dem Streben nach dem von Aristoteles genannten

edlen Zweck beigemessen wird. Von diesem Ausdruck muß
die bürgerliche Kunst in der Tat sich inspirieren und führen
lassen. Wir hören von vielen Autoritäten, daß der Ausdruck
einer der fundamentalen Grundsätze aller Kunst ist, und daß
die Schaffung eines großen Kunstwerkes gelingt, wenn ein
großer Gedanke vorzüglich wiedergegeben ist. Wahrscheinlich wird in der Städtebaukunst wieder große Arbeit geleistet
werden, wenn ein bedeutendes gemeinschaftliches Leben vorhanden sein wird, welches nach Ausdruck ringt, und wenn wir
die Technik unserer Kunst so zu beherrschen gelernt haben,
daß eine Tradition gegründet worden ist, welche diesem Ausdruck die angemessene Gestalt zu geben fähig ist.

Wir haben uns dermaßen daran gewöhnt, in einer Umgebung
zu leben, in der Schönheit wenig oder gar nicht zum Ausdruck kommt, daß wir nicht zu der Erkenntnis gelangen, welch
ein merkwürdiges und eigentümliches Kennzeichen die Häßlichkeit modernen Lebens ist. Man vergißt zu leicht, daß diese
Häßlichkeit als fast ausschließlich der Periode angehörend
bezeichnet werden kann, welche die industrielle Entwicklung
des letzten Jahrhunderts umfaßt. Wir finden davon kein
Zeugnis vor jener Epoche, weder in unseren Städten, noch in
jenen anderer Länder, deren Eigenart mit derjenigen der
unsrigen verglichen werden kann. Nicht etwa, daß in anderen
Beziehungen ältere Städte die modernen übertroffen hätten,
nicht daß sie weniger überfüllt, daß ihre Straßen schöner,
besser gepflegt oder reiner gewesen wären. Im Gegenteil, die
älteren Städte waren ungemein überfüllt, die Straßen meist
sehr eng und während vieler Epochen sowohl schmutzig wie
ungesund. Auch scheinen im allgemeinen die Straßenzüge nicht
mit Überlegung festgelegt worden zu sein. Oft herrscht wenig
ersichtliche Regel oder Anordnung in der Verteilung der
Gebäude; und trotzdem war die erzielte Wirkung fast jedesmal durch ein hohes Maß an Schönheit ausgezeichnet. Dies in
so hohem Grade, daß hierzulande sowohl wie in vielen anderen Ländern, wo auch immer man eine Straße oder einen
Straßenteil findet, der aus einer früheren Periode herrührt

als von der, die wir die moderne nennen können, man fast
sicher sein darf, etwas Gefälliges und Schönes in deren Wirkung zu sehen. Das Ergebnis beruht zum großen Teil unzweifelhaft auf einem höheren Maß an Schönheit der einzelnen
Bauten; viele von diesen, in Wirklichkeit die allermeisten,
waren ganz einfach und ungeschmückt; doch scheint solch ein
alldurchdringender Instinkt oder eine Überlieferung die Baumeister vergangener Zeiten geleitet zu haben, daß alles, was
sie ausführten, Grundzüge der Schönheit aufwies und malerische Straßenbilder ergab. Etwas ist auch der Hand der Zeit
zu verdanken, die infolge des Senkens der Balken die Umrisse
der Bauten weicher gemacht und durch die Verwitterung der
Flächen das Gefüge der verwendeten Baustoffe abgetönt hat.
Der Einfluß der erwähnten Überlieferung beschränkt sich nicht
allein auf die einzelnen Gebäude, sondern scheint sich auch
auf die Behandlung der Straßen und Plätze erstreckt zu haben,
wie auch auf kleinere Einzelheiten, wie Treppenanlagen, Ein-
fahrten, Mauern und Zäune, die oft die Schönheit des Bildes
steigern. Bis zu einem hohen Grade scheint diese Überlieferung unbewußt und fast wie ein natürlicher Trieb gewirkt zu
haben; denn der Mangel an Symmetrie und ordnungsmäßiger
Verteilung ist oft ebenso augenfällig, wie die malerische Grup-
pierung der Architektur anmutig ist. In diesen alten Straßen
und Städten lesen wir, wie in einem offenen Buche, die Geschichte eines Lebens, dem ganz andere Triebe zur Richt-
schnur dienten als die unsrigen; wir lesen von allmählicher
Entwicklung, von dem freien Spiel phantasievollen Denkens,
die jedem einzelnen Hause ohne Geizen zugute kamen, während die Einfachheit der Behandlung, das Fehlen aller Dekoration oder Ornamente in der Mehrzahl der Fälle sowie die
allgemeine Verwendung und die geschickte Behandlung der
am leichtesten erreichbaren Materialien von der Gewohnheit
erzählen, all das, was Verschwendung bedeuten konnte, zu
vermeiden.
Dennoch macht die freigebige Anwendung von Material und
Arbeit, die sich in den Abmessungen der Balken und in der

Behandlung aller notwendigen Teile offenbart, auf uns Eindruck. Daraus ersieht man, daß in der Tradition, welche in
alten Zeiten die Baumeister beeinflußte, vornehmlich die zwei
Grundsätze galten: daß die Arbeit gut ausgeführt werde, und
daß sie nach Vollendung angenehm zu betrachten sei. Während die Kosten offensichtlich bedacht wurden, hielt man es
nicht für erlaubt, unter Vernachlässigung richtiger Konstruktion, guten Entwurfs oder tüchtigen Vollendens einen möglichst hohen Grad der Wohlfeilheit zu erlangen. Wie anders
ist der Geist, in welchem die moderne Vorstadt aufgebaut
wird! Ein ähnlicher Mangel an Plan oder bewußtem Entwurf
bei der Anlage und eine fast gleiche Freiheit für den einzelnen
Bauherrn, nach seiner Willkür zu walten, bezeichnen das
heutige Verfahren – aber mit welch anderem Erfolge! Nur
geringe Überlegung wird dem Hause oder dessen Anpassung
an den Platz oder seine Umgebung oder einem gemütvollen
Einfügen desselben in das Straßenbild gewidmet. Statt dessen
wird irgendein Plan, der für sparsam erachtet wurde, durch
ganze Häuserreihen ohne Rücksicht auf Terrainverschieden-
heiten, Aussehen oder sonst etwas wiederholt, wenn er nur
eine gute Verzinsung der Kapitalanlage ergibt. Ist es also ein
Wunder, daß unsere Städte und Vororte durch ihre Häßlichkeit die Gewinnsucht des einzelnen ausdrücken, welche bei
ihrer Herstellung so sehr maßgebend war? Wie sollen wir
nun, wird man fragen, irgendeinen Fortschritt bewerkstelligen,
denn die Annahme eines Städtebaugesetzes wird den Charakter des Lebens, das sich in unseren Vororten breitmacht, nicht
ändern. Und wahrlich, wäre dieses Verlangen des einzelnen
nach Gewinn der alleinige Drang der Bürger, hätten wir wenig
zu erhoffen. Aber glücklicherweise ist das nicht der Fall. Dem
Leben unserer Städte wohnt ein großartiges und herrliches
Zusammenarbeiten inne, und unser geselliger Instinkt ist schon
hoch entwickelt durch die gegenseitige Hilfsbereitschaft im
gemeinsamen Leben. Obwohl daher Städtebauverordnungen
die gewinnsüchtigen Impulse, die vorhanden sind, nicht ändern
können, werden sie zum ersten Male einen angemessenen

Ausdruck des geselligen Lebens ermöglichen, soweit ein solches besteht. Hier wie anderswo werden Wirkung und Gegen-wirkung nicht ausbleiben; der geeignetere Ausdruck des geselligen Lebens in der äußeren Formengebung der Stadt wird den Geist des Zusammenwirkens, aus dem es entspringt, ermutigen und ihm ein neues Wirkungsfeld geben.

Camillo Sitte

Camillo Sittes Buch „Der Städtebau nach seinen künstlerischen Grundsätzen", dessen zehntes Kapitel wir bringen, wirkte
1889 als erste starke Mahnung, den Fragen des Städtebaus
erhöhte Aufmerksamkeit zuzuwenden. Sitte (1843—1903) sieht
das Künstlerische noch sehr weitgehend im „Malerischen"; diese
Anschauung ist erst allmählich überwunden. (Verlag Carl Graeser,
Wien 1889.)

DIE GRENZEN DER KUNST
BEI MODERNEN STADTANLAGEN

1889

Die Zahl künstlerischer Motive, auf welche bei modernen
Stadtanlagen Verzicht geleistet werden muß, ist keine
geringe. So schmerzlich diese Erkenntnis einem feinfühligen
Gemüte sein mag, so kann und darf doch der praktische
Künstler sich von solchen Anwandlungen der Sentimentalität
nicht leiten lassen. Auch würde selbst ein gewisser Erfolg mit
malerischen Anlagen kein durchgreifender, kein bleibender
sein können, wenn sie nicht den Verhältnissen des modernen
Lebens entsprechen. In unserem öffentlichen Leben hat sich
aber vieles unwiderruflich geändert, was manchen alten Bauformen ihre einstige Bedeutung entzieht, und daran läßt sich
eben nichts ändern. Wir können es nicht ändern, daß das
gesamte öffentliche Leben heute in den Tagesblättern bespro-
chen wird, statt, wie einst im alten Rom oder in Griechenland,
von öffentlichen Vorlesern und Ausrufern in den Thermen
und Säulenhallen auf offenem Platz erörtert zu werden. Wir
können es nicht ändern, daß der öffentliche Marktverkehr sich
immer mehr von den Plätzen zurückzieht, teils in unkünstle-
rische Nutzbauten sich einschließend, teils ganz auflösend
durch Zuträgerei direkt ins Haus. Wir können es nicht ändern,
daß den öffentlichen Brunnen nur mehr dekorativer Wert zu-
kommt, während die bunte belebende Volksmenge ihnen
fernbleibt, da die modernen Wasserleitungen viel bequemer
das Wasser direkt in Haus und Küche stellen. Auch die Kunstwerke wandern von den Straßen und Plätzen immer mehr

und mehr in die Kunstkäfige der Museen, und ebenso verschwindet das künstlerische Getriebe der Volksfeste, Faschings-
züge, sonstiger Umzüge, kirchlicher Prozessionen, der theatra-
lischen Aufführungen auf offenem Markt und dergleichen
mehr. Das Volksleben zieht sich seit Jahrhunderten stetig,
hauptsächlich aber in neuester Zeit, von den öffentlichen
Plätzen zurück, wodurch ein gut Teil ihrer einstigen Bedeutung verlorenging und es so beinahe begreiflich wird, warum
das Verständnis für schöne Platzanlagen in der großen Menge
bereits so arg verschrumpfen konnte. Das Leben der Alten
war eben der künstlerischen Durchbildung des Städtebaues
entschieden günstiger als unser mathematisch abgezirkeltes
modernes Leben, in dem der Mensch förmlich selbst zur
Maschine wird, und nicht nur im großen ganzen ist der Standpunkt verschoben worden, sondern auch im Detail fordern die
veränderten Zeitverhältnisse gebieterisch manche Änderung.
Vor allem sind es da die Riesendimensionen, zu denen unsere
Großstädte anwachsen, welche den Rahmen alter Kunstformen
an allen Ecken zersprengen. Je größer die Stadt, desto größer
und breiter werden Plätze und Straßen, desto höher und um-
fangreicher alle Gebäude, bis deren Dimensionen mit den
zahlreichen Stockwerken und unabsehbaren Fensterreihen
kaum mehr künstlerisch wirksam gegliedert werden können.
Alles dehnt sich ins Maßlose, und die ewige Wiederholung
derselben Motive allein schon stumpft die Empfänglichkeit so
ab, daß nur ganz besondere Krafteffekte noch einige Wirkung
zu erzielen vermögen. Auch das läßt sich nicht ändern, und
der Städtebauer muß wie der Architekt sich für die moderne
Millionenstadt seinen eigenen Maßstab zurechtlegen. Bei so
kolossaler Häufung der Menschen an einem Punkt steigt aber
auch der Wert des Baugrundes ungemein, und es liegt gar
nicht in der Macht des einzelnen oder der kommunalen Verwaltung, sich der natürlichen Wirkung dieser Wertsteigerung
zu entziehen, weshalb allenthalben, wie von selbst, Parzellie-
rungen und Straßendurchbrüche zur Ausführung kommen,
wodurch auch in alten Stadtteilen immer mehr und mehr

Seitengassen entstehen und eine Annäherung an das leidige Baublocksystem sich ganz im stillen vollzieht. Es ist das einfach eine Erscheinung, welche mit einer gewissen Höhe des Baugrundwertes und des Straßenfluchtwertes naturgemäß zusammenhängt und an sich nicht wegdekretiert werden kann, am allerwenigsten durch bloße ästhetische Erörterungen. Mit allen diesen Erscheinungen muß gerechnet werden wie mit gegebenen Kräften, welche der Stadtbaukünstler ebenso zu beachten hat wie der Architekt die Gesetze der Festigkeit und der Statik, wenn auch im Detail noch so unangenehme Beschränkungen damit zusammenhängen.

Das regelmäßige Parzellieren vom rein ökonomischen Standpunkte aus ist bei Neuanlagen ein Faktor geworden, dessen Wirkungen man sich kaum entziehen kann. Trotzdem sollte man sich dieser landläufigen Methode nicht gar so blindlings auf Gnade und Ungnade übergeben, denn eben hierdurch werden Schönheiten des Stadtbaues geradezu hekatombenweise abgeschlachtet. Es sind dies alle jene Schönheiten, welche man mit dem Worte „m a l e r i s c h " bezeichnet. Wo bleiben bei einer regelrechten Parzellierung alle die malerischen Straßenwinkel, wie sie uns im alten Nürnberg und wo sie sonst noch erhalten blieben, entzücken, hauptsächlich durch ihre Originalität, wie die Straßenbilder beim Fembohaus zu Nürnberg oder beim Rathaus zu Heilbronn oder der Brauerei zu Görlitz, dem Petersenhaus zu Nürnberg und anderen, welche aber leider durch fortwährende Demolierungen von Jahr zu Jahr weniger werden.

Die hohen Preise der Bauplätze veranlassen ferner noch deren möglichste Ausnützung, weshalb neuerdings eine Menge wirkungsvoller Motive in Wegfall kommen und die Verbauung jeder Parzelle immer wieder dem Typus des modernen Bauwürfels entgegenstrebt. Risalite, Vorhöfe, Freitreppen, Laubengänge, Ecktürme usw. sind für uns ein unerschwinglicher Luxus geworden, sogar bei öffentlichen Bauwerken, und höchstens weiter oben bei Balkonen, Erkern oder am Dach darf der moderne Architekt seinen Pegasus los-

lassen, aber beileibe nicht unten an der Straße, wo allein die
„Bauflucht" maßgebend bleibt. Dies ist uns bereits so sehr zur
Gewohnheit geworden, daß manche vortrefflichen Motive,
wie das der offenen Freitreppen, uns nicht mehr behagen.
Auch diese ganze Gruppe von Bauformen hat sich von Straße
und Platz ins Innere der Gebäude zurückgezogen, dem allgemeinen Zuge der Zeit, der Platzscheu, gleichfalls nachgebend. Wenn aber alle Mittel der Wirkung versiegen, wie
soll da die Wirkung selbst noch aufrecht bleiben? Man denke
sich die prachtvollen Freitreppen am alten Rathaus zu Leiden
oder zu Bolswaert weg oder die schöne Halle am Rathaus zu
Heilbronn mit den zwei Eckmonumenten und den zwei Freitreppen, was bleibt dann an Wirkung noch übrig? Der künstlerische Effekt dieser nach moderner Anschauung unprak-
tischen Konzeptionen ziert und verherrlicht die ganze Stadt.
Der allgemein eingerissenen Nüchternheit gegenüber wäre es
aussichtslos, ähnliches für einen Neubau in Vorschlag bringen
zu wollen. Welcher Architekt möchte es heute wagen, eine so
reizende Formengruppe an einem Projekt anzubringen wie
die Kombination von Freitreppe, Terrasse, Kanzel und Stand-
bild der Gerechtigkeit, alles in einer Straßenecke vereinigt,
am Rathaus zu Görlitz? Die schönen Aufgänge, Lauben und
Erker der alten Rathäuser zu Lübeck, zu Lemgo, auch selbst
die kleineren Varianten vom Rathause zu Haag (1564/65),
von dem zu Ochsenfurt und so vieles andere gehören eben
zu den für uns versiegten Schätzen einer lebensfreudigeren
Vergangenheit. Bei solchen Überlegungen kommt man zu dem
Schluß, daß es mit dem, was man Zeitgeist nennt, doch eine
sonderbare Bewandtnis hat. Alle Welt bewundert den Dogen-
palast von Venedig, das Kapitol zu Rom, aber niemand wagt
es, etwas Ähnliches zur Ausführung vorzuschlagen. Berühmt
ist die Loggia mit Freitreppe, Erker und Giebel am Rathaus
zu Halberstadt, die ähnlichen Kombinationen mit Freitreppen
an den Rathäusern zu Brüssel, Deventer (von 1643), Hoog-
straeten, von La Haye und der mächtige Treppenvorbau
am Rathaus zu Rothenburg ob der Tauber. Die moderne

Empfindung sträubt sich aber gegen derlei Freitreppen, und der bloße Gedanke an ein Glatteis im Winter oder eine Schnee- wehe genügt, um alle Gaukelbilder der Vergangenheit zu ver- scheuchen. Aber noch mehr. Die Treppe ist für uns moderne Stubenhocker eben ein Innenmotiv, und so sehr sind wir in dieser Beziehung schon empfindlich geworden, so sehr sind wir des öffentlichen Treibens auf Straßen und Plätzen ent- wöhnt, daß wir nicht arbeiten können, wenn jemand zusieht, nicht speisen mögen bei offenem Fenster, weil da jemand her- einsehen könnte, und die Balkone an den Häusern meist leer bleiben. Gerade die V e r w e n d u n g a r c h i t e k t o n i - s c h e r I n n e n m o t i v e (Stiegen, Hallen usw.) auch bei der Außenarchitektur ist, alles in eins zusammengefaßt, eine der wesentlichsten Ingredienzen des Reizes antiker und mittel- alterlicher Anlagen. Das hochgradig Malerische zum Beispiel von Amalfi beruht hauptsächlich auf einem oft geradezu gro- tesken Durcheinander von Innen- und Außenmotiven, so daß man zu gleicher Zeit im Innern eines Hauses oder auf der Straße und an derselben Stelle noch zugleich ebenerdig oder auch in einem Obergeschoß sich befindet, je nach der Auf- fassung, die man der sonderbaren Baukombination zu geben beliebt. Das ist es, was den Vedutensammler in Wonne schwimmen läßt und was wir auf den Theatern als Bühnen- bilder zu sehen bekommen. Niemals aber wird ein moderner Stadtteil als Bühnendekoration gewählt, denn das wäre doch gar zu langweilig. – – –
Gesetzt den Fall, daß bloß dekorativ bei einer Neuanlage ein pompöses und malerisch möglichst wirkendes Stadtbild gleich- sam nur zur Repräsentanz, zur Verherrlichung des Gemein- wesens geschaffen werden soll, so kann das mit dem Lineal, mit unseren schnurgeraden Straßenfluchten nicht bewirkt werden; es müßten, um die Wirkungen der alten Meister hervorzubringen, auch die Farben der alten auf die Palette gesetzt werden. Es müßten allerlei Krummziehungen, Straßen- winkel, Unregelmäßigkeiten künstlich im Plane vorgesehen werden; also erzwungene Ungezwungenheiten; beabsichtigte

Unabsichtlichkeiten. Kann man aber Zufälligkeiten, wie sie die Geschichte im Laufe der Jahrhunderte ergab, am Plane eigens erfinden und konstruieren? Könnte man denn an solcher erlogenen Naivität, an einer solchen künstlichen Natürlichkeit wirkliche, ungeheuchelte Freude haben? Gewiß nicht. Die Freuden kindlicher Heiterkeit sind einer Kulturstufe versagt, in welcher man nicht mehr so gleichsam in den Tag hinein-baut, sondern verstandesmäßig am Reißbrett die Anlagen konstruiert. Dieser ganze Vorgang läßt sich aber nicht mehr ändern, und somit wird ein guter Teil der angeführten male-rischen Schönheiten für neuere Anlagen wohl unwiederbring-lich verloren sein. Sowohl das moderne Leben als auch die moderne Technik des Bauens lassen eine getreue Nach-ahmung alter Stadtanlagen nicht mehr zu, eine Erkenntnis, der wir uns nicht verschließen können, ohne in unfruchtbare Phantasterei zu verfallen. Die herrlichen Musterleistungen der alten Meister müssen bei uns in anderer Weise lebendig blei-ben als durch gedankenloses Kopieren; nur wenn wir prüfen, worin das Wesentliche dieser Leistungen besteht, und wenn es uns gelingt, das bedeutungsvoll auch auf moderne Verhält-nisse anzuwenden, kann es gelingen, dem scheinbar unfruchtbar gewordenen Boden eine neue blühende Saat abzugewinnen. Dieser Versuch sollte trotz aller Hindernisse nicht gescheut werden. Selbst der Verzicht auf zahlreiche malerische Schön-heiten und die weitestgehende Rücksichtnahme auf die For-derungen des neueren Bauwesens, der Hygiene und des Ver-kehrs sollten nicht so weit entmutigen, daß die künstlerische Lösung einfach aufgegeben wird und man sich mit einer bloß technischen begnügt, wie bei dem Bau einer Landstraße oder einer Maschine; denn die erhebenden Eindrücke, welche künstlerische Formvollendung unablässig ausströmt, können auch in unserem vielgeschäftigen Alltagsleben nicht entbehrt werden. Man sollte meinen, daß gerade bei Städteanlagen die Kunst voll und ganz am Platze sei, denn dieses Kunstwerk ist es vor allem, das bildend auf die große Menge der Bevölke-rung täglich und stündlich einwirkt.

Cornelius Gurlitt

Cornelius Gurlitt (1850—1938) hat alle künstlerischen Regungen seiner Zeit mit klugen Schriften begleitet. Unsere Ausführungen sind einem der ersten Versuche entnommen, das Arbeitsgebiet des Städtebaus s y s t e m a t i s c h zu behandeln. Gurlitt: „Handbuch des Städtebaus" (Verlag „Der Zirkel", Berlin).

DIE AUFGABEN DES STÄDTEBAUS

1920

Aufgabe des Baukünstlers ist es, das Bauprogramm zu verwirklichen: das heißt ein Werk zu schaffen, das dem Zwecke oder vielmehr allen seinen sich oft stark widersprechenden Zwecken entspricht. Er hat den Wert der einzelnen Zwecke gegeneinander abzuwägen und nach diesem Werte zu wählende Anordnungen zu treffen. Er muß also alle Anforderungen, die an sein Werk gestellt werden, vorher kennen und, wenn es ihm nicht möglich erscheint, alle zu befriedigen, auszuwählen vermögen, welche als wichtiger hervorzuheben und welche als minder bedeutend zurückzustellen sind. Die Größe des Baukünstlers wie seines Kunstwerkes erkennen wir aus dieser Art weitsichtiger Zweckerfüllung.

Die Forderungen des Bauprogramms können sehr verschieden gestellt werden. So im Hochbau, Ingenieurbau und auch im Städtebau. Künstlerischer Städtebau ist, etwa wie künstlerischer Wohnhausbau, ein solcher, der das bequemste, wohnlichste, besteingerichtete, gesündeste, schönste Werk preiswert schafft. Es kann sein, daß der Bauherr mehr Gewicht auf billigen Preis, auf hygienische Einrichtungen, auf Reichtum im Innern und Äußern oder auf trauliche oder feierliche Wirkung der Räume legt: Aufgabe des Künstlers ist nicht, ihm ein Normalhaus hinzubauen, sondern die bestehenden Wünsche zu befriedigen, soweit sie verständig sind. Baut er reicher oder ärmer, teurer oder billiger, in der Raumverteilung aufwändiger oder sparsamer als er soll, so kann er sich nicht damit entschuldigen, die Technik oder die Kunst habe dies erfordert; vielmehr hat er einfach Technik und Kunst falsch verstanden oder sie nicht zu verwenden gewußt.

Unter einem praktischen Städtebau ist also dasselbe zu verstehen wie unter einem künstlerischen Städtebau: denn eine
unpraktische Anlage ist nie künstlerisch und eine unkünstle-
rische nie praktisch.

Nach Ort und Zeit, nach hunderterlei Umständen wird das
Programm für den Städtebau verschieden gestellt werden
müssen und werden aus dem verwandten Programm sich weit
voneinander abstehende Lösungen ergeben, in denen sich die
Gesamtauffassung des Lebens, die Art der Lebensführung
nach Nationen, Stämmen, örtlicher Gewöhnung widerspiegelt.
Während die Fachleute darüber einig zu sein scheinen, daß
eine „natürliche" Lösung aller Fragen gesucht werden müsse,
streitet man darüber, was eben „natürlich" sei. Im strengeren
Sinne des Wortes hat keine Lösung den Anspruch auf dies
Beiwort. Man sucht vielmehr unter der Devise der Natürlichkeit ein solche Lösung, die sich unter Umständen auch ohne
städtebauliches Planen ergeben hätte oder doch bei einem
durch Schulmeinungen unbeeinflußten Entwerfer. Es entstehen
somit nur zu oft Systeme, die die Systematik bekämpfen
sollen. Mit allen Mitteln der Kultur, Technik und Wissenschaft
sucht man „naive" Lösungen. Nur der wird sich vor Selbst-
täuschungen bewahren, der erkannt hat, daß die Naivität nicht
durch Nachdenken wiedergewonnen werden kann; daß sie
eben überhaupt für den, der über eine Frage ernstlich nach-
gedacht hat, unwiederbringlich verloren ist. – Der Streit zwischen den einzelnen Städtebauern dreht sich darum, wie groß
der Einfluß der einzelnen Grundforderungen zu bewerten ist.
Denn das Programm, nach dem er sein Werk einzurichten hat,
steht nicht fest und wird nie endgültig festgestellt werden.

Das Leben der Städte hängt von so vielen Umständen ab, daß
eine klare Voraussicht, wie es sich in dem neu zu planenden
Viertel gestalten werde, nicht erreicht werden kann. Man kann
höchstens mit Wahrscheinlichkeitswerten rechnen und auch
diese nur auf Grund sehr sorgfältiger, für jeden Fall sich
ändernder Schätzungen erreichen. Der Städtebauer wird
jedenfalls gut tun, sehr stark mit „unvorhergesehenen Fällen"

zu rechnen. Durch nüchternes Erwägen hindurch soll er zu einem Werke höchster Phantasietätigkeit gelangen. Der Statistiker, der Volkswirt, der Sozialpolitiker hat ihm die leitenden Gedanken zu leihen, aus denen heraus er sich die Stadt der Zukunft vorzustellen hat. Der Maschinenbauer, der Ingenieur, der Verkehrstechniker und der Architekt haben ihn zu belehren, nicht nur darüber, was sie zu leisten vermögen, sondern was sie in Zukunft hoffen leisten zu können. Aus einer unbegrenzten Fülle der Möglichkeiten soll er in klaren Linien auf das Papier und durch dieses in unser Land hinein ein fest umrissenes Zukunftsbild schaffen, dessen Gestalt auf Jahrhunderte das Wesen der hier entstehenden menschlichen Ansiedlung festlegt: Ein Gesetz läßt sich ändern, Staatsgrenzen verrücken Vertrag oder Krieg, ein Haus kann abgebrochen werden; aber eine Stadtanlage in ihren Hauptzügen umzugestalten gehört zu den schwersten Aufgaben. Unsere Städte haben meist seit einem halben Jahrtausend alle ihre Bauten geändert, sie gehören andersgestalteten Reichen an wie zur Zeit ihrer Gründung und Entwicklung, die Bevölkerung hat zahllose, tiefgreifende Wechsel erfahren, Recht und Gewohnheit haben sich geändert — nicht aber das Feststehende, der Stadtplan.

Der Stadtplan aber ist die Grundlage für das Wohnwesen. Ein verfehlter Plan zwingt Tausende für unabsehbare Zeiten in unerwünschte Lebensverhältnisse. Es greift mithin der Städtebau in das soziale und künstlerische Leben nicht nur unserer Zeit ein, sondern ebenso tief in das der Zukunft.

Die ungeheure Verantwortung beruht eben darin, daß des Städtebauers Werk das Dauerhafteste im Gesamtleben der Nation ist. Er darf seine Pflichten den kommenden Geschlechtern gegenüber nie vergessen. Er muß den Mut haben, sich der „praktischen Leute" zu erwehren, die nach dem Augenblicksbedürfnis urteilen. Er soll ihnen auf dem Grunde sorgsamen Erwägens aufgebaute Darlegungen entgegenhalten, was die Bedürfnisse einer nahen und fernen Zukunft sein werden: Er ist den Söhnen für die Kurzsichtigkeit der Väter verantwortlich. Denn er kann diesen mit annähernder Genauigkeit

vorrechnen, wieviel Einwohner das neu zu planende Stadtviertel haben wird, sobald es ausgebaut und bezogen ist, wieviel Schulen, Krankenhäuser, Kirchen usw. es unter den ob-
waltenden Verhältnissen etwa braucht, wie stark der Verkehr
sich gestalten, wie sich der Lebensstand etwa einrichten wird.
Aber er muß auch daran denken, daß hinter seinem Stadtviertel dereinst ein neues entsteht und auf das Leben in jenem
starken Einfluß gewinnt. Er muß seine Planung so einzurichten
suchen, daß sie weit höherer als zur Zeit vorauszusehender
Inanspruchnahme doch Genüge leistet; daß unser Verkehrswesen Wandlungen unterworfen ist; daß wir alle hoffen, der
Drang der Völker auf Besserung des Lebensstandes selbst des
Ärmsten werde zu einer allgemeinen Hebung der Bedürfnisse
führen; und daß der Städtebauer diesem Drange mit aller
Kraft zu dienen, in dessen Förderung seine höchste Aufgabe
zu suchen hat.
Umfassendes Verständnis des Lebens der Nation, durch
strenge Sachlichkeit gezügelte, aber kühne Phantasie, tiefes
Eindringen in die technischen und künstlerischen Möglichkeiten, eine Fülle widerstrebender Fähigkeiten schaffen den
zum Städtebau höchster Art berufenen Künstler. Die Frage,
ob er Architekt oder Ingenieur, Geometer oder Baumeister
zu sein habe, ist müßig: Er soll all dies zu gleicher Zeit sein:
Vor allem aber ein Mann, der den Wert der Dinge zu
schätzen und gegeneinander abzuwägen weiß und der somit
zu klarer Erkenntnis der für die Plangestaltung auf die Dauer
entscheidenden Anforderungen gelangt.

> Was ich gedacht, ich eil' es zu vollbringen.
> Laßt glücklich schauen, was ich kühn ersann!
> Ergreift das Werkzeug, Schaufel rührt und Spaten!
> Das Abgesteckte muß sogleich geraten.
> Auf strenges Ordnen, raschem Fleiß
> Erfolgt der allerschönste Preis;
> Daß sich das größte Werk vollende
> Genügt ein Geist für tausend Hände.   (Faust, II. Teil.)

Theodor Fischer

Theodor Fischer (1862—1939) wirkte als Professor an der
Technischen Hochschule in Stuttgart und in München bahn-
brechend im deutschen Städtebau.
Der Beitrag gibt den zweiten der Vorträge, die Fischer 1918 für
die Hochschulkurse der VI. Armee halten sollte. Sie wurden aus
militärischen Gründen abgesagt und erschienen ein Jahr darauf
als „6 Vorträge über Stadtbaukunst" bei Oldenbourg in München.

ÜBER STADTBAUKUNST

1919

Die drei realen Grundelemente des Städtebaues, die
Wohnfrage, die Verkehrsfrage und die Anpassung an die
Natur, wollten wir in der Reihe behandeln, daß wir das
mittlere zuerst vornehmen.
In Erinnerung daran, daß wir als Architekten diesem Fach
wohl seine große Wichtigkeit zuerkennen, uns aber des
Dilettierens in reinen Ingenieurfächern enthalten wollen, sei
nur das Notwendigste vorgebracht, das eben für die Planung
in großen Zügen unerläßlich ist. Auch hierbei werden wir
uns gern mit dem Ingenieur zusammensetzen, denn wir wissen
nur genau so viel vom Straßenbau, als genügt, uns bescheiden
zu machen.
Da ist nun vor allem eine Erwägung, die noch halb auf bau-
künstlerisches Gebiet fällt und die so einleuchtend scheint,
daß man sich wundern muß, sie viele Jahrzehnte ganz vergessen zu sehen: Als Architekten wissen wir, und auch in diesen Erörterungen werden wir immer wieder darauf stoßen,
daß keine Wirkung zu erreichen ist, wenn nicht unter mehreren gegebenen Größen eine herrscht, die andern dienen.
›Εἷς κοίρανος ἔστω, εἷς βασιλεύς‹, sagt der alte Homer, ›οὐκ
ἀγαθὸν πολυκοιρανία.‹ Einer sei Herr, nichts ist's, mit der Viel-
herrschaft. Das ist schließlich der letzte Grund der rhythmischen,
vielleicht der tiefste jeder künstlerischen Wirkung überhaupt.
Was aber hat das mit dem städtischen Verkehr zu tun? Nichts
natürlich mit den rollenden Wagen und den laufenden

Menschen; wohl aber viel mit Form und Ausmaß der Straßen.
Wir sehen, wenn wir darauf aufpassen, daß ein Hauptreiz der
alten Städte darin beruht, daß die großen Hauptstraßen in
Gegensatz gestellt sind zu den schmalen Gassen. Die Straßen
der Periode, aus der wir kommen, sind alle gleich breit angelegt worden; da ist von jenem Reiz keine Spur, und sei es
auch nur deshalb, weil die breiten Querstraßen die Wände
der Längsstraßen so zerteilen, daß keine Ruhe und Einheit
aufkommen kann. Aber auch der Verkehr verhält sich diesem
üblen System gegenüber durchaus nicht wohlgefällig. Man
könnte meinen, daß es ihm recht sein müßte, wenn er überall
ausreichend breite Wege findet; aber da ist ein Nachteil, den
man sofort empfindet, wenn man im Kraftwagen durch eine
solche Schachbrettstadt fährt und nun alle hundert Meter in
der Angst vor einer Anrempelung bremsen muß. So paradox
es klingen mag, der Verkehr wird sicherer, wenn er zusam-
mengelegt wird; er regelt sich von selbst, wenn er dichter
wird — selbstverständlich in gewissen Grenzen; er wird
sicherer, wenn die Konfliktpunkte der Kreuzungen verringert
werden. Also die Konzentration des Verkehrs in Hauptstraßen ist das erste Erfordernis, das zu stellen wäre, und die
Vorteile sind, wie angedeutet, praktische und ästhetische.
Halb zum einen, halb zum andern Teil gehört der Vorzug
einer solchen Zusammenfassung, daß die Maschen zwischen
den Strängen des Verkehrsnetzes nun endlich die ersehnten
verkehrsarmen, ruhigen Wohnviertel hergeben. Man kann
wieder daran denken, selbst in der Großstadt behagliche Straßen zu bauen, in denen zu wohnen einer Versicherung gegen
Nervenanstalten gleichkommt. Weiterhin errechnet sich ein
glatter Gewinn an Baugelände, wenn nur die Hauptstraßen
breit — sehr breit sogar — angelegt zu werden brauchen, die
andern aber je nach ihrer organischen Bedeutung schmal und
immer schmäler werden. Man hat sich, noch erhitzt von der
Verkehrswut der siebziger und achtziger Jahre des vorigen
Jahrhunderts, sehr schwer entschlossen, auf die wirklich notwendigen Maße für die Straßenbreiten herabzugehen. Aber

die wirtschaftlichen Erwägungen fangen an zu siegen, denn
Straßen sind teuer, und so ist man etwa mit zehn bis elf
Meter für eine dreigeschossig bebaute Wohnstraße ganz zu-
frieden, wobei dann die Hälfte auf die Fahrbahn und je ein
Viertel auf die Gehwege treffen mag. In Vororten und länd-
lichen Gassen mag man sich äußerstenfalls auch mit sechs
Meter genügen lassen; begegnen können sich hier aber nur
Fuhrwerke, wenn der Fahrdamm noch mindestens viereinhalb
Meter breit ist, so daß ein Gehweg nur noch auf einer Seite
möglich ist. So geringe Breiten lassen sich natürlich nur
denken, wenn Vorgärten den Abstand der Häuser vermehren.

Das alles paßt nun eigentlich wenig unter die Überschrift Verkehr, denn gerade die Verkehrs l o s i g k e i t ist das Wesentliche der hier behandelten Wohnviertel. Wir erinnern uns
aber, daß wir diese ruhigen Regionen nur dadurch gewonnen
haben, daß wir dem Strom des Verkehrs sein eigenes breites
Bett zugewiesen haben. Diesem nun ist reichlich an Maßen zu
geben, woran wir dort gespart haben, denn nicht nur für
heute haben wir zu sorgen, sondern auch für die Möglichkeit
des Morgen. Wer dachte vor fünfzig Jahren, daß einmal
Eisenbahnen in allen Hauptstraßen unserer Städte liegen würden, und wer dachte noch vor zwanzig Jahren an die Möglichkeit des Kraftwagenverkehrs. Da ist es nun merkwürdig, daß
solchen unerwarteten Kraftproben ein großer Teil unserer
guten alten Städte besser gewachsen ist als die Schachbrett-
stadtviertel der mittleren Zeit; ich meine jene erstaunlich groß-
zügigen Hauptstraßen in München, in Augsburg, in Frankfurt
und vielen anderen Städten im Vergleich mit den an den gleichen Orten zu findenden Straßen aus der Mitte des vorigen
Jahrhunderts. Die Unterscheidung der Verkehrswege ist eben
nicht eine neue Errungenschaft, sondern sie findet sich in fast
allen auf organische Weise gewachsenen alten Städten. Wie
Stämme eines viel verästelten Baumes oder die Hauptrippen
des Blattes, oder noch genauer, wie die Hauptadern des tierischen Blutumlaufs, heben sich solche Straßen heraus aus der

Menge der minder wichtigen. Haupt a d e r n des städtischen
Verkehrs nennen wir sie auch in verständlichem Tropus. Ihnen
Maße zu bestimmen, ist nur möglich von Fall zu Fall; die
höchsten finden wir natürlich in Großstädten, wo man äußerstenfalls mit zwanzig Meter für den Fahrdamm dann rechnet,
wenn doppelgleisige Trambahn und starker Wagenverkehr
erwartet wird. Für den Fußgängerweg ist nicht das Bedürfnis
des Verkehrs allein bestimmend, sondern auch die Rohr- und
Kanalleitungen aller Art, die praktisch hier und nicht unter
dem Fahrdamm untergebracht werden. Bei einer Breite von
fünf Meter kann diesem Bedürfnis ziemlich ausreichend ent-
sprochen werden, so daß also $20 + 2 \times 5 = 30$ Meter als
äußerstes Maß des Bedürfnisses für die Hauptverkehrsadern
einer großen Stadt angesehen werden darf. Nach unten stuft
sich das Maß ab je nach dem Rang des Straßenzuges und auch
nach der Größe der Stadt, doch verlangt die doppelgleisige
Trambahn unter allen Umständen eine Fahrdammbreite von
zehn Meter. Nach oben steigert man das Maß gelegentlich,
weil man für die Halteplätze der Mietwagen, für kleinere
Bauten aller Art hier und da Raum benötigt, der aus den
Bahnen des Verkehrs nicht herausgeschnitten werden kann,
oder auch dann, wenn man über das Bedürfnis hinaus des
prächtigen Eindrucks wegen ein übriges zu tun sich entschließen mag. Dann können Alleen, Reitwege und Anlagenstreifen
auftreten, die solche Straßen in die Breite ausweiten.
Die Frage ist aber, ob es angeht, die eigentlichen Verkehrsstraßen so üppig auszubilden. Mir scheint es richtiger, Prachtstraßen für die Prachtentwicklung und Verkehrsstraßen für
Verkehr und Geschäft zu machen, ohne daß dies pedantisch
aufzufassen wäre. Wir erleben es in München, daß das Geschäftsleben mit Gewalt in die kalte Pracht der Ludwigstraße
hineindrückt, eben weil diese Straße, wenn sie auch noch
keinen großen Verkehr hat, so doch die wichtigste nördliche
Radialstraße ist. Da gibt es denn peinliche Konflikte, die nur
durch fatale Kompromisse zum Schein erledigt werden können. Die Harmonie zwischen Sein und Schein ist verloren. Das

also könnte vermieden werden, wenn Prachtstraßen nicht mit Verkehrsrichtungen zusammengebracht werden. Und dazu gibt eine andere Unterscheidung der Hauptstraßen gute Gelegenheit: je nach ihrer Lage zum Stadtinnern kann man trennen zwischen Radialstraßen und Ringstraßen. Für die ersten durch das Wort selbst erklärten ist der etwas mundfüllende Berliner Ausdruck Ausfallstraße aufgekommen, für die zweiten geben die Wiener und Kölner Beispiele oft genannte, aber nur selten mit Glück nachgeahmte Vorbilder. Beide Gattungen stellen zugleich die Urformen der geradlinigen und der gekrümmten Straße dar, denn es ist kein Zweifel, daß die Ausfallstraße, um nun einmal diesen wenig sympathischen Namen zu gebrauchen, ihrer Natur nach, da sie einem Ziel zustrebt, gerade gestreckt ist. Ihr also kommt in erster Linie die Bewältigung des stärksten Verkehrs zu; ich empfahl eben, sie nicht zu Prachtgebilden auszustatten, sondern ihr das Ansehen nützlicher Erfüllung des Bedürfnisses zu lassen. Das Geschäftsleben wächst an ihnen und durch sie aus dem Stadtinnern ins flache Land hinaus; sie sind deshalb auch von vornherein für diesen Zweck einzurichten, das heißt in ziemlicher Bauhöhe und geschlossenem Bausystem auszuführen. Verfehlt ist, was oft geschieht, wenn an den Landstraßen sich der reiche Bürger seine Villa baut. Nach zehn Jahren wird er da von Wirtshäusern und Mietskasernen eingeengt, und die Straße kommt so nicht aus der Unruhe und Mauserung heraus. Das gilt natürlich nur von rasch wachsenden Städten. Vor ruhigen Landstädtchen mag immerhin der Privatier sein Gartenhaus vor dem Tor zum Wohnhaus umbauen, wenn er das Geschäft in der Stadt dem Sohn überläßt.

Den Radialstraßen kommt es also zu, sich zu strecken dem Ziel entgegen; damit ist aber nicht notwendig verbunden, daß sie nun kilometerlang geradlinig sich hinziehen ohne Abschluß für das Auge, womöglich über Berg und Tal. Ein Maß sei auch in der Länge. Erfahrungsgemäß sollte eine gerade übersichtliche Straßenstrecke äußerstenfalls nicht über einen Kilometer lang sein. Abzweigungen oder Gabelungen geben dann immer Anlaß, die Richtung zu ändern oder die Achse zu versetzen, ohne daß die Schlankheit der Verkehrslinie gestört wird. Künstliche „points de vue", wie Tore, einzuschalten zu dem Zwecke der räumlichen Abgrenzung möchte ich für eigentliche Verkehrsstraßen nicht für gut halten, denn die Übersichtlichkeit ist besonders für den schnellfahrenden Wagenverkehr erste Voraussetzung. Dagegen können Straßenzüge vorwiegend repräsentativer Art mit solchen Torbauten wohl abgeteilt werden.

Wir stoßen hier zum erstenmal eigentlich auf ein Erfordernis der Ästhetik, auf ein Mittel, das man der Augen wegen anwendet, das ist der richtige Schluß einer Straßenstrecke, um den Eindruck des Räumlichen herzustellen, aber mit der ganz besonderen Betonung der Bewegungsform. Nicht das Verweilen, der Aufenthalt in diesen langen Straßenzügen liegt in unserer Absicht und in der Natur des gegebenen Raumes, sondern die Bewegung in einer Richtung. Es ist also eine psychologisch sehr naheliegende Forderung, daß ich diesem Raum ein die Augen des Wandelnden beschäftigendes Ziel gebe. Und darin kann man wohl einen ersten ästhetischen Grundsatz des Städtebaues erkennen, ohne fürchten zu müssen, auf unsicheren theoretischen und hypothetischen Boden zu treten. Wie sehr es übrigens verfehlt ist, mit Dogmen, die nicht auf so realen Grundlagen aufgebaut sind, an die Baukunst heranzutreten, möge aus der Gegenüberstellung einer strengen geradlinigen Straße mit solch einem Blickziel und einer ganz demselben Grundsatz ihre Wirkung verdankenden frei gezogenen Straße ersehen werden. Es kommt tatsächlich auf rein persönliches Empfinden an, welcher Lösung man den größeren Eindruck zusprechen will. Ich möchte kein Hehl daraus machen, daß ich der zweiten Form in den für sie passenden Fällen zum mindesten volle Gleichberechtigung zuspreche, nicht etwa weil sie an sich deutscher wäre, sondern weil mir hier die Einheit der Form auf viel größerem Reichtum aufgebaut scheint. Wenn entgegnet wird, daß jene, die strenge Form, klarer sei als diese, so bestreite ich das geradezu. Klar

ist eine Eigenschaft, bei der der Erkennende ebenso in Frage
kommt wie das Erkannte, und wenn ich eine Polyphonie vollkommen klar aufnehme, so brauche ich das Gegenteil deshalb
nicht für besser zu halten, weil es an sich eintönig ist.
Man entschuldige diese Abschweifung! Wir kehren aus dem
Gebiet subjektiver Betrachtung zurück in das sichere Gebiet
der Objektivität und stellen der Bewegungsform der Straße
kurz, nur als Vergleich die Form des Platzes entgegen, der
natürlich, abgesehen vom Verkehrsknotenpunkt, der fälschlich
Platz genannt und fälschlich als Platz ausgebildet wird, zum
Verweilen einlädt und deshalb ganz andere Anforderungen
an die Sinne des Menschen stellt. Ihm ist nicht das Augenziel
eigentümlich, sondern die Wand, die Geschlossenheit
ringsum.
Wir wenden uns nochmals zu den Verkehrsstraßen und finden da in vielen Stadtplänen neben den Radial- oder Ausfall-
straßen eine andere Art von Verkehrsstraßen, vielleicht zweiten Ranges, aber doch noch recht wichtig. Man kann sie Ringstraßen nennen, aber das trifft das Wesen nur in den Fällen,
wo sie mit den alten den Stadtkern umlaufenden Befestigungs-
linien zusammenfallen. Eine einfache Überlegung ergibt, daß
es nicht im Wesen des städtischen Verkehrs liegen kann, sich
kreisförmig um den Stadtkern zu bewegen, sondern es ist klar,
daß diese Ringform nur entsteht durch Teilstrecken, die ihrer-
seits die Radialen, den Stadtkern tangierend, verbinden. Ich
möchte sie also Tangentialstraßen nennen. Als solchen kommt
ihnen ähnliche Bedeutung wie den Radialen selbst zu, aber die
Geradlinigkeit, die Gestrecktheit ist nicht ihre besondere Eigentümlichkeit. Von Anfang an also haben sie einen anderen
Formcharakter: sie werden sich erbreitern; sie sind besetzt
von Verkehrsknotenpunkten. Das Geschäftsleben folgt ihnen
nicht in dem Maß wie den Radialen. Man findet fast überall
da Anhäufungen von öffentlichen Gebäuden, besonders bei
alten Festungsstädten breitere Grünflächen, und wenn das
Geschäftsleben eindringt, so ist es anders geartet wie im Stadtkern oder an den Radialstraßen der Luxus- und Kunsthandel,

die großen Kaffeehäuser und Gasthöfe sind hier fast in allen
Städten zu suchen.

Nicht unwichtig mag auch noch diese Erwägung sein: In den
Zeiten des glorreichen Aufschwungs nach dem vorigen Französischen Krieg, der uns ein beträchtliches Maß unserer an-
ständigen Kultur gekostet hat, brachte die Verkehrswut es
fertig, daß die meisten unserer schönen Städte unwiederher-
stellbar verdorben worden sind, indem die alten Verkehrswege durch die Stadt gewaltsam erbreitert wurden. Spießbürgerlich klein war im Grund die Gesinnung dieses Aufschwungs, und spießbürgerlich war auch dieses Gewaltmittel,
dessen letzter Beweggrund der Wunsch der Haus- und Ge-
schäftsbesitzer im Stadtinnern gewesen sein mag, den aus den
neuen Vorstädten zuströmenden Verkehr nicht abströmen zu
lassen in die beschriebenen Tangentialstraßen. Die neue Bedeutung, die durch den Automobilverkehr die Landstraßen
und die Radialstraßen der Städte gewonnen haben, bringt
neuerdings besonders für kleine Städte die besprochene Gefahr wieder nahe. Da möge man sich denn des Mittels der
Tangentialstraßen, die ich deshalb auch Umgehungsstraßen
nenne, erinnern, auch wenn der Gasthofbesitzer am alten
Markt nicht einverstanden sein sollte. Wie verhält sich aber
der Verkehr auf den Plätzen? Je stärker er ist, möchte ich in
scheinbarem Widerspruch sagen, desto empfindlicher wird er;
er leidet geradezu an Platzscheu, Agoraphobie. Mit dem größten Widerwillen bewegt sich der Verkehr quer über größere
Plätze. Die großen Achsenplätze, die Sternplätze, sind immer
Konfliktpunkte schlimmster Art für den Verkehr. Erstaun-
licherweise findet man in alten Städten fast immer den Verkehr an einer Platzwand entlanggeleitet, und wer wirklich
praktische Stadtpläne machen will, wird diesem Vorbild
nachgehen.

Mit allen solchen Bemerkungen über den städtischen Verkehr
bewege ich mich in einem mittleren Kreis, aus dem ich heraustreten müßte, wenn die wirklichen Großstädte, die Weltstädte in Frage kämen. Dort ist das Verkehrswesen eine

Aufgabe, die den Spezialisten angeht, und der Architekt kann
etwa nur Gewaltsamkeiten und Ungeheuerlichkeiten der
Form verhüten. In dieses Gebiet gehören die Schnellbahnen,
die Hoch- und Unterpflaster- oder Untergrundbahnen, die
besonderen Straßen für den Autoverkehr, von denen Kreuzungen nach Möglichkeit fernzuhalten sind und anderes
mehr.

Wir haben die Bedeutung des Verkehrs für den Städtebau an
erster Stelle behandelt und ihm bisher nirgends Schranken
aufzulegen versucht. Das sollte als ein nicht geringes Zuge-
ständnis anerkannt werden, denn wir können nicht leugnen,
daß mit der Erhebung des Verkehrs zu einer so maßgebenden
Größe im Städtebau wesentliche Möglichkeiten nach der architektonischen Schönheit hin versinken. Ein Entgegenkommen
von der Seite des Ingenieurs möchten wir uns als Lohn für
diese, allerdings nicht freiwillig gebrachten Opfer wohl
erhoffen. Oft könnte seitens der Eisenbahningenieure in der
Berührung alter städtischer Organismen mit größerer Fein-
fühligkeit für das Bestehende, aber auch für die Entwicklungs-
möglichkeiten verfahren werden. Selbstverständlich fehlt es
nicht oder wenigstens nicht oft am guten Willen, sondern die
Entwerfer der Bahnlinie und der Bahnhofsanlage sind nur
nicht gewohnt, darauf Rücksicht zu nehmen, daß eine Stadt oft
ein wundervoller einheitlicher Organismus ist, der durch die
Anlage des Bahnhofes an falscher Stelle plötzlich zu einem
kranken Körper gemacht wird, mit einem häßlichen künstlichen Schlund; nichts anderes stellt nämlich meistens die
Bahnhofstraße dar. Kein Bahnhof sollte festgelegt werden,
ohne daß ein Architekt auch die räumlichen Bezüge zur Stadt
prüfte und beeinflußte.

Die Arbeitsteilung, die Folge unserer kompliziert gewordenen
Lebensführung, zugleich aber auch, wie nicht bestritten werden kann, die Quelle gesteigerter Entwicklung, darf unter
keinen Umständen in dem Sinn noch weiter getrieben werden, daß die einzelnen Berufskreise sich nicht mehr umein-
ander kümmern, ja sogar mit einer gewissen kindlichen

Freude gegeneinander arbeiten. Dem Architekten aber sei ins Gewissen gesprochen, daß ihm vor allem die Aufgabe zusteht, die auseinanderfallende Kultur zusammenzufassen, daß er deshalb schlecht beraten ist, wenn er, in geschmacklichem Ästhetentum sich verlierend, die Führung in technischen Gestaltungsfragen sich entwinden läßt.

Fritz Schumacher

Die Reformbewegung des Städtebaus begann mit k ü n s t l e -
r i s c h e n Fragen. Man sah bald, daß man sie nur in Verbindung
mit technischen Fragen — vor allem denen des Verkehrs — behandeln konnte. Schließlich trat aber immer deutlicher hervor, daß
man mit der s o z i a l e n Seite des Problems beginnen mußte,
und daß „Städtebau" gleich praktischer Bodenpolitik ist.
Hiervon handeln die Ausführungen S c h u m a c h e r s , die dem
Buch „Kulturpolitik" (Eugen Diederichs Verlag, Jena 1919) entnommen sind.

SOZIALER STÄDTEBAU

1919

Wenn man den tieferen Sinn der gewaltigen Umgestaltung richtig erfassen will, die der große Krieg aus
Qual und Blut geboren hat, so darf man nicht auf die zufälligen Formen blicken, in denen sich im Augenblick einer
letzten jähen Wendung innere Gewalten entladen haben.
Die furchtbare Not, in der ein ganzes Volk Mann an Mann
vier Jahre lang eng gepreßt nebeneinander stand, hat zwar
im einzelnen viel Schmerzliches innerhalb seiner Reihen erzeugt, und jetzt, wo wir den Dingen noch so nahestehen, droht
dies Schmerzliche, alles überschattend, die Hauptsache zu
sein — es ist unsere Aufgabe, die Aufgabe der Zukunft, dafür
zu sorgen, daß es im Lichte der Geschichte zur Nebensache
wird, auf daß immer deutlicher hervortritt, daß diese vier-
jährige, tapfer ertragene Not begonnen hat, unseren Blick zu
schärfen für die Größe des sozialen Problems, die Größe der
menschlichen Aufgabe, vor die unser Geschlecht an einem entscheidenden Wendepunkt der Geschichte gestellt ist. Damit
treten die großen Fragen allgemeinen Menschentums in den
Vordergrund unseres geistigen Mühens, statt der Fragen
kleiner Menschengruppen.
Diese Umstellung aber unseres inneren Blickes von Gruppen-
interessen auf Menschheitsinteressen hat zugleich alle Fragen
der Volkskultur in ein neues Licht gerückt. Wem in früherer

Zeit Kulturfragen ein Stück seiner Lebensinteressen bildeten,
der konnte sie pflegen abseits vom Begriff Politik. Heute ist
diese Trennung unmöglich geworden. Der Inhalt aller über
das Gestrüpp der Parteiinteressen emporwachsenden Politik
muß ja ganz von selber eine Kulturpolitik werden. Das große
Ziel der Zeit kann nur sein, sich nicht zu begnügen mit einzelnen Inseln veredelter Kultur, die in unserer menschlichen
Gesellschaft mehr oder minder weitgreifend gepflegt werden,
sondern die breite Unterlage einer gemeinsamen, das ganze
Volk umfassenden Kultur zu gründen und allmählich in sorg-
samer Arbeit auszubauen. Das ist eine gewaltige, aber auch
eine mühsame und eine Geduld erfordernde Aufgabe, zu der
unsere Zeit mit all ihren Kräften einsetzt. Nur wer sie bewußt
als Ziel erkennt, vermag aus den Wirrnissen der Gegenwart
mit hoffendem Blick in die Zukunft zu sehen.

Dieses Ziel haben viele aus unseren Reihen im kleinen Kreise
ihres jeweiligen Berufslebens schon lange verfolgt. Aber es
ist ein Ziel, dem der einzelne, mag er es noch so heiß mit
seinem Sehnen umspannen, nur wenig näherzurücken vermag:
es läßt sich nicht erreichen auf dem Wege des Geistes, wo
Überzeugung Berge versetzen kann, sondern es ist gebunden
an Wege realer Art, auf denen nur mit Hilfe der Gesamtheit
Berge abgetragen werden können. Mit einem Worte, nur
wenn mit den Mitteln des Volkswillens, der sich in gesetz-
geberischen Maßnahmen äußert, die Vorbedingungen geschaffen sind, kann hier wirklich fruchtbare Arbeit einsetzen. Diese
Möglichkeit ist uns jetzt nähergerückt, sie kräftig zu packen ist
damit die Pflicht eines jeden geworden. Wo ist sie zu
packen?

Es gibt zwei Punkte, wo das zunächst mit voller, breiter Wirkung möglich ist: die Erziehungsfrage und die Wohnungsfrage. In ihnen liegen die Hebel zu grundlegender Arbeit.
Die Erziehungsfrage bedarf einer neuen Lösung, damit jener
veredelte Inhalt, der jetzt allen geboten werden soll, das Lei-
tungsnetz findet, um sich durch die ganze Masse des Volkes
befruchtend zu verteilen, und die Wohnungsfrage bedarf

einer neuen Lösung, damit für diesen Inhalt das Gefäß geschaffen wird, in dem er gefaßt werden kann, ohne zu zer-
rinnen oder zu verschmutzen. Erst wenn dieses beides gesichert ist, kann das Eigentliche, das Geistige beginnen.
Von der Erziehungsfrage haben wir bereits gesprochen. Wenn
wir die Wohnungsfrage von diesem Gesichtspunkte aus etwas
näher ins Auge fassen wollen, so brauche ich nicht zu schildern, wie fruchtlos jedes Streben nach der ethischen, der geistigen oder gar nach der künstlerischen Seite bleiben muß,
wenn es mit der unmittelbaren Umgebung, in die der Mensch
gebannt ist, in schreiendem Widerspruch steht. In übervölkerten Zimmern bleibt der Ton ethischen Gefühls machtlos, in
lichtlose Wohnungen kann der Strahl des Geistes nur selten
dringen, an öden Mauerwänden und flitterhaften Straßenzei-
len zerstäubt der Hauch der Kunst. Moral, Bildung und Ge-
schmackskultur – so gut und ehrlich sie gemeint sind – müssen
alle drei verstummen, wenn man vor dem bedrückenden Eindruck großstädtischer Massenquartiere steht. Ja, sie schleichen
beschämt hinweg, wenn ihre Forderungen und Ratschläge in
greifbarem Gegensatz stehen zu äußeren Lebensbedingungen,
die zu ändern sie nicht vermögen.
Wer aber vermag sie zu ändern?
Jeder, den sein Beruf mit der Aufgabe der Gestaltung der
Großstadt zusammenbringt, wird gebieterisch vor diese Frage
geführt, wenn er seine Arbeit ernst nimmt. Die Architektur
wird vielfach verantwortlich gemacht für unsere Sozialkultur,
und der Architekt fühlt diese Verantwortung schwer auf sich
lasten, wenn er um sich schaut. Er hat im letzten Jahrzehnt
mit allen Kräften versucht, innere Fühlung mit den Forderungen der Zeit zu gewinnen, die Sprache, in der er sich ausdrückt, zu läutern, sein künstlerisches Können in den Dienst
vorwärtsweisender Absichten zu stellen. Aber er hat sehen
müssen, daß es damit nicht getan ist. Um unsere Großstadt-
straßen zu harmonischen Gebilden, unsere Großstadt zur
Stätte der Erquickung unsere Großstadthäuser zu Wohnungen der Familie zu machen, reicht nicht die Kraft der Kunst

allein aus, sie wird bald an unüberwindliche Schranken
stoßen. Dazu bedarf es zugleich der Hilfe tiefgreifender
anderer Kräfte: Kräfte einer sozialen Umwertung der Aufgabe. Diese Umwertung ist nur möglich auf der Grundlage
eines neuen starken Gemeinschaftsgefühls.

Nur wenn wir lernen, die Stadt aus solchem Gefühl heraus
als Gemeingut zu betrachten, und nicht nur zu betrachten,
sondern auch zu b e h a n d e l n , können wir künstlerisch,
und können wir sozial die Probleme zu lösen beginnen, die
sie uns stellt. Das Gefühl hierfür in die Tat umzusetzen, muß
ein Ziel jeder Kulturpolitik sein.

Was bedeutet das?

Als erstes und wichtigstes bedeutet es nichts anderes, als die
Kleinwohnungsfrage in den Mittelpunkt alles großstädtischen
Gestaltens zu stellen. Wenn eine Großstadt zu fünf Sechstel
aller ihrer Wohnungen aus Kleinwohnungen besteht, so hängt
ihr Wesen unausbleiblich von der Gestaltung dieser Aufgabe
ab. Kleinwohnungen bilden den eigentlichen Leib der Großstadt, und nur wenn dieser Leib gesund ist, kann alles, was
mit ihm zusammenhängt, gesund werden. Es fragt sich deshalb,
ob und wie eine solche Gesundung möglich ist.

Es ist mir immer als ein Verbrechen an der Vertrauenskraft
des Volkes erschienen, wenn Idealisten auf diesem Gebiete
die Erfüllung als allzu greifbar erscheinen ließen. Der Weg
ist lang und mühevoll, ehe man ans Greifen kommt. Jeder,
der an Bebauungsplänen arbeitet, weiß, daß zur Zeit die
Mittel, die der Staat in Händen hält zur Beeinflussung der
Verwertung seines kostbarsten Gutes, des Grundes und Bodens, nur technischer Natur sind: Aufteilung und Art der Benutzung kann in bestimmten Grenzen geregelt werden. Das
technisch Gute braucht aber auf dem Gebiete des Wohnungswesens noch nicht das sozial Gute zu sein. Zwischen dem
einen und dem anderen stehen noch viele Hindernisse. Sie
erwachsen daraus, daß im praktischen Leben eben nicht nur
eine technische, sondern auch eine geschäftliche Behandlung
des Grundes und Bodens in Betracht kommt. Solange man die

Art seiner Verwertung nur technisch und nicht auch geschäftlich zum Wohle der Allgemeinheit beeinflussen kann, steht der Weg zu einer Reform der Wohnungspolitik noch nicht offen. Es gilt deshalb, mit einer Reform der B o d e n - p o l i t i k zu beginnen. Diese Politik muß zum Ziel haben, den Grund und Boden geschäftlich so zu beherrschen, daß sein Gebrauch im weitesten Sinne nicht nur dem einzelnen, sondern zugleich der Allgemeinheit dient.

Dieser Forderung liegt die Auffassung zugrunde, daß der Grund und Boden, ähnlich wie die Luft und das Wasser, zu den elementaren Grundbedingungen des menschlichen Daseins gehört, über die der einzelne nicht willkürlich zu einseitigen Zwecken verfügen kann. Das bedeutet soviel, daß der Grund und Boden nicht Gegenstand des unbeschränkten Handels und seiner Spekulation sein darf. Der unbeschränkte Handel kann segensreich wirken bei Gütern, die man zu vermehren vermag, denn im Wettbewerb der Spekulation liegt der produktive Anreiz zu solcher Vermehrung, und mit der Vermehrung entsteht zugleich die der Allgemeinheit nützende Verbilligung. Das ist ein Vorgang, der diese Art des freien Handels immer im Sinne der Allgemeinheit rechtfertigen wird, er liegt im Interesse der Gesamtheit. Nicht so bei Gütern, die man nicht vermehren kann. Hier fällt solcher für die Gesamtwirtschaft segensreiche Einfluß weg: der spekulative Handel verbilligt das Gut nicht, sondern im Gegenteil, er verteuert es. Kurz, es bleibt nur die unproduktive Seite der Spekulation übrig. Diese rechnet auf ein Geschäft, das dadurch gemacht wird, daß der Bodenpreis gegenüber dem Einkauf einen Wertzuwachs erhält. Dieser Wertzuwachs aber wird in der Regel nicht hervorgerufen durch die Arbeit, die der Besitzer mit dem Grund und Boden selber vornimmt, sondern sie entsteht ohne sein Zutun aus der Gesamtentwicklung der Stadt, der Anlage einer Bahn oder ähnlichen wertsteigernden Einflüssen.

Es ist deshalb ein durchaus gerechter und logischer Gedanke, die Geschäfte mit Grund und Boden, die ihre Ursache der Allgemeinheit verdanken, auch zu ihrem Gunsten zu machen, das heißt, ihn dem willkürlichen Einfluß des einzelnen zu entziehen.

Das ist natürlich am einfachsten ausführbar, wenn die Gesamtheit, also Staat oder Gemeinde, möglichst viel Boden selber besitzt. Die Stadt Ulm, die ein leuchtendes Vorbild der Bodenreform ist, hat fast ihr gesamtes Wohnwesen in mustergültiger Weise im Sinne der Gartenstadt organisieren können, weil ein einsichtiger Bürgermeister sich rechtzeitig in den Besitz alles in Betracht kommenden Landes gesetzt hatte. Man kann deshalb allgemein sagen, je mehr Landbesitz sich in Gemeinde oder Staat vereinigt, um so sicherer ist der Weg, den jeder Reformgedanke zu gehen vermag. Und neben dem Antrieb einer möglichst großen Vereinigung von Bodenbesitz in der öffentlichen Hand leuchtet aus dieser Erkenntnis noch ein zweiter Grundsatz hervor: je weniger sie von diesem Besitz wieder fahren läßt, um so fester hält sie die Zügel der Kultur. Statt freien Verkaufs sollte die Hergabe in Erbpacht oder mit Wiederkaufsrecht immer mehr die Form werden, in der öffentlicher Grundbesitz seinem Einzelwerk zugeführt wird.

Aber es wäre sehr falsch, wollte man sich nun die Frage von der Auffassung des Rechtes der Allgemeinheit am Grund und Boden nur in der einfachen Form des unmittelbaren öffentlichen Ankaufs und Festhaltens gelöst denken. Selbst wo diese Form möglich wäre, wie beispielsweise in eben jenem bodenreformerischen Ulm, hat man sich aus psychologischen Gründen entschlossen, die einzelnen Parzellen, nachdem die Reformabsichten des Kaufs geschäftlich und baulich durchgeführt und gesichert sind, in den freien Besitz des einzelnen Siedlers übergehen zu lassen, um die unwägbaren anspornenden Werte des Besitzgefühls nicht zu zerstören. Nur bei Mißbrauch tritt ein Wiederkaufsrecht der Stadt in Kraft.

Das, worauf es ankommt, ist also nicht etwa das primitive Ziel, den privaten Besitz des Grundes und Bodens plötzlich aufzuheben. Damit würde man natürlich in vielen Fällen mehr zerstören als nützen, sondern das, worauf es ankommt, ist etwas viel Allgemeineres: erstens, die Rente des steigenden Wertes des gesamten Grundes und Bodens der Allgemeinheit zuzuführen und sie auf diese Weise zum finanziellen Mitgenießer allen Bodenwertes zu machen, und zweitens, dafür zu sorgen, daß Grund und Boden dem für die Allgemeinheit wichtigsten Zwecke nicht entzogen oder vorenthalten wird. Das sind zwei soziale Ziele, die einen festen Grund geben zum Aufbau einer Reform im Wohnwesen.

Das ist die eine Seite der Sache, die Regelung der finanziellen Verhältnisse. Sie birgt noch nicht die Lösung der ganzen Frage in sich. Wir haben erst gesagt, daß noch ein zweiter Gesichtspunkt als wichtiges Ziel in Betracht kommt: es gilt auch dafür zu sorgen, daß Grund und Boden denjenigen Zwecken zugeführt wird, die für die Allgemeinheit die notwendigsten und wichtigsten sind.

Als im Jahre 1905 der Mittellandkanal zur praktischen Ausführung gebracht wurde, da war in der Vorlage nicht nur das Recht vorgesehen, das für den Kanal selbst nötige Land zu enteignen, sondern auch die Möglichkeit der Enteignung für Zwecke der Allgemeinheit innerhalb eines 1 km breiten Streifens auf beiden Seiten des Kanals, und zwar zu dem Preise, der hier v o r der Anlage des Kanals bestand. Darin liegt ein Gedankengang, der, losgelöst von diesem besonderen Falle, eines allgemeinen Ausbaues bedarf. Die Öffentlichkeit muß in erweitertem Umfang die Möglichkeit haben, Gebiete, die sie durch ihre Maßnahmen erschließt, den Zwecken zuzuführen, die für die Allgemeinheit unbedingt nötig sind, und zwar, ohne daß sie sich selber durch ihre eigene Arbeit die Durchführung vermöge deren preissteigernder Wirkung unterbindet oder doch erheblich erschwert. Unter die Gesichtspunkte aber, die in diesem Sinne als „unbedingt nötig" gelten, muß auch der Gesichtspunkt des Siedelns gebracht werden. Bisher gelten dafür nur die Gesichtspunkte der Durchführbarkeit der technischen Anlage selber. Es ist ganz unnatürlich, daß ihr eigentlicher Zweck, der Zweck des Schaffens neuer Arbeitsstätten und damit zugleich neuer Wohnstätten, nicht mitgerechnet wird.

Darin muß ein grundsätzlicher Wandel eintreten. Die Befugnisse, die durch unsere Bebauungsplangesetze dem Staate
gegeben werden, müssen ganz und gar auf die Entwicklung
des Siedlungswesens eingestellt sein. Das ist leicht möglich.
Und erst das wird die Möglichkeit eröffnen zu einer wirklich
ins Große gehenden Siedlungspolitik. Der Staat muß das
Gelände, das er hierfür nötig hat, und zwar an den Stellen,
wo er es nötig hat, wirklich bekommen können. Damit eröffnet sich erst der Ausblick für neue Lebensformen, die auch
den einfachen Bürger aus dem Bann der jetzigen Großstadt-
eindrücke erlösen und ihn dem natürlichen Wohnen in Zusammenhang mit Grün und Gartenfrucht näherbringen können.
Aber wenn wir voll zu unserem Ziele kommen wollen, müssen
wir auf diesen Geist noch weiter bauen. Keine Siedlung, die
auf solcher Grundlage entsteht, kann wirklich gedeihen, wo
er nicht waltet. Einfache Häusergruppen lassen sich aus öder
oder gleichgültiger Wirkung nur zu lebendigen, harmonischen
Gefügen machen, wenn ganze Gruppen einzelner Menschen
die kleinen Ströme ihres Willens zusammenfließen lassen zu
einem gemeinsamen Zweck.
Und was hier bei der einzelnen Siedlung im kleinen gilt, das
gilt nun für den ganzen Organismus eines Stadtgebildes im
großen. Noch fehlt uns ihm gegenüber die letzte Kraft, um
dieses Gemeinschaftsgefühl in die Tat umzusetzen, die es
erheischt.
Ich will nur flüchtig hindeuten auf die öffentliche Grün- und
Spielplatzpolitik. Ihr kultureller und hygienischer Wert ist im
allgemeinen wohl gewürdigt worden, aber ich glaube, das
muß noch viel weitergreifendere Formen annehmen, wenn
man mehr und mehr erkennt, welch mächtiges Mittel zur
Hebung jenes großen Gemeinschaftsgefühls, nach dem wir
streben, in Spiel und Sport verborgen liegt. Endlich aber
kann auch auf künstlerischem Gebiet für die Großstadt nur
die Erlösung erwachsen, wenn jenes veredelte Gemeinschaftsgefühl die Auffassung aller großstädtischen Gestaltungsfragen
zu durchdringen beginnt.

Eine Großstadt kann heute nur noch harmonisch werden, wenn sich ihre Bauten an den maßgebenden Stellen bestimmten Rhythmen einordnen, die das Ganze durchziehen. Maße und Gliederung müssen als etwas einheitlich Gefühltes festgelegt werden. Innerhalb dieses elastisch gedachten Rahmens kann sich dann das Einzelne und Individuelle, durch keine Zufälligkeiten gestört, um so freier entfalten. Das Gemeinschaftsgefühl fordert dieses Einordnen zugunsten der Gesamtwirkung. Wenn man die Stadt auch künstlerisch als Gesamtgut betrachtet, muß man ihr das Recht des einheitlichen Aufbaues gesetzlich geben.

Man sieht, um soziale und um künstlerische Harmonie verwirklichen zu können, bedarf es mancherlei Gesetze, und weil es solcher Gesetze bedarf, spielen alle diese Fragen unmittelbar in das Gebiet der Politik. Nicht als ob man nun mit Gesetzen eine soziale oder eine künstlerische Idee schon verwirklichen könnte — dazu gehört die schöpferische Tat —, sie machen ihr nur die Bahn frei.

Aber es ist ja das Schicksal der meisten Ideen, daß sie in Fesseln durch unser Dasein gehen. Viele, die ihnen sehnsüchtig nachschauen und nicht begreifen, weshalb sie nicht ihre Flügel entfalten, um sich emporzuheben, wissen nicht, wo diese Fesseln liegen. Darum ist es der erste Schritt im Kampfe für Ideen, ihnen die Fesseln zu lösen. Dieses Lösen der Fesseln ist das, was wir Kulturpolitik nennen.

Dazu gehört ein entschlossenes, vorurteilsloses Vorgehen, ein Vorgehen, das nicht auf den einzelnen blickt, sondern auf die Gesamtheit; es ist immer die gleiche Kraft, die not tut: der Gemeinschaftswille.

Alfred Lichtwark

Alfred Lichtwark (1852—1914), der Direktor der Hamburger Kunsthalle, wurde durch allerlei fragwürdige Entwicklungserscheinungen in seiner Vaterstadt Hamburg zu städtebaulichen Betrachtungen geführt.
Er entwickelt sie nicht aus den technischen und sozialen Ansprüchen der Großstadt, sondern aus allgemeinen ästhetischen Wandlungen, die das Verhältnis zu Natur und Garten durchmacht.
Aus „Auswahl seiner Schriften" (Verlag Broschek, Hamburg).

DIE DREI ENTWICKLUNGSPHASEN
DES DEUTSCHEN STÄDTEBAUS
1911

Die Grundrisse der modernen Städte unterscheiden sich von den mittelalterlichen dadurch, daß die Anlage der Plätze und die Anlage und Führung der Straßen aus dem Bedürfnis des heutigen städtischen Lebens nicht in allen Punkten verständlich sind. Will man die Wege verstehen, die dazu geführt haben, Platzanlagen zu schaffen, wie den verkehrshindernden und lebensgefährlichen Potsdamer Platz in Berlin, oder Ufergestaltungen, wie den Jungfernstieg in Hamburg, so bleibt kein anderes Mittel, als eine Beobachtung der geschichtlichen Entwicklung der Stadtpläne im heutigen Europa.

Auf deutschem Boden gehen die heutigen Städte — es sei denn, daß sie an Römerstädte anknüpfen — nicht weiter als ins Mittelalter zurück. Die Mehrzahl der deutschen Städte stammt in ihrem Kern aus dem zwölften, dreizehnten oder vierzehnten Jahrhundert. Wir kennen den Weg der Zusammenhänge noch nicht genau genug, aber so viel steht heute schon fest, daß der im Zeitalter der deutschen Städtegründungen überall zugrunde gelegte Stadtplan — man hat mit Recht von einem Normalplan gesprochen — auf den Städtebau der Alten Welt zurückgeht. Über diesen Städtebau der Alten sind wir literarisch unterrichtet, und die Ausgrabungen und

Forschungen der letzten Jahrzehnte haben uns mit einer Anzahl noch erkennbarer antiker Stadtanlagen bekanntgemacht. Das Ergebnis dieser Sachforschung deckt sich mit dem, was wir aus der Literatur schon wußten. Es gab im Altertum eine Praxis und eine Theorie der Stadtbaukunst, es gab Spezialisten im Städtebau, und Neugründungen von Städten gehören auch im Altertum zu den alltäglichen Vorkommnissen. Die Theorie der Alten beschäftigt sich nicht eigentlich mit der künstlerischen Frage, die von uns heute leicht überschätzt wird. Für die Alten war die Anlage einer Stadt eine Angelegenheit wesentlich praktischer Natur. Die Vorschriften ihrer Städtebautheorie weisen ausdrücklich zum Beispiel auf das Studium der Windrichtungen und verlangen, daß bei dem Entwurf eines Stadtplans zunächst in Erfahrung gebracht wird, welches die beiden häufigsten Winde der Gegend sind. Die Straßen sollen so geführt sein, daß ihre Hauptrichtung der Linie folgt, die den Winkel dieser beiden Winde halbiert. Damit ist die schädliche Wirkung der Winde in den Straßen im wesentlichen gebrochen. Ebenso wird darauf hingewiesen, daß des Geländes Lage zur Sonne, namentlich zur Mittagssonne, genau untersucht wird. Wer in einer Stadt lebt, bei deren Straßenführung solche Dinge nicht beachtet sind, wird bei alten Leuten erfragen können, welche Straße ihres Stadtviertels bei jedem Wind Schutz bietet. Eine pflegt zufällig immer vorhanden zu sein.

Wieweit diese feineren Erfahrungen ihren Weg in die Köpfe der Städtebauer des deutschen Mittelalters gefunden haben, wissen wir nicht. Wir können nur feststellen, daß der eine Normalplan, der dem Kern von München und Lübeck, von Neubrandenburg und Breslau zugrunde liegt, sich im wesentlichen deckt mit den Vorstellungen vom Städtebau, die wir aus der antiken Welt kennen. An diesem Normalplan des deutschen Mittelalters, der mit am sinnfälligsten in Neubrandenburg erhalten blieb, läßt sich beobachten, wie mit einer instinktiven und sicheren Anpassung an die Örtlichkeit, wovon der Stadtplan von Lübeck ein glänzendes Beispiel ist, sich

gewisse durchgehende Züge verbinden. Man unterscheidet
zwischen Hauptverkehrsstraßen von Tor zu Tor und schmale-
ren Nebenstraßen bis zu ganz schmalen Verbindungswegen
– Fußsteigen – durch die Häuserblöcke. Es kommt vor, daß
eine mittelalterliche Großstadt, wie Lübeck, nur eine Verbin-
dungsstraße von Tor zu Tor besitzt und auch als moderne
Großstadt noch mit diesem einen Hauptverkehrsweg aus-
kommt, ein lehrreiches Vorbild für die Richtung des modernen
Städtebaus, die jeder Straße die Breite eines Hauptverkehrs-
weges geben möchte, in deren Apparat schmale Straßen überhaupt nicht vorkommen, und die infolgedessen einen unverhältnismäßig großen Bruchteil des Geländes für überflüssig
breite Straßen opfern – die Herstellungs- und Erhaltungs-
kosten ungerechnet. Diese Verkehrsstraßen der mittelalterlichen Städte werden in der Nähe der Tore schlauchartig
erweitert, um den einfahrenden Wagen Raum zur Aufstellung
zu bieten. Freie Plätze, die nicht einem wirklichen Bedürfnis
dienen, werden in der Regel nicht angelegt. In der ursprünglichen Anlage haben diese mittelalterlichen Städte durchweg
nur einen einzigen Markt, der für den Marktverkehr und als
politischer Versammlungsort dient. Bei der späteren Entwicklung differenzieren sich diese Märkte, wie wir es in Hamburg
am Schweinemarkt, Pferdemarkt, Gänsemarkt schon aus dem
Namen erraten können. Was man heute Verkehrsplätze nennt,
gab es in den mittelalterlichen Städten nicht. Im Prinzip sind
diese mittelalterlichen Städte genau wie die heutigen amerikanischen aus einem quadratischen Blocksystem zusammengefügt.
Daß die Straßenbilder in der Regel nicht mathematisch und
streng wirken, hat seine Ursache in der Anpassung an die
Bewegung des Geländes und in einer nicht mathematisch
scharfen Ausmessung. Die Folge ist, daß die Straßen- und
Platzwände vielfach gekrümmt und geschwungen sind. Für
alles, was diese mittelalterliche Stadt an besonderen Erscheinungen bietet, lassen sich die Ursachen in dem angewandten
Normalplan, in seiner Anpassung an das Gelände und in besonderen örtlichen Bedürfnissen nachweisen.

Die Herrschaft dieser Gesetze reichte bis zum Schluß der rein bürgerlichen Entwicklung der deutschen Städte. Als das deutsche Bürgertum im sechzehnten Jahrhundert erlahmte, fiel dem Fürstentum wiederum die Führung der Geschicke zu. Auch der Städtebau in Deutschland war zur Zeit der höchsten Erstarkung der territorialen Fürstenmacht im siebzehnten und achtzehnten Jahrhundert eine Angelegenheit der Fürsten. Die Fürsten waren im Mittelalter fast überall aus den alten Stammhauptstädten verdrängt und residierten in kleinen Landstädten, deren Bürgertum nicht gegen die Macht der Fürsten aufkommen konnte. Diese kleineren Städte wurden im siebzehnten und achtzehnten Jahrhundert durch die Fürsten zu neuen Kulturzentren gemacht. Sie wurden durch neue Quartiere vergrößert, unter Umständen wurden Residenzstädte auch ganz neu angelegt. Woher nahmen nun die Fürsten die Ideen und Gesetze für die Anlage neuer Stadtquartiere oder neuer Residenzstädte?

Nicht ausschließlich oder auch nur vorwiegend aus den Gesetzen, nach denen die mittelalterlichen Städte gebaut waren, auch nicht aus dem praktischen Bedürfnis der Bewohner, denn diese neuen Stadtbewohner waren eine ganz unselbständige Bevölkerungsschicht, mehr Figuranten als wirkliche Einwohner, und unter Umständen noch gar nicht vorhanden, wenn die Stadtpläne schon fertig waren. Die neue Form dieser deutschen Residenzstädte, alles das, was sie von der Anlage der mittelalterlichen Stadt unterscheidet, stammt aus einer und derselben Quelle: das ist der architektonische Garten. Das glänzendste Beispiel dieser architektonischen Gärten ist bekanntlich der Park von Versailles. In diesem Park finden sich bereits alle Formen vor, die in der Folgezeit auf den städtischen Grundriß übertragen wurden.

Während die mittelalterlichen Städte den Platz als Markt mit geschlossenen Wänden zugfrei und staubfrei nötig hatten, konnten in den schwach bevölkerten Residenzstädten Plätze angelegt werden, die keinem Marktbetriebe oder politischen Versammlungsbedürfnissen dienten, sondern wie im Garten rein ornamental angebracht und ausgebildet waren. Die einflußreichste Platzform dieser Art ist der sogenannte Sternplatz, ursprünglich ein Punkt im Park, von dem aus man ringsherum in langen, geraden Perspektiven Park und Landschaft überblicken, und von dem aus und auf den hin man sich in dem weiten Gelände orientieren konnte. Ein solcher Sternplatz hätte in der mittelalterlichen Stadt nicht allein keinen Sinn gehabt, er hätte vielmehr jedem praktischen Bedürfnis Hohn gesprochen. In den menschenarmen Residenzen des siebzehnten und achtzehnten Jahrhunderts konnten solche Plätze angelegt werden, ohne daß ihre Widersinnigkeit sofort bemerkbar wurde. Es gab keinen Verkehr, den sie stören konnten, es gab kein Marktleben, dem ihr Wind und Zug unbequem war. Solch ein Sternplatz, auf dessen endgültige Ausgestaltung die Gartenkunst nicht ohne Einfluß blieb, ist der Potsdamer Platz in Berlin, den erst unsere Generation als ein für eine Stadt unmögliches Gebilde empfindet. Ebenso stammt aus dem regelmäßigen Garten die Einführung der Allee in das Stadtbild und die ebenfalls der Gartengestaltung entnommene Wirkung mit Bauten und Denkmälern, die eine Perspektive abschließen, der „point de vue". Alles das kommt im letzten Grunde aus Paris, aus dem Paris des achtzehnten und neunzehnten Jahrhunderts.

Ein Vergleich der Pläne des Parks von Versailles mit der Stadtanlage des heutigen Paris zwischen dem Tuileriengarten und dem Place de l'Étoile beweist die völlige Identität aller Raumgedanken. In der Tat ist dieses Stück Paris auch gar nicht als Stadt angelegt worden, sondern als stilisierte Landschaft. Die Stadt ist erst im neunzehnten Jahrhundert in diese Landschaft hineingewachsen, und die ganze Welt, die Paris zum Vorbild nahm, hat gar nicht gemerkt, daß dieser wunderschöne Trakt ursprünglich mit dem eigentlichen Städtebau nichts zu tun hat. In Berlin ist der Tiergarten nach demselben Vorbild angelegt, mit dem Kleinen Stern und dem Großen Stern an der Stelle, wo in Paris der Rond-Point und große Sternplatz des Triumphbogens die Hauptstraße unterbrechen.

Wäre Berlin in den Tiergarten hineingewachsen, würde die Gleichheit der Gedanken auf den ersten Blick auffallen. Mit diesem Stadtviertel, das stilisierte Landschaft ist und für stilisierte Stadt genommen wurde, hat Paris den Städtebau der ganzen Welt aus den Angeln gehoben. Aus dieser stilisierten Landschaft stammt vor allen Dingen die Tendenz vieler Städtebauer, unvernünftig breite Straßen, Sternplätze und Plätze mit vielfach durchbrochenen Wänden anzulegen. Während im achtzehnten Jahrhundert die erweiterten Residenzen Berlin, Dresden, Ansbach usw. und die Neugründungen, wie Karlsruhe und Mannheim, künstliche Gebilde waren, die wesentlich dem Repräsentationsbedürfnis der Fürsten ihren Ursprung dankten, sind in der zweiten Hälfte des neunzehnten Jahrhunderts bei der neuen Erstarkung des Bürgertums die deutschen Großstädte in einer auf dem europäischen Festland noch nicht erlebten Raschheit und Üppigkeit emporgeschossen. Die rasche Ausbreitung der Städte seit 1850 ist allen Stadtverwaltungen und Städtebauern über den Kopf gewachsen. Es konnten die Erfahrungen, deren man für eine rationelle Ausbildung der modernen Stadt bedurft hätte, nicht so rasch wachsen wie das Bedürfnis, und es stellten sich deshalb sehr bald Bedenken ein gegen die Anlage und den Ausbau der neuen Stadtteile. Das intensive Studium der Stadt, das vor ungefähr vierzig Jahren eingesetzt hat, darf als ein Ergebnis der Beobachtungen an vielfach verfehlten Stadtgebilden unserer Zeit betrachtet werden. Auch für diese jüngste praktische Entwicklung des Städtebaus läßt sich heute schon das neue Gesetz, unter dem die Arbeit ausgeführt worden ist, aufweisen. Wie die neuen Städte des achtzehnten Jahrhunderts sich den Gesetzen einer fremden Kunst unterwarfen, denen des architektonischen Gartens, so hat der Städtebau in der zweiten Hälfte des neunzehnten Jahrhunderts sich ebenfalls von einer anderen Kunst bestimmen lassen, und zwar wiederum von der Gartenkunst. Nun aber nicht mehr vom regelmäßigen architektonischen

Garten, sondern vom naturalistischen, dem sogenannten englischen Landschaftsstil.

Während im Städtebau des achtzehnten Jahrhunderts der
Fürst die treibende Kraft war, trat in der zweiten Hälfte des
neunzehnten Jahrhunderts in den neuen Großstädten nicht
etwa das neue Bürgertum an seine Stelle. Es hätte die Macht
gehabt, wo es Mittel hergab, aber es besaß weder die Bildung,
noch hatte es das starke Bedürfnis des Fürsten. So kam es,
daß in den meisten Fällen der Ingenieur, der die komplizierte
Technik des Straßenbaus mit seinen Siel-, Gas- und Wasser-
röhren entwickelte, zugleich der Städtebauer wurde.

Er war für die künstlerische und kulturelle Seite seiner Aufgabe nicht erzogen. Kein schärferer Gegensatz als zwischen
der Persönlichkeit der Städtebauer des achtzehnten und neunzehnten Jahrhunderts, zwischen dem Fürsten und dem
Ingenieur.

Der Fürst des achtzehnten Jahrhunderts, im Besitz aller Bildung seiner Zeit, auch der höchsten künstlerischen Bildung,
ein Mensch mit den anspruchsvollsten Augen, dem der Kunstgenuß ein physisches Bedürfnis war, der sich mit dem Edelsten
und Kostbarsten umgab, was Vorzeit und Mitzeit erzeugt
hatten, war in seinen Palast- und Gartenbauten wie in seinen
Stadtanlagen überall auf Monumentalität und höchste Raum-
schönheit aus, auch wo seine Anlagen heute unbequem sind.

Der Ingenieur, dem in der zweiten Hälfte des neunzehnten
Jahrhunderts die Kunst des Städtebaus überantwortet wurde,
war als Spezialist für sein technisches Fach erzogen. Das
Wachstum seines Geistes, die Ausbildung seiner Empfindung
waren nicht in erster Linie durch künstlerische Eindrücke und
künstlerische Tätigkeit bestimmt, sondern durch die Aneig-
nung eines sehr ausgebreiteten Wissens und dessen praktische
Anwendung. Er war eher Gelehrter als Künstler. Soweit bei
seiner Erziehung die künstlerische Seite überhaupt mitsprach,
pflegte er in der gotischen Schule erzogen zu sein, besonders
der hannoverschen. Durch diese frühe Spezialisierung des
Kunstgefühls auf die Formen eines toten Stils stand der

Ingenieur der lebenden Kunst – Malerei, Plastik, Architektur –
gleichgültig oder doch ohne den unentbehrlichen engen Anschluß gegenüber, um nicht zu sagen, verständnislos oder
feindselig. Wie in der Architektur der Gotik, war er im Gar-
tenbau der sogenannten englischen Landschafterschule ergeben, in der besonderen Form der Ausartung, der sie in
Deutschland verfallen war. Die Gotik und der Stil der freien
Landschaft machten den Ingenieur zum Romantiker, eine
Verquickung, an die sich ohne Lächeln nicht denken läßt.

Da nun niemand zu schaffen vermag aus Eigenschaften und
Fähigkeiten heraus, die er nicht besitzt, so mußte die Stadt,
die der gelehrte, spezialisierte, kunstfremde oder kunstfeind-
liche, romantische Ingenieur baute, von Grund aus anders
aussehen als die Stadt, die dem Willen des künstlerisch gebildeten, monumental gesonnenen Fürsten ihr Dasein dankte.

Dem Ingenieur waren die Gesetze des mittelalterlichen Städtebaus ebensowenig bekannt wie die vom architektonischen
Garten abhängigen der fürstlichen Städtebaukunst des achtzehnten Jahrhunderts, denn sie wurden erst entdeckt, als die
Stadtpläne des größten Teils der neuen Riesenstädte schon
ausgeführt waren.

Das Neue, das der Ingenieur schuf, konnte nur aus der Quelle
seines durch und durch romantischen Wesens stammen. Wie
der Fürst seine Städtebaugedanken aus dem architektonischen
Garten, so holte er sie aus dem romantischen, dem englischen
Garten. Die neuen Züge des Städtebaus der Ingenieure sind,
soweit sie nicht der Technik entspringen oder, wie Allee und
Sternplatz, unbesehen aus dem Apparat der fürstlichen Zeit
stammen, als Anwendung oder Übertragung von Gedanken
aus dem englischen Garten zu verstehen.

Le Corbusier

Es ist interessant, zu sehen, wie der Städtebau auch einen architektonischen Revolutionär, wie L e C o r b u s i e r (geb. 1887), dazu
führt, alles Denken aus dem Begriff der Ordnung zu entwickeln.
Die Möglichkeit, aus dieser an sich gesunden Theorie umstreit-
bare praktische Folgerungen zu ziehen, ergibt sich, wenn g e o -
m e t r i s c h e Ordnung, statt inneres Gesetz zu sein, zur äußeren
Macht der Formgebung erhoben wird.
Unser Aufsatz bildet das zweite Kapitel des Buches „Grund-
probleme des neuzeitlichen Städtebaues" (Deutsche Verlags-
Anstalt, Stuttgart 1929).

DIE ORDNUNG

1926

Wir behaupten, daß die Aufgabe des Menschen darin
besteht, Ordnung zu schaffen, und daß sein Handeln
und Denken regiert werden von der Geraden und dem rechten
Winkel; daß die Gerade ein ihm angeborenes Mittel ist und
für sein Denken ein erhabenes Ziel darstellt.
Der Mensch, Geschöpf des Weltalls, erfüllt von seinem Standpunkt aus das Universum; er vollzieht dessen Gesetze, er hat
geglaubt, sie zu lesen; er hat sie formuliert und in ein zu-
sammenhängendes System gebracht. Zustand rationellen Wissens, nach dem er handeln, erfinden und schaffen kann. Dieses
Wissen setzt ihn nicht in Gegensatz, sondern in Einklang zum
All; er hat also guten Grund, so zu handeln, und er vermöchte nicht anders zu handeln. Gesetzt, er schüfe ein vollkommen logisches System, aber im Widerspruch zu den irdischen Gesetzen, was geschähe, wenn er versuchte, von der
schärfst durchdachten Theorie zu ihrer Anwendung in der
Umwelt überzugehen? Beim ersten Schritt käme er nicht
weiter.
Die Natur bietet sich unseren Augen unter chaotischer Form:
die Himmelswölbung, der Lauf der Ufer bei Meer und Seen,
der Umriß der Berge. Das Bild vor unserem Blick ist zerhackt,
überschnitten, in der Ferne verschwommen, nichts als Ver-

wirrung. Nichts hat das Aussehen der Dinge, mit denen wir
uns umgeben, der Dinge, die wir geschaffen haben. Rückt man
der Natur allzu nahe auf den Leib, so sieht man nichts als
eitel Zufälligkeit.

Der Geist, der die Natur beseelt, ist ein Geist der Ordnung;
wir lernen ihn wissen. Wir unterscheiden zwischen dem, was
wir s e h e n , und dem, was wir lernen oder w i s s e n . Die
Menschenarbeit wird nach dem, was wir wissen, geregelt.
Wir verwerfen also das Aussehen der Dinge, um uns an das
zu halten, was die Dinge sind.

Betrachte ich einen beliebigen Menschen, so stellt er sich mir
als etwas Unvollständiges, Willkürliches dar. Meine Kenntnis
des Menschen bezieht sich nicht auf das, was ich in diesem
Augenblick sehe, sondern auf das, was ich von ihm weiß.
Wenn er mir das Gesicht zeigt, sehe ich nicht seinen Rücken;
wenn er mir die Hand entgegenstreckt, unterscheide ich weder
Finger noch Arm mehr; aber ich weiß, wie sein Rücken ist,
weiß, daß er fünf Finger und zwei Arme von bestimmter Gestalt hat, tauglich zu bestimmten Verwendungen. Das Gesetz
der Schwere scheint uns den Kampf der Kräfte zu entscheiden
und das All im Gleichgewicht zu halten; dank ihm haben wir
die Vertikale. Am Horizont zeichnet sich die Horizontale ab;
eine Linie, die für uns Inbegriff der Unbeweglichkeit ist. Die
Senkrechte bildet mit der Waagrechten zwei rechte Winkel.
Es gibt nur eine Senkrechte, es gibt nur eine Waagrechte: Sie
sind zwei feststehende Größen. Der rechte Winkel ist gleichsam die Integrale der Linie vom transzendentalen Grundriß
der Unbeweglichkeit. Die Vertikale ergibt mit der Horizontalen zwei rechte Winkel. Es gibt nur eine Vertikale, es gibt
nur eine Horizontale; es sind zwei Konstanten. Der rechte
Winkel ist sozusagen der Totpunkt der Kräfte, die die Welt
im Gleichgewicht halten. Es gibt nur einen rechten Winkel,
aber es gibt eine unendliche Menge all der anderen Winkel;
der rechte Winkel besitzt also ein Vorrecht vor den anderen
Winkeln: er ist einzig, er steht fest. Zu seiner Arbeit braucht
der Mensch feststehende Größen. Ohne feststehende Größen

vermöchte er nicht einmal einen Schritt vor den anderen zu
setzen. So kann man sagen: Der rechte Winkel ist das zum
Tätigsein notwendige und ausreichende Werkzeug, weil er
den Raum mit vollkommener Eindeutigkeit zu bestimmen
dient. Der rechte Winkel ist auffaßbar, mehr, ist Teil unserer
Bewußtheit, ist notwendig.

In die chaotische Natur hinein schafft der Mensch zu seiner
Sicherheit eine eigene Umwelt, eine Schutzzone, die im Einklang mit dem steht, was er ist und was er denkt; er bedarf
der Merkzeichen, der befestigten Plätze, darin er sich in
Sicherheit fühlt: er bedarf Dinge seiner Begriffswelt. Was er
macht, ist eine Schöpfung, und diese widerspricht um so mehr
der natürlichen Umwelt, je näher sein Ziel seinem geistigen
Ich liegt und je weiter es sich von seinem körperlichen Ich
trennt. Man kann sagen, je weiter sich die menschlichen
Werke vom unmittelbar Greifbaren entfernen, desto mehr
neigen sie zur reinen Geometrie: eine Geige, ein Stuhl, die
unseren Körper berühren, sind von geringerer Geometrie:
aber die Stadt ist reine Geometrie. In Freiheit neigt der
Mensch zur reinen Geometrie. Er schafft dann, was man Ordnung nennt.

Ordnung ist für ihn unerläßlich, sollen seine Werke nicht
zusammenhanglos und ohne Fortwirkung sein. Er verbindet
mit ihr, er legt in sie die Idee der Vortrefflichkeit. Je vollkommener die Ordnung ist, um so wohler fühlt er sich, um
so mehr in Sicherheit. Im Geiste errichtet er Konstruktionen
auf der Grundlage der Ordnung, die ihm sein Körper auferlegt, und er wird Schöpfer. Das Menschenwerk heißt Ordnung. Vom Himmel aus gesehen, erscheint sie auf dem Erdboden in geometrischen Figuren. Und wenn wir über die
zerklüftetsten Gebirge eine Straße bauen, die in Schleifen
hinanführt, so gibt auch sie noch eine klare geometrische
Funktion, und ihre Windungen tragen Exaktheit in den
Tumult ringsum.

Auf den höchsten Stufen des Schaffens streben wir zur aller-
reinsten Ordnung: zum Kunstwerk. Welch Riesenabstand,

ausgefüllt mit Einteilen und Wertebestimmen, liegt zwischen
der Hütte des Wilden und dem Parthenon? Wenn das Werk
in Ordnung ist, überdauert es die Zeiten, bleibt es für die
Geister ein Gegenstand der Bewunderung. Das ist das Kunstwerk, eine Menschenschöpfung, die nichts von den Ansichten
der Natur mehr an sich hat, sondern zusammen mit der Natur
die gemeinsamen Gesetze.
Der Mensch untergräbt und zerhackt die Natur. Er widersetzt
sich ihr, er zwingt sie nieder, er richtet sich in ihr ein. Kindliche und großartige Arbeit!
Immer hat er es getan, immer hat er seine Häuser und Städte
gebaut. Die menschliche, die geometrische Ordnung herrscht
darin, hat immer darin geherrscht, und die großen Zivilisa-
tionen geprägt, hat die leuchtenden Male hinterlassen, die
unseren Stolz ausmachen und unsere Mahner bleiben.
Die prähistorische Pfahlbausiedlung, die Hütte des Wilden,
Haus und Tempel Ägyptens, Babylon, dessen Name im Gedächtnis mit Macht und Pracht zusammenfällt, die chinesische
Stadt der hohen Kultur, Peking, alle zeigen einmal, wie der
rechte Winkel und die Gerade sich unlösbar an jede Menschen-
tat heften (der Mensch, der sein Werkzeug schafft und es
wunderbar vervollkommnet, geht praktisch vom rechten
Winkel aus und endet in der Idee beim rechten Winkel), beweisen sodann, wie der Geist auf der Höhe seines Könnens
und seiner Größe sich durch den rechten Winkel ausspricht,
augenfällige Vollkommenheit und Probe zu gleicher Zeit,
wunderbares und vollendetes, einziges, feststehendes, reines
System, tauglich, sich und die Idee des Ruhmes, der Herrscher-
siege, an die Idee der höchsten Reinheit zu knüpfen, Urzelle
der Religionen.
Wenn man aus der Luft auf die tobende und verworrene Erde
niederblickt, so sieht man, daß die menschliche Mühe durch
alle Jahrhunderte und auf allen Punkten auf dasselbe zielt.
Tempel, Städte, Häuser sind Zellen von wesensgleichem Aussehen. Man kann sagen, das Menschentier ist, gleich der Biene,
ein Konstrukteur geometrischer Zellen.

Sagen wir also, daß wir uns seit hundert Jahren, überrannt in
der großen Stadt von einer plötzlichen, unzusammenhängen-
den, brausenden, unvorhergesehenen und überwältigenden
Flut, geknebelt und aus dem Sattel gehoben, aufgegeben
hatten: wir haben nicht mehr gehandelt. Und das Chaos ist
mit seinen verhängnisvollen Folgen über uns gekommen. Die
Großstadt, Phänomen der Kraft in der Bewegung, ist heute
eine drohende Katastrophe, weil sie nicht mehr beseelt ist vom
Geist der Geometrie.

VII. TEIL

Otto Wagner

Otto Wagner (1841—1918) war das Haupt des Künstler-
kreises, der sich um die Jahrhundertwende in Wien unter dem
Begriff „Sezession" zusammenscharte.
In einem 1896 erschienenen programmatischen Buch „Moderne
Architektur" (Verlag Anton Schroll, Wien) behandelt er als ersten
Abschnitt das Thema „Architekt". Die Ausführungen sind etwas
gekürzt.

DER ARCHITEKT

1896

Als die Krone des modernen Menschen in seiner glücklichen Vereinigung von Idealismus und Realismus wurde
der Architekt gepriesen. Leider empfindet nur er selbst, während die Mitwelt wenig teilnehmend abseits steht, das Wahre
dieses Ausspruches, und auch ich muß, auf die Gefahr hin,
des Größenwahns geziehen zu werden, in das Preislied ein-
stimmen.
Die bis ans Lebensende reichende Ausbildung des Architekten,
die mit seinem Schaffen verbundene Verantwortlichkeit, die
der Realisierung seiner Werke sich entgegenstellenden großen
Schwierigkeiten, die Indolenz und die verschrobenen Ansichten der Menge in bezug auf Architektur, eine leider zu
häufige Mißgunst und die Verschiedenheit der Anschauungen
seiner Fachgenossen bedecken seinen Lebenspfad beinahe
immer mit Dornen, und nur zu oft blickt er wehmütig auf
die Jünger der Schwesterkünste, welche in der Regel den mit
Rosen bestreuten Lebensweg, von der Menschheit getragen,
zurücklegen. Lob und Tadel, die, wie Sonne und Regen den
Boden, eine Künstlerlaufbahn befruchten sollen, zeigen sich
selten am architektonischen Himmel, nur das ewige Grau der
Praxis und das unheimliche Dunkel der allgemeinen Gleich-
gültigkeit verschleiern jeden freien heiteren Ausblick.
Auf einen momentanen Erfolg, auf sofortige ideale Entlohnung kann der Architekt nie rechnen. Die erhoffte Anerkennung wird ihm vielleicht nach Jahren, wenn er unter
einer Last von Unbilden ein Bauwerk vollendet hat, zuteil;

der Höhepunkt seiner künstlerischen Ekstase und Schaffens-
freudigkeit liegt aber in jenem Zeitpunkte, wo er einen seiner
Ansicht nach glücklichen Grundgedanken, allerdings für jedermann unsichtbar und unverständlich, skizziert.
Der Architekt hat daher in der inneren Befriedigung den
größten Teil seines Lohnes zu suchen. Nichtsdestoweniger
muß er mit gleicher Liebe und Ausdauer sein Werk stets im
Auge behalten und nicht irre oder müde werden, wenn selbst
seine pekuniäre Entlohnung, wie es leider die Regel ist, einem
Almosen gleichkommt, und es der Welt wie bisher auch fernerhin gefallen sollte, beispielsweise einer Sängerin für eine
Stunde Singens so viel zu geben, als sich Gottfried Semper
sein ganzes Leben lang trotz aller Sparsamkeit verdiente.
Unter den bildenden Künsten ist die Baukunst allein wirklich
schaffend und gebärend, das heißt, sie allein ist imstande,
Formen zu bilden, welche der Menschheit schön erscheinen,
ohne das Vorbild in der Natur zu finden. Haben diese Formen
zwar im Natürlich-Struktiven ihren Keim, im Material ihren
Ursprung, so liegt doch das Gewordene so weit vom Ausgangspunkte, daß es als volle Neubildung gelten muß.
Es kann daher nicht befremden, zu hören, daß in der Baukunst der höchste Ausdruck menschlichen, an das Göttliche
streifenden Könnens erblickt wird.
Und mit Recht! Liegt doch ein Beweis für das Gesagte in der
unbegreiflichen überwältigenden Macht, welche die Werke
der Baukunst auf die Menschheit ausüben, ja sie förmlich zur
Beschauung zwingen. Es muß daher die Architektur als die
mächtigste aller Künste bezeichnet werden.
Jede künstlerische Fähigkeit setzt sich aus zwei Eigenschaften
des Individuums zusammen, aus dem angeborenen Können
(Veranlagung) und aus dem erlernten und erdachten Wissen.
Je mehr diese beiden Eigenschaften zutage treten und sich die
Waage halten, desto größer wird der Wert des durch sie ge-
schaffenen Kunstwerkes sein. Es ist kaum nötig, hierfür ein
Exempel anzuführen, doch mag des leichteren Verständnisses
halber bemerkt werden, daß beispielsweise Hans Makart

mehr angeborenes Können als erlerntes Wissen in sich hatte,
während bei Gottfried Semper ersichtlich das umgekehrte
Verhältnis zutage trat. Beim Architekten wird in den meisten
Fällen, durch das ungeheure aufzunehmende Studienmaterial
bedingt, das Sempersche Verhältnis vorwalten.

Bei Malern und Bildhauern scheint sogar ein Erfolg ohne bewußtes erlerntes Wissen denkbar – während dies beim
Architekten sicher ausgeschlossen ist.

Dieses angeborene Können besteht vorwiegend aus Phantasie,
Geschmack und manueller Fertigkeit; und gerade diese Eigenschaften sind es, welche bei der Berufswahl des Architekten
so schwer ins Gewicht fallen und gegen welche von Seite der
Berufsbestimmer so viel gesündigt wird.

Es können ja Lust und Liebe von Seite des Jüngers vorhanden sein, wenn aber Phantasie, Geschmack und manuelle Fertigkeit oder auch nur eine dieser Eigenschaften fehlen, so ist
alle Mühe der Ausbildung umsonst. Leider nur zu oft finden
sich aus diesem Grunde Berufsänderungen, Künstlerjammer und
der traurige Typus verfehlter Existenz unter den Architekten.

Andererseits aber muß wieder festgestellt werden, daß die
Fülle des aufzunehmenden Wissens, die Erfahrung, das suk-
zessive Werden und Ausreifen jugendlich frischer Ideen bis zu
ihrer Verkörperung, den Zeitpunkt der vollen Reife des Architekten weit über jene Jahre hinausschiebt, in welchen bei anderen
Künstlern schon der Höhepunkt des Könnens erreicht wird.

Sicherlich ist es nicht zu weit gegangen, wenn man deshalb die
erfolgreiche Tätigkeit des Architekten über das vierzigste
Lebensjahr hinaus verlegt.

Zu diesen Schwierigkeiten, welche der Beruf selbst mit sich
führt, gesellen sich noch eine Reihe von Momenten, welche
weiter dazu beitragen, seinen Lebenslauf noch weniger rosig
zu gestalten. Eines der schwerwiegendsten und schädlichsten
ist das häufige Vorkommen von Kunstzwittern und Praxis-
vampyren. Der Architekt hat daher alles aufzubieten, damit
er jene Position zurückerobere und behaupte, welche ihm,
seinem Können und Wissen nach, absolut gebührt.

Hans Poelzig

Gelegentlich der „Dritten Deutschen Kunstgewerbe-Ausstellung, Dresden 1906" hat H a n s P o e l z i g (1860—1936) grundsätzliche Ausführungen im Rahmen der einleitenden Aufsätze gemacht, die dem das Bild dieser Ausstellung zusammenfassenden Buche „Das Deutsche Kunstgewerbe 1906" (Verlag F. Bruckmann, München) vorangestellt sind.

Der Aufsatz zeigt, daß man schon 1906 den Irrtum dieser Zeit erkannte, vom Kunstgewerbe ohne weiteres zur Architektur kommen zu können.

GÄRUNG IN DER ARCHITEKTUR

1906

Die Bauten auf der Dresdener Kunstgewerbe-Ausstellung 1906 spiegeln im wesentlichen den Gärungsprozeß wider, den unsere Architektur heute zu durchlaufen hat, dessen Ende noch nicht abzusehen, dessen Produkte kaum schon zu erkennen sind.

Die Hauptaufgaben der heutigen Architektur liegen nicht auf kirchlichem Gebiet, auch der repräsentative Monumentalbau profanen Charakters hat keinen maßgebenden Einfluß. Die wirtschaftlichen Fragen herrschen im Leben der neuen Zeit, und so häuft sich die Teilnahme von Volk und Künstlern auf die Architekturprobleme dieser Gattung, von der Wohnung bis zum Städtebau.

Und von hier aus gehen zumeist auch die Ansätze formalistischer Bildungen, soweit man davon in einer Zeit mannigfacher schwankender Versuche sprechen kann — Versuche, die in rascher Folge nun schon seit bald hundert Jahren das künstlerische Grundprinzip zu wechseln pflegen, auf dem sie aufgebaut werden.

Dem zumeist durch Schinkelsche Kunst gekennzeichneten Bemühen, Elemente der griechischen Formensprache auf unser Bauen zu übertragen, folgte das wahllose Aufgreifen der Formen verschiedenster Stilrichtungen der Vergangenheit — von der Gotik über die Renaissance, italienischer und deutscher Färbung, hin zum Barock und Empire — meist ohne

Rücksicht auf den inneren Geist der Formen, ohne Hinblick auf den Stoff, dem ihre Gestaltung ursprünglich entsproß.

Und mit dem vereinzelten Bemühen hervorragender Architekturlehrer in Süd- und Norddeutschland, durch eingehendes Studium der Kunstsprache der Alten und ihrer wahren Bedeutung zur Erkenntnis zu gelangen, kreuzten sich bald energische Versuche, eine neue Architekturweltsprache zu erfinden, deren Gefüge und Wurzeln keinem der bisherigen Stile entsprechen oder gleichen sollten.

Und wiederum beginnt jetzt das verschämte Aufnehmen von Architekturfremdwörtern mannigfacher Stilepochen, selbst primitiver Zeiten, unter äußerlicher Aufpfropfung auf Stämme oft grundverschiedenen Charakters.

In fast allen der Dekoration zunächst dienenden Zweiggebieten mit einfacheren Grundbedingungen ist die n e u e Z e i t z u e c h t e r S t i l i s t i k d u r c h g e d r u n g e n und hat hervorragende Leistungen schon hinter sich. Nach anfänglichem Schwanken begann in Anlehnung an die Arbeiten der Vorzeit, sogar mit starkem Einfluß eines asiatischen Kulturvolkes, ein heilsames Zurückgehen auf die dem Material eigene Technik und eine durch eingehendes Naturstudium unterstützte künstlerische Verarbeitung des gegebenen Vorwurfs.

Von alledem zeugen Tapeten, Stoffe, Glasfenster, Flächenschmuck und Kleinkunst verschiedenster Art auf der Deutschen Kunstgewerbe-Ausstellung laut genug, und auch die Architektur predigt das dekorative Geschick ihrer Schöpfer. Aber ebenso sinnfällig erweisen die guten wie die verfehlten Lösungen, daß eine wahrhafte Architektur mit dem Rüstzeug der Dekoration nicht zu meistern, d a ß m i t r e i n ä u ß e r l i c h e n M i t t e l n d e m P r o b l e m d e r h e u t i g e n A r c h i t e k t u r n i c h t b e i z u k o m m e n i s t.

D i e F l u c h t v o r a l l e m , w a s h i s t o r i s c h g e g e b e n , k a n n e b e n s o w e n i g R e t t u n g b r i n g e n , w i e d a s n u r d e k o r a t i v e Z u r ü c k g e h e n a u f F o r m e n d e r V e r g a n g e n h e i t.

Das Prinzip der äußerlichen Auffassung hat die Versuche mehrerer Jahrzehnte bestimmt, Formen verschiedenster Materialien nach einem in ein bestimmtes System gezwängten Linienspiel zu gestalten — ohne Rücksicht auf den Maßstab der Dinge. Abgesehen von der großen Beschränkung in der Erfindung, kann dieser Schematismus dem maßstablich Kleinen unschädlich sein, führt aber im großen, auf tektonische Aufgaben übertragen, zu Ungeheuerlichkeiten. Zum Teil aus dieser Erkenntnis heraus erfolgt der vielfach bemerkbare Verzicht auf tektonische Lösungen überhaupt: Stützen bleiben formlos und erhalten oft nur Flächenornamente, trennende Simse fallen fort.

Dadurch wird eine zuvor vermißte Ruhe der Erscheinung erwirkt, aber eine Ruhe, die gewaltsam erzwungen ist, nicht dem wirklichen Ausgleich der Gegensätze bei voller Betonung der tektonischen Übergänge entspringt.

Es ist ein mannigfach verbreiteter Grundirrtum der gärenden Zeit, daß oft plötzlich erzwungen werden soll, was nur Epochen zuwege bringen, und daß äußerliche Besonderheiten, die sich nicht organisch von selbst ergeben, dem einzelnen Werk eine hervorragendere Note verleihen sollen. Der Künstler wird abgelenkt von dem, was seine Hauptaufgabe sein muß, von einer seinem Temperament und Können unmittelbar entsprechenden unbeirrten Bewältigung seines Vorwurfs.

Wir vergessen auch, daß die ganz ungeschminkte Verwendung von Strukturen früherer Zeiten einem Bau, der in seiner Anlage Lebensforderungen unserer Zeit Rechnung trägt, schon von selbst ein unverwischbares, neuheitliches Gepräge geben muß, und daß richtige Verwendung des Materials und bewußte Konstruktion innere Vorzüge ergeben, die nicht durch noch so geschickte dekorative Zutaten ersetzt werden können.

Wir können die Vergangenheit zur Lösung der baulichen Aufgaben unserer Zeit nicht missen, wohl die Äußerlichkeiten, aber nicht die Arbeit, die vordem in der Bewältigung tektonischer Probleme geleistet worden ist.

Trotz aller struktiven Errungenschaften und Änderungen sind die meisten der vornehmsten Baustoffe noch die gleichen und viele Konstruktionen der Vergangenheit unübertroffen. Wir sind durchaus gezwungen, fest auf den Schultern der Vorfahren stehenzubleiben, und berauben uns des besten Halts, wenn wir g r u n d l o s von neuem selbständig zu experimentieren beginnen.

Und für die Aufgaben, die uns die Verwendung n e u e r Baustoffe stellt, gibt das eingehende Studium dessen, was bei anderen Materialien und Vorwürfen möglich und gut ist, erst den sicheren Blick und die rechte Freiheit − e i n e F r e i - h e i t , d i e d u r c h d i e g e i s t i g e V e r a r b e i t u n g u n d Ü b e r w i n d u n g d e s Ü b e r k o m m e n e n e r - k ä m p f t w i r d u n d m i t d e r Z ü g e l l o s i g k e i t n i c h t s g e m e i n h a t , d i e z u r R a t l o s i g k e i t f ü h - r e n m u ß .

Die traurige Rolle, die dem Eisen − dem gewaltigen Förderer leichten Gefüges und großer Spannungen − oft nur zugemutet wird, ist die eines Kupplers, der durch seine Schmiegsamkeit und die Fähigkeit, versteckt wirken zu können, die Vereinigung unorganisch aneinandergesetzter Bauglieder erst ermöglichen muß.

Jede baukünstlerische Arbeit deckt sich zunächst mit der Arbeit, die der Ingenieur auch zu leisten hat − und gerade der heutige Architekt sollte nicht das Recht haben, unlogisch zu sein. Wir sind und bleiben aber meist sentimental und verfahren ebenso romantisch, wie vordem die Wiederbeleber der formalen Gotik − nicht ihres tektonischen Kerns − um die Mitte des 19. Jahrhunderts; wir suchen immer noch vielfach nur den Stimmungsgehalt vergangener Epochen zu retten, ohne zunächst an das zu denken, was uns frommt.

Die Vergangenheit hat uns eine eingehende Kenntnis der Materialien und ihrer Eigenschaften vererbt, die Entwicklung der Wissenschaft schuf ein viel genaueres Erkennen der statischen Grundgesetze, und wir sind doch meist erheblich befangener und unlogischer als je eine Zeit, die nur mit gesundem Menschenverstand architektonischen Aufgaben gegenüberstand.

Dem Ingenieur bleibt es überlassen, eine Einheit zwischen Last und Stütze, die richtigen Abmessungen der aus verschiedenen Baustoffen bestehenden Glieder zu ermitteln und abzuwägen. — Der Baukünstler sucht noch allzusehr sein Heil in rein dekorativen Ausbildungen, die dem Gefüge des Bauwerks aufgenötigt werden und die Klarheit des Organismus schädigen.

Jede wirklich tektonische Bauform hat einen absoluten Kern, dem der in gewissen Grenzen wandelbare dekorative Schmuck wechselnden Reiz verleiht. Zunächst aber muß das Absolute gefunden werden, wenn auch noch in unvollkommener, in roher Form.

Und von der Entdeckung der reinen Kernform lenkt der Künstler ab, der lediglich von äußerlichen, schmuckkünstlerischen Erwägungen heraus an die Gestaltung baulicher Gliederungen herantritt.

Der Wohnungsbau ist der erste, der sich von einer äußerlichen Auffassung zu befreien beginnt, der von innen heraus Forderungen stellt, die ihm zur Echtheit verhelfen und berücksichtigt werden müssen.

Und doch raubt auch hier oft das Streben nach einem Mehrsagenwollen Ruhe und Selbstverständlichkeit, die bei einer Vereinfachung der großen Haltung erreicht werden können. Wir stecken auch hier noch zu sehr in einer äußerlichen, malerischen Auffassung und bedenken zu wenig, daß die Versöhnung zunächst widerstrebender Bauforderungen, Einheit von Material und Form, Beschränkung in der Wahl der Baustoffe, die Ruhe im Aufbau schaffen, die auch recht erst die Anwendung dekorativen Reichtums ermöglicht und erträglich macht.

Statt dessen schädigen wir oft gerade die Bauten von geringerem Umfange dadurch, daß wir ihre Bedeutung durch das
unorganische Hervorheben einzelner Bauglieder steigern wollen, und können uns nicht genug tun in der Anwendung ver-
schiedenartigster Baustoffe an einem Objekt. Und das malerische Spielen mit Emblemen und Zierbeschlägen aller Art,
soweit sie konstruktiv nichts zu besagen haben, verwirrt nur
und kann leicht dazu beitragen, der guten Sache einen senti-
mentalen Mantel umzuhängen, der den urteilslosen Nach-
ahmer reizt und ihn vom wahren Kern des Ganzen abzieht.
Die neue Bewegung trägt das Banner der
Sachlichkeit gegen überkommene, inhalt-
los gewordene Bildungen, die zum Schema
erstarrten. Eine Sachlichkeit in der Architektur ist nur
auf Grund einer gesunden Konstruktion und einer daraus entwickelten Formensprache möglich. Die Schöpfungsbauten
einer neuen Art können nur auf diesem Wege entstehen.
Noch ist das Gefüge unserer Architektensprache wirr, und es
fehlt das Erkennen dessen, was unbedingt sein m u ß. Noch
jagen wir modischen Manieren nach, die nach kurzer Zeit,
durch eine Reihe von Nachbildern vulgär gemacht, der Verachtung anheimfallen, während wirkliche Architektur als Produkt einer künstlerisch geleiteten intensiven Gedankenarbeit
dem Nachtreter wenig Möglichkeit zum unberechtigten Raube
bieten kann.
Schon kündet sich das Rechte, vor allem bei Aufgaben, deren
Komplikation gering ist, schon ist hier zuweilen der Weg des
ungesuchten künstlerischen Ausdrucks beschritten. Es ist an
der Zeit, nicht mehr durchaus einen Stil m a c h e n zu wollen,
nicht den Künstler mit der Forderung einer sich aufdrängen-
den eigenen Note zu belasten, die ihn zu Äußerlichkeiten
treibt, sondern zunächst nichts zu fordern als u n e r b i t t -
liche Sachlichkeit und geschmackvolle
Durchbildung des klar erkannten Problems.

Hermann Muthesius

Hermann Muthesius (1861—1927) hat sich durch Wort und Beispiel unermüdlich um die Gesundung der bürgerlichen Baukunst bemüht.

Mit dem vorliegenden Aufsatz leitet er eine Sammlung „Mustergültiger deutscher Landhäuser" aus der Jahrhundertwende ein: „Das moderne Landhaus" (Verlag Bruckmann, München 1905).

DAS MODERNE LANDHAUS

1904

Das moderne Landhaus ist ein Kind unserer Zeit, und seine Entstehung hängt mit den sozialen Umbildungen zusammen, die unsere Wohnverhältnisse in den letzten fünfzig Jahren durchgemacht haben. Man könnte sagen, daß das Landhaus ein Erzeugnis der Stadtkultur sei. Der Drang in die Stadt ist einer der auffallendsten Züge des letzten Jahrhunderts gewesen. Der Städter überwiegt im Volksbild allmählich den Landbewohner, seine Empfindungs-, seine Denkungsweise wird die allgemeine. Mit dem Leben in der Stadt stellt sich aber auch die Folge jener ungesund gesteigerten Lebensbedürfnisse ein, die die enge Zusammenscharung anregender Elemente und der gehobene geschäftliche Austausch mit sich bringen. Der Städter wird überreizt, nervös, er fängt an, an Leib und Seele zu kranken.

Hier entspringt das Bedürfnis nach dem modernen Landhause. Man verlangt Ruhe, ländliche Umgebung, gesunde Luft. Man will dem Lärm, dem überhandnehmenden Gesellschaftsgetriebe entgehen. Man will ein mehr persönliches Leben führen. Und noch ein anderer Wunsch taucht auf: man will in seinen eigenen vier Pfählen wohnen. Man hat genug von dem Wechsel des Mietwohnungswesens, das zwar das stete Bewußtsein gewährt, nicht gebunden zu sein, dafür aber auch nie zur Ruhe und Vertiefung gelangen läßt. Alles das drängt den Städter hinaus aufs Land. Mit vermehrter Liebe zur Natur geht er hinaus, mit jenem Heißhunger, den die lange Entbehrung erzeugt hat. Seine Stellung zur Natur ist eine neue und ganz andere als die desjenigen Menschen, der nie das Land verlassen hat. Der Städter kehrt zur Natur zurück, er genießt nun ihre Schönheiten bewußt. Den Bauern beeinflussen sie nur unbewußt, sie äußern sich höchstens in negativem Sinne, wenn ihn in der Ferne das Heimweh ergreift. In den letzten Jahrzehnten hat sich in allen Ländern eine Flucht aus der Stadt bemerkbar gemacht, deren Einsetzen und deren Intensität je nach der wirtschaftlichen Entwicklung der Länder verschieden war. Am frühesten fing sie wohl in England an, sie ist heute dort, man könnte sagen, organisiert und so allgemein, daß es das Verlangen jedes Stadtbewohners ist, auf irgendeine Weise, sei es durch ständiges Leben in einem Vorstadthause, sei es durch Unterhaltung eines Sommer- und Ferienhauses im fernen Lande, mit der Natur in Verbindung zu treten. In Deutschland stehen wir erst am Beginn einer allgemeinen Bewegung, der Stadt zu entfliehen, und diese Bewegung hat sich bisher fast ausschließlich darin geäußert, daß die städtische Etagenwohnung zugunsten eines Vororthauses verlassen wird. Sommer- und Ferienhäuser sind doch eine große Ausnahme. Wenn aber nicht alle Anzeichen trügen, wird sich dieser Zug aufs Land in der nächsten Zeit noch ungemein verstärken. Der Widerspruch gegen das Wohnen in der Etage wächst in den breitesten Schichten der Großstadtbevölkerung. Rings um die Großstädte bildet sich ein Gürtel von landhausmäßig bebauten Ansiedlungen. Es herrscht regste Bautätigkeit, und jedes Jahr sieht die Gründung neuer „Terraingesellschaften", die sich die Anlage solcher Ansiedlungen zur Aufgabe machen. Selbst hohe Beamtenkreise, die bisher noch die Vorstellung hatten, daß im Vorort nur Subalterne wohnten, und daß repräsentative Pflichten sie mit Notwendigkeit in der Großstadt zurückhielten, fangen jetzt an, das Einzelhaus im Umkreis der Stadt mit der städtischen Etage zu vertauschen. — Man kann wohl sagen, daß es heute keinen Städter mehr gibt, den nicht bei dem Gedanken des Wohnens auf dem Lande ein leises Sehnsuchtsgefühl durchwehte.

Freilich bedingt das Wohnen auf dem Lande eine Änderung der städtischen Lebensgewohnheiten. Es ist nicht mehr möglich oder würde wenigstens absurd sein, die „Geselligkeit" in derselben Weise zu pflegen, wie sie heute in der Großstadt üblich ist. Die allabendlichen Diners, die der Hotelwirt in die Etage liefert, und die der Gastgeber durch gemietete Diener in Livree servieren läßt, werden ebenso zur Unmöglichkeit wie der allabendliche Besuch von Konzerten und Theatern. Wer diese Gewohnheiten des Stadtlebens fortsetzen wollte, für den würde der ländliche Aufenthalt nicht eine Erholung, sondern eine Plage sein. Ob der Mensch aber durch Einschränkung dieser Zerstreuungen in seinem inneren Leben eine Einbuße erleidet, ist mindestens zweifelhaft. Es sind nicht die tiefsten Naturen, die solche Anregungen in der Menge nötig haben, in der sie heute von großstädtischen Kreisen genossen werden. Wer stets nur angeregt wird, dessen innere Betätigungskraft erlahmt. Ein Abend selbstgemachter Hausmusik bringt oft tiefere Erbauung, als der Besuch eines Virtuosenkonzerts, ein Leseabend im Familienkreise kann einen erziehlicheren Einfluß ausüben, als der gewohnheitsmäßige Besuch des Theaters. Und eine als Steckenpferd betriebene wissenschaftliche Beschäftigung erhöht den Reiz des Lebens mehr als der Besuch aller möglichen aus entfernten Gebieten zusammengeholter Vorträge. Das Stadtleben ist zu einem Leben außer dem Hause geworden, das Landleben muß zu einem Leben im Hause werden. Die Pflege des Familienlebens wird im Landhause notwendigerweise eine Steigerung erfahren, an die Stelle des Bewußtseins, „sich jeden Augenblick verändern zu können", wird die ruhige Behäbigkeit des eigenen Besitzes, die Freude am Leben im eigenen Hause treten, die allein die stetige Ausreifung der Persönlichkeit gewährleistet. Die Pflege der persönlichen Kultur, von der jetzt so viel die Rede ist, kann kaum von dem Hotelleben der städtischen Etage aus erwartet werden. Zur persönlichen Kultur gehört eben nicht nur die innere anständige Gesinnung, die sich ja jeder Mensch in jeder Umgebung wahren kann, sondern auch die anständige äußere Gestaltung unseres Lebens. Wenn wir nun heute auch eine gewisse äußere Kultur in unserer Kleidung erlangt haben, so steht unsere heutige Stadtwohnung in desto größerem Widerspruch dazu. Ihr Inhalt birgt eine Summe von Unkultur, wie sie in den Wohnverhältnissen der Menschheit noch nicht dagewesen ist. Überall ist der billigste Surrogatschwindel mit Behagen entfaltet, und es herrscht das Bestreben, dem Urteilslosen durch Prunk der Ausstattung zu imponieren. Die Etagenwohnung wird von den ungebildetsten Elementen des Volkes geliefert und von den gebildetsten hingenommen. Wäre nicht der deutsche Geschmack auf einen kaum zu unterbietenden Tiefstand gesunken, wäre nicht das Gefühl für die einfachsten Forderungen der Gediegenheit, für ruhigen Anstand und vornehme Zurückhaltung gänzlich untergraben, so müßte es für den Gebildeten ebenso unmöglich sein, in diesen Etagen zu wohnen, als er es abweisen würde, schlechtsitzende Kleider aus schäbigem Stoff zu tragen, die äußerlich prätenziös aufgemacht sind. Die Forderung der Gediegenheit und geschmackvollen Zurückhaltung auch an die Wohnung und den Hausrat zu stellen, versagt der heutige Deutsche noch vollständig. Und doch ist das Zimmer, in dem wir wohnen, ebensogut ein Teil unseres Selbst wie der Rock, den wir anziehen, und wir sind ebensogut für die Gesinnung, die sich in unserer Wohnung ausdrückt, verantwortlich zu machen wie für die in unserer Kleidung. Es ist der nächste Schritt zur Verbesserung unserer Lebensauffassung und äußeren Kultur, wenn die städtische Etage zugunsten des ländlichen Hauses aufgegeben wird. Die Möglichkeit der Erreichung unseres letzten Kulturzieles wird zum großen Teil mit davon abhängen, ein wie großer Prozentsatz der Bevölkerung diesen Schritt zu tun wagt. Die heutigen Verkehrsverhältnisse sind entwickelt genug, um auch größere Wegstrecken leicht zu überwinden. Post, Telegraph und Telephon entstehen schleunigst in jeder Neuansiedlung. So gibt es keine Weltverlorenheit mehr, die Technik setzt uns in den Stand, örtliche Entfernungen zu mißachten und raubt dem städtischen

Zusammendrängen – dem ausgesprochenen Zug der letzten
sozialen Entwicklung – seine Berechtigung.

Die Entwicklung des Landhauses ist wesentlich mit der Entwicklung der Verkehrsmittel verknüpft gewesen. Es beginnt
zu entstehen, sobald sich die Eisenbahnverbindung einfindet,
und seine Verbreitung hängt von der immer weitergehenden
Ausbildung des Verkehrsnetzes ab. Abgesehen von den vereinzelten Landsitzen der Fürstlichkeiten und einzelner Geld-
leute beginnt das Landhaus erst nach 1850 als Typus aufzutreten. Der nationale Aufschwung Deutschlands von 1870
brachte mit der Vermehrung der äußeren Mittel auch eine
Steigerung des Wohnbedürfnisses und mit dieser in der Umgebung der Großstädte eine vermehrte Landhausbautätigkeit.
In dieser Zeit war es, daß die namhaftesten Landhausvororte
an den von der Natur bevorzugten Punkten der Großstädte
entstanden. Seitdem hat sich der Zug aufs Land ständig vergrößert und hat gerade in den letzten Jahren einen neuen
Aufschwung genommen, in dessen Mitte wir jetzt stehen.

Peter Behrens

Peter Behrens (1868—1939) gehört zu den Architekten,
die aus der lebendigen Erfassung aller Regungen ihrer Zeit ihre
Kraft schöpften.
Der nachstehende Aufsatz ist dem „Jahrbuch des Deutschen
Werkbundes 1914" entnommen, das den Fragen des Verkehrs ge-
widmet war.

EINFLUSS VON ZEIT- UND RAUMAUSNUTZUNG AUF MODERNE FORMENTWICKLUNG

1914

Wenn von der Entwicklung der modernen Form gesprochen wird, so geschieht es aus der Sehnsucht nach
einem eigenen Formausdruck unserer Zeit. Unsere Zeit hat
die Einheitlichkeit in ihrer Formerscheinung noch nicht gewonnen, die die Bedingung und das Zeugnis zugleich für
einen Stil ist. Welche Bedingungen mit einem heutigen Kunstwollen übereinstimmen, welches die Grundlagen für eine einheitliche Formsprache sind, ist uns nicht bekannt, sonst würden wir die Erklärung eines Stiles für unsere Zeit geben
können. Ein Stil ist nur im Rückblick und in genügend weitem
Abstand von einem in sich abgeschlossenen Zeitabschnitt
erfaßbar. Wissen können wir nur, daß es niemals eine einzige
Bedingung, sondern ein Komplex von materiellen und ideellen Bedingungen war, der die stilgebende Formgestaltung
bestimmte.
Zweifellos sind Zeit- und Raumausnutzung von sehr bestim-
mendem Einfluß auf die Form, so gut wie es die Konstruk-
tionsart und das Baumaterial ist. Aber ebensowenig wie diese
sind jene allein entscheidende Grundursachen, sondern sie
gehören zu dem gesamten Bedingungskomplex, der den einheitlichen Formausdruck auch eines kommenden Zeitab-
schnittes bestimmen wird. Vielleicht sind sie, weil sie die
praktische Seite unseres Lebens betreffen, greifbarere und
weniger bestreitbare Grundursachen, und außerdem sind Zeit

und Raum Begriffe, die einer psychischen Weltauffassung nahestehen.

Zeit- und Raumausnutzung könnte man ihrer Wirkung nach als das rhythmische Prinzip bei der Formgestaltung auffassen. Rhythmik ist eigentlich ein Zeitmaß, ein Maß der Bewegung. Aber es erscheint berechtigt, diese Bezeichnung auch für die bildende Kunst in Anspruch zu nehmen, wenn man geneigt ist, sie nicht als etwas Starres, sondern als etwas organisch Lebendiges aufzufassen.

Wir empfinden einen anderen Rhythmus in unserer Zeit als in einer der vergangenen Zeiten. So ist es auch eine rhythmische Auffassung, wenn wir sagen, daß unsere Zeit schneller dahineilt als die unserer Väter.

Eine Eile hat sich unserer bemächtigt, die keine Muße gewährt, sich in Einzelheiten zu vertiefen. Wenn wir im überschnellen Gefährt durch die Straßen unserer Großstädte jagen, können wir nicht mehr die Einzelheiten der Gebäude gewahren. Ebensowenig können vom Schnellzug aus Städtebilder, die wir im schnellen Vorbeifahren streifen, anders wirken als nur durch die Silhouette. Die einzelnen Gebäude sprechen nicht mehr für sich. Einer solchen Betrachtungsweise unserer Außenwelt, die uns in jeder Lage bereits zur steten Gewohnheit geworden ist, kommt nur eine Architektur entgegen, die möglichst geschlossene, ruhige Flächen zeigt, die durch ihre Bündigkeit keine Hindernisse bietet. Wenn etwas Besonderes hervorgehoben werden soll, so ist dieser Teil an das Ziel unserer Bewegungsrichtung zu setzen. Ein übersichtliches Kontrastieren von hervorragenden Merkmalen zu breit ausgedehnten Flächen oder ein gleichmäßiges Reihen von notwendigen Einzelheiten, wodurch diese wieder zu gemeinsamer Einheitlichkeit gelangen, ist notwendig.

Die Neuanlage einer Stadt oder eines Stadtteiles hat, im Gegensatz zum mittelalterlichen Prinzip der unregelmäßig geführten gewundenen Straßen und der idyllisch winkligen Platzausbildungen, nach vorgefaßtem großzügigem Plan mit breiten, weithin durchgeführten graden Straßen zu geschehen.

Nicht das mittelalterliche malerische Idyll wird uns als er-
strebenswertes Schönheitsbeispiel dienen, sondern eher die
axialen Anlagen des Barockzeitalters werden der Baukunst
unserer Tage verwandt erscheinen. So werden auch nicht
Brücken, die einen ungehinderten Verkehr über einen breiten
Strom vermitteln sollen, an beiden Seiten durch Vertikal-
bauten abzuschließen sein, vielmehr haben wir das Bedürfnis,
die Brückenenden als Ausfahrt- und Anfahrtstraßen platzartig
zu erweitern.

Und wenn eine nach diesen Grundsätzen behandelte Architektur städtebaulich die stärkste Wirkung verspricht, so
kommt sie auch den neuzeitlichen Gebäuden selbst und vor
allem ihrer inneren Anordnung am besten entgegen. Handelt
es sich doch bei den umfangreichen Geschäftshäusern der
Großstädte auch im Innern um Verkehr, auch hier um Zeit-
und Raumausnutzung. Wird der Zweck eines solchen Hauses,
der durch die Hauptbedingungen (größte Helligkeit der
inneren Räume, die fortdauernde Änderungsmöglichkeit ihrer
Größe und ihres Formats, ungehinderte Kommunikation und
volle Ausnutzung der bebauten Fläche durch Arbeitsplätze)
bestimmt wird, als künstlerisches Motiv genommen, so wird
auch hier das rhythmische Prinzip zu dem edelsten Formausdruck führen, der durch die abgewogene Proportion geschaffen wird. Gleichzeitig aber wird durch das Erkennen dieser rhythmischen Grundbedingungen typische Architektur
entstehen. Den Typus zu finden ist doch in aller Kunst, und
nicht zuletzt in der Architektur, ein hohes Ziel. Nicht nur das
einzelne Haus wird eine typische Gestalt annehmen, sondern
die Stadtteile und Städte selbst.

Zunächst wird die innere Geschäftsstadt immer mehr einen
ausgesprochenen Charakter erhalten. Die Zeit- und Raumausnutzung wird von selbst dazu führen, die Häuser so hoch wie
möglich aufzuführen. Der Nutzen des amerikanischen City-
Prinzips mit seinen überhohen Geschäftshäusern ist für jeden
erwiesen, der dort Geschäfte erledigt und den Vorteil der
durch diese Bauart gegebenen allgemeinen Nachbarschaft

schätzen gelernt hat. Aber auch in ästhetischer Beziehung sind es gerade diese Häuser, die im neuen Lande den stärksten Eindruck hervorrufen. Durch ihre kühne Konstruktion tragen sie den Keim einer neuen Architektur in sich. Und diese Höhenentwicklung ist nicht nur für das einzelne Haus von Bedeutung, sondern vor allem im städtebaulichen Sinne. Eine Stadt soll doch in städtebaulicher Beziehung als ein geschlossenes Architekturgebilde aufgefaßt werden. Einer Großstadt, die sich bis zur Unübersichtlichkeit ausdehnt, wird im raumästhetischen Sinne nicht mehr mit der gewiß anerkennenswerten Anlage von Plätzen allein geholfen. Auch wird die Wirkung eines Kirchturmes für das Gesamtbild in einer übermäßig flachgestreckten Ausdehnung versagen. Auch eine Stadtanlage verlangt nach Körperlichkeit und Silhouette, die nur in der Zufügung von kompakten, vertikalen Massen gefunden werden kann.

Wenn so die Geschäftsstadt ihr typisches Gepräge erhält, so ist nichts natürlicher, als daß die den großen Städten vorgelagerten Vororte zu einer Landhauszone werden, deren Bauart im Gegensatz zum Vertikalismus der inneren Geschäftsstadt horizontal charakterisiert ist. Ist es ein berechtigter Wunsch, in der inneren Geschäftsstadt keine Zeit durch das Zurücklegen langer Wegstrecken zu verlieren, sondern alle Geschäftsgelegenheiten in schnell erreichbarer Nähe zu haben, so ist das Verlangen, nach beendeter Geschäftzeit durch immer zu verbessernde Verkehrsmittel in die große freie Natur hinauszustreben und sich hier in erweiterter Freiheit ergehen und wohnen zu können, ebenso berechtigt.

Man darf im Wesen der Architektur die Hauptmerkmale von allem Formschaffen erkennen. Ihr passen sich willig alle anderen Formäußerungen des Lebens an. Darum wird der Rhythmus, der eine zeitgemäße Architektur bestimmt, auch die übrigen Formen, die unsere Umgebung bilden, beeinflussen, in erster Linie natürlich die Dinge, die mit dem Verkehr in unmittelbarem Zusammenhange stehen. So ist es bereits selbstverständlich, daß wir die Schönheit eines Schiffes, einer

Lokomotive oder eines Automobils nicht in ornamentaler Hinsicht, sondern nach der Schnittigkeit ihrer Linien beurteilen.

„Nichts ist ordinärer als Eile." Dennoch eilen wir alle. Der Grund hierfür ist materiell nicht zu erklären. Auch die früheren Zeitalter hatten große Aufgaben zu erfüllen: ob größere als das unsrige, soll nicht entschieden werden. Auch unser menschliches Lebensalter ist so lang wie die in früheren Jahrhunderten waren, es liegt also eigentlich kein Grund zur Überstürzung vor. Die Hast ist durch den Rhythmus unserer Zeit bedungen und psychischer Ursache. Sie ist eine elementare Grundlage unseres Schaffens, aber sie wurde noch nicht zur kunstgemeisterten kulturellen Form. Sie ist noch von parvenühafter Art, und wir sind noch nicht mit ihr fertig geworden: für die uns notwendige Lebensart ist noch nicht die veredelte Lebensform gefunden. Eine so elementare und allgemeine Eigenschaft einer Zeit kann nicht bekämpft werden durch romantische Erwägungen, die Beschaulichkeit predigen. Es handelt sich jetzt darum, eine ernste und entschlossene Stellungnahme zu den Anforderungen unserer Zeit zu nehmen. Es ist müßig, sich über das Plakathafte aufzuhalten, aber ein Kulturfortschritt, die schreienden Farben und bizarren Linien harmonisch zu ordnen. Es ist philiströs, den schnellen Wechsel der Mode zu verachten, aber klug, den volkswirtschaftlichen Nutzen, der durch die Abwechslungsfreude gegeben ist, zu erkennen und diese zu genießen. Die neue Zeit, die manchen Stimmungsreiz träumerischer Behaglichkeit verweht hat, stellt neue Aufgaben an die Kunst, die zu einer einheitlichen großen Erfüllung gelangen, wenn wir die rhythmische Schönheit dieser Zeit erkennen.

Heinrich Tessenow

„Hausbau und dergleichen" nennt H e i n r i c h T e s s e n o w
(geb. am 7. April 1876 in Rostock) ein Buch, in dem er durch
Wort und Werk zu natürlicher, handwerksmäßiger Schlichtheit
in der Gestaltung der täglichen Umgebung zurückführen will.
Als Professor an der Technischen Hochschule in Berlin-Charlottenburg hat er dies Bestreben fortgesetzt.
Unser Beitrag ist die Einleitung des Buches.

HAUSBAU

1916

Wenn wir uns heute ein neues Haus bauen oder eine
Wohnung neu einrichten oder uns überhaupt um irgend
etwas ernst bemühen, das einen einigermaßen dauerhaften
Wert haben soll, so werden wir finden, daß das eine merkwürdig schwierige Geschichte ist; wir raten hin und her, und
es will uns doch so gar nichts eigentlich richtig sein; wir
kennen und lieben beinahe alles, das ganz Alte so wie das
ganz Neue, das Dicke wie das Dünne usw. und schwanken
sehr.

Um das große Ganze unseres heutigen Lebens und Arbeitens
und damit auch besonders unser gewerbliches Arbeiten,
unser Hausbauen und dergleichen einigermaßen richtig zu
beurteilen oder um es zu bessern, wird es sich empfehlen, daß
wir die drei großen Zeitabschnitte unterscheiden, die sich
immer wieder in gleicher Reihe folgen: Erstens die Zeit des
Vielerlei, des Hin und Her, des Drunter und Drüber, des
Durcheinander: Bleisoldaten, eine Laterna magica, ein Butter-
brot, ein junger Hund, der Vollmond, ein Stück weißes Papier
oder sonst irgend etwas, das Lyrische, das Komische, das
Heldische, die Schweizerhausvilla, die englische Behaglichkeit,
die griechischen Säulen oder was uns sonst irgendwie einfallen
mag, alles ist uns gleich wichtig oder gleich unwichtig, wie es
gerade trifft; dort ist uns alles schnell lebendig, aber auch
alles ebenso schnell wieder tot, es mangelt uns dort die Fähigkeit, das eine zu dem andern in dauernde Beziehung zu bringen;

wir sind dort nicht überhaupt unschöpferisch, ein Kind
ist sehr wohl schöpferisch; aber seine Schöpfungen haben nur
Augenblickswert. Es klingt vielleicht anmaßend, zu sagen
„nur Augenblickswert"; aber es ist nicht böse gemeint;
vielleicht ist das Kindliche wirklich das Beste, vielleicht sind
die Augenblickswerte gerade das ganz Richtige; jedenfalls
haben wir dann den Trost, daß die letzten Jahrzehnte
unseres Arbeitens — entgegen unserer sonst häufigen Meinung — sehr richtiger Art waren. Wir haben uns während
dieser Zeit, durchaus kindlich, ohne nennenswerte Hemmungen, für alles interessiert, haben wirklich alles hergenommen
und alles wieder liegenlassen, uns war beinahe nichts mehr
heilig; auch das größte Kind kann es nicht bessermachen. Das
war vielleicht eine schöne Zeit; aber sicher ist, daß das Kind
nie Kind sein will; zum Beispiel, wenn die Kinder Familie
spielen wollen, so ist dabei die schwierigste Aufgabe, daß sie
sich darüber einigen, wer eigentlich notwendig das Kind sei,
und diese Abneigung gegen das Kindliche wird um so größer,
je mehr wir an die Kindheitsgrenze kommen; zum Beispiel
kränken wir einen Jüngling mit nichts so sehr als damit, daß
wir ihn als Kind behandeln, und so werden wir uns auch
immer mehr oder weniger dagegen wehren, daß man unsere
Arbeit als eine kindliche anspricht; wir werden immer bemüht
sein, etwas zu arbeiten, das anders oder reifer ist als das, was
ein Kind arbeiten kann.

Wir meinen wohl gelegentlich, daß die letzten Jahrzehnte
unseres Lebens und Arbeitens durchaus nicht kindlicher Art
waren; indem wir an gewisses Spitzfindiges oder ähnliches
denken, das diese Zeit bildete, haben wir sie sehr oft sogar
als greisenhaft bezeichnet; aber dann ist zu beachten, daß das
Greisenhafte dem Kindlichen in vieler Hinsicht sehr ähnlich
ist; ganz zuerst bezeichnend für das Wesen des Kindes ist das
Vielerlei der Wünsche, das geringe bildende Können bei
immer neuem Wollen, und von diesen Artikeln hatten unsere
letzten Jahrzehnte doch eigentlich erstaunlich viel; wenn wir
trotzdem einiges sehr folgerichtig und ernst entwickelten, so

beweist das noch nicht, daß wir nicht kindlich waren; ein Kind
kann gelegentlich sehr erwachsen tun und kann doch sehr
kindlich sein.

Wir stehen mit unserm Leben und Arbeiten sehr an einem
Anfang, an dem Anfang einer Zeit, in der uns das Bedingte
unseres Könnens sehr handgreiflich klar sein wird, in der wir
nicht mehr so seicht alles wollen, in der wir nicht mehr so
leicht daran glauben, daß wir alles können, einer Zeit, in der
ein gewissermaßen einfach schulmäßiges oder handfestes Können hohen Wert haben wird, einer Zeit starker Gemeinschaften, starker Uniformen und mit dem allen auch an dem
Anfang einer Zeit starken und gesunden handwerklichen oder
überhaupt gewerblichen Arbeitens. — Wir werden uns mehr
als bisher sagen, daß wir nichts Reifes arbeiten können oder
daß unser Leben und Arbeiten nicht schön sein kann, ohne
daß wir handwerklich oder gewerblich stark sind; das haben
wir uns auch bisher schon gesagt, aber doch immer nur so
zwischendurch und sehr leise; wir sind da immer gleich wieder zurückgeschreckt, sobald wir die eigentlichen Forderungen
starken gewerblichen Arbeitens erkannten, sobald wir erkannten, daß da die Ordnung, der einfache Fleiß, einfaches
Denken und Leben, einfache Tüchtigkeit und dergleichen ganz
unerläßlich sind. — Wir schätzten bisher das Gewerbliche
gleichermaßen zu hoch und zu niedrig; zu hoch, indem wir
sooft forderten, es solle unser Leben ganz ausfüllen, und zu
niedrig, indem wir sooft übersahen, daß für alles reife Leben
und Arbeiten allein das Gewerbliche oder Handwerkliche das
notwendige praktische Fundament ist. Wir wollen mehr als
das Fundament, aber wir wollen das Fundament zuerst.

Wenn wir uns bisher um die Förderung des Gewerblichen
besonders mühten, so handelte es sich in hundert Fällen
neunzigmal um irgendwelche Feinheiten oder Eigenheiten,
wir glaubten dann gern, sehr unschuldig, als sei alles notwendige Erste oder Grobe schon sehr gründlich und schön
erledigt; aber gerade dort fehlte es uns; wir hatten überall
kleine Fundamente und bauten überall Kleines darauf, sozu-

sagen bei uns hatte jeder sein kleines Privatfundament. Heute aber suchen wir das breite und starke Fundament zu bilden, das unser Gesamtarbeiten trage, damit es sich zu einem Großen und Hohen ausbaue. Unser gelegentlicher Wunsch, ein solches Zeitalter möge allernächstens kommen, wird uns nur sehr mäßig erfüllt werden, ein solches Zeitalter gibt es nicht, ohne daß ihm ein sehr reifes handwerkliches oder gewerbliches Können voraufgeht, oder ohne daß wir vorher nicht nur stark kindlich, sondern auch stark männlich waren. – Wir werden sehr viel erfahren, daß uns die Zeichen betrogen haben, die uns in jüngerer Zeit viel Künstlerisches oder Großkünstlerisches versprachen; das Trügerische liegt hier sehr nahe, weil alles Künstlerische unter anderem auch sehr kindlich ist, und da wir heute sehr viel Kindliches zu sehen bekommen, so ist es sehr leicht, an viel Künstlerisches zu glauben, um so leichter, da wir es so gern haben möchten; aber wenn auch das Künstlerische immer sehr kindlich ist, so ist doch das Kindliche nicht immer sehr künstlerisch, sondern ist – wie alles andere – nur ein Teil der Kunst. – Für uns kommt es so ungefähr darauf an, überhaupt keine Kunst, sondern nur Handwerkliches oder Gewerbliches zu wollen; wir wollten bisher sehr viel Kunst und möglichst kein Handwerk; aber solch krampfhaftes Kunstwollen ist der sehr unangenehme Beweis dafür, daß wir zu der Kunst zwar ein sehr freundliches, aber auch ein sehr unfruchtbares Verhältnis haben. Wir können die Kunst locken oder sonst allerlei Freundliches für sie tun; aber im Grunde genommen kommt sie selbstverständlich oder sie kommt überhaupt nicht; nur das Handwerk, das zuerst nennenswerte Schaffen, ohne das uns die Kunst nicht sein kann, kommt nicht selbstverständlich, sondern will sehr gewollt sein, will sehr gelernt sein, fordert das Verständliche, den Verstand ganz extra; überall, wo wir suchen, daß wir uns verständigen, können wir unmittelbar nur Handwerkliches meinen, und da wir heute ungeheuer viel suchen, daß wir uns verständigen, so wollen wir heute auch ungeheuer viel Handwerkliches. Ob uns dann nach dem vielen

Handwerklichen auch die große Kunst folgen wird, ist allerdings so unsicher wie es unsicher ist, daß ein ungestümer und
mutiger Jüngling ein großer Mann wird. Beweisen läßt sich
das nicht, hier kann uns nur unsere Hoffnung trösten, die
allerdings sehr berechtigt ist, und mehr als das: Wir schämen
uns, anzunehmen, daß das viele Quälende alles stark gewerblichen Arbeitens uns jemals ganz niederdrücken könnte; wenn
es sein muß, so sind wir weltlich und seelisch sehr viel stärker, als wir während der letzten Jahrzehnte glauben wollten; auch diese Tatsache ist uns durch den Krieg sehr über-
zeugend bewiesen.
Es läßt sich nicht beweisen, ob das stark Gewerbliche uns
letzten Endes segnen oder ob es uns verderben wird, wir sind
entweder ein sehr gottbegnadetes oder ein sehr erbarmungs-
würdiges Geschlecht; entscheidend ist uns allein, daß wir nicht
an das Verderben oder an das Erbarmungswürdige glauben.
Wir wissen, daß mit dem stark Gewerblichen auch viel Quä-
lendes auf uns wartet; aber wir wissen auch, daß wir das
Höchste nicht sozusagen hinter dem Ofen ausbrüten können,
wir wissen, daß dem Höchsten immer etwas vorangestellt ist,
das uns nicht so ohne weiteres verlockend ansieht. Vor dem
Hohen steht immer die Kraft.
Wir mögen unser Leben und Arbeiten ansehen, von welcher
Seite aus wir wollen, so werden wir letzten Endes immer wieder finden, daß das Handwerkliche oder überhaupt das
Gewerbliche uns am nächsten liegt, uns am meisten zusteht,
oder daß wir im Kampf mit ihm mehr als in irgendeinem
anderen Kampf das finden, was wir ein starkes und gesundes
Leben und Arbeiten nennen.
Die besten oder maßgebenden Arbeiten werden heute ganz
notwendig etwas ausgesprochen Anfängliches haben, und
zwar Anfängliches im männlichen, nicht im kindlichen Sinn.
Zum Beispiel: Wir werden ein Haus im besten Fall gewissermaßen vorsichtig kastenartig ausbilden; unserm kindlichen
Sinne nach muß das Haus heute notwendig bunt werden; ein
Kind nimmt ziemlich alles, was es bekommen kann, und bei

uns ist heute sehr viel zu bekommen; aber ein männliches,
handwerkliches Können und Verstehen wird uns sagen, daß
wir alle Hände voll zu tun haben, um auch nur unsere dringendsten Forderungen gewissenhaft und einigermaßen haltbar
zu erfüllen, und wird alle Buntheiten als oberflächlich, dilet-
tantisch oder unzünftig ablehnen.

Wir wollen es so ungefähr weder gerade noch krumm, weder
klug noch dumm, wollen es weder grob noch fein, es soll uns
alles zusammen sein; so können wir von allem aber nur das
ganz knapp Wesentliche oder das ganz eigentlich Wichtige
haben. Um das möglichst richtig zu finden, werden wir uns
genötigt sehen, überall sehr gründlich zu sein; nichts wird uns
so sehr entgegen sein als Oberflächliches, wir werden uns
immer wieder sagen: Wenn es sein muß, dann wenig, aber
unter allen Umständen gründlich.

Rudolf Eberstadt

In seinem wissenschaftlich und propagandistisch gleich wertvollen
„Handbuch des Wohnungswesens und der Wohnungsfrage"
(Gustav Fischer, Jena 1917) behandelt R u d o l f E b e r s t a d t
(1856—1922) im Abschnitt, der der „Jüngsten Bauperiode" gewidmet ist, die Frage der „Mietskaserne", wobei vor allem Berliner Verhältnisse zugrunde liegen. Er führt aus, wie die Bodenparzellierung zum Schicksal der Architektur wird.

DIE MIETSKASERNE

1917

Das Siedlungssystem, das in der Stockwerkshäufung seinen
äußerlichen Ausdruck findet – die inneren Zusammenhänge sind an dieser Stelle nicht zu erörtern –, hat sich in
Deutschland allgemein durchgesetzt. Von den neueren charakteristischen Erscheinungen ist kaum eine unserer Großstädte
freigeblieben. Nirgends aber hat sich die Entwicklung in
solcher Schärfe vollzogen wie in Berlin, einem Mittelpunkt,
von dem aus sowohl das Bausystem unserer jüngsten Periode,
wie auch die damit verbundenen besonderen Geschäftsformen
insbesondere seit 1870 in entscheidender Weise beeinflußt
worden sind. Hier wurde auch als Typus der neueren städtischen Bauweise in Deutschland die Mietskaserne ausgebildet,
die, von Berlin ausgehend, sich die meisten deutschen Großstädte unterworfen hat.
Ist dieses Bausystem auf natürliche Weise und zur Befriedigung eines gegebenen Bedürfnisses entstanden, dann ist es
unabänderlich, und wir sind widerstandslos diesen schlechten
Zuständen preisgegeben. Handelt es sich aber um ein durch
freien Eingriff, nur zugunsten bestimmter Interessen geschaf-
fenes System, so ist die Möglichkeit und damit auch die Notwendigkeit einer Abänderung erwiesen. Die Voraussetzungen
und die Richtung der Entwicklung kennen wir; es bleibt uns
noch die Willkürlichkeit der nunmehr ergriffenen Maßnahmen
zu kennzeichnen.

Die Ausbildung der Mietskaserne zu dem allgemeinen Typus der Berliner Bebauung fällt in die Zeit nach 1860. Bei dem größeren Wachstum der Stadt hielt man für das weite, noch gänzlich unerschlossene Gebiet der Stadterweiterung die Aufstellung eines allgemeinen Bebauungsplanes für notwendig, der in den Jahren 1861 bis 1863 – zunächst als ein Entwurf durch den späteren Stadtbaurat der Stadt Berlin – ausgearbeitet wurde. In dieser neuen Planung der Bodenaufteilung ging man mit bestimmtem Ziel und systematisch vor. Zur Grundlage des Bebauungsplanes wurde das System der kostspieligen, imposanten Straße angenommen, das seine gleichartigen, am Reißbrett entworfenen Linien von Straßen und Baublockfiguren in endloser Wiederholung über das Gesamtgelände einer Millionenstadt zog. Die Baublöcke selbst aber wurden planmäßig zur Anlage von Mietskasernen bestimmt, die das Schema der gesamten Bodenparzellierung abgaben. Diese allgemeine Einführung der Mietskaserne beruhte auf Absicht und Vorsatz; man erblickte in ihr nach dem von maßgebender Stelle vertretenen Programm die dem A r b e i t e r - s t a n d e   a n g e m e s s e n e   B e b a u u n g s f o r m , die dem Arbeiter noch keine Selbständigkeit zuerkannte und ihn, ganz wie siebzig Jahre früher, in der Ausnutzung des Hoflandes und der geringen Wohnungen unterbrachte. Zur praktischen Durchführung gelangte das neue Bausystem während der siebziger Jahre, nachdem die Gesetzgebung die Handhabung des Bebauungsplanes der Zuständigkeit der Selbstverwaltung übertragen hatte. Die hierdurch entstandene Bauweise – das unförmig tiefe, mit Hofwohnungen versehene Grundstück – wurde zur Schablone des neueren Städtebaues gemacht, als eine willkürliche, rein administrative Schöpfung. Durch die auf die Einführung des Stockwerksbaues abzielenden Maßnahmen wurde eine vollständige Umwälzung der Bauformen, zugleich aber auch der Bodenpreisbildung, der Wohnungsproduktion, des Hausbesitzes und der Bodenkapitalisierung verursacht.

In einem Berliner Arbeiterviertel zeigt ein Baublock mittleren
Umfangs Grundstücke, die eine Tiefe von siebzig bis achtzig
Meter haben; sie müssen durch zweifache, zum Teil dreifache
Hinterhausbebauung (Hofwohnungen) ausgenutzt werden.
Von den Wohnungen liegt nur ein geringer Teil nach den
übermäßig (zweiundzwanzigeinhalb, sechsundzwanzig und
vierunddreißig Meter) breiten Straßen, die lediglich dem Vorteil der Bodenspekulation dienen; die Mehrzahl der Wohnungen befindet sich auf den Höfen. Aus dieser Parzellierung
des Bodens folgt weiter der ungünstige Hausgrundriß, der für
die Kleinwohnung vollständig untauglich ist.
Die Auffassung, die das Bausystem und die Einrichtungen der
Verwaltung als grundlegend für die Ausgestaltung der städtischen Bodenverhältnisse ansieht, wurde zuerst in meiner „Berliner Kommunalreform" 1892 (abgedruckt „Städtische Boden-
fragen" 1894) ausgesprochen. Während einer Entwicklung von
fünfundzwanzig Jahren hat sich – mit dem Ausbau des größten Teils der Berliner Bodenfläche und der Vorwegnahme der
Wertsteigerung des noch nicht bebauten Restes – der Schwerpunkt des spekulativen Interesses naturgemäß nach den Vororten und Nachbargemeinden verschoben.
Durch die hier gekennzeichnete Form der Bodenparzellierung
und die damit zusammenhängenden Maßnahmen wird die
Ausgestaltung des Wohnungswesens absolut bestimmt. Die
abnorm tiefen Grundstücke können unter den gegebenen Einrichtungen und bei Einzelbesitz zu nichts anderem verwendet
werden als zu Mietskasernen mit Hofwohnungen. Jede
andere Bauweise ist bei solcher Parzellierung unter allgemeinen und normalen Verhältnissen ausgeschlossen, und die
privatwirtschaftliche Berechnung für den Verkehr in Boden-
werten hat hier ihren festen Ausgangspunkt. Auf der gleichen
Grundlage sind alle weiteren Folgeerscheinungen für das
Wohnungswesen aufgebaut. Die gleichmäßig breiten Straßen – fünfundzwanzig bis dreißig Meter Breite für Wohn-
und Nebenstraßen – sind so angelegt, daß sie ganz allgemein,
unabhängig von der Lage des Grundstücks, das

Recht der fünffachen Überbauung schaffen. Hierdurch entsteht die allgemeine, künstliche Steigerung des Bodenpreises,
die Bodenspekulation in ihrer heutigen Form, da die schema-
tisch gedrängte Bauweise lediglich die Wirkung hat, den
Bodenwert entsprechend zu steigern; dieser Mehrwert bildet
das Objekt der sogenannten Bodenspekulation.

Die Masse der Bevölkerung ist nun vom Grundbesitz ausgeschlossen, der einer kleinen Minderheit als Gegenstand der
spekulativen Ausnutzung überwiesen ist. In den kasernierten
Städten verfügt ein Bruchteil – in Berlin knapp ein Prozent –
der Bevölkerung über den gesamten Grundbesitz, doch auch
diese wenigen sind nur dem Namen nach Besitzer; in Wirklichkeit sind sie nur Hypothekenverwalter, die fünf bis zehn
Prozent oder auch gar keine Anzahlung auf ihren Speku-
lationsbesitz geleistet haben und sich in prekärster Abhängigkeit vom Hypothekenmarkt befinden. Die Mieten sind fortwährend gestiegen, zum Teil ohne jeden Zusammenhang mit
bevölkerungstechnischen und bautechnischen Vorgängen. Das
Realkreditwesen befindet sich in völliger Zerrüttung: die sich
ständig wiederholende Grundstückskrise bildet einen notwendigen Bestandteil in dem Gang der Bodenentwicklung. Die
Wohnverhältnisse sind in sozialer, politischer und wirtschaft-
licher Hinsicht gleich unbefriedigend. Die städtische Grund-
rente endlich, die als eine Quelle des nationalen Reichtums
erschien, ist die größte Last für die Bevölkerung geworden;
denn sie besteht in nichts anderem als in einer erdrückenden
Verschuldung, die von der Gesamtbevölkerung getragen werden muß. – Das herrschende System ist jedoch willkürlich
entstanden; es hat nicht die geringste natürliche oder geschichtliche Grundlage; es ist undeutsch in jeder Einzelheit:
was unter der Erde ist, wurde aus England, was über der Erde
ist, aus Frankreich übernommen. Wir können jede einzelne
Maßregel nachweisen, auf der es beruht, jede Wirkung verfolgen, die es ausübt; es ist durch administrative Maßnahmen
geschaffen und wird durch die gleichen künstlichen Mittel
festgehalten.

Der Wendepunkt in den Auffassungen von den städtischen
Bodenverhältnissen kann nicht herbeigeführt werden durch die
Erkenntnis, daß unsere städtische Bodenentwicklung schlecht
ist, sondern nur durch d e n N a c h w e i s , d a ß s i e w i l l -
k ü r l i c h u n d a b ä n d e r l i c h ist. Nicht die Schilderungen des Wohnungselends, so ergreifend sie sein mögen, sondern die Klarlegung der Wirtschaftswidrigkeit und Fehlerhaf-
tigkeit unseres Städtebausystems kann die Berufskreise auf-
rütteln und den Weg sachgemäßen Vorgehens zeigen.
Solange der von vielen Seiten genährte Irrtum herrschte, daß
wir in unseren städtischen Zuständen einer „natürlichen Entwicklung" gegenüberstehen, war allerdings nur günstigenfalls
die Methode der „Erträglichmacherei" möglich, die den Miß-
stand verewigt, indem sie versucht, ihn durch Eingriffe
erträglich zu machen. Erst unter dem Nachweis, daß unser
Städtebau auf einer Beugung der wirtschaftsgemäßen Entwicklung und auf der Nachahmung der schlechten oder mißverstandenen ausländischen Vorbilder beruht, wird die Bahn frei
für eine Neubearbeitung, die würdig ist des großen Kultur-
gebietes, würdig auch der mächtigen Schöpfungen, die die
Tatkraft älterer Zeiten uns vor Augen stellt.

Roland Rainer

Aus einer von Dr.-Ing. R o l a n d R a i n e r (geb. am 1. Mai 1910
in Klagenfurt, Kärnten) bearbeiteten Denkschrift über „Die
zweckmäßigste Hausform für Erweiterung, Neugründung und
Wiederaufbau von Städten" sind im folgenden einige Ausführungen zusammengestellt, aus denen das Ziel der ausführlichen
Arbeit hervorgeht: Kampf gegen das hohe Mietshaus zugunsten
des Einfamilienhauses im Reihenbau.

DENKSCHRIFT ZUR WOHNFRAGE
DER GROSSEN STÄDTE

1944

In der Mehrzahl der kontinentaleuropäischen Groß- und
Riesenstädte herrscht die Geschoßwohnung eindeutig vor.
Zwar tritt im äußeren Bild dieser Städte neben den Groß-
und Massenmietshäusern seit etwa 25 Jahren auch das freistehende Einfamilienhaus stark in Erscheinung; in „offener",
sehr lockerer Bauweise bedeckt es vielfach ausgedehntere
Flächen als die alten und neuen Mehrfamilienhäuser. Die
große Ausdehnung dieser Flachbaugebiete darf aber nicht
darüber hinwegtäuschen, daß der Anteil des Einfamilienhauses
am gesamten Wohnungsbestand trotzdem sehr gering geblieben ist. Obgleich freistehende Einfamilienhäuser, zum Beispiel
in Berlin, größere Flächen bedecken als die Mehrfamilienhäuser aller Art und die Ausdehnung des Berliner Baugebietes
auf diese Weise die Grenze des Erträglichen erreicht haben
dürfte, liegen nicht einmal fünf Prozent aller Berliner Wohnungen in Ein- und Zweifamilienhäusern; im Durchschnitt der
deutschen Großstädte liegt nur jede zehnte Wohnung in einem
Ein- oder Zweifamilienhaus.
Dieses Mißverhältnis zwischen dem Flächenbedarf der verschiedenen Hausformen und ihrem Anteil am Wohnungsbestand beruht auf ihren sehr verschiedenen Besiedlungsdichten. Durchschnittlichen Dichten von 400 bis 500 Einwohnern
je Hektar in den inneren, hoch und geschlossen bebauten Gebieten steht eine durchschnittliche Dichte von 40 bis 50 Ein-

wohnern je Hektar in den flach und offen bebauten Stadtteilen gegenüber. Die Wohnung im Einfamilienhaus beansprucht hier also zehnmal soviel Bauland wie die Wohnung
im Mehrfamilienhaus.

Der Ausdehnung insbesondere großstädtischer Baugebiete und
damit der Besiedlungsdichte sind Grenzen gesetzt, und zwar
von seiten des Verkehrs. In größeren Ballungsräumen müssen
sich alle Wege im Berufsverkehr in erträglichen Grenzen
halten. Auch günstige Zuordnung von Wohn- und Arbeitsstätten, vollkommene Schnellverkehrsmittel und sinnvolle
Tarifpolitik können nichts daran ändern, daß die Wege zu
den Läden, Schulen, Ämtern und Kultureinrichtungen, besonders aber der Weg zur Arbeitsstätte, mit sinkender Besiedlungsdichte immer länger, zeitraubender und in jeder Beziehung belastender wird. Diese Erkenntnis bildet wohl den
ernstesten Grund für die weit verbreitete Annahme, daß
Großstadtbildung zwangsläufig zu Großhausbildung führen,
daß Großhäuser und Geschoßwohnungen einen unlösbaren
Bestandteil großer Städte bilden müßten.

Demgegenüber kann aber nicht eindringlich genug auf die
Tatsache hingewiesen werden, daß es viele Großstädte, ja
sogar Millionenstädte gibt, die zum größten Teil aus Einfami-
lienhäusern bestehen. In Bremen sind 60 Prozent aller Wohnungen Einfamilienhäuser; in der Achtmillionenstadt London
wohnen durchschnittlich 6,7 Einwohner in einem Hause. Diese
Riesenstadt ist also eine Stadt des Ein- und Zweifamilien-
hauses, ähnlich wie die Sechsmillionenstadt Tokio, ähnlich wie
verschiedene nordamerikanische und kanadische Großstädte.
Auch innerhalb Deutschlands schwanken die durchschnittlichen
Behausungsziffern g a n z   u n a b h ä n g i g   v o n   d e r
S t a d t g r ö ß e zwischen 8 und 40 Einwohnern je Haus.
Wenn in Riesenstädten das Kleinhaus herrscht, während
andererseits viel kleinere Städte fast nur aus Großhäusern bestehen, wenn zur selben Zeit unter der Herrschaft des
gleichen Wirtschaftssystems im selben Lande die Behausungsziffern verschiedener Städte grundverschieden sind, so beweist

das zwingend, daß die städtische Hausform weder von der Stadtgröße noch von dem Wirtschaftssystem abhängt.

Diese sehr bemerkenswerte Tatsache wird auch ohne nähere Begründung durch den Hinweis auf eine einfache, aber zu wenig bekannte Beobachtung erklärlich: Überall dort, wo das Einfamilienhaus in Großstädten eine nennenswerte Rolle spielt, finden wir es nicht als freistehendes Einzelhaus, sondern in der alten Form des R e i h e n h a u s e s. Diese Hausform bildet eine Besiedlung, welche weder übertrieben dicht, noch übertrieben locker ist, die den alten, gesunden und fördernswerten Wunsch nach dem eigenen Haus und Garten erfüllt, ohne allzu großen Flächenbedarf, allzu lange Wege und Verkehrsaufwendungen zu verursachen. Das gereihte Kleinhaus auf schmalem Grundstück hat als ursprünglichste Form der städtischen Besiedlung bis ins vorige Jahrhundert das Bild der meisten Städte bestimmt. Wo es als „Einfamilienreihenhaus" bis in die Gegenwart weiter entwickelt werden konnte, wie zum Beispiel in West- und Nordwestdeutschland und den benachbarten Gebieten, genügt es auch heute noch allen berechtigten biologischen, städtebaulichen und wirtschaftlichen Anforderungen und bildet so den g r e i f b a r e n Beweis für die Durchführbarkeit des Einfamilienhausgedankens.

Die vergleichende Untersuchung der Geschoßwohnung, des freistehenden Einfamilienhauses und des Einfamilienreihenhauses hat ergeben:

1. Die ausschlaggebenden biologischen Forderungen werden nur vom freistehenden und gereihten Einfamilienhaus, nicht aber von der Geschoßwohnung erfüllt.

2. Das Einfamilienhaus ergibt nur dann zu geringe Besiedlungsdichten, wenn es als freistehendes Einzelhaus entsteht. Als Reihenhaus ist es der Geschoßwohnung diesbezüglich zumindest ebenbürtig, wenn nicht überlegen.

3. Das Einfamilienhaus verursacht nur dann wesentlich höhere Erschließungskosten als die Geschoßwohnung, wenn das

Erschließungssystem der Besiedlungsdichte und dem Verkehr nicht hinreichend angepaßt wird, oder wenn es als freistehendes Einzelhaus entsteht.

4. Die Baukosten des Einfamilienhauses sind nicht höher als die einer vollwertigen Geschoßwohnung, wenn die Baukonstruktion der Hausform sinngemäß angepaßt wird.

Den biologischen Vorzügen des freistehenden Einfamilienhauses stehen also Nachteile hinsichtlich Besiedlungsdichte und Erschließung gegenüber, den diesbezüglichen Vorteilen der Geschoßwohnung ihre schwerwiegende biologische Unzulänglichkeit. Das E i n f a m i l i e n r e i h e n h a u s vereinigt die biologischen Vorzüge des freistehenden Einfamilienhauses mit den städtebaulichen und wirtschaftlichen der Geschoßwohnung. Es erscheint daher geeignet, die Grundlage von Erweiterung, Neugründung und Wiederaufbau von Städten zu bilden. Dieses Ergebnis überrascht nicht. Es bestätigt nur, daß die ursprüngliche städtische Hausform in jeder Beziehung zweckmäßig war, und erklärt, warum sie jahrhundertelang und in manchen Ländern bis heute ihre Vorherrschaft bewahren konnte.

Wir sollten uns um so leichter entschließen, diese zweckmäßige Hausform zur Grundlage unseres Städtebaus zu machen, als wir erkannt haben, daß die Vielfalt der Hausformen in den kontinentalen Großstädten keine zwangsläufige Folge der Stadt- und Großstadtbildung darstellt, sondern durch krisenhafte Übergangserscheinungen entstanden ist.

Wir beurteilen eine städtebauliche Lösung nicht nur nach wohnungspolitischen, wirtschaftlichen und technischen Gesichtspunkten, sondern immer auch nach der Erscheinung, durch die sie ihren baulichen und räumlichen Ausdruck findet. Bei allem zeitbedingten Wechsel der Formensprache bildet die Übereinstimmung von Form und Inhalt die unerläßliche Voraussetzung für dauerhafte, in jeder Beziehung überzeugende Lösungen städtebaulicher Aufgaben.

Das Bild alter Städte zeichnet sich meist durch große Klarheit

und Übersichtlichkeit aus. Die große Masse der kleinen
Wohnhäuser der Bürger war den öffentlichen Bauten immer
so untergeordnet, daß diese das Stadtbild eindeutig beherrschen und gliedern und auf weite Sicht den Stadtumriß bestimmen konnten.

Unabhängig von der baulichen Gestaltung im einzelnen ist
ein solches Stadtbild durch eine klare Größenordnung gekennzeichnet — durch das Gegenüber großer, hoher, öffentlicher
Bauten und kleiner Wohnhäuser ebenso wie durch den
Gegensatz großer, weiter, öffentlicher Plätze und kleiner, stil-
ler Wohngassen. Die starke und überzeugende Wirkung alter
Stadtbilder ist ohne diese Größenordnung nicht denkbar. Sie
bildet den baulichen Ausdruck der Unterordnung des privaten
unter das öffentliche Leben.

Die beherrschende Wirkung der öffentlichen Bauten im Bilde
alter Städte beruht nicht immer auf besonders bedeutenden
Abmessungen dieser Bauten. Sie wirken auch dann groß und
bedeutend, wenn sie, den jeweiligen öffentlichen Bedürfnissen
entsprechend, verhältnismäßig bescheidene Abmessungen
haben. Denn ihre Wirkung hängt weniger von ihrer absoluten
Größe, als vielmehr von ihrem Verhältnis zur ganzen
Stadt, vor allem von ihrem Verhältnis zu den Wohnhäusern ab.

Die städtischen Wohnhäuser waren jahrhundertelang im allgemeinen klein. Wie das Leben der Stadtgemeinde auf den
zahlreichen Familien der Bürger, so war das Stadtbild auf
deren baulicher Verkörperung, den zahlreichen kleinen Bür-
gerhäusern aufgebaut. Diese bilden eine der wichtigsten
Grundlagen für die Wirkung der öffentlichen Bauten. Erst
neben den kleinen Wohnhäusern wirken die Tempel und Hallen der antiken, die Rathäuser und Dome der mittelalterlichen
Stadt groß und bedeutend.

Die in neuerer Zeit in modernen Großstädten entstandenen
öffentlichen Bauten sind oft viel größer als die öffentlichen
Bauten alter Städte. Trotzdem ist ihre Wirkung in den
meisten Fällen vergleichsweise gering und unbedeutend. Auch

alte öffentliche Bauten haben oft ihre frühere starke Wirkung eingebüßt, wenn die Großstadtbildung ihre Umgebung ergriffen hat, und die alten Bürgerhäuser ringsum durch vielgeschossige Großhäuser verdrängt wurden.

Die von vielgeschossigen Großhäusern gebildeten Baublöcke geben den öffentlichen Bauten an Größe und Maße wenig oder gar nichts nach, so daß sich diese über die Wohnhäuser nicht mehr beherrschend zu erheben vermögen. Die Größe der öffentlichen Bauten ist durch das Raumprogramm begrenzt. Der Raumbedarf der öffentlichen Einrichtungen wird nur in Ausnahmefällen so groß sein, daß die öffentlichen Bauten bedeutendere Gebäudemaße ergeben als große vielgeschossige Wohnblöcke, wie sie in der modernen Großstadt zwischen dem weitmaschigen Netz breiter Straßen entstehen.

Daß das Festhalten am Kleinhaus beim Wiederaufbau der zerstörten Umgebung alter Dome die wichtigste Voraussetzung für die Wiederherstellung der ursprünglichen Wirkung bildet, braucht nicht erwähnt zu werden. Aber nicht nur in solchen Fällen, sondern auch ganz allgemein bei jeder Neuanlage bildet das kleine Einfamilienhaus eine natürliche breite Grundlage, auf der sich mit einfachen Mitteln starke, ursprüngliche Wirkungen aufbauen lassen.

Wenn nach einer Zeit des Wohnungselends und Wohnungsmangels, nach schweren Wohnungsverlusten und unter besonders kritischen bevölkerungspolitischen Verhältnissen der Neubau von Städten und Stadtteilen nötig wird, wird man sich nicht begnügen können, die alte, zufällig entstandene, unvollkommene Gestalt der Städte nach einigen Verbesserungen auf den Neubau zu übertragen.

Der nötige wohnungspolitische und städtebauliche Erfolg kann mit geringsten Mitteln nur auf der Grundlage der zweckmäßigsten Hausform erzielt werden. Darum ist es nötig, alle städtebaulichen Einrichtungen folgerichtig und einheitlich auf diese Hausform auszurichten, was etwa folgendes bedeutet:

1. Das Schwergewicht städtebaulicher Bestimmungen darf nicht auf den unter oder weniger äußerlichen, technischen Eigenschaften der Häuser — Geschoßzahl, Ausnutzungsziffer usw. — liegen, sondern muß auf die biologischen Eigenschaften der Wohnung gerichtet sein. Nicht mehr oder weniger willkürliche Bauklassen, sondern die grundsätzlich gleiche Beziehung aller Wohnungen zum Siedlungsraum, die Zahl der Wohnungen je Hektar, bildet den besten Maßstab für die Beurteilung der Bebauung.

2. Der Begriff des Einfamilienhauses darf nicht mehr mit dem freistehenden Einzelhaus, niedrige Bebauung darf nicht mehr mit offener Bauweise verknüpft werden. Das Einfamilienhaus in geschlossener Bauweise — in Gruppen und Reihen — muß für Wohngebiete die Regel bilden, die offene Bauweise die Ausnahme. Die zulässige Bebauung muß für Flachbaugebiete daher hinaufgesetzt, für hohe Bebauung dagegen herabgesetzt werden. Je niedriger die Bebauung, um so dichter darf sie sein; je höher, um so lockerer muß sie sein.

3. Das städtische Bauland ist in kleine schmale Grundstücke von etwa 5 bis 10 Meter Breite und 20 bis 40 Meter Tiefe aufzuteilen.

4. Das Straßennetz muß so gestaltet sein, daß ein engmaschiges Netz schmaler Wohnstraßen einem weitmaschigen Netz breiter Verkehrsstraßen eingegliedert wird. Einrichtungen, welche Kraftwagenverkehr brauchen und hervorrufen — Garagen, Läden, Gewerbe usw. — dürfen ausschließlich nur an Verkehrsstraßen liegen.

5. Da die wirtschaftlichen Vorteile einer solchen Erschließung allen Bewohnern gleichmäßig zugute kommen, sind die Straßenkosten auf alle Bewohner gleichmäßig zu verteilen. Die Anliegerbeiträge dürfen also nicht nach der Frontmeterzahl erhoben werden, sondern nach der Zahl der erschlossenen Wohnungen. Am besten werden die Kosten der gesamten Erschließung — Wohnstraßen,

Sammelstraßen, Hauptverkehrsstraßen usw. — auf eine möglichst große Zahl von Bewohnern umgelegt oder aus einer gemeinsamen Kasse bezahlt.

6. Die zulässige Bauhöhe (Geschoßzahl) darf nicht willkürlich nach Bauklassen, sondern muß a u s s c h l i e ß l i c h nach der Zweckbestimmung und Bedeutung der Gebäude bestimmt werden: zum Beispiel ein- bis zweigeschossige Bebauung für Wohnhäuser, zwei- bis dreigeschossige für die örtlichen Mittelpunkte, wie Schulen, Läden usw., drei- bis viergeschossige oder mehr für die öffentlichen Bauten im Stadtmittelpunkt, derart, daß jede übergeordnete Einheit die untergeordnete Einheit um mindestens ein Geschoß überragt.

7. Die bautechnischen Vorschriften dürfen nicht auf das Großhaus, sondern müssen auf das Kleinhaus zugeschnitten werden, damit die Einsparungen, welche es seiner Natur nach möglich macht, auch in niedrigen Baukosten zum Ausdruck kommen.

Diese Voraussetzungen führen von selbst zu einer biologisch einwandfreien Bebauung, ebenso wie zu einem klaren, überzeugenden Stadtbild, in dem die Bauten der Gemeinschaft den ihnen gebührenden Platz einnehmen, auch dann, wenn ihre Abmessungen nicht über den tatsächlichen Raumbedarf hinausgehen.

Unter diesen Voraussetzungen wird die biologisch vollwertige Hausform d e r   g a n z e n   B e v ö l k e r u n g zugänglich. Da die Wohnräume des Einfamilienreihenhauses der Fläche und Höhe nach freier und ungebundener entwickelt werden können als die der Geschoßwohnung, können durch das Einfamilienreihenhaus die verschiedenartigsten Wohnbedürfnisse befriedigt werden. Ob die Wohnräume beim eingeschossigen Haus in einer Ebene oder, ihren verschiedenen Zwecken entsprechend, in zwei Geschossen übereinanderliegen — immer erleichtert ihre enge Verbindung mit den

Wirtschafts und Nebenräumen die häusliche Bewirtschaftung,
immer werden sie durch eine Gartenfläche unmittelbar und
daher höchst wirksam ergänzt.

So führt das gereihte Einfamilienhaus nicht nur zu einer klaren
städtebaulichen Größenordnung, der Grundlage jeder überzeugenden Stadtgliederung, sondern bietet vor allem so günstige biologische Voraussetzungen, daß es die bekannten Gefahren der Verstädterung zu verhüten verspricht: Statt eines
oberflächlichen und passiven werden seine Bewohner ein inni-
ges und aktives Verhältnis zur Natur, zur Umwelt und zur
Gemeinschaft gewinnen. Wir dürfen hier mit Recht eine in
jeder Beziehung gesunde und zufriedene Bevölkerung erwarten, und vor allem eine zahlreiche Jugend, deren Körper
durch den Aufenthalt im Freien gestählt ist, deren schöpferische Kräfte durch den täglichen Umgang mit der Natur
geweckt und entwickelt werden.

Fritz Schumacher

In seinem Buch „Strömungen in deutscher Baukunst seit 1800" (Verlag E. A. Seemann, Köln, Leipzig) untersucht Schumacher die Kräfte, unter deren Einfluß sich die
deutsche Baukunst seit der Jahrhundertwende zu wandeln begonnen hat. Er unterscheidet organisatorische, technische und
soziologische Kräfte, die bei dieser Wandlung entscheidend zur
Wirkung kamen.
Unser Beitrag ist ein Stück aus dem Abschnitt „Technische Kräfte".

NEUE BAUMETHODEN

1935

Das Gußmaterial „Beton" ist der Baukunst seit den
Römern in verschiedensten Mischungen bekannt. Es
erhält erst seine neuartige Bedeutung durch den Gedanken,
eiserne Stäbe in die gegossene Masse einzubetten, was
infolge der nahezu gleichen Wärmeausdehnung von Beton
und Eisen ein unlöslich verbundenes technisches Gebilde ergibt. Durch das Eisen kann man ihm gewaltige Spannungen zumuten. Der Gedanke zu diesem neuen Baumittel
wurde zwar schon 1867 durch den Gärtner Monier gefunden, aber erst als G. A. Wayß das deutsche Patent 1884
erwarb, ein Beton- und Monierunternehmen in Berlin gründete und 1887 seine „Monierbroschüre" herausgab, in der
er die Verwendungsmethode des Monierschen Gedankens
technisch ausarbeitete, begann das Material langsam seine
Rolle zu spielen. Auf das ganze Traggerippe von Hochbauten
wurde es sogar erst anwendbar, als 1892 der Franzose
Hennebique Plattenbalken und bewehrte Säulen einführte.
Wir sehen also an der Jahrhundertwende eine noch ganz
junge Macht in der Baukunst auftreten, die revolutionär die
bisherigen Grenzen von statischen Vorstellungen verrückt.
Das ist das wichtigste Ereignis für die baulichen Regungen, die
um 1900 herum einsetzen. Man würde wahrscheinlich einen
Abschnitt der Architektur danach benennen, wenn nicht noch
manche andere technische Neuerungen etwa gleichzeitig hervorzutreten begännen.

Was gibt nun dem Eisenbeton seine große Macht? Nicht nur die materielle Festigkeit, die dies Material unempfindlich macht gegen Feuer, gegen Stoß und gegen Wettereinfluß, nicht nur die Vorzüge, die in Tempofragen liegen und die aus alledem hervorgehende Wirtschaftlichkeit seiner Anwendung, sondern vor allem seine struktive Bildsamkeit, die, a n r i c h - t i g e r S t e l l e angewandt, sowohl zu einem praktischen, als auch zu einem ästhetischen Vorteil genutzt werden kann. Es erlaubt uns, große monolithe Gebilde zu schaffen, wie sie für Kohlentürme, Silos, Wassertürme, Gasbehälter ausgeführt sind und unseren Industriegebieten Charakter zu geben beginnen. Es erlaubt uns aber auch, ganz im Gegensatz zu dieser monolithen Wirkung, den Baukörper völlig in ein Gerüst senkrechter und waagrechter Elemente aufzulösen, dessen Gefache offen bleiben oder durch die verschiedensten Füllmaterialien geschlossen werden können. Es erlaubt uns ferner fast unbeschränkte Arten räumlicher Überspannung: ungegliederte Deckenplatten, die von Säulen mit starken Auflagen getragen werden (Pilzdecken), gerade Balken und weitgespannte Rahmenbinder (zweigelenkig, dreigelenkig und eingespannt), die jeder nur erdenklichen Krümmungsform in gebrochener Linie oder kontinuierlicher Kurve folgen. Diese letzte Möglichkeit ist die hauptsächliche Quelle neuer künstlerischer Gestaltung. In der Außenarchitektur führt sie zu Brückenlösungen von elegantem Schwung der Linie, wobei völlig neue Wirkungen zutage kommen, weil das Verhältnis von Spannungsweite zum Stich des Bogens bisher nicht ausführbar war.
Der größte Einfluß aber ergibt sich für den Innenraum. Durch die Reihung von Bindern lassen sich tonnenartige Eindrücke erzeugen, die durch die markante Form der Innenlinie des Binders den verschiedenartigsten Charakter bekommen können. Die typischen Raumbildungen, die uns aus der Schalenkonstruktion der Steinmaterialien geläufig sind, werden gleichsam in aufgelöste Form gebracht, und diese aufgelösten Formen ermöglichen die verschiedensten Arten interessanter R a u m i l l u s i o n e n. Da die Gestaltung der Wände zwischen

den Bindern frei bleibt, also hoch emporgezogen, schräg-
gestellt oder in Absätzen gestaffelt werden kann, bieten sich
Beleuchtungsmöglichkeiten, welche die wirkliche Tonne nicht
zu geben vermag, auch lassen sich solche tonnenartigen Räume
parallel nebeneinander laufend zu einheitlicher Raumwirkung
verbinden, was die Lösung wirkungsvoller Überdeckungen
großer Flächen sehr erleichtert. Einer der ersten, der diese
Möglichkeiten für einen neuartigen Inneneindruck ausnutzte,
war Theodor Fischer in seiner Ulmer Garnisonkirche, die zu-
gleich dadurch bemerkenswert ist, daß sie das Gerüst des
Innenraums außen sichtbar werden läßt. Aus der überreichen
Zahl charakteristischer Raumbilder, die nach dem Prinzip der
Reihung von Eisenbetonbindern entstanden sind, seien die
Stuttgarter Markthalle, der Saal im Haus des Deutschtums in
Stuttgart, die Großmarkthalle in München, die Kirche in
Berlin-Wilmersdorf als Beispiele genannt.

Neben solchen „aufgelösten" Tonnen steht dem Eisenbeton
natürlich auch die Schalenkonstruktion der richtigen Tonne
zur Verfügung, und ebenso wie die Raumbildung der Tonne
vermag er damit die Kuppelform zu bewältigen. Es war sehr
interessant zu sehen, wie zwei Künstler im gleichen Jahr 1913
das Problem der Eisenbetonkuppel ganz verschiedenartig
lösten. Wilhelm Kreis baute in dem Gebäude der Eisenbeton-
firmen auf der Großen Leipziger Bauausstellung eine Kuppel
in der Art des Pantheon mit Kassettenteilungen, die beim
Entstehen mitgegossen wurden; Max Berg schuf in der Breslauer Jahrhunderthalle eine „aufgelöste" Kuppel, deren Rippen durch Ringe verbunden sind, hinter denen die abgetrepp-
ten Zonen der Fenster senkrecht stehen. Es würde nur dieses
einen mächtigen Werkes bedürfen, um zu erkennen, daß der
Eisenbeton wirklich die Elemente eines neuen Raumausdrucks
in sich birgt. In den Nachkriegsjahren ist die technische Bewältigung des Kuppelproblems durch Dyckerhoff & Widmann
(„Dywidag"-Bauweise) noch wesentlich erweitert worden, was
durch die baulichen Forderungen der Planetarien hervorgerufen wurde: ein „Torkretbeton" wird auf ein dünnes

Flacheisengerippe, das die Kuppelform bildet, aufgespritzt. Das Verfahren ermöglicht, mit Schalen von nur 6 cm Dicke Spannungen zu überwölben, die den Ausmessungen des Pantheon (43,4 m) entsprechen, so daß dem Architekten durch Schubwirkungen kaum noch Fesseln auferlegt werden. Wenn dadurch auch keine so grundstürzend neuen formalen Eindrücke, wie bei der Breslauer Kuppel, hervortreten, so entstehen doch neue Möglichkeiten großräumiger Wirkungen, die beispielsweise bei der neuen Leipziger Markthalle ausgenutzt sind: sie besteht aus einer beliebig verlängerbaren Folge von Dywidag-Kuppeln, deren jede 5700 qm deckt, während im Pantheon nur 1500 qm überbaut sind. Das Gewicht der Wölbkonstruktion aber beträgt in Rom 11000 Tonnen, während das fast vierfach größere Ergebnis in Leipzig mit nur 2220 Tonnen erzielt wird, denn die Schale ist trotz der Spannung von 76 m nur 9 cm dick.

Stand das Wachsen der Fläche bei früheren Wölbkonstruktionen in unmittelbarem Zusammenhang mit einem Wachsen der Höhe des Bauwerks, so hört das jetzt auf, weil nicht mehr die Spannungsverhältnisse des Bogens oder Spitzbogens dem statischen Prinzip zugrunde liegen, sondern Kräftelinien, die sich im eingebetteten Eisen abspielen. Das führt zu Umwälzungen auf einem Gebiet, das man bisher als unverrückbarste Grundlage architektonischer Abschätzungen betrachtet hatte: dem statischen Gefühl. Jahrhundertelang hat es sich, ohne beunruhigt zu werden, an stets gleichen Materialien entwickeln können, wir haben uns gewöhnt, die materialgebundenen statischen Vorstellungen, die dadurch in uns entstanden sind, als absolute statische Vorstellungen hinzunehmen. Und nun mußten wir nach zwei Richtungen hin gründlich umlernen.

Das eine war das Gefühl für die Spannungskraft der Linie: plötzlich sah man Kurven Spannungsleistungen vollziehen, die man ihnen nie zugetraut hätte. Das hatte eine Verfeinerung und Bereicherung des Gefühls für die scheinbare Kraft der Linie zur Folge, brachte aber vor allem ein völlig neues Verhältnis in das uralte Ringen der Architektur um Abgrenzung

eines Luftraums durch Masse: in der Wand ergab sich ein
Wachsen der Weite der Durchbrechung über die man verfügen konnte, in der Raumabdeckung ein Wachsen der Weite
der überspannten Fläche bei gleichbleibender Höhe des
Raumes. Während man sich früher schon im Raum bei allen
Entwicklungen zum Vertikalen frei bewegen und steigern
konnte, erhält man jetzt auch diese Möglichkeiten bei allen
Entwicklungen im Horizontalen, bei denen sie bisher eng beschränkt waren. Man braucht nicht mehr, wie in der monumentalen Steinarchitektur, verhältnismäßig kleine überwölbte
Einheiten kunstvoll und sinnreich bald horizontal, bald
vertikal zu großen Gebilden zusammenzufügen, sondern kann
stützenlos durch einen einzigen Raumgedanken zu seinem
Ziele kommen.

Das andere, worin man gründlich umlernen mußte, war das
Gefühl für einseitige Einspannungen. Dem Auskragen waren
bisher enge Grenzen gesetzt, und man hatte sowohl bei Holz
wie bei Stein das deutliche Gefühl des Unbehagens, wenn
diese Grenzen gefährdet schienen. Die Plattenkonstruktionen
des Eisenbetons ermöglichen plötzlich ein Schweben der
Masse, das uns bisher in dieser Weise völlig fremd war: Ecken
von Baukörpern können der Unterstützung entbehren, Platten
können weit in den Luftraum gestreckt werden. Bei Sports-
bauten, wie den Nürnberger und Wiener Anlagen, ist davon
vielleicht am weitgehendsten Gebrauch gemacht. Mit diesen
Möglichkeiten künstlerisch zu wirtschaften, ohne sie zu mißbrauchen, war eine ganz neue Aufgabe der Zeit, die erst allmählich erkannt und oftmals nicht gelöst wurde.

Alle diese Probleme sind beim Eisenbeton gefährlicher als
beim Eisen, weil er durch die Geschlossenheit seiner Masse
immer Gefühlsverbindungen mit der Steinarchitektur behält
und deshalb ein besonderes Taktgefühl nötig ist, um den Eindruck des Überzeugenden zu wecken und den Eindruck des
Konflikts zu meiden. Beim Eisen stehen wir von vornherein in
einer so ganz anderen Welt, daß s o l c h e störenden Erinnerungen weniger in Betracht kommen.

Historisch betrachtet müßten wir selbstverständlich, wenn wir die neuen technischen Grundlagen der Zeit ins Auge fassen, zuerst vom Eisen und dann erst vom Eisenbeton sprechen; ästhetisch betrachtet zeigt uns der Eisenbeton einen gewissen Übergang zu den Problemen, die nun im Eisen immer eindeutiger hervortreten. Wir haben bereits angedeutet, wie es als unsichtbar benutzter Träger im letzten Drittel des 19. Jahrhunderts nicht wenig dazu beiträgt, das eigentliche Wesen der historischen Stile zu fälschen, und wie es in der sichtbaren Form des Sprengwerks Ansprüche auf Gestaltung erhebt, die nur sehr selten als neues eigenkräftiges Problem erkannt werden. Der Vorstoß, den schon 1850 Paxtons Londoner Kristallpalast ins eigentliche Reich des Architektonischen macht, bleibt ein Kuriosum, und nur auf großen Ausstellungen erwacht ab und an das Bewußtsein für die künstlerische Seite der Aufgabe. Der Eiffelturm kündigt sie 1889 wie ein gewaltiges Fanal an. Die Entwicklung, die dann in wenigen Jahrzehnten vom Eisen zum hochwertigen Stahl führt, ist eines der stolzesten Kapitel im Bauwesen des beginnenden 20. Jahrhunderts.

Wir haben diese historische Seite außer acht gelassen, weil das Eisen in Deutschland im Leben der bewußt gestaltenden Architektur erst nahezu gleichzeitig mit dem Eisenbeton seine Rolle zu spielen beginnt. Es ist, als ob jener Übergang, den der Eisenbeton, architektonisch-stilistisch betrachtet, von der Steinarchitektur zur fremden Welt des Eisens darstellt, seinen Einfluß ausübt: ein Gefühl dafür erwacht, daß es neben der Massenarchitektur eine Gerüstarchitektur gibt, die in ihrer Art die gleichen Ansprüche stellen kann wie die erstere.
Wir haben gesehen, daß dem Eisenbeton die technische Möglichkeit innewohnt, sowohl als Massenarchitektur wie als Gerüstarchitektur behandelt zu werden; dem Eisen ist nur die zweite Möglichkeit gegeben. Überall, wo man sich ihrer naiv bediente, wie bei den großen Hallen der Industrie, trat die Problematik des Materials noch wenig hervor, man nutzte die Weiträumigkeit, die Beweglichkeit in der Lichtzuführung, die

Verminderung der Mauerstärken, die Vorteile schneller Montage und war um die Wirkung nicht weiter besorgt. Man sah im Eisen auch dann gleichsam nur ein Hilfsmaterial, wenn man es nicht im Baukörper versteckte. Erst wo es mit dem Kunstbau der Steinarchitektur in Berührung kam, verlor man die Unbefangenheit und begann, sich mit der Erkenntnis von „Gut" und „Böse" zu quälen. Da sah man zunächst im Ornament das Feigenblatt, um seine Nacktheit zu decken und merkte nicht, daß man sie dadurch erst betonte. Die Glaskuppel auf Wallots Reichstagsgebäude ist technisch eine neuartige Leistung, durch das Übermaß von dekorativer Zutat wird sie charakterlos – Otto Wagners gepflegte Eisenkonstruktionen wirken heute infolge ihrer Verzierungen kleinlich – die geschmiedeten Kapitelle an den Eisenarchitekturen des Dresdener Hauptbahnhofs machen Kräftiges schwächlich, ja selbst die einst viel bewunderte handfestere und metallmäßigere Art, wie Bruno Möhring die Bonner Rheinbrücke und Hermann Billing die Bremer Weserbrücke zierend behandelten, wirkt wie Aufputz, nicht wie Gestaltung. Von all den verfehlten Versuchen, dem Eisen durch Steinarchitektur zu Hilfe zu kommen, braucht hier nicht gesprochen zu werden. Den Unterschied von all solchen Versuchen sieht man, wenn man die unter dem Einfluß eines Entwurfs von Peter Behrens entstandene Kölner Hängebrücke betrachtet. Hier ist nicht nur der Steinarchitektur kein Raum gegeben, sondern auch das Eisenwerk von jeder Verzierung freigehalten. Alle Wirkung ist auf die „Logik" des Gefüges der ineinandergreifenden Teile, auf die „Schnittigkeit" der Form und auf die „Eleganz" der Linie gestellt. Diese Wendung, die beim Thema „Brücke" besonders deutlich hervortritt, ist die entscheidende Wendung für alle baulichen Gebilde aus Eisen, mag es sich nun um die Viadukte der Berliner Stadtbahn, die Binder großer Eisenhallen oder die Kuppel der Frankfurter Festhalle handeln. Ein ungetrübter künstlerischer Eindruck tritt erst dann hervor, wenn der Unterschied zwischen dem, was wir „Muskelbau" und „Skelettbau" nennen können, bewußt er-

faßt und einheitlich durchgeführt ist. Erst die Bauten aus
Eisen und aus Eisenbeton haben uns den Sinn für die Besonderheiten der Skelettarchitektur geschärft, obgleich die Gotik
schon Material zu ihrer Erkenntnis geliefert hat.

Die Muskelarchitektur charakterisiert aus der Masse
der Baumaterie heraus; wie Fleisch legt diese sich um das
ideelle oder wirklich tragende Gerüst. Die Masse wird bei
näherer Detaillierung zur Einzelform im Sinne der sich straf-
fenden Muskelkraft durchgebildet: unwillkürlich tragen wir
die menschlichen Vorstellungen einer elastischen Materie, die
bestimmte Funktionen zu erfüllen hat, in die starre Materie
des Bauwerks herein. Wenn wir beispielsweise den Schaft der
Säule schwellen und damit die starre Materie so charakterisieren, als ob sie elastisch wäre, wird ihre Kraft für unser Gefühl erst lebendig, weil unsere eigenen Körpererfahrungen
von Tragen und Lasten auf der elastischen Materie unserer
Muskeln beruhen. Anders bei den Schöpfungen der Skelettarchitektur. Das „Fleisch" verschwindet, die weiche,
sinnlich erfaßbare Charakterisierung der schwellenden Masse
mit ihm. Was übrigbleibt, ist nur das Gerippe der funktionie-
renden Teile, dessen Struktur wir verfolgen können. Sind wir
in der Muskelarchitektur erst zufrieden, wenn wir die ela-
stische Belebung der Masse spüren, so sind wir hier erst zufrieden, wenn wir das lückenlos verspannte Gefüge inein-
andergreifender Elemente erkennen. Auch sie sind unserem
Gefühle nicht starr, sondern Träger von sehnigen Spannungen und Teile von beweglichen Gelenken, aber es leuchtet
ein, daß die „Vermenschlichung" sich in beiden Fällen auf
etwas ganz Verschiedenes erstreckt. Für den Schaffenden war
es wichtig, sich des verschiedenen Wesens dieser beiden Welten baulichen Gestaltens bewußt zu werden. Erst das erlöste
ästhetisch aus unsicherem Tasten.

Die Erkenntnisse auf dem Gebiete des Eisenbaus haben zur
Folge gehabt, daß auch der Skelettbau des Holzes eine neue
Belebung erhielt. Als der Holzbau nach den Methoden heu-
tiger statischer Wissenschaft durchgearbeitet wurde, sah man,

daß man ihm Leistungen zumuten kann, an die man bisher
nicht gedacht hat. Manche in Holz gefügten neueren Innen-
räume wetteifern in technischer Kühnheit und räumlicher
Wirkung mit den besten Leistungen aus eisernem Tragwerk,
ja, man kann sagen, daß das Holz in unserer Zeit ein völlig
neues Baumaterial geworden ist. Man blieb dabei nicht bei
Balkenkonstruktionen stehen, sondern entwickelte aus der
dem Holze eigentümlichen Form der Bohle neue Möglichkeiten, die vor allem im „Zollinger-Bau", einem netzartigen
Gefüge typisierter Lamellen, zum Ausdruck kommen. Dieser
Gedanke wirkte sogar auf den Metallbau zurück, wo Junckers
und wo Hünnebeck ihn auf Stahl anwandten. Aber die nach
Art der Eisenbinder entwickelten Möglichkeiten übertreffen
an räumlicher Leistungsfähigkeit diese Konstruktionsmethoden
noch bei weitem. Was sich ursprünglich an den vorübergehenden hölzernen Bauten der vielerlei Ausstellungen des Jahr-
hundertanfangs entwickelte, wurde in immer größerer Vervollkommnung ein Element, das sich auch im Kirchenraum und
der Festhalle bewährte. Die in Holz konstruierte Westfalen-
halle in Dortmund ist mit ihrer Spannung von 75 m einer der
imposantesten Räume der Zeit, und sie bezeichnet noch lange
nicht den Endpunkt der Möglichkeiten.
Die Entwicklung des Skelettbaus hat aber noch auf manche
anderen Materialien, die für die neuen Regungen wichtig geworden sind, seine mittelbare Wirkung ausgeübt. Das Skelett
spielte ja nicht nur als offenes Gerippe eine Rolle, sondern
zwang da, wo es Außenwände eines Bauwerks bildete, in
irgendeiner Weise zur Füllung seiner Gefache. Das führt vielfach in der Außenarchitektur zur Verkleidung seines ganzen
Systems. Das Stahlskelett, das nach amerikanischem Vorbild
das tragende Gerüst moderner Riesenbauten bildet, wird
eigentlich nur bei Fabrikbauten als Fachwerk außen gezeigt, in
der Regel verschwindet es hinter der Verkleidung eines
mauerbildenden Materials. Ähnlich das Eisenbetongerippe,
wenn auch die Fälle häufiger sind, wo es auch im Äußeren zu
architektonischer Gliederung dient.

Paul Bonatz

Die „Frankfurter Zeitung" gab im November 1940 einen reichen
Überblick über die gewaltige Tätigkeit, die in den letzten Jahren
auf dem Gebiet von „Brücken und Schleusen" geleistet ist. Archi-
tekt und Ingenieur haben bei diesen Arbeiten in musterhafter
Weise zusammengearbeitet.
P a u l B o n a t z (geb. am 6. Dezember 1877 in Solgne, Lothrin-
gen) entwickelt seine allgemeinen Grundsätze im Rahmen jener
Veröffentlichung der „Frankfurter Zeitung".

DIE BRÜCKE ALS GEMEINSAMES WERK
VON INGENIEUR UND ARCHITEKT
1940

Die Spaltung des Baumeisterberufs in Architekten und
Ingenieure ist jüngeren Datums. Die kühnsten statischen
Gebilde aller Zeiten sind die gotischen Dome mit himmel-
ragenden, durchbrochenen Türmen, mit völlig aufgelösten
Wänden und luftigen Gewölben, die ihren Schub mit frei
durch die Luft schwingenden Steinbögen auf Strebepfeiler
ableiten. Die Regeln der Dombauhütten, Intuition und bau-
meisterliche Erfahrung leisteten damals die Dienste, die heute
die exakte Rechnung erfüllt. Die hochragende Kuppel der
Peterskirche mit ihrem steinernen Tambour steht auf vier Eck-
pfeilern, der größere Teil der Rundung ist unterhöhlt durch
die vier Schiffe des kreuzförmigen Grundrisses. Ohne mathematische Beweise in so schwierige Probleme vorzustoßen, gehört zu den merkwürdigsten Dokumenten menschlichen
Wagemuts.
Noch die vortrefflichen Eisenbahnbrücken um 1860 wurden
von B a u m e i s t e r n geschaffen, die das Erbe Schinkels
weiterführten, die· den Formgesetzen gegenüber ein hohes·
Verantwortungsgefühl hatten und die statischen Notwendigkeiten nebenher meisterten. Sie waren noch Architekt und
Ingenieur in einer Person. Mit dem Fortschreiten der konstruktiven Möglichkeiten durch Stahl und Eisenbeton wurde
die wissenschaftliche Erforschung der statischen Gesetze nötig.

Ein Eiffelturm von dreihundert Meter Höhe oder weitgespannte Stahlbrücken können nicht mehr vom baumeisterlichen Handwerk bewältigt werden. Bei der Prüfung der Festigkeiten, der zulässigen Beanspruchungen, der Verformungen durch Lasten und Wind, bei der Erfindung immer neuer Konstruktionssysteme entwickelt sich eine ausgedehnte Wissenschaft, die den ganzen Mann in Anspruch nimmt. Der I n g e n i e u r wurde dabei Spezialist.

Zeitlich deckt sich die Absonderung des Ingenieurberufs mit der Epoche des Niedergangs der Baukunst. Zwischen Architekt und Ingenieur, die getrennte Wege gingen, trat völlige Entfremdung ein. Wenn um die Jahrhundertwende bei großen Brücken über die Ingenieurnotwendigkeit hinaus höhere repräsentative Forderungen gestellt wurden, so erschöpfte sich der Architekt im Beiwerk. Es wurden Türme und Torbauten zu einer mehr oder weniger guten Stahlkonstruktion zugefügt, mit der sie nicht das geringste zu tun hatten. Eine Einwirkung auf das statische System lag dem Architekten nicht. Diese Brücken sind nicht ein gemeinsames Werk von Architekt und Ingenieur, sondern zwei g e t r e n n t e , einander fremde Werke. Inzwischen haben sich zugunsten einer Gemeinschaftsarbeit zwei Dinge geändert. Auf der einen Seite ist die Baukunst wieder gesundet, hat festen Boden und k l a r e Z i e l e , auf der anderen Seite ist die E i g e n s c h ö n h e i t guter Ingenieurkonstruktionen entdeckt worden. Beide Kräfte begegnen sich also auf einer neuen Ebene.

Es sind zwei verschiedene Schöpferkräfte der Seele, die einander ergänzen: die stärksten Kräfte rechnenden V e r s t a n d e s und die stärksten Kräfte rhythmischen G e f ü h l s . Das Gefühl ist ein schwankender oder ein fester Boden, je nachdem, wer darauf steht. Aber nur derjenige Architekt ist zur Zusammenarbeit mit dem Ingenieur geeignet, der auch das Technische erfühlen kann. Ebenso ist nur der Ingenieur zur Zusammenarbeit und zur Gestaltung großer Aufgaben geeignet, der nicht lediglich aus der Rechnung, sondern aus einer starken Formvorstellung, also ebenfalls aus der Intuition heraus schafft. Man kann nicht eine Brücke mit dem Rechenschieber beginnen, sondern nur von einer Vorstellung ausgehend. Statisch gibt es für jede Aufgabe ein Dutzend Möglichkeiten. Unter diesen sind viele unfruchtbar, und nur wenige tragen den Keim zur Schönheit in sich. Zur Schönheit aber kommen sie nicht durch Zufall, sondern nur dann, wenn ein bewußter Wille sie dorthin führt. Unter Schönheit verstehen wir heute nicht mehr das Beigefügte, sondern die Reinheit und Verständlichkeit der Form, das Sinnfällige des Kräftespiels, das Unterscheiden von schwer und leicht, von Lastendem oder Schwebendem, kurz die Ausdrucks- stärke. Die Zusammenarbeit von Architekt und Ingenieur wird also um so gedeihlicher sein, je mehr beide Teile von vornherein gemeinsam in dieser Richtung vorstoßen. Darin liegt eben der Unterschied gegen die frühere Zusammen- arbeit, daß man nicht Grenzpfähle zwischen den Zuständig- keiten aufrichtet. Es ist also nicht so, daß der Ingenieur vor- her das System starr festlegte, der Architekt nachträglich die Profile und die Brückenendigung. Trotzdem soll hier versucht werden, diejenigen Einwirkungen deutlich zu machen, die aus der verschiedenen Schulung beider Teile heraus- wachsen.

Wenn der Ingenieur nach strengen Gesetzen bis zum Be- weisbaren vordringen kann, so kämpft der Architekt den ewigen Kampf mit dem Unbeweisbaren. Wenn der Ingenieur auf seinem Gebiet bis zum Absoluten vor- dringen kann, so der Architekt immer nur bis zum Rela- tiven. Seine Gesetze sind nicht in Formeln und Zahlen faß- bar. Wenn der Ingenieur seine Aufgabe frontal angreifen kann, so muß der Architekt die seine erst in weitem Bogen umstellen, einkreisen. Er muß sich bei allen seinen Aufgaben um so viele um die Aufgabe herumliegende Dinge kümmern, aus so vielen widerstreitenden Forderungen den besten Kom- promiß schließen, daß er auf den größeren Abstand, auf die weitere Schau eingestellt ist. Der Vorzug der Schulung des

Architekten ist die Vermeidung der Spezialisierung. Er erhält
sich länger seine Unbefangenheit und Vorurteilsfreiheit. Nur
diese setzt ihn in den Stand, die jedesmal anderen und neuen
Bedingungen zu erfassen. Zu allererst wird er die Forderungen der L a n d s c h a f t erlauschen. Die Landschaft kann Einfügung oder Gegenspiel fordern. Im hügelgewellten Griechenland mit fernem Meereshorizont konnte nur die streng geometrische Tempelform entstehen, Stufensockel mit Vertikalen
und Horizontalen, das Werk der Menschenhand als bewußtes
Gegenspiel gegen die freie Form der bewegten Landschaft,
Mitklingen mit dem fernen Horizont. Die vieltürmige Gotik
wuchs als Gegenspiel zur weiten Ebene. Eine Brücke einer Ge-
birgsstraße, die sich an Felsen anlehnt, wird schwere Mauern
und Pfeiler zeigen, sie wird sich dem steigenden Zug der
Straße mit allen Schwingungen anschmiegen, die steinerne
Brüstung wird auch an Böschungen weiterlaufen, um dem ganzen Zug der Straße größte Stetigkeit zu verleihen. Man wird
streben, den Straßenzug vor den Hang vorzulegen, nicht hin-
einzudrücken, damit Hang und Fels nicht zu gewaltsam ange-
schnitten werden, damit auch hohe bergseitige Stützmauern
vermieden werden, man wird möglichst naturhaft den Stein
des Gebirges verwenden, damit alle Stützmauern und Übergänge wie gewachsen sich mit der Natur wieder verbinden.
Es wird also hier nicht auf Gegenspiel, sondern auf Einfügung
ankommen, und es leuchtet ein, daß diese Überlegungen des
Gefühls der Anfang sind. Erst wenn in dieser Weise die Richtung geklärt ist, kann die Rechnung beginnen.
Bei jeder größeren Brücke, Tal- oder Flußübergang, wird man
sich vorher klar werden, ob die Brücke, wie eben beschrieben,
sich in die Bewegung des Straßenzugs e i n f ü g e n oder ob
sie h e r r s c h e n soll. Wenn es eine bedeutende Brücke ist,
wird sie starr und streng dastehen und den Straßenzug zwingen, sich schon von weitem her auf sie vorzubereiten, damit
alle Übergänge ohne Härten und Knicke stetig verlaufen.
Nach dem Gefühl wird man die Höhenlage über die Talsohle
festsetzen, ob man die Hügelschultern verbinden, ob man in

die Schulter einschneiden will. Technische u n d Gefühlsüber-
legungen werden gleichzeitig das Brückensystem bestimmen,
steinerner Bogenviadukt oder Stahl, eng oder weit gestellte
Stützen. Rein aus der Einfühlung heraus wird der Charakter
der Brücke bestimmt werden, ob schwer lastend, ob leicht be-
schwingt, alle Fragen der Proportion zwischen Pfeiler und
Balken werden erst vorgefühlt und dann berechnet. Man kann
natürlich auch zuerst rechnen, wie dick der Pfeiler sein muß,
damit er den Stahlbalken trägt. Oft aber ist der statisch notwendige Pfeiler dem Auge zu dünn, das Gefühl wird das Ergebnis der Rechnung dann korrigieren. Der Architekt weiß,
wie er mit zunehmender Pfeilerbreite dem Balken die lastende
Schwere nehmen kann. Er hat erfahren, daß der Schatten
stark ausladender Gesimse oder Konsolen dem Balken die
Brutalität nimmt.

Wenn sich Architekt und Ingenieur über das Abstimmen der
Hauptteile zueinander geeinigt haben, dann beginnt die ge-
wissenhafte Formung der Einzelteile. Wenn S t e i n -
b r ü c k e n als Werke der Baukunst angesprochen werden
sollen, so wird der Schwerpunkt der Gestaltung beim Architekten liegen. Eine flachgespannte Brücke wird jähe Gewalt
und Leidenschaft ausdrücken, ein hochgestellter Bogenviadukt
abgeklärte Ruhe. Die hochgestellte Bogenreihe kennen wir
aus alter und neuerer Zeit. Der Laie könnte die Frage stellen:
„Was kann an diesem Problem, das bekannt und erschöpft
ist, noch von neuem Interesse sein?" Wir Eingeweihten und
Tätigen würden antworten: „Alles!" Denn nicht im Unge-
fähren und im Annäherungswert liegen Sinn und Ziel unserer
Arbeit, sondern im Eindeutigen und Endgültigen, in dem, was
aus den besonderen Gegebenheiten einmalig geformt ist. In
diesem Sinn gibt es keine Wiederholung. Es ist eine alte Erfahrung, daß eine Brücke mit vortrefflichen Proportionen nicht
in den gleichen Verhältnissen verkleinert werden kann, ohne
falsch zu wirken. Jede verschiedene absolute Größe hat ihr
eigenes Proportionsgesetz; mit anderen Worten, e s g i b t
k e i n e R e z e p t e , man muß glücklicherweise immer wieder

von vorn anfangen. So auch mit jedem neuen Steinmaterial.
Jeder Stein bricht anders, bearbeitet sich anders und fügt
sich anders. Jedesmal ist auch die Überleitung von der Brücke
zur Landschaft anders. Einmal trifft sie in einen Einschnitt,
ein anderes Mal läuft sie flach aus. Dieser kritischen Stelle der
Verbindung von Brücke und Straße gehört die ganze Aufmerksamkeit des Architekten. Sie geht hinab bis zum Wasser-
einlauf neben der Brücke. Die G e w i s s e n h a f t i g k e i t
auch dem Unscheinbaren, dem scheinbar Nebensächlichen
gegenüber ist A r c h i t e k t e n b e r u f.
Beim großen Ingenieurwerk, bei kühnen Stahlbalken, Bögen
oder Hängebrücken spricht der Ingenieur das erste Wort.
Auch hier werden die statischen Möglichkeiten gemeinsam ge-
sichtet, und gemeinsam wird dasjenige System ausgesucht, das
die beste Form verspricht. Auch die Fragen der Proportion —
soweit sie vor der Berechnung festlegbar sind — werden in
gemeinsamer Überlegung bestimmt. Nun setzt die verantwor-
tungsvolle Tätigkeit auf dem Sondergebiet des Ingenieurs ein,
vor der niemand höhere Achtung hat als wir Architekten, die
hier mitgestalten dürfen und alle theoretischen und praktischen Schwierigkeiten der Ingenieuraufgabe aus der Nähe
miterleben. Wenn die reinste Form und der stärkste Ausdruck
der Stahlkonstruktion gefunden sind, dann muß ihr mit dem
steinernen Widerlagerkörper die richtige Antwort, das richtige
Gegengewicht gegeben werden. Je gewaltiger das Ingenieurwerk ist, desto mehr verlangt es nach genügendem Aus-
klang und genügender Überleitung. Hier und bei der pfleg-
lichen Behandlung jeder Einzelheit, seien es die Auflager, die
Profile oder die Formung von Sonderteilen, steht der Architekt dem Ingenieur zur Seite. Auch hier ist ihm nichts zu klein
und unbedeutend. Bei allen kleinen Brücken, die keine Probleme stellen, ist die Gewissenhaftigkeit der Einzelheit gegenüber sogar das Entscheidende.

Richard Hamann

Der Verfasser (geb. 29. Mai 1879 in Seehausen, Kreis Wanzleben) ist ordentlicher Professor der Kunstgeschichte an der Universität Marburg.

Er sucht in seiner 1933 erschienenen „Geschichte der Kunst" (Droemersche Verlagsanstalt, Wiesentheid), die bis zur Gegenwart reicht, den revolutionären Regungen der Architektur, die zwischen den beiden Weltkriegen sehr ausgeprägte Formen annahm, gerecht zu werden.

Unser Bruchstück zeigt, was H a m a n n zur Charakterisierung der Schöpfungen sagt, die sich vor allem im Zusammenhang mit industriellen Nutzbauten von einer historischen Formensprache loslösen, um zu einer konstruktiven Auffassung flächenhafter Gestaltung überzugehen. Wir finden die Analyse der Erscheinungen, die bei der extremen Weiterentwicklung dieser Richtung zutage treten. Hamann ist bestrebt, neben den alten Werten, die bewußt zerstört werden, zugleich den Sinn und die zeitbedingten Ziele objektiv zu schildern, die der Bewegung zugrunde liegen: es ist ein Versuch, für die Mechanisierung unseres Lebens in der modernen Großstadt eine entsprechende Form zu finden.

WEGE ZUR „NEUEN SACHLICHKEIT"

1933

Ein neues Gefühl für die Proportionen von Flächen bildet sich und das Verantwortungsgefühl für das Ganze des Bauwerks und seine Stellung im Gesamtgebilde des städtebaulichen Komplexes. Eine neue öffentliche Gesinnung verneint die Rechte des Individuums auf verantwortungslosen Lebensgenuß, dem Reiz folgt die Ordnung. Noch wichtiger ist, daß mit dieser kubikflächigen Proportionskunst ein Ausdruck der Schlichtheit gewonnen wird. Jedes einzelne Haus einer Siedlung tritt infolgedessen als Individuum zurück; die Einheit des vielen Unwesentlichen schafft — entsprechend der Bildwirkung, die die Massenerscheinungen für das Auge im pleinairistischen Bilde erhielten — jetzt auch einen Stil des Lebens im kollektiven Sinne, einen Ausdruck der Einheit des Zusammenwohnens in der Siedlung, in der jedes Haus einzeln unwesentlich, nur eine Nummer ist, das Ganze aber von der überzeugenden Kraft des Einverständnisses.

Das hat Tessenow ausgezeichnet gelöst, wobei der Nachdruck noch auf dem Wohnen im bürgerlichen Sinne, dem Eigenheim der Heimatkunst liegt, die Form aber auf Rationalisierung, Zusammenfassung, Anpassung aneinander zielt. Noch wichtiger aber ist, daß man mit dieser Flächen- und Kubenkunst, mit rationalisiertem Block und Linie, herangeht an die neuen Aufgaben der versachlichten Zeit — Fabrik und Kraftwerk, Bahnhof und Geschäftshaus; und mit der puristischen Gesinnung diese Bauten radikal reinigt von allem, was Füllsel mit einer persönlichen oder naturvermittelnden Kunst bedeutet. Bilder im Sinne des 19. Jahrhunderts, Landschaften, Anekdoten, Stimmungen in diese Arbeitsräume zu stellen, sie mit hoheitsvollen Genien oder mit blumenreichem Ornament zu schmücken, das sei, sagt Tessenow, als ob man neben einer Kreissäge ein Beethovensches Quartett spielen lasse oder den Leim mit Kölnischem Wasser anrühre. Die Entmenschung der Bauformen, ihre Geometrisierung und Stereometrisierung stieß hier, wo es sich um Empfangshallen, um repräsentatives oder gemütliches Wohnen, um Herrschen oder Genießen handelt, auf den geringsten Widerstand, wenn man auf die alten gewohnten Ausdrucksformen verzichtete. Zugleich stellte eine Fabrikanlage mit ihren durch den Zweck, nicht durch Repräsentation geforderten Baukomplexen neue Aufgaben. Das Denken in Flächen erlaubt, dem Fenster eine zweckmäßige, die erwünschte Lichtzufuhr ermöglichende Breite zu geben und es zur beherrschenden, monumentalen Zweckgestalt im ganzen Bau auszuprägen. Durch die Funktionslosigkeit der Formen können Glas und Eisen als wirksame Faktoren des Eindrucks zu ihrem Recht kommen. Das Zutagetreten von maschinellen Einrichtungen und Apparaten führte zu Flächen und Kurven von bisher der Kunst unbekannter Form und eigener, dem menschlichen Organismus fremder Ausdruckskraft maschineller Funktion. Dies alles in dem grandiosen Bau der AEG berücksichtigt zu haben, ist das große Verdienst von Peter Behrens. Ein neuer Stil ist gefunden. Ein rationeller, zweckmäßiger und doch

formenstrenger und monumentaler Bau: die Fabrik, ein Sach-
bau, wird dargestellt mit entmenschlichten, sachlichen und
ganz als Produktion des Menschen, als Konstruktion wirken-
den Formen. Konstruktive Kunst an der Fabrik und konstruktive Arbeit in der Fabrik, rationelle Schöpfung und rationelle
Produktion finden sich zusammen.

Die neueste „sachliche Architektur" befreit radikaler als alle
Architektur bisher von jedem Ausdruck des Menschlichen und
Repräsentativen, indem mit Hilfe ganz neuer statischer Möglichkeiten, die Eisen und Beton als Baumaterial gewähren, die
funktionellen Kräfte und körperlichen Analogien von Tragen
und Lasten nun nicht mehr nach außen in Erscheinung zu
treten brauchen, sondern alle außen zutage tretenden Flächen
nichts mehr sein wollen als Raumabschluß, Raumbedeckung,
Raumgestaltung — Raum verstanden als brauchbare Verweil-
und Bewegungssphäre des Menschen. Man verzichtet auf eine
Fassade, das heißt einen symmetrischen, frontalen, vom Gie-
bel- oder Pyramidendach gekrönten Körper, der sich nach
außen zeigt wie ein repräsentierender Mensch, verzichtet
möglichst auf alle turm- und gliedartigen Vertikalen, die Haltung und damit Würde und Stolz symbolisieren, verzichtet
auf die Wärme und Gemütlichkeit eines Daches, das an die
Form einer Kopfbedeckung erinnert. Der Verzicht auf eine
Fassade und ihre Symmetrie erlaubt wiederum, den praktischen Bedürfnissen entsprechend, die Baukuben in verschiedener Größe, rück- und vorspringend, aufsteigend und absin-
kend zu gruppieren. Indem man zwischen festen Mauerstrei-
fen Fensterstreifen durchführt, die unverbunden durch Hori-
zontalglieder jeden Ausdruck von Tragen und Lasten, ja
überhaupt nur von Schwergefühl, wie der Mensch es von der
Haltung seines Körpers her kennt, verleugnen, wird der Betrachter gezwungen, auch diese Gebäudeteile rein als Flächen,
als praktische Raumabschlüsse oder Lichtöffnungen zu sehen.
Der Bau verliert sein Oben und Unten, wird wie eine Kiste
umkehrbar, hört auf, wie ein Mensch auf dem Boden zu

stehen oder zu liegen, wird Sache; die Stockwerke als Nut-
zungsmöglichkeiten der Räume treten ganz rein und unver-
hüllt in Erscheinung. Zugleich wird es möglich, mit Fenster-
flächen jeder Größe zu arbeiten und den Bau zu durchleuch-
ten, wie es der praktische Zweck einer industriellen Tätigkeit
und das Zusammenarbeiten vieler Menschen in einem Raum
erfordert. Ein neuer Begriff von Öffentlichkeit bildet sich,
nicht mehr der der geöffneten gastlichen Portale, die den
Bau allseitig öffnend über die wirkliche Gebrauchsmöglichkeit
und Zugänglichkeit der Räume hinwegtäuschen, sondern der
Allsichtbarkeit öffentlichen Getriebes, das auch Gegenstand
des öffentlichen Interesses sein muß. Keine Intimitäten mehr,
keine feierlichen Abschlüsse gegen die Außenwelt, die gleichsam nur Bilanzverschleierungen sind, sondern offenes Zutage-
liegen der öffentlichen Arbeit zur Kontrolle für die Öffentlichkeit. So entstehen die neuen Schalterräume der Banken
und Postämter mit ihren offenen Glaswänden und die neuen
Warenhäuser mit ihren alloffenen Warenauslagen. Die gemeinsame Arbeit, die in der Fabrik infolge der durchgehenden
Wellen und „laufenden Bänder" einen einzigen Raum für
viele Menschen erfordert, die im Büroraum einen ständigen
Verkehr zwischen den Tischen bedingt, überhaupt die gemeinsame Arbeit vieler Menschen in einem Betrieb findet in den
nur durch Glasscheiben, Windschutz, Geräuschfänger unter-
teilten Einheitsräumen ihren Ausdruck.
Es entsteht das stockwerkreiche Büro- oder Mietshaus an der
Straße, am Platz, im Gewimmel des Großstadtverkehrs. Die
steinernen und die gläsernen Flächen, die Stockwerke ohne
jede andere Beziehung zueinander als die der Parallelität, des
Nebeneinanders (wie das Leben der Bewohner) ergeben
große Horizontalen, Gleitbahnen des Verkehrs, Umführun-
gen um die Ecke, die den Stadtgänger an dem Haus vorbei-
ziehen wie die Schienenstränge auf dem Pflaster. Der Eingang
versteckt sich, die Geschoßstränge führen über ihn hinweg und
sausen um die Ecke herum; nicht eine Aufforderung einzutreten für den Fremden, sondern nur Orientierung für den Wis-

senden; keine repräsentative Note, die zum Halten, zum Ansehen, zum Respekt nötigt, sondern großartige Einheit, Wahrheit und Zweckausdruck in sich und in der Flucht der Straßen.
Das neue Warenhaus entsteht. Auch hier Stockwerke statt
der Vortäuschung festlicher Riesenhallen; große Horizontal-
flächen, nüchtern, geometrisch, wie es das Geschäft erfordert,
keine kunstgewerbliche Pracht, kein falscher Stolz; Flächen
die mit ihren Auslagen Plakate sind und sich mit ihnen vertragen, Horizontalfluchten, ein Vertikaltrakt, wie ein Aus-
rufungszeichen, Verleitung zum Eintritt, man spürt den Lift
an dieser Stelle; kein Turm, sondern ein Schacht, gekrönt von
einer Fläche, keinem Helm, sondern dem Träger der Licht-
reklame. Holland hat von solchen modernen Bauprogrammen
dank großer finanzieller Mittel und kraft einer alten sachlichen Tradition, die von Berlage wieder aufgenommen und
von einer Reihe jüngerer Architekten fortgesetzt wurde, besonders viel großzügig und geschmackvoll verwirklicht.
Das Wichtigste aber ist, daß man mit diesen Prinzipien jetzt
auch an die Villa, das Einzelwohnhaus, den Siedlungsbau
herangeht; an das Wohnhaus, das bisher der stärkste Hort
aller Personifizierung in der Architektur war, Hort vor allem
der Gemütlichkeit. Dieses Haus behandelt man als reinen Behälter, würflig, rechteckig, ohne Glieder und Gewichtsver-
hältnisse des Oben und Unten. Man öffnet die Wände mit
großen Fenstern wie die eines Operationssaales oder eines
Ateliers und verjagt mit dem hellen, bis in die letzten Winkel dringenden Licht alle Stimmungen, alle Dämmerungen,
alle Orte zum Träumen. — Ja, wie in einem Schaltersaal ver-
bannt man — wie Le Corbusier in seinem Haus in der Wei-
ßenhof-Siedlung in Stuttgart es getan hat — selbst aus dem
Wohnhaus die Heimlichkeit der Einzelräume, der Absonde-
rungen und Zuflüchte, der Intimitäten und Einsamkeiten.
Ganz abgesehen von der Frage, ob das für das Auge schon
befriedigend wirkt, ob wir darin wohnen möchten, erhebt
sich die Frage, welchen Sinn das Ganze hat. Übersehen wir
diese Räume, so ist unverkennbar, daß die „gute Stube" und

das gemütliche Interieur, in denen wir im alten Sinne wohnen,
Familie simpeln, träumen, nichts tun, uns gemütlich finden,
zu Nebenräumen werden und in die Verschläge verwiesen
werden, daß der Hauptraum ein Arbeitsraum, ein Atelier ist,
daß es ein Wohnen für den produktiven Menschen werden
möchte, nicht für den Rentner, den Träumer, den Nichtstuer,
und daß sich dieser produktive Mensch mit den weiten, jedem
Einblick gewährenden Fenstern als ein Funktionär der Öffentlichkeit, als Arbeiter am Gemeingut des Volkes oder der
Menschheit fühlt. Es muß also, um diese Architektur zu würdigen, eine Umschichtung des Bewußtseins und der Geltung
des Menschen eintreten. Die Freiheit von aller rationellen
Tätigkeit, die Sehnsucht nach der Natur und das Leben in
Dichtungen als Menschlichkeitssurrogaten sollen entthront
werden, ebenso aber auch das Leben in Hoheits- und De-
mutsäußerungen, in Repräsentationen und Konventionen; es
muß dafür die Arbeit und der Arbeiter, die Produktion von
Sachen und der ganze Sachapparat eine neue Bedeutung gewinnen. Er wird es nur können, wenn er in sich so viel
Geistigkeit zu entfalten vermag, daß er den Menschen als
geistiges bewußtes Wesen zu erfüllen imstande ist, daß nicht
nur das r e i n Geistige in der Schöpfung, wie im Produkt,
sondern auch das sachlich Gegenständliche und die Handarbeit, die Betätigung an Apparaten diesen neuen Wert, den
die Kunst verspricht, zu halten vermag. Der bildende Künstler vertritt dabei eine doppelte Aufgabe: Einmal an der Ver-
geistigung dieser Sachen durch Formung, die das Auge zwingt
und befriedigt, mitzuarbeiten, zugleich aber Vorbild zu werden für eine produktive Lebenshaltung, bei der die Kluft
zwischen Hand- und Geistesarbeit überbrückt wird und das
Leben im Arbeitsraum, im Atelier d a s Leben ist. —
Aber eins ist gewiß, daß die Devise Le Corbusiers: „Vers
une architecture" — einer neuen Architektur entgegen, — nicht
zum Ziele führen wird, wenn nicht das ganze Leben eine
neue Architektur empfangen wird. Auch dazu wird Kunst
(Kunst kommt von Können!) und Geist gehören.

VIII. TEIL

Lalitaviſtara

Lalitavistara ist eine Sanskrithandschrift, aus der die wie-
dergegebene Schilderung durch Ernst Waldschmidt übersetzt ist.
(„Die Legende vom Leben des Buddha", Wegweiser-Verlag G.m.
b. H., Berlin.)
Das Stück ist bemerkenswert als einziger Versuch einer architektonischen Schilderung in der Buddha-Legende.

DER HIMMELSPALAST DES BUDDHA

Gefeiert unter den Verehrungswürdigen weilte der Bod-
hisattva im prächtigen Heim des Tuschitahimmels. Die
Weihe war ihm zuteil geworden. Hunderttausende von Göttern priesen, lobten, verherrlichten und rühmten ihn. Die
Würde war sein; Wunschgelübde hatten ihn hohe Stufen
ersteigen lassen; das Verständnis der Lehren aller Buddhas
war ihm aufgegangen, und er hatte das weite, reine Auge der
Erkenntnis gewonnen. Wohlig saß er in dem großen, auf
zweiunddreißigtausend Erden ruhenden Wolkenpalast, der
mit Terrassen, Türmen, Toren, Bogenfenstern, Erkern und
Söllern reich geschmückt war. Schirme, Fahnen und Stan-
darten ragten dort in die Lüfte; Netze und Girlanden, mit
Edelsteinen und Glöckchen besetzt, waren ausgespannt, und
eine Streu kleiner und großer Mandaravablüten überdeckte
den Estrich. Leise erzitterte der Palast, den die schönsten
Bäume aller Art zierten, der von güldenen Schleiern umhüllt
und mit glückbedeutenden vollen Urnen ausgestattet war,
unter dem vereinigten Spiel ungezählter Millionen von
himmlischen Musikantinnen. Plan und Anlage des Palastes
waren regelmäßig. Als Windzug wehten Blütendüfte darin,
und die hingewandten Augen vieler Millionen von Göttern
spendeten ihm Licht. Mächtig durchrauschten Gesang und
Spiel des Gesetzes seine Räume und brachten jede Begierde,
Lust, Erregung und sündiges Verlangen zur Ruhe. Zorn,
Streit, Hochmut, Überhebung und Stolz waren vergangen,
und Freude, Heiterkeit, Glück und ein geläutertes, umfassendes Verstehen daraus erwachsen.

Tausendundeine Nacht

Unter den tausendundeine Erzählungen des orientalischen Mär-
chenbuches ist die nachfolgende die einzige, in der ein Stück
Architektur und nicht irgendein Menschenschicksal die entscheidende Rolle spielt.
Das Märchen ist nicht gekürzt.

DIE PYRAMIDEN

M an erzählt auch: Als Mamum, der Sohn Harun Arra-
schids, einst nach Kahirah kam, beschloß er, die Pyramiden zu besuchen, um die darin verborgenen Schätze zu
nehmen. Als er dahin gelangte, wollte er sie umreißen lassen,
konnte es aber nicht. Nach vielen Anstrengungen und außerordentlichen Kosten gelang es ihm endlich, in einer ein kleines
Fensterchen ausgraben zu lassen, und man behauptet, er
habe hinter diesem Fensterchen gerade so viel Geld gefunden,
wie er ausgegeben, nicht mehr und nicht weniger. Mamum
war sehr erstaunt über diesen Fund, nahm das Geld fort und
gab seinen Vorsatz auf. Diese drei Pyramiden gehören zu
den Wundern der Welt; man findet ihresgleichen auf der
ganzen Erde nicht, so fest und unerschütterlich sind sie
gebaut und dabei so hoch. Sie sind aus großen Steinen zusammengesetzt, die an den beiden Enden durchlöchert sind.
Durch diese Löcher wurden eiserne Stangen gezogen und
durch heißes Blei befestigt, und so wurde das ganze Gebäude
zusammengehalten, das hundert mekkanische oder fünfhundert gewöhnliche Ellen hoch ist. Die Alten behaupten, in
der westlichen Pyramide seien dreißig Schatzkammern voll
von den feinsten Edelsteinen, Geld, wunderbaren Bildsäulen,
allerlei Instrumenten und feinen Waffen, mit dem Wasser
der Weisen bestrichen, das sie vor Rost bewahrt bis zum Tage
der Auferstehung; auch findet sich darin allerlei Glaswerk,
das man biegen kann, ohne daß es zerbricht, und allerlei
künstlich zusammengesetzte Arzneien. In der zweiten Pyramide finden sich die Sagen der Priester auf Tafeln gegraben;

jeder Priester hat eine Tafel in der Hand, auf der seine
Wunderwerke geschrieben stehen. An den Wänden sind
Standbilder, wie Götzen, die allerlei Handarbeit verrichten,
und über jede Pyramide ist ein Schatzkämmerer und ein
Wächter gesetzt, die sie bis auf ewige Zeiten bewachen. Sehr
schön sind die folgenden Verse eines Dichters über die
Pyramiden:

„Betrachte die Pyramiden und lasse dich von ihnen belehren
über die Täuschung der Zeit. Könnten sie sprechen, sie
würden dir sagen, wie die Zeit mit den Früheren und den
Späteren verfahren."

Ein anderer Dichter sagt sehr treffend:

„Kein Gebäude unter dem Himmel gleicht an Festigkeit den
Pyramiden Ägyptens; sie flößen vor der Zeit Ehrfurcht ein,
während sonst alles auf der Welt sich vor der Zeit fürchtet."

Ferner sagt ein Dichter:

„O ihr, die ihr das Vergängliche zur Stütze wählet, wo sind
die Erbauer der Pyramiden? Noch lebt ihr Werk lebendig
fort, während sie selbst schon längst zu nichts geworden."

Friedrich Hölderlin

Friedrich Hölderlin (1770—1843) läßt in dem Roman
„Hyperion" seinen Helden zusammen mit Diotima, der Geliebten,
der er auf einer einsamen griechischen Insel begegnet ist, Athen
erleben.
Die Prosafassung des „Hyperion" stammt vom Jahre 1795; eine
metrische Fassung ging voran.

BESUCH IN ATHEN

1795

Aus bloßem Verstande kommt keine Philosophie, denn
Philosophie ist mehr, denn nur die beschränkte Erkenntnis des Vorhandenen.
Aus bloßer Vernunft kommt keine Philosophie, denn Philosophie ist mehr, denn blinde Forderung eines nie zu endigen-
den Fortschritts in Vereinigung und Unterscheidung eines
möglichen Stoffs.
Leuchtet aber das Göttliche ἓν διαφέρον ἑαυτῷ, das Ideal der
Schönheit der strebenden Vernunft, so fordert sie nicht blind,
und weiß, warum, wozu sie fordert.
Scheint, wie der Maitag in des Künstlers Werkstatt, dem
Verstande die Sonne des Schönen zu seinem Geschäfte, so
schwärmt er zwar nicht hinaus und läßt sein Notwerk stehen,
doch denkt er gerne des Festtags, wo er wandeln wird im ver-
jüngenden Frühlingslichte.
So weit war ich, als wir landeten an der Küste von Attika.
Das alte Athen lag jetzt zu sehr uns im Sinne, als daß wir
hätten viel in der Ordnung sprechen mögen, und ich wun-
derte mich jetzt selber über die Art meiner Äußerungen. Wie
bin ich doch, rief ich, auf die trockenen Berggipfel geraten,
worauf ihr mich saht?
Es ist immer so, erwiderte Diotima, wenn uns recht wohl ist.
Die üppige Kraft sucht eine Arbeit. Die jungen Lämmer
stoßen sich die Stirnen aneinander, wenn sie von der Mutter
Milch gesättigt sind.

Wir gingen jetzt am Lykabettus hinauf und blieben, trotz der Eile, zuweilen stehen, in Gedanken und wunderbaren Erwartungen.

Es ist schön, daß es dem Menschen so schwer wird, sich vom Tode dessen, was er liebt, zu überzeugen, und es ist wohl keiner noch zu seines Freundes Grabe gegangen, ohne die leise Hoffnung, da dem Freunde wirklich zu begegnen. Mich ergriff das schöne Phantom des alten Athens wie einer Mutter Gestalt, die aus dem Totenreiche zurückkehrt.

O Parthenon! rief ich, Stolz der Welt! Zu deinen Füßen liegt das Reich des Neptun wie ein bezwungener Löwe, und wie Kinder sind die andern Tempel um dich versammelt, und die beredte Agora und der Hain des Akademus — —

Kannst du so dich in die alte Zeit versetzen? sagte Diotima.

Mahne mich nicht an die Zeit! erwidert' ich; es war ein göttlich Leben, und der Mensch war da der Mittelpunkt der Natur. Der Frühling, als er um Athen her blühte, war er, wie eine bescheidne Blume an der Jungfrau Busen; die Sonne ging schamrot auf über den Herrlichkeiten der Erde.

Die Marmorfelsen des Hymettus und Pentele sprangen hervor aus ihrer schlummernden Wiege, wie Kinder aus der Mutter Schoß, und gewannen Form und Leben unter den zärtlichen Athener-Händen.

Honig reichte die Natur und die schönsten Veilchen und Myrten und Oliven.

Die Natur war Priesterin und der Mensch ihr Gott, und alles Leben in ihr und jede Gestalt und jeder Ton von ihr nur ein begeistertes Echo des Herrlichen, dem sie gehörte. Ihn feiert', ihm nur opferte sie.

Er war es auch wert, er mochte liebend in der heiligen Werkstatt sitzen und dem Götterbilde, das er gemacht, die Knie umfassen oder auf dem Vorgebirge, auf Suniums grüner Spitze, unter den horchenden Schülern gelagert, sich die Zeit verkürzen mit hohen Gedanken, oder er mocht' im Stadium laufen, oder vom Rednerstuhle, wie der Gewittergott, Regen und Sonnenschein und Blitze senden und goldene Wolken. —

O siehe! rief jetzt Diotima mir plötzlich zu.

Ich sah, und hätte vergehen mögen vor dem allmächtigen Anblick.

Wie ein unermeßlicher Schiffbruch, wenn die Orkane verstummt sind und die Schiffer entflohen, und der Leichnam der zerschmetterten Flotte unkenntlich auf der Sandbank liegt, so lag vor uns Athen, und die verwaisten Säulen standen vor uns wie die nackten Stämme eines Waldes, der am Abend noch grünte und des Nachts darauf in Feuer aufging.

Hier, sagte Diotima, lernt man stille sein über sein eigen Schicksal, es sei gut oder böse.

Hier lernt man stille sein über alles, fuhr ich fort. Hätten die Schnitter, die dies Kornfeld gemäht, ihre Scheunen mit seinen Halmen bereichert, so wäre nichts verlorengegangen, und ich wollte mich begnügen, hier als Ährenleser zu stehen; aber wer gewann denn?

Ganz Europa, erwidert einer von den Freunden.

Oh, ja! rief ich, sie haben die Säulen und Statuen weggeschleift und aneinander verkauft, haben die edlen Gestalten nicht wenig geschätzt, der Seltenheit wegen, wie man Papageien und Affen schätzt.

Sage das nicht! erwiderte derselbe; und mangelt auch wirklich ihnen der Geist von all dem Schönen, so wäre es, weil der nicht weggetragen werden konnte und nicht gekauft.

Jawohl! rief ich. Dieser Geist war auch untergegangen, noch ehe die Zerstörer über Attika kamen. Erst, wenn die Häuser und Tempel ausgestorben, wagen sich die wilden Tiere in die Tore und Gassen.

Wer jenen Geist hat, sagt Diotima tröstend, dem stehet Athen noch wie ein blühender Fruchtbaum. Der Künstler ergänzt den Torso sich leicht.

Wir gingen des andern Tages früh aus, sahn die Ruinen des Parthenon, die Stelle des alten Bacchustheaters, den Theseustempel, die sechzehn Säulen, die noch übrigstehen vom göttlichen Olympion; am meisten aber ergriff mich das alte Tor, wodurch man ehemals aus der alten Stadt zur neuen herauskam, wo gewiß einst tausend schöne Menschen an einem Tage sich grüßten. Jetzt kommt man weder in die alte noch in die neue Stadt durch dieses Tor, und stumm und öde stehet es da wie ein vertrockneter Brunnen, aus dessen Röhren einst mit freundlichem Geplätscher das klare frische Wasser sprang.

Ach! sagt' ich, indes wir so herumgingen, es ist wohl ein prächtiges Spiel des Schicksals, daß es hier die Tempel niederstürzt und ihre zertrümmerten Steine den Kindern herumzuwerfen gibt, daß es die zerstümmelten Götter zu Bänken vor der Bauernhütte und die Grabmäler hier zur Ruhestätte des weidenden Stiers macht, und eine solche Verschwendung ist königlicher als der Mutwille der Kleopatra, da sie die geschmolzenen Perlen trank; aber es ist doch schade um all die Größe und Schönheit!

Guter Hyperion! rief Diotima, es ist Zeit, daß du weggehst; du bist blaß, und dein Auge ist müde, und du suchst dir umsonst mit Einfällen zu helfen. Komm hinaus! Ins Grüne! Unter die Farben des Lebens! Das wird dir wohltun.

Wir gingen hinaus in die nahegelegenen Gärten.

Die andern waren auf dem Wege mit zwei britischen Gelehrten, die unter den Altertümern in Athen ihre Ernte hielten, ins Gespräch geraten und nicht von der Stelle zu bringen. Ich ließ sie gerne.

Mein ganzes Wesen richtete sich auf, da ich einmal wieder mit Diotima allein mich sah; sie hatte einen herrlichen Kampf bestanden mit dem heiligen Chaos von Athen. Wie das Saitenspiel der himmlischen Muse über den uneinigen Elementen herrschten Diotimas stille Gedanken über den Trümmern. Wie der Mond aus zartem Gewölke hob sich ihr Geist aus schönem Leiden empor; das himmlische Mädchen stand in seiner Wehmut da wie die Blume, die in der Nacht am lieblichsten duftet. Wir gingen weiter und weiter — und waren am Ende nicht umsonst gegangen.

Lord Byron

Lord Byrons Dichtung „Harolds Pilgerfahrt" (Verlag Georg Reimer, Berlin, 1866), aus deren viertem Gesang die Verse entnommen sind, bringt in Form einer Art poetischer Reisebeschreibung eine bunt glitzernde Kette von Schilderungen und Betrachtungen. Durch Rom wird Byron (1788–1824) zu architektonischen Gesängen begeistert. Die Übertragung ist von Otto Gildemeister.

EINDRÜCKE HAROLDS IN ITALIEN

1812

Bogen auf Bogen! – gleich als wollte Rom,
Ansammelnd die Trophäen seiner Macht,
All seine Sieg' aufbaun zu e i n e m Dom.
Das Kolosseum! – nur vom Mond bewacht,
Dem Ampellicht, das die Natur entfacht!
Denn göttlich sei das Licht für solchen Bau,
Den lang durchforschten, nie erschöpften Schacht
Des ernsten Sinnens – und azurnes Blau
Der röm'schen Sommernacht, wo Farb' und Stern' und Tau

Zur Sprache wird und von den Himmeln zeugt,
Schwimmt über diesem ries'gen Wundersaal.
Alles auf Erden, was die Zeit gebeugt,
Hat eines Geistes Wehn; wo sie einmal
Die Hand gestützt hat, aber dann den Stahl
Der Sichel abbrach, da weilt eine Art
Von Zauber im verwitterten Portal,
Vor welchem der Palast der Gegenwart
Den Glanz verliert und auf den Schmuck der Jahre harrt.

Hier, wo der Mord den Blutdampf eingesogen,
Wo durch verstopfte Gassen das Gebraus
Der Völker flutete wie Bergeswogen
In vielgewundnen Gängen dieses Baus;
Hier, wo des Pöbels Tadel und Applaus

Tod oder Leben war, ein Spiel der Menge —
Wie schallt mein Wort, wie öde liegt der Graus
Gebeugter Mauern und zerfallner Gänge,
Durch welche seltsam laut verwehn des Fußtritts Klänge!

Nur Trümmer, aber was für Trümmer! Brücke,
Palast, Quartier baun sie aus ihrem Schoß,
Und doch bemerkt ihr kaum des Raubes Lücke,
Wenn das Skelett so daliegt, riesengroß;
Geplündert scheint es nicht, gesäubert bloß.
Ach, wann die mächt'gen Mauern näher ragen,
Zeigt ihr Verfall sich nackt und schleierlos:
Sie können nicht des Tages Glanz ertragen,
Der allzu grell bescheint, was Zeit und Mensch zerschlagen.

Doch wann der Mond beginnt emporzuklimmen
Zum Bogensims und leise stillesteht,
Wann Sterne durch die alten Risse glimmen,
Und sanft der Nachtwind durch den Waldkranz geht,
Der diese grauen Mauern grün umweht,
Wie Lorbeern Cäsars kahles Haupt umgaben,
Dann, in dem klaren Dämmerlichte, seht,
Erstehn die Toten, die sie hier begraben,
Die Helden, deren Staub wir hier betreten haben.
——

Dort türmte Hadrian sein plumpes Haus,
Nachäffer der begrab'nen Pharaonen,
Kopierer mißgestalten Riesenbaus.
Nach ungeheuren Mustern ferner Zonen
Ließ der gereiste Fürst den Künstler fronen,
Damit sein eitler Staub, sein Zwerggebein
In Hallen für Giganten möge wohnen;
Nun muß die Burg ein Spott der Weisen sein —
Wie mächtig der Entwurf, und o, der Zweck so klein!

Doch schau! Ein Wunderdom ragt in die Luft,
Vor dem Dianens Pracht in Nichts verschwand;

Des Heilands Tempel über Petri Gruft!
Ich sah, wo Ephesus, die Stolze, stand,
Von Säulenschutt bedeckt den Wüstensand;
Hyän' und Schakal haust' in ihren Schatten;
Ich sah Sophias Kuppeln hoch gespannt,
Die sich im Sonnenblitz vergoldet hatten,
Und sah den Moslem knien auf ihren heil'gen Platten;

Doch von den Tempeln, welche sind und waren,
Stehst du allein — nichts neben dir — und bist
Des Gottes würdig, des erhabnen, wahren.
Seit Zion fiel und Gottes Thron vermißt,
Wo jemals wurde bis zu dieser Frist
Ein Bau von Menschen, daß er Ihm gefalle,
So stolz getürmt? Hoheit und Allmacht ist
Und Pracht und Stärk' und Schönheit, sie sind alle
Emporgewölbt in dir, du hehre, ew'ge Halle!

Tritt ein: die Größe wird dich nicht erdrücken.
Warum? — sie wird nicht kleiner — nein, der Geist
Wächst riesengroß in staunendem Entzücken;
Dir ist, als ob du in dem Tempel seist,
Wo alles Ewige, davon du weißt,
Sichtbar erscheint. Und wirst du einst bestehn,
So sollst du, so bestimmt und fest umkreist,
Mit Augen deines Gottes Antlitz sehn,
Wie jetzt sein Heiligtum, und nicht vor ihm vergehn.

Ihr schreitet vor und wachst, indem ihr schreitet,
Wie Alpenhöhe steigt, je mehr man klimmt,
Weil euch die ries'ge Anmut irre leitet,
Raum, der sich dehnt und doch harmonisch stimmt.
Unendlichkeit, die wie Musik verschwimmt,
Marmorner Schimmer, prächt'ge Farbenschau,
Licht goldner Lampen, das in Nischen glimmt,
Und trotz'ge Kuppel, die sich mit dem Bau
Massivster Dämme mißt und schwebt doch frei im Blau.

Du siehst nicht alles gleich. Stückweis zerbrich
Das große Ganze, schau es einzeln an.
Das Weltmeer lockt mit vielen Buchten dich,
So halt auch hier die Seele streng im Bann,
Tauch sie ins Nächste, was sie fassen kann,
Bis die beredten Linien ganz und gar
Dein eigen sind, und Teil um Teil alsdann
In mächt'gen Stufungen enthüllt sich klar
Die Glorie, deren Pracht zuerst dir dunkel war.

Die Schuld ist dein. Der äußre Sinn besiegt
Schrittweise nur den Stoff. Von weitem nur,
Wann das Gefühl in uns am höchsten fliegt,
Folgt unser schwacher Ausdruck seiner Spur;
So dieser Riesendom und Wunderflur,
Erst tört er dein betroffnes Aug' und schließt
Sich trotzig ab vor deiner Zwergnatur,
Bis mit dem Großen groß dein Geist verfließt
Und wächst zu der Statur der Dinge, die du siehst.

Dann rast' und werd' erleuchtet; solches Schauen
Ist besser, als wenn Neugier fieberheiß
Nach Wundern hascht, ist besser als das Grauen
Der frommen Ehrfurcht, als bloß Lob und Preis
Der Kunst und ihrer Meister, deren Fleiß
Schuf, was die Kunst der Vorwelt nie ersann.
Der Quell der Hoheit rauscht in diesem Kreis,
Und drinnen schöpft der Menschengeist fortan
Sein edles Gold und lernt, was Künstlergröße kann.

Johann Wolfgang Goethe

Goethe hat in einem seiner Werke, den „Wahlverwandtschaf-
ten", den ganzen Verlauf der Handlung mit Baufragen und
Gartenfragen begleitet.
Zum erstenmal tritt bei ihm ein Architekt als handelnde Figur
in einer Dichtung auf.
Wir bringen das neunte Kapitel.

EINE GRUNDSTEINLEGUNG

1809

Der Geburtstag war herbeigekommen und alles fertig
geworden; die ganze Mauer, die den Dorfweg gegen
das Wasser zu einfaßte und erhöhte, ebenso der Weg an
der Kirche vorbei, wo er eine Zeitlang in dem von Charlotten
angelegten Pfade fortlief, sich dann die Felsen hinaufwärts
schlang, die Mooshütte links über sich, dann nach einer
völligen Wendung links unter sich ließ und so allmählich
auf die Höhe gelangte.

Es hatte sich diesen Tag viel Gesellschaft eingefunden. Man
ging zur Kirche, wo man die Gemeinde im festlichen Schmuck
versammelt antraf. Nach dem Gottesdienste zogen Knaben,
Jünglinge und Männer, wie es angeordnet war, voraus; dann
kam die Herrschaft mit ihrem Besuch und Gefolge; Mädchen,
Jungfrauen und Frauen machten den Beschluß.

Bei der Wendung des Weges war ein erhöhter Felsenplatz
eingerichtet; dort ließ der Hauptmann Charlotten und die
Gäste ausruhen. Hier übersahen sie den ganzen Weg, die
hinaufgeschrittene Männerschar, die nachwandelnden Frauen,
welche nun vorbeizogen. Es war bei dem herrlichen Wetter
ein wunderschöner Anblick. Charlotte fühlte sich überrascht,
gerührt und drückte dem Hauptmann herzlich die Hand.

Man folgte der sachte fortschreitenden Menge, die nun schon
einen Kreis um den künftigen Hausraum gebildet hatte. Der
Bauherr, die Seinigen und die vornehmsten Gäste wurden eingeladen, in die Tiefe hinabzusteigen, wo der Grundstein, an

einer Seite unterstützt, eben zum Niederlassen bereit lag. Ein wohlgeputzter Maurer, die Kelle in der einen, den Hammer in der andern Hand, hielt in Reimen eine anmutige Rede, die wir in Prosa nur unvollkommen wiedergeben können.

„Drei Dinge", fing er an, „sind bei einem Gebäude zu beachten: daß es am rechten Fleck stehe, daß es wohlgegründet, daß es vollkommen ausgeführt sei. Das erste ist eigentlich die Sache des Bauherrn; denn wie in der Stadt nur der Fürst und die Gemeine bestimmen können, wohin gebaut werden soll, so ist es auf dem Lande das Vorrecht des Grundherren, daß er sage: Hier soll meine Wohnung stehen und nirgends anders."

Eduard und Ottilie wagten nicht bei diesen Worten einander anzusehen, ob sie gleich nahe gegeneinander über standen.

„Das dritte, die Vollendung, ist die Sorge gar vieler Gewerke; ja, wenige sind, die nicht dabei beschäftigt wären. Aber das zweite, die Gründung, ist des Maurers Angelegenheit und, daß wir es nur keck heraussagen, die Hauptangelegenheit des ganzen Unternehmens. Es ist ein ernstes Geschäft, und unsere Einladung ist ernsthaft: denn diese Feierlichkeit wird in der Tiefe begangen. Hier, innerhalb dieses engen, ausgegrabenen Raums, erweisen Sie uns die Ehre, als Zeugen unseres geheimnisvollen Geschäftes zu erscheinen. Gleich werden wir diesen wohlzugehauenen Stein niederlegen, und bald werden diese mit schönen und würdigen Personen gezierten Erdwände nicht mehr zugänglich, sie werden ausgefüllt sein.

Diesen Grundstein, der mit seiner Ecke die rechte Ecke des Gebäudes, mit seiner Rechtwinkligkeit die Regelmäßigkeit desselben, mit seiner wasser- und senkrechten Lage Lot und Waage aller Mauern und Wände bezeichnet, könnten wir ohne weiteres niederlegen: denn er ruhte wohl auf seiner eignen Schwere. Aber auch hier soll es am Kalk, am Bindungsmittel nicht fehlen: denn so wie Menschen, die einander von Natur geneigt sind, noch besser zusammenhalten, wenn das Gesetz sie verkittet, so werden auch Steine, deren Form schon

zusammenpaßt, noch besser durch diese bindenden Kräfte
vereinigt; und da es sich nicht ziemen will, unter den Tätigen
müßig zu sein, so werden Sie nicht verschmähen, auch hier
Mitarbeiter zu werden."

Er überreichte hierauf seine Kelle Charlotten, welche damit
Kalk unter den Stein warf. Mehreren wurde ein gleiches zu
tun angesonnen und der Stein alsobald niedergesenkt; worauf denn Charlotten und den übrigen sogleich der Hammer
gereicht wurde, um durch ein dreimaliges Pochen die Verbindung des Steins mit dem Grunde ausdrücklich zu segnen.

„Des Maurers Arbeit", fuhr der Redner fort, „zwar jetzt
unter freiem Himmel, geschieht, wo nicht immer im Verborgnen, doch zum Verborgnen. Der regelmäßig aufgeführte
Grund wird verschüttet, und sogar bei den Mauern, die wir
am Tage aufführen, ist man unser am Ende kaum eingedenk.
Die Arbeiten des Steinmetzen und Bildhauers fallen mehr in
die Augen, und wir müssen es sogar noch gutheißen, wenn
der Tüncher die Spur unserer Hände völlig auslöscht und sich
unser Werk zueignet, indem er es überzieht, glättet und
färbt.

Wem muß also mehr daran gelegen sein, das, was er tut, sich
selbst recht zu machen, indem er es recht macht, als dem
Maurer? Wer hat mehr als er, das Selbstbewußtsein zu
nähren, Ursach? Wenn das Haus aufgeführt, der Boden ge-
plattet und gepflastert, die Außenseite mit Zieraten überdeckt ist, so sieht er durch alle Hüllen immer noch hinein und
erkennt noch jene regelmäßigen, sorgfältigen Fugen, denen
das Ganze sein Dasein und seinen Halt zu danken hat.

Aber wie jeder, der eine Übeltat begangen, fürchten muß,
daß ungeachtet alles Abwehrens sie dennoch ans Licht kommen werde, so muß derjenige erwarten, der insgeheim das
Gute getan, daß auch dieses wider seinen Willen an den Tag
komme. Deswegen machen wir diesen Grundstein zugleich
zum Denkstein. Hier in diese unterschiedlichen gehauenen
Vertiefungen soll Verschiedenes eingesenkt werden zum
Zeugnis für eine entfernte Nachwelt. Diese metallnen zuge-

löteten Köcher enthalten schriftliche Nachrichten; auf diese
Metallplatten ist allerlei Merkwürdiges eingegraben; in
diesen schönen gläsernen Flaschen versenken wir den besten
alten Wein mit Bezeichnung seines Geburtsjahrs; es fehlt
nicht an Münzen verschiedener Art, in diesem Jahre geprägt:
alles dieses erhielten wir durch die Freigebigkeit unseres Bauherrn. Auch ist hier noch mancher Platz, wenn irgendein Gast
und Zuschauer etwas der Nachwelt zu übergeben Belieben
trüge."

Nach einer kleinen Pause sah der Geselle sich um; aber, wie
es in solchen Fällen zu gehen pflegt, niemand war vorbereitet,
jedermann überrascht, bis endlich ein junger munterer Offi-
zier anfing und sagte: „Wenn ich etwas beitragen soll, das
in dieser Schatzkammer noch nicht niedergelegt ist, so muß
ich ein paar Knöpfe von der Uniform schneiden, die doch
wohl auch verdienen, auf die Nachwelt zu kommen." Gesagt,
getan! und nun hatte mancher einen ähnlichen Einfall. Die
Frauenzimmer säumten nicht, von ihren kleinen Haarkämmen
hineinzulegen; Riechfläschchen und andere Zierden wurden
nicht geschont; nur Ottilie zauderte, bis Eduard sie durch ein
freundliches Wort aus der Betrachtung aller der beigesteuer-
ten und eingelegten Dinge herausriß. Sie löste darauf die
goldne Kette vom Halse, an der das Bild ihres Vaters
gehangen hatte, und legte sie mit leiser Hand über die anderen Kleinode hin, worauf Eduard mit einiger Hast veranstal-
tete, daß der wohlgefugte Deckel sogleich aufgestürzt und
eingekittet würde.

Der junge Gesell, der sich dabei am tätigsten erwiesen, nahm
seine Rednermiene wieder an und fuhr fort: „Wir gründen
diesen Stein für ewig, zur Sicherung des längsten Genusses
der gegenwärtigen und künftigen Besitzer dieses Hauses.
Allein, indem wir hier gleichsam einen Schatz vergraben, so
denken wir zugleich bei dem gründlichsten aller Geschäfte
an die Vergänglichkeit der menschlichen Dinge; wir denken
uns eine Möglichkeit, daß dieser festversiegelte Deckel wieder
aufgehoben werden könne, welches nicht anders geschehen

dürfte, als wenn das alles wieder zerstört wäre, was wir noch
nicht einmal aufgeführt haben.

Aber eben, damit dieses aufgeführt werde, zurück mit den
Gedanken aus der Zukunft, zurück ins Gegenwärtige! Laßt
uns nach begangenem heutigem Feste unsere Arbeit sogleich
fördern, damit keiner von den Gewerken, die auf unserem
Grunde fortarbeiten, zu feiern brauche, daß der Bau eilig in
die Höhe steige und vollendet werde, und aus den Fenstern,
die noch nicht sind, der Hausherr mit den Seinigen und seinen
Gästen sich fröhlich in der Gegend umschaue, deren aller
sowie sämtlicher Anwesenden Gesundheit hiermit getrunken
sei!"

Und so leerte er ein wohlgeschliffenes Kelchglas auf e i n e n
Zug aus und warf es in die Luft: denn es bezeichnet das
Übermaß einer Freude, das Gefäß zu zerstören, dessen man
sich in der Fröhlichkeit bedient. Aber diesmal ereignete es
sich anders: das Glas kam nicht wieder auf den Boden, und
zwar ohne Wunder.

Man hatte nämlich, um mit dem Bau vorwärts zu kommen,
bereits an der entgegengesetzten Ecke den Grund völlig
herausgeschlagen, ja, schon angefangen, die Mauern aufzuführen und zu dem Endzweck das Gerüst erbaut, so hoch
als es überhaupt nötig war.

Daß man es besonders zu dieser Feierlichkeit mit Brettern
belegt und eine Menge Zuschauer hinaufgelassen hatte, war
zum Vorteil der Arbeitsleute geschehen. Dort hinauf flog das
Glas und wurde von einem aufgefangen, der diesen Zufall
als ein glückliches Zeichen für sich ansah. Er wies es zuletzt
herum, ohne es aus der Hand zu lassen, und man sah darauf
die Buchstaben E und O in sehr zierlicher Verschlingung ein-
geschnitten: es war eins der Gläser, die für Eduarden in
seiner Jugend verfertigt worden.

Die Gerüste standen wieder leer, und die leichtesten unter
den Gästen stiegen hinauf, sich umzusehen, und konnten
die schöne Aussicht nach allen Seiten nicht genugsam rühmen;
denn was entdeckt der nicht alles, der auf einem hohen

Punkte nur um ein Geschoß höher steht. Nach dem Innern des Landes zu kamen mehrere neue Dörfer zum Vorschein; den silbernen Streifen des Flusses erblickte man deutlich; ja, selbst die Türme der Hauptstadt wollte einer gewahr werden. An der Rückseite hinter den waldigen Hügeln erhoben sich die blauen Gipfel eines fernen Gebirges, und die nächste Gegend übersah man im ganzen.

Gotthold Ephraim Lessing

Seine hohe Kunst der Schilderung hat L e s s i n g (1729—1781)
im allgemeinen lediglich Werken der Malerei und Bildhauerkunst
gewidmet. Nur in der nachfolgenden „Parabel" können wir sie
an einem a r c h i t e k t o n i s c h e n Vorwurf bewundern. — Aber
diese Parabel steht nicht unter seinen ästhetischen, sondern unter
seinen theologischen Schriften. Sie ist die Form, wie er einen
Hauptgedanken seines Lebens zum Ausdruck bringt, nämlich: daß
es viele Eingänge gibt, die zur Religiosität führen, und daß die
Fenster sehr verschieden sind, durch die der Himmel zu dem
Menschen hereinschaut.

DIE PARABEL

1777

Ein weiser tätiger König eines großen, großen Reiches
hatte in seiner Hauptstadt einen Palast von ganz unermeß-
lichem Umfange, von ganz besonderer Architektur.
Unermeßlich war der Umfang, weil er in selbem alle um sich
versammelt hatte, die er als Gehilfen oder Werkzeuge seiner
Regierung brauchte.
Sonderbar war die Architektur; denn sie stritt so ziemlich
mit allen angenommenen Regeln; aber sie gefiel doch und
entsprach doch.
Sie gefiel: vornehmlich durch die Bewunderung, welche Einfalt und Größe erregen, wenn sie Reichtum und Schmuck
mehr zu verachten als zu entbehren scheinen.
Sie entsprach: durch Dauer und Bequemlichkeit. Der ganze
Palast stand nach vielen, vielen Jahren noch in eben der
Reinlichkeit und Vollständigkeit da, mit welcher die Baumeister die letzte Hand angelegt hatten: von außen ein
wenig unverständlich, von innen überall Licht und Zusammenhang.
Was Kenner von Architektur sein wollte, ward besonders
durch die Außenseiten beleidiget, welche mit wenig hin und
her zerstreuten, großen und kleinen, runden und viereckten
Fenstern unterbrochen waren, dafür aber desto mehr Türen
und Tore von mancherlei Form und Größe hatten.

Man begriff nicht, wie durch so wenige Fenster in so viele Gemächer genugsames Licht kommen könne. Denn daß die vornehmsten derselben ihr Licht von oben empfingen, wollte den wenigsten zu Sinne.

Man begriff nicht, wozu so viele und vielerlei Eingänge nötig wären, da ein großes Portal auf jeder Seite ja wohl schicklicher wäre und eben die Dienste tun würde. Denn daß durch die mehreren kleinen Eingänge ein jeder, der in den Palast gerufen würde, auf dem kürzesten und unfehlbarsten Wege gerade dahin gelangen solle, wo man seiner bedürfe, wollte den wenigsten zu Sinne.

Und so entstand unter den vermeinten Kennern mancherlei Streit, den gemeiniglich diejenigen am hitzigsten führten, die von dem Innern des Palastes viel zu sehen die wenigste Gelegenheit gehabt hatten.

Auch war da etwas, wovon man bei dem ersten Anblicke geglaubt hätte, daß es den Streit notwendig sehr leicht und kurz machen müsse; was ihn aber gerade am meisten verwickelte, was ihm gerade zur hartnäckigsten Fortsetzung die reichste Nahrung verschaffte. Man glaubte nämlich verschiedene alte Grundrisse zu haben, die sich von den ersten Baumeistern des Palastes herschreiben sollten, und diese Grundrisse fanden sich mit Worten und Zeichen bemerkt, deren Sprache und Charakteristik so gut als verloren war.

Ein jeder erklärte sich daher diese Worte und Zeichen nach eignem Gefallen. Ein jeder setzte sich daher aus diesen alten Grundrissen einen beliebigen neuen zusammen, für welchen neuen nicht selten dieser oder jener sich so hinreißen ließ, daß er nicht allein selbst darauf schwor, sondern auch andere darauf zu schwören bald beredte, bald zwang.

Nur wenige sagten: „Was gehen uns eure Grundrisse an? Dieser oder ein anderer, sie sind uns alle gleich. Genug, daß wir jeden Augenblick erfahren, daß die gütigste Weisheit den ganzen Palast erfüllet, und daß sich aus ihm nichts als Schönheit und Ordnung und Wohlstand auf das ganze Land verbreitet."

So kamen oft schlecht an, diese Wenigen! Denn wenn sie lachenden Muts manchmal einen von den besonderen Grundrissen ein wenig näher beleuchteten, so wurden sie von denen, welche auf diesen Grundriß geschworen hatten, für Mordbrenner des Palastes selbst ausgeschrien.

Aber sie kehrten sich daran nicht und wurden gerade dadurch am geschicktesten, denjenigen zugesellet zu werden, die innerhalb des Palastes arbeiteten und weder Zeit noch Lust hatten, sich in Streitigkeiten zu mengen, die für sie keine waren.

Einsmals, als der Streit über die Grundrisse nicht sowohl beigelegt als eingeschlummert war – einsmals um Mitternacht erscholl plötzlich die Stimme der Wächter: „Feuer! Feuer in dem Palaste!"

Und was geschah? Da fuhr jeder von seinem Lager auf, und jeder, als wäre das Feuer nicht in dem Palaste, sondern in seinem eigenen Hause, lief nach dem Kostbarsten, was er zu haben glaubte – nach seinem Grundrisse. „Laßt uns d e n nur retten!" dachte jeder; „der Palast kann dort nicht eigentlicher verbrennen, als er hier stehet!"

Und so lief ein jeder mit seinem Grundrisse auf die Straße, wo, anstatt dem Palaste zu Hilfe zu eilen, einer dem andern es vorher zeigen wollte, wo der Palast vermutlich brenne. „Sieh, Nachbar! hier brennt er! Hier ist dem Feuer am besten beizukommen." – „Oder hier vielmehr, Nachbar, hier!" – „Wo denkt ihr beide hin? Er brennt hier!" – „Was hätt' es für Not, wenn er da brennte? Aber er brennt gewiß hier!" – „Lösch' ihn hier, wer da will. Ich lösch' ihn hier nicht!" – „Und ich hier nicht!" – „Und ich hier nicht!" –

Über diese geschäftigen Zänker hätte er denn auch wirklich abbrennen können, der Palast, wenn er gebrannt hätte. – Aber die erschrocknen Wächter hatten ein Nordlicht für eine Feuersbrunst gehalten.

Friedrich Schiller

In die Werke S c h i l l e r s (1759—1805) spielt Architektur nur
sehr selten hinein. Um so bemerkenswerter ist es, wie er im nachfolgenden Gedicht die einzigartige Wirkung, die Pompeji und
Herculanum hervorrufen, nur aus der Phantasie heraus erfaßt hat.

POMPEJI UND HERCULANUM
1796

Welches Wunder begibt sich? Wir flehten um trink-
bare Quellen,
Erde, dich an, und was sendet dein Schoß uns herauf!
Lebt es im Abgrund auch? Wohnt unter der Lava verborgen
Noch ein neues Geschlecht? Kehrt das entflohne zurück?
Griechen! Römer! O kommt! O seht, das alte Pompeji
Findet sich wieder, aufs neu bauet sich Herkules' Stadt.
Giebel an Giebel steigt, der räumige Portikus öffnet
Seine Hallen; o eilt, ihn zu beleben, herbei!
Aufgetan ist das weite Theater, es stürze, durch seine
Sieben Mündungen sich flutend, die Menge herein.
Mimen, wo bleibt ihr? Hervor! Das bereitete Opfer vollende
Atreus' Sohn, dem Orest folge der grausende Chor!
Wohin führet der Bogen des Siegs? Erkennt ihr das Forum?
Was für Gestalten sind das auf dem curulischen Stuhl?
Traget, Lictoren, die Beile voran! Den Sessel besteige
Richtend der Prätor, der Zeug' trete, der Kläger vor ihn.
Reinliche Gassen breiten sich aus, mit erhöhetem Pflaster
Ziehet der schmälere Weg neben den Häusern sich hin.
Schützend springen die Dächer hervor, die zierlichen Zimmer
Reihn um den einsamen Hof heimlich und traulich sich her.
Öffnet die Läden geschwind und die lange verschütteten Türen
In die schaudrige Nacht falle der lustige Tag!
Siehe, wie rings um den Rand die netten Bänke sich dehnen,
Wie von buntem Gestein schimmernd das Estrich sich hebt!
Frisch noch erglänzt die Wand von heiter brennenden Farben —
Wo ist der Künstler? Er warf eben den Pinsel hinweg.

Schwellender Früchte voll und lieblich geordneter Blumen
Fasset der muntre Feston reizende Bildungen ein.
Mit beladenem Korb schlüpft hier ein Amor vorüber,
Emsige Genien dort keltern den purpurnen Wein;
Hochauf springt die Bacchantin im Tanz, dort ruht sie
                                    schlummernd,
Und der lauschende Faun hat sich nicht satt noch gesehn.
Flüchtig tummelt sie hier den raschen Centauren, auf e i n e m
Knie nur schwebend, und treibt frisch mit dem Thyrsus ihn an.
Knaben, was säumt ihr? Herbei! Da stehn noch die schönen
                                    Geschirre.
Frisch, ihr Mädchen, und schöpft in den etrurischen Krug!
Steht nicht der Dreifuß hier auf schön geflügelten Sphinxen?
Schüret das Feuer! Geschwind, Sklaven, bestellet den Herd!
Kauft, hier geb ich euch Münzen, vom mächtigen Titus geprägt;
Auch noch die Waage liegt hier, sehet, es fehlt kein Gewicht.
Stecket das brennende Licht auf den zierlich gebildeten
                                    Leuchter,
Und mit glänzendem Öl fülle die Lampe sich an!
Was verwahret dies Kästchen? O seht, was der Bräutigam sendet,
Mädchen! Spangen von Gold, glänzende Pasten zum Schmuck.
Führet die Braut in das duftende Bad, hier stehn noch die Salben,
Schminke find' ich noch hier in dem gehöhlten Kristall.
Aber wo bleiben die Männer? Die Alten? Im ernsten Museum
Liegt noch ein köstlicher Schatz seltener Rollen gehäuft.
Griffel findet ihr hier zum Schreiben, wächserne Tafeln;
Nichts ist verloren, getreu hat es die Erde bewahrt.
Auch die Penaten, sie stellen sich ein, es finden sich alle
Götter wieder — warum bleiben die Priester nur aus?
Den Caduceus schwingt der zierlich geschenkelte Hermes,
Und die Victoria fliegt leicht aus der haltenden Hand.
Die Altäre, sie stehen noch da, o kommet, o zündet —
Lang schon entbehrte der Gott — zündet die Opfer ihm an!

Jean Paul

Jean Paul (1763—1825) gibt die folgende Schilderung in seinem Roman „Siebenkäs" als „Beilage" zum zweiten Kapitel. Das Stück ist eine Satire auf den Einfluß, den die Entwicklung großer Städte auf ihre Umgebung und ihre soziale Struktur ausübt.

DER FREIE MARKTFLECKEN
KUHSCHNAPPEL

1796

Die Verfassung unseres merkwürdigen Reichsplatzes Kuhschnappel scheint ursprünglich der Vorriß gewesen zu sein, welchen Bern, das am Ende nahe genug liegt, in der seinigen kopierte, aber mit dem Storchschnabel ins Größere. Denn Bern hat seinen großen Rat wie Kuhschnappel, dort macht er so gut Krieg und Frieden und Todesurteile wie in Kuhschnappel und besteht aus Schultheißen, Seckelmeistern, Vennern, Heimlichern, Ratherren, nur aus mehren als in Kuhschnappel; ferner hat Bern seinen kleinen Rat gleichfalls, welcher Präsidenten, Gesandten und Gnadengelder hergibt und dem großen nachwächst — die zwei Appellationskammern, die Holzjäger-Reformationskammern, die Fleischtax- und andern Kommissionen sind offenbar (denn auf die Ähnlichkeit der Namen ist genug zu bauen) nur gröbere Frakturauszeichnungen der Kuhschnappelischen Grundstriche.

Die Wahrheit aber zu sagen, hab' ich diese Vergleichung zwischen beiden Freistaaten nur gemacht, um Schweizern, besonders Bernern, ohne viel Worte faßlich zu werden, vielleicht auch gefällig. Denn in der Tat erfreut sich Kuhschnappel einer viel vollkommnern und mehr aristokratischen Verfassung als Bern, die noch in Ulm und Nürnberg teilweise zu finden wäre, wenn beide nicht während der Revolutionswitterung mehr zurück als vorwärts gekommen wären. Vor kurzem waren Nürnberg und Ulm so glücklich wie Kuhschnappel noch ist, daß sie nicht von gemeinen Handwerkern, sondern bloß von gutem Adel regiert wurden, ohne daß ein gemeiner

Bürger sich in Person oder durch Stellvertreter hätte im geringsten dareinmischen können: Jetzt leider scheint man in beiden Städten das Faß des Staats, weil der o b e r e Bierhahn saures Gesöff herausließ, u n t e n einen Zoll hoch über der H e f e des Pöbels angezapft zu haben. – Ich kann aber hier unmöglich weitergehen, wenn ich nicht einen zu gewöhnlichen Irrtum über große Städte aus dem Wege räume. Die Behemoths und Kunturs unter den Städten – Petersburg, London, Wien – sollten, wollte man, die Gleichheit der Freiheit und die Freiheit der Gleichheit allgemein einführen; diesen Endzweck erraten die wenigsten Statistiker, aber es ist so klar. Denn eine Hauptstadt von zwei und eine viertel Stunde in Umfang ist gleichsam ein Ätnakessel von gleichem Umkreise für ein ganzes Land und hilft der Nachbarschaft nicht bloß, wie der Vulkan, durch ihre A u s w ü r f e , sondern durch ihre E i n f ü l l u n g e n (Repletionen) auf; sie säubert mit Erfolg das Land von Dörfern und später von Landstädten – diesen ursprünglichen W i r t s c h a f t s - g e b ä u d e n der Residenzen –, indem sie von Jahr zu Jahr immer mehr auseinanderrückt und sich so mit den Dörfern vermauert und verwächst und umrankt. Man weiß, daß London schon die nächsten Dörfer in seine Gassen verwandelt hat; aber nach Jahrhunderten müssen die länger und auseinanderwachsenden Arme jeder großen Stadt nicht bloß die Dorfschaften, sondern auch die Landstädte ergreifen und zu Vorstädten erheben. Dadurch werden nun die Steige und Felder und Wiesen, die zwischen der Riesenstadt und den Dörfern lagen, wie das Bette eines Flusses, überdeckt mit einem Steinpflaster, und der Ackerbau kann folglich nur noch in – Blumenscherben am Fenster blühen. Ohne Ackerbau seh' ich nicht, was Ackerbauleute anders sein können als Tagediebe, die kein Staat duldet; da man aber einen Fehler besser verhütet als bestraft, so muß der gute Staat solches Landvolk, noch ehe dasselbe zu Tagedieben geworden, wegräumen, es sei durch wirksame Inhibitoriales der Bevölkerung oder durch dessen Abraupen oder durch Veredlung in

Soldaten und Bedienten. In der Tat würden in einem Dorfe, das ein eingefügter Zwickstein einer Stadt, eine eingereifte Faßdaube des Heidelberger Residenzfasses geworden wäre, noch übriggebliebene Bauern ebenso lächerlich als müßig sein: die Korallengehäuse der Dörfer müssen gleichsam ausgeleert sein, ehe sie das zusammengetürmte Riff oder Eiland einer Stadt erbauen.

Dann ist wohl der schwerste Schritt zur Gleichheit getan; jetzo müssen die innern Feinde der Gleichheit, die Bürger, ebensogut wie die Bauern von der Hauptstadt bekämpft und womöglich ausgereutet werden, welches mehr ein Werk der Zeit als besonderer Verordnungen ist. Inzwischen ist das, was einzelne Residenzstädte hie und da geleistet haben, wenigstens ein Anfang. Dürfte man sich aber das Ideal ausmalen, daß einmal wirklich sich die zwei mächtigsten Oppositionsparteien und Widerlagen der Gleichheit, Bürger und Bauern, aus den Riesenstädten durch eine lange Reihe von Glückszufällen verloren hätten, ja daß mit dem Ackerbau sogar der niedere Adel, der ihm obgelegen, zugleich gefallen wäre: so würde eine edlere Gleichheit als in Gallien war, wo nur lauter g l e i c h e r Pöbel wohnte, auf die Erde kommen, es würde lauter g l e i c h e n Adel geben, und die gesamte Menschheit besäße dann e i n e n Adelsbrief und lauter echte Ahnen. In Paris schrieb die Revolution alles, wie in den ä l t e s t e n Zeiten, mit lauter k l e i n e n Buchstaben; nach meiner Voraussetzung würden dann, wie in den s p ä - t e r n , lauter A n f a n g - oder Kapitalbuchstaben gebraucht, die jetzo nur wie Türme aus vielen kleinern vorragen. Wenn aber auch ein solcher hoher Stil, eine solche Veredlung der Menschheit, nur eine schöne Dichtung bliebe und man nur mit dem kleinern Glücke zufrieden sein müßte, daß in den Städten wie jetzo e i n e Judengasse, so e i n e Bürgergasse übrigbliebe: so wäre genug für die geistige Menschheit in den Augen eines jeden erbeutet, der bedenkt, wie ausgebildet der hohe Adel ist, besonders der Teil desselben, der den größten ausbildet. —

Aber diese Nobilitierung der gesamten Menschheit gewähren uns die Reichsstädte viel sicherer als die größten Residenzstädte. Dieses führt mich auf Kuhschnappel zurück. Man
scheint in der Tat zu vergessen, daß es zuviel gefordert ist,
wenn die vier Quadratwersten, die eine Residenz etwa groß
ist, mehr als eintausend Quadratmeilen des umliegenden
Landes überwältigen, verdauen und in Bestandteile von sich
verwandeln sollen, so wie die Riesenschlange größere Tiere
verschluckt, als sie selber ist. London hat nicht viel über sechs-
hunderttausend Bewohner: welche ungleiche kleine Macht
gegen die fünfeinhalb Millionen des ganzen Englands, denen
die Stadt allein entgegenarbeiten und Flügel und Zufuhr ab-
schneiden soll, Schott- und Irland nicht einmal eingerechnet! — So steht es mit guten Reichsstädten nicht: hier ist die
Zahl der Dörfer, Bauern und Bürger, die bezwungen, ausge-
hungert und weggetrieben werden sollen, in einem richtigen
Verhältnisse gegen die Größe der Stadt, der Patrizier oder
regierenden Geschlechter, die sich damit zu befassen haben
und den ebnenden Schlichthobeln der Menschheit vorarbei-
ten. Hier ist's nicht schwer, den Bürger als einen groben
Bodensatz, der im Adel schwimmt, niederzuschlagen. Es ist,
wenn es ihnen mit dieser Niederschlagung mißlingt, bloß die
Schuld der Patrizier selber, weil sie oft am falschen Orte
schonen und die Bürgerbank für eine G r a s b a n k im Garten halten, deren Gras zwar für das Niedersitzen und Erdrücken wächst, die man aber doch immer begießt, damit sie
unter so vielen Steißen nicht verdorre. Wenn es nichts als
freie Menschen, und zwar von der edelsten Klasse, nämlich
Reichsfreie und Semperfreie geben soll: so müssen durch
Auflagen und Losungen die bürgerlichen Zimtbäume gänzlich abgerindet werden — welches nur pöbelhafte Autoren
Schinden und die Haut-über-die-Ohren-ziehen nennen —,
worauf die Bäume ohnehin verfalben und ausgehen. Freilich
kostet diese Reichsfreiheit Menschen. Aber mich bedünkt,
eine solche werde durch die wenigen Tausend von Leuten,
die sie kostet, wohlfeil genug erkauft, da früher Ameri-

kaner, Schweizer und Holländer für eine weit engere ganze Millionen Menschen bar auf den Tisch des Schlachtfeldes hingezahlt und hingeschossen. Auch fallen neuere Staaten selten in den Fehler der neuern Schlachtenmaler, an welchen man Ü b e r l a d u n g mit Personen aussetzt. Vielmehr sollte man es mehr bemerken, mit welchen klug gewählten und t r e i - b e n d e n Mitteln mehrere deutsche Länder die Bevölkerung als eine Krankheitsmaterie und Menschenplethora — wie jeder gute Arzt tut — nach u n t e n ableiten, nämlich nach dem gerade unter Deutschland liegenden Nordamerika.

Kuhschnappel hat, um zum vorigen umzukehren, vor hundert Städten den Vorsprung, daß im Reichsmarktflecken beinahe nicht mehr Bürger als Patrizier leben, welches um so wunderbarer ist, da die letzten — wegen ihres Hungers — schwerer zu leben haben. Ich frage: Welcher neuere Staat kann so viele Freie aufzeigen? Waren nicht sogar im freien Athen und Rom — in Westindien ohnehin — mehr Knechte als Freie; daher man jene durch keinen besondern Anzug zu bezeichnen wagte? Und sind nicht noch in allen Staaten mehr Lehn- als Edelleute, obgleich diese längst in stärkerer Anzahl vorhanden sein könnten, da Bauern und Bürger nur von der Natur, die Patrizier hingegen sowohl von der N a t u r als von der K u n s t, aus Reichs- und Fürstenkanzleien nachgesäet werden? —

Wäre diese Beilage nicht eine Abschweifung, von welcher man gewöhnlich Kürze fordert: so wollte ich weitläufig genug dartun, daß Kuhschnappel noch in mehreren Vorzügen manchen Schweizerstädten wo nicht vor- doch gleichstehe, zum Beispiel in gutem Abschleifen und Verlängern des Richtschwertes und überhaupt im Handhaben eines rechten knotigen, gestachelten Stabwehes — in der geistigen Fruchtsperre, nicht gegen das Ausland, sondern gegen das Innere, um Gedanken und hundert anderes geistiges Zeug nicht einzulassen — und sogar selber im grünen Markt oder Handel mit jungen Leuten, denn was eben letzten anlangt, so ist bis heute der Absatz von jungen Kuhschnapplern nach Frankreich

zu Türstehern und zu Kronvorfechtern nur darum so flau,
weil die Schweizer den Markt greulich mit kräftigen
Jünglingen überfahren, die sich vor jede Türe und (ist's
Krieg) vor jede Kanone stellen: wahrlich, sonst sollte vor
mehr als einer Türe ein Kuhschnappler stehen und sagen:
Kein Mensch zu Hause!

E. T. A. Hoffmann

E. T. A. H o f f m a n n (1776—1822) hat in seinen „Serapions-
brüdern" eine Rahmenerzählung geschaffen, in die er verschiedene
phantastische Einzelgeschichten einfügt.
Im ersten Abschnitt des ersten Teils finden wir den Bericht über
den „Rat Krespel".

DER WUNDERLICHE HAUSBAU DES
RATES KRESPEL
1819

„Der Mann", begann Theodor, „von dem ich sprechen
will, ist niemand anders als der Rat Krespel in H–. "
Dieser Rat Krespel war einer der allerwunderlichsten Menschen, die mir jemals im Leben vorgekommen. Als ich nach
H– zog, um mich einige Zeit dort aufzuhalten, sprach die
ganze Stadt von ihm, weil soeben einer seiner allernärrisch-
sten Streiche in voller Blüte stand. Krespel war berühmt als
gelehrter gewandter Jurist und als tüchtiger Diplomatiker.
Ein nicht eben bedeutender regierender Fürst in Deutschland
hatte sich an ihn gewandt, um ein Memorial auszuarbeiten,
das die Ausführung seiner rechtsbegründeten Ansprüche auf
ein gewisses Territorium zum Gegenstand hatte, und das er
dem Kaiserhofe einzureichen gedachte. Das geschah mit dem
glücklichsten Erfolg, und da Krespel einmal geklagt hatte,
daß er nie eine Wohnung seiner Bequemlichkeit gemäß finden könne, übernahm der Fürst, um ihn für jenes Memorial
zu lohnen, die Kosten eines Hauses, das Krespel ganz nach
seinem Gefallen aufbauen lassen sollte. Nun kaufte er alle
nur möglichen Materialien zusammen und ließ sie heraus-
fahren; dann sah man ihn, wie er tagelang in seinem sonderbaren Kleide (das er übrigens selbst angefertigt nach bestimmten eigenen Prinzipien) den Kalk löschte, den Sand
siebte, die Mauersteine in regelmäßige Haufen aufsetzte usw.
Mit irgendeinem Baumeister hatte er nicht gesprochen, an
irgendeinen Riß nicht gedacht. An einem guten Tage ging er
indessen zu einem tüchtigen Mauermeister in H– und bat

ihn, sich morgen bei Anbruch des Tages mit sämtlichen Gesellen und Burschen, vielen Handlangern usw. in dem Garten einzufinden und sein Haus zu bauen. Der Baumeister fragte natürlicherweise nach dem Bauriß und erstaunte nicht wenig, als Krespel erwiderte, es bedürfe dessen gar nicht, und es werde sich schon alles, wie es sein solle, fügen. Als der Meister anderen morgens mit seinen Leuten an Ort und Stelle kam, fand er einen im regelmäßigen Viereck gezogenen Graben, und Krespel sprach: ‚Hier soll das Fundament meines Hauses gelegt werden, und dann bitte ich die vier Mauern so lange heraufzuführen, bis ich sage, nun ist's hoch genug.' – ‚Ohne Fenster und Türen, ohne Quermauern?' fiel der Meister, wie über Krespels Wahnsinn erschrocken, ein. ‚So wie ich Ihnen es sage, bester Mann', erwiderte Krespel sehr ruhig, ‚das übrige wird sich alles finden.' Nur das Versprechen reicher Belohnung konnte den Meister bewegen, den unsinnigen Bau zu unternehmen; aber nie ist einer lustiger geführt worden, denn unter beständigem Lachen der Arbeiter, die die Arbeitsstätte nie verließen, da es Speis und Trank vollauf gab, stiegen die vier Mauern unglaublich schnell in die Höhe, bis eines Tages Krespel rief: ‚Halt!' Da schwieg Kell' und Hammer, die Arbeiter stiegen von den Gerüsten herab, und indem sie den Krespel im Kreise umgaben, sprach es aus jedem lachenden Gesicht: ‚Aber wie nun weiter.' – ‚Platz!' rief Krespel, lief nach einem Ende des Gartens und schritt dann langsam auf sein Viereck los, dicht an der Mauer schüttelte er unwillig den Kopf, lief nach dem andern Ende des Gartens, schritt wieder auf das Viereck los und machte es wie zuvor. Noch einige Male wiederholte er das Spiel, bis er endlich, mit der spitzen Nase hart an die Mauer anlaufend, laut schrie: ‚Heran, heran, ihr Leute, schlagt mir die Tür ein, hier schlagt mir eine Tür ein!' – Er gab Länge und Breite genau nach Fuß und Zoll an, und es geschah, wie er geboten. Nun schritt er hinein in das Haus und lächelte wohlgefällig, als der Meister bemerkte, die Mauern hätten gerade die Höhe eines tüchtigen

zweistöckigen Hauses. Krespel ging in dem innern Raum be-
dächtig auf und ab, hinter ihm her die Maurer mit Hammer
und Hacke, und sowie er rief: ‚Hier ein Fenster, sechs Fuß
hoch, vier Fuß breit! — dort ein Fensterchen, drei Fuß hoch,
zwei Fuß breit!' so wurde es flugs eingeschlagen. Gerade
während dieser Operation kam ich nach H—, und es war
höchst ergötzlich anzusehen, wie Hunderte von Menschen
um den Garten herumstanden und allemal laut aufjubelten,
wenn die Steine herausflogen und wieder ein neues Fenster
entstand, da, wo man es gar nicht vermutet hatte. Mit dem
übrigen Ausbau des Hauses und mit allen Arbeiten, die dazu
nötig waren, machte es Krespel auf ebendieselbe Weise, indem sie alles an Ort und Stelle nach seiner augenblicklichen
Angabe verfertigen mußten. Die Possierlichkeit des ganzen
Unternehmens, die gewonnene Überzeugung, daß alles am
Ende sich besser zusammengeschickt als zu erwarten stand,
vorzüglich aber Krespels Freigebigkeit, die ihm freilich nichts
kostete, erhielt aber alle bei guter Laune. So wurden die
Schwierigkeiten, die die abenteuerliche Art zu bauen herbeiführen mußte, überwunden, und in kurzer Zeit stand ein
völlig eingerichtetes Haus da, welches von der Außenseite
den tollsten Anblick gewährte, da kein Fenster dem andern
gleich war usw., dessen innere Einrichtung aber eine ganz
eigene Wohlbehaglichkeit erregte. Alle, die hineinkamen,
versicherten dies, und ich selbst fühlte es, als Krespel nach
näherer Bekanntschaft mich hineinführte. Bis jetzt hatte ich
nämlich mit dem seltsamen Manne noch nicht gesprochen,
der Bau beschäftigte ihn so sehr, daß er nicht einmal sich bei
dem Professor M— dienstags, wie er sonst pflegte, zum
Mittagsessen einfand und ihm, als er ihn besonders eingeladen, sagen ließ, vor dem Einweihungsfeste seines Hauses
käme er mit keinem Tritt aus der Tür. Alle Freunde und Bekannte verspitzten sich auf ein großes Mahl, Krespel hatte
aber niemanden gebeten als sämtliche Meister, Gesellen,
Burschen und Handlanger, die sein Haus erbaut. Er bewir-
tete sie mit den feinsten Speisen; Maurerburschen fraßen

rücksichtslos Rebhuhnpasteten, Tischlerjungen hobelten mit
Glück an gebratenen Fasanen. Des Abends kamen die Frauen
und Töchter, und es begann ein großer Ball. Krespel walzte
etwas weniges mit den Meisterfrauen, und setzte sich aber
dann zu den Stadtmusikanten, nahm eine Geige und diri-
gierte die Tanzmusik bis zum hellen Morgen."

Honoré de Balzac

Die alte „Cité" von Paris wird von B a l z a c (1799—1850) in
vielen seiner Romane lebendig gemacht. Eine Probe davon gibt
der Anfang von „Das Haus zur ‚ballspielenden Katze'" (Rowohlt
Verlag, Stuttgart, Berlin). Es ist die erste Erzählung aus dem
Zyklus „Die menschliche Komödie", den Balzac 1842 begann.

DAS HAUS ZUR
„BALLSPIELENDEN KATZE"
1842

Im mittleren Teil der Rue Saint-Denis, fast an der Ecke
der Rue du Petit-Lion, stand bis vor kurzem eines der
Häuser, die für den Geschichtsforscher von unschätzbarem
Wert sind, weil sie unmittelbar eine Anschauung des ehemaligen Paris geben. Die drohenden Mauern der alten Räu-
berburg schienen mit Hieroglyphen bemalt zu sein; denn
welchen andren Namen konnte jemand, der auf seinen
Streifzügen in dieses Viertel kam, den Querhölzern geben,
die auf den Außenwänden in Form von lateinischen X und V
verliefen und den Mörtel in kleinen parallelen Rissen durch-
brachen? Offenbar bewegte sich beim Vorüberrollen eines
noch so leichten Gefährts jeder dieser Sparren in seinem
Lager.

Das ehrwürdige Gebäude wurde von einem der dreieckigen
Dächer überragt, die bald nicht mehr in Paris zu finden sein
werden. Diese durch die Unbilden des Pariser Klimas schief
und krumm gewordene Dachbedeckung sprang drei Fuß in
die Straße vor, eben so weit genug, um die Türschwelle vor
Regen zu schützen, wie um die Mauer einer Dachkammer
und ihre in der Luft schwebende Luke abzusetzen. Dieses
letzte Stockwerk bestand aus Brettern, die wie Schieferplatten
aufeinander genagelt waren — ohne Zweifel sollten sie das
gebrechliche Haus nicht belasten.

An einem regnerischen Märzmorgen stand ein sorgfältig in
seinen Mantel gehüllter junger Mann unter dem Vorsprung

einer gegenüberliegenden Bude und betrachtete das alte Gemäuer mit der Begeisterung des Archäologen. Und in der Tat, das Überbleibsel bürgerlicher Wohnstätten des sechzehnten Jahrhunderts gab dem Beobachter mehr als ein Problem zu lösen. In jedem Stock eine Besonderheit: im ersten hatten lange, schmale, dicht nebeneinander liegende Fenster im unteren Teil hölzerne Scheiben, wohl um das undeutliche Licht zu erzeugen, das ein geschickter Kaufmann vorzieht, wenn er den Stoffen die von den Kunden verlangte Farbe zusprechen will. Der junge Mann schien für diesen wesentlichen Teil des Hauses nur Verachtung zu haben, seine Augen waren noch nicht daran haften geblieben.

Die Fenster des zweiten Stocks, dessen hochgezogene Jalousien durch große Scheiben aus böhmischem Glas kleine Vorhänge aus feuerrotem Musselinstoff sehen ließen, interessierten ihn nicht mehr. Seine Aufmerksamkeit galt im dritten Stock unscheinbaren Fenstern, deren grob bearbeitetes Holz verdient hätte, im Konservatorium der Künste und Handwerke aufgestellt zu werden, weil sich daran die ersten Versuche der französischen Schreinerkunst studieren ließen.

Diese Fenster hatten kleine Scheiben von so lebhaftem Grün, daß der junge Mann ohne seine ausgezeichneten Augen die Leinenvorhänge mit blauen Würfeln nicht hätte entdecken können, die das Geheimnis dieser Zimmer vor neugierigen Blicken verhüllten. Gelangweilt von der ergebnislosen Betrachtung oder dem Schweigen, in dem das Haus wie das ganze Viertel lag, richtete der Beobachter seine Blicke manchmal auf die unteren Teile. Ein unwillkürliches Lächeln umspielte dann seine Lippen, sooft er das Lädchen erblickte, in dem sich allerdings eine Menge lächerlicher Dinge zusammengefunden hatte. Ein gewaltiger Balken lag waagrecht auf vier Pfeilern, die sich unter dem Gewicht des uralten Hauses gekrümmt hatten, und war mit ebenso vielen Gemälden bedeckt wie die Wange einer alten Herzogin mit Schichten von Rot. In der Mitte dieses zierlich behauenen Balkens hing ein altes Bild, das eine ballspielende Katze darstellte. Aber man

muß sagen, daß der geistreichste moderne Maler kein so
komisches Motiv erfinden könnte. Das Tier hielt in seinen
Vorderpfoten einen Ballschläger, der ebenso groß wie es
selbst war, und richtete sich auf seinen Hinterpfoten auf, um
einen ungeheuren Ball aufzufangen, den ihm ein Edelmann
in gesticktem Rock zuwarf. Zeichnung, Farbe, Zubehör, alles
war auf eine Art und Weise behandelt, daß man geneigt war
zu vermuten, der Künstler habe sich über den Händler und
die Vorübergehenden lustig machen wollen. Durch den ent-
stellenden Einfluß der Zeit war die naive Malerei noch gro-
tesker geworden und hatte einige Unsicherheiten enthüllt,
die einen gewissenhaften Stöberer beunruhigen mußten. So
zum Beispiel war der gesprenkelte Schwanz der Katze derart hervorgehoben, daß man ihn für einen Zuschauer halten
konnte, so sehr war zur Zeit unserer Vorfahren der Schwanz
der Katzen dick, steil und gut versehen.
Zur Rechten dieses Bildes, auf einem azurblauen Feld, das
nur unvollkommen die Fäulnis des Holzes verbarg, lasen die
Vorübergehenden: Guillaume, ehemals Meister Chevrel.
Sonne und Regen hatten den größten Teil des Malergoldes
zerfressen, das sparsam auf den Buchstaben der Schrift lag;
in dieser ersetzten die U die V und umgekehrt, entsprechend
den Gewohnheiten unsrer alten Schreibweise. Um dem Hochmut derer zu steuern, die der Meinung sind, daß die Welt
von Tag zu Tag geistreicher wird und die moderne Kur-
pfuscherei alles übertrifft, ist es angebracht, hier zu bedenken zu geben, daß diese Schilder, deren Etymologie mehr
als einem Pariser Geschäftsinhaber bizarr erscheint, die toten
Abbilder lebender Vorbilder sind, mit deren Hilfe unsre
fröhlichen Vorfahren die Kauflustigen in ihre Häuser zu ziehen verstanden. So waren „Die spinnende Sau" oder „Der
grüne Affe" und andere in Käfige gesperrte Tiere, deren
Geschicklichkeit die Vorübergehenden in Verwunderung versetzte und deren Erziehung von der Geduld der Kaufleute
des fünfzehnten Jahrhunderts zeugt. Solche Merkwürdigkeiten bereicherten ihre glücklichen Besitzer rascher als „Die

Vorsehung", „Der wahre Glaube", „Die Gnade Gottes" und „Die Enthauptung Johannes des Täufers", die noch in der Rue Saint-Denis zu sehen sind. Jedoch, der Unbekannte verweilte gewiß nicht der Katze wegen an seinem Platz, denn ein Augenblick Aufmerksamkeit mußte genügen, um sie ins Gedächtnis zu graben.

Wilhelm Raabe

Im Jahre 1856 trat W i l h e l m R a a b e (1831—1910) mit
seinem erste Buche „Die Chronik der Sperlingsgasse" (Grotesche
Verlagsbuchhandlung, Berlin) hervor, dem unser Beitrag entnommen ist. Der Dichter hält mit wenigen Strichen ein · Bild jener
bald verschwindenden, gemütlichen Kleinstadtstraßen fest, das im
deutschen Volk eine fast typische Bedeutung bekommen hat.

DIE SPERLINGSGASSE

1856

Ich liebe in großen Städten diese ältern Stadtteile mit
ihren engen, krummen, dunklen Gassen, in welche der
Sonnenschein nur verstohlen hineinzublicken wagt; ich liebe
sie mit ihren Giebelhäusern und wundersamen Dachtraufen,
mit ihren alten Kartaunen und Feldschlangen, welche man als
Prellsteine an die Ecken gesetzt hat. Ich liebe diesen Mittelpunkt einer vergangenen Zeit, um welchen sich ein neues Leben
in liniengraden, parademäßig aufmarschierten Straßen und
Plätzen angesetzt hat, und nie kann ich um die Ecke meiner
Sperlingsgasse biegen, ohne den alten Geschützlauf mit der
Jahreszahl 1589, der dort lehnt, liebkosend mit der Hand zu
berühren. Selbst die Bewohner des ältern Stadtteils scheinen
noch ein originelleres, sonderbareres Völkchen zu sein, als die
Leute der modernen Viertel. Hier in diesen winkligen Gassen wohnt das Volk des Leichtsinns dicht neben dem der
Arbeit und des Ernstes, und der zusammengedrängtere Verkehr reibt die Menschen in tolleren, ergötzlicheren Szenen
aneinander, als in den vornehmern, aber auch öderen
Straßen. Hier gibt es noch die alten Patrizierhäuser — die
Geschlechter selbst sind freilich meistens lange dahin —,
welche nach einer Eigentümlichkeit ihrer Bauart oder sonst
einem Wahrzeichen unter irgendeiner naiven Benennung im
Munde des Volkes fortleben. Hier sind die dunkeln ver-
rauchten Kontore der alten gewichtigen Handelsfirmen; hier
ist das wahre Reich der Keller- und Dachwohnungen. Die
Dämmerung die Nacht produzieren hier wundersamere

Beleuchtung durch Lampenlicht und Mondschein, seltsamere
Töne als anderswo. Das Klirren und Ächzen der verrosteten
Wetterfahnen, das Klappern des Windes mit den Dachzie-
geln, das Weinen der Kinder, das Miauen der Katzen, das
Gekeif der Weiber, wo klingt es passender – man möchte
sagen dem Ort angemessener, als hier in diesen engen Gassen, zwischen diesen hohen Häusern, wo jeder Winkel, jede
Ecke, jeder Vorsprung den Ton auffängt, bricht und verändert zurückwirft. –
Horch, wie in dem Augenblicke, wo ich dieses niederschreibe,
drunten in jenem gewölbten Torwege die Drehorgel beginnt; wie sie ihre klagenden, an diesem Ort wahrhaft
melodischen Tonwogen über das dumpfe Murren und Rollen der Arbeit hinwälzt! – Die Stimme Gottes spricht zwar
vernehmlich genug im Rauschen des Windes, im Brausen
der Wellen und im Donner; aber nicht vernehmlicher als
in diesen unbestimmten Tönen, welche das Getriebe der
Menschenwelt hervorbringt. Ich behaupte, ein angehender
Dichter oder Maler – ein Musiker, das ist freilich eine
andere Sache – dürfte nirgends anders wohnen als hier!
Und fragst du auch, wo die frischesten, originellsten Schöpfungen in allen Künsten entstanden sind, so wird meistens
die Antwort sein: in einer D a c h s t u b e ! – In einer Dachstube im Brick Court war es, wo Oliver Goldsmith, von seiner
Wirtin wegen der rückständigen Miete eingesperrt, dem
Dr. Johnson unter alten Papieren, abgetragenen Röcken, ge-
leerten Madeiraflaschen und Plunder aller Art ein besudel-
tes Manuskript hervorsuchte mit der Überschrift: Der Land-
prediger von Wakefield.
In einer Dachstube schrieb Jean Jacques Rousseau seine
glühendsten, erschütterndsten Bücher. In einer Dachstube
lernte Jean Paul den Armenadvokat Siebenkäs zeichnen und
das Schulmeisterlein Wuz und das Leben Fibels! – –

Die Sperlingsgasse ist ein kurzer enger Durchgang, der die
Kronenstraße mit einem Ufer des Flusses verknüpft, welcher

in vielen Armen und Kanälen die große Stadt durchwindet. Sie ist bevölkert und lebendig genug, einen mit nervösem Kopfweh Behafteten wahnsinnig zu machen und ihn im Irrenhause enden zu lassen; mir aber ist sie seit vielen Jahren eine unschätzbare Bühne des Weltlebens, wo Krieg und Friede, Elend und Glück, Hunger und Überfluß, alle Antinomien des Daseins sich widerspiegeln.

In der Natur liegt alles ins Unendliche auseinander, im Geist konzentriert sich das Universum in einem Punkt, dozierte einst mein alter Professor der Logik. Ich schrieb das damals zwar gewissenhaft nach in meinem Heft, bekümmerte mich aber nicht viel um die Wahrheit dieses Satzes. Damals war ich jung, und Marie, die niedliche kleine Putzmacherin, wohnte mir gegenüber und nähte gewöhnlich am Fenster, während ich, Kants „Kritik der reinen Vernunft" vor der Nase, die Augen — nur bei ihr hatte. — Sehr kurzsichtig und zu arm, mir für diese Fensterstudien eine Brille, ein Fernglas oder einen Operngucker zuzulegen, war ich in Verzweiflung. Ich begriff, was es heißt: Alles liegt ins Unendliche auseinander. —

Da stand ich eines schönen Nachmittags wie gewöhnlich am Fenster, die Nase gegen die Scheibe gedrückt, und drüben unter Blumen, in einem lustigen, hellen Sonnenstrahl, saß meine in Wahrheit „ombra adorata". Was hätte ich darum gegeben, zu wissen, ob sie herüberlächelte!

Auf einmal fiel mein Blick durch eines jener kleinen Bläschen, die sich oft in den Glasscheiben finden. Zufällig schaute ich hindurch nach meiner kleinen Putzmacherin, und — ich begriff, daß das Universum sich in einem Punkt konzentrieren könne.

Fritz Reuter

Fritz Reuter (1810—1874) gab im Jahre 1855 ein „Unter-
haltungsblatt für beide Mecklenburg und Pommern" heraus. In
ihm erschien die Schilderung seiner Vaterstadt Stavenhagen als
eine der ersten, noch hochdeutsch geschriebenen Arbeiten. Wir
geben sie gekürzt.

MEINE VATERSTADT STAVENHAGEN

1855

Mehr als fünfundvierzig Jahre sind an den räucherigen
Dächern meiner kleinen Vaterstadt hingerollt, seit ich
die ersten deutlichen Eindrücke von der Erhabenheit seines
Kirchturmes, der Großartigkeit seines Rathauses und der Majestät seines Amtsgebäudes, gewöhnlich „das Schloß" genannt, empfing. Drei neue Straßen haben seit jener Zeit die
Gestalt der Stadt so verändert, daß ich mich mit Mühe darin
zurecht finde, und ausnahmsweise kühne Männer haben den
Schutz des zur Sommerzeit etwas übelriechenden Wallgra-
bens verschmäht und sich vor den Toren angesiedelt, jeder
Gefahr keck die Stirne bietend, die innerhalb der Ringmauern der Stadt der Polizeidiener und die Nachtwächter zu
verscheuchen verpflichtet sind. Die Priesterkoppel, wo ich
durch meinen Papierdrachen Korrespondenz mit den Wolken pflog, ist jetzt mit einem Häusermeer bedeckt; wo ich
sonst in jugendlicher Lust dem Ballspiele oblag, werden jetzt
Bälle gegeben; der alte trauliche, in süßer Heimlichkeit ver-
schlossene Bullenwinkel hat seine geöffneten Räume den
Strömen des Verkehrs übergeben müssen, und der alte Bau-
hof mit seiner schönen großen Mistpfütze, in die ich zum
Schrecken meiner guten Mutter regelmäßig jeden Winter ein
oder mehrere Male mit dem Eise einbrach, ist zum fashio-
nablen Westende der Stadt geworden, und wo wir Knaben
früher im idyllischen Spiel mit den Kälbern, Lämmern und
Füllen des alten Nahmacher umhersprangen, wird von den
gebildeten Töchtern der „haute volée" jetzt Polka-Masurka

eingeübt. Die Straßen sind aufs beste gepflastert, und von
den Toren der Stadt aus gehen direkte Chausseen nach
Hamburg, Paris, Berlin und St. Petersburg. Der Segen Gottes
hat sich in Gestalt des Volkes Gottes in reichlicher Fülle über
der Stadt entladen, und der rege Wetteifer zwischen den Be-
kennern des Neuen und des Alten Testamentes hat einen
Weltverkehr mit gebackenen Pflaumen, Lumpen und Kuh-
hörnern ins Leben gerufen, der meine teure Vaterstadt zu
dem Emporium des östlichen mecklenburgischen „P e r -
d u k t e n - H a n d e l s" gemacht hat. Es fehlt ihr nur, daß
sie an der Ostsee belegen wäre, dann wäre sie eine Seestadt.
Posten und Extraposten gehen unablässig, richtige Zeit haltend, hin und her durch die Straßen; Equipagen mit und
ohne Kammerjungfern, Equipagen mit und ohne Bulldoggen
und Tigerhunden, Equipagen, in denen Pferde und Rindvieh
spazieren gefahren werden, halten vor einer Unzahl von
Gasthöfen. Die vorzugsweise „Reisende" genannte Nation,
mit dem herrschenden Stamm der Weinreisenden an der
Spitze, ist völkerwandernd und völkerbeglückend über die
Stadt ausgegossen und sucht die Segnungen einer im steten
Steigen begriffenen Zivilisation über die innewohnenden
Schuster und Schneider zu verbreiten. Diese selbst haben in
aller Stille den jeden Nationalökonomen erschreckenden Beweis geliefert, daß trotz aller hemmenden Heimatgesetze
und Zuzugshinderungen eine Bevölkerung von eintausendzweihundert Einwohnern in vierzig Jahren imstande ist, sich
durch Kraft und Ausdauer auf zweitausendfünfhundert zu
bringen.
Wie ganz anders war es in meinen Kinderjahren. Ungefähr
monatlich einmal zog kotbespritzt ein einsamer Probenreiter
auf buglahmem Gaule in die Tore der Stadt ein und erkun-
digte sich im ergötzlichen, ausländischen Dialekte bei einem
Straßenjungen, etwa bei mir, nach dem einzigen Gasthofe
des Städtchens. Unter uns Rangen entspann sich dann ein
lebhafter Streit, wer den Fremden zu Tolls, später Schmidt,
später Beutel, später Kämpfer, später Kossel, später Holz,

jetzt Clasen, geleiten sollte, bis wir uns zuletzt denn darüber
vereinigten, ihm sämtlich das Komitat zu geben, dem sich
dann noch einige ältere Personen anschlossen und darüber
debattierten, ob dies derselbe sei, der vor e i n e m Jahre,
oder vor d r e i Jahren die Stadt beglückt habe. Kein Kell-
ner empfing den Unglücklichen — dies Geschlecht war damals
noch nicht geboren —, er war gezwungen, sein Rößlein selbst
in den Stall zu führen; seiner selbst wartete in den Räumen
des Hotels von allen Erquickungen, welche der Scharfsinn
der Menschen seit dieser Zeit erfunden hat — nur hollän-
discher Käse.

Posten kamen damals auch und zeichneten sich durch die Zufälligkeit ihrer Ankunft aus. Zur Herbst-, Frühjahrs- oder
Winterzeit namentlich kam gewöhnlich der Postillon auf
einem Vorderpferde voraufgesprengt und brachte die tröst-
liche Nachricht, die Post würde bald kommen, sie wäre schon
beim Bremsenkrug; „oewer dor ist sei tau Senk drewen",
war dann der erfreuliche Nachsatz, welcher eine gründliche
Nach- und Ausgrabung zur Folge hatte. Endlich kam dann
ein hellblau angestrichener, durch Ketten und Eisenstangen
aufs mannigfaltigste versicherter, mit acht Pferden bespann-
ter offener Kartoffelkasten in die Stadt hereingerumpelt, auf
dessen quer über die Leiterbäume gelegten Bänken eine Anzahl halb „v e r k l a m t e r" Unglückliche, wie Schafe zur
Schlachtbank, zum Posthause gefahren wurden, wo dann
eine Sonderung zwischen den Schafen und den Böcken eintrat. Die Böcke blieben vor der Tür, die Schafe gingen ins
Posthaus und wurden dort von dem Postschreiber, der in
einer Art Vogelbauer saß, welches er sein Kontor zu nennen
beliebte, den gebräuchlichen Vexationen unterworfen, von
denen die Böcke befreit blieben. Die Naivität, die sich in dieser Staatseinrichtung aussprach, ging so weit, daß, als der
Postschreiber seine postalischen Bemerkungen irrtümlich auf
einen vor der Tür stehenden Bock ausdehnen wollte, ihm
derselbe trocken zur Antwort gab: „Sei hewwen mi nicks tau
seggen, ick bün en Buck."

Wo jetzt in starrer, trockener Regelmäßigkeit die Chausseen sich hinziehen und das Auge blenden und ermüden, wo lange Reihen langweilig kongruenter Pappeln den Wanderer gleichsam zum ewigen Spießrutenlaufen verdammen, wand sich damals der Weg in lieblich mäandrischer Krümmung durch pittoreske Alleen gekröpfter Weiden dahin und bot dem Auge in Gestalt von Pfützen und knietiefen Geleisen die Mannigfaltigkeit von Berg und Tal und See. Den etwa Strauchelnden nahm die liebliche Mutter Erde in ihrem weichen Schoße auf und entließ ihn nur mit einem Andenken an sich.

Leider war mit diesen malerischen Ergötzlichkeiten eine gewisse Unbequemlichkeit des Reisens verbunden, die uns während der Wintermonate außer Verkehr mit der Welt versetzte und nur entschiedenen Wagehälsen erlaubte, die heimatlichen Tore zu verlassen. Ich entsinne mich noch, daß ein Kaufmann unserer Stadt, der vielleicht überseeischen Handel betreiben mochte, sich bestimmt aber durch sehr gewagte Spekulationen in Feuerschwamm, Lorbeerblättern und Korinthen vor seinen Gewerbsgenossen auszeichnete, tags vor seiner Abreise nach Hamburg im blauen Leibrock mit blanken Knöpfen und wildledernen Handschuhen – das Glacé war noch nicht erfunden – in der Stadt, Haus bei Haus, auf Leben und Sterben Abschiedsvisiten machte; wie er nach der Kirche, in der er das heilige Abendmahl genommen, auch zu uns kam, allen die Hand reichte und in tiefer Rührung das Haus verließ.

Die mannigfachen Verkehrshinderungen, die aus dem Schlamme lehmiger Vizinalwege emporwuchsen, wurden von einer unverwöhnten Bevölkerung mit stoischem Gleichmute als unvermeidliche Erdenübel hingenommen, und nur dann, wenn die trocknenden Frühlingswinde und die warme Junisonne die Hauptschlachten gegen die Einflüsse des Winters geschlagen hatten, rüstete sich die Besatzung eines Chaisewagens, die den vielversprechenden und wohlklingenden Namen einer Wegebesichtigungskommission führte, als

fliegendes Korps die Niederlage des nordischen Herrschers zu
vervollständigen und seine Spur von der Erde zu vertilgen.
So ein Sommerfeldzug hatte seine behaglichen Seiten; das
Terrain war bekannt, die Etappenörter nicht zu weit belegen, das Land mit allem reichlich versehen, und klüglich
wußte man es so einzurichten, daß man zum Frühstück bei
Pächter X. eintraf, dessen Frau als Verfasserin der besten
Schinken bekannt war, zum Mittag beim Pächter Y., der
schon vorläufig den Tod eines fetten Kalbes annonciert hatte,
und zu Abend beim Gutsbesitzer Z., der noch neulich durch
die Größe seiner Karauschen eine Wette gewonnen hatte.
Die Geschäfte der Kommission waren angenehmer Natur;
man sah von der Höhe des Chaisewagens auf die verharrsch-
ten Wunden der Wege hinab, man freute sich darüber, daß
nun alles wieder so schön in Ordnung sei, und stieß man einmal zufällig auf eine auffallend tiefe Narbe, so überließ man
sich dem wohltuenden Gefühle, welches wir empfinden, wenn
es draußen stürmt und regnet, und wir behaglich am warmen
Ofen sitzen; man freute sich, daß man nicht selbst während
des Winters in diesem schrecklichen Loche sitzengeblieben
sei und verordnete Schönpflästerchen für die widerwärtige
Narbe, deren Applizierung in Gestalt von Wegebesserungen
den einzelnen Gutsinhabern zur Pflicht gemacht wurde. Dadurch kam denn nun eine neue Not über unsere kleine
Welt. Zehn bis zwölf Tagelöhner wurden zu einer Zeit, in
der sonst nichts Nützliches, etwa des vielen Regens wegen,
getan werden konnte, unter Anleitung eines Wirtschafters,
der noch sehr in den Anfangsgründen des Nivellierungs-
systems steckte, längs des Weges in die Gräben gestellt und
angewiesen, Kot, Schlamm und Rasen ja m i t t e n in den
unseligen Weg zu werfen; in die vorzugsweise halsbrechen-
den Stellen wurden abgesammelte Feldsteine und Bauschutt
gestürzt, und „Knüppeldämme" wurden angelegt, Besse-
rungsanstalten für sonst unverbesserliche Idealisten, nutz-
anwendungsreiche Predigten über die Hinfälligkeit der
menschlichen Natur und Kasteiungen des Fleisches, die in

tiefgehender Wirkung alles übertrafen, was La Trappe
jemals ersonnen hat. Ein g e b e s s e r t e r Weg war der
Schrecken der Umgegend, und ich entsinne mich noch, wie
ein wohlmeinender Pächter einmal zu meinem Vater sagte:
„Führen S' den annern Weg; jo nich desen; desen hewwen
wi betert."
Aber diese gebesserten Wege brauchte die Kommission zu
ihrem Glücke nicht auszuprobieren; sie machte ihre Rundreise
beim schönsten Wetter und den trockensten Wegen v o r
der Besserung, und trat dann einmal zufällig während ihrer
Exkursionen Regenwetter ein, machte sie die Fenster ihrer
Glaskutsche dicht zu und überließ „Jochen" den Regen und
die Weginspektion. „Jochen" mußte dann über den Zustand
des Geleises Red' und Antwort stehen. — „Jochen, wo is 't
hir mit den Weg?" — „Slicht, Herr." — „Jochen, hir is de
Weg woll sihr schön?" — „Ja, Herr, hir is hei sihr schön; ick
führ hir oewer ok up den Dreisch." — — So! Da bin ich
wieder und zeige euch nun den Marktplatz, ein großes fast
regelmäßiges Viereck, welches von der Hauptpulsader der
Stadt, der Brandenburg—Malchiner Straße, diagonalisiert
wird. Drei Seiten des Platzes waren von Häusern, die vierte
von der Gartenmauer des Herrn Nahmacher und dem Lust-
hause desselben gebildet.
Weshalb dies Haus ein Lusthaus hieß, habe ich nie in Erfahrung bringen können, ich habe nie irgend etwas, das an Lust
erinnerte, darin gesehen, der Platz dazu war auch nicht besonders gewählt; zu seiner Rechten floß ein übelriechender
Graben, und vor seinen Fenstern stand der „Kaak" oder
Pranger. Für uns Kinder stellte die Sache sich anders. Der
Graben, das Lusthaus, der Kaak und ein Pfahl, an welchem
nur noch schwach eine Betteleiverwarnung zu lesen war, das
Tor zum Schloß, das Tor zum Altbauhof, der Rathaushof,
das alles bildete die Zitadelle unserer Lust, der sich der
Marktplatz, der Kirchhof, der Schloßplatz mit dem Schloß-
garten, der Altbauhof mit den dazugehörigen Scheuren und
Stallungen, die Mistpfütze nicht zu vergessen, als Außen-

werke anschlossen. Der Graben, der in seine Vaterarme die sämtlichen Rinnsteine des Marktplatzes aufnahm und mir die Gelegenheit bot, die Wasserdichtigkeit und Watweite jedes neuen Paar Stiefel auszuprobieren, an welchem ich, von einem Biberinstinkt für Stauen und Dämme geleitet, die Anfangsgründe der Hydrostatik studierte, ist zugedämmt. Der Pranger mit seinen zierlichen Kettengirlanden und seinem Halseisenschmuck, der schöne Kaak! ist niedergerissen als beklagenswertes Opfer einer Gesetzgebung, die es vorzieht, lieber an den Buckel der ihr Verfallenen, als an das Ehrgefühl derselben zu appellieren. – „Sehen Sie hier!" sagte mein Freund Moses Joel, „einen Obelisken in Form eines Kaaks." Daher weiß ich nur, daß er ein Obelisk war. Er war der Dreh- und Angelpunkt aller unserer Spiele, vorzüglich derer, die über die Idylle des „Kükewiehspiels", des „Vogel flieg' aus" usw. hinausgingen und einen dramatischen Charakter annah- men. Vorzüglich war er unentbehrlich, wenn wir „Fahn- schmidt" und „Luth" spielten. Fahnschmidt war der Rinaldo Rinaldini des Städtchens, der sich einen bedeutenden Ruf in der Umgegend durch Hammel- und Gänsediebstähle gemacht hatte; ja man ging so weit, in den vertrauten Kreisen mit Augenwinken und Aufdenfußtreten zu behaupten, er habe einmal einen natürlichen Reisekoffer von einer vornehmen Kutsche abgeschnitten. Luth war der Stadtdiener, ein über- aus brauchbarer, tätiger und ehrenhafter Mann, an welchem wir Kinder mit großer Liebe hingen; und doch wollte jeder von uns immer Fahnschmidt sein, keiner Luth. Wie man sich in spätern Jahren zu der Ordensauszeichnung drängt, so drängten wir uns zu der Ehre, an dem Pranger zu stehen, und zu meiner Beschämung muß ich gestehen, daß ich es vor- zugsweise weit in der Virtuosität der Prangersteherei gebracht hatte.

Das Lusthaus und die Gartenmauer sind von einem großen Handelshause verdrängt, und wo einst die Betteleiverordnung stand, schaut Kollege Risch wohlhäbig vom zierlichen, guß- eisernen Balkon herab. Vor den Schloßgarten ist ein Schloß gelegt, und ein neuer Stadtteil hat sich auf dem Altbauhofe etabliert.

Ein paar Schritte rechts um die Ecke des Rathauses führen uns plötzlich in die Romantik des Städtchens. Ein mit Kastanien bepflanzter Weg zieht sich den Hügel hinan, auf welchem das jetzige Amtsgebäude, ein früheres herzogliches Jagdschloß, von einem schönen Garten rings umgeben, liegt. Deutlich sind die Spuren von Wall und Graben, von alten Befestigungen, noch in dem Wechsel von Hügel und Wiesen im Garten zu erkennen und bezeugen die Wahrheit der Überlieferung, daß hier einmal eine alte Ritterburg gestanden und den Kern zur späteren Bildung der Stadt abgegeben habe.

Gottfried Keller

Diese dem „Grünen Heinrich" von K e l l e r (1819—1890) entnommene Schilderung zeigt die Kunst, mit wenigen Strichen das
Bild einer Stadt und ihrer ganzen Stimmung farbig hervorzu-
zaubern.

ANKUNFT IN MÜNCHEN

1854

Mit dem Sonnenuntergang des zweiten Tages erreichte
ich das Ziel meiner Reise, die große Hauptstadt, welche
mit ihren Steinmassen und großen Baugruppen auf einer
weiten Ebene sich dehnte. Meinen verhüllten Totenkopf in
der Hand, suchte ich bald das notierte Wirtshaus und durch-
wanderte so einen guten Teil der Stadt. Da glühten im
letzten Abendscheine griechische Giebelfelder und gotische
Türme; Säulenreihen tauchten ihre geschmückten Häupter
noch in den Rosenglanz, helle gegossene Erzbilder, funkel-
neu, schimmerten aus dem Helldunkel der Dämmerung, wie
wenn sie noch das warme Tageslicht von sich gäben, indessen
bemalte offene Hallen schon durch Laternenlicht erleuchtet
waren und von geputzten Leuten begangen wurden. Stein-
bilder ragten in langen Reihen von hohen Zinnen in die
dunkelblaue Luft, Paläste, Theater, Kirchen bildeten große
Gesamtbilder in allen möglichen Bauarten und wechselten mit
dunklen Massen geschwärzter Kuppeln und Dächer der Rats-
und Bürgerhäuser. Aus Kirchen und mächtigen Schenkhäusern
erscholl Musik, Geläute, Orgel- und Harfenspiel; aus mystisch
verzierten Kapellentüren drangen Weihrauchwolken auf die
Gasse; schöne und fratzenhafte Künstlergestalten gingen
scharenweise vorüber, Studenten in verschnürten Röcken und
silbergestickten Mützen kamen daher, gepanzerte Reiter mit
glänzenden Stahlhelmen ritten gemächlich und stolz auf ihre
Nachtwache. Alte dicke Weiber verbeugten sich vor dünnen
schwarzen Priestern; in offenen Hausfluren dagegen saßen
wohlgenährte Bürger hinter gebratenen jungen Gänsen und

mächtigen Krügen; kurz, ich hatte genug zu sehen, wohin ich kam, und wurde darüber so müde, daß ich froh war, als ich endlich in dem mir angewiesenen Zimmer des Gasthofes Mantel und Totenkopf ablegen konnte.

Conrad Ferdinand Meyer

Ohne die baulichen Bildungen zu schildern, weiß Conrad Ferdinand Meyer (1825–1898) das monumentale Bild eines römischen Brunnens vor uns erstehen zu lassen. Die knappe Form verrät die architektonische Art, in der dieser Dichter alle seine Werke aufgebaut hat.

RÖMISCHER BRUNNEN

1858

Aufsteigt der Strahl und fallend gießt
Er voll der Marmorschale Rund,
Die, sich verschleiernd, überfließt
In einer zweiten Schale Grund;
Die zweite gibt, sie wird zu reich,
Der dritten wallend ihre Flut,
Und jede nimmt und gibt zugleich
Und strömt und ruht.

Adalbert Stifter

Adalbert Stifter (1805—1868) führt den Leser in seinem
Roman „Der Nachsommer", aus dem wir ein gekürztes Stück
wiedergeben, durch verschiedene schöne Besitzungen. Sie werden
mit solch lebendiger Genauigkeit geschildert, daß Professor Theodor Fischer seinen Studenten ihre zeichnerische Darstellung zum
Thema einer Wettbewerbsarbeit geben konnte. Nietzsche nannte
den „Nachsommer" „etwas aus der Welt des Vollkommenen."

BESUCH AUF DEM „STERNENHOF"
1857

Nach dem Frühmahle sagte Mathilde, sie wolle mir ihre
Wohnung zeigen. Die andern gingen mit. Wir traten
aus dem Speisezimmer in einen Vorsaal. Am Ende desselben
wurden zwei Flügeltüren aufgetan, und ich sah in eine Reihe
von Zimmern, welche nach der ganzen Länge des Hauses
hinlaufen mußte. Als wir eingetreten waren, sah ich, daß in
den Zimmern alles mit der größten Reinheit, Schönheit und
Zusammenstimmung geordnet war. Die Türen standen offen,
so daß man durch alle Zimmer sehen konnte. Die Geräte
waren passend, die Wände waren mit zahlreichen Gemälden
geziert, es standen Glaskästen mit Büchern, es waren musikalische Geräte da, und auf Gestellen, die an den rechten
Orten angebracht waren, befanden sich Blumen. Durch die
Fenster sah die nähere Landschaft und die ferneren Gebirge
herein.

Es zeigte sich, daß diese Zimmer ein schöner Spaziergang
seien, der unter dem Dache und zwischen den Wänden hin-
führte. Man konnte sie entlangschreiten, von angenehmen
Gegenständen umgeben sein und die Kälte oder das Ungestüm
des Wetters oder Winters nicht empfinden, während man
doch Feld und Wald und Berg erblickte. Selbst im Sommer
konnte es Vergnügen gewähren, hier bei offenen Fenstern
gleichsam halb im Freien und halb in der Kunst zu wandeln.
Da ich meinen Blick mehr auf das einzelne richtete, fielen
mir die Geräte besonders auf. Sie waren neu und nach sehr

schönen Gedanken gebildet. Sie schickten sich so in ihre
Plätze, daß sie gewissermaßen nicht von außen gekommen,
sondern zugleich mit diesen Räumen entstanden zu sein
schienen. Es waren an ihnen sehr viele Holzarten vermischt,
das erkannte ich sehr bald, es waren Holzarten, die man
sonst nicht gerne zu Geräten nimmt, aber sie schienen mir
so zu stimmen, wie in der Natur die sehr verschiedenen Geschöpfe stimmen.

Ich machte in dieser Hinsicht eine Bemerkung gegen meinen
Gastfreund, und er antwortete: „Ihr habt einmal gefragt, ob
Gegenstände, die wir in unserem Schreinerhause neu gemacht haben, in meinem Hause vorhanden seien, worauf ich
geantwortet habe, daß nichts von Bedeutung in demselben
sei, daß sich aber einige gesammelt in einem anderen Orte
befinden, in den ich Euch, wenn Ihr Lust zu solchen Dingen
hättet, geleiten würde. Diese Zimmer hier sind der andere
Ort, und Ihr seht die neuen Geräte, die in unserem Schreinerhause verfertigt worden sind."

„Es ist aber zu bewundern, wie sehr sie in ihren Abwechs-
lungen und Gestalten hierher passen", sagte ich.

„Als wir einmal den Plan gefaßt hatten, die Zimmer Mathil-
dens nach und nach mit neuen Geräten zu bestellen",
erwiderte er, „so wurde die ganze Reihe dieser Zimmer im
Grund- und Aufrisse aufgenommen, die Farben bestimmt,
welche die Wände der einzelnen Zimmer haben sollten, und
diese Farben gleich in die Zeichnungen getragen. Hierauf
wurde zur Bestimmung der Größe, der Gestalt und der Farbe,
mithin der Hölzer der einzelnen Geräte geschritten. Die
Farbezeichnungen derselben wurden verfertigt und mit den
Zeichnungen der Zimmer verglichen. Die Gestalten der Geräte sind nach der Art entworfen worden, die wir vom Alter-
tume lernten, wie ich Euch einmal sagte, aber so, daß wir
nicht das Altertum geradezu nachahmten, sondern selbständige Gegenstände für die jetzige Zeit verfertigten mit Spuren
des Lernens an vergangenen Zeiten. Wir sind nach und nach
zu dieser Ansicht gekommen, da wir sahen, daß die neuen

Geräte nicht schön sind, und daß die alten in neue Räume zu wohnlicher Zusammenstimmung nicht paßten. Wir haben uns selber gewundert, als die Sachen nach vielerlei Versuchen, Zeichnungen und Entwürfen fertig waren, wie schön sie seien. In der Kunst, wenn man bei so kleinen Dingen von Kunst reden kann, ist ebensowenig ein Sprung möglich als in der Natur. Wer plötzlich etwas so Neues erfinden wollte, daß weder den Teilen noch der Gestaltung nach ein Ähnliches dagewesen ist, der würde so töricht sein wie der, der fordern würde, daß aus den vorhandenen Tieren und Pflanzen sich plötzlich neue, nicht dagewesene entwickeln. Nur daß in der Schöpfung die Allmählichkeit immer rein und weise ist, in der Kunst aber, die der Freiheit des Menschen anheimgegeben ist, oft Zerrissenheit, oft Stillstand, oft Rückschritt erscheint. Was die Hölzer anbelangt, so sind da fast alle und die schönsten Blätter verwendet worden, die wir aus den Knollen der Erlen geschnitten haben, die in unserer Sumpfwiese gewachsen sind. Ihr könnt sie dann betrachten. Wir haben uns aber auch bemüht, Hölzer aus unserer ganzen Gegend zu sammeln, die uns schön schienen, und haben nach und nach mehr zusammengebracht, als wir anfänglich glaubten. Da ist der schneeige glatte Bergahorn, der Ringelahorn, die Blätter der Knollen von dunkeln Ahorn — alles aus den Alizgründen —, dann die Birke von den Wänden und Klippen der Aliz, der Wacholder von der dürren, schiefen Heidefläche, die Esche, die Eberesche, die Eibe, die Ulme, selbst Knorren von der Tanne, der Haselstrauch, der Kreuzdorn, die Schlehe und viele andere Gesträuche, die an Festigkeit und Zartheit wetteifern, dann aus unseren Gärten der Walnußbaum, die Pflaume, der Pfirsich der Birnbaum, die Rose."
Wir gingen nun weiter. Durch eine geöffnete Tür gelangten wir in Zimmer, welche in einer anderen Richtung des Hauses lagen. Die durchwanderten hatten nach Süd gesehen, diese sahen nach West. Es war ein großer Saal und zwei Seitengemächer. Waren die früheren Zimmer lieb und wohnlich gewesen, so waren diese wahrhaft prachtvoll. Der Saal war

mit Marmor gepflastert, die Zimmer hatten altertümliche
Wandbekleidung, altertümliche Fenstervorhänge und altertümliche Geräte, der Fußboden des Saales enthielt die schönsten, seltensten und zahlreichsten Gattungen unsers Marmors,
nach einer Zeichnung eingelegt, und so geglättet, daß er alle
Dinge spiegelte. Es war der ernsteste und feurigste Teppich.
Wir mußten hier auch Filzschuhe anlegen. Auf diesem Spiegel-
boden standen die schönsten und wohlerhaltensten alten
Schreine und andere Einrichtungsstücke. Es waren hier die
größten versammelt. In den zwei anstoßenden Gemächern
standen auf feurig farbigen Holzteppichen die kleineren,
zarteren und feineren. Waren gleich die altertümlichen Geräte nicht schöner als die bei meinem Gastfreunde – ich
glaube, schönere wird es kaum geben –, so zeigte sich hier
eine Zusammenstimmung, als müßten die, welche diese Dinge
ursprünglich hatten herrichten lassen, in ihren einstigen
Trachten bei den Türen hereingehen. Es ergriff einen ein
Gefühl eines Bedeutungsvollen.

„Die Marmore", sagte mein Gastfreund, „sind allerorten
erworben, geschliffen, geglättet und nach einer altertümlichen
Zeichnung vieler Kirchenfenster eingesetzt worden."

„Aber daß Ihr die Geräte so zusammengefunden habt, daß
sie wie ein einziges stimmen, ist zu verwundern", sagte ich.

„Also empfindet Ihr, daß sie stimmen?" erwiderte er. „Seht,
das ist mir lieb, daß Ihr das sagt. Ihr seid ein Beobachter, der
nicht von der Sucht nach Altem befangen ist, wie uns unsere
Gegner vorwerfen. Ihr empfangt also das Gefühl von den
Gegenständen und tragt es nicht in dieselben hinein, wie auch
unsere Gegner von uns sagen. Die Sache aber ist nur so: als
man die Nichtigkeit und Leere der letztvergangenen Zeiten
erkannte und wieder auf das Alte zurückwies und es nicht
mehr als Plunder und Trödel ansah, sondern Schönes darin
suchte; da geschahen freilich törichte Dinge. Man sammelte
wieder Altes und nur Altes. Statt der neuen Mode mit neuen
Gegenständen kam die neueste mit alten Gegenständen. Man
raffte Schreine, Betschemel, Tische und dergleichen zusammen,

weil sie alt waren, nicht weil sie schön waren, und stellte sie
auf. Da standen nun Dinge beisammen, die in ihren Zeiten
weit voneinander ablagen, es konnte nicht fehlen, daß ein
Widerwärtiges herauskam und daß die Feinde des Alten,
wenn sie Gefühl hatten, sich abwenden mußten. Nichts aber
kann so wenig passen als alte Dinge von sehr verschiedenen
Zeiten. Die Voreltern legten so sehr einen eigentümlichen
Geist in ihre Dinge — es war der Geist ihres Gemütes und
ihres allgemeinen Gefühlslebens —, daß sie diesem Geiste
sogar den Zweck opferten. Man bringt Linnen, Kleider und
dergleichen in neue Geräte zweckmäßiger unter als in alte.
Man kann daher alte Geräte von ziemlich gleicher Zeit, aber
verschiedenem Zwecke ohne große Störung des Geistes der
Traulichkeit und Innigkeit, der in ihnen wohnt, zusammenstellen, während von unseren Geräten, die keinen Geist, aber
einen Zweck haben, sogleich ein Widersinniges ausgeht, wenn
man Dinge verschiedenen Gebrauches in dasselbe Zimmer
tut, wie etwa den Schreibtisch, den Waschtisch, den Bücher-
schrein und das Bett. Die größte Wirkung erzielt man freilich, wenn man alte Geräte aus derselben und guten Zeit,
die also denselben Geist haben, und auch Geräte des nämlichen Zweckes in ein Zimmer bringt. Da spricht nun in der
Wirklichkeit etwas ganz anderes als bei unseren neuen
Dingen."
„Und das scheint mir hier der Fall zu sein", sagte ich.
„Es ist nicht alles alt", erwiderte er. „Viele Dinge sind so
unwiederbringlich verlorengegangen, daß es fast unmöglich
ist, eine ganze Wohnung mit Gegenständen aus derselben
Zeit einzurichten, daß kein notwendiges Stück fehlt. Wir
haben daher lieber solche Stücke im alten Sinne neu gemacht,
als alte Stücke von einer ganz anderen Zeit zugemischt. Damit
aber niemand irregeführt werde, ist an jedem altneuen Stücke
ein Silberplättchen eingefügt, auf welchem die Tatsache in
Buchstaben eingegraben ist."
Nach der Besichtigung der Zimmer gingen wir in das Freie.
Die breite Haupttreppe aus rotem Marmor führte in den Hof

hinab. Derselbe zeigte, wie groß das Gebäude sei. Es war
von vier ganz gleichen langen Flügeln umschlossen. In seiner
Mitte war ein Becken von grauem Marmor, in welches sich
aus einer Verschlingung von Wassergöttinnen vier Strahlen
ergossen. Um das Becken standen vier Ahorne, welche gewiß
nicht kleiner waren als die, welche den Schloßhügel säumten.
Auf dem Sandplatze unter den Ahornen waren Ruhebänke
ebenfalls aus grauem Marmor. Von diesem Sandplatze liefen
Sandwege wie Strahlen auseinander. Der übrige Raum war
gleichförmiger Rasen, nur daß an den Mauern des Hauses
eine Pflasterung von glatten Steinen herumführte.
Von dem Hofe gingen wir bei dem großen Tore hinaus. Ich
wendete mich, da wir draußen waren, unwillkürlich um, um
das Gebäude zu betrachten. Über dem Tore war ein ziemlich
umfangreiches steinernes Schild mit sieben Sternen. Sonst
sah ich nichts, als was ich bei meinem Morgenausblicke aus
dem Fenster schon gesehen hatte. Wir gingen auf einem
Sandwege des grünen Rasens, wir umgingen das Haus und
gelangten hinter demselben in den Garten. Hier sah ich, was
ich mir schon früher gedacht hatte, daß das Gebäude, welches
man wohl ein Schloß nennen mußte, nur aus den vier großen
Flügeln bestehe, welche ein vollkommenes Viereck bildeten.
Die Wirtschaftsgebäude standen ziemlich weit entfernt in
dem Tale.
Nicht weit hinter dem Gewächshause stand eine Gruppe von
Linden, welche beinahe so schön und so groß waren wie die
in dem Garten des Asperhofes. Auch war der Sand unter
ihrem Schattendache so rein gefegt, und um die Ähnlichkeit
zu vollenden, liefen auf demselben Finken, Ammern,
Schwarzkehlchen und andere Vögel so traulich hin wie auf
dem Sande des Rosenhauses. Daß Bänke unter den Linden
standen, ist natürlich. Die Linde ist der Baum der Wohn-
lichkeit. Wo wäre eine Linde in deutschen Landen — und
gewiß ist es in andern auch so —, unter der nicht eine Bank
stände, oder auf der nicht ein Bild hinge, oder neben welcher
sich nicht eine Kapelle befände. Die Schönheit ihres Baues,

das Überdach ihres Schattens und das gesellige Summen des
Lebens in ihren Zweigen ladet dazu ein. Wir gingen in den
Schatten der Linden.

„Das ist eigentlich der schönste Platz in dem Sternenhofe",
sagte Mathilde, „und jeder, der den Garten besucht, muß
hier ein wenig ruhen, daher sollt Ihr auch so tun."
Mit diesen Worten wies sie auf die Bänke, die fast in einem
Bogen unter den Stämmen der Linden standen und hinter
denen sich eine Wand grünen Gebüsches aufbaute. Wir
setzten uns nieder. Das Summen, wie es jedesmal in diesen
Bäumen ist, war gleichmäßig über unserm Haupte, das
stumme Laufen der Vögel über den reinen Sand war vor
unsern Augen, und ihr gelegentlicher Aufflug in die Bäume
tönte leicht in unsere Ohren.

Nach einiger Zeit bemerkte ich, daß auch mit Unterbrechun-
gen ein leises Rauschen hörbar sei, gleichsam als würde es
jetzt von einem leichten Lüftchen hergetragen, jetzt nicht.
Ich äußerte mich darüber.

„Ihr habt recht gehört", sagte Mathilde, „wir werden die
Sache gleich sehen."

Wir erhoben uns und gingen auf einem schmalen Sandpfade
durch die Gebüsche, die sich in geringer Entfernung hinter
den Linden befanden. Als wir etwa vierzig oder fünfzig
Schritte gegangen waren, öffnete sich das Dickicht, und ein
freier Platz empfing uns, der rückwärts mit dichtem Grün geschlossen war. Das Grün bestand aus Efeu, welcher eine
Mauer von großen Steinen bekleidete, die an ihren beiden
Enden riesenhafte Eichen hatte. In der Mitte der Mauer war
eine große Öffnung, oben mit einem Bogen begrenzt, gleichsam wie eine große Nische oder wie eine Tempelwölbung.
Im Innern dieser Wölbung, die gleichfalls mit Eppich über-
zogen war, ruhte eine Gestalt von schneeweißem Marmor —
ich habe nie ein so schimmerndes und fast durchsichtiges
Weiß des Marmors gesehen, das noch besonders merkwürdig
wurde durch das umgebende Grün. Die Gestalt war die eines
Mädchens, aber weit über die gewöhnliche Lebensgröße, was

aber in der Efeuwand und neben den großen Eichen nicht auffiel. Sie stützte das Haupt mit der einen Hand, den anderen Arm hatte sie um ein Gefäß geschlungen, aus welchem Wasser in ein vor ihr befindliches Becken rann. Aus dem Becken fiel das Wasser in eine in den Sand gemauerte Vertiefung, von welcher es als kleines Bächlein in das Gebüsch lief.

Wir standen eine Weile, betrachteten die Gestalt und redeten über sie. Eustach und ich kosteten auch mittels einer alabasternen Schale, die in einer Vertiefung des Efeus stand, von dem frischen Wasser, welches sich aus dem Gefäß ergoß.

Hierauf gingen wir hinter der Eppichwand über eine Steintreppe empor und erstiegen einen kleinen Hügel, auf welchem sich wieder Sitze befanden, die von verschiedenen Gebüschen beschattet waren. Gegen das Haus zu aber gewährten sie die Aussicht. Wir mußten uns hier wieder ein wenig setzen. Zwischen den Eichen, gleichsam wie in einem grünen knorrigen Rahmen, erschien das Haus. Mit seinem hohen steilen Dache von altertümlichen Ziegeln und mit seinen breiten und hochgeführten Rauchfängen glich es einer Burg, zwar nicht einer Burg aus den Ritterzeiten, aber doch aus den Jahren, in denen man noch den Harnisch trug, aber schon die weichen Locken der Perücke auf ihn herabfallen ließ. Die Schwere einer solchen Erscheinung sprach sich auch in dem ganzen Bauwerke aus. Zu beiden Seiten des Schlosses sah man die Landschaft und hinten das liebliche Blau der Gebirge. Die dunkeln Gestalten der Linden, unter denen wir gesessen waren, befanden sich weiter links und störten die Aussicht nicht.

Rainer Maria Rilke

Rainer Maria Rilke (1875—1926) gibt in seinem „Stundenbuch" (Insel-Verlag, Leipzig) gleichsam die Tagebuchaufzeichnungen eines Einsiedlers.
Im dritten Abschnitt „Das Buch von der Armut und vom Tode" (1903) stehen die ergreifenden Verse vom Elend der heutigen Großstadt.

DIE GROSSSTADT

1903

Mach mich zum Wächter deiner Weiten,
mach mich zum Horchenden am Stein,
gib mir die Augen auszubreiten
auf deiner Meere Einsamsein;
laß mich der Flüsse Gang begleiten
aus dem Geschrei zu beiden Seiten
weit in den Klang der Nacht hinein.
Schick mich in deine leeren Länder,
durch die die weiten Winde gehn,
wo große Klöster wie Gewänder
um ungelebte Leben stehn.
Dort will ich mich zu Pilgern halten,
von ihren Stimmen und Gestalten
durch keinen Trug mehr abgetrennt,
und hinter einem blinden Alten
des Weges gehn, den keiner kennt.

Denn, Herr, die großen Städte sind
Verlorene und Aufgelöste;
wie Flucht vor Flammen ist die größte —
und ist kein Trost, daß er sie tröste,
und ihre kleine Zeit verrinnt.
Da leben Menschen, leben schlecht und schwer,
in tiefen Zimmern, bange von Gebärde,
geängsteter denn eine Erstlingsherde;

und draußen wacht und atmet deine Erde,
sie aber sind und wissen es nicht mehr.
Da wachsen Kinder auf an Fensterstufen,
die immer in demselben Schatten sind,
und wissen nicht, daß draußen Blumen rufen
zu einem Tag voll Weite, Glück und Wind —
und müssen Kind sein und sind traurig Kind.

Da blühen Jungfraun auf zum Unbekannten
und sehnen sich nach ihrer Kindheit Ruh;
das aber ist nicht da, wofür sie brannten,
und zitternd schließen sie sich wieder zu.
Und haben in verhüllten Hinterzimmern
die Tage der enttäuschten Mutterschaft,
der langen Nächte willenloses Wimmern
und kalte Jahre ohne Kampf und Kraft.
Und ganz im Dunkel stehn die Sterbebetten,
und langsam sehnen sie sich dazu hin;
und sterben lange, sterben wie in Ketten
und gehen aus wie eine Bettlerin.

Da leben Menschen, weißerblühte, blasse,
und sterben staunend an der schweren Welt.
Und keiner sieht die klaffende Grimasse,
zu der das Lächeln einer zarten Rasse
in namenlosen Nächten sich entstellt.

Sie gehn umher, entwürdigt durch die Müh,
sinnlosen Dingen ohne Mut zu dienen,
und ihre Kleider werden welk an ihnen,
und ihre schönen Hände altern früh.

Die Menge drängt und denkt nicht sie zu schonen,
obwohl sie etwas zögernd sind und schwach —
nur scheue Hunde, welche nirgends wohnen,
gehn ihnen leise eine Weile nach.

Sie sind gegeben unter hundert Quäler,
und, angeschrien von jeder Stunde Schlag,
kreisen sie einsam um die Hospitäler
und warten angstvoll auf den Einlaßtag.

Dort ist der Tod. Nicht jener, dessen Grüße
sie in der Kindheit wundersam gestreift —
der kleine Tod, wie man ihn dort begreift;
ihr eigener hängt grün und ohne Süße
wie eine Frucht in ihnen, die nicht reift.

Rainer Maria Rilke

In seinen „Aufzeichnungen des Malte Laurids Brigge" (Insel-Verlag, Leipzig 1926), denen das mitgeteilte Fragment entnommen
ist, läßt R i l k e seinen Helden die Eindrücke in den verwahr-
losten Quartieren von Paris erleben. Sie haben allgemeine Bedeutung.

ELENDSVIERTEL IN PARIS
1910

Wird man es glauben, daß es solche Häuser gibt? Nein,
man wird sagen, ich fälsche. Diesmal ist es Wahrheit,
nichts weggelassen, natürlich auch nichts hinzugetan. Woher
sollte ich es nehmen? Man weiß, daß ich arm bin. Man weiß
es. Häuser? Aber, um genau zu sein, es waren Häuser, die
nicht mehr da waren. Häuser, die man abgebrochen hatte
von oben bis unten. Was da war, das waren die anderen
Häuser, die danebengestanden hatten, hohe Nachbarhäuser.
Offenbar waren sie in Gefahr, umzufallen, seit man nebenan
alles weggenommen hatte; denn ein ganzes Gerüst von langen,
geteerten Mastbäumen war schräg zwischen den Grund des
Schuttplatzes und die bloßgelegte Mauer gerammt. Ich weiß
nicht, ob ich schon gesagt habe, daß ich diese Mauer meine.
Aber es war sozusagen nicht die erste Mauer der vorhandenen Häuser (was man doch hätte annehmen müssen), sondern
die letzte der früheren. Man sah ihre Innenseite. Man sah in
den verschiedenen Stockwerken Zimmerwände, an denen
noch die Tapeten klebten, da und dort den Ansatz des Fuß-
bodens oder der Decke. Neben den Zimmerwänden blieb
die ganze Mauer entlang noch ein schmutzigweißer Raum,
und durch diesen kroch in unsäglich widerlichen, wurm-
weichen, gleichsam verdauenden Bewegungen die offene, rost-
fleckige Rinne der Abortröhre. Von den Wegen, die das
Leuchtgas gegangen war, waren graue staubige Spuren am
Rande der Decken geblieben, und sie bogen da und dort,
ganz unerwartet, rundum und kamen in die farbige Wand

hineingelaufen und in ein Loch hinein, das schwarz und rücksichtslos ausgerissen war. Am unvergeßlichsten aber waren die
Wände selbst. Das zähe Leben dieser Zimmer hatte sich nicht
zertreten lassen. Es war noch da, es hielt sich an den Nägeln,
die geblieben waren, es stand auf dem handbreiten Rest der
Fußböden, es war unter den Ansätzen der Ecken, wo es noch
ein klein wenig Innenraum gab, zusammengekrochen. Man
konnte sehen, daß es in der Farbe war, die es langsam, Jahr
um Jahr, verwandelt hatte: Blau in schimmliges Grün, Grün
in Grau, und Gelb in altes, abgestandenes Weiß, das fault.
Aber es war auch in den frischeren Stellen, die sich hinter
Spiegeln, Bildern und Schränken erhalten hatten; denn es
hatte ihre Umrisse gezogen und nachgezogen und war mit
Spinnen und Staub auch auf diesen versteckten Plätzen gewesen, die jetzt bloßlagen. Es war in jedem Streifen, der ab-
geschunden war, es war in den feuchten Blasen am unteren
Rande der Tapeten, es schwankte in den abgerissenen Fetzen,
und aus den garstigen Flecken, die vor langer Zeit entstanden
waren, schwitzte es aus. Und aus diesen blau, grün und gelb
gewesenen Wänden, die eingerahmt waren von den Bruch-
bahnen der zerstörten Zwischenmauern, stand die Luft dieser
Leben heraus, die zähe, träge, stockige Luft, die kein Wind
noch zerstreut hatte. Da standen die Mittage und die Krank-
heiten und das Ausgeatmete und der jahrealte Rauch und der
Schweiß, der unter den Schultern ausbricht und die Kleider
schwer macht, und das Fade aus den Munden und der Fusel-
geruch gärender Füße. Da stand das Scharfe vom Urin und
das Brennen vom Ruß und grauer Kartoffeldunst und der
schwere, glatte Gestank von alterndem Schmalze. Der süße,
lange Geruch von vernachlässigten Säuglingen war da und
der Angstgeruch der Kinder, die in die Schule gehen, und
das Schwüle aus den Betten mannbarer Knaben. Und vieles
hatte sich dazugesellt, was von unten gekommen war, aus dem
Abgrund der Gasse, die verdunstete, und anderes war von
oben herabgesickert mit dem Regen, der über den Städten
nicht rein ist. Und manches hatten die schwachen, zahm

gewordenen Hauswinde, die immer in derselben Straße bleiben, zugetragen, und es war noch vieles da, wovon man den
Ursprung nicht wußte. Ich habe doch gesagt, daß man alle
Mauern abgebrochen hatte bis auf die letzte —? Nun, von
dieser Mauer spreche ich fortwährend. Man wird sagen, ich
hätte lange davorgestanden; aber ich will einen Eid geben
dafür, daß ich zu laufen begann, sobald ich die Mauer erkannt
hatte. Denn das ist das Schreckliche, daß ich sie erkannt habe.
Ich erkenne das alles hier, und darum geht es so ohne weiteres
in mich ein: es ist zu Hause in mir. — —
Ich war hungrig, ich war den ganzen Tag nicht dazu gekommen, zu essen. Aber ich konnte auch jetzt nichts zu mir
nehmen; ehe die Eier noch fertig waren, trieb es mich wieder
hinaus in die Straßen, die ganz dickflüssig von Menschen mir
entgegenrannen. Denn es war Fasching und Abend, und die
Leute hatten alle Zeit und trieben umher und rieben sich
einer am andern. Und ihre Gesichter waren voll von dem
Licht, das aus den Schaubuden kam, und das Lachen quoll
aus ihren Munden wie Eiter aus offenen Stellen. Sie lachten
immer mehr und drängten sich immer enger zusammen, je
ungeduldiger ich versuchte vorwärts zu kommen. Das Tuch
eines Frauenzimmers hakte sich irgendwie an mir fest, ich zog
sie hinter mir her, und die Leute hielten mich auf und lachten,
und ich fühlte, daß ich auch lachen sollte, aber ich konnte es
nicht. Jemand warf mir eine Hand Konfetti in die Augen,
und es brannte wie eine Peitsche. An den Ecken waren die
Menschen festgekeilt, einer in den andern geschoben, und
es war keine Weiterbewegung in ihnen, nur ein leises,
weiches Auf und Ab, als ob sie sich stehend paarten. Aber
obwohl sie standen und ich am Rande der Fahrbahn, wo es
Risse im Gedränge gab, hinlief wie ein Rasender, war es in
Wahrheit doch so, daß sie sich bewegten und ich mich nicht
rührte. Denn es veränderte sich nichts; wenn ich aufsah, ge-
wahrte ich immer noch dieselben Häuser auf der einen Seite
und auf der anderen die Schaubuden. Vielleicht auch stand
alles fest, und es war nur ein Schwindel in mir und ihnen,

der alles zu drehen schien. Ich hatte keine Zeit, darüber nachzudenken, ich war schwer von Schweiß, und es kreiste ein betäubender Schmerz in mir, als ob in meinem Blute etwas zu Großes mittriebe, das die Adern ausdehnte, wohin es kam.

Chriſtian Morgenſtern

Wenn dieses Buch, das von allerlei tiefsinnigen Abhandlungen durchsetzt ist, mit einem Gedicht aus den „Galgenliedern" (Insel-Verlag, Leipzig) endet, so sei damit angedeutet, daß es auch einen tiefsinnigen Ulk gibt, für den der Architekt besonders empfänglich zu sein pflegt.
Christian Morgenstern (1871—1914) ist unübertroffener Meister auf diesem Gebiet.

DER LATTENZAUN

·1905

Es war einmal ein Lattenzaun
mit Zwischenraum, hindurchzuschaun.

Ein Architekt, der dieses sah,
stand eines Abends plötzlich da —

und nahm den Zwischenraum heraus
und baute draus ein großes Haus.

Der Zaun indessen stand ganz dumm,
mit Latten ohne was herum,

Ein Anblick, gräßlich und gemein.
Drum zog ihn der Senat auch ein.

Der Architekt jedoch entfloh
nach Afri — od — Ameriko.

NACHWORT ZUR NEUAUFLAGE 1977

„. . . betrachten wir den Cognac doch als Cognac!"

Auf die Anfrage, ob ich zu Schumachers Lesebuch etwas sagen wolle, erinnerte ich mich, mit welchem Mißtrauen ich 1941 das Buch bei seinem Erscheinen anfaßte (und sagte: Na ja, er will eben auch am Leben bleiben und flieht in die Geschichte). Zwar hatten wir die Flucht in die Anthologien als einzige Möglichkeit geistiger Mitteilung in der Nazizeit längst geübt. Aber in unserem eigenen Fach?! Und dann das „deutsche" Wort *Baumeister*!

Und dann der Beginn mit Vitruv, dem die Nazis 1938 mit einem Prachtband seiner „Baukunst" die Ahnenschaft ihrer Produktion andienten!? Und dann der Beginn des II. Teils mit Goethes Aufsatz „Von deutscher Baukunst", dessen erste Seite, in gotischen Lettern und gerahmt, in gleichgeschalteten Architekten-Büros zu hängen pflegte.

Wir waren wirklich ohne Haut in diesen Jahren! Ich legte das Buch also schnell wieder auf den Ladentisch, ohne daher zu merken, was für Schätze Schumacher in den nächsten Kapiteln an Land gezogen hatte, getarnt durch die ersten Titel.

Erst die Neu-Auflage von 1947 habe ich mir dann gekauft, als sich der große Krampf verzogen hatte und ich den alten Herrn bei unseren Besuchen in seinem Notquartier in Lüneburg verehren lernte; wir fuhren zu ihm, um seinen Rat zu holen für unser Dilettieren in der Hamburger Stadtplanung.

Ich las eben jetzt ein Vorwort von Wolfgang Herrmann, der auf „hohen" Wunsch, aber zähneknirschend, als junger Kunsthistoriker ein Buch über die Architektur des vorigen Jahrhunderts schreiben mußte, und zwar 1930, also in einer Zeit, in der er diese Architektur, vor allem ihre zweite Hälfte, nur verabscheuen konnte. Herrmann schildert in seinem Vorwort, wie er bei näherem Zusehen merken mußte, daß diese zweite Hälfte, etwa von 1860 an, eigentlich — besonders im Hinblick auf seine von ihm heißgeliebte Architektur-Gegenwart von 1930 — die interessanteste und lebendigste Periode des ganzen vorigen Jahrhunderts war. Er schreibt: „Neu erworbene Kenntnis der Problematik dieser Zeit bewirkte, daß Geringschätzung schwer genießbarer Leistungen sich in Hochachtung der ehrlich verfolgten Ziele verwandelte."

In dieser damaligen Gegenwart von 1930 sah ich den Schumacher meiner Väter-Generation nur als retrospektiv in seiner Architektur. Von seiner überlegenen Gedankenarbeit, mit der er von der Architektur des Hauses zu der Architektur des Ensembles und damit zur Stadtplanung vorstieß, deren Probleme und Antinomien ihn bis zur Landesplanung führten: Davon sah ich nichts.

Ich bewunderte im Städtebau Ernst May mit seinem herrlichen naiven Engagement und verschlang sein „Neues Frankfurt".

Daß differenzierte Naturen nicht so naiv plakatieren konnten wie May oder Haesler, begriff ich damals noch nicht.

Aber daß Schumacher dann 1934, selbst abgebaut, sich des Juden Ölsner, meines verehrten Lehrers, annahm, als alle ihn mieden, imponierte mir.

Es ging mir eben mit ihm, wie es einem schlichten, temperamentvollen Halbgebildeten gegenüber einem mit Bildung durchtränkten, klugen, auch temperamentvollen Menschen geht, der es durch Fehlen von Naivität zu keiner eindeutigen, oder sagen wir schon: plakativen, schöpferischen Leistung bringt; der aber ein hoffnungslos überlegener Kritiker ist, wenn es um den Sinn der Sache geht.

So wurde ich dauernd abgestoßen und begeistert, und das begann früh, schon als ich 1925 einen Aufsatz von ihm las, den er 1902 über die Darmstädter Ausstellung in der repräsentativen Zeitschrift „Dekorative Kunst" geschrieben hatte, und in dem er Olbrich, den ich liebte, geradezu „zerhackte". Es war soviel Bosheit gegen Olbrich darin, daß ich wirklich an Eifersucht denken mußte, denn seine eigenen Jugendstil-„Sünden" waren durchaus nicht überragend.

Dagegen aber las ich etwas später eine Verteidigung der „Plakatkunst" von ihm aus dem Jahre 1899, in der er erst einmal großartig den Begriff des Schlagwortes formulierte und dann zum Angriff überging gegen einen Artikel, der die moderne Architektur mit dem völlig herabsetzend gemeinten Schlagwort „Plakatkunst" diffamieren wollte. Dieser Aufsatz war nun gewissermaßen ein reiner *Pro*-Olbrich-Artikel. Schumacher vergleicht hier das gute Plakat der Zeit mit „dem kecken Sinn der Konstruktionen und den raffiniert verteilten Farbenflecken der ‚modernen' Bauten auf der Wiener Jubiläums-Ausstellung" und „den Arbeiten der europäischen Moderne von Hankar bis Olbrich". Er schließt mit dem köstlichen Satz: „Warum sprechen wir aber auch in der Kunst so oft von Rheinwein, wenn man uns einen Cognac vorsetzt! Betrachten wir den Cognac doch als Cognac!"

Diese überraschenden Widersprüche persifliert er selbst in seiner abgrundtiefen Gescheitheit (nun gehen wir nochmal zwei Jahre zurück an den Anfang des Jugendstils in Deutschland mit all seinem turbulenten Wirbel — für den wir nur einen Vergleich am Anfang der 20er Jahre haben mit ihrer Mischung von Expressionismus und Sachlichkeit). Er nennt eine Betrachtung von 1897: „Die Sehnsucht nach dem Neuen" und fängt mit dem wunderbar relativierenden Satz an: „Das Tintenfaß unserer Zeit ist voll von Superlativen; kaum taucht man die Feder ein, so hat man einen erwischt, und wie ein heimtückisches Härchen die beste Schrift unerfreulich machen kann, so schiebt er sich in einen Gedankengang hinein und verschändet sein reinliches Aussehen."

Dieser früheste mir von ihm bekannte Satz zeigt Schumacher vollkommen deutlich: Im Grunde haßt er als gebildeter Mann Superlative, und gerade die werden ihm einige Male in seinem Leben vorgesetzt: im Jugendstil, und da wird er sauer, im Expressionismus, da reagiert er höflich heiter und läßt als souveräner Baudirektor von Hamburg selbst zweitklassige Leistungen zu Wort kommen, und dann der Funktionalismus! Wenn er ihm in der ersten Qualität vorgesetzt wurde, wie bei Schneider und Ölsner, goutiert er ihn und gibt sogar Hilfestellung. Aber am wohlsten fühlt er sich, was reine Architektur-Dinge anbetraf, doch wohl in einer Atmosphäre des gebildeten Evolutionärs, die von Hoffmann—Berlin über Bestelmeyer—München bis Fischer—Stuttgart reichte.

Was aber den Schumacher, den wir nun wirklich lieben, über alles hinaushob, was Architektur war, und ihn zu einem großen Mann machte, ist, daß dieses Gefühl der Frustration im naiv Schöpferischen, das er natürlich längst analysiert hatte, ihn zum

Städtebau trieb; und ihn dann immer weiter trieb bis zur sozialen Wurzel des Städtebaus. Und noch weiter bis zur Verflechtung der Stadt mit der Landschaft, was ihn über die Stadtplanung zur Landesplanung führte. Und das brachte ihn zu seiner Gründung des Hamburg-Preußischen Landesplanungs-Ausschusses und, in dessen Folge, zu grundlegenden Veröffentlichungen mit Analysen des ganzen breiten Feldes dieser Materie. Es war die erste klare Übersicht über alle Dinge des Gemeinschaftslebens zwischen Stadt und Umwelt. Und weiter trieb es ihn dazu, nicht nur das Groß-Hamburg zu verlangen, das die Nazis später etwas hastig zusammenschnippelten, sondern das Gebiet Unter-Elbe, das von der Mündung, mit dem alten Hamburger-Besitz Cuxhaven als Vorwerk, bis Lauenburg im Osten, Pinneberg im Norden und Stade im Süden reichte.

Als er soweit gedacht und mit seinen Schriften und seinen Reden darum gekämpft hatte, mußte er abtreten, weil die Nazis kamen.

Diese Schilderung seiner Entwicklung ist schief, wenn sie nicht die entscheidenden, die Kern-Sätze, die Leitlinien seiner Planungsüberlegungen berücksichtigt. Schumacher wollte ja nicht nur Land erobern, sondern er wollte die Dinge in Ordnung bringen, die ihm den Städtebau lebenswichtig machten: das Wohnen, das Arbeiten und das Erholen. Die ihm dafür optimal erscheinende Region eroberte er sich in Gedanken und durch Beispiel und Rede. Durch seine Persönlichkeit und seine Diplomatie, mit der er die Bürgermeister der Randgemeinden an den Planungssitzungen beteiligte und mitentscheiden ließ, ordnete er ein Gebiet in einem Kreis von 30 km Durchmesser um Hamburg herum. Dieses Gebiet, über das er gar keine *rechtliche* Gewalt hatte, ordnete er allein durch *Überredung*, indem er die Einsicht aller Beteiligten zu seiner Verbündeten machte. Diese Leistung war beispiellos.

Ulrich Conrads hatte eigentlich gedacht, ich sollte den Lesern sagen, mit welchen Augen man die vorliegende Textsammlung, diese Anthologie aus der Not des Jahres 1941, heute wieder liest. Ich kann in diesem Fall das Jahr 1941 nur loben, weil es einem solchen Mann die Muße gab, seine universale Bildung, die ein wenig an Jakob Burckhardt erinnert, an die Geschichte des Bauens zu wenden und dabei einen solchen Schatz zu heben, der

von uns allen, die wir nicht schon am Anfang dieses Jahrhunderts
erwachsen waren, wohl nie mehr hätte gehoben werden können.
Zum Schluß doch noch der „pädagogische Wink für die reifere
Jugend", den ich nur zu gerne gebe, indem ich zitiere:

1. Aus Schumachers „Zeitfragen der Architektur":

    „Unter den städtebaulichen Aufgaben der Großstadt
    steht die Aufgabe, zu einer menschenwürdigen Form
    der Kleinstwohnung zu kommen, vorne an. Der Grad, bis
    zu dem eine Stadt in der Lösung dieser bisher ungelösten
    Aufgabe vorgedrungen ist, wird sicherlich später einmal
    Maßstab dafür sein, wieweit es ihr gelungen ist, die große
    Kulturforderung zu lösen, die unserer Zeit gestellt ist:
    der Massenhäufung der Menschen ihre zersetzende
    Furchtbarkeit zu nehmen."

2. Das leider auch heute noch aktuelle Motto, das ich meinem
    Schumacher-Buch vorangestellt habe:

    „Städtebau ist in den ersten und wohl wichtigsten Kapi-
    teln seiner Arbeit nichts anderes als praktische Boden-
    politik."

3. Seinen klagenden Satz von 1947, als er noch miterlebte, wie
    der Eigentumsbegriff des neuen Grundgesetzes verbogen
    wurde:

    „Die Forderung nach Erneuerung des Bodenrechts wurde
    durch die Überbetonung des § 14 GG Absatz 1 zwei
    Jahre später durch einen reaktionären Eigentumsbegriff
    abgelöst, der uns wieder fast bis an den Anfang des Jahr-
    hunderts zurückwarf."

Nachdem ich mir dies alles von der Seele geschrieben hatte, las
ich noch einmal Schumachers Vorwort zu diesem Lesebuch.
Es bestätigt seine Taktik und damit seine Klugheit.
Er formulierte hinter den Tarnungen, die mich damals ärgerten,
genau das, was er unter Tarnungen, wie „Baumeister", verbirgt:
sein Lebenswerk vom geistreichen Architekten über den klugen
Städtebauer zum weisen Landesplaner.
Und das hat er so gescheit gemacht, daß die Nazis (allerdings
die Hamburger Nazis, was ein Unterschied war) ihm 1943 den
Lessing-Preis verliehen und ihn damit in die große Verlegenheit
einer großen Rede brachten, die er mit großer Klugheit zele-
brierte.

Juli 1977   Werner Kallmorgen

INHALTSVERZEICHNIS

IV. TEIL

V. TEIL

VI. TEIL

VII. TEIL

VIII. TEIL

Druck: KN Digital Printforce GmbH · Schockenriedstraße 37 · 70565 Stuttgart

Bei Fragen zur Produktsicherheit wenden Sie sich bitte an:
If you have any questions regarding product safety,
please contact:

Birkhäuser Verlag GmbH
Im Westfeld 8
4055 Basel, Schweiz
productsafety@degruyterbrill.com